von **A***nton bis* **Z***ylinder*

Das Lexikon für Kinder

Die Deutsche Bibliothek – CIP-Einheitsaufnahme

Von Anton bis Zylinder : das Lexikon für Kinder /
bearb. von Caroline Kazianka und Claudia Welker. –
Berlin : Kinderbuch-Verl., 1997
ISBN 3-358-00205-5

Nach der neuen Rechtschreibung

ISBN 3-358-00205-5

von Anton bis Zylinder

Das Lexikon für Kinder

Bearbeitet von
Caroline Kazianka
und
Claudia Welker

Der Kinderbuch Verlag

A  wie Anton

Aale
Die Aale sehen zwar fast aus wie Schlangen, sind aber →Fische. Sie haben bandförmige Flossen, sehr kleine Schuppen und eine schleimige Haut. Man findet sie sowohl im Süßwasser, in Seen und Flüssen, als auch im Meer. Auch die Flussaale werden im Meer geboren. Sie machen sich dann auf den bis zu 4000 Kilometer langen Weg in ihre Lebensgebiete.

Nach einigen Jahren wandern die erwachsenen Tiere wieder zu ihren Laichplätzen ins Meer, legen dort ihre →Eier ab und sterben.

Aas
Den Körper eines toten Tieres bezeichnet man als Aas oder als Kadaver. →Bakterien zersetzen das Aas. Der Tierkörper verwest und strömt einen unangenehmen Geruch aus. Einige Tiere ernähren sich von Aas: →Adler, →Geier, →Füchse und →Insekten beispielsweise sind Aasfresser.

Abc →Alphabet

ABC-Waffen
Unter dieser Bezeichnung werden alle atomaren, biologischen und chemischen Waffen zusammengefasst. Das sind also Kampfmittel, die für den Menschen schädliche →Bakterien oder →Gase und Sprengladungen aus Kernsprengstoff verwenden. Sie sind besonders gefährlich.

Abendland →Okzident

Aberglaube
Viele Menschen glauben fest daran, dass ihnen das Auffinden eines vierblättrigen Kleeblattes oder eines Hufeisens Glück bringt, ein zerbrochener Spiegel oder eine schwarze Katze dagegen Pech. Ebenso werden Glücksbringern oder Amuletten, die bestimmte Dinge, etwa Steine, enthalten, besondere Kräfte nachgesagt. Man erhofft sich von ihnen Schutz vor Unfällen und Gefahren oder Hilfe in schwierigen Situationen. Die Menschen, die diese Vorstellungen für falsch halten, bezeichnen sie als Aberglauben. Aus naturwissenschaftlicher und religiöser Sicht wird der Aberglaube als unsinnig und dem Glauben widersprechend abgelehnt.

Abfall
Jeden Tag produzieren wir Unmengen an Abfall: Verpackungsmaterial, Küchenabfälle und Dinge, die kaputt sind oder die wir nicht mehr brauchen, landen in unseren Mülleimern. Auch wenn wir heute schon sehr bewusst darauf achten, wieder verwendbaren Müll wie →Glas oder →Papier von anderem Abfall zu trennen und allgemein Müll zu vermeiden, bleibt immer noch ein

großer Müllberg übrig. Natürlich fallen auch in der →Industrie große Mengen an Abfällen an, die nur bedingt wieder verwertet werden können.
Die meisten Haus- und Industrieabfälle landen auf Müll- und Schuttabladeplätzen. Sie werden dort entweder gelagert oder beseitigt. Der wieder verwendbare und sortierte Müll wird an entsprechende Unternehmen weitergegeben, die sich dann mit dem →Recycling beschäftigen.

Zusammensetzung des Hausmülls (Angaben in Prozent)

Abgas
Damit ein Auto fahren kann, braucht es ein Gemisch aus Luft und →Benzin, das im →Motor verbrannt wird. Die entstandenen Verbrennungsgase werden dann über den Auspuff als Abgase ausgestoßen. Abgase enthalten viele →Schadstoffe, wie z. B. Kohlenmonoxid, →Kohlendioxid und →Stickstoffe.
Auch andere Motoren, Fabriken, → Kraftwerke und allgemein alle Verbrennungsvorgänge produzieren Abgase, die an die Luft abgegeben werden.

Abgeordnete
Obwohl wir in einer →Demokratie leben und das Wort eigentlich bedeutet, dass das Volk herrscht, kann natürlich nicht jeder →Bürger direkt an allen politischen Entscheidungen teilhaben. Deshalb wählt das Volk Männer und Frauen, die seine Interessen im →Parlament vertreten. Diese Volksvertreter nennt man Abgeordnete. Sie gehören meist den politischen →Parteien an, es gibt jedoch auch parteilose Abgeordnete.

Abitur →Schule

Abrüstung
Politiker versuchen schon seit Jahren mit anderen Ländern Abkommen zu treffen, die dafür sorgen, dass die Anzahl der in jedem Land vorhandenen Waffen und Streitkräfte vermindert wird. Die teilweise oder vollständige Beseitigung der Kampfmittel nennt man Abrüstung. Das Ziel der Abrüstungsverhandlungen besteht darin, eine weltweite Einschränkung des vorhandenen Waffenmaterials zu erreichen.
Am aufsehenerregendsten und bekanntesten sind wohl die Abrüstungsgespräche, die die ehemalige →UdSSR und die →USA geführt haben.
Bemüht sich ein Staat hingegen die Anzahl seiner Waffen und Streitkräfte zu vergrößern, betreibt er Aufrüstung.

ABS
Unter Antiblockiersystem oder kurz ABS versteht man eine Vorrichtung an →Autos, Bussen und Lastwagen, die dafür sorgt, dass die Räder bei einer Bremsung nicht blockieren, sich also weiterdrehen. Das Fahrzeug bleibt lenkbar und der Fahrer kann Hindernissen ausweichen. Das ABS dient damit der Sicherheit von Fahrer und Mitfahrer.

Abstammungslehre →Evolution

Addition →Grundrechenarten

Adenauer, Konrad
Der Politiker Konrad Adenauer (5.1.1876–19.4.1967) wurde in Köln geboren und wuchs dort auf. Sein ganzes Leben lang engagierte er sich in der →Politik und hatte viele verschiedene Ämter inne: Ab 1917 war er z. B. Oberbürgermeister von Köln. Nach

dem Zweiten →Weltkrieg prägte er den Aufbau der Bundesrepublik →Deutschland entscheidend mit. Ab 1945 war er Mitglied der CDU, deren Vorsitzender er dann auch von 1950 bis 1966 war. 1949 übernahm er das Amt des ersten deutschen →Bundeskanzlers, das er ununterbrochen 14 Jahre lang bis zu seinem Rücktritt ausübte. Von 1951 bis 1955 war er zugleich deutscher Außenminister.

Adenauer begann unter anderem diplomatische Beziehungen zu den →UdSSR und erreichte 1955 die Zusage, dass alle verbliebenen deutschen Kriegsgefangenen entlassen würden. Als großes Verdienst Adenauers gilt auch die Aussöhnung mit Frankreich unter dem Präsidenten de →Gaulle und die Stärkung der beidseitigen Freundschaft.

Ader
Die Blutgefäße im menschlichen Körper nennt man Adern. Es gibt davon drei Arten, die auch unterschiedlich aufgebaut sind. Die Schlagadern oder Arterien bringen das mit →Sauerstoff angereicherte →Blut vom →Herzen zu den →Organen. Da das Blut mit Druck durch sie hindurchgepumpt wird, sind ihre Wände widerstandsfähig und dehnbar.
In den feinen Haargefäßen oder Kapillaren gibt das Blut den Sauerstoff an die →Zellen ab. Im Gegenzug nimmt es →Kohlendioxid auf. Die Wände der Kapillaren sind sehr dünn, damit dieser Austausch möglich ist.
Das sauerstoffarme Blut fließt in den Blutadern oder Venen zum Herzen zurück. Vom Blutdruck ist in ihnen kaum etwas zu spüren, ihre Wände sind dünn und nicht besonders dehnbar. In ihrem Inneren haben die Venen Klappen, die verhindern, dass das Blut wieder zurückfließt.
Den gesamten Weg des Blutes durch den Körper nennt man →Blutkreislauf.
Auch in der Pflanzenwelt spricht man von Adern. Hält man ein Blatt gegen das Licht, sieht man Linien, die sich stark verästeln: die Adern.

Adler
Die Adler gehören zu den größten →Greifvögeln. Sie haben einen kräftigen Hakenschnabel, mit dem sie ihre Beute, kleine Säugetiere, Vögel, aber auch Fische, zerlegen. Adler sind ausgezeichnete Jäger, fressen aber auch →Aas. Sind sie auf Nahrungssuche, kreisen sie hoch in der Luft und stürzen sich dann blitzschnell auf ihre Opfer. Der Fischadler stößt sogar aus der Luft in das Wasser herab und packt die Fische mit seinen Fängen.
Leider sind die Adler heute schon ziemlich selten geworden. Bei uns kann man mit viel Glück in den →Alpen noch den Steinadler beobachten. Er hat eine Flügelspannweite von bis zu zwei Metern.

Steinadler

Adoption
Wenn jemand ein Kind adoptieren möchte, bedeutet das, dass er vor →Gericht ein fremdes Kind als sein eigenes annimmt. Es erhält dann den Familiennamen und hat dieselben Rechte wie ein leibliches Kind.
Von einer Adoption sind meistens Kinder betroffen, es können allerdings genauso auch Erwachsene adoptiert werden.

Advent
Der Advent beginnt vier Sonntage vor Weihnachten und gilt als besinnliche Zeit, in der die Menschen sich auf die Geburt →Jesu Christi am 24. Dezember vorbereiten sollen. Das Wort kommt aus dem Lateinischen und bedeutet „Ankunft“. Ein schöner Brauch ist das Aufstellen eines Adventskranzes mit vier Kerzen.

Affen
Die Affen gehören zu den →Säugetieren. Sie haben meist einen langen Schwanz und ein dichtes Fell. Mit ihren Händen und Füßen können sie sehr gut greifen. Viele Affen leben auf Bäumen. Sie können ausgezeichnet klettern und von Ast zu Ast springen. Am Boden laufen sie auf allen vieren, richten sich aber auf die Hinterbeine auf oder setzen sich hin, wenn sie etwas halten oder nehmen möchten. Affen leben meist in größeren Gruppen zusammen. Ihre bevorzugten Lebensräume sind in Afrika, Asien und Südamerika. In Europa gibt es lediglich in Südspanien Affen.
→Schimpansen, →Orang-Utans und →Gorillas gehören zu den Menschenaffen. In vielen Dingen weisen sie eine große Ähnlichkeit mit den Menschen auf.

Affen

Pavian

Rhesusaffe

Meerkatze

Orang-Utan

Gorilla

Afghanistan

Kontinent:	Asien
Fläche:	652.225 km^2
Einwohner:	18.879.000
Hauptstadt:	Kabul
Amtssprachen:	Paschtu Dari (Neupersisch)
Währung:	Afghani

Afghanistan ist eine gebirgige, schwer zugängliche →Republik. Sie liegt zwischen dem Iran und Pakistan. Die Sommer sind heiß, die Winter sehr kalt. Die Bevölkerung setzt sich überwiegend aus Paschtunen und Tadschiken zusammen. Sie betreibt vor allem Viehzucht und in den Tälern auch Ackerbau. Staatsreligion ist der →Islam.
Afghanistan ist seit 1973 eine Republik. Politische Machtkämpfe führten 1979 zu einem Bürgerkrieg, der sich durch das Eingreifen der →Sowjetunion noch verschärfte. 1989 zogen die sowjetischen Truppen wieder ab, die Unruhen dauern jedoch an.

Afrika

Der zweitgrößte →Kontinent der Welt ist Afrika. Er reicht zu beiden Seiten des →Äquators gleich weit nach Norden und Süden. In den Gebieten um den Äquator herrscht ein feuchtheißes →Klima vor, dort wächst tropischer →Regenwald. Weiter nach Norden und Süden erstrecken sich Hochebenen, die von Grassteppen, den →Savannen, bedeckt sind. Hier leben die meisten Tiere Afrikas, z. B. →Elefanten, →Löwen und →Zebras. Im Norden und Süden Afrikas gibt es →Wüsten. Nordafrika ist zu weiten Teilen von der größten Wüste der Erde, der →Sahara, bedeckt. Der höchste Berg Afrikas ist der Kilimandscharo in Tansania mit 5895 Metern. Die wichtigsten Flüsse sind der Kongo oder Zaire, der →Nil, der Niger und der Sambesi.
Die Bevölkerung Afrikas ist nach →Rasse, →Kultur und →Sprache sehr verschieden. Zum einen findet man die hellhäutigen Araber und Berber, dann Weiße, die ursprünglich aus Europa stammen, und schließlich die Schwarzafrikaner, die den Hauptteil der afrikanischen Bevölkerung ausmachen. Zahlreiche Länder Afrikas gehören zur →Dritten Welt. Große Teile ihrer Bevölkerung leben in Armut und können sich weder Schulbildung noch ausreichende medizinische Versorgung leisten.
Schon in der →Antike waren der Norden und der nordöstliche Teil Afrikas bekannt. Im →Mittelalter erkundeten dann Araber und Portugiesen die afrikanischen Küsten. Im 15. Jahrhundert kamen europäische Seefahrer nach Afrika und machten Jagd auf die dort lebenden Menschen, um sie als Sklaven in andere Länder zu bringen. Viele Schwarze, die heute noch in Amerika leben, sind Nachfahren dieser Sklavenarbeiter.
Im 19. Jahrhundert begannen dann europäische Staaten sich die afrikanischen Länder zu unterwerfen und als zu ihren Ländern gehörige →Kolonien aufzuteilen. Erst in den 50er- und 60er-Jahren des 20. Jahrhunderts wurden die meisten Kolonien wieder unabhängig.
Siehe auch Karte nächste Seite.

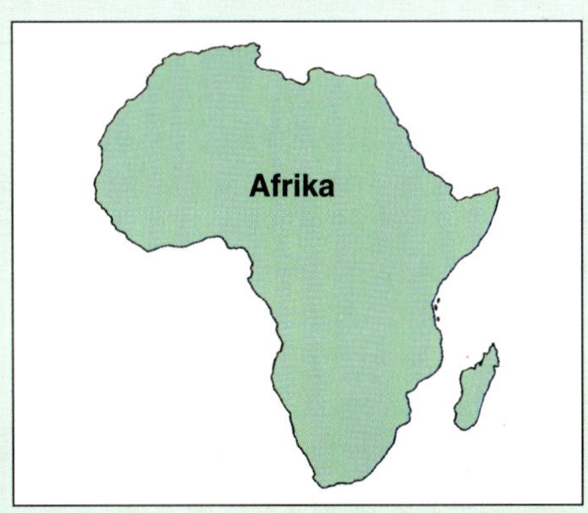

Fläche:	30.300.000 km^2
Einwohner:	670.000.000
Größtes Land:	Sudan
Kleinstes Land:	Seychellen

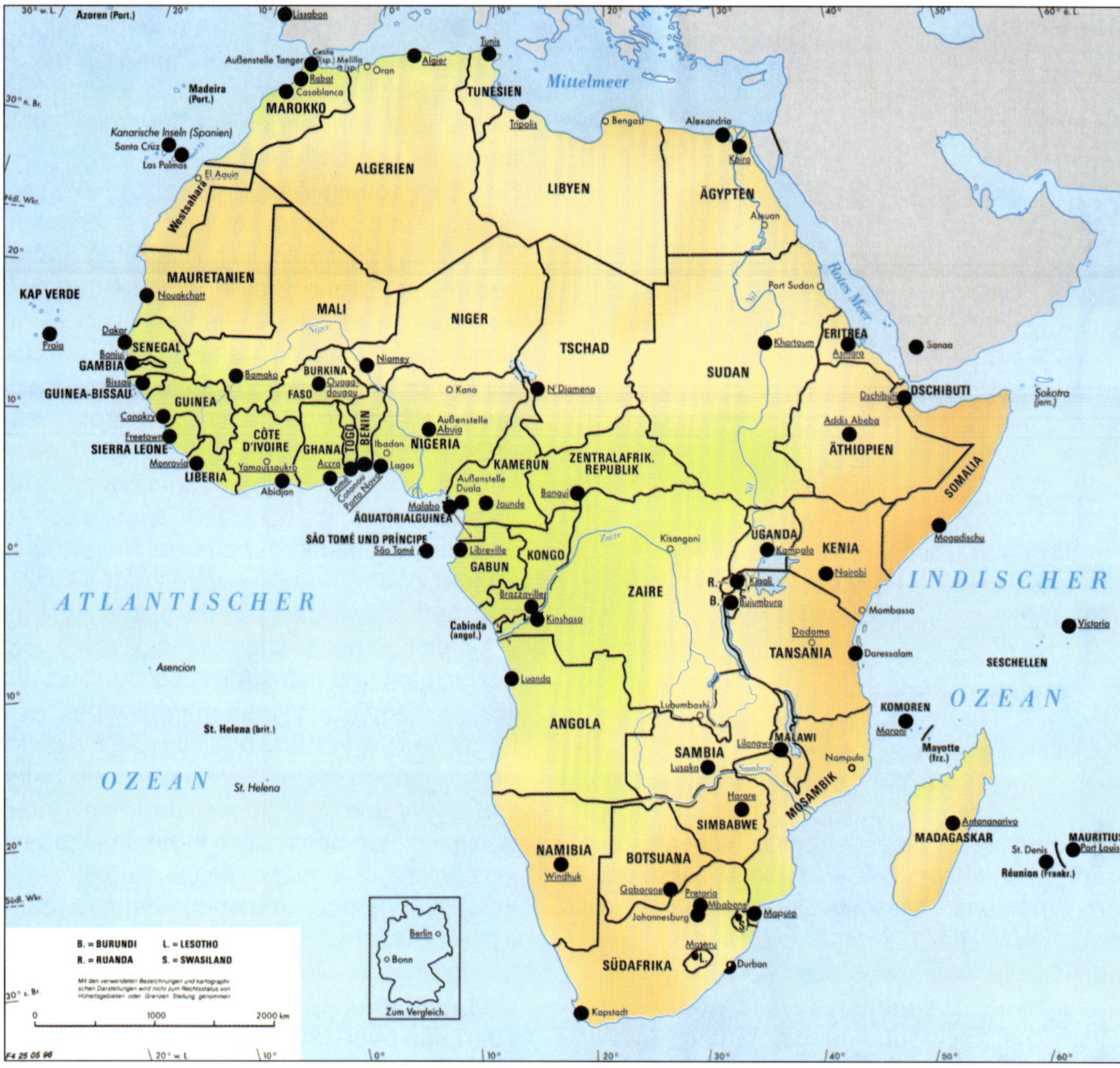

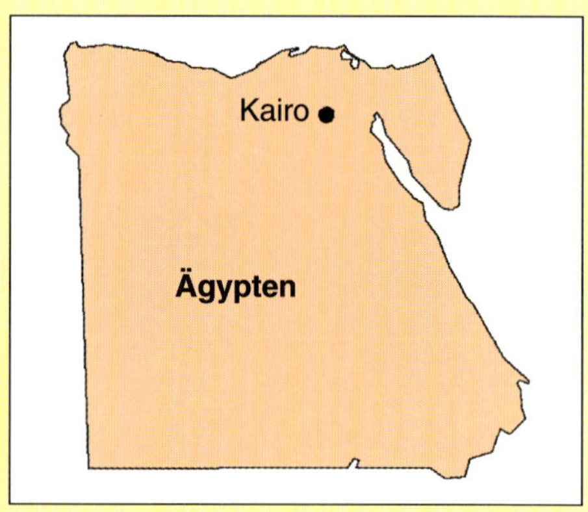

Ägypten

Der Staat Ägypten liegt in Nordafrika und grenzt an Libyen, das Mittelmeer, Israel, das Rote Meer und an den Sudan. Er ist größtenteils mit →Wüsten bedeckt. Die Sommer sind heiß und trocken, die Winter mild. Nur ein ganz kleiner Teil des Landes, das Niltal, das Nildelta und die →Oasen, sind für die →Landwirtschaft nutzbar. Es werden dort Baumwolle, Mais, Reis, Weizen und Zuckerrohr angebaut. Der Großteil der Bevölkerung sind Fellachen. Staatsreligion ist der →Islam.

Nach jahrelanger Fremdherrschaft, zuletzt durch Großbritannien, wurde Ägypten 1922 unabhängig. Immer wieder kam es zu kriegerischen Auseinandersetzungen mit →Israel, bis 1979 ein ägyptisch-israelischer Friedensvertrag geschlossen wurde. Die übrige arabische Welt lehnte diese Versöhnung ab und versuchte diplomatische und wirtschaftliche

Kontinent:	Afrika
Fläche:	997.739 km^2
Einwohner:	57.556.000
Hauptstadt:	Kairo
Amtssprache:	Arabisch
Währung:	Ägyptisches Pfund

Kontakte zu Ägypten zu vermeiden. Erst Ende der 80er–Jahre wurde diese →Isolation langsam gelockert.
→Ägypten, altes

Ägypten, altes
Um 3000 v. Chr. entstanden ein oberägyptisches und ein unterägyptisches Reich. Beide wurden etwa 2900 v. Chr. zu einem Reich vereinigt, das als Hauptstadt Memphis erhielt. Dieses Einheitsreich war aufgrund politischer Wirren immer in Gefahr, entwickelte sich aber schließlich zu einer bedeutenden Hochkultur. Die Geschichte des alten Ägypten wird in mehrere Zeiträume aufgeteilt:
In der Zeit des Alten Reiches (2850–2052 v. Chr.) wurden die berühmtesten →Pyramiden gebaut.

Bau der Pyramiden

Den ägyptischen Staat verwalteten Minister und Beamte, die dem König unterstanden. Die Bevölkerung musste Steuern zahlen. Die Ägypter glaubten, dass ihr oberster Herrscher, der Pharao, von einem ihrer Götter abstammt. Seit dem Aufkommen der Sonnenreligion galt der König als Sohn des Sonnengottes Re. Die Herrscherwürde wurde von Generation zu Generation weiter vererbt. Die Ägypter nahmen an, dass nach dem Tod ein Gericht über die Verstorbenen urteilt und ein anderes Leben beginnt. Sie legten den Toten z. B. Nahrungsmittel oder Schmuck in die Gräber in der Überzeugung, dass diese die Gaben in dem anderen Leben brauchen konnten. Wegen dieser kostbaren Grabbeigaben wurden viele Pharaonengräber später ausgeraubt.

Eine wichtige Errungenschaft der Ägypter war die Hieroglyphenschrift, eine Bilderschrift, die wir seit 1822 entziffern können.
In der Zeit des Mittleren Reiches (2052–1570 v. Chr.) wurde Ägypten durch den Bau von Befestigungsanlagen gesichert. Es entstanden große Tempelanlagen. Als neuer Reichsgott wurde Amun verehrt. Ägypten dehnte sich weiter aus, trieb regen Handel mit anderen Ländern und wurde sehr einflussreich. Aufgrund innenpolitischer Wirren wurde es dann geschwächt, sodass um 1650 v. Chr. eine fremde Volksgruppe, die Hyksos, einfallen konnte. Geschichtlich gesehen hatte dies keine größeren Auswirkungen, da sich die Hyksos der überlegenen ägyptischen Kultur anpassten.
Das Zeitalter des Neuen Reiches (1570–715 v. Chr.) ist gekennzeichnet durch die Vertreibung der Hyksos. Ägypten entfaltete sich wieder und wurde zu einer Weltmacht. Nach dieser Blütezeit begann die ägyptische Macht langsam zu zerfallen. Ägypten wurde immer wieder von fremden Völkern angegriffen und musste bis zum Beginn des →Mittelalters wechselnde Fremdherrschaften erdulden.

Ahorn
Der Ahorn ist ein →Laubbaum, der auf der nördlichen Erdhalbkugel in ungefähr 150 Arten vorkommt. Die →Früchte des Ahorns sehen aus wie ein Propeller. Bricht man sie in der Mitte auf, sind sie klebrig.

Spitzahorn (oben), Bergahorn (links unten), Feldahorn (Mitte unten)

Aids
Die Abkürzung Aids steht für einen englischen Ausdruck, der „erworbenes Immunschwächesyndrom“ bedeutet. Dahinter verbirgt sich eine gefährliche, ansteckende Krankheit, die erst seit 1980 richtig bekannt ist. Der Krankheitserreger ist ein →Virus, das HIV heißt. Dieses Virus befällt →Zellen, die für die →Immunität des Körpers, d. h. die Unempfindlichkeit gegen →Infektionen, zuständig sind. Der Kranke leidet daher immer wieder an Infektionskrankheiten. Das Virus wird hauptsächlich durch ungeschützten →Geschlechtsverkehr, das heißt ohne →Kondom, oder den Kontakt von verseuchtem mit eigenem →Blut übertragen. Mit einem Test kann ein Arzt feststellen, ob eine Person das Virus in sich trägt oder nicht.

Airbag
Das englische Wort „Airbag“ bedeutet „Luftsack“. Dieser Luftsack befindet sich in einem Fahrzeug nicht sichtbar im Lenkrad und eventuell auch auf der Beifahrerseite über oder anstelle des Handschuhfachs. Prallt ein →Auto auf ein Hindernis, bläst sich der Airbag in Sekunden wie ein Ballon auf und schützt auf diese Weise die vorne sitzenden Autoinsassen vor Verletzungen. Heute sind schon viele Fahrzeuge mit dieser Sicherheitsvorrichtung ausgerüstet.

Airport →Flughafen

Akne
Einige Menschen leiden, meist in der →Pubertät, unter Akne. Diese Hauterkrankung breitet sich vor allem im Gesicht, aber auch an Rücken und Brust aus. Es bilden sich eitrige, rötliche Knötchen, die nur sehr langsam abheilen.

Aktie
Die Aktie ist der Anteil an einem bestimmten Unternehmen: der Aktiengesellschaft (AG). Eine Aktie sieht wie eine Urkunde aus. Auf ihr steht ein Geldbetrag, der anzeigt, in welcher Höhe der Aktieninhaber am Grundkapital der AG beteiligt ist. Aktien werden an der →Börse gehandelt.

Akupunktur
Die Akupunktur ist eine sehr alte, chinesische Heilmethode. Die chinesische Originalbezeichnung lautet „Zhen Jiu“. Man versteht darunter das Nadelstechen und Räuchern mit Moxa (getrocknetes Beifußkraut). Jedem →Organ des Körpers sind bestimmte Stellen der →Haut zugeordnet. Treten körperliche Beschwerden auf, werden an den entsprechenden Hautstellen ganz dünne Metallnadeln in die Haut gestochen. Dadurch sollen Krankheiten und Leiden gelindert oder sogar ganz beseitigt werden.

Akustik
Die Akustik ist die Lehre vom →Schall. Beim Bau von Konzertsälen z. B. beschäftigen sich Spezialisten nur mit der Akustik, denn hier ist es besonders wichtig, dass die Zuhörer von allen Plätzen gleich gut hören können. Dazu muss man den Schall und die Ausbreitung des Schalls berücksichtigen.

Albanien

Kontinent:	Europa
Fläche:	28.748 km^2
Einwohner:	3.414.000
Hauptstadt:	Tirana
Amtssprache:	Albanisch
Währung:	Lek

Albanien ist ein kleines, gebirgiges Land, das an Griechenland, Mazedonien und Jugoslawien grenzt. An der Küste und im Hügelland sind die Sommer warm und trocken, die Winter mild und regenreich. Im übrigen Gebiet sind die Sommer heiß und die Winter kalt. Der Großteil der Bevölkerung sind Tosken. Sie leben hauptsächlich von der →Landwirtschaft. Albanien ist eines der ärmsten Länder Europas.

Seit 1946 wurde Albanien kommunistisch regiert und hatte bis 1960 ein enges Verhältnis zur →UdSSR, dann bis 1978 zu China. Reformbewegungen führten 1991 zur Loslösung vom →Kommunismus. Unzufriedenheit mit der Regierung lösten in der Folge große Unruhen im Land aus.

Alchimie

So hieß im →Mittelalter die →Wissenschaft, die wir heute →Chemie nennen. Die Alchimisten entdeckten viele chemische Reaktionen und erfanden auch Apparate, die für die heutige Chemie nach wie vor von Bedeutung sind. Zu ihrer Zeit war die Alchimie allerdings oft keine reine Wissenschaft, sondern sie vermischte sich zum Teil mit dem Glauben an Zauberei. Viele Alchimisten strebten beispielsweise danach, Gold zu gewinnen und die ewige Jugend zu erreichen.

Alexander der Große

Der große Feldherr und Eroberer lebte von 356 bis 323 v. Chr. Seit 336 v. Chr. war er König von Makedonien. Nach und nach unterwarf er sich viele Länder, bis sich sein Reich von Griechenland bis Indien erstreckte. Er gründete viele Städte und verbreitete

die griechische →Kultur. Von seinen Feldzügen brachte er umfangreiches Wissen über andere Länder und Völker mit. Mitten in den Vorbereitungen für neue Eroberungszüge starb Alexander sehr früh und überraschend mit 33 Jahren.

Algebra

Die Algebra ist ein Teilgebiet der →Mathematik. Sie befasst sich mit Rechenverfahren, die mathematische Gleichungen lösen.

Algen

Die Algen sind eine große Pflanzenfamilie, die hauptsächlich im Wasser vorkommt. Die verschiedenen Arten unterscheiden sich nach Größe, Gestalt und Farbe. Es gibt z. B. sehr kleine, einzellige Algen; die längste Meeresalge, ein Tang, wird dagegen bis zu 300 Meter lang. Algen sind Nahrung für viele Wassertiere. In Asien werden manche Algen aber auch von den Menschen gegessen. Eigentlich sind sie sehr gesund, da sie viel →Eiweiß enthalten. Auf unseren Speiseplänen haben sie sich allerdings noch nicht durchgesetzt.
Algen können für Fische, andere Meerestiere und Meerespflanzen zu einer Bedrohung werden, wenn sie sich übermäßig stark vermehren und als riesige Algenteppiche auf dem Meer treiben. Man spricht dann von einer Algenblüte oder Algenpest. Der Grund für diese Vermehrung ist die zunehmende Wasserverschmutzung. Die Algen finden zu viele Nährstoffe im Wasser und können sich daher ungestört ausbreiten.

Algerien

Der Staat Algerien liegt in Nordwestafrika und grenzt an Marokko, Mauretanien, Mali,

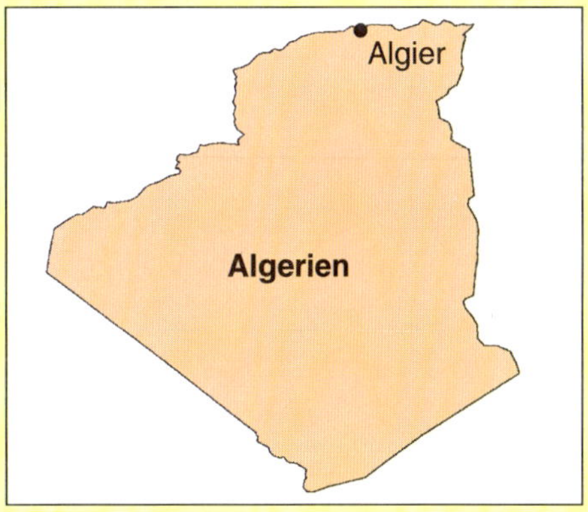

Kontinent:	Afrika
Fläche:	2.381.741 km^2
Einwohner:	27.325.000
Hauptstadt:	Algier
Amtssprache:	Arabisch
Währung:	Algerischer Dinar

Niger, Libyen und Tunesien. Die →Sahara bedeckt den größten Teil des Landes. Im Norden herrscht Mittelmeerklima, im Süden ist es sehr trocken und heiß. Die Bevölkerung setzt sich zum Großteil aus Arabern und Berbern zusammen. →Landwirtschaft wird vor allem an der Küste betrieben, Viehzucht im Gebirge.
Algerien ist erst seit 1962 unabhängig, vorher war es seit 1830 französische →Kolonie.

Alibi
Lateinisch „alibi" heißt übersetzt „anderswo". Ein Alibi ist der Beweis, dass sich ein Beschuldigter zur Tatzeit „anderswo", also nicht am Tatort aufgehalten hat.

Alkohol
Wenn wir von Alkohol sprechen, meinen wir meistens Getränke, die Alkohol enthalten. Alkohol ist eigentlich eine farblose Flüssigkeit, die in unverdünnter, reiner Form für den Menschen giftig wäre. Gewonnen wird sie durch die →Gärung von Zucker oder Stärke. Trinkt jemand viel Alkohol, wird er betrunken und verliert die Kontrolle über sich. Er beginnt dann zu torkeln, zu lallen oder andere auffällige Dinge zu tun.
Es gibt Menschen, die vom Alkohol abhängig werden, sie erliegen dem →Alkoholismus.
In der →Medizin wird Alkohol zur →Desinfektion oder zur Herstellung von Heilmitteln verwendet.

Alkoholismus
Viele Menschen trinken hin und wieder gerne →Alkohol, z. B. →Wein oder →Bier. Es gibt aber Menschen, die alkoholsüchtig werden, d. h. sie haben das Gefühl trinken zu müssen. Je länger diese Sucht andauert, desto schwieriger wird es für Alkoholiker ein normales Leben zu führen. Oft verändert sich durch den Alkohol auch ihr Charakter erheblich. Der vermehrte Genuss von Alkohol bedeutet außerdem eine große gesundheitliche Gefahr: Es kann zu Schäden an Leber, Magen, Herz oder Nieren kommen. Ohne fremde Hilfe gelingt es Alkoholikern selten, von der flüssigen →Droge loszukommen.

Allergie
Heutzutage reagieren immer mehr Menschen auf bestimmte Stoffe überempfindlich: Sie entwickeln eine Allergie. Diese kann sich ganz unterschiedlich äußern. Bei manchen Menschen kommt es zu Hautausschlägen, bei anderen zu Atembeschwerden oder Kopfschmerzen. Sehr weit verbreitet ist der so genannte Heuschnupfen. Das ist eine Allergie gegen bestimmte Pollenarten, die zu Juckreiz in Augen und Nase und zu einer vermehrten Schleimbildung in der Nase führt. Häufig treten auch Allergien gegen Nahrungsmittel, Waschmittel, →Metalle oder sogar gegen Hausstaub auf.

Alpen
Die Alpen sind das höchste →Gebirge Europas. Der höchste Berg ist der Mont Blanc mit 4807 Metern in Frankreich. Auch der höchste Berg Deutschlands, die Zugspitze (2962 Meter), gehört zu den Alpen. Die Alpen erstrecken sich bogenförmig über Italien, Frankreich, die Schweiz,

Die Zillertaler Alpen

Liechtenstein, Deutschland, Österreich und Slowenien. Der ganze Gebirgszug ist für Bergsteiger, Skifahrer und andere Bergsportler gut erschlossen. Der →Tourismus wird heute jedoch gerade von Umweltschützern sehr kritisch betrachtet, denn durch ihn ergeben sich viele Nachteile für die Natur und die Tierwelt.

Alphabet

Das griechische Alphabet

groß	klein	benannt	groß	klein	benannt
A	α	Alpha	N	ν	Ny
B	β	Beta	Ξ	ξ	Xi
Γ	γ	Gamma	O	o	Omikron
Δ	δ	Delta	Π	π	Pi
E	ε	Epsilon	P	ρ	Rho
Z	ζ	Zeta	Σ	σς	Sigma
H	η	Eta	T	τ	Tau
Θ	ϑ	Theta	Y	υ	Ypsilon
I	ι	Jota	Φ	φ	Phi
K	κ	Kappa	X	χ	Chi
Λ	λ	Lambda	Ψ	ψ	Psi
M	μ	My	Ω	ω	Omega

Das russische Alphabet

Druckschrift	Schreibschrift	gesprochen	benannt
А а	*А а*	a	а
Б б	*Б б*	b	бэ
В в	*В в*	w	вэ
Г г	*Г г*	g	гэ
Д д	*Д д*	d	дэ
Е е	*Е е*	e, je	е
Ё ё	*Ё ё*	o, jo	ё
Ж ж	*Ж ж*	sh	же
З з	*З з*	s	зэ
И и	*И и*	i	и
Й й	*Й й*	j	и краткое
К к	*К к*	k	ка
Л л	*Л л*	l	эль
М м	*М м*	m	эм
Н н	*Н н*	n	эн
О о	*О о*	o	о
П п	*П п*	p	пэ
Р р	*Р р*	r	эр
С с	*С с*	ss, s	эс
Т т	*Т т*	t	тэ
У у	*У у*	u	у
Ф ф	*Ф ф*	f	эф
Х х	*Х х*	ch	ха
Ц ц	*Ц ц*	z	це
Ч ч	*Ч ч*	tsch	че
Ш ш	*Ш ш*	sch	ша
Щ щ	*Щ щ*	schtsch	ща
ъ	*ъ*	—	твёрдый знак
ы	*ы*	y	еры
ь	*ь*	—	мягкий знак
Э э	*Э э*	e	э
Ю ю	*Ю ю*	ju	ю
Я я	*Я я*	ja	я

Dieses Wort kommt aus dem Griechischen und zwar von „alpha“ und „beta“, den ersten beiden Buchstaben des griechischen Alphabets. Es bezeichnet die Reihenfolge, in der die Buchstaben einer →Schrift aufgelistet werden. Unser deutsches Alphabet hat 26 Buchstaben, andere Völker haben andere Sprachen und Schriften und damit auch andere Buchstaben in ihrem Alphabet.

Alternative

Lateinisch „alternus“ heißt übersetzt „abwechselnd“. Eine Alternative ist eine von zwei Möglichkeiten: Wer sich entscheiden muss, ob er ins Kino oder zu einem Popkonzert geht, steht vor einer Alternative. Als „Alternative“ bezeichnet man in den westlichen Industriestaaten seit den 70er-Jahren auch Menschen, die im Bereich der →Wirtschaft, der →Gesellschaft und der →Politik eigene Organisationsformen entwickeln, da sie mit der bestehenden Industriegesellschaft nicht einverstanden sind und sich z. B. für den →Umweltschutz einsetzen.

Altertum →Antike

Aluminium

Das Aluminium ist ein silbrig glänzendes, sehr leichtes →Metall. Es rostet nicht und leitet sehr gut Wärme und Strom. Im Haushalt kennen wir es als Alufolie, es wird aber auch beim Flugzeugbau oder als Stromleiter verwendet.

Amateur

Das Wort „Amateur“ kommt ursprünglich aus dem Lateinischen und bedeutet eigentlich „Liebhaber“. Ein Mensch, der eine Tätigkeit gerne und oft ausübt ohne sie zum Beruf zu haben, ist ein Amateur. Es gibt z. B. viele Menschen, denen es Spaß macht zu kochen. Sie kochen in ihrer Freizeit, verdienen aber nicht ihr Geld damit. Im Gegensatz dazu gibt es Berufsköche, die in Gaststätten und Restaurants als so genannte „Profis“ gegen Bezahlung arbeiten.
Zwischen „Amateuren“ und „Profis“ wird heute vor allem im Sport unterschieden.

Amazonas

Der Amazonas ist nach dem →Nil der zweitgrößte →Fluss und der wasserreichste

Strom der Erde. Er liegt in →Südamerika, ist 6400 Kilometer lang und fließt durch Peru und Brasilien.

Ameisen

Die Ameisen sind →Insekten, die in Staaten zusammenleben. Manche Arten errichten hohe Bauten mit vielen Kammern, andere legen ihre Nester im →Boden an. In den Nestern leben die Männchen, die fruchtbaren Weibchen und die Arbeiterinnen, das sind geschlechtslos gewordene Weibchen, die sich um den Nestbau, die Ernährung und die Brutpflege kümmern. Es gibt eine ungeheuer große Zahl verschiedener Ameisenarten. Die Rote Waldameise z. B. lebt in unseren Wäldern und ernährt sich von Waldschädlingen. Sie ist daher sehr nützlich. In Südamerika leben die Blattschneiderameisen. Sie sammeln und zerschneiden Blätter, tragen sie in ihre Nester und züchten darauf →Pilze, die ihnen als Nahrung dienen.

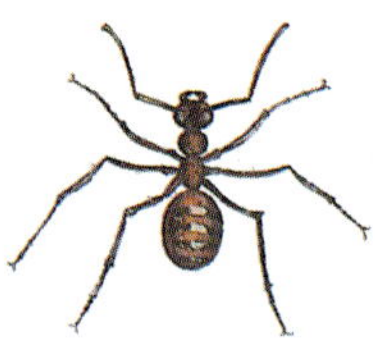

Rote Waldameise

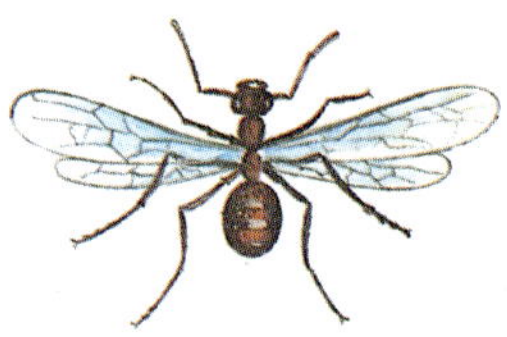

Königin der Roten Waldameise

Schwarze Wegameise

Schnitt durch ein Ameisennest, das in einem ausgehöhlten Baumstamm angelegt wurde.

Amerika

Fläche:	42.000.000 km^2
Einwohner:	740.000.000
Größtes Land:	Kanada
Kleinstes Land:	Saint Kitts u. Nevis

Der Doppelkontinent Amerika besteht aus →Nordamerika und →Südamerika. Sie sind durch eine Landbrücke, die wir Mittelamerika nennen, verbunden. Im Westen erstrecken sich von Nord nach Süd die Berge der →Rocky Mountains und der →Anden. Östlich schließen sich weite Tiefländer an. Amerika deckt alle Klimazonen vom polaren Norden über die →Tropen bis zur südlichen, gemäßigten Zone ab. Spricht man von Amerika, sind sehr oft die →USA gemeint.

Amerika wurde 1492 von Christoph →Kolumbus entdeckt, der eigentlich auf dem Weg nach Indien war. Er hielt Amerika für Indien und benannte deshalb die Ureinwohner „Indios“ und „Indianer“. Seinen Namen erhielt Amerika von dem italienischen Seefahrer Amerigo Vespucci (1451–1512). Er erkannte als Erster, dass die mittel- und südamerikanischen Küstengebiete nicht Asien, sondern einem neuen Kontinent angehören.

Amnesty International

Amnesty International ist eine 1961 in London gegründete Menschenrechtsorganisation für politische Gefangene. 1977 erhielt sie den Friedensnobelpreis. Die →Menschenrechte besagen, dass kein Mensch wegen politischer oder religiöser Ansichten oder der Zugehörigkeit zu einem bestimmten Volk verfolgt, gefoltert oder gefangen genommen werden darf. Dennoch geschieht dies immer wieder. Amnesty International setzt sich für diese Menschen ein.

Amöbe
Eine Amöbe ist ein →Einzeller, der ständig seine Form verändern kann. Die Amöben gehören zu den →Urtierchen, dem niedrigsten Tierstamm, den es gibt. Die meisten Amöben leben im Wasser, einige aber auch als →Schmarotzer im Tier- oder Menschendarm.

Amphibien
Die Amphibien oder Lurche sind Tiere, die sowohl im Wasser als auch an Land leben können. Sie legen →Eier, kommen meist im Wasser zur Welt und haben eine schleimige Haut, die feucht gehalten werden muss. Amphibien sind Wirbeltiere. So nennt man alle Lebewesen, die eine Wirbelsäule haben. Frösche, Kröten, Salamander und Molche gehören zu den Amphibien.

Feuersalamander

Amphitheater
Die Griechen und Römer der →Antike haben sehr viele schöne Theaterbauten hinterlassen. Eine weit verbreitete Bauform war das Amphitheater. In der Mitte ist ein ovaler Platz, auf dem die Schauspiele, wie Gladiatorenkämpfe, Seeschlachten und Tierhetzen,

Das Kolosseum in Rom

aufgeführt wurden. Diese so genannte Arena ist von stufenförmig ansteigenden Sitzreihen umgeben. Der ganze Bau ist nicht überdacht. Ein sehr gut erhaltenes und berühmtes Amphitheater ist das Kolosseum in Rom. Mit Platz für 50.000 Zuschauer ist es das größte der Welt.

Analphabet
Menschen, die weder lesen noch schreiben können, nennt man Analphabeten. Meist handelt es sich dabei um Bewohner sehr armer Länder, die schon als Kinder arbeiten müssen und es sich nicht leisten können zur Schule zu gehen. Erstaunlicherweise gibt es aber auch in Deutschland und in anderen Industrieländern eine ziemlich große Zahl von Analphabeten.

Anden
Die Anden sind ein über 7500 Kilometer langes →Gebirge, das an der Westseite →Südamerikas liegt. Es zieht sich von der Küste Venezuelas bis ganz in den Süden zum Kap Hoorn. Der höchste Berg ist mit 6958 Metern der Aconcagua.

Andersen, Hans Christian
Der dänische Dichter Hans Christian Andersen wurde am 2.4.1805 als Sohn eines Schuhmachers geboren. Mit 14

Jahren ging er nach Kopenhagen und lebte dort sehr arm. Durch die Unterstützung von Freunden gelang es ihm, sich ganz der

Schriftstellerei zu widmen: Er schrieb →Romane, Theaterstücke und Reisebeschreibungen. Bekannt wurde er jedoch vor allem durch die 1835 erschienenen „Märchen und Geschichten“, dazu gehören z. B. „Die Prinzessin auf der Erbse“, „Der standhafte Zinnsoldat“ oder „Das hässliche Entlein“. Am 4.8.1875 starb Andersen in Kopenhagen.

Andorra

Kontinent:	Europa
Fläche:	468 km^2
Einwohner:	64.000
Hauptstadt:	Andorra la Vella
Amtssprache:	Katalanisch
Währung:	Französischer Franc Spanische Peseta

Andorra ist ein sehr kleines Land, das in den östlichen →Pyrenäen zwischen Spanien und Frankreich liegt. Niederschläge verteilen sich über das ganze Jahr. Die vorwiegend katholische Bevölkerung setzt sich vor allem aus Katalanen, Spaniern und Franzosen zusammen. Wichtigster Wirtschaftszweig ist der →Tourismus.
Erst 1993 bekam Andorra eine eigene →Verfassung, vorher unterstand es seit 1278 der Herrschaft des französischen Staatspräsidenten und des katholischen Bischofs aus dem spanischen Séo de Urgel. Diesen beiden Instanzen bleibt heute nur noch eine reine Repräsentationsrolle.

Anekdote

Die Anekdoten handeln meist von berühmten Persönlichkeiten. Es sind kurze Erzählungen mit einem überraschenden Schluss, die von einem bemerkenswerten Ereignis oder einem für eine Person kennzeichnenden Ausspruch berichten.

Angola

Kontinent:	Afrika
Fläche:	1.246.700 km^2
Einwohner:	10.674.000
Hauptstadt:	Luanda
Amtssprache:	Portugiesisch
Währung:	Kwanza Reajustado

Angola ist ein Staat an der südlichen Westküste Afrikas, der an den Atlantischen Ozean, Kongo, Zaire, Sambia und Namibia grenzt. Das →Klima ist tropisch. Die Bevölkerung setzt sich aus ungefähr 100 verschiedenen Stämmen zusammen. Angola besitzt zahlreiche →Bodenschätze wie Erz oder Erdöl, in der →Landwirtschaft wird vor allem Kaffee angebaut.
Von 1951 bis 1975 war Angola eine portugiesische →Kolonie. Seit der Unabhängigkeit herrschte in Angola jedoch Bürgerkrieg. 1991 gab es einen ersten und 1994 nach dem Aufflammen erneuter Unruhen einen zweiten Friedensvertrag zwischen der Regierung und den Rebellen. Der Krieg hat die →Wirtschaft Angolas schwer geschädigt, viele Menschen sind auf Hilfe aus dem Ausland angewiesen.

Antarktis

Der →Kontinent Antarktika oder Antarktis umfasst alle Land- und Meeresgebiete um den Südpol. Er liegt auf der Erdkugel genau gegenüber dem Nordpolargebiet, der

→Arktis. In der Antarktis oder dem Südpolargebiet herrschen eisige Temperaturen, die tiefste bisher gemessene Temperatur betrug –88,3 Grad Celsius. In der Antarktis leben kaum Menschen, wenn, dann sind es vor allem Wissenschaftler, die sich zu Forschungszwecken dort aufhalten. Es gibt wenige Pflanzen, nur einige →Flechten und →Moose, und auch die Tierwelt ist eher spärlich vertreten. Das Land ist von einer im Durchschnitt 2500 Meter dicken Eisschicht bedeckt, nur vereinzelt ragen Gebirgszüge aus dem Eis. In der Antarktis gibt es viele verschiedene →Bodenschätze, z. B. Kohle, Kupfer und Eisen.
Wenn im Sommerhalbjahr die Mitternachtssonne scheint, ist es die ganze Zeit hell. Allerdings herrscht dann auch wieder fast ein halbes Jahr lang die Polarnacht, in der die Sonne unter dem →Horizont bleibt.
Der britische Entdecker James →Cook umsegelte von 1772 bis 1775 erstmals das antarktische Festland. 1911 erreichte dann der Norweger Roald Amundsen (1872–1928) als Erster den Südpol.

Fläche: 14.000.000 km^2

Antenne
Wenn wir Rundfunk- oder Fernsehsendungen empfangen wollen, brauchen wir eine Antenne. Die Antenne nimmt die elektromagnetischen →Wellen auf, die von der Antenne des Senders ausgestrahlt werden. Es gibt ganz verschiedene Formen von Antennen, z. B. Stabantennen oder Parabolantennen.
Die Fühlerpaare am Kopf von →Insekten, Krebstieren und Tausendfüßern heißen ebenfalls Antennen.

Antibiotika
Die Antibiotika sind Stoffe, die krankheitserregende →Bakterien oder →Pilze bekämpfen oder ganz abtöten. Die →Medizin setzt sie gegen so schwere Krankheiten wie Lungenentzündung oder Tuberkulose ein. Der Engländer Alexander Fleming (1881–1955) fand 1928 das erste Antibiotikum, das Penizillin. Seitdem haben viele Menschen dank der Antibiotika Krankheiten überlebt, an denen sie früher gestorben wären. Leider können Bakterien auch resistent gegen Antibiotika werden, d. h. sie lassen sich nicht mehr durch diese Stoffe abtöten. So kommt es immer wieder dazu, dass ein Antibiotikum nicht mehr wirkt und deshalb ein anderes verwendet werden muss.

Antike
Bereits vor etwa 5000 Jahren entwickelten sich in einigen Ländern die ersten Hochkulturen. Es entstanden große Städte und die Völker besaßen ihre eigene →Kultur, Baukunst, →Wissenschaft und →Religion. Zu den wichtigsten Völkern des Altertums gehörten die Sumerer, die im Zweistromland lebten. Dieses Gebiet liegt heute im Irak und in Syrien. Daneben waren vor allem die Babylonier, die Assyrer, die Perser und die Ägypter von Bedeutung. Dank der →Archäologie wissen wir heute ziemlich viel über die vergangenen Zeiten und Völker.
Wenn von der Antike gesprochen wird, ist selten das gesamte Altertum gemeint, sondern meistens nur die Zeit der alten →Griechen und →Römer ab etwa 2500 v. Chr. Heute existieren noch viele Überreste,

Eingang zum Theater von Priene (147 v. Chr.)

Bauwerke und schriftliche Aufzeichnungen, die uns die Möglichkeit geben, uns ihr Leben in etwa vorzustellen. Mit dem Ende des Römischen Reiches (476 n. Chr.) endet auch der Zeitraum der Antike.

Antilopen
Die Antilopen sind schlanke, sehr flinke →Huftiere mit Hörnern. Sie kommen vor allem in Afrika und Asien vor. Leben sie in der →Steppe, treten sie in größeren Herden auf, in Wald und Busch bilden sie kleinere Gruppen. Sie sind reine Pflanzenfresser.

Großer Kudu

Antisemitismus
Als Antisemitismus bezeichnet man die Verfolgung oder alle feindseligen Einstellungen und Verhaltensweisen gegenüber dem jüdischen Volk. Schon im →Mittelalter wurden →Juden aus angeblich religiösen, in Wahrheit oft aber aus wirtschaftlichen Gründen verfolgt. Zu einem Höhepunkt des Antisemitismus kam es im →Nationalsozialismus. In dieser Zeit wurden fünf bis sechs Millionen Juden ermordet. Auch in der heutigen Zeit gibt es immer wieder Menschen, die Vorurteile gegen das jüdische Volk hegen.

Apartheid
Die →Politik der Rassentrennung, die lange Zeit in →Südafrika betrieben wurde, nennt man Apartheid. Die weiße Minderheit der Bevölkerung besaß wesentlich mehr Rechte als die schwarze Mehrheit. Es gab z. B. Schulen, an denen nur weiße Kinder aufgenommen wurden. Die Proteste der schwarzen Bevölkerung gegen die Ungerechtigkeiten wurden unterdrückt und immer wieder streng bestraft. Die Politik der Apartheid wurde weltweit abgelehnt und 1993 schließlich offiziell abgeschafft.

Apostel
Jesus Christus sammelte zwölf Männer um sich, die nach seinem Tod seine Botschaft weiter unter die Menschen verbreiten sollten: Andreas, Bartholomäus, Jakobus der Jüngere, Jakobus der Ältere, Johannes, Judas Ischariot, Judas Thaddäus, Matthäus, Petrus, Philippus, Simon und Thomas. Diese Männer bezeichnet man als Apostel nach dem griechischen Wort für „Bote, Abgesandter".
→Jesus Christus

Appartement
Die Bezeichnung „Appartement" oder „Apartment" geht auf das lateinische Wort „pars" für „Teil" zurück. Ursprünglich verstand man darunter eine Wohnung mit mehreren Zimmern. Heutzutage nennt man hauptsächlich Einzimmerwohnungen Appartements.

Aquarium
Ein Aquarium ist ein gläserner Behälter, in dem →Fische und andere Wassertiere gehalten werden können.
Da man ihnen einen ähnlichen Lebensraum wie in Flüssen, Seen oder Meeren schaffen möchte, gibt man in ein Aquarium auch Wasserpflanzen, Sand, Steine oder Kies. Nicht alle Fische eignen sich als Aquarienfische: Bevor man ein Aquarium einrichtet, sollte man sich deshalb am besten von einem Tierhändler beraten lassen.

Aquarium

Einheimische Aquarienfische
Stichling
Plötze
Flussbarsch
Schlammpeitzker
Bitterling
Elritze
Rotfeder
Groppe
Tropische Aquarienfische
Neonsalmler
Goldfisch
Zebrabärbling
Blauer Prachtkärpfling
Viergürtelbarbe
Skalar
Sonnenbarsch
Schwertträger
Makropode
Guppy
Schleierkampffisch

Äquator

Der Äquator ist grundsätzlich eine gedachte Linie um den Umfang einer Kugel, die diese in zwei gleiche Teile teilt („Äquator" kommt aus dem Lateinischen und bedeutet „Gleichmacher"). Spricht man vom Äquator, meint man aber eigentlich den größten →Breitenkreis der Erde. Er ist eine gedachte, 40.077 Kilometer lange Linie, die die Erdkugel in zwei Hälften teilt: die Nordhalbkugel oder Nordhemisphäre um den Nordpol und die Südhalbkugel oder Südhemisphäre um den Südpol. Stellt man sich diese Linie als Scheibe vor, würde sie senkrecht auf der Erdachse stehen.

Könnte ein Auto längs des Äquators einmal um die Erde fahren, wäre es bei einer Geschwindigkeit von 100 km/h über einen halben Monat lang Tag und Nacht unterwegs.

Längenkreise verlaufen von Pol zu Pol, sie sind alle gleich lang. Die Breitenkreise sind verschieden lang. In der Nähe der Pole sind sie am kleinsten, zum Äquator hin werden sie größer. Der größte Breitenkreis ist der Äquator.

Arbeiterbewegung

Als Arbeiterbewegung bezeichnet man die seit dem 19. Jahrhundert auftretenden Bemühungen der Arbeiter zur Verbesserung ihrer Lebens- und Arbeitsbedingungen. Infolge der Industrialisierung nahm die Zahl der Arbeiter im 19. Jahrhundert gewaltig zu. Sie mussten allerdings meist unter sehr schlechten Bedingungen arbeiten und hatten wenig Möglichkeiten sich gegen ihre Arbeitgeber durchzusetzen. Erst langsam fanden die Arbeiter zu einer gemeinsamen Bewegung zusammen, die mehr Macht als der Einzelne ausüben konnte. Seit 1863 gab es erste Zusammenschlüsse und bald darauf die ersten →Gewerkschaften.

In Crimmitschau streiken Arbeiter für bessere Arbeitsbedingungen in der Textilindustrie (1903/04).

Die geistige Grundlage der Arbeiterbewegung bildeten die Theorien des →Sozialismus, besonders die Lehren von Karl →Marx. Die Arbeiterbewegung bildete sich in den verschiedenen Ländern je nach deren industrieller Entwicklung und der politischen Situation unterschiedlich aus. In Deutschland entwickelte sich z. B. die Sozialdemokratische Partei Deutschlands (SPD), die auch heute noch die →Politik mitbestimmt. Unterstützt und getragen wurde die Arbeiterbewegung von den Arbeiterparteien, der Sozialdemokratie, den Gewerkschaften, den →Genossenschaften und den Arbeitervereinen. Im →Kommunismus ist die Arbeiterbewegung eigene, radikale Wege gegangen und hat sich durch die sozialistischen →Parteien zu einem politischen Machtfaktor entwickelt.

Arbeitslosigkeit

Heutzutage trifft man immer öfter auf Menschen, die ihre Arbeitsstelle verloren haben und sich schwer tun neue Arbeit zu finden. Es gibt viele Gründe dafür. Meist bringt die wirtschaftliche Situation Betriebe dazu, ihre Arbeiter und Angestellten zu entlassen oder niemanden neu einzustellen. Oft übernehmen auch Maschinen die Tätigkeit, für die bisher Menschen zuständig waren. Genauso kann es aber auch sein, dass jemand eine Ausbildung hat, die in der heutigen Zeit nicht mehr gefragt ist.

Für die Betroffenen ist die Arbeitslosigkeit, gerade wenn sie länger andauert, eine sehr schwere und entmutigende Zeit. Unterstützt werden Arbeitslose durch die Arbeitsämter. Diese versuchen, die Arbeit Suchenden zu vermitteln oder über Umschulungen neue berufliche Möglichkeiten zu eröffnen. Die meisten Arbeitslosen bekommen eine bestimmte Zeit Arbeitslosengeld und danach Arbeitslosenhilfe.

Archäologie
Wissenschaftler, die sich mit der Archäologie beschäftigen, versuchen das Leben, die →Kultur und die →Geschichte vergangener Völker möglichst genau zu erforschen. Dazu untersuchen sie alle Spuren und Funde, die sie z. B. durch Ausgrabungen erhalten. Münzen, schriftliche Aufzeichnungen, Stoffreste, Baumaterialien, winzige Überreste von Nahrungsmitteln oder Gefäßen etc. liefern den Archäologen wichtige Informationen über die Menschen der Vergangenheit und deren Lebensform.

Architekt
Das Wort kommt aus dem Griechischen und bedeutet „Baumeister". Ein Architekt plant und betreut den Bau verschiedenster Bauwerke. Architekten können sich spezialisieren: Innenarchitekten gestalten dann Wohnungseinrichtungen oder Gartenarchitekten Gartenanlagen.
Architekten erwerben ihr Wissen durch ein Studium an einer →Hochschule oder Fachhochschule.

Architektur
Die Kunst, Gebäude zu entwerfen und zu bauen, heißt Architektur. Sie war bereits im alten Ägypten und in der →Antike hoch entwickelt. Bis zur heutigen Zeit haben sich innerhalb der Architektur immer wieder verschiedene Baustile gebildet, z. B. die →Romanik, die →Gotik, die →Renaissance und das →Barock. Der modernen Architektur haben Verbesserungen im Bereich der Technik und neue Materialien neue Möglichkeiten eröffnet.

Berühmte Bauwerke

Pyramiden in Ägypten

Tempel auf der Akropolis bei Athen

Peterskirche in Rom

Eiffelturm in Paris (300m)

Kronentor des Zwingers in Dresden

Kölner Dom

Basiliuskathedrale in Moskau

Brandenburger Tor in Berlin

Argentinien

Kontinent: Amerika
Fläche: 2.766.889 km²
Einwohner: 34.180.000
Hauptstadt: Buenos Aires
Amtssprache: Spanisch
Währung: Peso

Argentinien ist ein Staat in Südamerika, der an den Pazifischen Ozean, Chile, Bolivien, Paraguay, Brasilien, Uruguay und den Atlantischen Ozean grenzt. Im Westen liegt ein Hochgebirge, die →Anden. Weiter östlich folgen Vorgebirge und dann die Steppenebene der Pampas. Im Norden befindet sich ein flaches Busch- und Waldtiefland. Das →Klima ist überwiegend gemäßigt-warm. Die Bevölkerung besteht vor allem aus Weißen. In Argentinien spielt Viehzucht eine große Rolle. Die →Landwirtschaft ist aufgrund der industriellen Entwicklung zurückgegangen. Die Europäer entdeckten 1516 Argentinien und gliederten es dem spanischen Peru an. 1816 wurde der Staat unabhängig, 1853 wurde er eine →Republik. 1943 übernahm das Militär mit Unterbrechungen bis 1983 die Macht. Die Niederlage im Falklandkrieg, den Argentinien mit Großbritannien 1982 führte, leitete die Rückkehr zu einer demokratischen Regierungsform ein.

Arktis

Das Gebiet rund um den Nordpol nennt man Nordpolargebiet oder Arktis. Zur Arktis gehören von den Festländern Teile Kanadas, Alaskas, Russlands, Norwegens, Finnlands und Schwedens sowie Grönland, viele kleinere Inseln und an der Grenze zur gemäßigten Zone Island. Das Nordpolarmeer ist etwa 14.000.000 km² groß und bis zu 5000 Meter tief. Es ist fast das ganze Jahr über mit Eis bedeckt. Das Festland taut nur im Sommer etwas an der Oberfläche auf. Die Temperaturen in der Arktis liegen im Sommer durchschnittlich bei knapp über 0 Grad Celsius (°C), im Winter bei –30 bis –35°C. Über dem Polarmeer wird es selten wärmer als –45°C. In der Arktis gibt es nur wenige Menschen, z. B. →Eskimos und Lappen. Sie leben von der Jagd und dem Fischfang. Die Arktis ist allerdings reich an Tieren, man findet dort Eisbären, Eisfüchse, Rentiere, →Robben und →Wale. Wie in der →Antarktis herrscht in der Arktis fast ein halbes Jahr die Polarnacht, in der die Sonne nie richtig aufgeht. Zur Zeit der Mitternachtssonne bleibt es dagegen lange Zeit hell. In der Arktis gibt es viele →Bodenschätze, wie z. B. Kohle, Gips, Zink, Kupfer und Erdöl.

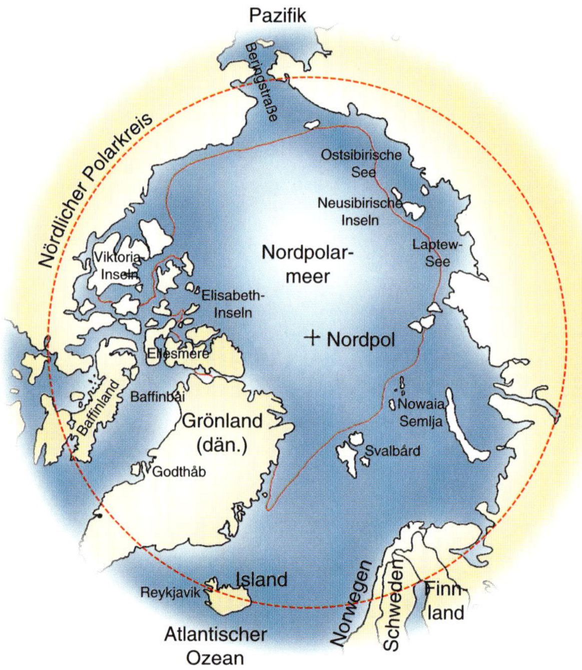

Fläche: 26.400.000 km²

Armenien

Die →Republik Armenien liegt zwischen Georgien, Aserbaidschan, Iran und der Türkei. Die Sommer sind dort heiß, die Winter kalt. Die Bevölkerung, zum Großteil Armenier, betreibt vor allem →Landwirtschaft und Kupferbergbau.
Seit 1936 gehörte Armenien zur →UdSSR. 1991 wurde es unabhängig und ist nun Mitglied der →GUS.

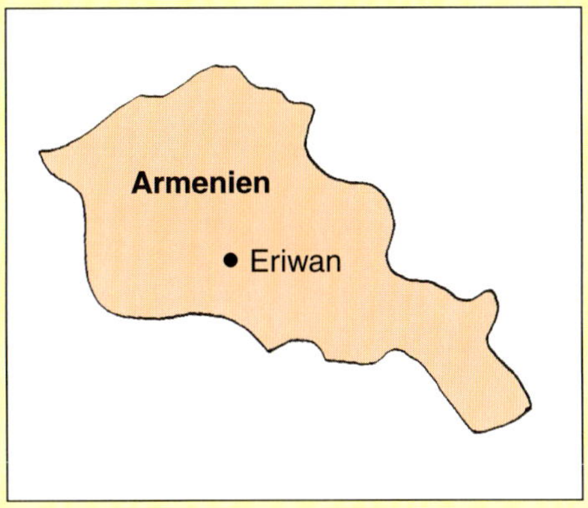

Kontinent:	Asien
Fläche:	29.800 km^2
Einwohner:	3.773.000
Hauptstadt:	Eriwan
Amtssprache:	Armenisch
Währung:	Dram

Arzneimittel →Medikamente

Arzt

Ein Arzt ist ein Heilkundiger. Bevor er seinen Beruf ausüben kann, muss er erst eine gesetzlich vorgeschriebene Ausbildung durchlaufen und eine „Genehmigung" (Approbation) vom Staat erhalten. Der Arzt hat die Aufgabe, bestehende Krankheiten zu erkennen und zu behandeln, drohenden Krankheiten z. B. durch Beratung vorzubeugen und die Genesung von kranken Menschen zu unterstützen. Fachärzte haben sich durch Weiterbildung auf einem Gebiet spezialisiert: Bei Sehstörungen geht man zum Augenarzt, bei Rückenproblemen zum Orthopäden.

Der Äskulapstab ist das Zeichen des Arztes.

Asbest

Der Asbest ist ein faseriges →Mineral, das sehr biegsam und widerstandsfähig gegen Hitze und schwache →Säuren ist. Früher wurde es oft verwendet, um feuerfeste Gewebe zu erstellen. Seitdem aber bekannt wurde, dass Asbest →Krebs erregend ist, wird es viel weniger verwendet.

Aserbaidschan

Die→Republik Aserbaidschan liegt zwischen Russland, dem Kaspischen Meer, Iran, Armenien und Georgien. In einigen Teilen Aserbaidschans herrscht subtropisches →Klima, ansonsten Halbwüsten- oder Steppenklima. Wirtschaftlich bedeutend sind die →Land- und Forstwirtschaft. Die meisten Einwohner sind Aserbaidschaner.
Seit 1936 gehörte Aserbaidschan zur →UdSSR. 1991 wurde es unabhängig und ist nun Mitglied der →GUS.

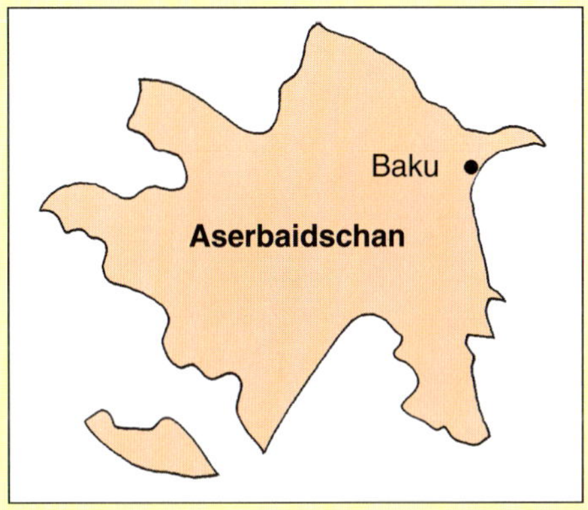

Kontinent:	Asien
Fläche:	86.600 km^2
Einwohner:	7.472.000
Hauptstadt:	Baku
Amtssprache:	Türkisch
Währung:	Manat

Asien

Der größte →Kontinent der Erde ist Asien. Er umfasst ganz unterschiedliche Klimabereiche. Nordasien ist ein sehr kaltes Gebiet, in Südasien dagegen gibt es heiße Zonen, die →Tropen. In Asien liegt das höchste Gebirge der Erde, der →Himalaya. Dazu gehört auch der höchste Berg der Erde, der Mount Everest mit 8872 Metern. Zwischen den gebirgigen Landschaften breiten sich riesige Hochländer aus, z. B. das Hochland von Tibet. Zu den größten Flüssen gehören der Huang He, der Jangtsekiang, der →Ganges, der Indus, der Euphrat und der Tigris. Mehr als die Hälfte der Weltbevölkerung lebt in Asien. Am dichtesten besiedelt sind Vorderindien, China und die japanischen Hauptinseln. Der Großteil der Bevölkerung gehört der mongolischen Rasse an. Viele asiatische Länder

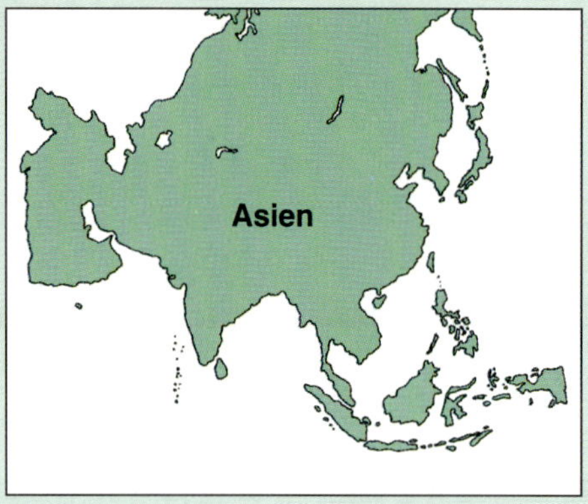

Fläche:	44.418.500 km^2
Einwohner:	3.300.000.000
Größtes Land:	Russland
Kleinstes Land:	Malediven

zählt man zur →Dritten Welt. In Asien gibt es zahlreiche verschiedene Tierarten, z. B. Pandas, →Affen, →Antilopen und →Wölfe. Alle großen →Religionen der Welt sind in Asien vertreten. Viele Staaten betreiben hauptsächlich →Landwirtschaft, sie bauen zum Beispiel Tee, Reis oder Tabak an. In einigen Ländern wird versucht, die industrielle Entwicklung voranzutreiben. Einziges richtiges Industrieland ist Japan.
Schon den alten Griechen war Asien bis Indien bekannt. →Alexander der Große brachte von seinen Feldzügen viel Wissen mit. Danach drangen die Araber nach Asien vor. Ende des 13. Jahrhunderts zogen italienische Kaufleute wie Marco →Polo und päpstliche Gesandte ins Mongolenreich. 1498 landete Vasco da Gama (1468–1524) in Indien. Die Kolonialmächte Spanien, Holland, Portugal, England und Frankreich hielten bis ins 20. Jahrhundert →Kolonien in Asien.

Das Stecken der neuen Reissetzlinge ist eine sehr harte Arbeit, die hauptsächlich von Frauen erledigt wird.

Asthma
Menschen, die an Asthma leiden, bekommen immer wieder Anfälle, in denen sie nur schwer atmen können. Der Grund für diese Atemnot kann oft eine →Allergie gegen bestimmte Stoffe sein. Heutzutage gibt es zum Glück →Medikamente, die die Beschwerden der Asthmatiker lindern.

Astrologie
Schon sehr früh gab es gerade in China und Indien Menschen, die daran glaubten, dass die →Sterne das Geschehen auf der Erde und die Menschen beeinflussen. Die Personen, die diese angeblichen Einflüsse untersuchen und aufdecken, nennt man Astrologen, die Lehre Astrologie.
Die Astrologen beschäftigen sich auch mit der Erstellung von Horoskopen. Dabei werden den Menschen je nachdem, wann und in welchem der zwölf Tierkreiszeichen (Zwilling, Skorpion etc.) sie geboren sind, bestimmte Eigenschaften zugewiesen. Mittlerweile findet man in jeder Zeitschrift oder Zeitung Horoskope, die dem Einzelnen zudem vorgeben, wie er sich in einem bestimmten Zeitraum verhalten soll oder was er zu erwarten hat.
Naturwissenschaftlich gesehen ist die Astrologie sehr umstritten, sie gilt nicht als echte und ernst zu nehmende →Wissenschaft.

Die Tierkreiszeichen

Astronaut
Teilnehmer an einer →Weltraumfahrt nennt man Astronauten, in der früheren →UdSSR Kosmonauten. Ein sehr bekannter Astronaut ist der Amerikaner Neil Armstrong (geb. 1930). Er betrat 1969 als erster Mensch den Mond.

18 Minuten nach Armstrong betrat der Astronaut Edwin Aldrin den Mond. Im Visier seines Helms spiegelt sich die Gestalt Armstrongs, der dieses Foto machte.

Astronomie
Die Astronomie oder Himmelskunde beschäftigt sich mit der Erforschung des →Weltalls. Schon 3000 v. Chr. begannen Forscher aus China, Indien, Ägypten und Babylonien sich mit der →Sonne, dem →Mond und den →Sternen zu befassen. Von großer Bedeutung für die weitere Entwicklung der Astronomie war Nikolaus →Kopernikus, der herausfand, dass die →Erde um die Sonne kreist und damit nicht das Zentrum des Weltalls ist, wie bis dahin angenommen wurde.

Astronomische Instrumente

Mit der Armillarsphäre (oben links) stellte man die Haupthimmelskreise dar, mit dem Quadranten (oben rechts) bestimmte man die Gestirne und mit dem Astrolabium (unten Mitte) den Standort eines Gestirns.

Asyl
Unter Asyl versteht man zum einen allgemein einen Zufluchtsort für Verfolgte, zum anderen ein Heim, in dem hilfsbedürftige Menschen aufgenommen werden. Viele Menschen, die aus politischen oder religiösen Gründen verfolgt werden oder oft auch nur wirtschaftlicher Not entkommen wollen, suchen heute in anderen Ländern Zuflucht, also Asyl. In einem Asylverfahren wird dann geprüft, ob sie tatsächlich verfolgt und in ihren Ursprungsländern bedroht sind. Erst dann wird ihnen Asyl gewährt und sie dürfen in dem Land ihrer Wahl bleiben.

Atheist
Menschen, die keine →Religion haben und an keinen →Gott glauben, bezeichnet man als Atheisten.

Athen
Die Hauptstadt →Griechenlands ist Athen. Sie liegt am Saronischen Golf und hat 885.000 Einwohner; zählt man die städtische Umgebung und die sieben Kilometer entfernt gelegene Hafenstadt Piräus dazu, sogar 3.500.000 Einwohner. In der Stadt stehen viele bedeutende Sehenswürdigkeiten, die noch aus der →Antike stammen, z. B. die Akropolis. Die schönen Baudenkmäler und die zahlreichen Museen machen Athen zu einem viel besuchten Ziel von Griechenlandurlaubern. Das moderne Athen ist eine hektische Großstadt mit Hochschulen, Universität und viel Industrie.
Die Geschichte Athens ist schon sehr alt, den Höhepunkt seiner Macht erreichte es im 5. Jahrhundert v. Chr.

Die Akropolis

Nach dem allmählichen Niedergang der griechischen Weltmacht wurde Athen erst römische, dann byzantinische Provinzstadt. 1458 nahmen die Türken die Stadt ein. 1822 wurde Athen wieder von den Griechen, dann 1827 von den Türken und schließlich 1830 erneut von den Griechen erobert. Hauptstadt Griechenlands ist Athen seit 1834.
→Griechen, alte

Äthiopien

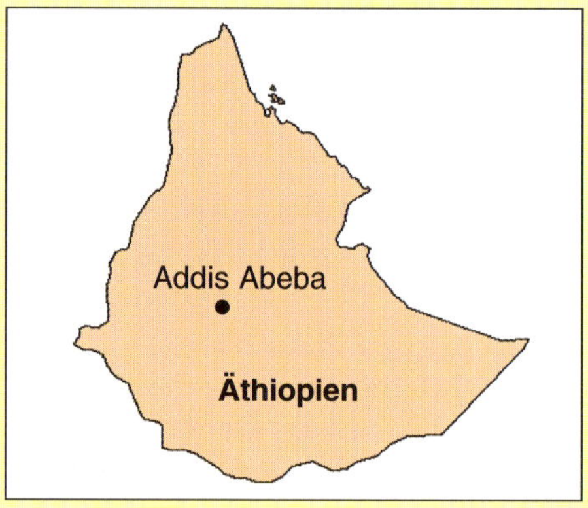

Kontinent:	Afrika
Fläche:	1.133.380 km^2
Einwohner:	53.435.000
Hauptstadt:	Addis Abeba
Amtssprache:	Amharisch
Währung:	Birr

Äthiopien ist ein gebirgiger Staat in Nordostafrika. Er grenzt an den Sudan, Eritrea, Dschibuti, Somalia und Kenia. Im Sommer ist dort →Regenzeit, die Winter sind dagegen sehr trocken. Ein Großteil der Bevölkerung, die sich vor allem aus Oromo und Amharen zusammensetzt, betreibt Ackerbau und Viehzucht. 1994 gab es im Süden des Landes eine lang anhaltende Dürre, die vielen Menschen das Leben kostete. Obwohl internationale Hilfsorganisationen Lieferungen mit Hilfsgütern nach Äthiopien brachten, konnte vielen Menschen nicht geholfen werden.
Äthiopien erlangte 1896 die Unabhängigkeit. 1974 übernahm das Militär die Macht und schaffte die bis dahin bestehende →Monarchie ab. Das endgültige Ende der Militärregierung kam 1991. Heute ist Äthiopien eine demokratische Bundesrepublik.

Atlas
Das Wort „Atlas“ hat mehrere Bedeutungen. Zum einen bezeichnet es ein Buch, in dem Karten der Länder und Erdteile dieser Erde zusammengefasst sind. Die Mehrzahl heißt Atlanten.
In Nordafrika gibt es zum anderen ein Gebirge, das Atlas heißt.
In der altgriechischen →Sage taucht außerdem ein Riese namens Atlas auf, der das Himmelsgewölbe auf seinen Schultern tragen muss.

Atmosphäre
Die →Erde ist von einer Lufthülle umgeben, die man Atmosphäre nennt. Sie besteht aus einem Gemisch verschiedener Gase, z. B. →Sauerstoff, →Stickstoff und →Kohlendioxid. Die Atmosphäre ist in mehrere Schichten unterteilt: Die Troposphäre reicht neun bis 17 Kilometer in die Höhe, dort finden die Wettervorgänge, die die Erde betreffen, statt. Die Stratosphäre erstreckt sich von 17 bis 50 Kilometer, die Mesosphäre von 50 bis 80 Kilometer, die Thermosphäre von 80 bis 500 Kilometer und die Exosphäre liegt darüber. Je höher man in der Atmosphäre kommt, desto dünner wird die Luft. Der Mensch braucht dann zum Atmen eine Atemmaske.
Den Begriff „Atmosphäre“ benutzt man auch im übertragenen Sinn, um die Stimmung zwischen Menschen zu beschreiben: Gehen Menschen freundlich miteinander um, herrscht eine gute Atmosphäre, streiten sie, eine gespannte Atmosphäre.
Übersicht siehe nächste Seite.

Atmung
Wenn der Mensch atmet, gelangt Luft durch den Nasenraum, den Kehlkopf und die Luftröhre in die →Lungen. Der →Sauerstoff strömt in die immer kleiner werdenden Verzweigungen der Lungen, bis er zu den Lungenbläschen kommt. Dort wird er an die roten Blutkörperchen abgegeben, die ihn durch den Körper transportieren. Umgekehrt gelangt das →Kohlendioxid über die roten Blutkörperchen in die Lungen und wird dann ausgeatmet.
Die Atmung kann in der Tierwelt auch auf andere Weise erfolgen: Viele niedere Tiere atmen durch die Haut, zahlreiche Wassertiere durch Kiemen, →Insekten durch Tracheen. Pflanzen wiederum nehmen den Sauerstoff durch Spaltöffnungen auf.
→Blutkreislauf

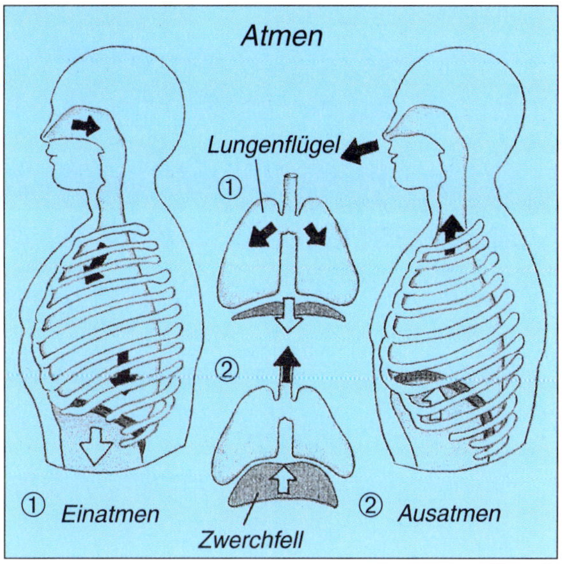

Atom
Jedes Ding auf der Welt ist aus unzähligen, winzig kleinen Teilchen zusammengesetzt, den Atomen. Der Durchmesser eines Atoms beträgt etwa 0,000.000.01 Zentimeter. Ein Atom besteht aus einem Atomkern und den →Elektronen, die sich um den Kern bewegen. Der Atomkern ist wiederum aus Protonen und Neutronen zusammengesetzt. Früher dachte man, dass Atome nicht mehr teilbar sind, daher stammt auch der Name (altgriechisch „unteilbar“). Heute weiß man jedoch, dass Atomkerne durch Beschuss mit Neutronen gespalten werden können. Als Folge dieser Spaltung kann es zu weiteren Spaltungen und dem Freisetzen von großen Mengen an →Kernenergie kommen.

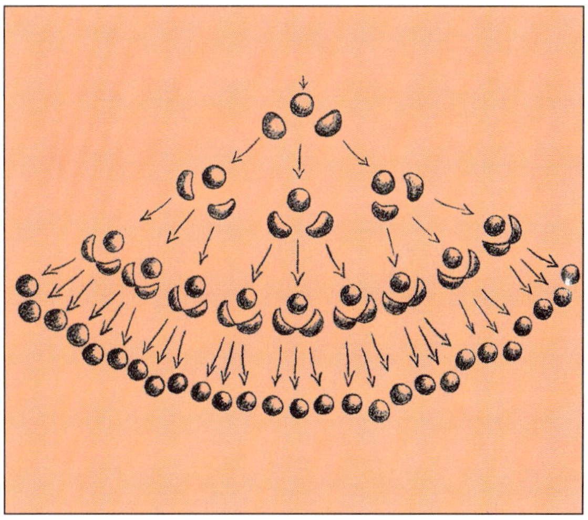

Eine Atomkernspaltungs-Kettenreaktion

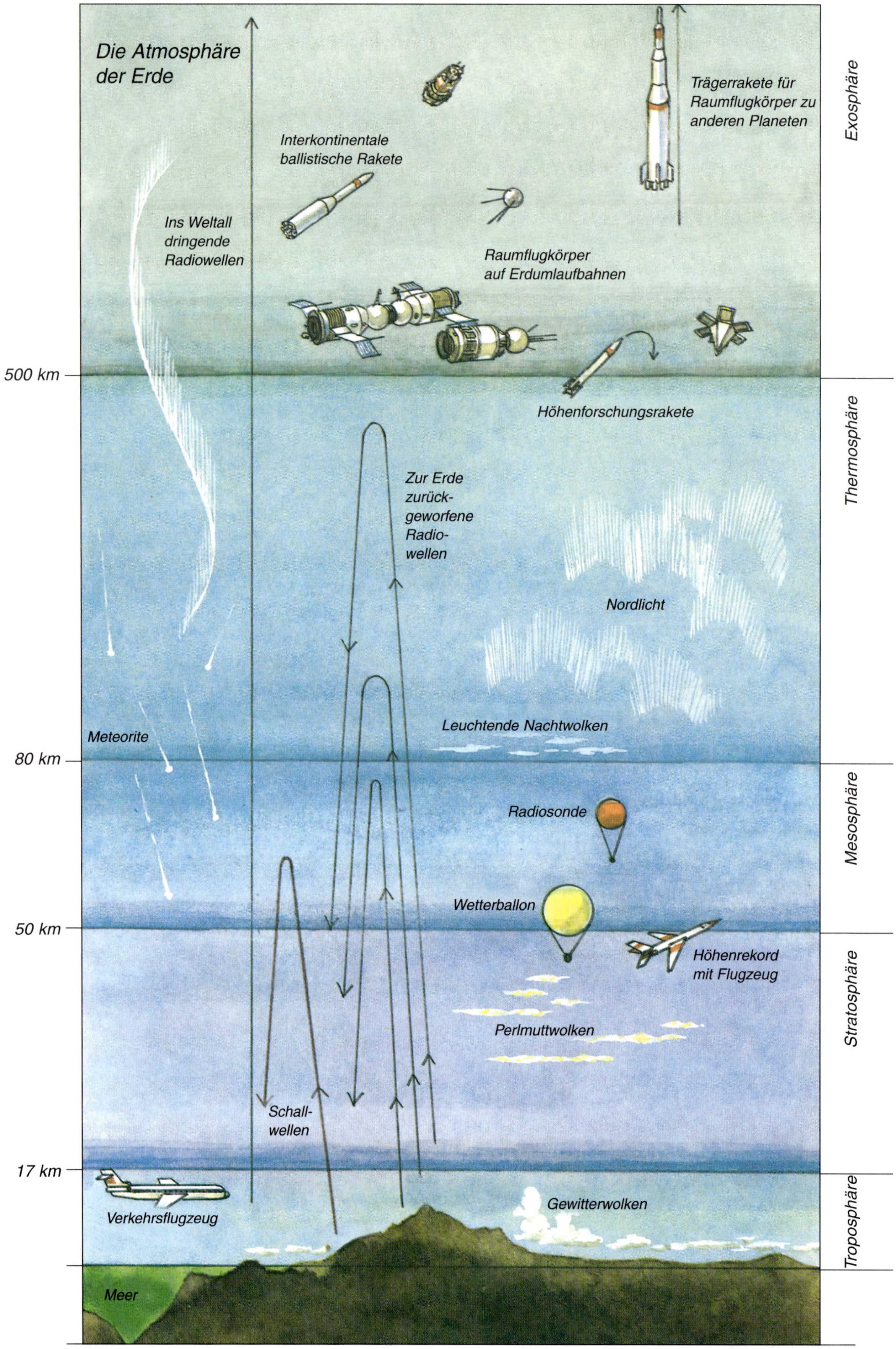
Die Atmosphäre der Erde
Trägerrakete für Raumflugkörper zu anderen Planeten
Interkontinentale ballistische Rakete
Ins Weltall dringende Radiowellen
Raumflugkörper auf Erdumlaufbahnen
Exosphäre
500 km
Höhenforschungsrakete
Thermosphäre
Zur Erde zurück-geworfene Radio-wellen
Nordlicht
Leuchtende Nachtwolken
Meteorite
80 km
Mesosphäre
Radiosonde
Wetterballon
50 km
Höhenrekord mit Flugzeug
Stratosphäre
Perlmuttwolken
Schall-wellen
17 km
Verkehrsflugzeug
Gewitterwolken
Troposphäre
Meer

Atomenergie →Kernenergie

Atomkraftwerk →Kernkraftwerk

Atommüll
In →Kernkraftwerken entstehen Abfallstoffe, die wegen ihrer schädlichen Strahlung sehr gefährlich sind. Dieser Atommüll wird in eigens dafür vorgesehenen →Deponien gelagert, vergraben oder versenkt. Aus Furcht vor den Folgen für Mensch und Natur gibt es von Seiten der Atomkraftgegner immer wieder Proteste gegen die Atommülldeponien und auch gegen die gefährlichen Transporte, mit denen der Müll dorthin gebracht wird. Die Atomkraftgegner fordern stattdessen einen Ausstieg aus der →Kernenergie und die vermehrte Nutzung anderer, ungefährlicher Energiearten.

Atomzeitalter
1945 wurde die erste Atombombe auf die japanische Stadt Hiroshima abgeworfen. Sie richtete entsetzliche Schäden an: Es gab tausende Tote und Verwundete. Auch heute noch leiden Menschen an den Folgen des Abwurfs. Die Zeitspanne von diesem traurigen Ereignis bis zur Gegenwart nennt man Atomzeitalter. Es ist durch die technische Nutzung der →Kernenergie gekennzeichnet.

Aufklärung
Im 17. und 18. Jahrhundert breitete sich von England über Frankreich und Deutschland in ganz Europa eine geistige Bewegung aus, die man „Aufklärung" nennt. Die Aufklärer glaubten daran, dass der Mensch mit Hilfe seiner Vernunft die richtigen Werte für sein Leben und für das gesellschaftliche Zusammenleben erkennen kann. Sie forderten deshalb den Einzelnen auf, vernünftig und klar zu denken, Mut zur Kritik zu zeigen und ein selbstbewusstes freies Denken zu entwickeln. Immanuel Kant (1724–1804), ein bedeutender deutscher Vertreter der Aufklärung, bezeichnet diese Bewegung als „Ausgang des Menschen aus seiner selbstverschuldeten Unmündigkeit". Der Gebrauch der Vernunft macht den Menschen demnach zu einem freien, selbst bestimmten Wesen.
Die Aufklärer kritisierten alle überkommenen Sitten, festgefahrene religiöse und gesellschaftliche Ansichten und Vorschriften und die kirchliche und staatliche Obrigkeit, die den Menschen bevormundet und am eigenen Denken hindert. Die Aufklärung entwickelte sich vor allem in Städten und Universitäten. Wichtige Vertreter waren: Voltaire (1694–1778), Jean Jacques Rousseau (1712–1778) und David Hume (1711–1776).

Aufrüstung →Abrüstung

Auge
Das Auge ist das Sinnesorgan, das für das Sehen zuständig ist. Es liegt gut geschützt in der knöchernen Augenhöhle. Die Augenlider, Wimpern, Augenbrauen und Tränendrüsen schützen das Auge vor Fremdkörpern wie z. B. Staub, die es stören oder verletzen könnten. Das Licht gelangt durch ein Loch in der verschieden gefärbten Iris oder Regenbogenhaut in das Augeninnere. Dieses Loch nennt man Pupille. Hinter der Pupille liegt eine Linse, durch die das Licht gebrochen wird. Auf der Netzhaut entsteht ein kleines, umgekehrtes Bild, das über den Sehnerv an das →Gehirn weitergegeben wird. Das Gehirn dreht das Bild wieder um und gibt dem Menschen die Meldung, was er sieht. Damit wir immer deutlich sehen, stellt sich das Auge auf unterschiedliche Lichtverhältnisse und die Entfernung des betrachteten Gegenstandes ein.
Nimmt ein Mensch etwas nur unscharf wahr, hat die Linse das Licht nicht richtig gebrochen: Die Person ist kurz- oder weitsichtig und benötigt eine Brille oder Kontaktlinsen, um diesen Sehfehler auszugleichen.

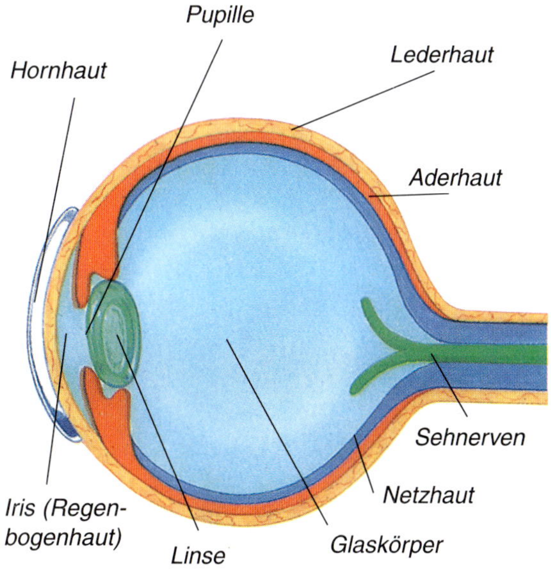

Das Auge

Australien

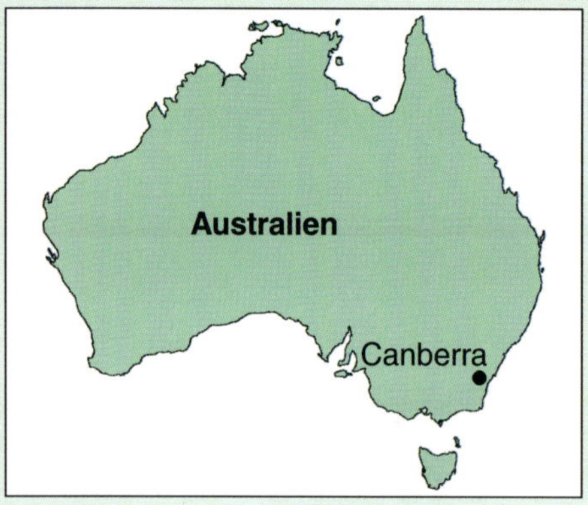

Fläche:	7.682.300 km^2
Einwohner:	17.841.000
Hauptstadt:	Canberra
Amtssprache:	Englisch
Währung:	Australischer Dollar
Größtes Land:	Australien
Kleinstes Land:	Nauru

Australien ist zugleich der kleinste →Erdteil und der Bundesstaat Australischer Bund, der politisch zum britischen Commonwealth gehört. Das ist ein Zusammenschluss verschiedener Staaten, die zwar unabhängig sind und eigenständig regiert werden, deren Staatsoberhaupt aber eigentlich die britische Königin ist. Australien erstreckt sich vom Kap York bis zum Wilson-Vorgebirge und weiter bis zur Südspitze Tasmaniens. Die Inseln des südwestlichen Stillen Ozeans, der „Südsee", zwischen Australien, Indonesien und den küstennahen Inseln Amerikas fasst man unter dem Begriff „Ozeanien" zusammen. Sie machen eine Landfläche von rund 1.250.000 km^2 auf einem Meeresraum von 70.000.000 km^2 aus. Ozeanien und →Neuseeland werden meistens zum Kontinent Australien dazugerechnet. Australien liegt auf der Südhalbkugel, besitzt wenige Gewässer und ist eher waldarm. Große Teile sind von einer flachen →Wüste bedeckt. Das →Klima im Norden und Nordosten ist feuchtheiß, im Südosten gemäßigt warm.

Die meisten Menschen leben an den Küsten und mehr als die Hälfte der Australier wohnen in den Großstädten. Die Ureinwohner Australiens, die so genannten Aborigines (etwa 260.000 Menschen), leben heute zum Teil in →Reservaten und versuchen ihre →Kultur und ihre Riten zu bewahren. Die übrige Bevölkerung besteht hauptsächlich aus eingewanderten Weißen, besonders Briten. In der Pflanzen- und Tierwelt haben sich in Australien eigene Formen entwickelt: Eukalyptus z. B. wächst dort und der Koalabär, das →Känguru, der Ameisenigel oder der Wombat sind dort beheimatet.

Bedeutende Wirtschaftszweige sind in Australien →Landwirtschaft und Viehzucht. Australien steht an erster Stelle der weltweiten Wollerzeugung. Es ist reich an Rohstoffen und Energiequellen, wie Stein- und Braunkohle.

Wombat

Koalabär

1770 gelangte James →Cook an die australische Ostküste und beanspruchte sie für Großbritannien. Dieses nutzte Australien ab 1788 als Sträflingskolonie. Goldfunde zogen ab 1851 aber auch freie Siedler an. Nach und nach entstanden so die →Kolonien Westaustralien, Nordterritorium, Queensland, Neusüdwales, Victoria, Tasmanien und Südaustralien. 1901 schlossen sich diese Kolonien dann zum Australischen Bund zusammen.

Karte siehe nächste Seite.

Auto

Carl Friedrich Benz (1844–1929) und Gottlieb Daimler (1834–1900) gelten zusammen als Erfinder des Autos. Auto ist eigentlich die Abkürzung für das Wort „Automobil", was so viel heißt wie „etwas, das sich von selbst bewegt". Damit ist gemeint, dass es nicht, wie z. B. früher die Kutschen, von Pferden gezogen werden muss. Seit der Erfindung des Automobils Ende des 19. Jahrhunderts hat sich sein Aussehen und die Technik sehr verändert. Durch das Auto haben sich auch dem Menschen ganz neue Möglichkeiten eröffnet. Große Entfernungen, die früher zu Fuß zurückgelegt werden mussten, kann man heute sehr schnell und bequem mit dem Auto bewältigen.

Die meisten Autos fahren mit →Verbrennungsmotoren, es gibt allerdings auch Elektro-Autos, die meist mit →Batterie betrieben werden.

Im Verbrennungsmotor wird ein Gemisch aus Luft und →Benzin durch einen Funken entzündet. Diese Zündung erfolgt in einem eigenen, gut abgeschlossenen Zylinder. Die Explosion drückt auf einen Kolben, der sich im Zylinder auf und ab bewegt. Dieser Kolben überträgt die Bewegung so weiter, dass sich eine Stange, die Kurbelwelle, zu drehen beginnt. Die Kurbelwelle wiederum setzt die Antriebsräder des Autos in Bewegung. Für eine gute Fahrt ist natürlich nicht nur der Antrieb wichtig, sondern auch die Bremsen, die Lenkung etc. Heutzutage wird immer mehr Wert darauf gelegt, die Sicherheit zu verbessern und den Benzinverbrauch zu verringern.

Autos siehe nächste Seite.

Vorläufer der heutigen Autos

Klingenberg, 1902

Benz, 1895

Opel, Stadt-Coupé, 1911

Brennabor, Cabriolet, 1930

Neuere Autos

Trabant 601

Lada Samara Baltic

VW Golf

BMW 5er touring

Porsche 911 Carrera

Mercedes-Benz E-Klasse

Automat
Apparate und Maschinen, die einen Vorgang selbsttätig ausführen können, nennt man Automaten. Münzautomaten zum Beispiel händigen nach dem Einwurf einer passenden Münze eine bestimmte Ware aus oder erbringen eine Leistung. An jeder Straßenecke stehen Zigaretten- oder Süßigkeitenautomaten, die problemlos zu bedienen sind. Wesentlich kompliziertere Automaten helfen in Fabriken bei der Herstellung oder dem Zusammenbau bestimmter Waren mit.
→Roboter

Autor
Ein Autor ist ein Verfasser oder Urheber von Werken der →Literatur, der →Musik, der →Kunst oder der →Fotografie.

Azteken
Die Azteken sind einer der berühmtesten Indianerstämme →Mexikos. Woher sie genau stammen, weiß man bis heute nicht. Im 14. Jahrhundert wanderten sie in das Hochland von Mexiko ein. Sie kamen an den Texcoco-See, an dem heute Mexico-City liegt. Dort gründeten sie 1325 die Stadt Tenochtitlán. Zu dieser Zeit waren die Azteken ein Volk, das sehr einfach lebte. Unter ihrem Führer Itzcóatl, der von 1428 bis 1440 an der Macht war, begann der Aufstieg der Azteken. Montezuma I. regierte anschließend bis 1469, er dehnte den Machtbereich aus und machte aus Tenochtitlán eine gut geplante, blühende Stadt mit prächtigen Bauten und Straßen. Unter der Herrschaft Montezumas II., der von 1502 bis 1520 herrschte, erreichte das Reich seine größte Ausdehnung und den Höhepunkt seiner Macht und seines Ruhms.
Die Azteken waren ausgezeichnete Baumeister und erstellten reich verzierte Paläste und Tempel, die oft auf hohen →Pyramiden standen. Sie hatten eine Bilderschrift, einen eigenen →Kalender und waren auch auf künstlerischem Gebiet sehr hoch entwickelt. Die Azteken kannten viele →Götter, z. B. Quetzalcóatl, den Gott des Windes, oder Huitzilopochtli, den Gott des Krieges. Zur Stärkung ihrer Gottheiten veranstalteten sie Opferrituale, die aus heutiger Sicht entsetzlich grausam wirken. Sie rissen den Opfern, z. B. Kriegsgefangenen, das Herz heraus und verspeisten das Fleisch der Getöteten.

Das aztekische Tongefäß zeigt die Maske des Regengottes Tlaloc.

Die Azteken waren erfahrene Krieger und den Spaniern, die im 16. Jahrhundert einfielen, um das Land zu erobern, zahlenmäßig weit überlegen. Dennoch konnten sie die Zerstörung ihres Reiches nicht verhindern. Die Waffen, Boote und Pferde, die die Fremden mitbrachten, waren ihnen unbekannt und beeindruckten sie. Zudem waren sie durch den Glauben an die Wiederkehr des Gottes Quetzalcóatl, den sie in den Fremden zu sehen meinten, verunsichert.
Die Spanier unter der Führung von Hernando Cortéz (1485–1547) vernichteten schließlich von 1519 bis 1521 das Aztekenreich.

Ein aztekischer Krieger mit Helm in Form eines Adlerkopfes und einem Rundschild aus Rohrgeflecht, der mit Federn geschmückt ist.

wie Berta

Bach, Johann Sebastian
Johann Sebastian Bach wurde am 21.3.1685 in Eisenach geboren. Er stammte aus einer großen Musikerfamilie, deren Mitglieder im 17. und 18. Jahrhundert in vielen Städten Thüringens als Musiker angestellt waren. Bach ist vor allem als bedeutender Komponist bekannt, zu seinen Lebzeiten galt er aber auch als ausgezeichneter Orgelspieler. Er war daher zunächst

als Organist tätig, bevor er ab 1714 Hofkonzertmeister in Weimar wurde. 1717 übernahm er in Köthen die Stelle des Hofkapellmeisters. Dort entstanden dann auch seine berühmten Brandenburgischen Konzerte. Ab 1723 arbeitete er als Kantor (Chorleiter) an der Thomaskirche in Leipzig, in dieser Zeit komponierte er seine großen Chorwerke und viele kirchliche Kantaten. Am 28.7.1750 starb er in Leipzig und hinterließ ein umfangreiches musikalisches Werk.

Badminton
„Badminton" ist der englische Begriff für den Wettkampfsport Federball. Es wird auf einem Feld gespielt, in dessen Mitte ein 1,55 Meter hohes Netz steht. Zum Badmintonspielen braucht man vor allem einen Schläger und einen Ball. Der Ball besteht aus einem Korken, aus dem Federn herausragen; er wiegt etwa fünf Gramm. Ziel des Spiels ist es, den Ball mit dem Schläger so ins gegnerische Feld zu schlagen, dass der Gegner einen Fehler macht oder den Ball nicht mehr erreicht. Nur derjenige, der gerade den Aufschlag durchgeführt hat, kann einen Punkt machen. Ein Spiel endet, wenn einer der Spieler 15 Punkte erreicht hat. Badminton kann man entweder zu zweit als Einzel oder zu viert als Doppel spielen.
Schon in den frühen Hochkulturen in Mittel- und Südamerika gab es Spiele mit gefiederten Bällen. Im 17. Jahrhundert vergnügten sich viele Adelige mit einer Art Federball. In Europa geriet dieser Sport jedoch wieder in Vergessenheit, bis der englische Duke of Beaufort Badminton aus Indien mit nach England brachte. Den Namen erhielt das Spiel vom Landsitz des Duke, der „Badminton House" hieß. Schon 1889 fanden die ersten „All England Championships" statt, bis heute eines der bekanntesten und wichtigsten Badminton-Turniere. Bis in die 30er-Jahre unseres Jahrhunderts war Badminton vor allem im englischsprachigen Raum bekannt, heute jedoch besitzt diese Sportart begeisterte Anhänger auf der ganzen Welt.

Bagger
Die Bagger sind große Maschinen, die man überall dort findet, wo viel und schweres Material bewegt werden muss. Mit ihrer Hilfe können beispielsweise Erde, Steine oder Bauschutt entfernt werden. Es gibt verschiedene Baggerarten, meist sind sie selbst

fahrbar. Einige Bagger graben mit Schaufeln, andere mit Greifen, Löffeln oder Schaufelrädern. Manchmal ist es nötig auf dem Boden von Gewässern zu arbeiten, dann kommen so genannte Schwimmbagger zum Einsatz.

Ein Hydraulikbagger trägt Erdreich ab.

Bahamas

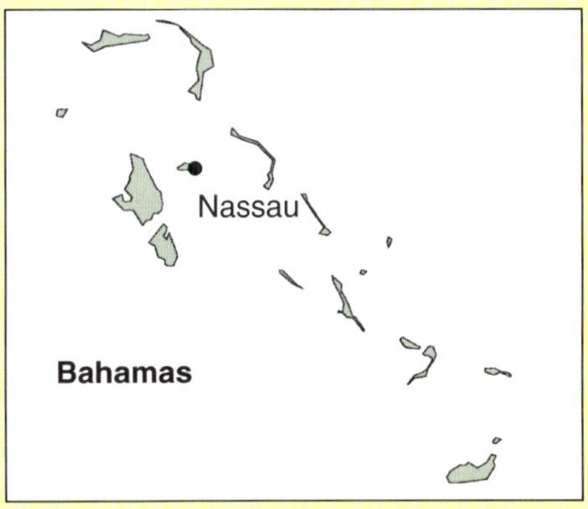

Kontinent:	Amerika
Fläche:	13.939 km^2
Einwohner:	277.000
Hauptstadt:	Nassau
Amtssprache:	Englisch
Währung:	Bahama-Dollar

Die Bahamas sind eine Inselgruppe im Bereich der Westindischen Inseln. Das →Klima dort ist tropisch. Die Bevölkerung besteht zu 72 Prozent aus Schwarzen. Sie lebt vor allem vom Fremdenverkehr aus Amerika, Kanada und Großbritannien.
1718 wurden die Bahamas britische →Kolonie, seit 1973 sind sie selbstständig.

Bakterien

Die Bakterien sind winzige einzellige Lebewesen, die man nur unter dem →Mikroskop sehen kann. Ein Gramm Ackererde kann mehrere Milliarden Bakterien enthalten. Bakterien kommen überall vor: in der Luft, im →Boden, im Wasser, sogar in der Nahrung und in unserem Körper, dort helfen sie z. B. im →Darm bei der Verdauung. Es gibt viele Arten, die auch unterschiedlich aussehen: Man findet kugel-, strahlen- und schraubenförmige Bakterien. Bakterien vermehren sich sehr schnell durch Teilung.
Meist spricht man von Bakterien, wenn es um Krankheiten geht, denn viele für den Menschen schädliche Krankheiten, wie Keuchhusten oder Tuberkulose, werden von Bakterien ausgelöst. Daneben gibt es aber auch etliche nützliche Bakterien. Einige werden bei der Gewinnung von Alkohol oder Essig und der Herstellung von →Antibiotika, Käse oder Quark verwendet. Bakterien, die im Boden vorkommen, helfen tierische und pflanzliche Überreste zu zersetzen. Dadurch wird der Boden wieder mit Nährstoffen angereichert.
Manche Bakterien sind gegen Trockenheit, Kälte und Hitze so unempfindlich, dass sie nicht absterben, sondern →Zellen (Sporen) bilden, die auch nach langer Zeit unter günstigeren Lebensbedingungen wieder zu Bakterien heranwachsen können.

Balkan

In →Bulgarien gibt es ein 600 Kilometer langes und 2500 Meter hohes →Gebirge, das von Westen nach Osten reicht. Man nennt es Balkan oder Balkangebirge.
Vom Balkan spricht man auch oft, wenn man die Balkanhalbinsel meint. Damit wird das vorwiegend gebirgige Südosteuropa bezeichnet mit den Ländern Bosnien-Herzegowina, Mazedonien, Teilen von Kroatien und Slowenien, Albanien, Griechenland, Bulgarien, Jugoslawien, Teilen von Rumänien und dem europäischen Teil der Türkei.

Ballaststoffe

Die unverdaulichen Bestandteile der Nahrung, wie Zellulose oder Lignin, bezeichnet man als Ballaststoffe. Sie sind besonders in Getreideerzeugnissen, Brot,

Obst, Gemüse und Kartoffeln enthalten. Ballaststoffreiche Nahrung beugt unter anderem Darmkrankheiten, wie Darmkrebs oder Hämorrhoiden, vor. Ein Erwachsener sollte am Tag mindestens 30 Gramm Ballaststoffe zu sich nehmen.

Ballett

Unter Ballett versteht man heute ein getanztes Stück, das auf der Bühne aufgeführt wird und eine bestimmte Aussage oder Geschichte enthält. Diese wird allein durch Körpersprache, Mimik und Gestik, also ohne Worte ausgedrückt.

Ursprünglich bezeichnete man als Ballett pantomimische Maskentänze bei Festen und die im 15. Jahrhundert an italienischen Fürstenhöfen üblichen Tanzeinlagen bei großen Festessen. Später wurden dann Tänze als unterhaltsame Abwechslung in lange Opernaufführungen eingeschoben. Erst Ende des 16. Jahrhunderts entstanden in Frankreich eigenständige Werke, die meist mit sehr aufwendigen Dekorationen und Kostümen arbeiteten. Unter König Ludwig XIV. entwickelten sich die Ballette endgültig zu richtigen Bühnenstücken, die auch von Berufstänzern aufgeführt wurden. 1661 wurde in Paris die erste Königliche Ballettakademie gegründet. 1681 durfte erstmals eine Frau als Tänzerin öffentlich auftreten.

Klassisches Ballett – Ballettschüler der Tanzschule Roleff-King, München

Das klassische Ballett hat sehr strenge Regeln. Es gibt Positionen für Arme und Beine, bestimmte zulässige Figuren und festgelegte Gesten, die etwas aussagen. Meistens sind die Tänzer in prächtige Kostüme gekleidet und die Bühne ist aufwendig ausgestattet. Die Tänzerinnen tragen Spitzenschuhe. Ein Ballett wird immer von Musik begleitet.

Natürlich kann ein Tänzer nicht einfach das tanzen, was ihm gerade einfällt, sondern er muss sich genau an die Choreografie halten. So nennt man die Vorgaben, was und wie die Tänzer tanzen sollen. Die Person, die sich die Choreografie überlegt, bezeichnet man als Choreograf.

Das moderne Ballett unterscheidet sich erheblich von der klassischen Form. Es hat einen ganz eigenen Stil, verwendet neue Schritte und Figuren und nimmt auch Elemente aus anderen Tanzrichtungen auf. Die Kostüme und die Bühnendekoration sind meist einfach, die Tänzer tanzen in der Regel barfuß.

Ballon

Fahrt mit einem Heißluftballon

Ein Ballon ist eigentlich eine Hülle, die mit Luft oder →Gas gefüllt ist. Am bekanntesten sind die Luftballons, die jeder selbst zu Hause aufblasen kann. Wird ein Ballon mit einem Gas gefüllt, das leichter ist als die Luft, zum Beispiel Wasserstoff oder Helium, schwebt er nach oben. Ebenso steigt ein Ballon, wenn man die in ihm enthaltene Luft erwärmt, denn erhitzte Luft ist leichter als kalte. Mit so genannten Heißluftballons, aber auch mit riesigen Gasballons können sogar Menschen durch die Luft befördert

werden. Man steigt dazu in einen Korb ein, der an dem Ballon befestigt ist. 1783 bauten die Gebrüder Montgolfier den ersten bemannten Heißluftballon. Einen solchen Ballon kann man allerdings nicht lenken, man ist vollkommen auf den Wind angewiesen.
Heute werden Ballons auch für das sportliche Ballonfahren oder als Wetterballons für meteorologische Forschungen verwendet.

Bambus
Der Bambus wächst hauptsächlich in tropischen Gebieten in Asien, Amerika und Afrika. Es kommen dort viele verschiedene Arten vor. Obwohl der Bambus bis zu 40 Meter hoch werden kann, ist er kein Baum, sondern gehört zu den →Gräsern. Die Stiele des Bambus sind unterschiedlich dick, hart und innen hohl. Aus den dünnen Stielen kann man Matten, Körbe und Möbel flechten, aus den dickeren werden sogar Häuser, Zäune oder Gefäße gefertigt. Die jungen Bambussprossen findet man auch oft in asiatischen Gerichten.

Bandwürmer
Die Bandwürmer sind →Schmarotzer. Sie sind zwischen fünf Millimeter bis über 15 Meter lang, wählen sich Menschen oder Tiere als so genannte Wirte und leben und ernähren sich dort im Darm. Eine →Infektion erfolgt vor allem durch den Verzehr von rohem Fleisch. Besonders gefährlich für den Menschen sind der Schweine- und der Rinderbandwurm.

Bangladesch
Die →Republik Bangladesch grenzt an Indien, Birma und den Golf von Bengalen. Sie besitzt fruchtbare Schwemmlandebenen und weist hohe Niederschlagsmengen auf. Bangladesch ist sehr dicht bevölkert, die Einwohner sind hauptsächlich Bengalen. Angebaut werden vor allem Reis, Zuckerrohr, Jute, Tabak und Tee. Der Aufbau von Industriezweigen erfolgt erst allmählich. Obwohl in den 90er-Jahren gerade die Reisproduktion gestiegen ist und es damit auch der →Wirtschaft besser geht, lebt etwa die Hälfte der Bevölkerung in großer Armut. Schuld daran ist das starke Bevölkerungswachstum. Bangladesch wird zudem oft von Naturkatastrophen, wie z. B. Überschwemmungen, oder von gewaltigen Stürmen heimgesucht, die vielen Bewohnern das Leben oder ihren gesamten Besitz kosten.
Bangladesch gehörte bis 1971 zu Pakistan, seitdem ist es unabhängig und seit 1991 eine Republik.

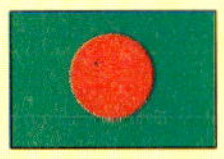

Kontinent:	Asien
Fläche:	147.570 km^2
Einwohner:	117.787.000
Hauptstadt:	Dhaka
Amtssprache:	Bengali
Währung:	Taka

Bank
Italienisch „banca" bedeutet „Tisch des Geldwechslers". Eine Bank ist also ein Unternehmen, das sich mit →Geld befasst. Hat jemand Geld gespart, kann er es zur Bank bringen und dort auf einem Konto (Spar- oder Girokonto) anlegen. Für das der Bank überlassene Geld erhält er eine Art Leihgebühr, die Zinsen. Die Bank verleiht nun das Geld an Menschen weiter, die es benötigen (Kreditgeschäft). Indem sie dafür einen höheren Zins verlangt, verdient die Bank ihr Geld. Banken wickeln außerdem den gesamten Zahlungsverkehr, z. B. Überweisungen tätigen und Schecks einlösen, für ihre Kunden ab und eröffnen die Möglichkeit, Geld z. B. in →Aktien oder Wertpapieren anzulegen.

Barbados
Die Insel Barbados liegt zwischen →Nord- und →Südamerika. Das →Klima ist tropisch-feucht. Die Bevölkerung besteht zu 92 Prozent aus Schwarzen. Sie lebt hauptsächlich vom Fremdenverkehr und vom Zuckerrohranbau.

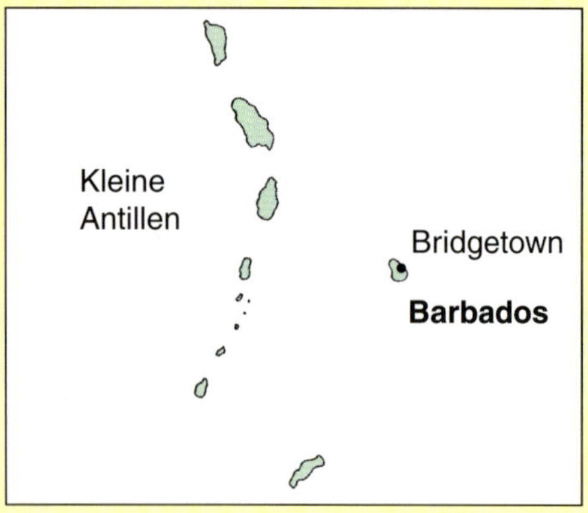

Kontinent:	Amerika
Fläche:	430 km^2
Einwohner:	261.000
Hauptstadt:	Bridgetown
Amtssprache:	Englisch
Währung:	Barbados-Dollar

1519 wurde Barbados von den Spaniern entdeckt. Von 1627 bis 1966 war es britische →Kolonie. Heute gehört die Insel immer noch zum britischen Commonwealth. Das ist ein Zusammenschluss verschiedener Staaten, die zwar unabhängig sind und eigenständig regiert werden, deren Staatsoberhaupt aber eigentlich die britische Königin ist.

Bären

Die Bären gehören zu den größten →Raubtieren. Sie haben ein dichtes, zottiges Fell und ein mächtiges Gebiss. Die meisten können sehr gut klettern und schwimmen. Bären sind Allesfresser, das heißt sie ernähren sich sowohl von kleineren Tieren als auch von Beeren oder Pilzen.
Den Braunbären, den es früher häufig in Deutschland gab, findet man heute noch im Balkan, in Skandinavien, Frankreich und Spanien. Er wird bis zu 1,25 Meter hoch und bis zu 2,20 Meter lang. Zu den Braunbären zählt man auch den Grislibären und den Kodiakbären, die beide in Nordamerika vorkommen. Der Eisbär dagegen lebt in den Polargebieten und ernährt sich vorwiegend von Fischen und Robben. In Asien ist der Pandabär zu Hause, der am liebsten Bambusblätter frisst und mittlerweile vom Aussterben bedroht ist. Neben den großen Bären gibt es auch einige kleinere Arten, zum Beispiel den Waschbären.

Grislibär

Barcelona

Die große Hafen- und Industriestadt Barcelona ist die Hauptstadt der Region Katalonien im Nordosten →Spaniens. In Katalonien wird neben dem Spanischen eine eigene Sprache, Katalanisch, gesprochen. Die Katalanen sind sehr stolz auf ihre Sprache und ihre eigene →Kultur. Barcelona hat 1.700.000 Einwohner. An Sehenswürdigkeiten besitzt die Stadt eine sehr bekannte gotische Kathedrale und ein schönes Rathaus aus dem 14. Jahrhundert.

Berühmt ist Barcelona auch für seine Bauwerke von Antoni Gaudi (1852–1926).

Zudem gibt es dort eine Universität, verschiedene Hochschulen, eine Oper und mehrere Theater und Museen. Barcelona wird von vielen Fremden besucht.
Zur Zeit der alten Römer hieß Barcelona

Barcino. Es wurde nacheinander von den Westgoten, von den Arabern und 803 n. Chr. von den Franken erobert und zur Hauptstadt des spanischen Gebietes erklärt. 1137 erfolgte der Anschluss Barcelonas und Kataloniens an das Königreich Aragonien. Im spanischen Gesamtstaat gab es immer wieder Auseinandersetzungen zwischen den Katalanen und den Kastiliern, den herrschenden Spaniern. Die eigenständige Entwicklung der Katalanen wurde oft unterdrückt, konnte aber nie verhindert werden. Im spanischen Bürgerkrieg von 1936 bis 1939 war Barcelona auf Seiten der Gegner des Generals Franco (1892–1975) und leistete auch nach Kriegsende Widerstand gegen das Franco-Regime; die katalanische Sprache und einige Volksfeste wurden deshalb verboten. Erst 1977 erhielt Katalonien wieder eine unabhängige Regierung. 1992 fanden in Barcelona die Olympischen Sommerspiele statt.

Barock

Als Barock bezeichnet man eine Stilrichtung, die vor allem in der Baukunst, →Malerei, Bildhauerei, →Dichtung und →Musik aufgetreten ist. Sie entwickelte sich etwa im Zeitraum von 1580 bis 1760. Typische Kennzeichen des Barocks sind die Darstellung und Verwendung von üppigen, geschwungenen Formen. Auf den Bildern des Barocks sind zum Beispiel sehr oft dicke Menschen abgebildet. In dieser Zeit entstanden prunkvolle Schlösser und Kirchen, die reich ausgeschmückt und innen weiträumig bemalt wurden. Berühmte Vertreter des Barocks sind die Baumeister und Bildhauer Gian Lorenzo Bernini (1598–1680) und Egid Quirin Asam (1692–1750). Letzterer arbeitete viel mit seinem Bruder, dem Maler Cosmas Damian Asam (1686–1739) zusammen. Die Maler Peter Paul →Rubens, →Rembrandt und Diego Rodriguez de Silva y Velázquez (1599–1660) sind auch heute noch sehr bekannt.

Die barocke Literatur ist sehr bildhaft und im Ausdruck übertrieben und gekünstelt. Sie beschreibt den Menschen, der von Gegensätzen, wie Leben und Tod, bestimmt ist. Ein bekannter Autor der Barockzeit ist beispielsweise Johann Jakob Christoffel von Grimmelshausen (1622–1676).

Als Krönung und Abschluss der deutschen Barockmusik gelten die Werke von Johann Sebastian →Bach und Georg Friedrich →Händel.

Die ehemalige bischöfliche Residenz in Würzburg ist der bedeutendste Schlossbau des deutschen Barock.

Barometer

Ein Barometer zeigt den Luftdruck an. Die Veränderungen des Luftdrucks lassen Rückschlüsse auf die Entwicklung des Wetters zu. Herrscht ein hoher Luftdruck, bedeutet das meist schönes Wetter, bei niedrigem Luftdruck ist das Wetter veränderlich und es gibt Regen. Der Luftdruck wird entweder durch das Verschieben einer Flüssigkeitssäule aus Wasser oder Quecksilber oder durch die Verformung einer elastischen Blechdose angezeigt. Das Flüssigkeitsbarometer besteht aus einer luftleeren, u-förmig gebogenen Glasröhre, deren oberes Ende geschlossen ist. Das untere, kürzere Ende ist offen. Die Luft drückt auf die Flüssigkeit im offenen Röhrchen, sodass je nach Luftdruck die Flüssigkeit steigt oder fällt. Die entsprechenden Werte kann man dann an einer Skala ablesen.

Die 1847 von L. Vidie (1805–1866) erfundenen Dosen- oder Aneroid-Barometer bestehen aus einer luftleeren Metalldose, deren Boden und Deckel durch eine Feder auseinander gehalten werden. Je nach Luftdruck wird auf den Deckel mehr oder weniger Druck ausgeübt. Ändert sich dieser Druck, ändert sich auch die Lage des Deckels. Diese Bewegung überträgt sich auf einen Zeiger, der auf einer Skala den Luftdruck anzeigt.

Der Luftdruck wird in der Einheit Hekto-

Flüssigkeitsbarometer

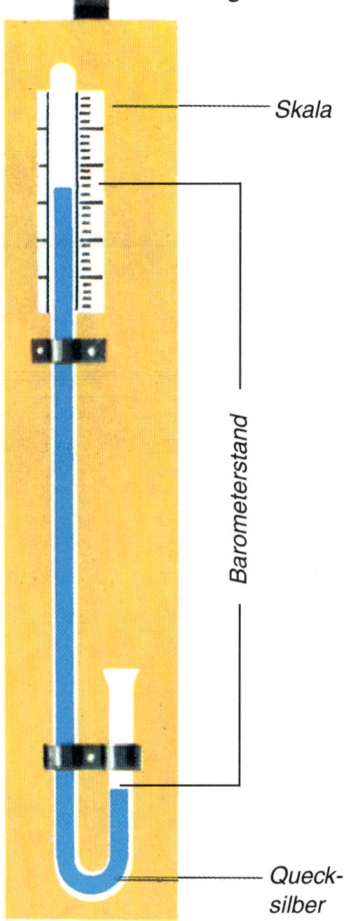

Dosenbarometer

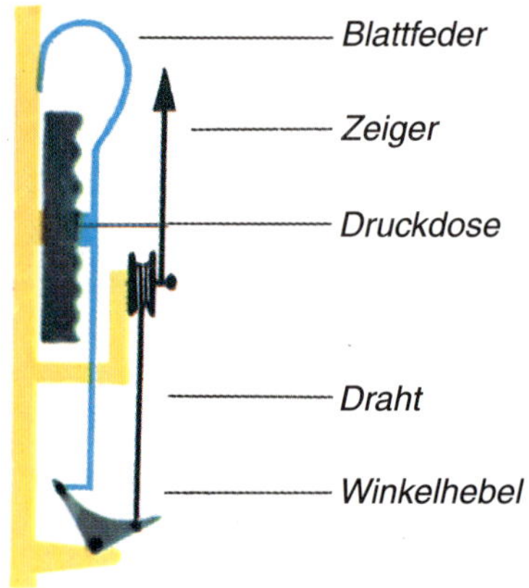

pascal oder abgekürzt hPa angegeben. Der durchschnittliche Luftdruck in Meeresspiegelhöhe beträgt rund 1000 hPa.

Basketball
Die Sportart Basketball hat ihren Namen von dem englischen Wort „basket“ für „Korb“. Sie stammt ursprünglich aus den Vereinigten Staaten von Amerika.
Ziel des Spiels ist es, den Ball so oft wie möglich in den Korb der gegnerischen Mannschaft zu werfen, der drei Meter hoch hängt. Pro Wurf können ein bis drei Punkte erzielt werden. Es treten sich zwei Mannschaften mit je fünf Spielern und bis zu sieben Auswechselspielern gegenüber. Jeder Spieler darf mit dem Ball nur zwei Schritte gehen, dann muss er dribbeln oder den Ball abgeben. Im Basketball gibt es einige Zeitregeln, wodurch es zu einem sehr schnellen Spiel wird. Die Spielzeit beträgt zweimal 20 Minuten, bei Spielunterbrechungen wird die Uhr jedoch angehalten. Seit 1936 ist Basketball auch eine olympische Sportart.

Batterie
Die Batterien liefern elektrischen Geräten wie Kassettenrekordern oder Taschenlampen Strom. Sie enthalten chemische Stoffe,

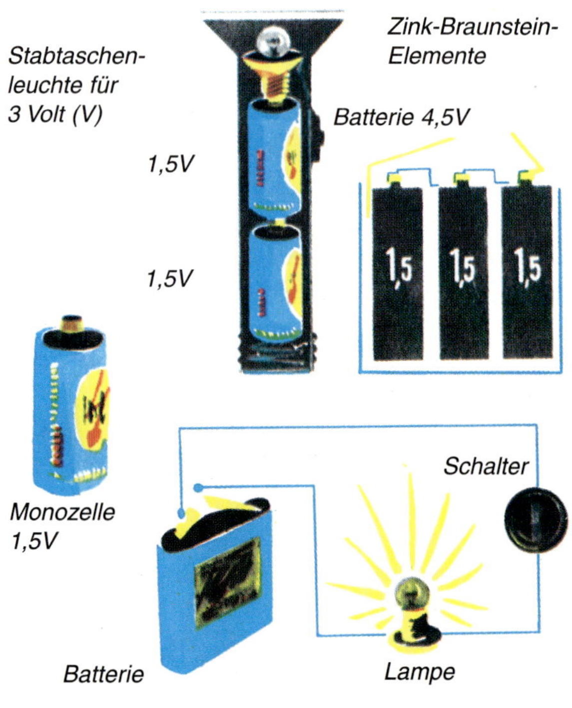

die miteinander reagieren und dabei Strom erzeugen. Batterien sind allerdings irgendwann leer gebrannt, wieder aufladbare Batterien heißen Akkumulatoren oder Akkus. Sie sind umweltfreundlicher, da weniger Abfall anfällt.
Normale Trockenbatterien bestehen aus einem Zinkbecher, der einen Kohlestab, Braunstein und eine Paste aus Salmiaklösung enthält. Verbindet man den Plus- und den Minuspol einer Batterie mit einem Leiter, fließt Strom.

Baum
Die Bäume sind die größten und schwersten Pflanzen. Sie haben →Wurzeln, einen Stamm und eine Krone. Die Wurzeln versorgen den Baum mit Nährstoffen und Wasser aus dem →Boden und geben ihm festen

Querschnitt eines Baumstammes

Halt. Der Stamm besteht aus dem dunklen Kernholz, dem Splintholz, dem Kambium und der Rinde. Die Außenschicht der Rinde heißt Borke, sie schützt den Baum vor Witterungseinflüssen und Insekten. Die innere Rinde nennt man Bast. In ihr verlaufen die Versorgungsleitungen des Baumes. Der alte Bast überlässt seine Aufgaben dem jungen und verwandelt sich allmählich zur Borke. Das Kambium ist eine Wachstumsschicht, die den Holzkörper umgibt und jährlich nach innen neues →Holz und nach außen Bast bildet. Dadurch wird der Baum jedes Jahr dicker und es entstehen die Jahresringe, an denen man das Alter eines Baumes ablesen kann. Das Splintholz enthält die Wasserleitungen des Baumes, Nährstoffe und Wasser gelangen so in die

Ein Laubbaum hat eine weit verzweigte Krone. Ein Nadelbaum hat einen schlanken Wuchs.

Krone. Nach und nach verhärten dann Teile des Splintholzes und werden zu Kernholz. Der Stamm teilt sich nach oben hin in Äste und Zweige, an denen →Blätter, →Blüten oder →Früchte hängen. Diese Krone kann weit ausladend oder schmal und hoch sein. Die Höhe unserer Waldbäume liegt etwa bei 20 bis 30 Meter. Höher werden sie nur in Ausnahmefällen unter besonders günstigen Bedingungen. Man unterscheidet zwei Arten von Bäumen: die →Laub- und die →Nadelbäume. Die meisten Laubbäume, zum Beispiel →Ahorn oder →Eiche, verlieren im Winter ihre Blätter. Die Nadelbäume, zum Beispiel →Fichte, →Kiefer und →Tanne, haben längliche, steife Nadeln (Blätter), die sie im Winter behalten.
Bäume sind für den Menschen nicht nur schön, sondern auch sehr nützlich: Zum einen sind viele Baumfrüchte, wie Äpfel oder Nüsse, essbar, zum anderen liefern sie auch Holz, das als Baumaterial, Brennstoff und zur Herstellung von →Papier oder Möbeln verwendet wird. Bäume erzeugen außerdem →Sauerstoff und befestigen mit ihren Wurzeln den Boden, der sonst durch Wind und Regen abgetragen würde.

Baumwolle
Der Baumwollstrauch wächst nur in warmen Ländern, vor allem in Afrika, Asien und Amerika. Er wird etwa 1,50 Meter hoch. Aus seinen gelben →Blüten bilden sich apfelgroße Fruchtkapseln. Platzen diese Kapseln auf, quellen etwa fünf Zentimeter lange Haare hervor, an denen die →Samen hängen. Die Fruchtkapseln werden mit der Hand oder mit Maschinen geerntet und danach getrocknet. Dann werden die Samenkörner von den Haaren getrennt. Die

der Luft explosive Dämpfe, deshalb wird es als Motorentreibstoff bei Kraftfahrzeugen, z. B. →Autos, eingesetzt. Verwendung findet es aber auch als Lösungs- oder Reinigungsmittel: Waschbenzin löst beispielsweise Fettflecken.

Bergbau
Der Bergbau umfasst das Suchen, Erschließen, Gewinnen, Fördern, Aufarbeiten und Verhütten von →Bodenschätzen, wie Erzen, Salzen, Mineralien, Kohle oder Edelmetallen. Viele dieser Bodenschätze liegen unter der Erdoberfläche. Lagern sie nur unter einer dünnen Erdschicht, spricht man vom Tagebau. Bagger entfernen dann die darüber liegende Deckschicht, bis man zu den Vorkommen gelangt. Muss man dagegen sehr tief graben, heißt diese Art von Bergbau Untertagebau. Im Untertagebau werden tiefe Schächte in den Boden getrieben, damit man zu den Bodenschätzen gelangt. Außerdem legt man noch Schächte an, die zur Lagerung oder für den Transport dienen. Die Bergleute fahren in einem Förderkorb durch einen Schacht in das Bergwerk ein. Von diesem Schacht zweigen viele Gänge in den Berg zu den Stellen, an denen die Bodenschätze lagern. Früher arbeiteten die Bergleute mit einfachstem Werkzeug: Der Umgang mit Pickel und Hammer war körperliche Schwerstarbeit. Heute graben Maschinen die Bodenschätze ab. Auf Förderbändern gelangen diese dann an die Oberfläche. Auch wenn Maschinen den Bergbau erleichtern, ist die Arbeit für die Bergleute nach wie vor sehr anstrengend und auch gefährlich. Immer wieder gibt es →Explosionen oder Schächte werden durch den Einbruch von →Gestein zugeschüttet.

Berlin
Zum einen ist Berlin ein Bundesland von →Deutschland und zum anderen seit 1990 seine Hauptstadt. Die moderne Großstadt hat etwa 3.430.000 Einwohner. In Berlin gibt es Universitäten, verschiedene →Hochschulen und Akademien, Rundfunkanstalten, Flughäfen, viele Museen, Ausstellungen, Theater und zahlreiche Sehenswürdigkeiten. Durch Berlin fließt die Spree.
Berlin hat eine lange Geschichte. 1235 erhielt es Stadtrecht. Ende des 17. Jahrhunderts entwickelte es sich zum wirtschaftlichen und kulturellen Mittelpunkt Preußens. Von 1871 bis 1945 war es Hauptstadt des Deutschen Reiches. Berlin wuchs schnell zu einer Weltstadt heran. Im Zweiten →Weltkrieg wurde Berlin stark zerstört. 1945 wurde die Stadt in vier Besatzungszonen

Blick durch die geöffnete Berliner Mauer auf den Reichstag

zwischen den Besatzungsmächten →UdSSR, →USA, Großbritannien und Frankreich aufgeteilt. Nach Streitigkeiten mit den UdSSR schlossen die anderen drei Besatzungsmächte ihre Zonen zu Westberlin mit einer Fläche von 480 km² und 1,85 Millionen Einwohnern zusammen. Westberlin hatte innerhalb Deutschlands immer eine eigene Stellung inne. Die UdSSR behielt Ostberlin mit einer Fläche von 403 km² und 1,19 Millionen Einwohnern. Ostberlin wurde Hauptstadt der →Deutschen Demokratischen Republik. Da viele Menschen versuchten, von der DDR und Ostberlin in den Westsektor zu fliehen, ließ die DDR 1961 die Grenze erst durch einen Stacheldraht und dann durch den Bau der Berliner Mauer absichern. An dieser Mauer starben immer wieder Menschen, die weiterhin versuchten, über sie hinweg in den Westen zu gelangen. Nachdem die Bevölkerung in der DDR nach

Reformen, mehr Rechten und Freiheit verlangte, wurde die Mauer schließlich 1990 geöffnet. Seitdem ist Berlin wieder eine geeinte Stadt.

Beton
Der Beton ist ein wichtiger Baustoff. Er wird aus Sand, Kies, Zement und Wasser zusammengemischt. In der Betonmischmaschine ist er noch weich wie Brei und formbar. Trocknet er, wird er hart. Beton hält Druck sehr gut aus. Wird an Beton gezogen, reißt er jedoch relativ schnell. Setzt man Stahlstäbe in den frischen Beton, erhält man Stahlbeton, der wesentlich belastbarer ist. Beton wird beim Bau von Gebäuden, →Brücken und →Staudämmen verwendet.

Beuteltiere
Die Beuteltiere gehören zu den →Säugetieren. Sie haben ihren Namen von einer Hauttasche, in der sie ihre Jungen großziehen. Nach der Geburt, bei der sie nur einen halben bis drei Zentimeter messen, kriechen die Beuteltiere durch das Fell der Mutter in den Beutel am Bauch. Dort sind sie fest mit der mütterlichen Zitze verbunden, die sie mit Muttermilch versorgt. Die Jungen bleiben so lange im Beutel, bis sie voll entwickelt sind. Beuteltiere kommen hauptsächlich in Australien, Neuguinea, Südostindonesien und Südamerika vor. Zu den Beuteltieren gehören das Opossum, der Beutelwolf, der Koalabär und wohl als bekanntester Vertreter das →Känguru.

Opossum

Bibel
Nach der Überlieferung ist die Bibel oder die Heilige Schrift das Buch, in dem das Wort Gottes festgehalten wurde. Es besteht aus dem Alten und dem Neuen Testament. Das Alte Testament erzählt die Geschichte des jüdischen Volkes und der Propheten. Das Neue Testament berichtet über das Leben und Wirken von →Jesus Christus. So wie sich das →Christentum auf die Bibel stützt, haben auch andere Religionen ihre heiligen Bücher, in denen die Glaubensgrundsätze, Lehren und Verhaltensanweisungen enthalten sind. Im →Islam heißt das Buch Koran, im →Judentum Thora.

Biber
Die Biber kommen auf der nördlichen Erdhälfte vor. Sie stehen in Deutschland unter Naturschutz, man findet sie nur noch sehr selten. Biber gehören zu den →Nagetieren und werden bis zu einem Meter lang. An den Hinterfüßen haben sie Schwimmhäute. Sie sind ausgezeichnete Schwimmer und Taucher. Ihr etwa 30 Zentimeter langer abgeflachter Schwanz dient dabei als Steuer.

Biber sind reine Pflanzenfresser. Mit ihren scharfen Zähnen können sie Bäume umnagen. Sie bauen daraus stabile Dämme. Durch diese Dämme wird der Wasserspiegel im Bereich ihrer Wohnbauten immer auf gleicher Höhe gehalten. Der Eingang der Wohnhöhlen liegt unter Wasser. Die Biber müssen also erst unter Wasser tauchen, bevor sie in eine Röhre und durch diese in den eigentlichen Bau gelangen.

Bibliothek
Das Wort kommt aus dem Griechischen und heißt wörtlich übersetzt „Buch-Gestell“. In einer Bibliothek werden hauptsächlich Bücher, Zeitungen und Zeitschriften gesammelt, geordnet und aufbewahrt. Es gibt so genannte Präsenzbibliotheken, in denen

man sich die Bücher zwar ansehen, aber nicht ausleihen darf. Aus einer Leihbibliothek kann man dagegen Bücher für einen bestimmten Zeitraum mit nach Hause nehmen. Man braucht dazu nur einen Büchereiausweis, manchmal muss man einen geringfügigen Beitrag zahlen.
Bibliotheken gab es schon in der →Antike, als es noch keine Bücher gab. Die Schriftzeichen wurden auf Tontafeln geritzt oder auf Pergamentrollen geschrieben. Die älteste bekannte Bibliothek gehörte im 7. Jahrhundert v. Chr. dem assyrischen König Assurbanipal. Im Gegensatz zur heutigen Zeit waren die Bibliotheken damals aber nicht für das einfache Volk gedacht, das meist nicht lesen konnte. Herrscher, Reiche und Gelehrte sammelten vielmehr die geschriebenen Kostbarkeiten und erfreuten sich an ihrem Inhalt.

Bienen

Die Bienen sind →Insekten, die in einem großen Staat zusammenleben. Die bekanntesten Vertreter sind sicherlich die Honigbienen. Ein Bienenvolk besteht aus etwa 20.000 bis 70.000 weiblichen unfruchtbaren Bienen, das sind die Arbeiterinnen, ungefähr 1000 männlichen Bienen, Drohnen genannt, und einer Königin. Nur die Königin kann →Eier legen. Nach einigen Tagen schlüpfen aus den Eiern die →Larven, die sich zu Puppen verwandeln und später wieder Arbeiterinnen werden. Gelegentlich kommt eine neue Königin zur Welt. Das Bienenvolk teilt sich dann, die alte Königin verlässt mit ihrer Hälfte den Bienenkorb und sucht sich ein neues Nest.
Die Arbeiterinnen teilen sich alle Arbeiten im Bienenkorb. Sie füttern die Larven, reinigen den Bienenstock und bauen die Bienenwaben. Außerdem sammeln sie Blütensaft und Blütenstaub und machen daraus →Honig. Der Honig wird in den Waben des Bienenstocks aufgehoben. Die Bienen besitzen am Hinterleib Hautdrüsen, aus denen sie Wachs absondern. Damit bauen sie die Waben. In den Waben sind nicht nur die Nahrung, sondern auch die Brut untergebracht. Wenn die Arbeiterinnen erfolgreich von der Nahrungssuche zurückkehren, führen sie eine Art Tanz auf, mit dem sie den anderen Bienen mitteilen, wo sich die Nahrungsquelle befindet. Auf diese Weise können sie sich verständigen. Für den Menschen sind die Bienen durch die Herstellung von Honig und Wachs besonders nützlich. Menschen, die Bienen züchten und ihnen Bienenstöcke zur Verfügung stellen, nennt man Imker. Der Imker holt sich den Honig und das Wachs aus den Bienenwaben, lässt den Bienen aber noch so viel übrig, dass sie überleben können.
Bienen sind auch deshalb besonders wichtige Tiere, weil sie beim Sammeln des Blütenstaubes den Pollen von →Blüte zu Blüte bringen und damit zur Bestäubung der Pflanzen beitragen.

Bienenkönigin *Drohne* *Arbeiterin*

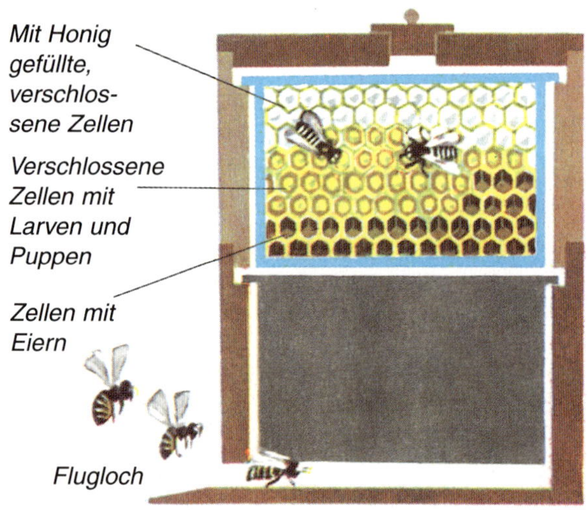

Wabe in einem Bienenstock

Bier

Das Bier ist ein alkoholisches Getränk. Man unterscheidet untergäriges Bier, das nur aus Gerstenmalz, Wasser, Hopfen und Hefe hergestellt werden darf, und obergäriges Bier, das noch dazu Weizenmalz, und außerhalb Bayerns und Baden-Württembergs auch Zucker enthalten darf. Es gibt viele verschiedene Sorten: Das Pilsener ist ein ziemlich bitteres Bier, ein dunkles Bier schmeckt dagegen stark nach Malz und

süßlich. Außerdem wird zum Beispiel Weißbier, Altbier, helles Bier oder Märzenbier hergestellt. In einigen Gegenden sind auch Mischgetränke beliebt. Ein „Radler“ besteht beispielsweise aus Bier und Limonade. Bierähnliche Getränke gibt es in vielen Ländern der Erde. In Afrika findet man ein Bier, das aus Hirse, in Ostasien eines, das aus Reis und in Südamerika eines, das aus Mais hergestellt wird.
Bier ist schon ein sehr altes Getränk. Im Alten Reich Ägyptens war es bekannt und einige römische Schriftsteller berichten von Bier bei den Kelten und Germanen. In der →Antike war es im ganzen Mittelmeerraum verbreitet. Im Norden Deutschlands wurde Bier zunächst vor allem in genossenschaftlichen, so genannten Hausbrauereien von Bürgern gebraut, im Süden in Klöstern. Im 14. Jahrhundert entstanden größere, private Brauereien. Bis zur Mitte des 17. Jahrhunderts war Norddeutschland Mittelpunkt der Bierherstellung, danach gewann Bayern zunehmend an Bedeutung. Die Beliebtheit des Bieres stieg so stark an, dass im 18. Jahrhundert fast überall Bier gebraut wurde. Die Landesobrigkeiten erließen Vorschriften, die das Bierbrauen regelten. Adel und Klöster besaßen aufgrund ihrer besonderen Stellung das Braurecht, Bürger bekamen es von den Herrschenden verliehen. Im 19. Jahrhundert entwickelte sich dann aus den Brauereien infolge besserer technischer Möglichkeiten eine bedeutende Industrie.

Die weiblichen Hopfenpflanzen (Mitte) liefern die grünlich gelben Fruchtzapfen (rechts). Sie enthalten das „Hopfenbitter“, das dem Bier Geschmack und Haltbarkeit verleiht. In Auwäldern wächst noch wilder Hopfen, dort findet man auch männliche Pflanzen (links).

Biografie
Unter der Biografie eines Menschen versteht man eigentlich sein gesamtes Leben, seine Entwicklung, Ausbildung, Erlebnisse etc. Bücher, die den Lebenslauf eines Menschen zum Inhalt haben, nennt man ebenfalls Biografien. Meistens stehen dabei berühmte Persönlichkeiten, wie Schauspieler, Musiker oder Politiker, im Mittelpunkt.

Biologie
Die Biologie ist ganz allgemein die Lehre vom Leben. Sie beschäftigt sich mit allen Lebewesen: mit den →Menschen, den →Tieren, den →Pflanzen und den Mikroorganismen. Der Zweig, der sich nur den Pflanzen widmet, heißt Botanik, derjenige, der die Tierwelt zum Forschungsgegenstand hat, Zoologie. Die Mikrobiologie befasst sich mit den so genannten Mikroorganismen, also kleinsten Lebewesen, zum Beispiel →Bakterien. Die biologische Anthropologie beschäftigt sich mit dem Menschen. Das Interesse der Biologie und der Biologen richtet sich darauf, wie die Lebewesen aufgebaut sind, wie sie leben und was sie zum Überleben brauchen, wie sie sich verhalten und entwickeln und wie die →Vererbung und →Fortpflanzung funktionieren.

Biotop
Als Biotop bezeichnet man den Lebensraum bestimmter Pflanzen- oder Tierarten. Dieser kann ein Teich, ein See, ein Wald oder ein Feld sein. Normalerweise leben die Bewohner eines Biotops in einem natürlichen Gleichgewicht zusammen. Die Natur hat es so eingerichtet, dass das Zusammenleben gut funktioniert und alle Arten die richtigen Lebensbedingungen vorfinden. Wird ein Wald abgeholzt oder eine Wiese trockengelegt, wird in dieses Biotop eingegriffen. Dadurch verändern sich die Lebensbedingungen der Tiere und Pflanzen, das natürliche Gleichgewicht ist gestört.
Viele Menschen legen sich in ihrem Garten ein Biotop an, oft geschieht dies auch in Teilen öffentlicher Parks. Das bedeutet dann, dass ein Stück Natur weitestgehend sich selbst überlassen wird. Die Tiere und Pflanzen können dort so zusammenleben, wie es die Natur eigentlich vorgesehen hat.

Birke
Die Birke ist ein →Laubbaum, der eine Rinde mit weißlichen Flecken hat. Ihr Holz wird gerne für Schreinerarbeiten verwendet. Aus der Rinde kann man das so genannte Birkenwasser abzapfen, das als Haarpflegemittel benutzt wird. Im Herbst findet man an den Birken kleine, längliche „Würstchen“, das sind die →Blüten des nächsten Jahres. Man nennt sie Kätzchen.

Bismarck, Otto von
Otto von Bismarck (1.4.1815–30.7.1898) war ein bedeutender preußischer Politiker. Von 1851 bis 1859 war er als Gesandter am Bundestag in Frankfurt und versuchte die Stellung Preußens zu kräftigen. Seit 1862 war er preußischer Ministerpräsident und Außenminister. Nach dem deutsch-französischen Krieg von 1870/71 baute er das Deutsche Reich auf, dessen Kanzler er 1871 wurde. Dieses Amt übte er 19 Jahre lang aus und bestimmte in dieser Zeit entscheidend die deutsche →Politik. Sein größtes Ziel bestand darin, den Frieden für das neu gegründete Reich zu sichern. Um dies zu erreichen, schloss er viele Bündnisse mit anderen Ländern, zum Beispiel mit Italien, Russland und Österreich.
Als Bismarcks besonderes Verdienst wird auch die Einführung der Sozialversicherung angesehen.

Reichskanzler Otto v. Bismarck mit Kürassierhelm

Bit →Computer

Blase →Harnblase

Blasinstrument
Als Blasinstrumente bezeichnet man →Musikinstrumente, auf denen durch die Zufuhr von Luft Töne erzeugt werden. Die Luft kann dabei entweder direkt über den Mund, also durch Blasen, oder über einen Blasebalg, wie bei Dudelsack und Orgel, zugeführt werden. Blasinstrumente können aus verschiedenen Materialien bestehen, zum Beispiel aus →Holz, →Metall, →Horn oder →Ton. Oboe, →Flöte, Klarinette, Saxofon, Trompete, Posaune oder Tuba zählt man zu den Blasinstrumenten.

Saxofon

Blatt
Die Blätter sind ein ganz wichtiger Bestandteil der grünen →Pflanzen. Sie nehmen die Luft und das Licht auf, das die Pflanzen brauchen und wodurch die →Fotosynthese möglich wird. Über die Blätter verdunstet auch überschüssiges Wasser. Der Aufbau der verschiedenen Blätter ist meist ähnlich. Von einer Mittelrippe ausgehend verzweigen sich die feinen Blattadern, über die das Blatt versorgt wird.

Aussehen können die Blätter allerdings ganz unterschiedlich, es gibt große, kleine, gezackte, abgerundete, lange oder herzförmige Blätter. Auch die Nadeln der →Nadelbäume sind Blätter, die schmal und verhärtet sind.

Im Herbst verlieren viele Bäume ihr Laub, denn dann erhalten die Blätter kein Wasser mehr aus den Wurzeln der Pflanzen. Dadurch wird das Blattgrün zerstört, die Blätter verfärben sich, werden welk und fallen schließlich ab. Im Frühjahr kann man dann wieder die neuen Knospen an den Bäumen sehen, aus denen schnell neue Blätter entstehen.

Blei

Das Blei ist ein blaugraues, ziemlich weiches und schweres →Metall. Man verwendet es beispielsweise bei der Herstellung von Kabelmänteln, Strahlenschutzvorrichtungen und Batterien. Bis vor einigen Jahren war auch dem Benzin zur Verbesserung Blei zugesetzt. Über die →Abgase gelangt das Blei in die Luft und von dort in den menschlichen Körper, auf Pflanzen und Tiere und in den Boden. Da man mittlerweile weiß, welche schädlichen Auswirkungen Blei haben kann, wird heute fast ausschließlich bleifreies Benzin verwendet.

Blattformen

Blinddarm
Der Blinddarm ist der Anfangsteil des Dickdarms. Er ist wie ein Sack auf einer Seite geschlossen und geht auf der anderen Seite in den Dickdarm über. Am geschlossenen Ende befindet sich ein wurmartiges Gebilde, der so genannte Wurmfortsatz. Wenn dieser sich entzündet, hat der Mensch in der rechten unteren Bauchhälfte Schmerzen. Oft muss er dann auch brechen und hat →Fieber. Fälschlicherweise spricht man dabei von einer Blinddarmentzündung. Liegt eine Entzündung vor, muss der Wurmfortsatz möglichst schnell durch eine →Operation entfernt werden.

Blindheit
Menschen, die überhaupt nicht oder kaum noch sehen können, sind blind. Das Fehlen des Gesichtssinns müssen sie durch verstärkten Gebrauch und Schulung ihrer anderen →Sinne, vor allem des →Hör- und →Tastsinns, ausgleichen. Für Blinde ist es nicht leicht, sich im täglichen Leben zurechtzufinden, spezielle Hilfsmittel helfen ihnen jedoch dabei.
Eine wichtige Erfindung ist beispielsweise die Blindenschrift, die der Franzose Louis Braille (1809–1852) im Jahr 1825 entwickelte: Ein Buchstabe besteht dabei aus höchstens sechs erhöhten Punkten in einer bestimmten Anordnung, die der Blinde abtasten muss. Im Straßenverkehr tragen die Blinden eine gelbe Armbinde mit drei schwarzen Punkten, um auf ihre →Behinderung aufmerksam zu machen. Ein Stock hilft ihnen, z. B. Treppen oder Randsteine zu bemerken. Einige Blinde lassen sich auch von einem Blindenhund führen.

Blindschleichen →Echsen

Blitz
Wenn sich zwischen zwei →Wolken oder einer Wolke und der Erde eine elektrische Spannung aufgebaut hat, entlädt sie sich in einem Blitz. Die häufigste Art ist der verästelte Linienblitz. Selten treten auch der Perlschnur- und der Kugelblitz auf. Blitze haben eine gewaltige Kraft. Werden Mensch oder Tier vom Blitz getroffen, können sie betäubt sein oder sogar sterben. Selbst →Metalle können durch Blitzeinschlag schmelzen. Gebäude sind durch so genannte Blitzableiter vor dem Blitzeinschlag geschützt. Der Blitzableiter wurde 1752 von Benjamin Franklin (1706–1790) erfunden. Er besteht aus Leitungen, die den Blitz aufnehmen und in die Erde, möglichst in das Grundwasser, leiten.

Auch in der Fotografie gibt es einen „Blitz“. Ein Blitzgerät bei einem Fotoapparat liefert einen kurzen Lichtblitz. So kann man noch fotografieren, wenn es eigentlich nicht mehr hell genug ist oder wenn man schnelle Bewegungen in einem scharfen Bild festhalten will. Auch hier findet eine, allerdings künstlich erzeugte, Entladung statt.
→Donner, →Gewitter

Blut
Durch den menschlichen Körper zieht sich ein Netz von →Adern. In diesen Blutgefäßen fließt das Blut. Der Körper eines Erwachsenen enthält durchschnittlich fünf Liter Blut. Blut befördert →Sauerstoff, Nährstoffe und →Hormone durch den Körper und bringt sie zu den →Organen. Auf seinem weiteren Weg nimmt es die Abfallstoffe der Organe mit und transportiert diese zum Beispiel zur Lunge, zur Haut oder zu den Nieren, wo sie verarbeitet oder abgestoßen werden. Blut besteht aus den roten und den weißen Blutkörperchen sowie den

Blutkörperchen durch ein Mikroskop betrachtet

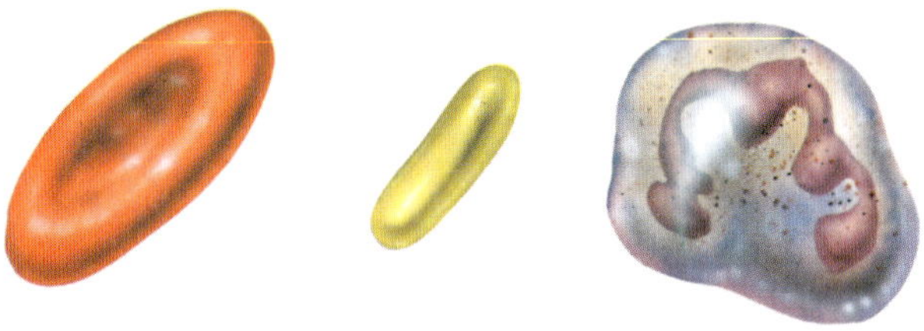

Rotes Blutkörperchen *Blutplättchen* *Weißes Blutkörperchen*

Blutplättchen und aus einer leicht gelblichen Flüssigkeit, dem Blutplasma.
Das Blutplasma setzt sich zu 90 Prozent aus Wasser und zu einem kleinen Teil aus Nährstoffen, Abwehrstoffen, Hormonen, →Vitaminen und Abfallstoffen zusammen. Die roten Blutkörperchen oder Erythrozyten enthalten einen Farbstoff, das Hämoglobin, der dem Blut die rote Farbe gibt. Sie bringen den Sauerstoff zu den Organen und nehmen den Abfall, das →Kohlendioxid, wieder mit. Die weißen Blutkörperchen oder Leukozyten bekämpfen Krankheitserreger und Fremdkörper, die in den Körper eingedrungen sind. Außerdem schaffen sie Zelltrümmer und Gewebereste fort, die an einer Wunde auftreten. Die Blutplättchen oder Thrombozyten sind bei der Blutgerinnung und dem Verschließen von Wunden wichtig.
Das Blut hat noch eine weitere wichtige Aufgabe: Es hilft dem menschlichen Körper, die Temperatur gleich bleibend zu halten. Jeder Mensch hat eine bestimmte Blutgruppe: A, B, AB oder Null. Wichtig ist sie vor allem bei →Operationen, wenn jemand das Blut eines anderen erhält. Stimmen die Blutgruppen von Spender und Empfänger nicht überein, darf das Blut nicht vermischt werden.
→Blutkreislauf

Blüte
In der Natur gibt es eine unglaubliche Vielfalt an verschiedenen Blüten. Sie haben unterschiedliche Farben, Formen und Größen. Blüten dienen eigentlich nur der →Fortpflanzung der →Pflanzen. Es gibt Pflanzen, deren Blüten entweder nur weibliche oder nur männliche Teile enthalten. Am häufigsten findet man jedoch die so genannte Zwitterblüte. Sie enthält sowohl männliche als auch weibliche Teile. Der weibliche Teil besteht aus dem Fruchtknoten mit Narbe und Griffel, die männlichen Teile sind die Staubgefäße mit den Staubfäden und den Staubbeuteln. In den Staubbeuteln bildet sich der Blütenstaub oder Pollen. Wenn ein Pollenkorn einer Pflanze auf eine weibliche Narbe einer anderen Blüte derselben Art gelangt, spricht man von Bestäubung. Das Pollenkorn wächst in den Fruchtknoten der Blüte hinab bis zur Eizelle. Die Vereinigung von Pollenkorn und Eizelle heißt Befruchtung. Nach der Befruchtung kann im Inneren des Fruchtknotens ein →Samen heranwachsen. Aus ihm entsteht eine neue Pflanze derselben Art.
Die meisten Blüten brauchen Insekten zur Bestäubung: Duft, Farbe und Form der Blüten locken sie an. Da die Insekten von Blüte zu Blüte fliegen, übertragen sie den Blütenstaub und tragen so zur Bestäubung bei. Die Übertragung des Blütenstaubs kann allerdings auch durch den Wind erfolgen.

Darstellung einer Blüte

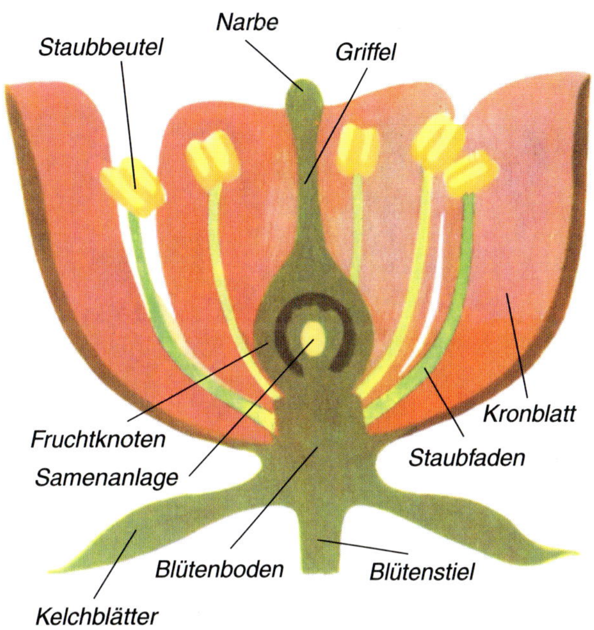

Bluter
Als Bluter bezeichnet man Menschen, deren Blut eine mangelnde Gerinnungsfähigkeit aufweist. Sie neigen dazu, leicht zu bluten. Die Blutungen lassen sich aber nur sehr schwer stillen. Bluter müssen deshalb sehr vorsichtig sein und möglichst auch kleine Verletzungen vermeiden. Eigenartigerweise sind nur Männer Bluter. Frauen können diese Krankheit zwar vererben, sie erkranken aber nicht selbst daran.

Blutkreislauf
Den Weg, den das →Blut durch den menschlichen Körper nimmt, nennt man Blutkreislauf. Das →Herz pumpt das Blut durch den Körper. Nur wenn dieser Kreislauf funktioniert, kann der Mensch leben. Der Blutkreislauf ist geschlossen, das heißt das Blut verlässt nie die →Adern. Die Adern sind Röhren, durch die sich das Blut durch den

Körper bewegt. Es gibt drei Arten von Blutgefäßen: Die Arterien führen vom Herzen weg, die Venen zum Herzen hin. Die feinen Kapillaren sind das Verbindungsglied. Die Arterien spalten sich auf und werden immer kleiner, bis sie nur noch dünne Kapillaren sind. Diese verdicken sich wieder und gehen in die Venen über.

Der Blutkreislauf beim Menschen

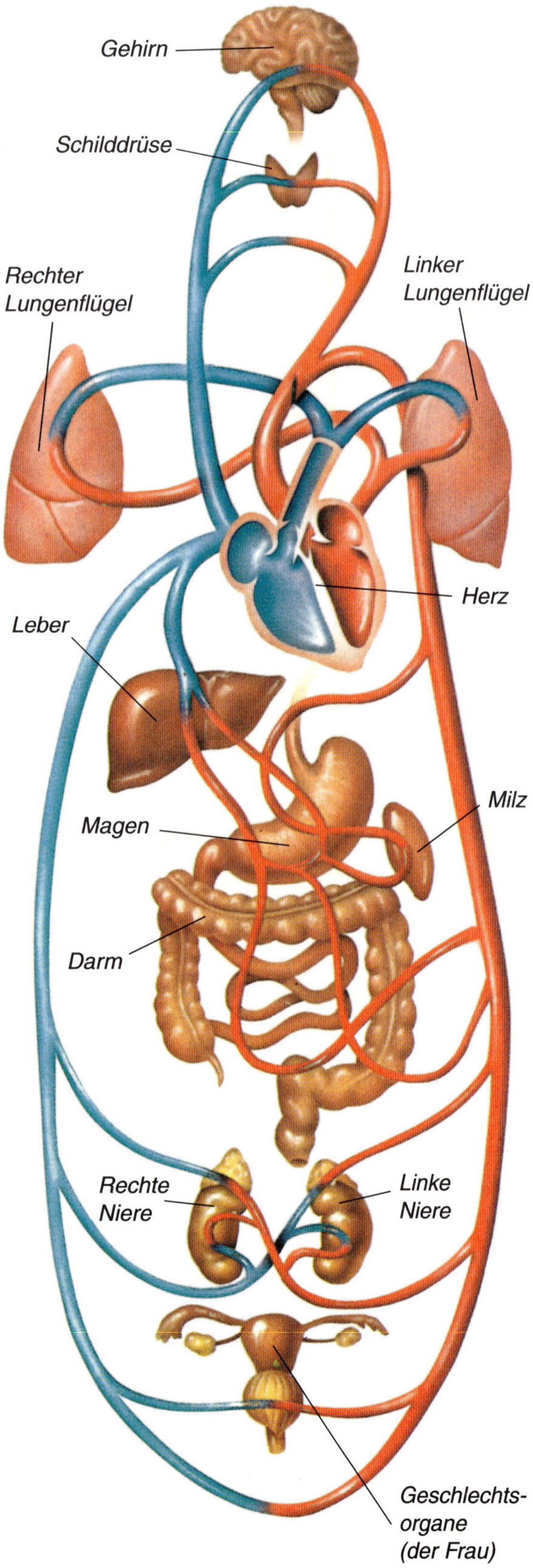

Der Blutkreislauf besteht aus zwei verschiedenen Kreisläufen, dem kleinen oder Lungenkreislauf und dem großen oder Körperkreislauf. Im Körperkreislauf wird sauerstoff- und nährstoffreiches Blut vom Herzen weg in den Körper verteilt und sauerstoffarmes Blut mit →Kohlendioxid zum Herzen zurückgebracht. Dann setzt der Lungenkreislauf ein. Das Blut mit dem Kohlendioxid wird vom Herzen in die →Lunge gepumpt. Dort wird das Kohlendioxid abgegeben und ausgeatmet. Im Gegenzug wird der eingeatmete →Sauerstoff aufgenommen und zum Herzen gebracht. Der Austausch von Sauerstoff und Kohlendioxid erfolgt in der Lunge über die Lungenbläschen. Sie sind von feinen Kapillaren umgeben. Das Kohlendioxid kann durch die Wände der Kapillaren in die Lungenbläschen übergehen, der Sauerstoff nimmt den umgekehrten Weg.

Boden

Unter Boden versteht man die oberste Schicht der Erdoberfläche. Sie ist unterschiedlich dick und durch Verwitterung von festem und lockerem Gestein und dem Einwirken vieler Tier- und Pflanzenarten entstanden. Es gibt verschiedene Bodenarten, zum Beispiel Sand-, Kalk- oder Lehmboden. Jeder gute, fruchtbare Boden enthält ausreichend →Humus. Unter dem Boden liegt festes →Gestein. Im Boden gibt es kleine Hohlräume, die Luft und Wasser speichern.

Der Boden dient vielen Pflanzen und Tieren als Lebensraum. →Mäuse, →Würmer oder →Maulwürfe graben sich beispielsweise Gänge in den Boden und bauen dort ihre Nester. Auch winzige Lebewesen, wie →Bakterien, →Algen oder →Pilze, kommen im Boden vor. Die Pflanzen wurzeln im Boden und entziehen ihm Nährstoffe, die sie zum Leben brauchen. Sterben die Pflanzen ab und verrotten, gelangen die Stoffe wieder in den Boden. Wird dieser Kreislauf beispielsweise durch Abernten gestört, muss der Boden auf anderem Weg Nährstoffe erhalten, er muss gedüngt werden.

Bodenschätze
Als Bodenschätze bezeichnet man besonders wertvolle Bestandteile der obersten Erdschichten. Dazu zählt man →Erze, →Kohle, →Erdöl, →Erdgas, →Salze und natürlich auch Wasser. Will der Mensch die Bodenschätze nutzen, muss er sie abbauen. Dies geschieht entweder durch Bohrungen, wie bei der Gewinnung von Erdöl und Erdgas, oder durch den →Bergbau. Die Bodenschätze werden dann weiterverarbeitet, sodass sie der Mensch verwenden kann.

Bogenschießen
Das Bogenschießen ist schon sehr alt, denn Pfeil und Bogen wurden bereits früh für die Jagd oder auch als Waffe benutzt. Heute ist Bogenschießen eine Sportart. Die Schützen schießen aus einer Entfernung von 30 bis

90 Meter auf eine Scheibe von 80 bis 122 Zentimeter Durchmesser. Der Pfeil sollte möglichst ruhig in der Luft liegen und den Mittelpunkt der Zielscheibe treffen.

Bohrinsel
Bohrtürme werden überall dort aufgestellt, wo man nach →Erdöl, →Erdgas oder Wasser graben möchte. Riesige Bohrer treiben so lange Löcher in den Boden, bis man zu den Vorkommen der gesuchten →Bodenschätze gelangt. Befinden sich diese Bodenschätze unter dem Meeresboden, müssen die Vorrichtungen zum Bohren auf einer Plattform befestigt werden, die im Meer liegt und fest verankert ist. Diese künstliche Plattform nennt man Bohrinsel.

Bohrinsel in der Nordsee

Boje
Eine Boje ist ein Schwimmkörper aus Holz, Kork, Kunststoff oder Stahlblech, der am Grund eines Gewässers verankert ist. Die Boje hilft z. B. den Schiffen, den richtigen Weg zu finden oder warnt Schwimmer vor gefährlichem oder tiefem Gewässer.

Bolivien
Die südamerikanische →Republik Bolivien grenzt an den Pazifischen Ozean, Chile, Peru, Brasilien, Paraguay und Argentinien. In Bolivien erreichen die →Anden ihre größte Breite. Das →Klima ist tropisch. Die Bevölkerung besteht hauptsächlich aus →Indianern, vielen Mestizen (→Mischlingen) und Weißen. Etwa zwei Drittel der Bevölkerung leben von der →Landwirtschaft, angebaut werden Weizen, Reis, Tabak und Baumwolle. Ein großes Problem stellt in Bolivien die hohe Zahl der →Analphabeten dar. Derzeit laufen einige Programme, die

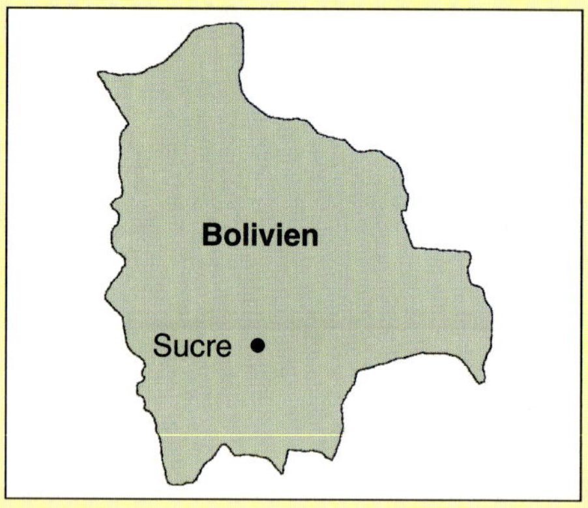

Kontinent:	Amerika
Fläche:	1.098.581 km^2
Einwohner:	7.237.000
Hauptstadt:	Sucre
Amtssprachen:	Spanisch Aimará Ketschua
Währung:	Boliviano

zum Ziel haben, die Bildung der einfachen Bevölkerung zu verbessern.
Bolivien ist seit 1947 eine Republik.

Böll, Heinrich
Der deutsche Schriftsteller Heinrich Böll wurde am 21.12.1917 als Sohn eines Bildhauers in Köln geboren. Nach dem Abitur machte er eine Lehre im Buchhandel.

Im Zweiten →Weltkrieg war er Soldat, danach studierte er Germanistik und gleichzeitig arbeitete er als Hilfsarbeiter in einer Schreinerei. 1947 veröffentlichte er seine ersten Werke, seit 1951 lebte er als freier Schriftsteller in Köln. 1972 erhielt er den →Nobelpreis für Literatur. Er starb am 16.7.1985.
Böll schrieb viele Erzählungen und →Romane, zum Beispiel „Und sagte kein einziges Wort“ oder „Ansichten eines Clowns“ oder „Gruppenbild mit Dame“. Anfänglich beschrieb er Menschen in den unruhigen Kriegs- und Nachkriegszeiten und zeigte die Sinnlosigkeit des Krieges auf. In späteren Werken stellte er arme Leute, ihre Lebensbedingungen und ihre Verzweiflung dar. Ab den 60er-Jahren legte er besonderen Wert auf das Recht des Einzelnen auf Selbstständigkeit und Freiheit. Im Mittelpunkt seiner Werke stehen oft Außenseiter und Randfiguren, die sich bewusst von der Gesellschaft absetzen.

Börse
An der Börse werden Wertpapiere, →Geld oder bestimmte Waren gehandelt. Die Händler, die an der Börse arbeiten, haben die Aufgabe, für ihre Kunden zu kaufen oder zu verkaufen. Durch Angebot und Nachfrage wird der Börsenkurs bestimmt.
Zu den bekanntesten Wertpapieren gehören die →Aktien. Besitzt jemand eine Aktie eines Unternehmens, hat er einen bestimmten Anteil an dieser Firma. Erzielt das Unternehmen gute Gewinne, steigt der Wert der Aktie. Gerät es in eine Krise, sinkt der Wert, die Besitzer der Aktien möchten sie dann oft verkaufen.
Leute, die sich mit Börsengeschäften gut auskennen, versuchen zu erahnen, welche Aktien bald steigen werden. Sie kaufen diese, solange sie noch wenig wert sind. Steigen die Aktienkurse, machen sie unter Umständen große Gewinne. Genauso kann man sich natürlich auch irren und muss dann eventuell sogar große Verluste in Kauf nehmen.

Bosnien-Herzegowina

Kontinent:	Europa
Fläche:	51.129 km^2
Einwohner:	3.500.000
Hauptstadt:	Sarajewo
Amtssprache:	Serbokroatisch
Währung:	Bosnisch-herzegowinischer Dinar

Der Staat Bosnien-Herzegowina liegt in Südosteuropa und grenzt an Kroatien und Jugoslawien. Er ist ziemlich gebirgig. Die Sommer sind dort heiß, die Winter kalt. Die Bevölkerung besteht aus Moslems, Serben und Kroaten. In Bosnien-Herzegowina gab es viel Eisen- und Stahlindustrie und →Landwirtschaft. Durch den bis 1995 anhaltenden Jugoslawienkrieg wurde die →Wirtschaft völlig zerstört. Die Bevölkerung ist heute auf ausländische Hilfe angewiesen.
Bosnien-Herzegowina zählte seit 1918 zu →Jugoslawien. In den Jahren 1989 und 1990 wurden die Rufe nach der Unabhängigkeit des Landes immer stärker, bis sie schließlich 1992 ausgerufen wurde. Seit diesem Zeitpunkt war Bosnien-Herzegowina in den jugoslawischen Bürgerkrieg verwickelt.

Botanik →Biologie

Botswana
Die →Republik Botswana liegt im Süden Afrikas zwischen Namibia, Sambia, Simbabwe und Südafrika. Die Sommer sind dort heiß, im Winter herrschen große Temperaturschwankungen. Die Bevölkerung, die zu 75 Prozent dem Bantuvolk der Tswana angehört, betreibt sehr viel Viehzucht. Botswana zählt zu den größten Diamantenproduzenten der Welt.
Von 1884 bis 1966 war Botswana britische →Kolonie, seitdem ist es unabhängig.
Karte siehe nächste Seite.

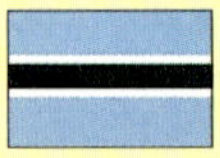

Kontinent:	Afrika
Fläche:	582.000 km^2
Einwohner:	1.443.000
Hauptstadt:	Gaborone
Amtssprachen:	Englisch Setswana
Währung:	Pula

Boxen

Die Sportart Boxen ist ein Faustkampf, der nach bestimmten, festgelegten Regeln ausgetragen wird. Die Boxer tragen gepolsterte Boxhandschuhe. Der Kampf findet auf einer viereckigen, abgezäunten Fläche, dem Ring, statt. Beim Berufsboxen können bis zu 15 Runden zu je drei Minuten geboxt werden. Wenn ein Boxer mindestens zehn Sekunden kampfunfähig ist oder den Kampf aufgibt, hat der Gegner gewonnen. Ein Kampf kann außerdem auch nach Punkten entschieden werden, denn es gibt Kampfrichter, die die Schläge der Boxer, ihren Angriff und die Verteidigung mit Punkten bewerten. Damit es beim Boxen gerecht zugeht, werden die Boxer in verschiedene Gewichtsklassen eingeteilt.

Brahms, Johannes

Johannes Brahms wurde am 7.5.1833 in Hamburg geboren. Schon mit zehn Jahren trat er als Wunderkind am Klavier auf und unternahm viele Konzertreisen. 1857 bekam er eine Anstellung als →Dirigent des Hofchores in Detmold. Er beschloss allerdings bald, diese Stelle aufzugeben und verstärkt zu komponieren. 1862 ging er nach Wien, wo er am 3.4.1897 starb. Sein Werk umfasst Sinfonien, Klavier- und Violinkonzerte, viele Lieder und Chorwerke.

Johannes Brahms 1867

Brandt, Willy

Der deutsche Politiker Willy Brandt lebte vom 18.12.1913 bis zum 8.10.1992. Während des →Nationalsozialismus wanderte er nach Norwegen und Schweden aus und arbeitete dort als Journalist. Nach dem Kriegsende 1945 ging er nach Deutschland zurück. Von 1957 bis 1966 hatte er das Amt des Regierenden Bürgermeisters von Berlin

inne. Seine politische Karriere durchlief er als Mitglied der SPD, deren Vorsitzender er von 1964 bis 1987 war. Von 1966 bis 1969 war er deutscher Außenminister und von 1969 bis 1974 →Bundeskanzler.
Willy Brandt bemühte sich um die Verbesserung der Beziehungen zu Osteuropa. Für seine →Politik der Entspannung und Annäherung erhielt er 1971 den Friedensnobelpreis.

Brasilien

Kontinent:	Amerika
Fläche:	8.511.996 km^2
Einwohner:	159.143.000
Hauptstadt:	Brasilia
Amtssprache:	Portugiesisch
Währung:	Real

Brasilien grenzt an Uruguay, Argentinien, Paraguay, Bolivien, Peru, Kolumbien, Venezuela, Guyana, Surinam, Französisch-Guyana und den Atlantischen Ozean. In dem Gebiet um den →Amazonas wächst tropischer →Regenwald, im Bergland erstrecken sich Trockenwald und Grassteppen. Das →Klima ist tropisch. Etwa 30 Prozent der gesamten Kaffeeernte der Welt stammen aus Brasilien. Daneben werden Baumwolle, Kakao, Tabak, Zuckerrohr, Orangen und Bananen angebaut. Die Bevölkerung besteht vor allem aus Weißen, Mulatten (→Mischlingen) und Schwarzen. Die eigentlichen Ureinwohner, die →Indianer, werden immer weniger. Brasilien macht häufig wegen der hohen Kriminalität, den Kämpfen und der Gewalt der Verbrecher, die mit →Drogen handeln, der Armut in den Großstädten und der Kinder, die dort auf den Straßen leben, von sich reden.
Von Anfang des 16. Jahrhunderts bis 1821 war Brasilien portugiesische →Kolonie. 1822 wurde es unabhängiges Kaiserreich und ab 1889 →Republik. Nach Unruhen in der Bevölkerung kam es 1930 zu einer Militärrevolte, Brasilien wurde danach diktatorisch regiert. 1946 fand eine Rückkehr zur →Demokratie statt. Von 1964 bis 1985 beherrschte erneut das Militär Brasilien, bis die Proteste und Demonstrationen der Bevölkerung der Militärherrschaft ein Ende bereiteten. Nun wurde ein Präsident eingesetzt und es begannen Beratungen über eine neue →Verfassung. Seit 1988 ist Brasilien eine Bundesrepublik mit einem Präsidenten.

Brecht, Bertolt

Der deutsche Schriftsteller und Regisseur Bertolt Brecht wurde am 10.2.1898 in Augsburg geboren. Nach philosophischen und medizinischen Studien arbeitete er als Theaterkritiker für eine Augsburger Zeitung. Ab 1920 war er Theaterdramaturg an den Münchner Kammerspielen. 1924 ging er als Schriftsteller, Regisseur und Dramaturg nach Berlin. 1933 floh er vor dem →Nationalsozialismus und verließ Deutschland. Nach dem Krieg kehrte er nach Ostberlin zurück. Dort gründete er 1949 das Brecht-Ensemble. Diese Künstlergruppe

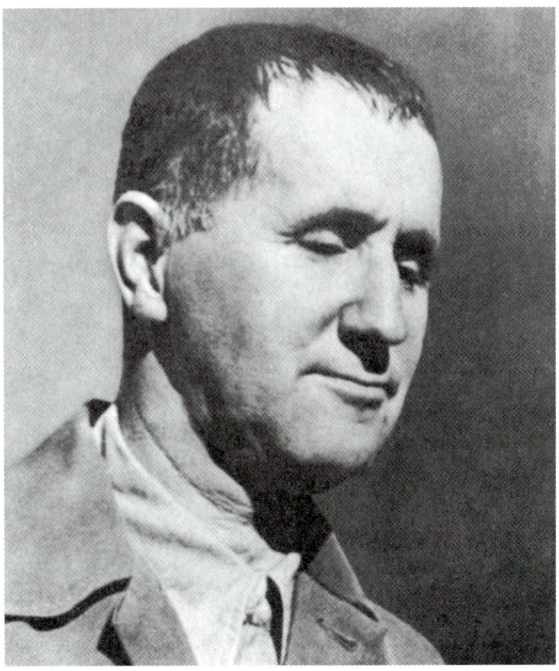

eröffnete ihm die Möglichkeit, seine eigenen →Dramen als Regisseur genau so aufzuführen, wie er sich das vorstellte. Brecht lebte bis zu seinem Tod am 14.8.1956 in Ostberlin.
Brecht hat viele bekannte Theaterstücke geschrieben, sich auch theoretisch mit dem Theater befasst und Neuerungen eingeführt: Aus der Zusammenarbeit mit dem Komponisten Kurt Weill ging zum Beispiel die berühmte „Dreigroschenoper" hervor. Sein Werk umfasst außerdem viele Prosatexte, Gedichte und Lieder. In den Jahren 1926 bis 1930 setzte Brecht sich stark mit dem →Marxismus auseinander, eine Beschäftigung, die sein ganzes Schaffen beeinflusste. In seinen Werken treten beispielsweise viele einfache Menschen und Arbeiter auf. Er klagt soziale Missstände an, übt Kritik an der Gesellschaft und fordert zu Veränderungen auf. Seine Theaterstücke stellen dem Zuschauer Beispiele menschlichen Handelns lehrhaft und nüchtern vor Augen. Das Publikum soll dadurch zum Nachdenken und zu eigenen Entscheidungen angeregt werden.

Breitenkreis
Die Breitenkreise sind gedachte Linien um einen →Globus. Alle Breitenkreise verlaufen parallel zueinander in waagrechter West-Ost-Richtung in regelmäßigen Abständen von rund 110 Kilometern. Der größte Breitenkreis ist der →Äquator auf 0 Grad (0°) geografischer Breite. Von ihm aus laufen nach

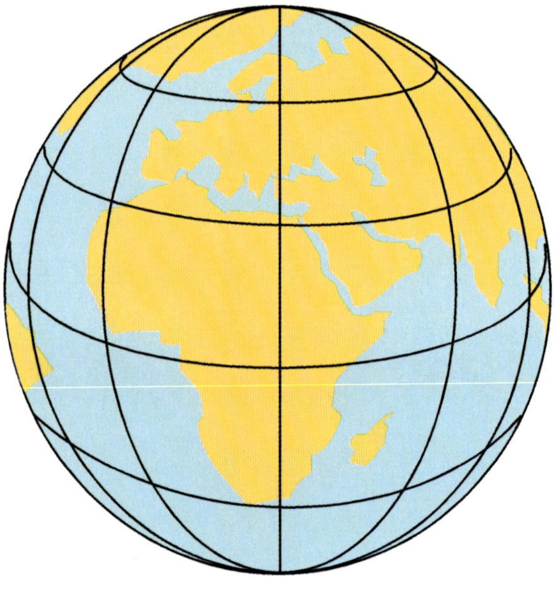

Gradnetz der Erde mit Breiten- und Längenkreisen

Norden und nach Süden je 90 Breitenkreise. Die beiden äußersten Breitenkreise liegen auf 90° geografischer Breite und sind nur noch Punkte: der Nordpol und der Südpol. Auch die Längenkreise sind gedachte Linien, sie gehen jeweils durch beide →Pole. Die kürzeste Nord-Süd-Verbindung von Pol zu Pol heißt Meridian, jeder Längenkreis setzt sich also aus zwei gegenüberliegenden Meridianen zusammen. Die Meridiane liegen am Äquator in regelmäßigen Abständen von ebenfalls rund 110 Kilometern auseinander.
Ausgehend von einem fest bestimmten Nullmeridian auf 0° geografischer Länge laufen nach Osten und nach Westen je 180 Meridiane. Breitenkreise und Längenkreise bilden auf der Erdoberfläche ein gedachtes Gradnetz.
Um die geografische Lage eines Ortes im Gradnetz ganz genau bestimmen zu können, werden die einzelnen Längen- und Breitengrade in 60 Bogenminuten (60') und jede Bogenminute in 60 Bogensekunden (60") unterteilt. Zwei Bogensekunden haben am Äquator einen Abstand von rund 31 Metern. Demnach hat Berlin eine geografische Lage von 52°30'10" nördlicher Breite und 13°24'15" östlicher Länge.

Breschnew, Leonid Iljitsch
Der sowjetische Politiker Leonid Breschnew (19.12.1906–10.11.1982) war seit 1931 Mitglied der sowjetischen Kommunistischen Partei. Von 1960 bis 1964 und von 1977 bis 1982 war er das Staatsoberhaupt der →Sowjetunion. Von 1964 bis 1982 übernahm er das Amt des Ersten Sekretärs des Zentralkomitees der Kommunistischen Partei. Breschnew bestimmte die →Politik der Sowjetunion entscheidend mit.

Briefmarke
Die Briefmarken gibt es erst seit etwa 150 Jahren. Es sind von der →Post herausgegebene käufliche Wertzeichen, die auf Postsendungen, wie Briefe, Päckchen oder Pakete, geklebt werden. Sie zeigen an, dass die Gebühr für die Beförderung der Postsendung bezahlt ist. Auf Briefmarken sind Pflanzen, Tiere, Landschaften und bedeutende Persönlichkeiten abgebildet. Das Sammeln von Briefmarken gehört zu den beliebtesten →Hobbys.

Bronze
Die Bronze kommt nicht in der Natur vor, sondern wird durch eine Mischung der →Metalle Kupfer und Zinn gewonnen. Schon seit 2500 v. Chr. kennt der Mensch Bronze. Die Zeit, in der Bronze das wichtigste Material für die Herstellung von Waffen, Geräten und Schmuck war, nennt man Bronzezeit. Sie umfasst in etwa den Zeitraum von 1800 bis 800 v. Chr.
Da Bronze sich sehr gut gießen lässt, wird sie auch heute noch gerne zur Herstellung von Kunstwerken verwendet.

Brücke
Eine Brücke ist ein Bauwerk, das geschaffen wurde, um über Hindernisse, wie Flüsse, Schluchten, Straßen etc., hinwegzuführen. Brücken zählen zu den ältesten Bauwerken. Anfangs wurden sie aus Holz

Einige Brückenformen

Bogenbrücke aus Stein

Zugbrücke

Hängebrücke

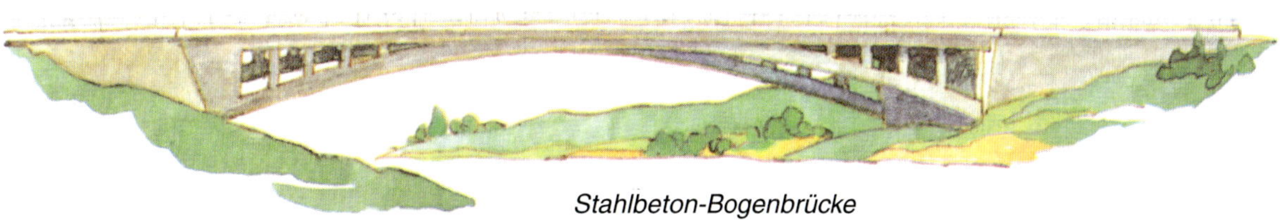

Stahlbeton-Bogenbrücke

Schrägseilbrücke

und Seilen errichtet, dann aus Steinen und später aus →Metall und →Beton. Brücken bestehen aus einem Überbau, der Fahrbahn, auf der sich Fußgänger, Autos oder Züge fortbewegen können, und dem Unterbau. Heute findet man eine Vielfalt an Brücken. Balkenbrücken zum Beispiel haben waagrecht aufgelegte Balken aus Holz, Stahlbeton oder Stahl. Als Stütze dienen dabei Pfeiler. Bei den Bogenbrücken tragen die Bogen das Gewicht der Brücke. Hängebrücken können sehr große Weiten überspannen. Die Hauptträger hängen dabei an Kabeln, Ketten oder Schrägseilen, die über Stützpfeiler laufen.

BSE

Die Abkürzung BSE steht für „bovine spongiforme Enzephalopathie". Dahinter versteckt sich eine tödlich verlaufende Krankheit, mit der sich vor allem →Rinder anstecken können. Man bezeichnet sie auch als Rinderwahnsinn. Im Verlauf der Krankheit verändert sich das Gehirn der betroffenen Tiere. Dadurch kommt es zu Störungen in ihrem Verhalten und in den Bewegungen und schließlich zum Tod. Die Seuche ist zurzeit vor allem bei englischen Rindern verbreitet.
Mittlerweile besteht der starke Verdacht, dass der BSE-Erreger vom Rind auch auf den Menschen übertragen werden kann. Leider gab es bereits mehrere Todesfälle, die diesen Rückschluss zulassen. Durch Einfuhrverbote und die Vernichtung betroffener und gefährdeter Tiere wird versucht, die BSE-Seuche und damit auch die Gefährdung des Menschen in Schranken zu halten.

Buch

Schon in den Hochkulturen des Altertums gab es eine Art Buch. Die Babylonier und Assyrer benutzten Tontafeln, in die sie ihre Schriftzeichen ritzten. Die Inder schrieben auf zusammengeschnürten Palmblättern. Die Ägypter, Griechen und Römer verwendeten Papyrusrollen, die aus dem Mark der Papyruspflanze hergestellt wurden. Seit dem 3. Jahrhundert v. Chr. kam neben dem Papyrus das Pergament auf, das aus getrockneten Tierhäuten bestand. Mit dem Pergament verbreitete sich auch die flache, viereckige Buchform. Schon im 2. Jahrhundert v. Chr. wurde das →Papier in China erfunden, die Araber stellten es erst im 8. Jahrhundert n. Chr. her. Allgemein gebräuchlich war Papier allerdings erst seit dem 14. Jahrhundert.
Im →Mittelalter wurden die Bücher von Mönchen geschrieben und durch oftmals sehr aufwendige Zeichnungen geschmückt. Wollte man ein weiteres Exemplar eines Buches erhalten, musste es abgeschrieben werden. Mitte des 15. Jahrhunderts erfand Johannes →Gutenberg den Buchdruck. Dadurch konnten Bücher viel billiger und in größeren Mengen hergestellt werden. Das Buch war somit nicht mehr etwas, das nur einigen wenigen Menschen vorbehalten war, sondern entwickelte sich allmählich zu einer Massenware. Heute kann man Bücher in den verschiedensten Formen, Größen und Ausstattungen mit den unterschiedlichsten Inhalten, z. B. Sach- oder Kinderbücher, kaufen.

Zu den ersten Büchern, die mit beweglichen Lettern gedruckt wurden, gehört die 42-zeilige lateinische Bibel Gutenbergs.

Buche

Die Buche ist ein →Laubbaum mit grau schimmernder Rinde und einem rötlichen, harten Holz. Ihre →Früchte, die Bucheckern, sind ölig und haben drei Kanten. Sie sitzen in stacheligen Hüllen, die man aufgesprungen oft auf dem Boden unserer Wälder findet. Die Bucheckern dienen vielen Waldtieren, zum Beispiel den Eichhörnchen, als Nahrung.

Budapest

Die Hauptstadt →Ungarns ist Budapest. Sie hat 2.110.000 Einwohner. Die Stadt wird durch die →Donau geteilt. Am rechten Donauufer liegt Buda mit der Burg und vielen Regierungsgebäuden, am linken befindet sich Pest mit der engen Altstadt und der heutigen Geschäftsstadt. Budapest besitzt viele Universitäten, Hochschulen und Akademien, Theater, Museen, schöne Gebäude und Sehenswürdigkeiten. Große Teile der ungarischen Industrie sind in Budapest angesiedelt.

Im →Mittelalter gab es zwei deutsche Stadtgemeinden, die Buda und Pest hießen. Sie wurden beide 1241 von den Mongolen zerstört. Danach entwickelte sich Buda zur bedeutendsten Stadt Ungarns. Es wurde 1526 und 1541 von den Türken erobert und erst 1686 wieder befreit. Nach 1800 holte Pest den Rückstand auf und entwickelte sich ebenfalls zu einer sehr wichtigen Stadt. 1872 wurden beide Städte vereint. Die →Sowjetunion eroberte 1945 Budapest und gestaltete die Stadt nach sowjetischem Muster um. Ab 1947 wurde es kommunistisch regiert. 1956 gab es einen Volksaufstand gegen die kommunistische Herrschaft, der blutig niedergeschlagen wurde. Die Reformbewegungen seit 1989 führten dazu, dass sich Ungarn und damit auch Budapest vom →Kommunismus abgewendet haben.

Buddhismus

Als Buddhismus bezeichnet man die →Religion, die auf die Lehre Buddhas, das bedeutet „der Erleuchtete“, zurückgeht. Buddha hieß eigentlich Siddharta oder Gautama und lebte etwa von 560 v. Chr. bis 480 v. Chr. in Indien. Mit 29 Jahren begann er sich langsam aus dem normalen, weltlichen Leben zurückzuziehen. Er dachte viel über sich nach, lebte enthaltsam und wanderte durch Indien. Nach langen Meditationen erreichte er die Erleuchtung, gründete einen Mönchsorden und zog lehrend umher. Buddha gab den Menschen den Ratschlag, gründlich über sich nachzudenken und sich schrittweise von allen Begierden und Lastern, wie Hass oder Neid, zu lösen. Nur so ist es nach buddhistischem Verständnis möglich, einen Zustand der Wunschlosigkeit und des Glücks zu erreichen. Die Buddhisten glauben daran, dass der Mensch mehrmals wiedergeboren wird, bis er im „Nirwana“ die Erlösung findet. Der Buddhismus ist heute hauptsächlich in Asien verbreitet.

Büffel

Die Büffel sind →Rinder mit langen, ausladenden Hörnern. Sie haben einen plumpen Körper, können zwischen 150 und 200 Kilogramm schwer werden und ernähren sich von Pflanzen. Büffel leben in Asien oder

Der Büffel ist trotz seines Gewichts das ideale Arbeitstier: Er scheut nicht im Wasser und kann sich im Schlamm gut halten, ohne auszurutschen.

Afrika. Zu den Asiatischen Büffeln gehören die Wasserbüffel und Anoa, zu den Afrikanischen Büffeln die Kaffernbüffel. Die Wasserbüffel werden besonders gerne als Last- und Zugtiere eingesetzt.

Bulgarien

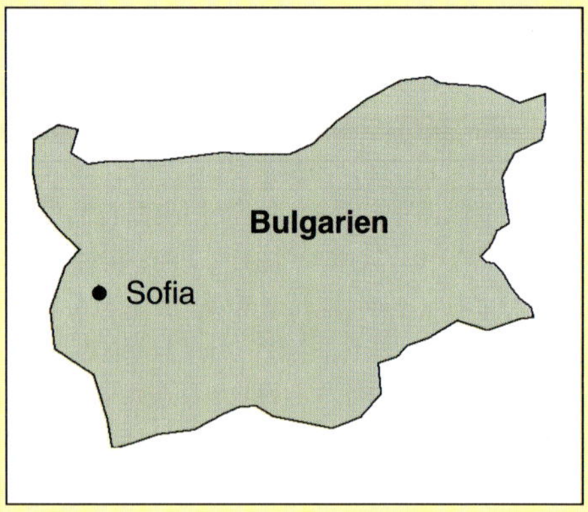

Kontinent:	Europa
Fläche:	110.994 km^2
Einwohner:	8.818.000
Hauptstadt:	Sofia
Amtssprache:	Bulgarisch
Währung:	Lew

Bulgarien ist ein Staat in Osteuropa, der an Griechenland, Mazedonien, Jugoslawien, Rumänien, das Schwarze Meer und die Türkei grenzt. Er wird von Westen nach Osten vom Balkangebirge durchzogen. Die Sommer sind heiß, die Winter kalt. Die Küste des Schwarzen Meeres zieht viele Besucher als Badegäste an. Die Bevölkerung besteht hauptsächlich aus Slawen. Ein Großteil arbeitet in der →Industrie, es gibt aber auch viel →Landwirtschaft. Angebaut werden vor allem Tabak, Rosen, Obst, Tomaten und Wein. Bulgarien gehörte von 1018 bis 1186 dem byzantinischen Reich an, danach war es selbstständig. Von 1396 bis 1878 wurde es türkische Provinz. Im 19. Jahrhundert entstand das Fürstentum Bulgarien, ab 1908 war es ein unabhängiges Königreich. Seit 1946 stand Bulgarien dann unter kommunistischer Regierung. 1989 und 1990 wurden die Rufe der Bevölkerung nach Reformen und mehr Freiheit immer stärker. Es fand eine demokratische Umgestaltung statt und seit 1990 ist Bulgarien eine →Republik.

Bumerang

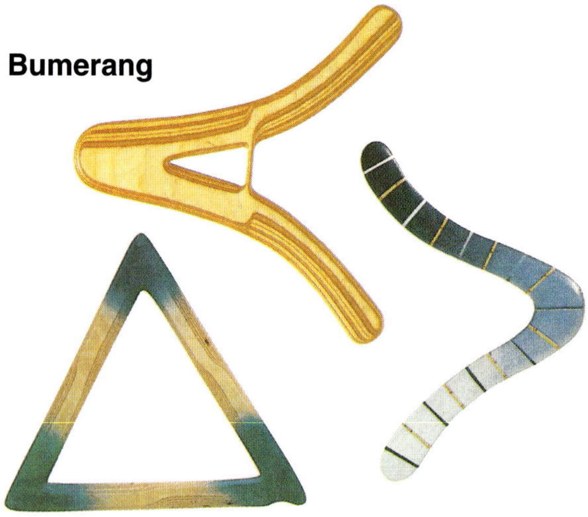

Ein Bumerang ist ein Wurfholz, das leicht gebogen ist. Ursprünglich verwendeten es die australischen Ureinwohner als Waffe oder zur Jagd, heute ist es in moderner Form ein beliebtes Sportgerät. Die Besonderheit des Bumerangs liegt in seiner Eigenschaft, nach einer weiten Flugbahn wieder zum Werfer zurückzukommen. Möglich wird dies durch die Beschaffenheit der Bumerangkanten: Die Vorderkante ist rund, die Hinterkante abgeflacht.

Nachtaufnahme eines Bumerangflugs

Bundeskanzler

In Deutschland ist der Bundeskanzler der Leiter der Bundesregierung. Er wird vom →Bundespräsidenten vorgeschlagen und vom →Bundestag für vier Jahre gewählt. Er bestimmt die Richtlinien der →Politik und sucht die →Minister aus, die Mitglied der Regierung werden. Der Bundestag kann den Bundeskanzler dadurch absetzen, dass er mit der Mehrheit seiner Mitglieder einen Nachfolger wählt.

Bundeskanzler der Bundesrepublik Deutschland

1949–1963	Konrad Adenauer
1963–1966	Ludwig Erhard
1966–1969	Kurt Georg Kiesinger
1969–1974	Willy Brandt
1974–1982	Helmut Schmidt
seit 1982	Helmut Kohl

Bundespräsidenten der Bundesrepublik Deutschland

1949–1959	Theodor Heuss
1959–1969	Heinrich Lübke
1969–1974	Gustav Heinemann
1974–1979	Walter Scheel
1979–1984	Karl Carstens
1984–1994	Richard von Weizsäcker
seit 1994	Roman Herzog

Bundespräsident
Der Bundespräsident ist in Deutschland das Staatsoberhaupt. Er wird von der Bundesversammlung auf fünf Jahre gewählt und kann nur einmal wieder gewählt werden. Er vertritt Deutschland nach außen hin. Der Bundespräsident kann den Kanzlerkandidaten vorschlagen und den →Bundestag auflösen, hat sonst aber keine direkte politische Macht. Seine Anordnungen und Verfügungen müssen vom →Bundeskanzler oder den zuständigen →Ministern gegengezeichnet werden.

Bundesrat
Der Bundesrat besteht aus Vertretern der Regierungen der verschiedenen Bundesländer Deutschlands. Die Länder haben dadurch die Möglichkeit, bei der Gesetzgebung und der Verwaltung des Bundes mitzuwirken.

Bundesrepublik Deutschland (BRD)
→Deutschland

Bundestag
Als Bundestag bezeichnet man das →Parlament Deutschlands. Der Bundestag beschließt die →Gesetze, muss Verträgen zustimmen und wählt den →Bundeskanzler. Die →Abgeordneten des Parlaments werden auf vier Jahre gewählt. Sie können in öffentlichen Debatten zu allen politischen Fragen Stellung nehmen.

Burg
Im →Mittelalter wurden sehr viele Burgen gebaut. Die Bewohner der Burg (→Ritter, Adelige, Geistliche und ihre Untertanen) konnten sich bei Angriffen in die befestigte Burg zurückziehen und sich von dort aus verteidigen. Errichtet wurden Burgen oft an Stellen, die eine besonders gute Übersicht

Eine mittelalterliche Burg

und natürlichen Schutz gewährten, zum Beispiel auf Fels- oder Bergspitzen. Die dicken und hohen Mauern schützten die Bewohner gut vor Feinden. Im Burghof stand ein hoher Turm, der Bergfried, von dem aus man weit blicken und Gefahren erkennen konnte. Innerhalb der Mauern befanden sich in vielen Burgen außerdem das Hauptgebäude oder Palas, die Burgkapelle, Stallungen und Lager- und Wirtschaftsräume. Die Verteidiger standen in Wehrgängen auf den Mauern und schossen entweder durch schmale Schießscharten oder einfach über den Mauerrand hinweg. Reichte diese Verteidigung nicht aus, wurde sogar kochendes Öl oder Wasser über die Mauer gegossen, um die Gegner am Heraufklettern zu hindern. Wollte man eine Burg einnehmen, konnte man sie entweder so lange belagern, bis keine Nahrungs- oder Wasservorräte mehr vorhanden waren und die Burgherren aufgeben mussten, oder man versuchte, die Burg zu stürmen. Die Angreifer benutzten dabei verschiedene Hilfsmittel: Mit Katapulten wurden Steine über die Mauern geschleudert oder es wurden Türme an die Mauer herangeschoben, über die die Angreifer leichter in die Burg einsteigen konnten.

Bürger

Das Wort „Bürger“ stammt von „Burg“ ab. Man verstand darunter ursprünglich alle Bewohner einer →Burg. Im →Mittelalter hießen dann schon alle Bewohner einer Stadt Bürger. Sie besaßen mehr Rechte als die Bauern. Heute bezeichnet man alle Angehörigen eines →Staates als seine Bürger. Jeder Staatsbürger hat die gleichen Rechte und Pflichten. Bürger können unter anderem durch Wahlen bestimmen, welche Personen in ihren Gemeinden oder im Staat die Verwaltung und →Politik übernehmen sollen.

Bürgerinitiative

Immer wieder gibt es Entscheidungen in der →Politik, mit denen viele →Bürger nicht einverstanden sind. Sie haben das Gefühl, dass ihre Interessen von den Politikern nicht vertreten werden. Deshalb schließen sie sich in Gruppen zusammen und bilden eine Bürgerinitiative. Bürgerinitiativen versuchen, ihre Meinungen und Forderungen deutlich zu machen und möglichst viele andere Bürger von ihrem Anliegen zu überzeugen. Sie organisieren →Demonstrationen oder suchen den Kontakt und die →Diskussion mit den Politikern, um ihre Ideen und Gegenvorschläge vorstellen zu können.

Burundi

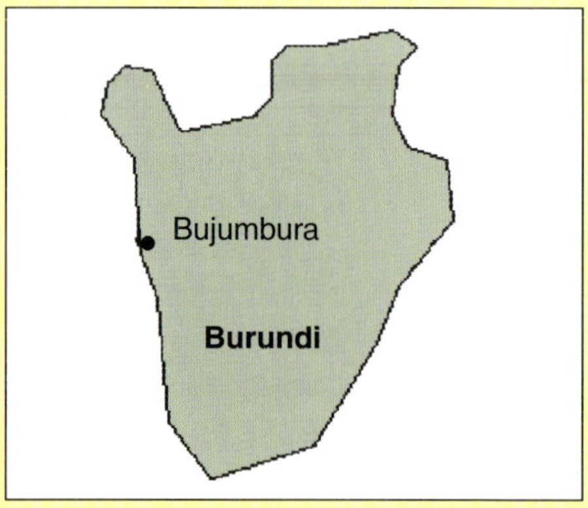

Kontinent:	Afrika
Fläche:	27.834 km^2
Einwohner:	6.209.000
Hauptstadt:	Bujumbura
Amtssprachen:	Kirundi Französisch
Währung:	Burundi-Franc

Burundi ist ein gebirgiger Staat in Zentralafrika, der an Zaire, Ruanda und Tansania grenzt. Das →Klima ist gemäßigt tropisch. Burundi ist sehr dicht besiedelt und die Bevölkerung, die zu 85 Prozent aus Hutu besteht, ist ziemlich arm. Sie lebt vor allem von Viehzucht und Ackerbau. Hauptsächlich werden Mais, Hirse, Maniok und Kaffee angebaut.

1890 wurde Ruanda-Burundi Teil der deutschen →Kolonie Ostafrika. Ab 1919 verwaltete Belgien das Gebiet. Seit 1962 ist Burundi unabhängig. Schon in den 60er-Jahren gab es gewaltsame Auseinandersetzungen zwischen den Stämmen der Tutsi und der Hutu. Nach der Ermordung des Präsidenten Melchior Ndadaye 1993 kam es jedoch erneut zu grausamen und sehr blutigen Kämpfen zwischen diesen beiden Bevölkerungsgruppen. Sehr viele Menschen wurden getötet oder flohen in die Nachbarländer. Auch nach der Bildung einer neuen Regierung kam es infolge eines Attentats auf deren Vertreter zu weiteren Unruhen.

Busch, Wilhelm
Wilhelm Busch wurde am 15.4.1832 als erstes von sieben Kindern in Wiedensahl geboren. Er besuchte verschiedene Hochschulen in Düsseldorf, Antwerpen und München und machte eine Ausbildung als Kunstmaler. Busch konnte jedoch nicht nur sehr gut zeichnen und malen, sondern entdeckte auch bald seine Neigung, →Gedichte und Erzählungen zu verfassen. Bekannt sind vor allem seine Bildergeschichten, zum Beispiel „Max und Moritz" von 1858 oder „Die fromme Helene" von 1872, in denen er all seine Talente zusammen einsetzte. Die komisch übertriebenen Zeichnungen unterlegte er mit witzigen, verspottenden Gedichten. Obwohl oft vor allem der Humor seiner Geschichten gesehen wird, wollte Busch immer auch bestimmte Eigenschaften, Wesenszüge und Verhaltensweisen von Personen oder gesellschaftliche Ereignisse kritisieren. Wilhelm Busch starb am 9.1. 1908 in Mechtshausen.

Max und Moritz spielen der Witwe Bolte einen Streich

Schwupdiwup! Da wird nach oben
Schon ein Huhn heraufgehoben.

„Ach, was muss man oft von bösen
Kindern hören oder lesen!
Wie zum Beispiel hier von diesen,
welche Max und Moritz hießen.
Die, anstatt durch weise Lehren
sich zum Guten zu bekehren,
oftmals noch darüber lachten
und sich heimlich lustig machten.-"

Aus dem Vorwort zu Max und Moritz

Bussard →Greifvögel

Butter
Die Butter wird in der Molkerei aus Kuhmilch hergestellt (griechisch „bútyron" bedeutet „Kuhquark"). Sie ist ein Gemisch von Wasser in Fett, während die →Milch ein Fett-in-Wasser-Gemisch darstellt. Der eigentliche Butterungsvorgang besteht darin, dieses Verhältnis umzukehren. Man erwärmt dazu die Milch auf etwa 30 Grad Celsius (°C) und schüttet sie in Zentrifugen, das sind große Gefäße, die sich sehr schnell drehen. Durch das Schleudern wird die Milch in zwei Bestandteile getrennt, in den Fettteil (Rahm oder Sahne genannt) und den fettarmen Teil (Magermilch).
Den Rahm erhitzt man auf etwa 95°C und gibt ihn dann in ein Gefäß, in dem ihm bestimmte →Bakterien zugesetzt werden. Nach etwa 18 Stunden hat der Rahm den gewünschten Säuregrad erreicht. Er kommt in ein sich drehendes Fass, den Butterfertiger. Darin wird er so lange geschüttelt, bis er fest geworden ist. Der feste Rahm wird nun geformt und eventuell noch mit pflanzlichen Farbstoffen versehen. Auf diese Weise entsteht Butter.

Byte →Computer

C wie Cäsar

Camping
Englisch „camping“ bedeutet „zelten“. Camping macht also der, der in seiner Freizeit oder im Urlaub mit dem Zelt oder auch mit dem Wohnwagen unterwegs ist. Camping ist oft nur auf eigens eingerichteten Campingplätzen erlaubt.

Cäsar, Gaius Julius
Julius Cäsar war ein bedeutender Feldherr und Staatsmann im alten Rom. Er lebte vom 13.7.100 bis zum 15.3.44 v. Chr. Zu seiner Zeit veränderte sich der römische Staat von einer Republik zu einem Reich, das hauptsächlich von einem Mann regiert wurde. Zu herausragender politischer Be-

deutung gelangte er 60 v. Chr., als er mit Marcus Licinius Crassus Dives (115–53 v. Chr.) und Gnaeus Pompejus Magnus (106–48 v. Chr.), ein Triumvirat, also eine Dreimännerherrschaft, bildete. Bis zum Tod von Crassus 53 v. Chr. war den drei Staatsmännern dadurch die Leitung des römischen Staates gesichert. Dann jedoch wurde Pompejus zu einem erbitterten Gegner von Cäsar. 59 v. Chr. wurde Cäsar zum Konsul gewählt. Nach der Unterwerfung Galliens (58–51 v. Chr.) war er der mächtigste Mann in Rom. 49 v. Chr. brach ein Bürgerkrieg aus, in dem Cäsar auch gegen Pompejus kämpfte. Nachdem er seine Gegner besiegt hatte, wurde er 45 v. Chr. Imperator und Diktator auf Lebenszeit und war somit Alleinherrscher in Rom.
Als Staatsmann und Feldherr hatte Julius Cäsar große Erfolge erreicht, zur Sicherung des Reiches beigetragen und versucht, den Staat zu reformieren. Seine Gegner sahen in ihm und der Position, die er innehatte, allerdings eine Gefahr für die Freiheit des Volkes. Cäsar fiel deshalb einer Verschwörung unter der Führung von Marcus Junius Brutus (85–42 v. Chr.) zum Opfer, er wurde ermordet. Nach seinem Tod blieb Rom Kaiserreich.
Julius Cäsar war allerdings nicht nur Politiker und Feldherr, sondern auch Schriftsteller und Redner. So schrieb er bekannte Werke über den gallischen Krieg und den Bürgerkrieg. Seit der Herrschaft des Kaisers Augustus (63 v. Chr.–14 n. Chr.), den Cäsar 45 v. Chr. als Sohn adoptiert hatte, wurde „Cäsar“ der offizielle Beiname der römischen Kaiser. Daraus entwickelten sich später die Bezeichnungen „Kaiser“ und auch „Zar“.

CD
Eine Compact Disc oder abgekürzt CD ist eine metallene Scheibe mit einem Loch in der Mitte. Sie kann mit einem CD-Spieler abgespielt werden. Heute haben CDs schon weitestgehend die früher üblichen →Schallplatten abgelöst. Auf einer CD sind die Informationen über die Musik oder den gesprochenen Text, der auf ihr gespeichert ist, in winzig kleinen Vertiefungen enthalten. Im

CD-Spieler tastet ein feiner Lichtstrahl, ein so genannter Laserstrahl, die Oberfläche der Scheibe ab und verwandelt die Signale, die er empfängt, in Töne. Ein großer Vorteil der CDs gegenüber den herkömmlichen Schallplatten besteht darin, dass sie ziemlich unempfindlich sind. Während Schallplatten leicht zerkratzen oder verstauben und dann beim Abspielen rauschen, besitzen CDs eine ausgezeichnete Tonqualität.

CD-ROM
Die Abkürzung CD-ROM steht für den englischen Ausdruck „compact disc read only memory", was im Deutschen so viel bedeutet wie „Nur-Lese-Speicher auf CD".
Eine CD-ROM sieht aus wie eine normale →CD, kann aber nur von Personalcomputern gelesen werden. Auf einer CD-ROM lassen sich unglaublich viele Daten speichern. Die Informationen von etwa 300.000 Schreibmaschinenseiten oder von 420 herkömmlichen →Disketten finden auf ihr Platz. Diese enorme Speicherkapazität führt dazu, dass sie oft lieber verwendet wird als Disketten. Abgerufen werden die auf der CD-ROM enthaltenen Informationen wie bei der CD mithilfe eines Laserstrahls.

Celsius →Temperatur

Cervantes Saavedra, Miguel de
Der spanische Dichter Cervantes (9.10. 1547–23.4.1616) wurde vor allem durch seinen →Roman „Don Quijote de la Mancha" bekannt. Der verträumte und lächerliche →Ritter Don Quijote zieht darin mit seinem

Schildknappen Sancho Pansa in die Welt, um gegen das Unrecht zu kämpfen, und erlebt dabei viele merkwürdige Abenteuer. Cervantes schrieb den Roman eigentlich als Parodie auf die zu seiner Zeit üblichen Ritterromane und als Kritik am spanischen Rittertum seiner Zeit, denn die alten Tugenden und Ideale waren bei vielen Rittern nur noch in der Vergangenheit und nicht mehr in der Gegenwart vorhanden.
Neben diesem Roman hat Cervantes noch eine Reihe weniger bedeutender Erzählungen, Romane und →Dramen geschrieben.

Chamäleons
Die Chamäleons gehören zu den →Echsen. Sie werden bis zu 75 Zentimeter lang und haben Schuppen auf ihrem Körper. Die meisten tragen am Rücken einen Kamm und haben einen Schwanz, den sie einrollen können. Sie sind in der Lage sehr lange un-

beweglich zu sitzen und auf Beute zu warten. Fliegen dann →Insekten vorbei, schießt ihre klebrige Zunge blitzschnell hervor. Die Beute bleibt an der Zunge hängen, wird in den Mund gezogen und verspeist. Chamäleons leben meist auf Bäumen und sind sehr gute Kletterer. Die großen, hervorstehenden Augen können sie einzeln in verschiedene Richtungen bewegen. Regen sich die Tiere auf oder haben sie Angst, können sie ihre Farbe wechseln und sich auf diese Weise dem Untergrund anpassen. Durch diese →Tarnung wird es Feinden erschwert, sie aufzuspüren. Chamäleons sind vor allem in Afrika und Asien verbreitet.

Chance
Lateinisch „cadere“ bedeutet „fallen“ und ursprünglich bezeichnete man mit dem französischen Wort „chance“ das günstige Fallen des Würfels beim Glücksspiel. Heute versteht man darunter eine Glücksaussicht oder eine günstige Gelegenheit.

Chaos
Griechisch „chaos“ heißt „wirre, gestaltlose Masse“. Mit Chaos bezeichnet man dementsprechend ein großes Durcheinander oder ein totales Gewirr.

Chaplin, Charlie
Der Engländer Charlie Chaplin (16.4.1889–25.12.1977) ist vor allem als Filmkomiker bekannt. In seinen Filmen spielt er oft naive, einfache Menschen, die meist unschuldig in Gefahr geraten, aber immer wieder davonkommen. Typisches und häufig wiederkehrendes Merkmal seiner Figuren sind der Anzug, Stock und Hut und der eigenwillige Gang. Obwohl in seinen Filmen sehr viel Humor und lustige Elemente stecken, ist auch immer wieder Tragisches oder Trauriges und sehr oft Kritik an der Gesellschaft oder bestimmten Entwicklungen enthalten. Weniger bekannt ist, dass Chaplin auch die Drehbücher zu seinen Filmen schrieb, selber Regie führte und sie produzierte. 1918 gründete er sogar eine eigene Filmgesellschaft. Zu seinen berühmten Filmen gehören „Lichter der Großstadt“ von 1931 und „Der große Diktator“ von 1947.

Charisma
Spricht man von dem Charisma einer Person, meint man damit, dass sie eine außergewöhnliche und ganz besondere Ausstrahlung besitzt. Diese Ausstrahlung führt dazu, dass der Person bestimmte gute Eigenschaften zugeschrieben werden; sie wird als vorbildlich angesehen und oft als leitende Person in Gruppen anerkannt. Gerade im Bereich religiöser →Sekten kann man feststellen, dass den verschiedenen Anführern ein besonderes, nicht erklärbares Charisma nachgesagt wird. Auch bei Politikern spricht man von einer charismatischen Ausstrahlung, wenn sie viele Menschen eher durch ihr Wesen und ihre Persönlichkeit überzeugen als durch ihre Argumente.

Chemie
Alle Dinge dieser Welt bestehen aus bestimmten Grundstoffen. Die Chemie untersucht, wie diese Stoffe zusammengesetzt sind, welche Eigenschaften sie haben und wie sie sich umwandeln lassen. Die chemischen Grundstoffe oder →Elemente können chemisch nicht weiter zerlegt werden. Zurzeit sind 109 Elemente bekannt. Die meisten davon kommen in der Natur vor, einige wenige sind von Wissenschaftlern künstlich hergestellt worden. Die Elemente lassen sich in →Metalle und Nichtmetalle einteilen. Die Metalle sind meist fest, die Nichtmetalle teils fest, teils gasförmig oder flüssig. Die meisten Elemente sind so genannte Mischelemente, das heißt sie bestehen aus zwei oder mehreren Atomarten. Die Reinelemente weisen nur eine Atomart auf. Die Elemente, die auf der Erde am häufigsten auftreten, sind →Sauerstoff und →Silizium.

Chemiker arbeiten in so genannten Labors. In diesem Labor werden für die Lebensmittelindustrie Qualitätskontrollen durchgeführt.

Verschiedene chemische Elemente können einen zusammengesetzten Stoff bilden, eine chemische Verbindung. So entsteht zum Beispiel aus →Wasserstoff und Sauerstoff Wasser, aus →Kohlenstoff und Sauerstoff →Kohlendioxid. Treffen verschiedene Elemente oder Verbindungen zusammen und findet dann ein Vorgang statt, bei dem ein neuer Stoff gebildet wird, spricht man von einer chemischen Reaktion.
Es gibt heute viele chemische Verbindungen, die von Wissenschaftlern künstlich hergestellt werden und aus dem täglichen Leben nicht mehr wegzudenken sind. Dazu gehören beispielsweise →Kunststoffe, Lacke

oder →Gifte. Wir finden Kunstfasern in unserer Kleidung, Kunststoffe in Verpackungen, in Haushaltsgegenständen oder Sportgeräten.
Bereits im alten Ägypten besaßen Wissenschaftler umfangreiche chemische Kenntnisse. Von ihnen haben die Griechen, Römer und Araber gelernt. Durch die Araber wurde die Chemie als →Alchimie weiterverbreitet. Wichtige Erfolge erzielten die Alchimisten z. B. bei der Herstellung von Arzneimitteln. Die wissenschaftliche Chemie beginnt im 17. Jahrhundert mit den Forschungen von Robert Boyle (1627–1691). In dieser Zeit wurden die ersten chemischen Elemente entdeckt.

Chile

Kontinent:	Amerika
Fläche:	756.626 km^2
Einwohner:	13.500.000
Hauptstadt:	Santiago de Chile
Amtssprache:	Spanisch
Währung:	Chilenischer Peso

Chile ist ein langes und sehr schmales Land im Westen von Südamerika. Es grenzt an Peru, Bolivien, Argentinien und den Pazifischen Ozean. Sein →Klima ist subtropisch bis gemäßigt warm. Im Norden wachsen →Kakteen, im Süden gibt es viele Wälder. Umweltschützer kritisieren, dass in Chile immer noch große Mengen des →Urwaldes für die Papierindustrie abgeholzt, aber keine entsprechenden Neuanpflanzungen vorgenommen werden. Mehr als die Hälfte des Landes ist nicht nutzbar, da es aus Bergland und →Wüsten besteht. Ansonsten findet man vor allem landwirtschaftlich genutzte Flächen und Weiden. Angebaut werden hauptsächlich Weizen, Hafer und Gerste. Schaf- und Rinderzucht, →Bergbau, Textilindustrie und die →Fischerei sind weitere wichtige Wirtschaftszweige. Chile gehört weltweit zu den fünf größten Fischfangnationen. Die Bevölkerung besteht zu einem Großteil aus Mestizen, das sind →Mischlinge zwischen Indianern und Weißen.
Chile wurde 1539 von den Spaniern erobert. 1818 wurde die Unabhängigkeit ausgerufen. Danach stand das Land unter einer diktatorischen Regierung. 1823 kam es zu einem Sturz der Regierung und 1833 gab es eine neue Verfassung, die einen Präsidenten vorsah. 1973 gab es einen Militärputsch unter General Augusto Pinochet (geb. 1915). Danach regierte das Militär: Andersdenkende wurden verfolgt und schwer bestraft. Von 1981 bis 1990 leitete Pinochet Chile zwar als nicht militärischer, also ziviler Präsident, das Militär besaß aber weiterhin viel Macht. Seit 1990 führt eine zivile Regierung unter einem gewählten Präsidenten das Land, aber Pinochet hat sich nach wie vor politische Einflussmöglichkeiten gesichert.

China

Die Volksrepublik China liegt im Osten Asiens. Sie grenzt an Vietnam, Laos, Myanmar, Bhutan, Nepal, Indien, Pakistan, Afghanistan, Tadschikistan, Kirgisistan, Kasachstan, Russland, die Mongolei, Nordkorea und den Pazifik. Im Landesinneren gibt es Hochebenen, die nach Osten zum Meer hin abfallen. Im Süden ist es gebirgig und im Norden findet man weite Tafelländer. Das →Klima ist im Norden gemäßigt und im Süden subtropisch. Der meiste Regen fällt im Sommer. In den Randgebieten Chinas gibt es große Wälder, im Osten weite Ackerbaugebiete, im Süden →Palmen und →Bambus. Die übrige Landschaft besteht hauptsächlich aus Gebirgen und Wäldern. Etwas weniger als die Hälfte des Landes wird landwirtschaftlich genutzt. Angebaut werden vor allem Reis, Tee, Baumwolle, Weizen, Zuckerrohr und Sojabohnen. China ist reich an →Bodenschätzen: Kohle, Eisen, Zinn, Kupfer, Erdöl. Die →Industrie wird zunehmend aufgebaut. Die gute Entwicklung der →Wirtschaft in den

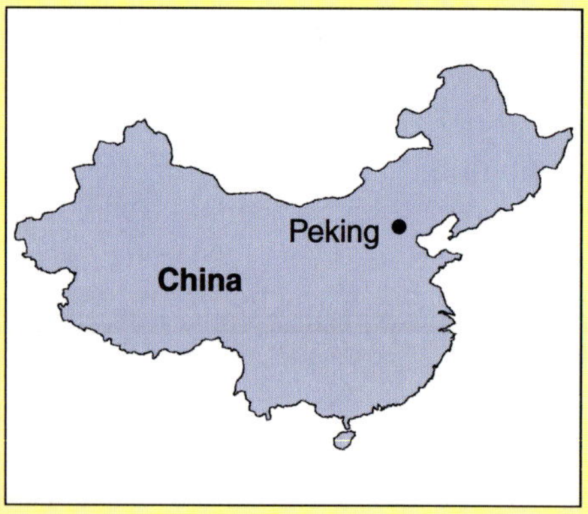

Kontinent:	Asien
Fläche:	9.572.909 km^2
Einwohner:	1.180.000.000
Hauptstadt:	Peking
Amtssprache:	Mandarin-Chinesisch
Währung:	Renminbi Yuan

90er-Jahren und die große Einwohnerzahl führen in China zu schwerwiegenden Umweltproblemen. Die Luftverschmutzung ist dort viel schlimmer als in vielen anderen Ländern. China wird von zwei sehr großen Flüssen durchzogen, dem Huang He im Norden und dem Jangtsekiang in der Mitte. Der Großteil der Bevölkerung besteht aus Chinesen, nur einen winzigen Teil machen noch alte Gebirgsvölker, Mongolen oder Tibeter aus. Chinesisch ist die meistgesprochene Sprache der Welt. Sie besitzt eigene Schriftzeichen. Jede Silbe wird durch ein Zeichen dargestellt und muss in einer bestimmten Stimmlage wiedergegeben werden. Ändert sich die Tonhöhe, ändert sich auch die Bedeutung des Zeichens. Für uns Europäer, aber auch für die Chinesen selbst ist es sehr schwer Chinesisch zu lernen. Die chinesische Schrift besteht aus etwa 50.000 Zeichen, normalerweise werden aber nur 3000 bis 4000 benutzt.

Das altchinesische Reich beginnt etwa 1800 v. Chr. In der Zeit um 221 v. Chr. wurde mit dem Bau der Chinesischen Mauer begonnen, die China vor Feinden aus dem Norden schützen sollte. An der Mauer wurde immer wieder gebaut, insgesamt ist sie etwa 2450 Kilometer lang, bis zu 16 Meter hoch und

Die Chinesische Mauer

fünf bis acht Meter dick. Von 200 v. Chr. bis etwa 220 n. Chr. besaß das chinesische Reich große Bedeutung. Danach zerfiel es in drei Teilreiche, die erst im 6. Jahrhundert vereint wurden. Seit dem 10. Jahrhundert drangen die Mongolen nach China ein. Sie beherrschten ab 1280 das Land. Nach ihrer Vertreibung begann die Zeit der Kaiserhäuser.
Im 18. Jahrhundert war das Reich am größten und bedeutendsten. Mitte des 19. Jahrhunderts errichteten Großbritannien, Deutschland, Frankreich, Japan und Russland nach Auseinandersetzungen mit China →Kolonien. 1912 musste das Kaiserhaus abdanken und China wurde →Republik. 1913 wurde der erste Präsident gewählt. Nach seinem Tod 1916 kam es zum Bürgerkrieg. 1927 konnte Tschiang Kai-schek die Einheit Chinas wieder herstellen. Sämtliche Bestrebungen zu Selbstständigkeit, die in einigen Provinzen aufgetreten waren, wurden unterdrückt. Nach einem erneuten Bürgerkrieg übernahmen die Kommunisten die Macht und riefen 1949 die Volksrepublik aus. Die Kommunistische Partei wurde dabei von →Mao Zedong geführt. Anfang der 70er-Jahre begann China politische Beziehungen zum Westen aufzubauen. Der starke Mann in der Partei hieß nach Maos Tod Deng Xiaoping (1904–1997). 1989 kam es zu einer großen →Demonstration für mehr Rechte und für die Freiheit des Volkes. Diese Kundgebung wurde von der Regierung brutal niedergeschlagen, was zu weltweiten Protesten gegen China führte. 1994 wurden in China Gesetze erlassen, die die →Menschenrechte stark einschränken.

Chip

Das Wort „Chip“ kommt aus dem Englischen und bedeutet eigentlich „Splitter“ oder „Scherbe“. Zum einen bezeichnet man damit die Kartoffelchips, die sicherlich jeder schon einmal probiert hat. Außerdem versteht man unter einem Chip auch eine Spielmarke.
Im Bereich der →Elektronik nennt man winzige elektronische Bauteile Chips. Sie bestehen meist aus →Silizium. Obwohl sie so klein sind, befinden sich auf diesen Chips viele Schaltungen und Schaltkreise. Diese Schaltungen sorgen dafür, dass bestimmte Abläufe in Geräten oder Maschinen stattfinden und funktionieren. Solche Chips findet man mittlerweile in →Fernsehern, →Taschenrechnern, →Computern und vielen anderen Geräten.

4000 Schreibmaschinenseiten können auf diesem winzigen Chip, der eine Fläche von nur 194 mm² hat, gespeichert werden.

Chirurgie

Die Chirurgie ist ein Teilbereich der →Medizin. Chirurgen versuchen durch Handgriffe, Geräte, Verbände und →Operationen zu heilen. Sie richten beispielsweise Brüche ein, vernähen Wunden oder schneiden den Körper eines Patienten auf, um kranke Bereiche zu entfernen, Schäden zu reparieren oder →Organe auszutauschen. Wird an einem Patienten eine Operation durchgeführt, muss er erst durch eine Narkose betäubt werden, damit er keine Schmerzen spürt. In einem Operationssaal, der möglichst keimfrei und sauber sein sollte, wird der Eingriff dann vorgenommen.
Die Chirurgie ist schon sehr alt. In Ägypten fand man zum Beispiel in Gräbern 5000 Jahre alte Schienen, die bei der Behandlung von Brüchen verwendet worden waren. Im →Mittelalter zogen einige wenige „Chirurgen“ durch das Land und halfen Zähne und Steine aus dem Körper zu entfernen oder Brüche zu behandeln. Im

14. Jahrhundert begannen Wissenschaftler sich vermehrt dem Bau des menschlichen Körpers zuzuwenden. Dazu wurden Leichen genauestens untersucht und zerlegt. Diese anatomischen Forschungen waren auch für die Chirurgie von großem Nutzen. Eine weitere Hilfe und Förderung erfuhr die Chirurgie dann 1841 durch die Erfindung der Narkose.

Chlor

Das Chlor ist ein grüngelbes →Gas, das einen ganz eigenen, strengen Geruch hat. Man kennt diesen Geruch vor allem aus öffentlichen Schwimmbädern. Dort wird das Gas dem Wasser zugesetzt, um →Bakterien abzutöten. Atmet man es ein, reizt es sehr schnell die Atmungsorgane. Chlor dient zur →Desinfektion und dazu, Bleichflüssigkeiten herzustellen und Trinkwasser zu entkeimen. In vielen chemischen Stoffen taucht Chlor auf. Das Kochsalz ist beispielsweise eine Verbindung aus Natrium und Chlor. Auch in den Fluorchlorkohlenwasserstoffen oder kurz →FCKW ist Chlor enthalten.

Christentum

Das Christentum ist eine der großen Weltreligionen. Für die Christen sind die Lehren und das Leben →Jesu Christi maßgebend. Sie glauben daran, dass Jesus Christus als Sohn Gottes auf die Welt gekommen ist und die Menschen durch seinen Tod am Kreuz und seine Auferstehung erlöst hat. Wichtige Grundsätze des Christentums sind die Gottes- und die Nächstenliebe und die Hoffnung auf die Vergebung der Sünden. Christen glauben an ein Leben nach dem Tod. Der Körper des Menschen stirbt zwar, die Seele aber lebt weiter. Beim →Jüngsten Gericht wird dann über das Leben jedes Einzelnen geurteilt.

Im Alten Testament der →Bibel ist die Geschichte des jüdischen Volkes und der Propheten enthalten. Immer wieder ist die Rede von einem Erlöser, der kommen wird. Die Christen sehen Jesus Christus als diesen Erlöser an. Das Christentum entwickelte sich also auf der Grundlage der jüdischen →Religion aus dem Alten Testament. Über das Leben und Wirken Jesu Christi wissen wir aus Berichten, die von seinen Anhängern stammen und die im Neuen Testament der Bibel festgehalten sind. Nach seinem

Das Chrismon ist aus den ersten Buchstaben des griechischen Wortes für Christus zusammengesetzt: „X“ und „P“. Dieses Zeichen wurde zu einem von den ersten Christen häufig verwendeten Symbol.

Tod verbreiteten die →Apostel die Lehren weiter. Die ersten so genannten Urchristen glaubten noch daran, dass Jesus bald wiederkehren werde.

Um 100 n. Chr. gab es kleine christliche Gemeinden in allen Teilen des Römischen Reiches. Seit der Entstehung des Christentums wurden die Christen verfolgt und es wurde versucht, die Lehre durch Ausrottung der Anhänger einzudämmen. Die Christenverfolgung begann in Jerusalem, wurde dann in Rom durch Nero (37–68 n. Chr.) und durch Domitian (51–96 n. Chr.) fortgeführt und im 3. Jahrhundert ausgeweitet.

Dennoch verbreitete sich das Christentum immer mehr. 380 n. Chr. wurde es schließlich Staatsreligion im Römischen Reich.

Jesus Christus am Kreuz – Ausschnitt aus dem Gemälde des flämischen Malers Rogier van der Weyden (1399–1464)

Chronik
Als Chronik bezeichnet man die Aufzählung bestimmter geschichtlicher Ereignisse. Sie werden in der Reihenfolge erzählt, in der sie geschehen sind. Gerade zu Jubiläen werden oft in Chroniken die Geschichte und die Entwicklung von Dörfern, Städten, Schulen oder Betrieben erzählt. Auch das Tagebuch ist eine Chronik.

Chruschtschow, Nikita Sergejewitsch
Der sowjetische Politiker Nikita Chruschtschow wurde am 17.4.1894 als Sohn eines Bergarbeiters geboren. Seit 1939 war er Mitglied des sowjetischen Politbüros. Als nach dem Tod →Stalins 1953 in der UdSSR Machtkämpfe begannen, konnte er sich durchsetzen. Seit 1953 war er der Erste Sekretär des Zentralkomitees der Kommunistischen Partei und besaß damit viel Macht, seit 1958 war er Ministerpräsident.
Chruschtschow war an der so genannten Entstalinisierung beteiligt, das heißt an der Verurteilung Stalins wegen dessen Herrschaft und Art der Politikführung sowie der Personenverehrung, die um ihn betrieben wurde. Chruschtschow versuchte einerseits nach außen hin für ein Nebeneinander der →Sowjetunion mit anderen Staaten zu werben, drohte aber andererseits immer auch mit dem Einsatz schwerster Vernichtungswaffen. 1964 wurde er aller Ämter enthoben. Am 11.9.1971 starb er.

Churchill, Winston
Der Engländer Winston Churchill (30.11.1874–24.1.1965) begann mit 26 Jahren seine politische Karriere und trat als →Abgeordneter ins britische Unterhaus ein. 1908 wurde er erstmals Handelsminister. Danach hatte er verschiedene Ministerämter inne. Von 1924 bis 1929 übte er das Amt des Schatzkanzlers aus, von 1940 bis 1945 war er Premier- und Verteidigungsminister. Während des Zweiten →Weltkrieges war er ein entschiedener Gegner des deutschen →Nationalsozialismus und dessen Führers Adolf →Hitler. Churchill forderte seine Landsleute in seinen Reden auf, in den schweren Zeiten durchzuhalten und entschiedenen Widerstand gegen Deutschland zu leisten.
Nach dem Krieg war er von 1951 bis 1955 erneut Premierminister. Zu dieser Zeit trat er für eine allgemeine Völkerversöhnung ein. Er bemühte sich um eine Annäherung und Verständigung der europäischen Staaten und setzte sich für die Sicherung des Friedens ein. Churchill schrieb auch verschiedene politische und geschichtliche Bücher. 1953 erhielt er sogar den →Nobelpreis für Literatur.

Clown
Als Clown bezeichnete man ursprünglich die lustige Person im englischen Theater (englisch „clown“ heißt übersetzt „Tölpel“). Heute sind die Clowns die Spaßmacher im →Zirkus, die das Publikum mit ihren oft tolpatschigen Kunststücken unterhalten.

Auch Clowns in Büchern bringen Kinder zum Lachen, wie der kleine Clown Pippo aus dem gleichnamigen Buch.

Code
Wenn man eine Nachricht so verändern möchte, dass sie nur bestimmte Leute verstehen, muss man sie verschlüsseln. Dazu überlegt man sich ein System, nach dem bestimmte Wörter, Buchstaben- oder Zahlengruppen eine Bedeutung erhalten. Derjenige, der die verschlüsselte Nachricht erhält, muss den Code kennen, um sie entschlüsseln zu können. Ein Code ist also die Anleitung, die einem hilft, eine Geheimschrift zu entschlüsseln.

Comicfiguren aus dem „Knax"-Comic-Magazin

Comics

Unter Comics versteht man gezeichnete Bildergeschichten, die von kurzen Texten begleitet sind. Manchmal sind die Texte oder einzelne Ausrufe den Figuren in Sprechblasen zugeordnet. Comics können ganz unterschiedlichen Inhalt haben. Es gibt zum Beispiel Abenteuercomics, geschichtliche oder einfach nur lustige Comics. Berühmte Comicfiguren sind beispielsweise Asterix und Obelix oder Mickymaus.

Compact Disc →CD

Computer

Das Wort „Computer" kommt aus dem Englischen und bezeichnet eine elektronische Rechenanlage, die durch ein bestimmtes Programm gesteuert wird. Computer können unglaublich schnell rechnen, wesentlich schneller als jeder Mensch. Das bedeutet aber nicht, dass man mit ihnen nur Rechenaufgaben lösen kann. Man kann Texte eingeben und bearbeiten, Spiele spielen, zeichnen, Musik machen und vieles mehr. Der Computer setzt alles, was eingegeben wird, sofort in Zahlen um. Dabei verwendet er nicht das Dezimalsystem, das wir benützen (0, 1, 2, 3...), sondern er arbeitet mit dem Dualsystem, das heißt er kennt eigentlich nur zwei Zahlen, nämlich 0 und 1, was so viel bedeutet wie „Ja" und „Nein". Fließt durch einen der kleinen Bausteine im Computer Strom, bedeutet das 1, fließt kein Strom 0. Bedient man die Tastatur eines Computers, erzeugt man Strom, der in die →Chips fließt. Dann werden die Berechnungen durchgeführt. Der Computer stellt die Zahlenfolgen neu zusammen, ordnet sie und setzt sie dann wieder in Buchstaben, Bilder oder Ähnliches um.

Das englische Wort für Dualzahl heißt „binary digit", kurz Bit. Die Folge von 8 Bit bezeichnet man als Byte. Mit einem Byte lassen sich 256 Zeichen darstellen.

1 Kilobyte = 1024 Bytes (Kilo = Tausend).

1 Megabyte = 1.048.576 Bytes (Mega = 1 Million).

1 Gigabyte = ca. 1000 Megabyte (Giga = 1 Milliarde).

Dezimalsystem	Dualsystem
0	0
1	1
2	10
3	11
4	100
5	101
6	110
7	111
8	1000
9	1001
10	1010
100	1100100
1000	1111101000

Durch die unterschiedlichen Kombinationen der Zahlen 0 und 1 können alle Zahlen aus dem Dezimalsystem ausgedrückt werden.

Computer führen bestimmte Abläufe und Vorgänge selbstständig aus, sie können aber nur das tun, was ihnen ihr Programm vorgibt. Das gespeicherte Programm legt also die einzelnen Verarbeitungsschritte fest. Programmierer arbeiten daran, Programme zu erstellen, zu erweitern und zu verbessern. Um ein Programm zu erstellen, muss man eine Programmiersprache beherrschen. So bezeichnet man das System, nach dem bestimmte Symbole verwendet werden. Es legt außerdem fest, wie und in welcher Reihenfolge die Symbole zu Mitteilungen kombiniert werden können, damit der Computer sie versteht. Beispiele für Programmiersprachen sind BASIC oder ALGOL.

Computer mit Bildschirm, Festplatte, Tastatur und Maus

Um mit einem Computer arbeiten zu können, benötigt man ein Eingabegerät, also zum Beispiel eine Tastatur, eine Maus oder eine Zeichenplatte. Im Rechner laufen die eigentlichen Vorgänge ab. Außerdem braucht der Computer einen Datenspeicher: Das kann eine Festplatte sein oder die Datei wird über eine Station auf →Disketten gespeichert. Um die eingegebenen Informationen und die Ergebnisse ablesen zu können, benötigt man schließlich noch einen Bildschirm. Die Teile, aus denen ein Computer besteht, nennt man →Hardware, die Programme, die auf dem Computer laufen können, Software. Meist ist an den Computer ein Drucker angeschlossen, der die Ergebnisse auf Papier ausdrucken kann. Computer werden heutzutage in fast allen Bereichen eingesetzt: zu Hause, in Banken, an Flughäfen, bei der Polizei etc.

Container
Englisch „contain“ bedeutet „enthalten“. Ein Container ist ein sehr großer Behälter, in dem Güter befördert werden. Die Container sind international genormt, das heißt sie sind weltweit gleich groß. Das Verladen der Container erfolgt in Containerterminals, das sind →Bahnhöfe oder →Häfen. Mit eigens gebauten Containerschiffen, der →Eisenbahn, Lastwägen oder →Flugzeugen werden die Container dann zu ihrem Bestimmungsort befördert.

Cook, James
Der englische Entdecker James Cook wurde am 27.10.1728 geboren und auf einer Entdeckungsfahrt bei einem Streit mit Eingeborenen am 14.2.1779 erschlagen. Cook unternahm drei bedeutende Seereisen (1769–1771, 1772–1775, 1776–1779), bei denen er bewies, dass →Neuseeland eine Doppelinsel ist, →Australien nicht mit Neuguinea zusammenhängt und es den sagenumwobenen Südkontinent, von dem angenommen wurde, dass er unglaubliche Reichtümer birgt, nicht gibt. 1773 überschritt er zum ersten Mal den südlichen Polarkreis.

Auf seinen Fahrten entdeckte er viele Inseln. Zu seiner Zeit galt er als ausgezeichneter Seefahrer, wurde aber auch deshalb sehr geschätzt, weil er genaue Karten der durchfahrenen Gebiete anlegte.

Copyright
Unter „Copyright“ (englisch für „Vervielfältigungsrecht“) versteht man weltweit das Urheberrecht. Werke der →Literatur, der →Kunst, der →Wissenschaft und auch Computerprogramme sind geistiges Eigentum des Urhebers. Ohne sein Wissen dürfen

sie nicht veröffentlicht oder gegen Geld verbreitet werden. Das Urheberrecht bzw. Copyright schützt die Rechte des Urhebers vor Missbrauch. Geschützte Werke erkennt man am Copyright-Vermerk (©, Name des Inhabers des Urheberrechts, Jahreszahl der ersten Veröffentlichung).

Costa Rica

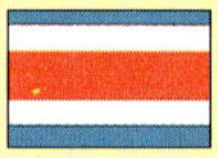

Kontinent:	Amerika
Fläche:	51.100 km^2
Einwohner:	3.200.000
Hauptstadt:	San José
Amtssprache:	Spanisch
Währung:	Costa-Rica-Colón

Costa Rica liegt in Mittelamerika und grenzt an Nicaragua und Panama. Im Norden leben über zwei Drittel der Bevölkerung, da es dort fruchtbares Hochland gibt. Allerdings sind dort auch noch viele →Vulkane aktiv. Die Bevölkerung, die hauptsächlich aus Weißen besteht, betreibt vor allem →Landwirtschaft. Angebaut werden Zucker, Kaffee, Reis und Bananen. →Industrie gibt es nur sehr wenig. Das →Klima ist heiß und feucht, es gibt viel →Urwald. Leider wird der Waldbestand zunehmend weniger, von 1945 bis 1994 ist die Waldfläche um zwei Drittel vermindert worden. Eine der Ursachen dafür liegt in der Ausweitung der Anbauflächen für Bananen, denn Bananen sind ein wichtiges Ausfuhrgut.
1502 wurde die Küste Costa Ricas von Christoph →Kolumbus entdeckt, 1560 eroberten die Spanier das Land. 1821 wurde Costa Rica als Teil Guatemalas unabhängig. Von 1823 bis 1838 gehörte es

Bananen wachsen aufrecht an der Staude.

zu den Vereinigten Staaten von Zentralamerika. Nachdem diese Vereinigung gescheitert war, wurde Costa Rica 1848 eine selbstständige →Republik. 1948 kam es nach einem Militärputsch zu einem kurzen Bürgerkrieg. Im gleichen Jahr wurde eine zweite Republik ausgerufen und 1949 eine neue →Verfassung erlassen, die auch heute noch gilt.

Côte d'Ivoire

Die westafrikanische →Republik Côte d'Ivoire hieß früher auch Elfenbeinküste. Seit 1986 ist der französische Name die einzig gültige Benennung. Die Côte d'Ivoire grenzt an den Atlantik, an Liberia, Guinea, Mali, Burkina Faso und an Ghana. Sie weist tropisches →Klima auf, im Landesinneren gibt es viel →Regenwald, aber auch →Savannen. Die Bevölkerung setzt sich aus verschiedenen Gruppen der Sudaniden zusammen. Die →Wirtschaft lebt hauptsächlich vom Anbau von Ölpalmen, Kaffee, Kakao und Bananen, vom Handel mit tropischen Hölzern und von etwas →Industrie.
Seit 1893 war die Côte d'Ivoire französische →Kolonie. Die Unabhängigkeit wurde 1960 ausgerufen.

Kontinent:	Afrika
Fläche:	322.462 km^2
Einwohner:	13.780.000
Hauptstadt:	Yamoussoukro
Amtssprache:	Französisch
Währung:	CFA-Franc

Count-down

Wörtlich übersetzt bedeutet „Count-down“ „herunterzählen“. Damit ist gemeint, dass nicht aufsteigend von 0 über 1, 2, 3 bis zu einer bestimmten Zahl gezählt wird, sondern umgekehrt. Beim Start von Weltraumraketen wird beispielsweise auf diese Art gezählt: ...10, 9, 8, 7, 6, 5, 4, 3, 2, 1, 0. Dann startet die Rakete.

Cowboy

Berittene Rinderhirten im Westen Nordamerikas nennt man Cowboys. Wie der Name besagt (englisch für „Kuhjunge“) trieben die Cowboys früher Rinderherden zu den Viehmärkten im mittleren Westen oder sorgten dafür, dass die riesigen Herden zusammenblieben. Als dann die Eisenbahn die Beförderung der Herden übernahm, verringerte sich die Zahl der Cowboys schnell. Die Cowboys von heute benützen zur Beaufsichtigung der Herden neben den Pferden auch moderne Verkehrsmittel, wie den Jeep oder den Hubschrauber.

Crew

Das Wort kommt aus dem Englischen und heißt „Mannschaft“. Man bezeichnet damit die Besatzung eines Schiffes oder eines Flugzeugs.

Curie, Marie und Pierre

Marie Curie

Die Chemikerin und Physikerin Marie Curie (7.11.1867–4.7.1934) wurde in Polen geboren, lebte dann aber mit ihrem Mann, dem Physiker Pierre Curie (15.5.1859–19.4.1906), in Paris. Die beiden forschten gemeinsam vor allem im Bereich der →Radioaktivität. 1898 entdeckten sie die radioaktiven →Elemente Polonium und Radium. 1903 erhielten sie zusammen mit Henri Becquerel (1852–1908) den →Nobelpreis für →Physik. Nach dem Tod ihres Mannes trat Marie Curie seine Nachfolge als Professorin an der Pariser Universität Sorbonne an. 1911 erhielt sie allein ein weiteres Mal den Nobelpreis, allerdings diesmal den für →Chemie. Marie Curie war eine der wenigen Frauen ihrer Zeit, die als Wissenschaftlerin und Professorin anerkannt war.

wie Dora

Dachse
Die Dachse gehören zu den →Mardern. Sie werden etwa 70 Zentimeter lang und 30 Zentimeter hoch. Man erkennt sie leicht an ihrem grauen Fell, der lang gezogenen Schnauze und den weißen Streifen am Kopf. Sie ernähren sich sowohl von Fleisch als auch von Pflanzen. Dachse gehen erst nachts auf Nahrungssuche. An den Pfoten haben sie lange Krallen, mit denen sie sehr gut graben können. Das ist auch wichtig, denn sie leben in weitläufigen Bauten im →Boden. Im Winter halten Dachse Winterruhe, das heißt sie schlafen ziemlich viel, wachen aber doch immer wieder auf und suchen sich dann etwas zu fressen.

Dalai Lama →Lamaismus

Dampf
Erhitzt man Wasser in einem Topf auf 100 Grad Celsius, beginnt es zu kochen. Dabei steigt Dampf nach oben. Dampf ist ein gasförmiger Stoff und unsichtbar. Das, was man

aus dem Topf aufsteigen sieht und üblicherweise Dampf nennt, ist genau genommen eine Wolke aus feinst verteilten, kleinen Wassertröpfchen. Lässt man Wasser in einem geschlossenen Topf kochen, sammelt sich der Dampf und drückt schließlich den Deckel hoch oder entweicht durch ein Ventil wie beim Dampfkochtopf.
Jede →Flüssigkeit verdampft ständig, auch ohne zusätzliche Erwärmung. Man spricht dann von verdunsten. Je wärmer die Flüssigkeit ist, desto schneller verdunstet sie.

Dampfmaschine
Die Dampfmaschine wird mit Wasserdampf betrieben. Das Wasser wird in einem geschlossenen Behälter erhitzt. Dadurch sammelt sich der →Dampf und übt einen gewaltigen Druck auf seine Umgebung aus. Wirkt dieser Druck auf bewegliche Teile, setzen sich diese in Bewegung. In der Kolben-Dampfmaschine drückt der Dampf auf einen Kolben, der im Dampfzylinder hin und her fährt. Diese Bewegung wird über Kolbenstange, Kreuzkopf und Pleuelstange auf ein Schwungrad übertragen. Auf diese Weise können ganz unterschiedliche Maschinen angetrieben werden.
In den ersten Dampfmaschinen mussten Zylinder und Kolben jedes Mal abgekühlt werden, damit der Dampf sich zusammenzog und der Kolben zurückgesaugt wurde. Dann wurde alles wieder neu aufgeheizt und mit Dampf gefüllt. Die Maschinen verbrauchten dabei sehr viel Kohle. Der britische Ingenieur James Watt (1736–1819) verbesserte die Dampfmaschine: Die Rückbewegung des Kolbens wurde nun ebenfalls von Dampf getrieben, die Maschinen arbeiteten dadurch sparsamer. Außerdem machte Watt die Dampfmaschinen leistungsfähiger. Durch die Erfindung der Dampfmaschine konnten viele Arbeiten, die bisher von

Dampfmaschine

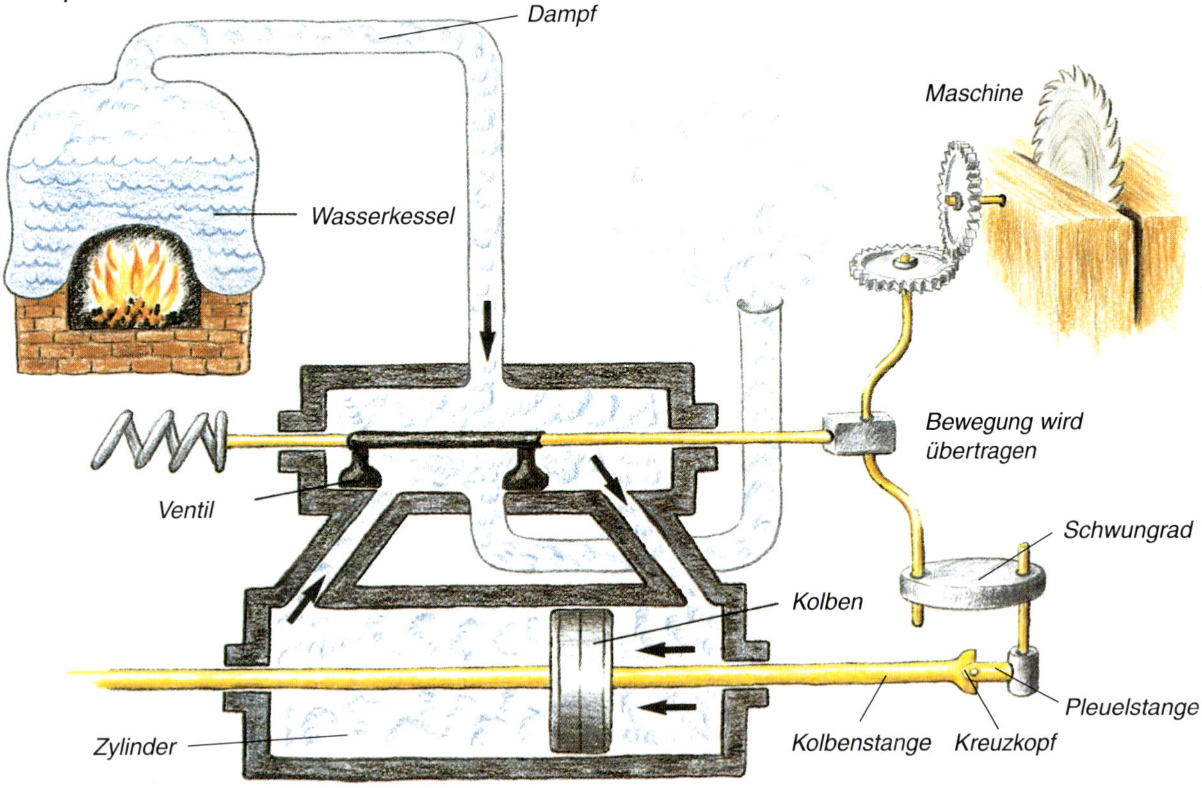

Menschen verrichtet worden waren, mithilfe von Maschinen erledigt werden. Dies führte zu großen Erleichterungen, brachte aber auch Probleme mit sich. Man konnte nun schneller herstellen, aber viele Arbeiter wurden überflüssig und verloren ihre Arbeit. Unternehmen, die nach wie vor alles per Hand fertigten, mussten bald einsehen, dass sie in Bezug auf Schnelligkeit und Menge bei der Herstellung von Waren mit der Konkurrenz nicht mithalten konnten.

Dänemark

Das Königreich Dänemark liegt zwischen der Nord- und Ostsee und verbindet Mittel- und Nordeuropa. Die Halbinsel Jütland macht einen Großteil der Landfläche aus, daneben besteht Dänemark aus zahlreichen →Inseln. Auch →Grönland, die größte Insel der Welt, gehört zu Dänemark. Im Osten Jütlands liegt sehr fruchtbares Land, das viel für →Landwirtschaft genutzt wird. Im Westen findet man hauptsächlich Sandboden mit →Heide, →Moor und →Dünen. Dänemark ist ein sehr flaches Land. Der Großteil der Bevölkerung sind Dänen, daneben gibt es eine deutsche und schwedische Minderheit. Dänemark besitzt kaum →Bodenschätze. Die →Wirtschaft lebt vor allem von →Landwirtschaft, Viehzucht, →Industrie und Fischfang. Das →Klima ist mild und feucht. Ende des 5. Jahrhunderts wanderten die Dänen nach Dänemark ein. Im 9. und 10. Jahrhundert wuchs dann aus vielen kleinen Fürstentümern das Königreich Dänemark zusammen. Während des Zweiten →Welt-

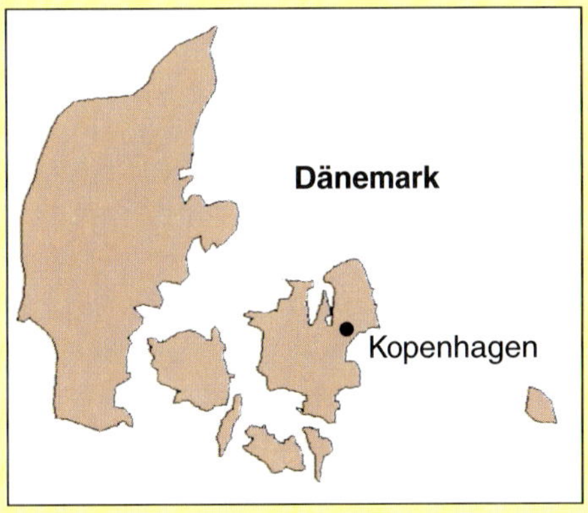

Kontinent:	Europa
Fläche:	43.094 km^2
Einwohner:	5.173.000
Hauptstadt:	Kopenhagen
Amtssprache:	Dänisch
Währung:	Dänische Krone

kriegs war Dänemark von 1940 bis 1945 von deutschen Truppen besetzt. 1953 ermöglichte eine Erneuerung der →Verfassung die weibliche Thronfolge. Seit 1972 herrscht Königin Margarete II.

Darm
Als Darm bezeichnet man die schlauchähnliche Verbindung zwischen →Magen und After. Sie dient der →Verdauung. Beim Menschen besteht der Darm aus dem etwa sechs Meter langen Dünndarm und dem ein bis zwei Meter langen Dickdarm. Der Dünndarm verarbeitet den vom Magen kommenden Speisebrei weiter. Dessen Nährstoffe werden aufgenommen und an das →Blut abgegeben. Der unverdaute und unbrauchbare Teil der Nahrung gelangt in den Dickdarm. Er wird dort zu einem dicklichen Brei und wird dann über den After ausgeschieden. Der Dünndarm setzt sich aus dem Zwölffingerdarm, der vom Magen herkommt, dem Leerdarm und dem Krummdarm zusammen.

Dünndarm

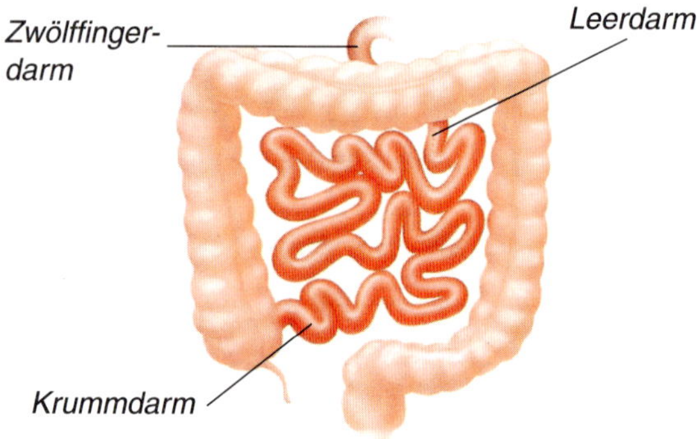

An den Krummdarm schließt sich der Dickdarm. Er beginnt mit einem sackförmigen Anhang, dem →Blinddarm, an dem der Wurmfortsatz hängt. Auf den Blinddarm folgen der aufsteigende, der quere und der absteigende Dickdarm (zusammen auch Grimmdarm genannt) und der Mastdarm. Der unterste Teil des Mastdarms ist durch einen Schließmuskel verschlossen und mündet über den After nach außen.
Die Darmwand besteht aus drei Häuten. Außen befindet sich eine glatte Haut, dann folgt in der Mitte eine Muskelschicht. Durch das Zusammenziehen der →Muskeln wird der Inhalt des Darms weitergeschoben und gemischt. Die innerste Schicht ist eine Schleimhaut. Sie ist etwa einen Millimeter

Dickdarm

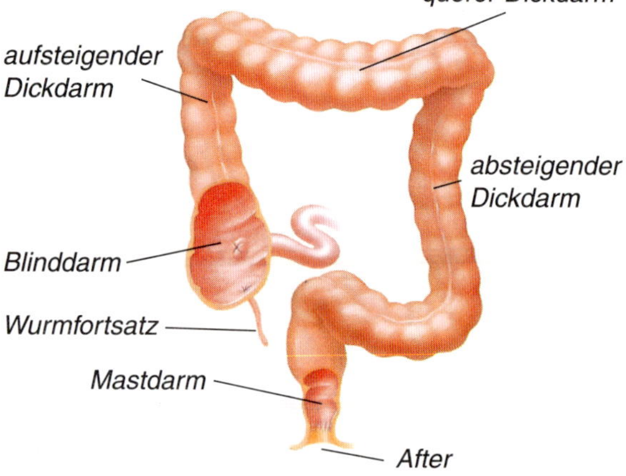

dick und mit vielen Darmzotten besetzt. Das sind zäpfchenförmige Erhebungen, die die Nährstoffe aufnehmen und an das Blut weitergeben. Die Schleimhaut besitzt außerdem viele Lymph- und Blutgefäße und →Drüsen.

Darwin, Charles
Der englische Naturforscher Charles Darwin (12.12.1809–19.4.1882) unternahm von 1831 bis 1836 eine Forschungsreise nach Südamerika und in den Stillen Ozean. Während dieser Zeit hatte er die Aufgabe und die Möglichkeit Pflanzen, Tiere, ihre Lebensräume und →Versteinerungen zu untersuchen. Auch als er wieder zu Hause auf seinem Landsitz lebte, forschte er weiter. Er versuchte zu ergründen, wie sich die Lebewesen entwickelt haben und wodurch die Vielfalt der verschiedenen Arten entstanden ist. Schließlich kam er zu dem Schluss, dass sich Lebewesen verändern können und sich alle Tiere und Pflanzen über einen sehr langen Zeitraum hinweg aus ganz einfachen Formen gebildet haben. Darwin überlegte weiterhin, dass die Tiere und Pflanzen sich jeweils an ihren sich verändernden Lebensraum und die Bedingungen, unter denen sie leben, also Nahrung oder →Klima, anpassen können. Er ging davon aus, dass sich die Eigenschaften, die für das Überleben wichtig sind, durch →Vererbung fortsetzen. Die Nachkommen, die nicht so gut angepasst sind, müssen sterben. Man nennt dies auch natürliche Auslese oder Selektion.
Seine Ergebnisse veröffentlichte Darwin 1859 in dem Buch „Die Entstehung der Arten". Darwins Lehre bezeichnet man als Abstammungslehre oder Evolutionstheorie.

Die Theorie wurde anfänglich stark kritisiert und zum Teil heftig bestritten, da Darwin auch den Menschen in diese Entwicklung einreihte. Viele sahen darin einen Widerspruch zur Schöpfungsgeschichte der →Bibel, nach der der Mensch, so wie er ist, von Gott geschaffen wurde. Außerdem fanden es viele mit der Besonderheit des Menschen nicht vereinbar, dass er sich wie andere Lebewesen auch aus einfachen Formen entwickelt haben sollte. Heute zweifelt niemand mehr an diesen Grundsätzen. Auch die Kirche und die gläubigen Menschen haben erkannt, dass Darwins Theorie mit den religiösen Überzeugungen vereinbar ist.

Datenschutz
Heutzutage wird in fast allen Bereichen mit →Computern gearbeitet. Krankenhäuser, Banken, Versicherungen und Behörden speichern die Angaben, die sie von ihren Patienten oder Kunden erhalten, in ihren Computern. Damit diese Daten wirklich nur für den vorgesehenen Zweck verwendet werden, gibt es den Datenschutz. Darunter versteht man alle Maßnahmen, die ergriffen werden, um den Missbrauch und die Weitergabe von gespeicherten Informationen zu verhindern. Gäbe es den Datenschutz nicht, könnte sich jeder Daten über einen anderen Menschen besorgen und diese zu seinem eigenen Vorteil oder zum Schaden des anderen verwenden.

DDR →Deutsche Demokratische Republik

Dealer
Als Dealer bezeichnet man Menschen, die, obwohl es verboten ist, mit →Drogen handeln. Sie versuchen, andere zur Einnahme von Rauschgiften zu überreden, um sich somit neue Kunden und größere Gewinne zu sichern.

Deich
Die Deiche werden an Küsten oder längs von Flüssen gebaut, um das Land vor Überschwemmungen zu schützen. Sie bestehen aus aufgeschütteter Erde und müssen teilweise hohen Wellen oder sogar Sturmfluten standhalten. Oft wurden Deiche nicht nur zum Schutz gebaut, sondern auch um ein von Natur aus von Wasser überflutetes Land trockenzulegen und somit Land für eine landwirtschaftliche Nutzung zu gewinnen.

Deich in Südholland

Delfine
Die Delfine sind →Säugetiere, die im Wasser leben. Sie werden im Wasser geboren, müssen dann aber möglichst schnell an die Oberfläche schwimmen, um dort Luft zu holen. Sie gehören zu den Zahnwalen. Man erkennt sie leicht an ihrem gebogenen, zum Kopf hin dicker werdenden Körper, der waagrechten Schwanzflosse und der lang gezogenen Schnauze. Delfine sind →Raubtiere und ernähren sich hauptsächlich von Fischen. Erstaunlicherweise können sich Delfine auch untereinander verständigen. Wissenschaftler haben herausgefunden,

dass sie eine eigene Pfeifsprache besitzen, mit der sie einander etwas mitteilen können.

Demokratie
Das Wort „Demokratie“ kommt aus dem Griechischen und bedeutet wörtlich übersetzt „Volksherrschaft“. Darunter versteht man heute allerdings nicht, dass jeder →Bürger eines Landes direkt politisch entscheiden oder tätig werden kann, sondern dass das Volk Vertreter wählt, die sich für seine politischen Interessen einsetzen. Jeder Bürger kann frei entscheiden, wen er wählen möchte. Er tut dies in einer geheimen Wahl, das heißt niemand erfährt, wer wen gewählt hat. In einer Demokratie haben grundsätzlich alle Bürger die gleichen Rechte. Sie können sich frei entscheiden, informieren und haben das Recht, ihre Meinung zu sagen, ohne Nachteile fürchten zu müssen. Die Bürger können politische Gruppen bilden, auch solche, die im Gegensatz zu den Meinungen und Vorstellungen der herrschenden →Parteien oder Personen stehen. Entscheidungen werden nach dem Mehrheitsprinzip getroffen. Das heißt, dass die Mehrheit entscheidet, wie etwas getan oder beschlossen wird, die Minderheit muss sich dann fügen.
In einer Demokratie herrscht Gewaltenteilung. Das bedeutet, dass die Regierung oder Exekutive, die Gesetzgebung oder Legislative und die Rechtssprechung oder Jurisdiktion streng getrennt und voneinander unabhängig sind. Der Vorteil dieser Trennung besteht zum Beispiel darin, dass Richter unbeeinflusst urteilen können, sie richten sich nur nach den →Gesetzen.
Im Gegensatz zur Demokratie bestimmt in einer →Diktatur meist nur ein Herrscher die →Politik.

Demonstration
Unter einer Demonstration kann man zweierlei verstehen. Wenn ein Wissenschaftler seine Ansichten darlegt und anschaulich, zum Beispiel durch eine Vorführung, beweist, nennt man das eine Demonstration. Damit ist also so viel wie eine Darlegung oder Vorführung gemeint.
Als Demonstration bezeichnet man es allerdings auch, wenn sich viele Menschen zusammenschließen und gemeinsam für oder gegen bestimmte Ideen, Meinungen oder Entscheidungen auf die Straße gehen. Meistens werden auf solchen Kundgebungen auch Reden gehalten und Plakate oder Spruchbänder mitgeführt, aus denen hervorgeht, welche Meinung die Demonstranten vertreten. In einer →Demokratie hat grundsätzlich jeder Mensch das Recht zu demonstrieren. Demonstrationen müssen allerdings angemeldet sein und genehmigt werden, denn oft ist es nötig, Straßen zu sperren, damit der Demonstrationszug ungehindert und ungefährdet weiterziehen kann. Geht man davon aus, dass es auf einer Demonstration zu Gewalttätigkeiten kommen wird, kann sie verboten werden.

Deponie
Müll- und Schuttabladeplätze heißen Deponien. Das Anlegen einer Deponie ist heute sehr aufwendig, da man weiß, wie viele →Schadstoffe im Müll vorhanden sind

Deponiequerschnitt

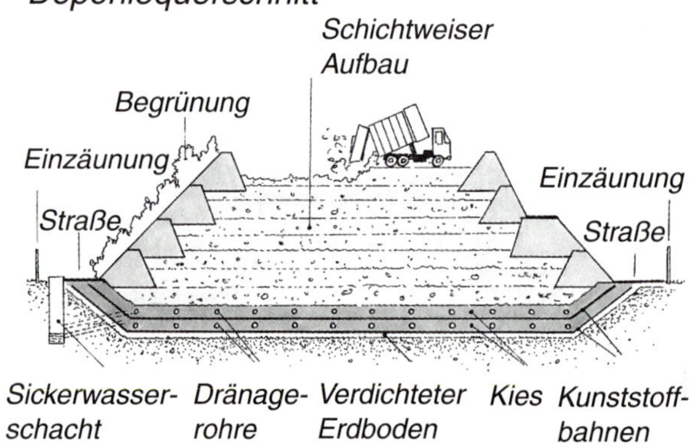

oder nach einiger Zeit entstehen können und wie gefährlich diese für die Umwelt sind.
Das Gelände, auf dem eine Deponie angelegt werden soll, muss eingeebnet werden. Auf diese Fläche kommen dann abwech-

selnd Kunststoff- und Kiesschichten. In diesen Schichten liegen Rohre, über die Flüssigkeit abgeleitet wird. An ihnen kann man auch erkennen, ob die Kunststoffbahnen undicht sind. Das Regenwasser, das durch den Müll sickert und Schadstoffe mit sich nimmt, fließt über mehrere Rohre in einen Sickerwasserschacht, wird dann gereinigt und an ein Klärwerk weitergegeben. Die zurückgebliebenen Schadstoffe werden auf der Deponie gelagert.
Große Maschinen pressen den Müll stark zusammen, dann kommt auf die Müllschicht Erde und darauf wieder Müll. Irgendwann ist allerdings jede Deponie voll. Ist dies der Fall, wird sie mit Kunststoff und Erde abgedeckt und bepflanzt. Deponien müssen immer wieder kontrolliert werden, um sicherzustellen, dass tatsächlich keine Schadstoffe in die Umwelt gelangen.

Desinfektion
Der Sinn einer Desinfektion besteht darin, Schmutz zu entfernen und Krankheitserreger abzutöten (desinfizieren bedeutet eigentlich „keimfrei machen"). Dazu gibt es entweder bestimmte Mittel oder man kann Dinge einfach abkochen. In Krankenhäusern oder Arztpraxen ist es besonders wichtig, dass die Instrumente, mit denen eine Wunde behandelt wird, die Haut, die eine Wunde umgibt und die Hände des Arztes desinfiziert worden sind. Kommt eine offene Wunde mit Schmutz oder Krankheitserregern in Berührung, kann sie sich nämlich entzünden.

Deutsche Demokratische Republik
Nach dem Ende des Zweiten →Weltkrieges 1945 wurde Deutschland von den siegreichen Ländern →Sowjetunion, →USA, Großbritannien und Frankreich besetzt und in vier Bereiche, so genannte Zonen, aufgeteilt. Versuche, ein einheitliches Deutschland zu erhalten, scheiterten aufgrund von Auseinandersetzungen zwischen den Besatzungsmächten. Daraufhin wurden 1949 aus den Zonen der USA, Frankreichs und Großbritanniens die Bundesrepublik →Deutschland (BRD) und aus dem sowjetischen Bereich die Deutsche Demokratische Republik oder abgekürzt DDR gebildet. Die DDR lehnte sich stark an die Sowjetunion an. Allein herrschende →Partei war die

Bezirke und Bezirksstädte der ehemaligen DDR

Sozialistische Einheitspartei oder kurz SED. Sie war 1946 aus der erzwungenen Vereinigung der Kommunistischen Partei mit der SPD hervorgegangen. Wichtige Politiker der DDR waren Walter →Ulbricht und Erich →Honecker. Nachdem auch →Berlin wie das übrige Deutschland in zwei Hälften geteilt worden war, wurde Ostberlin die Hauptstadt der DDR. Die DDR umfasste eine Fläche von 108.333 km² und hatte 16.660.000 Einwohner. Sie bestand aus den heute zur Bundesrepublik Deutschland gehörenden Ländern Brandenburg, Mecklenburg-Vorpommern, Sachsen-Anhalt, Sachsen und Thüringen. Obwohl den Bürgern in der →Verfassung zugesichert war, ihre Meinung frei äußern und sich versammeln zu dürfen, wurden diese Rechte in Wirklichkeit stark eingeschränkt. Andersdenkende wurden überwacht und mussten viele Nachteile in Kauf nehmen.
Immer wieder wurden Gespräche über eine Wiedervereinigung Deutschlands geführt. Diese scheiterten jedoch an den unterschiedlichen politischen Auffassungen und der starken Kluft, die zwischen der BRD, den USA und den westlichen Staaten einerseits, der DDR und der Sowjetunion andererseits bestand. Viele Menschen flohen aus

der DDR und Ostberlin in den Westen. Die DDR errichtete deshalb 1961 in Berlin die Berliner Mauer, die West- und Ostberlin teilte. Außerdem entstand ein Sperrgürtel, der die BRD von der DDR trennte. 1972 schloss die DDR mit der BRD einen Grundvertrag, der die Beziehungen zwischen beiden Ländern regelte und zur Entwicklung eines besseren Verständnisses beitrug. Seitdem wurde die DDR von fast allen Staaten anerkannt. Nachdem das Volk der DDR immer lauter nach Reformen und Veränderungen rief, kam es 1989 nach einer Massendemonstration zum Rücktritt von Erich Honecker. Danach wurde am 9. November 1989 die Grenze zur BRD und Westberlin geöffnet. Am 3.10.1990 erfolgte dann schließlich der Beitritt der DDR zur BRD. Seitdem gibt es wieder ein geeintes Deutschland.

Deutschland

Kontinent:	Europa
Fläche:	356.978 km^2
Einwohner:	81.538.600
Hauptstadt:	Berlin
Amtssprache:	Deutsch
Währung:	Deutsche Mark

Die Bundesrepublik Deutschland grenzt im Westen an Holland, Belgien, Luxemburg und Frankreich, im Süden an die Schweiz und Österreich, im Osten an die Tschechische Republik und Polen und im Norden an Dänemark, die Nord- und Ostsee. Es liegt in Mitteleuropa. Im Norden ist Deutschland eher flach bis leicht hügelig, daran schließt sich in der mittleren Region Bergland an, das zum Süden hin in das Alpenvorland und die →Alpen übergeht. Der höchste Berg ist die Zugspitze mit 2962 Metern. Die Temperatur beträgt im Jahresdurchschnitt ca. neun Grad Celsius, Niederschläge gibt es zu allen Jahreszeiten. Wichtige Flüsse sind der Main, die →Donau, der →Rhein, die Weser, die Elbe und die Oder. Deutschland ist ein Bundesstaat, er besteht seit der Wiedervereinigung mit der →Deutschen Demokratischen Republik oder DDR aus 16 Bundesländern: Baden-Württemberg, Bayern, Berlin, Brandenburg, Bremen, Hamburg, Hessen, Mecklenburg-Vorpommern, Niedersachsen, Nordrhein-Westfalen, Rheinland-Pfalz, Saarland, Sachsen, Sachsen-Anhalt, Schleswig-Holstein und Thüringen. Die →Industrie ist in Deutschland sehr hoch entwickelt. Die wichtigsten →Bodenschätze sind Steinkohle, Braunkohle, Kalisalze, Steinsalze und Steine und Erden für Bauzwecke. Trotz der starken Industrialisierung ist in Deutschland auch die →Landwirtschaft wichtig. Angebaut werden Weizen, Kartoffeln, Gerste, Hafer, Roggen, Rüben, Hopfen, Gemüse, Obst und Wein. Außerdem gibt es viel Viehwirtschaft. Die wichtigsten Ausfuhrgüter sind Maschinen, Fahrzeuge, Textilien, Eisen- und Stahlwaren und chemische Erzeugnisse.

Nach dem Grundgesetz von 1949 ist Deutschland eine →Demokratie. Die Bundesregierung besteht aus dem →Bundeskanzler und den Bundesministern. Staatsoberhaupt ist der →Bundespräsident. Die Geschichte Deutschlands beginnt etwa 900 n. Chr. Das Frankenreich →Karls des Großen wurde 843 n. Chr. aufgeteilt. Ludwig der Deutsche erhielt das Ostfränkische Reich. Die verschiedenen Stämme wurden zunächst von starken Herzögen regiert. Erst langsam setzte sich das Königtum durch. Im 16. Jahrhundert entstand die große religiöse Bewegung der →Reformation. Obwohl die Katholiken und die Anhänger Martin →Luthers offiziell gleichberechtigt waren, führten wachsende Gegensätze zum 30-jährigen Krieg von 1618 bis 1648. Danach war das Reich fast aufgelöst, große Teile der Bevölkerung waren ums Leben gekommen und der Wohlstand war vernichtet. Die Gebiete der einzelnen Landesfürsten wurden zu selbstständigen Staaten. Im 7-jährigen Krieg von 1756 bis 1763 kämpften

Kiel
SCHLESWIG-
HOLSTEIN
MECKLENBURG-
VORPOMMERN
Hamburg
Schwerin
HAMBURG
Ems
Weser
Bremen
BREMEN
Elbe
NIEDERSACHSEN
Havel
BERLIN
Berlin
Potsdam
Hannover
BRANDENBURG
Magdeburg
Elbe
SACHSEN-ANHALT
NORDRHEIN-WESTFALEN
Saale
Düsseldorf
Werra
Dresden
Erfurt
HESSEN
SACHSEN
THÜRINGEN
Rhein
Fulda
Elbe
RHEINLAND-
PFALZ
Wiesbaden
Mainz
Main
Mosel
SAAR-
LAND
Saarbrücken
BAYERN
Donau
Stuttgart
Isar
Donau
Rhein
BADEN-
WÜRTTEMBERG
Inn
Neckar
München

Bundesländer	Fläche in km^2	Landeshauptstadt
Baden-Württemberg	35.751	Stuttgart
Bayern	70.545	München
Berlin	889	Berlin
Brandenburg	29.480	Potsdam
Bremen	404	Bremen
Hamburg	755	Hamburg
Hessen	21.114	Wiesbaden
Mecklenburg-Vorpommern	23.170	Schwerin
Niedersachsen	47.609	Hannover
Nordrhein-Westfalen	34.075	Düsseldorf
Rheinland-Pfalz	19.845	Mainz
Saarland	2.570	Saarbrücken
Sachsen	18.411	Dresden
Sachsen-Anhalt	20.445	Magdeburg
Schleswig-Holstein	15.738	Kiel
Thüringen	16.171	Erfurt

Länder der Bundesrepublik Deutschland

Preußen und Österreich um die Herrschaft in Deutschland, Preußen siegte. Ende des 18. und Anfang des 19. Jahrhunderts eroberte Frankreich viele deutsche Gebiete. In den Freiheitskriegen von 1813 bis 1815 befreite sich Deutschland von der französischen Herrschaft. 1815 wurden die deutschen Einzelstaaten zum Deutschen Bund vereinigt. Otto von →Bismarck gelang schließlich 1871 die Gründung des Deutschen Reiches unter Kaiser Wilhem I. (1797–1888). Im Ersten →Weltkrieg 1914 bis 1918 unterlag Deutschland. In der Reichsverfassung von 1919 wurde Deutschland zu einer parlamentarischen Demokratie. Friedrich Ebert war der erste Reichspräsident.

Nach dem Krieg folgte eine schwere wirtschaftliche Krise. In den 30er-Jahren gewann der →Nationalsozialismus an Bedeutung. 1933 wurde Adolf →Hitler Reichskanzler. Er löste 1939 den Zweiten Weltkrieg aus, der bis 1945 dauerte. Da er verloren wurde, kam es 1949 zur Spaltung Deutschlands in die BRD und die DDR. Im gleichen Jahr wurde in der BRD das →Grundgesetz verkündet. Bonn wurde Hauptstadt. 1961 errichtete die DDR eine Mauer in →Berlin und einen Sperrgürtel zwischen der BRD und der DDR. Dadurch war die Trennung der zwei Staaten gewaltsam festgelegt. Nachdem das Volk in der DDR mehr Freiheit und Veränderungen forderte, kam es zum Zerfall der kommunistischen Herrschaft und 1990 zur Wiedervereinigung Deutschlands. Seit 1990 ist Berlin die Hauptstadt Deutschlands und Bonn Regierungssitz.

Dia

Ein Diapositiv oder kurz Dia ist ein fotografisches, durchsichtiges Bild. Man kann es betrachten, indem man es gegen das Licht hält oder das Bild mit einem Vorführgerät, dem so genannten Diaprojektor, auf eine Leinwand wirft.

Diagnose

Wenn jemand sich nicht gut fühlt und Beschwerden hat, geht er zum Arzt. Dieser untersucht ihn, erkennt die vorliegende Krankheit und beginnt dann mit der Behandlung des Kranken. Die Feststellung, um welche Krankheit es sich handelt, nennt man Diagnose.

Diagramm

Ein Diagramm ist ein Schaubild. Es wird benutzt, um Zahlenwerte anschaulich darzustellen. Es gibt Kreisdiagramme, bei denen jeweils unterschiedlich große Kreisausschnitte für eine bestimmte Zahl stehen.

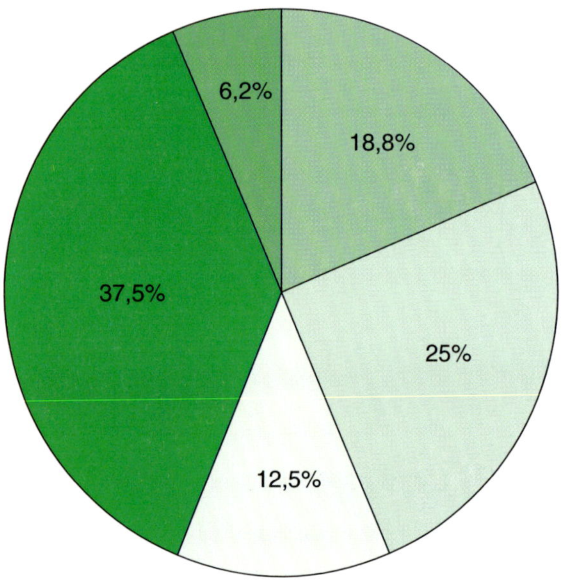

Kreisdiagramm

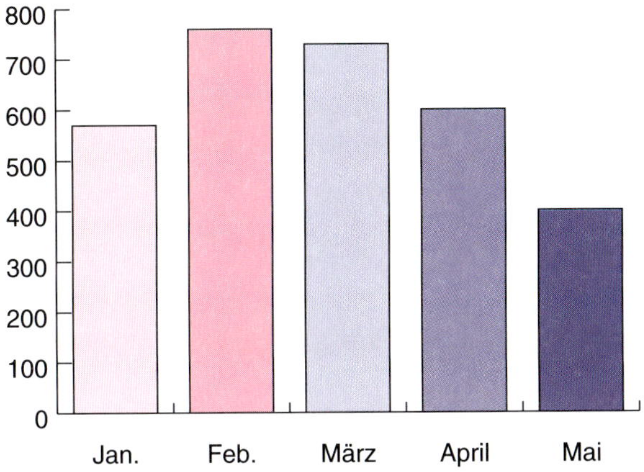

Säulendiagramm

Eine andere Darstellungsart ist das Säulendiagramm, das oft verwendet wird, um bei Wahlen Veränderungen und Ergebnisse anzuzeigen. Je nach Höhe der Zahl wird eine Säule in der entsprechenden Größe gezeichnet. Eine weitere Diagrammform ist das Kurvendiagramm. Zwei senkrecht aufeinander stehende Linien weisen bestimmte Zahlenwerte auf. Auf einer Linie sind beispielsweise verschiedene Temperaturwerte vermerkt, auf der anderen die Tageszeiten. Dann trägt man die zu jeder Tageszeit herrschende Temperatur ein und markiert sie mit einem Punkt. Verbindet man die Punkte, entsteht eine Kurve, die den Temperaturverlauf deutlich macht.

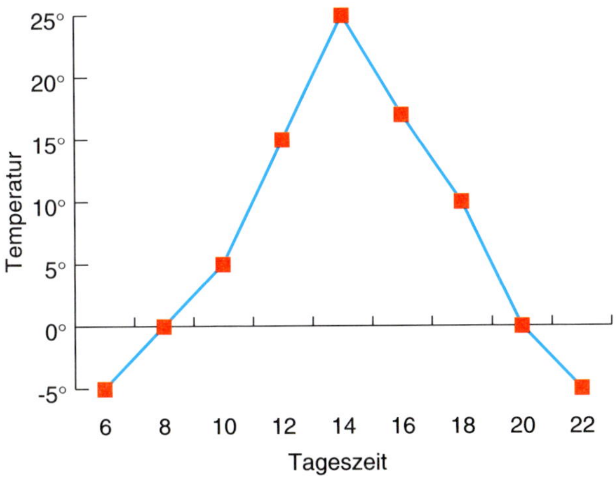

Kurvendiagramm

Dialekt

In den verschiedenen Ländern spricht man unterschiedliche →Sprachen. Aber selbst in einem Land mit der gleichen Sprache kann man feststellen, dass die Menschen je nach Gegend unterschiedlich sprechen. Es werden nicht nur Worte und Buchstaben verschieden ausgesprochen, sondern zum Teil sogar eigene Worte verwendet, die nur in dieser Region bekannt sind. Diese Abweichungen von der eigentlichen Hochsprache nennt man Dialekt. In Deutschland findet man viele Dialekte: Gebratene Hähnchen heißen in Bayern zum Beispiel „Hendl", in Sachsen sagt man dagegen „Broiler".

Diamant

Die Diamanten gehören zu den wertvollsten →Edelsteinen. Nur wenige sind so durchsichtig und klar, dass sie zu Steinen für Schmuckstücke verarbeitet werden können. In dem Zustand, in dem sie gefunden werden, heißen die Steine Rohdiamanten.

Rohdiamant

Geschliffener Diamant

Sie werden dann geschliffen und als Brillanten in Schmuckstücke eingesetzt. Da Diamanten sehr hart sind, werden sie von der →Industrie für Bohrer, Schleifmaschinen und als Schneidewerkzeuge gebraucht. Der Großteil der Diamanten wird in der Industrie verwendet. Für die technische Nutzung können Diamanten auch künstlich hergestellt werden.

Diät

Unter einer Diät versteht man eine eigens zusammengestellte Schonkost für Kranke. Je nachdem, an welcher Krankheit ein Patient leidet, ist es besser, auf bestimmte Nahrungsmittel zu verzichten oder sie einzuschränken. Der Betroffene muss also Diät halten. Viele Leute machen auch eine Diät, um an Gewicht zu verlieren.
In einem anderen Zusammenhang spricht man ebenfalls von Diäten: →Abgeordnete erhalten für ihre politische Arbeit Geld. Diese Zahlungen heißen Diäten.

Dichtung
Als Dichtung bezeichnet man Kunstwerke, die sich der Sprache bedienen. Dazu gehören →Gedichte, →Romane, →Märchen, Theaterstücke und vieles mehr. Die Dichtung ist schon eine sehr alte Kunst. Erzählungen von Heldentaten, Göttersagen, Gebete, Lobgesänge etc. gab es bereits sehr früh. Sie wurden anfänglich mündlich weitergegeben und veränderten sich dadurch ständig. Erst nach der Entwicklung der →Schrift konnten sie niedergeschrieben werden. Damit waren Inhalt und Form festgehalten.

Dieselmotor
Der Dieselmotor ist ein →Verbrennungsmotor, der nicht mit →Benzin, sondern mit Dieselöl betrieben wird. Im Zylinder wird die Luft verdichtet und dadurch eine sehr hohe Temperatur erzeugt. In die erhitzte Luft wird Dieselöl eingeführt, das sich explosionsartig entzündet. Dadurch wird der Kolben nach unten getrieben. Schließlich werden die →Abgase ausgestoßen.

Rudolf Diesel

Dieselmotoren sind im Vergleich zu Motoren, die mit Benzin betrieben werden, widerstandsfähiger und verbrauchen weniger →Treibstoff. Sie sind allerdings schwerer und man kann sie nicht so leicht starten. Dieselmotoren findet man vor allem in Traktoren, Bussen, Schiffen und Lastwagen. Erfunden wurde der Dieselmotor von dem deutschen Ingenieur Rudolf Diesel (1858–1913).

Diktatur
Im Gegensatz zu einer →Demokratie, in der die Macht beim Volk liegt, herrscht in der Diktatur nur ein einzelner Mensch oder eine kleine Gruppe. Der Diktator hat allein die Macht, die →Politik seines Landes zu bestimmen, →Gesetze zu erlassen und andere Entscheidungen zu treffen. Er nimmt Einfluss auf die →Gerichte und die Justiz. Diktaturen werden manchmal als Übergangslösung eingerichtet, um eine Krise zu überwinden. Meist werden sie aber von einer Person gewaltsam durchgesetzt. Die Herrschaft ist dann zeitlich nicht begrenzt. In Diktaturen kommt es oft dazu, dass die Freiheit des Volkes stark eingeschränkt wird, andere Meinungen nicht zugelassen sind und Andersdenkende bedroht oder sogar eingesperrt und gefoltert werden.

Dinosaurier
Das Wort „Dinosaurier“ kommt aus dem Griechischen und bedeutet eigentlich „schreckliche Echse“. Vor ungefähr 245 bis 208 Millionen Jahren entwickelten sich aus →Reptilien die Dinosaurier. Sie bevölkerten die Erde etwa 160 Millionen Jahre lang. Den Menschen gibt es im Vergleich dazu erst seit etwa zwei Millionen Jahren. Es gab viele verschiedene Arten, die auch ganz unterschiedlich aussahen. Unter den Dinosauriern gab es reine Pflanzenfresser und reine Fleischfresser. Einige liefen auf allen vieren,

Brontosaurus

andere wiederum nur auf den Hinterbeinen. Manche hatten Hörner oder Platten am Körper. Der Apatosaurus oder Brontosaurus war ein riesiger Pflanzenfresser, er wurde bis zu 25 Meter lang und bis zu 30 Tonnen schwer. Der Triceratops besaß zwei spitze Hörner über den Augen und ein Nasenhorn. Außerdem war sein Nacken durch ein Schild geschützt, sodass es Angreifern schwer fiel ihn zu verletzen. Einer der bekanntesten Dinosaurier ist sicherlich der Tyrannosaurus rex. Er war der größte Fleischfresser, sein

Tyrannosaurus rex

Kopf allein war über einen Meter lang. An den Hinterbeinen saßen jeweils drei große Klauen. Mit seinen scharfen, bis zu 15 Zentimeter langen Zähnen war er ein sehr gefährlicher Angreifer. Natürlich gab es auch viele kleinere Dinosaurier. Nicht viel größer als ein Huhn wurde zum Beispiel der Compsognathus. Er konnte aber auf seinen Hinterbeinen sehr schnell laufen. Den Schwanz streckte er dabei nach hinten, um das Gleichgewicht zu halten.

Der Stegosaurus wurde etwa 6 m lang. Mit gewaltigen Hieben seines Stachelschwanzes wehrte er Feinde ab.

Vor etwa 65 Millionen Jahren starben die Dinosaurier aus. Die genaue Ursache dafür ist bis heute nicht geklärt. Da das →Klima auf der Erde sich zu dieser Zeit veränderte, gibt es Vermutungen, dass es den Dinosauriern zum Leben zu kalt wurde.
Eine andere Theorie besteht darin, dass die Erde von großen Steinen aus dem →Weltall getroffen wurde und dadurch eine Staubwolke entstand, die lange Zeit die Sonne verdunkelte. So starben erst die Pflanzen, dann die Pflanzenfresser und schließlich auch die Fleischfresser aus. Rätselhaft bleibt dabei allerdings, wieso andere Tierarten überleben konnten.

Dioxin
Die Dioxine sind chemische Verbindungen, die hochgiftig sind. Sie treten beispielsweise bei der Herstellung von Pflanzenschutz- oder Desinfektionsmitteln oder bei Müllverbrennungen auf. Schon in sehr kleinen Mengen können sich Dioxine schädlich auf Menschen und Tiere auswirken. Über die Luft gelangen sie auf Pflanzen, Tiere und Menschen und somit in die →Nahrungskette. Sie sind sehr beständig und werden nur langsam abgebaut.

Diplom
Ein Diplom ist eine Urkunde, durch die eine Auszeichnung verliehen wird oder die nach dem Bestehen einer Ausbildung und Abschlussprüfung zum Beispiel an einer Universität überreicht wird.

Diplomat
Als Diplomaten bezeichnet man Menschen, deren Beruf darin besteht, zwischen ihrem eigenen Staat und anderen Ländern Verbindungen herzustellen und gute Beziehungen aufrechtzuerhalten. Sie arbeiten zum Beispiel als Botschafter oder Gesandte im Ausland und vertreten die Interessen des eigenen Landes.

Dirigent
Den Leiter eines →Orchesters oder Chors nennt man Dirigent. Er hat die Aufgabe den Takt anzugeben und den Musikern oder Sängern ihre Einsätze anzuzeigen. Oft verwenden Dirigenten dazu einen Stab, den sie in der Hand halten: den Taktstock. Obwohl die Ausführung eines Musikstücks vom

Komponisten weitgehend festgelegt ist, können Dirigenten dem Vortrag des Werks eine eigene Note geben.
Den Dirigenten, wie wir ihn heute kennen, gibt es erst seit dem 18. Jahrhundert. Berühmte Dirigenten waren z. B. Herbert von Karajan (1908–1989) oder Sergiu Celibidache (1912–1996).

Diskette
Eine Diskette ist eine kleine Platte, auf der Daten gespeichert werden können. Mit einem →Computer kann man die Informationen, die eine Diskette enthält, abrufen und neue Daten auf ihr speichern. Damit die empfindliche Platte möglichst gut geschützt ist, steckt sie in einer Schutzhülle aus Plastik.

Diskriminierung
Unter Diskriminierung versteht man, dass eine Gruppe von Menschen oder ein Einzelner nicht gleichberechtigt behandelt, sondern benachteiligt wird. Es gibt verschiedene Gründe für eine Diskriminierung, sehr oft spielen dabei →Religion oder →Rasse eines Menschen eine Rolle. Meist glauben Weiße, Schwarzen überlegen zu sein. Leider kommt es immer noch dazu, dass Schwarze deshalb Nachteile in Kauf nehmen müssen.
Oft werden auch Ausländer oder Behinderte diskriminiert und in vielen Ländern gibt es nach wie vor keine Gleichberechtigung von Mann und Frau: Die Frauen werden aufgrund ihres Geschlechtes benachteiligt. Diskriminierung kann unterschiedlich stark ausgeprägt auftreten. Manchmal führt sie dazu, dass die betroffenen Menschen in ihren Rechten eingeschränkt, bedroht oder sogar getötet werden. Mitmenschen ungerecht zu behandeln ist eine schwächere Form der Diskriminierung, sie ist aber ebenso zu verurteilen.

Diskussion
In einer guten Diskussion vertreten einzelne Personen verschiedene Ansichten zu einem Thema. Jeder kann seine Meinung vortragen und versuchen, die Argumente der anderen zu entkräften oder sie von den eigenen Vorstellungen zu überzeugen. Eine Diskussion sollte immer sachlich geführt werden. Es darf also nicht zu Beleidigungen, persönlichen Angriffen oder Ähnlichem kommen, sonst gleitet die Gesprächsrunde in eine Streiterei ab.

Disney, Walt
Der amerikanische Trickfilmzeichner und Filmproduzent Walt Disney (5.12.1901–15.12.1966) begann seine Karriere zunächst als Reklamezeichner. 1922 machte er erste Filmversuche im Bereich des Trickfilms. Weltweit berühmt wurde er durch seine Geschichten mit Mickymaus, die er 1926 begann und die in Schwarz-weiß ausgestrahlt wurden. Seit 1934 stellte er auch

Disney-Figuren vor dem Cinderella Castle im Walt Disney Resort in Orlando / Florida.

Farbfilme her. Zu seinen bekannten →Filmen gehören beispielsweise „Bambi" und „Pinocchio". Nach dem Tod von Walt Disney arbeiteten die Disneystudios weiter. Nach Disneys Plänen wurden auch die großen amerikanischen Vergnügungsparks Disneyland in Kalifornien und Disneyworld in Florida errichtet. Seit 1992 kann man in Frankreich das Disneyland Paris besuchen.

Disziplin

Das Wort „Disziplin“ hat mehrere Bedeutungen. Zum einen versteht man darunter Ordnung: Wenn eine Schulklasse sich an die Regeln hält, die ihr Lehrer aufgestellt hat, und nicht über die Stränge schlägt, herrscht in ihr Disziplin. Wenn sich eine Person sehr im Griff hat und selbstbeherrscht ist, spricht man von Selbstdisziplin. Disziplin nennt man allerdings auch die verschiedenen Sportarten oder Zweige der →Wissenschaft. Schwimmen, Fechten, Physik oder Chemie sind also unterschiedliche Disziplinen.

Division →Grundrechenarten

Doktor

Als „Doktor“ bezeichnet man einerseits einen →Arzt, zum anderen steht das Wort für einen Titel, den viele Leute tragen. Voraussetzung, um diesen Titel zu erhalten, ist ein Hochschulabschluss. Außerdem muss man eine schriftliche, wissenschaftliche Arbeit zu einem bestimmten Thema, eine Dissertation, schreiben und eine mündliche Prüfung ablegen. Um anzugeben, in welcher Fachrichtung jemand diesen Titel erhalten hat, wird an den Doktortitel noch abgekürzt ein Zusatz angehängt: „Dr. phil.“ steht beispielsweise für Doktor der Philosophie oder „Dr. iur.“ für Doktor der Rechtswissenschaft.
Manchen Menschen wird der Doktortitel aufgrund besonderer Leistungen auch unabhängig von einem Hochschulabschluss verliehen. Sie erhalten den „Dr. h.c.“ (honoris causa) oder „Dr. e.h.“ (ehrenhalber).

Dolmetscher

Auf der ganzen Welt werden viele unterschiedliche →Sprachen gesprochen. Immer wieder treffen deshalb Menschen aufeinander, die nicht die gleiche Sprache sprechen und sich nicht verständigen können. Wollen sie dennoch miteinander reden oder geschäftlich verhandeln, benötigen sie einen Dolmetscher. Dieser muss die Sprachen aller am Gespräch Beteiligten beherrschen und das Gesagte oder auch Geschriebenes übersetzen. Dolmetscher werden sehr oft in der →Politik oder →Wirtschaft benötigt. Sie müssen eine besondere Ausbildung und einen Abschluss haben, damit sie als Dolmetscher offiziell anerkannt werden.

Dominikanische Republik

Kontinent:	Amerika
Fläche:	48.422 km^2
Einwohner:	7.684.000
Hauptstadt:	Santo Domingo
Amtssprache:	Spanisch
Währung:	Dominikanischer Peso

Die Insel Hispaniola liegt zwischen Kuba und Puerto Rico. Sie ist politisch in zwei Hälften geteilt. Der Osten der Insel ist die Dominikanische Republik, der Westen →Haiti. In der Dominikanischen Republik gibt es viel fruchtbares Land an den Küsten, aber auch im Landesinneren, und waldreiche Gebiete. Angebaut werden Kakao, Kaffee, Bananen, Zuckerrohr, Gewürze und Kokosnüsse. Das Hauptausfuhrgut ist Zucker. Ein wichtiger Wirtschaftsfaktor ist der Fremdenverkehr vor allem aus Europa und Nordamerika. Die Bevölkerung besteht zum größten Teil aus Mulatten (→Mischlingen).
Die Dominikanische Republik wurde 1492 entdeckt, war bis 1795 spanisch, dann bis 1808 französisch und schließlich wieder spanisch. 1821 wurde sie von Haiti besetzt. 1844 löste sie sich von Haiti und es kam zur Gründung der Dominikanischen Republik. Von 1861 bis 1865 war sie erneut spanisch, danach selbstständig. In den 60er-Jahren unseres Jahrhunderts gab es einen Bürgerkrieg. Seit dessen Beendigung wird die Dominikanische Republik von einem Präsidenten regiert.

Dompteur

Die Bezeichnung „Dompteur“ geht auf das lateinische Wort „domitare“ zurück, das

„zähmen" bedeutet. Ein Dompteur ist ein Tierbändiger, der meist in einem →Zirkus arbeitet. Er bringt wilde Tiere wie Löwen, Tiger oder Bären dazu, auf seine Zeichen und seinen Befehl hin bestimmte Dinge zu tun.

Frauen, die diesen Beruf ausüben, nennt man Dompteusen. Hier tritt eine Dompteuse mit ihren Tigern im Cirkus Krone auf.

Donau
Die Donau ist mit 2858 Kilometern nach der →Wolga der zweitlängste →Fluss Europas. Sie entspringt in Deutschland im Schwarzwald und mündet in Rumänien in das Schwarze Meer. Für die Schifffahrt ist die Donau ein sehr wichtiger Strom.

Donner
Kommt es bei einem →Gewitter zu einem →Blitz, erwärmt sich die Luft in der Umgebung des Blitzes sehr schnell. Die Luft dehnt sich aus und dabei entsteht ein krachendes Geräusch, der Donner. Da der →Schall sich langsamer fortsetzt als das →Licht, hört man den Donner erst einige Zeit nachdem man den Blitz gesehen hat. Zählt man die Sekunden zwischen Blitz und Donner und teilt sie durch drei, erhält man ungefähr die Entfernung des Gewitters: Vergehen zwischen Blitz und Donner sechs Sekunden, ist das Gewitter demnach ungefähr zwei Kilometer entfernt.

Doping
Leider hört man immer wieder von Fällen, in denen sich Sportler bei Wettkämpfen nicht nur auf ihre natürliche, antrainierte Kraft verlassen, sondern zur Steigerung ihrer Leistungen auf →Medikamente zurückgreifen. Das nennt man Doping. Es gibt unterschiedliche Mittel, die helfen, schneller →Muskeln aufzubauen und leistungsfähiger zu sein. Abgesehen davon, dass Doping den anderen Wettkämpfern gegenüber, die sich ihre Leistungen schwer erarbeitet haben, unfair ist, ist es auf Dauer gesehen auch gesundheitsschädlich. In Deutschland ist Doping verboten. Immer wieder werden deshalb unangemeldet Kontrollen durchgeführt. Sportler, die des Dopings überführt wurden, werden von den Wettkämpfen ausgeschlossen.

Dosis
Unter einer Dosis versteht man eine bestimmte Menge einer Sache. Der Arzt verordnet einem Patienten beispielsweise eine Dosis von zwei Tabletten pro Tag.

Drama
Das Wort „Drama" kommt aus dem Griechischen und bedeutet „Handlung". Ein Drama ist ein Theaterstück. Die meisten Dramen sind darauf ausgelegt, auf einer Bühne aufgeführt zu werden. Stücke, die eher lustig sind und gut enden, nennt man Komödien. Dramen, die traurig oder tragisch sind und ein schlechtes Ende nehmen, heißen Tragödien. Schon in der →Antike gab es viele Schriftsteller, die Dramen schrieben. Der Aufbau eines solchen Theaterstücks war zu dieser Zeit noch sehr streng festgelegt. Mittlerweile gibt es verschiedene, freiere Formen. Bekannte Dramen sind beispielsweise „Hamlet" von William →Shakespeare oder „Emilia Galotti" von Gotthold Ephraim →Lessing.

Dreieck

Verbindet man drei Punkte, die an verschiedenen Stellen liegen, mit Linien, erhält man ein Dreieck. Die Eckpunkte bezeichnet man gewöhnlich mit den Großbuchstaben A, B und C, die gegenüberliegenden Seiten mit den Kleinbuchstaben a, b und c. An jedem Eck kann man einen bestimmten Winkel messen. Dessen Größe wird in Grad (°) angegeben. Die drei im Dreieck auftretenden Winkel zusammen ergeben immer 180°.

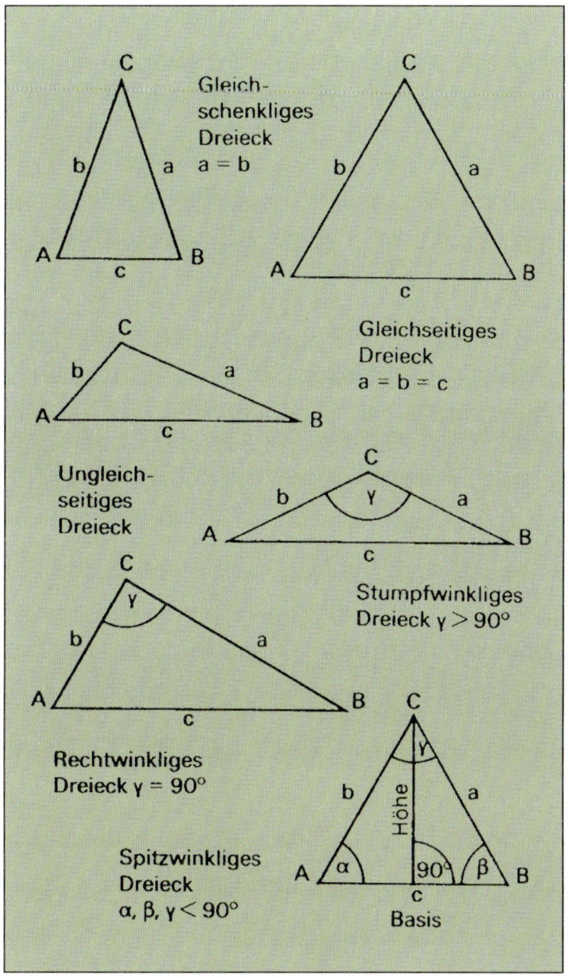

Es gibt verschiedene Formen von Dreiecken. Ein gleichschenkliges Dreieck hat zwei gleich lange Seiten, ein gleichseitiges Dreieck drei gleich lange Seiten. Das ungleichseitige Dreieck hat drei unterschiedlich lange Seiten. Dreiecke können auch nach der Größe der in ihnen vorkommenden Winkel eingeteilt werden. Ein stumpfwinkliges Dreieck weist einen Winkel auf, der größer ist als 90°, ein rechtwinkliges Dreieck hat einen Winkel, der genau 90° misst. Im spitzwinkligen Dreieck sind alle drei Winkel kleiner als 90°.

Dritte Welt

In Afrika, Asien und Amerika gibt es viele Länder, in denen ein großer Teil der Bevölkerung sehr arm ist und unter schlechten Bedingungen leben muss. All diese Länder zusammengefasst bezeichnet man als Dritte Welt. Im Gegensatz dazu stehen die reichen Industriestaaten. In den Ländern der Dritten Welt können Kinder oft keine Schulen besuchen, weil sie schon sehr früh arbeiten und ihre Familien unterstützen müssen. Viele Familien besitzen kaum das Nötigste, um zu überleben. Werden die Menschen krank, haben sie kein Geld für einen Arzt. Problematisch ist auch, dass die Familien oft viele Kinder haben und somit die Zahl der Hilfsbedürftigen schnell größer wird. Die reicheren Länder versuchen über die so genannte →Entwicklungshilfe die Menschen zu unterstützen und Projekte aufzubauen, die den Armen auch langfristig helfen sollen, ihre Lage zu verbessern.

Drogen

Früher bezeichnete man Gewürze und Heilmittel, die aus Pflanzen hergestellt wurden, als Drogen. Sie wurden in den Drogerien verkauft. Heute versteht man darunter eigentlich ausschließlich Rauschmittel oder Rauschgifte. Dazu gehören zum Beispiel Opium, Morphium, Heroin, Kokain, LSD, Ecstasy, aber auch →Alkohol. Enthält der Tabak einer Zigarette Haschisch, bezeichnet man diese auch als Joint.
Drogen werden entweder eingenommen, in die →Adern gespritzt oder geraucht. Drogen wirken auf das →Gehirn und die →Nerven des Menschen. Sie können ihn in einen traumartigen Zustand versetzen, in dem er starke Gefühle, Glück, aber auch Verzweiflung empfindet. Es gibt Drogen, die eher beruhigen, und andere, die anregend wirken. Manche Drogen werden in der →Medizin verwendet, um Patienten die Schmerzen zu nehmen oder ruhig zu stellen. Nimmt man mehrmals Drogen ein, kann man schnell süchtig werden. Man fühlt sich nur noch gut, wenn man unter Einfluss der Drogen steht. Oft erkennen die Betroffenen gar nicht, dass sie bereits süchtig sind. Ist man drogenabhängig geworden, ist es fast unmöglich, ohne fremde Hilfe wieder davon loszukommen. Viele Drogenabhängige versuchen, sich durch eine Entziehungskur von

ihrer Sucht zu befreien. Drogen sind ziemlich teuer, deswegen gibt es Drogensüchtige, die Verbrechen begehen, um schnell an genügend Geld heranzukommen und ihre Sucht stillen zu können. In Deutschland und vielen anderen Ländern ist der Handel und Gebrauch von so genannten harten Drogen, wie Heroin oder Kokain, verboten.

Drucken

Seit der Erfindung des Buchdrucks durch Johannes →Gutenberg ist es möglich, mehrere Exemplare eines Buches herzustellen und dies in wesentlich kürzerer Zeit, als es das früher nötige Abschreiben möglich machte. Beim Drucken wird Farbe auf einen Träger aufgetragen, der dann auf eine Fläche aus →Papier, Stoff oder Ähnlichem gedrückt wird. Die Vorlage des Trägers befindet sich dann abgedruckt auf der Fläche. Es gibt verschiedene Druckverfahren. Beim Hochdruck werden erhöhte Teile, zum Beispiel Buchstaben, eingefärbt und abgedruckt. Die umliegenden, niedrigen Bereiche werden nicht erfasst.

Tiefdruck bedeutet, dass die Bereiche, die gedruckt werden sollen, tiefer in der Druckform liegen. Die Farbe bleibt nur in den Vertiefungen hängen und wird von dort auf das Papier übertragen. Beim Flachdruck liegen die druckenden und die nicht druckenden Teile auf einer Ebene. Die Druckplatte ist aber chemisch so behandelt, dass die Farbe nur an den richtigen Stellen aufgenommen wird. Beim Siebdruck werden die Maschen eines feinen Siebes an den Stellen, an denen nicht gedruckt werden soll, verschlossen. An den Bildstellen wird dann Farbe durch das Sieb gedrückt.

Druckverfahren

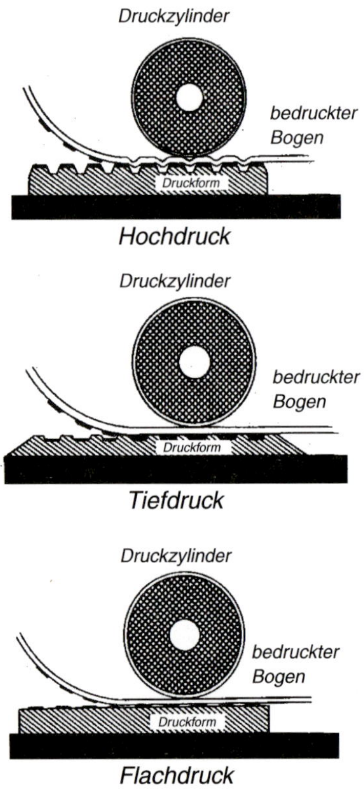

Drüse

Die Drüsen sind →Zellen, Zellgruppen oder →Organe. Sie erzeugen Stoffe, die sie entweder im Körper an das →Blut abgeben, z. B. →Hormone, oder die sie direkt nach außen abgeben, wie beispielsweise den Schweiß. Die Speicheldrüsen im Mund erzeugen den Speichel. Sie halten somit den Mund feucht und helfen bei der Nahrungsverarbeitung mit. Die Tränendrüsen stellen Tränen her. Diese spülen Fremdkörper aus dem Auge und halten es feucht. Andere Drüsen sitzen im Darm und helfen bei der →Verdauung. Die Flüssigkeit, die die Drüsen absondern, nennt man Sekret. Drüsen sind über den ganzen Körper verteilt und sehr wichtig.

Dschibuti

Dschibuti ist eine sehr kleine →Republik im Nordosten Afrikas. Sie grenzt an Somalia, Äthiopien, Eritrea und das Rote Meer. Das

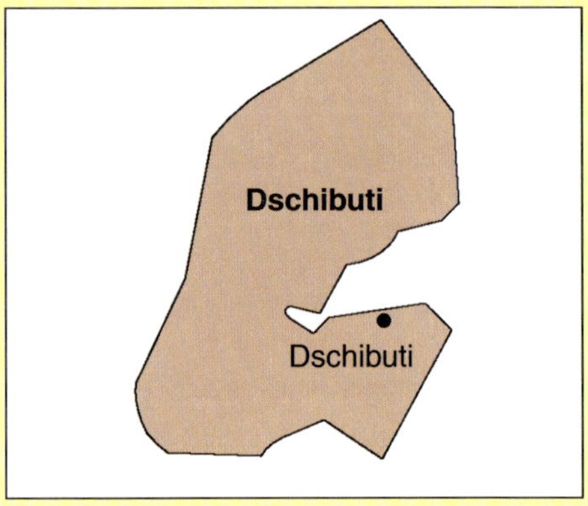

Kontinent:	Afrika
Fläche:	23.200 km^2
Einwohner:	566.000
Hauptstadt:	Dschibuti
Amtssprachen:	Französisch Arabisch
Währung:	Dschibuti-Franc

→Klima ist trockenheiß. Der Hauptteil des Landes besteht aus trockenen Halbwüsten. Die Bevölkerung gehört entweder zur Gruppe der Issar oder der Afar. Die →Wirtschaft lebt vor allem von der Salzgewinnung und Viehzucht. Seit 1884 war Dschibuti französische →Kolonie. Seit 1977 ist es unabhängig.

Dschingis Khan
1155 wurde Dschingis Khan, der eigentlich Temüjin hieß, als Sohn eines kleinen mongolischen Stammesfürsten geboren. Mit der Führung seines Stammes gab er sich nicht zufrieden. Es gelang ihm mit der Zeit Anführer aller mongolischen Stämme zu werden. Den Herrschaftstitel „Dschingis Khan“ erhielt er 1206. Er sammelte ein gut organisiertes und gefürchtetes Heer um sich und eroberte damit viele Gebiete. Klugerweise ließ er den eroberten Völkern ihre Religion und versuchte auch nicht, ihre Kultur zu unterdrücken. Als er 1227 starb, hinterließ er ein Reich, das von Südkorea und Nordchina quer durch Asien bis zum Kaspischen Meer reichte. Seine Söhne teilten das Reich unter sich auf und vergrößerten das mongolische Machtgebiet weiter. Dschingis Khan ging als bedeutender Feldherr und Begründer des Mongolischen Weltreiches in die Geschichte ein.

Dschungel
Das Wort „Dschungel“ kommt aus Indien. Man bezeichnet damit den dichten Wald und die sumpfigen Gebiete in sehr heißen Ländern. In Dschungelgebieten gibt es viele verschiedene Tier- und Pflanzenarten.

Düne
Unter einer Düne versteht man einen Sandhügel, der sich an der →Küste eines Meeres oder in →Wüsten gebildet hat. Der Wind nimmt Sand mit sich und verliert ihn an einer bestimmten Stelle, zum Beispiel einer Erhöhung am Boden. So entstehen mit der Zeit Sandhügel. Die Küstendünen bilden sich entlang der Land-Wasser-Linie. Die Festlandsdünen sind meist bogenförmig gebildet. Der Wind nimmt auch Sand von der Oberfläche der Düne mit und reißt dadurch Lücken in die Hauptdüne. Diesen Sand häuft er hinter der Düne wieder an: Es entsteht eine neue Düne. Will man das Weiterwandern der Dünen verhindern, muss man sie befestigen. Dies geschieht am besten durch die Bepflanzung mit Gräsern oder Sträuchern.

Dünger
Dem →Boden werden oft Stoffe zugesetzt, die seine Fruchtbarkeit erhalten oder steigern sollen. Diese Stoffe heißen Dünger. →Pflanzen entziehen dem Boden Nährstoffe. Sterben sie ab und verrotten, gehen diese Stoffe wieder zurück in den Boden. Werden die Pflanzen aber abgeerntet, müssen die Nährstoffe dem Boden durch Düngung wieder zugeführt werden. Dünger hilft auch die Qualität eines Bodens zu verbessern und damit den Anbau von Pflanzen zu erleichtern. Früher wurden ausschließlich natürliche Dünger, wie Jauche, Mist oder →Kompost, verwendet. Heute wird der überwiegende Teil der Düngemittel künstlich hergestellt, man spricht dann auch von Kunstdünger.

Dürer, Albrecht

Selbstbildnis als Junge mit 13 Jahren

Der deutsche Maler und Grafiker Albrecht Dürer wurde am 21.5.1471 in Nürnberg geboren. Er lernte bei seinem Vater, einem Goldschmied, und danach bei dem Maler Michael Wolgemut (1434–1519). Von 1490 bis 1494 war Dürer auf Wanderschaft am Oberrhein. Danach unternahm er noch Reisen nach Italien und Holland, aus denen er jeweils großen Nutzen für sein eigenes Schaffen zog. Dürer schuf viele Kunstwerke, er malte, zeichnete, machte Holzschnitte und Kupferstiche und schrieb außerdem noch Bücher über die Kunst. Auf vielen Bildern stellte er religiöse Motive, vor allem die Leidensgeschichte Jesu Christi, dar. Daneben zeichnete er auch Naturbilder und Porträts. Durch sein Bemühen, die gezeigten Gegenstände möglichst wirklichkeitsgetreu darzustellen, wirken seine Werke auch heute noch sehr lebendig. Gerade bei der Abbildung von Tieren und Pflanzen hat er mit großer Genauigkeit und Naturtreue gearbeitet. Dürer war schon zu seiner Zeit bekannt und galt als großer Künstler. Er starb am 6.4.1528.

Düsenantrieb
Düsenflugzeuge oder Jets werden mit Düsentriebwerken, die man auch Strahltriebwerke nennt, angetrieben. Die Triebwerke saugen vorne kraftvoll Luft ein. Die Luft wird dann mit Treibstoff gemischt, verdichtet und entzündet. Dabei entstehen heiße →Gase mit sehr hohem Druck. Sie strömen mit großer Kraft an der rückseitigen Öffnung des Triebwerks aus. Dieser Rückstoß bewegt das →Flugzeug nach vorne. Lässt man einen aufgeblasenen Luftballon los, strömt Luft in eine Richtung, der Luftballon wird in die entgegengesetzte Richtung geschleudert. Genauso wirkt der Rückstoß beim Düsenflugzeug.

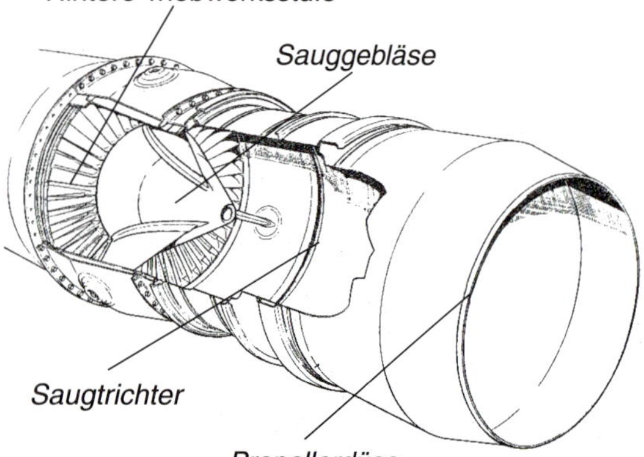

Schema eines Triebwerks

Dynamit
Der schwedische Chemiker Alfred Nobel (1833–1896) erfand 1867 einen Sprengstoff, das Dynamit. Es bestand zu einem Großteil aus Nitroglyzerin und zu einem kleinen Teil aus pulverförmiger Kieselgur. Die Kieselgur wurde später durch Kollodiumwolle ersetzt. Vor Nobels Erfindung wurde mit reinem Nitroglyzerin gesprengt. Dieser Stoff entzündete sich allerdings sehr leicht und explodierte oft schon ungewollt aufgrund von Erschütterungen. Der Vorteil des Dynamits lag also vor allem darin, dass es weniger leicht explodierte und man es damit viel genauer einsetzen konnte. Außerdem war das Dynamit formbar und konnte so dem Zweck und Ort der Verwendung besser angepasst werden. Soll Dynamit explodieren, muss es gezündet werden. Dies geschieht entweder über eine Zündschnur oder eine Zündkapsel.

Dynamo

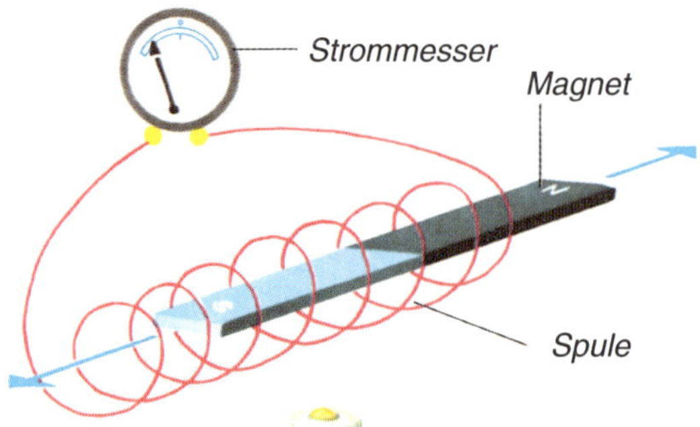

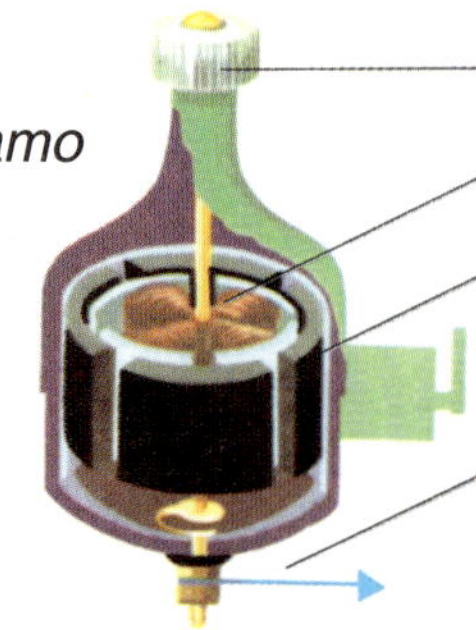

Fahrraddynamo

Bewegt man einen Stabmagneten in einer Drahtspule schnell hin und her, fließt in der Spule Strom. Nach dem gleichen Prinzip funktioniert der Dynamo. Der Dynamo ist ein kleiner →Generator. In ihm wird die →Energie, die durch Bewegung gewonnen wird, in elektrische Energie, also Strom, umgesetzt. Fährt man auf einem →Fahrrad, drehen sich die Räder. Ist der Dynamo eingeschaltet, liegt das Laufrad des Dynamos am Fahrradreifen. Die Bewegung des Reifens wird auf das Laufrad übertragen. Im Dynamo befinden sich →Magneten und Spulen. Durch die Drehbewegung des Magneten oder der Spulen wird Strom erzeugt. Über eine Leitung fließt der Strom aus dem Dynamo zur Lampe des Fahrrades: Die Lampe leuchtet.

wie Emil

Ebbe →Gezeiten

Echo
Bei jedem Ton, den wir von uns geben, erzeugen wir Schallwellen. Diese Schallwellen setzen sich in der Luft fort. Treffen sie nicht zu weit entfernt auf ein Hindernis, wie eine Wand oder einen Berg, werden sie zurückgeworfen. Nach einiger Zeit erreichen sie den Rufenden wieder. Er hört dann das Echo dessen, was er gesagt hat. Echos treten häufig in Gebirgen, Schluchten oder Tunnels auf.

Echolot

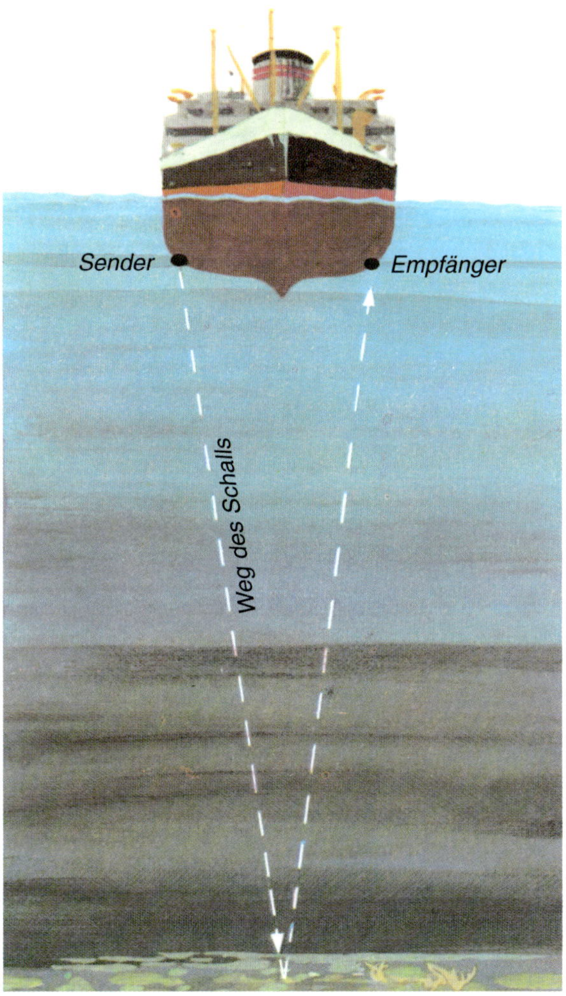

Das Echolot ist ein Gerät, mit dem man beispielsweise die Tiefe des →Meeres messen kann. Dazu werden Schallsignale von einem Sender, der sich auf einem Schiff befindet, abgesendet. Sie stoßen am Boden auf und werden wie bei einem →Echo zurückgeworfen. Anhand der Zeit, die der →Schall für den Hin- und Rückweg benötigt, kann man errechnen, in welcher Tiefe er am Boden angestoßen ist.

Echsen
Die Echsen gehören zu den →Reptilien. Sie tragen Schuppen am Körper und laufen auf vier Beinen. Meist besitzen sie einen langen Schwanz. Als Lebensgebiete bevorzugen sie wärmere Länder. Die meisten Echsen sind eher klein, der Komodowaran erreicht allerdings eine Länge von bis zu drei Metern. Zu den Echsen gehören →Eidechsen, Warane oder Leguane. Auch die Blindschleiche ist eine Echse, obwohl sie wie eine Schlange aussieht. Im Laufe der Zeit haben sich ihre vier Beine zurückgebildet, sodass sie auf dem Boden kriecht.

Ecuador
Die →Republik Ecuador liegt im Nordwesten Südamerikas am Pazifischen Ozean und grenzt an Kolumbien und Peru. Sie ist sehr gebirgig, die →Anden durchziehen das Land. Zur Küste hin wird es flach und nach Osten sinkt es zum Amazonasbecken ab. Große Teile Ecuadors sind von →Regenwald bedeckt. Nur ein sehr kleiner Teil kann landwirtschaftlich genutzt werden. Angebaut werden Kaffee, Kakao, Bananen und Zuckerrohr. Die Bevölkerung besteht zu einer Hälfte aus →Indianern, die andere Hälfte machen größtenteils →Mischlinge und wenige Weiße aus. Die meisten Einwohner sind arm.
Ecuador wurde 1531 von Spanien erobert. 1822 wurde es Teil von Groß-Kolumbien.

Kontinent:	Amerika
Fläche:	272.045 km^2
Einwohner:	11.220.000
Hauptstadt:	Quito
Amtssprache:	Spanisch
Währung:	Sucre

Seit 1830 ist es eine selbstständige Republik. Das Militär regierte in Ecuador von 1972 bis 1979, danach gab es verschiedene Präsidenten.

Eine Frau in Tracht verkauft in Otavalo handgestrickte Pullover auf dem größten Markt Ecuadors.

Edelstein

Als Edelsteine bezeichnet man Steine, die besonders schön, hart und widerstandsfähig sind und ein eigenes Leuchten, das so genannte Feuer, besitzen. Einige sind sehr wertvoll. Weniger wertvolle Steine werden auch Halbedelsteine genannt. Um sie für Schmuckstücke verwenden zu können, müssen die Steine geschliffen werden. Das Gewicht von Edelsteinen wird in Karat gemessen; ein Karat sind ungefähr 0,2 Gramm.

Edelsteine
(geschliffen und natürliches Vorkommen)

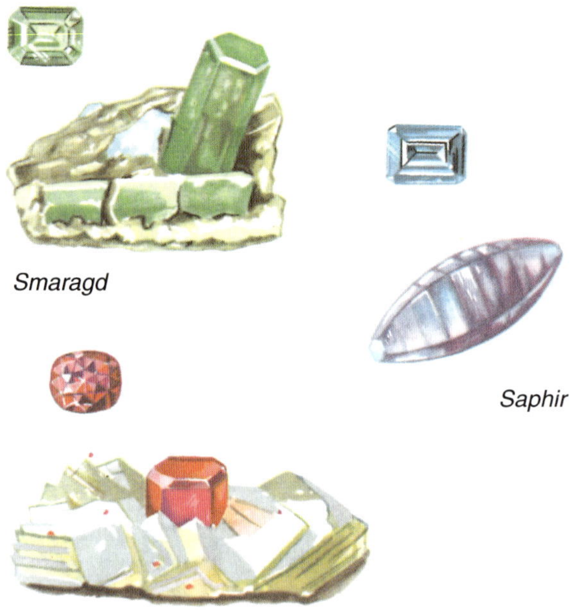

Halbedelsteine
(geschliffen und natürliches Vorkommen)

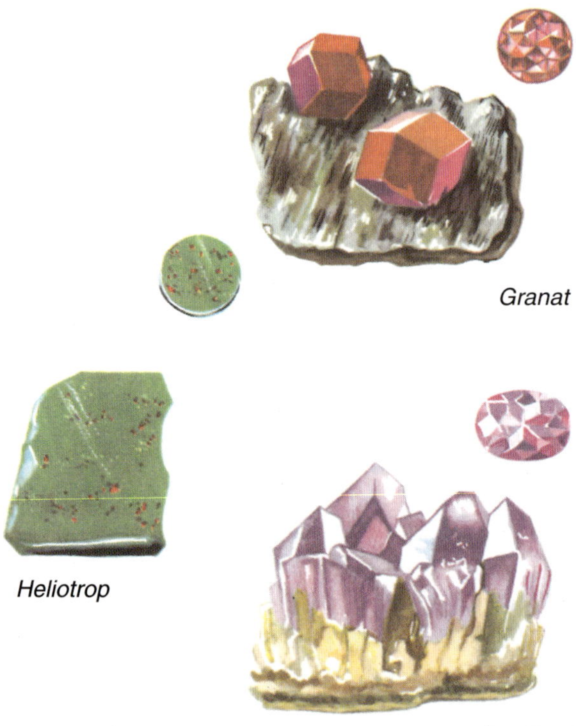

Als Edelstein bezeichnet man beispielsweise →Diamant, Smaragd, Saphir oder Granat. Edelsteine können auch künstlich hergestellt werden. Sie sind genauso aufgebaut wie die natürlichen Steine und werden hauptsächlich für technische Zwecke verwendet.

Edison, Thomas
Obwohl er insgesamt nur drei Monate zur Schule ging, brachte es der amerikanische Erfinder Thomas Alva Edison (11.2.1847–10.10.1931) sehr weit. Er eignete sich sein gesamtes Wissen selbst an und machte zahlreiche Erfindungen. Über 2000 Patente laufen auf seinen Namen. 1876 erfand er das Kohlemikrofon, durch das das →Telefon verbessert wurde. Mit seinem Phonographen von 1877 konnten Töne aufgenommen und wiedergegeben werden. Durch eine Reihe von verschiedenen Erfindungen trug Edison wesentlich zur Entwicklung und Verbreitung der elektrischen Beleuchtung bei. 1881 erfand er den ersten von einer →Dampfmaschine angetriebenen →Generator zur Erzeugung von elektrischem Strom. 1899 baute er den Kinematographen, eines der ersten Filmaufnahmegeräte.

EDV
Die Abkürzung EDV steht für Elektronische Datenverarbeitung. Darunter versteht man alle Vorgänge, die in einem →Computer ablaufen, wobei bestimmte Daten eingegeben und andere wieder ausgestoßen werden.

EG →Europäische Union

Ehe
Wenn ein Mann und eine Frau beschließen, dass sie zusammenbleiben wollen, können sie dies durch eine Ehe bekräftigen. Jede Ehe muss auf einem Standesamt vor einem Standesbeamten geschlossen werden. Sie ist dann nach dem Gesetz gültig. Durch →Scheidung kann sie aufgelöst werden. Ein Paar kann auch noch kirchlich heiraten, wenn es möchte. Aus Sicht der Kirche ist die Ehe allerdings unauflöslich und endet erst mit dem Tod eines der beiden Partner. Heiraten können Menschen, die volljährig sind. Ist einer der Partner minderjährig, aber mindestens 16 Jahre alt, muss das Vormundschaftsgericht die Ehe genehmigen. Die am weitesten verbreitete Form der Ehe ist die Ein-Ehe oder Monogamie. Daneben gibt es aber in anderen Kulturen auch verschiedene Formen der Viel-Ehe oder Polygamie.

Ei
Jedes Ei ist eine weibliche →Zelle, die der →Fortpflanzung dient. Tiere legen Eier oder bilden sie in ihrem Körper. Auch im Körper der Frau werden Eizellen gebildet. Sie sind nur 0,2 Millimeter groß. Wird ein Ei durch einen männlichen →Samen befruchtet, entwickelt sich das Ei weiter. Die Eizelle teilt sich und daraus entsteht dann allmählich ein neues Lebewesen. Bei Menschen und →Säugetieren geschieht dies im Körper der Mutter. Die zur Weiterentwicklung nötigen Nährstoffe liefert der mütterliche Körper an das Ei.

Längsschnitt durch ein Hühnerei

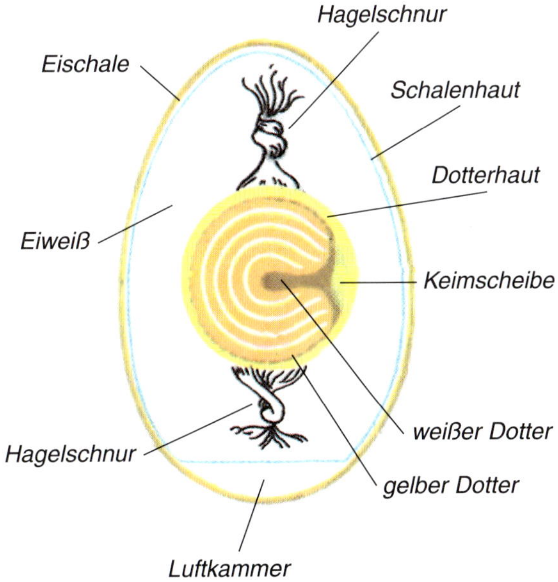

Bei den Tieren, die ihre Eier ablegen, entwickeln sich die Eier unabhängig von der Mutter. Sie müssen deshalb genügend Nährstoffe enthalten und sind durch eine Haut oder Schale vor der Umwelt geschützt. Jedes Ei besteht aus dem Eikern, dem Eiplasma (Dotter) und den Eihäuten. Der Dotter enthält alle Nährstoffe, die zur Bildung und Ernährung des →Embryos wichtig sind. Die Anzahl der Eier, die jedes Lebewesen bildet, ist ganz unterschiedlich. Ein Karpfen bringt jährlich 750.000 Eier hervor, →Vögel legen durchschnittlich 30 und →Hühner 250 bis 300 Eier.

Eiche
Die Eichen sind →Laubbäume, die bis zu 60 Meter hoch und sehr alt werden können. Ihre →Früchte sind die Eicheln. Sie dienen vielen Waldtieren als Nahrung. Das harte Eichenholz wird zur Herstellung von Möbeln oder Fußböden verwendet. Früher wurden daraus ganze Schiffe gebaut. Die Rinde der Korkeichen kann immer wieder abgeschält werden. Sie liefert den Kork für die unterschiedlichsten Produkte.

Eicheln

Eichhörnchen
Die bei uns weit verbreiteten Eichhörnchen sind →Nagetiere, die im Wald auf Bäumen leben. Sie haben ziemlich kurze Vorderbeine, mit denen sie Nüsse oder Eicheln gut greifen können. Sie ernähren sich außerdem auch von Jungvögeln oder Eiern aus Vogelnestern. Für den Winter sammeln sie Nahrungsvorräte, die sie im Boden vergraben. Besonders kennzeichnend ist ihr

buschiger Schwanz. Eichhörnchen können ausgezeichnet klettern und von Ast zu Ast springen. Wenn sie größere Sprünge unternehmen, hilft ihnen ihr Schwanz dabei, die Richtung zu halten. Das Fell der Eichhörnchen ist rot oder schwarz gefärbt.

Eid
Wer vor →Gericht unter Eid aussagen muss, verspricht, sich genau an die Wahrheit zu halten und keine falsche Aussage zu machen. Sagt er trotzdem nicht die Wahrheit, hat er einen Meineid geschworen und wird bestraft. Früher wurde sehr oft Gott oder eine andere gefürchtete Macht als Zeuge für die Richtigkeit der Aussagen angerufen: „Ich schwöre bei Gott..." Soldaten oder →Beamte leisten ebenfalls einen Eid und verpflichten sich damit, ihrem Land bzw. dem →Staat zu dienen.

Eidechsen
Die Eidechsen gehören zu den →Reptilien. An den Füßen haben sie vier lange Zehen. Sie werden bis zu 60 Zentimeter lang und bevorzugen trockene Gebiete. Eidechsen ernähren sich hauptsächlich von Insekten. Werden sie von einer Katze oder einem anderen Angreifer gepackt, bricht sehr leicht ihr Schwanz ab und sie können entfliehen.

Smaragdeidechse

Der Schwanz wächst nach einiger Zeit wieder nach. Eidechsen sind normalerweise sehr flinke Tiere, wenn es aber kalt wird, erstarren sie und verstecken sich in Mauerritzen oder Erdspalten. In Mitteleuropa verbreitet sind die Zauneidechsen, deren Weibchen eine bräunliche und deren Männchen eine grünliche Farbe haben. Außerdem leben dort die Smaragdeidechse, die leuchtend grün und an der Kehle blau gefärbt ist, und die Bergeidechse.

Einstein, Albert
Der deutsche Physiker Albert Einstein wurde am 14.3.1879 in Ulm geboren. Er wuchs in München auf und kam dann mit 15 Jahren in die Schweiz. Dort arbeitete er am Patentamt. 1909 wurde er Professor der theoretischen →Physik an der Universität Zürich, 1911 in Prag und 1912 an der Technischen Hochschule in Zürich. 1914 kam er als Universitätsprofessor nach Berlin. Nach dem Erstarken des →Nationalsozialismus entzog man ihm, da er →Jude war, 1933 seine Ämter und bürgerte ihn aus. Von da an lebte er in Amerika, wo er am 18.4.1955 starb.

Berühmt wurde Einstein vor allem durch seine Relativitätstheorie. Er gelangte zu Erkenntnissen, die noch heute in den wissenschaftlichen Bereichen, die sich mit der Atomkraft beschäftigen, von grundlegender Bedeutung sind. 1921 erhielt er den →Nobelpreis für Physik. Nachdem im Zweiten →Weltkrieg die erste Atombombe eingesetzt worden war, warnte Einstein zunehmend vor der Anwendung von Atomwaffen und mahnte zum Frieden.

Einzeller
Als Einzeller bezeichnet man alle Lebewesen, die nur aus einer →Zelle bestehen, wie zum Beispiel →Bakterien oder →Algen. Sie sind so klein, dass man sie nur unter dem →Mikroskop erkennen kann.

Eis
Bei einer Temperatur von null Grad Celsius und weniger gefriert Wasser zu Eis. Es besteht aus kleinen →Kristallen. Eis ist leichter als Wasser und schwimmt daher auf dem Wasser. Wasser dehnt sich aus, wenn es gefriert. Verschließt man ein Gefäß, das randvoll mit Wasser gefüllt ist, und lässt das Wasser gefrieren, sprengt das Eis das Gefäß.

Eisberg
Die Eisberge schwimmen im Meer, da →Eis leichter ist als Wasser. Man findet sie vor allem in der →Arktis und der →Antarktis. Eisberge sind eigentlich Teile von →Gletschern, die ins Meer ragen. Vom Rand des Gletschers brechen immer wieder große Eismassen ab, die dann aufs Meer hinaustreiben. Für die Schifffahrt sind Eisberge deshalb gefährlich, weil sie ständig ihre Position verändern und nur etwa ein Siebtel des gesamten Berges aus dem Wasser herausragt. Der Rest befindet sich unter der Wasseroberfläche. Ihre wirkliche Größe ist somit sehr schwer festzustellen und wird, gerade bei schlechten Sichtverhältnissen, oft unterschätzt. Damit wächst die Gefahr, mit dem Schiff auf einen Eisberg aufzulaufen. In den gefährdeten Gebieten wurde deshalb ein Warndienst eingerichtet, der den Schiffen sofort meldet, wenn ein Eisberg gesichtet wird.

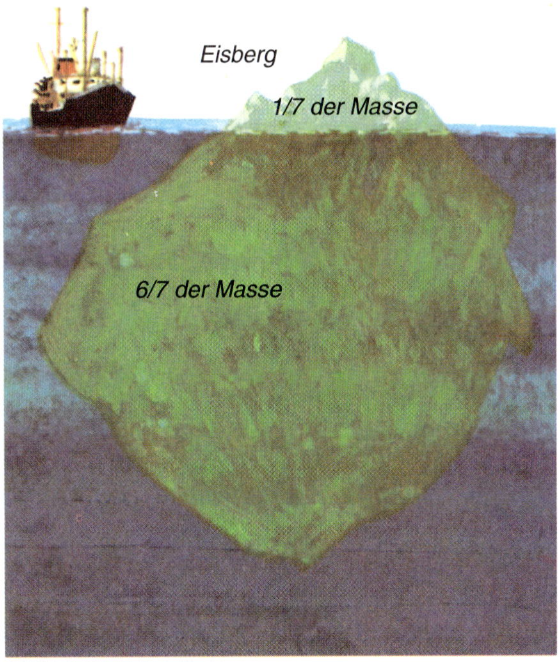

Eisen
Das →Metall Eisen ist silbrig weiß und ziemlich weich. Wird Eisen feucht, bildet sich an der Oberfläche eine rötliche Rostschicht. Eisen kommt nur im Eisenerz vor. Aus diesen →Erzen wird in Hochöfen das Roheisen gewonnen. Das lässt sich allerdings kaum bearbeiten, da es viel →Kohlenstoff enthält und dadurch sehr leicht bricht. Entzieht man dem Eisen den Kohlenstoff, kann man es schmieden. Man spricht dann von Stahl. Stahl wird für die Herstellung von Maschinen, Werkzeugen, Schiffen, Schienen und Ähnlichem verwendet.
Der Mensch kennt Eisen schon sehr lange. Schon im 4. Jahrtausend v. Chr. wurde in Ägypten Eisen benutzt. In Mitteleuropa beginnt die Eisenzeit im 9. Jahrhundert v. Chr. Als Eisenzeit bezeichnet man den Zeitraum, in dem zur Herstellung von Waffen und Geräten hauptsächlich Eisen verwendet wurde. Das Eisen löste als Material die →Bronze ab.

Eisenbahn
Eine Eisenbahn ist eigentlich nur ein Wagen oder ein aus mehreren Wagen bestehender Zug, der sich auf Schienen vorwärts bewegt. Auf Schienen lassen sich Wagen leichter bewegen als auf einer Straße. Schon im 16. Jahrhundert gab es in Bergwerken Schienen, auf denen Menschen oder Pferde Wagen zogen.
Die erste Eisenbahn, die Personen und Güter beförderte, wurde 1795 in England eröffnet und von Pferden gezogen. Anfang des 19. Jahrhunderts wurde die Dampflokomotive entwickelt. Der englische →Ingenieur George Stephenson (1781–1848) baute 1825 und 1830 die ersten bedeutenden Eisenbahnlinien in England. Auch in Deutschland setzte sich die neue Technik bald durch. 1835 verkehrte die erste Dampfeisenbahn zwischen Nürnberg und Fürth. 1837 folgte dann die Strecke Leipzig – Dresden. Die Eisenbahn entwickelte sich bald zu einem wichtigen und schnellen Verkehrsmittel. Seit etwa 1910 erfolgte die Umstellung von Dampfantrieb auf elektrischen Antrieb. Die Dampflokomotive wurde zunehmend von Elektro- oder Diesellokomotiven ersetzt. Elektrolokomotiven erhalten den Strom über einen Bügel aus einer Oberleitung. Bei den Diesellokomotiven erzeugt ein Dieselmotor Strom, der den Zug vorantreibt. Weichen ermöglichen es den Zügen, von einem Gleis auf ein anderes zu wechseln. Entlang der Strecke gibt es Anlagen mit Form- oder Lichtsignalen, die dem Lokomotivpersonal Anweisungen für die Fahrt geben. Damit der Zugführer auf diese Signale vorbereitet ist und reagieren kann, gibt es vor dem eigentlichen Zeichen noch ein Vorsignal und verschiedene Ankündigungszeichen. In den Stellwerken werden die Weichen und Signale aus der Ferne gesteuert. Züge nehmen Personen oder Güter nur an den Bahnhöfen auf. Die Eisenbahn ist auch heute noch neben dem →Auto und dem →Flugzeug ein wichtiges Verkehrsmittel. Sie befördert einen Großteil der Güter und Lasten und ist nach wie vor ein beliebtes Reisemittel. Da mit relativ wenig →Energie sehr viele Personen oder Güter befördert werden können, ist die Eisenbahn auch ein umweltfreundliches Transportmittel.

Formsignale der Eisenbahn

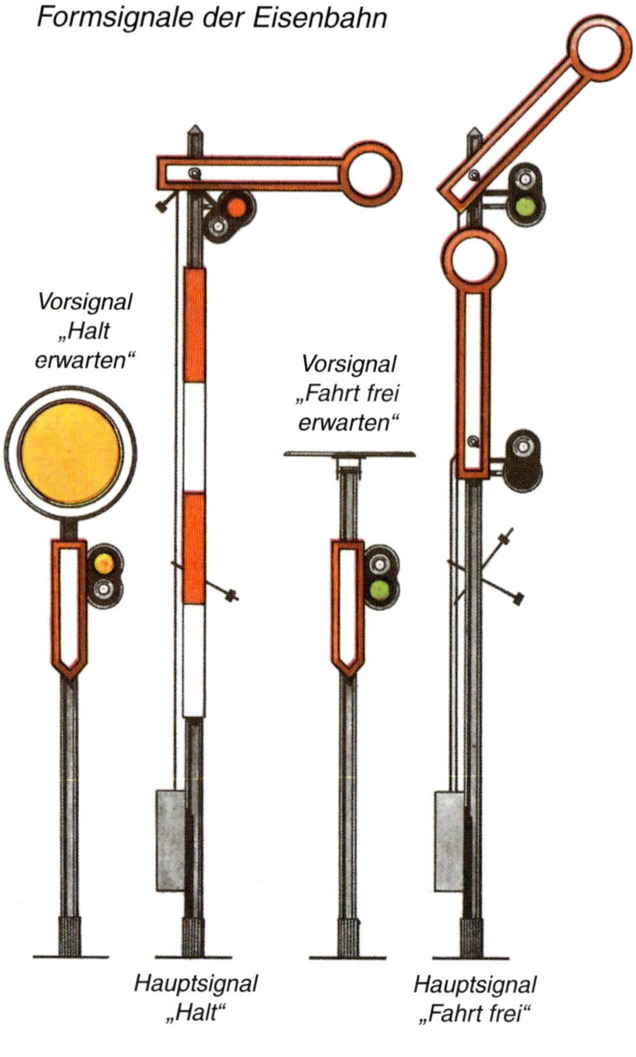

Eisenbahnen

Die erste Dampfeisenbahn in Deutschland, die Lokomotive „Adler“

Schnellzug-Schlepptenderlokomotive

Dampflokomotive

Ladungsverkehr der Deutschen Bahn AG

„Der Gläserne Zug“ – der elektrische Triebwagenzug erreicht eine Höchstgeschwindigkeit von 110 km/h.

Dieselelektrische Lokomotive

Elektrische Lokomotiven mit InterCity-Zügen im Bahnhof

InterCityExpress (ICE)

Eishockey
Die Sportart Eishockey wird auf einer 30 x 60 Meter großen Eisfläche gespielt. Alle Spieler tragen Schlittschuhe. Auf dem Eis befinden sich zwei Mannschaften mit je sechs Spielern. Das Ziel des Spieles besteht darin, eine Hartgummischeibe, den Puck, mit einem Schläger in das gegnerische Tor zu befördern. Ein Spiel dauert dreimal 20 Minuten, gewonnen hat die Mannschaft, die in dieser Zeit die meisten Tore erzielt hat. Die Spieler tragen gut gepolsterte Schutzkleidung und Helme, damit sie sich beim Spielen nicht verletzen.

Beim Eishockey geht es oft hart zu. Der Schiedsrichter (links im Hintergrund) achtet darauf, dass die Spielregeln eingehalten werden.

Eislauf
Es gibt verschiedene Sportarten, bei denen die Sportler mit Schlittschuhen auf einer Eisfläche laufen. Dazu gehört zum einen →Eishockey, außerdem Eiskunstlauf, Eistanz und Eisschnelllauf. Beim Eisschnelllauf müssen die Läufer eine bestimmte Strecke in möglichst kurzer Zeit zurücklegen. Meist laufen zwei Sportler gegeneinander. Die Ergebnisse aller Wettkampfteilnehmer werden dann verglichen.
Beim Eiskunstlauf gibt es Wettkämpfe für einzelne Läufer und für Paare. In beiden Fällen müssen die Läufer jeweils ein Pflichtprogramm und ein Kürlaufen bewältigen. Im Pflichtprogramm müssen vorgeschriebene Figuren gefahren werden, die Ausführung wird benotet. Die Kür kann jeder Sportler zusammen mit seinem Trainer selbst gestalten: Er sucht die Musik aus und überlegt die Figuren. Eine Kür wird nach Ausdruck, Schwierigkeitsgrad und Ausführung bewertet.
Beim Eistanz gibt es lediglich den Paarlauf. Die Läufer zeigen einen Pflichttanz und die Kür. Während des Tanzes bleibt das Paar die meiste Zeit in Berührung.

Eiszeit
In der Entwicklungsgeschichte der Erde gab es immer wieder Eiszeiten. Dabei kühlte die Temperatur auf der Erde so ab, dass große Regionen mit einer dicken Eisschicht überzogen waren. Die höher gelegenen Gebiete und die gesamte nördliche Welthalbkugel vereisten. In Europa reichte das Eis von Skandinavien bis ans deutsche Mittelgebirge. Die →Alpen waren eisbedeckt. Durch die Kraft des Eises und das Schmelzwasser haben sich ganze Landschaften verändert oder neu gebildet.
Zwischen den Eiszeiten lagen Zeiträume, in denen die Temperaturen wieder anstiegen und das Eis schmolz.

Eiweiß
In jedem Lebewesen kommen Eiweiße vor. Sie sind ein wichtiger Bestandteil der →Zellen. Da im Körper immer wieder neue Zellen aufgebaut werden, muss der Mensch mit seiner Nahrung genügend Eiweiß aufnehmen. Gerade in der Zeit des Wachstums benötigen Kinder sehr viel Eiweiß. Man unterscheidet zwischen tierischem und pflanzlichem Eiweiß. Tierisches Eiweiß findet man in Milchprodukten, Fisch, Fleisch oder Eiern. Pflanzliches Eiweiß kommt vor allem in Hülsenfrüchten vor.

Elastizität
Wird ein Gegenstand oder ein Stoff durch Drücken, Ziehen oder einen Stoß verformt und kehrt dann wieder in seine ursprüngliche Gestalt zurück, besitzt er eine Eigenschaft, die man Elastizität nennt. Ein elastischer Stoff ist beispielsweise →Gummi.

Elefanten
Die Pflanzen fressenden Elefanten sind die größten Landtiere der Gegenwart. Sie haben einen langen Rüssel, große Ohren, zwei Stoßzähne im Oberkiefer und eine graue, raue Haut. Mit ihrem Rüssel heben sie Nahrung vom Boden auf oder holen sie sich aus Bäumen. Außerdem können sie damit Wasser aufsaugen und es dann zum Mund führen oder als Erfrischung über ihren Körper spritzen. Obwohl Elefanten sehr

schwer sind und plump wirken, haben sie einen überraschend leisen und federnden Gang. Sie können auch ziemlich schnell laufen. Werden sie wütend, stellen sie die Ohren auf, „trompeten“ laut und gehen auf den Angreifer los. Elefanten leben in Herden zusammen und sind eher scheue Tiere. Der Mensch benützt sie als Lastenträger und in

einigen Gebieten als Reittier. Man unterscheidet zwei Arten, den afrikanischen und den indischen Elefanten. Die afrikanische Art ist größer und hat auch größere Ohren, ein Tier kann bis zu 7000 Kilogramm wiegen. Elefanten sind →Säugetiere, ihre Jungen ernähren sich etwa zwei Jahre lang von Muttermilch. Sie werden etwa so alt wie ein Mensch. Da die Stoßzähne der Elefanten aus Elfenbein bestehen und dies ein kostbares und begehrtes Material ist, werden Elefanten oft nur wegen ihrer Zähne erlegt. In manchen Gebieten sind sie deswegen schon selten geworden. Obwohl die Jagd und der Handel mit Stoßzähnen verboten ist, gibt es leider immer noch Wilderer, die Elefanten töten.

Elektrizität
Die Elektrizität ist eigentlich eine Naturerscheinung. Am deutlichsten sehen kann man sie bei einem →Gewitter. Bildet sich zwischen Erde und Wolken eine starke, elektrische Spannung, entlädt sie sich als →Blitz. Sprechen wir von Elektrizität, meinen wir jedoch meist den elektrischen Strom, der in →Kraftwerken erzeugt wird und von dort über Leitungen in jeden Haushalt und in die Fabriken gebracht wird. Strom fließt, wenn sich winzig kleine Teilchen, die →Elektronen, in einem →Kabel oder einem anderen Leiter bewegen. Die Kraft, die diesen Stromfluss bewirkt, nennt man Spannung. Sie wird in Volt (V) gemessen. Der Strom, der aus den Kraftwerken kommt, hat eine sehr große Spannung und wird für den Transport über Freileitungen auf 380.000 V gebracht. Diese Spannung ist für den Menschen tödlich. In Transformatoren wird die Spannung dann auf 230 V verringert, so kommt der Strom in den Steckdosen zu Hause an.
Unser tägliches Leben ist ohne Strom kaum mehr vorstellbar. Viele Haushaltsgeräte, Radios, Computer und natürlich unser elektrisches Licht brauchen Strom, um zu funktionieren. Schaltet man ein Gerät oder einen Schalter ein, wird ein Stromkreis geschlossen und der Strom fließt durch das Gerät. Dort wird er dann in Licht, Wärme, Bewegung oder →Schall verwandelt. Die Stärke des elektrischen Stroms wird in Ampere oder abgekürzt A gemessen. Strom ist für den Menschen sehr nützlich und unterstützt ihn bei vielen Arbeiten, er ist allerdings auch sehr gefährlich. Der Strom aus der Steckdose kann bei unsachgemäßer Handhabung zu Verletzungen oder sogar zum Tod führen. Man muss daher im Umgang mit Strom und elektrischen Geräten sehr vorsichtig sein.

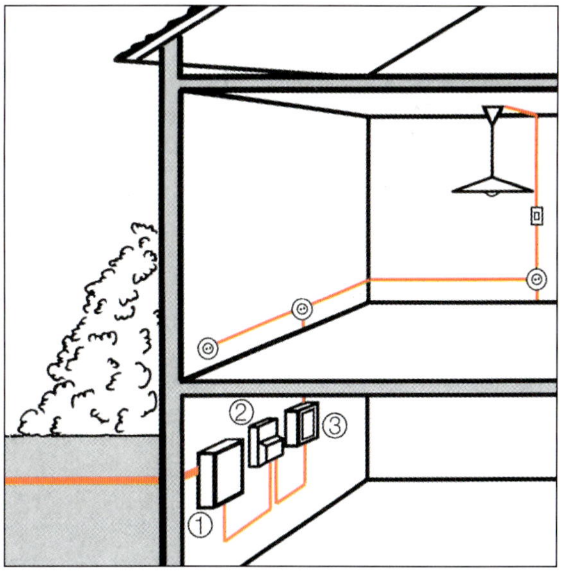

Vom Kraftwerk gelangt der Strom ins Haus, dort befindet sich ein Hausanschlusskasten ①. Von diesem führt eine Leitung zum Zähler ②, der den Verbrauch misst, und dann weiter zum Sicherungskasten ③, der bei Überlastung z. B. einen Geräteschaden verhindert. Weitere Leitungen schaffen einen Stromanschluss zu Steckdosen in allen Räumen.

Elektrizitätswerk →Kraftwerk

Elektromotor
Ein Elektromotor verwandelt elektrische →Energie in Bewegung. Fließt Strom, wird ein bewegliches Teil durch ein Magnetfeld in Drehung versetzt. Einfache Elektromotoren bestehen aus einer Drahtspule, die zwischen den Polen eines →Magneten liegt. Fließt Strom durch die Spule, wird sie selbst zu einem Magneten mit einem Nord- und einem Südpol. Da sich gleiche Pole abstoßen und ungleiche anziehen, bewegt sich die Spule im Magneten so weit, bis der Nordpol der Spule dem Südpol des Magneten gegenüberliegt. Verändert man nun die Richtung, in der der Strom durch die Spule fließt, verändern sich auch die Pole: Die Spule dreht sich somit weiter. Elektromotoren treiben viele Haushaltsgeräte an.

Elektron
Ein Elektron ist ein winziges, negativ geladenes Teilchen. Es ist ein Träger des elektrischen Stroms. Bewegen sich Elektronen durch ein →Kabel oder einen anderen Leiter, zum Beispiel →Metall, fließt Strom.
Jedes Ding auf der Welt ist aus →Atomen zusammengesetzt und jedes Atom besteht aus Protonen, Neutronen und Elektronen.

Sauerstoff z. B. besteht aus acht Protonen, acht Neutronen und acht Elektronen. Die Elektronen umkreisen den Atomkern. Die Kraft zwischen dem positiv geladenen Kern und den negativ geladenen Elektronen verhindert, dass die Elektronen nach außen weggeschleudert werden.

Elektronik
Die Elektronik ist ein Teilgebiet der Elektrotechnik. Sie beschäftigt sich hauptsächlich mit elektrischen Stromkreisen und Schaltungen. Die Elektronik entwickelt und nutzt elektronische Bauteile, die den Strom, der durch sie fließt, steuern und verändern. Diese Bauteile, zum Beispiel →Chips, sind sehr klein. In Fernsehern, Computern, Radios und vielen anderen Geräten sind unzählige dieser Bauteile enthalten. Der elektrische Strom, der in die Geräte fließt, durchströmt auch die Bauteile. Durch die verschiedenen auf ihnen angebrachten Schaltungen und Stromkreise wird der Strom gesteuert und verändert. Das führt dann dazu, dass die elektrischen Geräte funktionieren.

Element
Ein Element ist eigentlich ein Bestandteil eines Ganzen. Ein Haus setzt sich beispielsweise aus verschiedenen Elementen zusammen: Dach, Wände, Fenster etc.
In der →Chemie sind die Elemente die Grundstoffe, die chemisch nicht mehr weiter zerlegt werden können. Derzeit sind 109 Elemente bekannt. Die meisten kommen in der Natur vor, einige sind aber auch künstlich von Wissenschaftlern hergestellt worden. Elemente lassen sich in →Metalle und Nichtmetalle einteilen. Die so genannten Naturphilosophen beschäftigten sich ursprünglich mit den Überlegungen, woraus die Erde und alle Dinge beschaffen sind. Die einfachsten Bestandteile, aus denen alles zusammengesetzt ist bzw. in das alles sich wieder verwandelt, nannte man Elemente. Zur Zeit der alten Griechen waren einige Philosophen der Meinung, dass alles aus den Elementen Feuer, Wasser, Luft und Erde besteht.

Elfenbeinküste →Côte d'Ivoire

El Salvador

Kontinent:	Amerika
Fläche:	21.041 km^2
Einwohner:	5.641.000
Hauptstadt:	San Salvador
Amtssprache:	Spanisch
Währung:	El-Salvador-Colón

El Salvador liegt in Mittelamerika am Pazifischen Ozean und grenzt an Honduras und Guatemala. Es ist das kleinste Land Mittelamerikas. Im Landesinneren ist El Salvador sehr fruchtbar, über die Hälfte des Landes wird landwirtschaftlich genutzt. Angebaut wird vor allem Kaffee, →Bodenschätze sind kaum vorhanden.
Von 1524 bis 1821 war El Salvador spanisch, danach gehörte es zur Zentralamerikanischen Konföderation. Nach deren Scheitern ist es seit 1841 selbstständige →Republik. Infolge von Machtkämpfen zwischen verschiedenen politischen Gruppen kam es 1980 zu einem Bürgerkrieg, der erst 1992 beendet werden konnte.

Ellipse

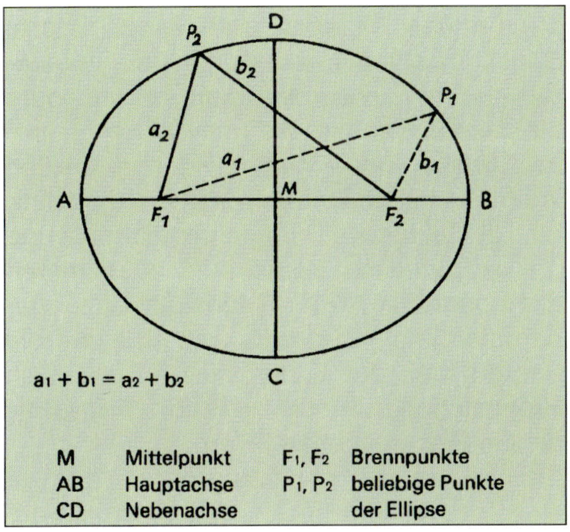

Die Ellipse ist eine ebene Figur, die ähnlich wie der →Kreis durch eine gebogene Linie begrenzt ist. Bei der Ellipse unterscheidet man einen großen Durchmesser, die Hauptachse, und einen kleinen Durchmesser, die Nebenachse. Die Ellipse hat vier Scheitel, zwei Haupt- und zwei Nebenscheitel. Es gibt in der Ellipse zwei ausgezeichnete Punkte, die Brennpunkte. Diese liegen auf der Hauptachse und sind vom Mittelpunkt gleich weit entfernt. Für jeden Randpunkt P der Ellipse ist die Summe der Entfernungen PF_1 und PF_2 von den Brennpunkten F_1 und F_2 konstant, stets ist $a_2 + b_2 = a_1 + b_1$.
Auf Ellipsenbahnen bewegen sich alle →Planeten um die Sonne. Sie steht in einem Brennpunkt dieser Ellipsen: Die Erde ist daher von der Sonne einmal mehr und einmal weniger weit entfernt.

Emanzipation

Eine Emanzipation ist ganz allgemein die Befreiung aus einem Abhängigkeitsverhältnis. Als die Arbeiter sich im 19. Jahrhundert zusammenschlossen und gemeinsam begannen, gegen die Unterdrückung durch ihre Arbeitgeber und die schlechten Lebens- und Arbeitsbedingungen zu protestieren, emanzipierten sie sich. Heute denkt man bei diesem Begriff vor allem an die Versuche der Frauen, im Privatbereich, in der →Gesellschaft, im Berufsleben und in der →Politik durchzusetzen, dass sie die gleichen Rechte wie die Männer erhalten. Obwohl diese Bestrebungen, um die sich gerade die →Frauenbewegung verdient gemacht hat, schon sehr erfolgreich waren, gibt es immer noch Bereiche, in denen Frauen und Männer nicht gleichgestellt sind.

Embryo

Wird ein →Ei durch eine männliche Samenzelle befruchtet, beginnt es sich zu teilen. Daraus entsteht der Embryo, die Leibesfrucht. Der Embryo wächst im Körper der Mutter oder in einer Eierschale langsam heran und entwickelt sich zu einem neuen Lebewesen. Beim Menschen nennt man den Embryo nach dem dritten Monat, wenn alle →Organe angelegt sind und er nur noch wachsen muss, Fetus oder Fötus.

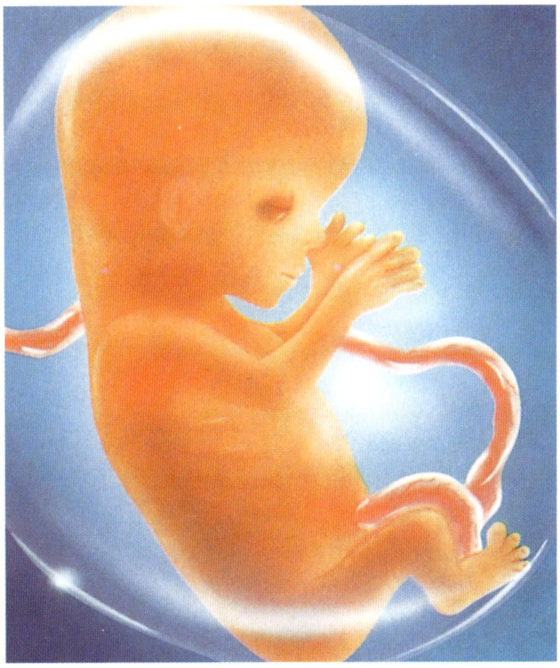

Mit zwei Monaten sieht der Embryo schon aus wie ein winziges Baby.

Empfängnisverhütung

Ab der →Pubertät reift bei jeder Frau alle 28 Tage ein →Ei in einem Eierstock heran. Hat die Frau zu dieser Zeit Geschlechtsverkehr mit einem Mann, wird das Ei durch den männlichen →Samen befruchtet. Es kommt zu einer →Schwangerschaft und nach neun Monaten zur →Geburt eines Kindes. Wollen ein Mann und eine Frau →Geschlechtsverkehr miteinander haben, ohne dabei ein Kind zu zeugen, müssen sie verhüten. Es gibt viele verschiedene Wege und Mittel zur Empfängnisverhütung. Die natürlichste, aber oft nicht sehr zuverlässige Methode besteht darin, die fruchtbaren Tage der Frau zum Beispiel durch tägliches Temperaturmessen zu bestimmen und an diesen Tagen Geschlechtsverkehr zu unterlassen. Andere weit verbreitete und sichere Verhütungsmittel sind die Antibabypille und das →Kondom.

Energie

In der →Physik bezeichnet man die Fähigkeit Arbeit zu verrichten als Energie. Dabei unterscheidet man verschiedene Arten von Energie, z. B. die mechanische Energie, die Wärmeenergie, die elektrische Energie, die chemische Energie, die physikalische Energie (→Kernenergie). Die mechanische Energie lässt sich weiter unterteilen in potenzielle Energie oder Lageenergie, kinetische Energie oder Bewegungsenergie und andere. Die potenzielle Energie beschreibt die Höhenlage eines Körpers. Fällt z. B. eine Vase vom Tisch, verliert die Vase dadurch ihre potenzielle Energie, diese wird in Bewegungsenergie umgewandelt. Die kinetische Energie ist die Arbeit, die nötig ist, um einen Körper zu beschleunigen: Spannt man beispielsweise eine Steinschleuder, steckt in ihr Spannungsenergie. Lässt man los, verwandelt sich diese in Bewegungsenergie.

Die verschiedenen Energieformen kann man ineinander umwandeln. Fließendes Wasser treibt zum Beispiel eine →Turbine an, diese einen →Generator, der elektrischen Strom erzeugt. Dieser Strom gelangt dann mittels Freileitungen und →Kabel in ein Haus und erwärmt dort z. B. ein Bügeleisen. Die mechanische Energie des Wassers wird somit in elektrische Energie und diese wieder in Wärmeenergie umgewandelt.

Elektrische Energie kann aus verschiedenen Quellen gewonnen werden: durch die Verbrennung von Brennstoffen und die Umwandlung von Wärmeenergie oder die Ausnutzung von Bewegungsenergie, die strömendes Wasser und Wind liefern. Spricht man von erneuerbaren oder regenerativen Energien, meint man Wärme- oder elektrische Energie, die mithilfe von →Sonne, Wasser und Wind gewonnen werden kann. Sie hat den Vorteil, dass die Umwandlung in elektrische Energie ungefährlich und umweltfreundlich ist und ihr Vorkommen nicht begrenzt ist. Im Gegensatz dazu stehen die Gefahren der Kernenergie und die Begrenztheit der Vorkommen von fossilen Brennstoffen (→Kohle, →Erdöl, →Erdgas), die die Wärmeenergie liefern.

Energie kann nicht erzeugt, sondern nur von einer Energieform in die andere umgewandelt werden. Die Summe aller Umwandlungen ist stets gleich, d. h. Energie geht nicht verloren. Die Energiequellen Kohle, Erdöl oder Erdgas können aber nur einmal genutzt werden, sie sind begrenzt. Es ist also wichtig, möglichst sparsam mit Energie umzugehen und keine Energieträger zu verschwenden.

Energie sparen

Einkaufstasche statt Plastiktüte

Fahrrad fahren statt Auto fahren

Mehrwegbehälter statt Einwegbehälter

Engels, Friedrich
Der Deutsche Friedrich Engels (28.11. 1820–5.8.1895) wuchs als Sohn eines Spinnereibesitzers auf. Bei einem Aufenthalt in England lernte er die Lage der Arbeiter, ihre schlechten Lebens- und Arbeitsbedingungen kennen. Das brachte ihn dazu, sich für eine Verbesserung und Veränderung einzusetzen. 1845 schrieb er ein Buch über die „Lage der arbeitenden Klassen in England". Darin brachte er seine Meinung zum Ausdruck, dass sich die Arbeiter nur aus eigener Kraft aus der Unterdrückung und von der Ausbeutung befreien können. 1844 begegnete er Karl →Marx. Gemeinsam versuchten sie die Ursachen der Not unter den Menschen und insbesondere innerhalb der Arbeiterschaft zu ergründen und Wege zur Veränderung aufzuzeigen. Ihr Ziel bestand darin, eine soziale →Revolution herbeizuführen, die eine bessere Zukunft mit einer →Gesellschaft ohne Klassenunterschiede ermöglichen sollte.

1847 entstand in Zusammenarbeit mit Marx das Kommunistische Manifest, ein Buch, in dem die wichtigsten Grundlagen und Zielsetzungen der Sozialisten festgelegt waren. Daneben verfasste Engels viele andere Bücher und Schriften, die zur Vertiefung und Ausbreitung seiner Ideen und des Marxismus führten.

England →Großbritannien

Enten
Die Enten sind Wasservögel. An den Füßen haben sie zwischen den Zehen Schwimmhäute. Sie können dadurch sehr gut

Stockente

schwimmen, an Land watscheln sie dagegen etwas schwerfällig. Am Schwanz besitzen die Enten eine →Drüse, die Fett erzeugt. Mit ihrem Schnabel können sie damit ihre Federn einfetten. Das Gefieder wird dadurch Wasser abweisend, die Tiere frieren nicht. Nach der Art, wie die Enten sich im Wasser verhalten und ihre Nahrung suchen, unterscheidet man zwei Gruppen.

Reiherente

Die Schwimmenten, z. B. Stockenten oder Pfeifenten, suchen ihre Nahrung an der Wasseroberfläche oder sieben mit ihrem Schnabel den schlammigen Gewässerboden durch. Dabei tauchen sie nur mit dem Kopf in das Wasser, der Schwanz wird in die Luft gereckt. Essbares bleibt im Schnabel hängen, der Rest fließt wieder heraus. Diese Art der Nahrungssuche und -aufnahme nennt man Gründeln. Die andere Gruppe sind die Tauchenten, wie zum Beispiel

Reiherente oder Tafelente. Sie tauchen wirklich unter Wasser und suchen auch in größeren Tiefen nach Nahrung.
In unseren Gebieten sind die Stockenten weit verbreitet. Die Männchen tragen die meiste Zeit des Jahres ein buntes Gefieder. Ihr Kopf ist metallisch grün gefärbt. Die Weibchen dagegen sind unauffällig braun, das hilft ihnen beim Brüten unentdeckt zu bleiben.

Entwicklungshilfe
Wenn reiche Länder oder Hilfsorganisationen →Entwicklungsländer unterstützen, spricht man von Entwicklungshilfe. Diese Hilfe kann ganz unterschiedlich aussehen. So können technische Geräte zur Verfügung gestellt oder Fachleute geschickt werden, die den Einheimischen beratend zur Seite stehen. Wichtig ist auch die Förderung der Schul- und Weiterbildung. Natürlich gibt es auch direkte Unterstützung, wie Geldspenden, günstige Kredite oder Spenden von Nahrungsmitteln oder →Medikamenten.
Als Entwicklungshilfe bezeichnet man es auch, wenn den Ländern beim Aufbau und der Durchführung des Handels mit anderen Staaten geholfen wird. Das Ziel der Entwicklungshilfe besteht darin, die →Wirtschaft der Länder anzukurbeln, die Lebensbedingungen der Menschen zu verbessern und die Staaten von fremder Hilfe unabhängig zu machen. Am wichtigsten und erfolgreichsten sind sicherlich die Maßnahmen, die darauf ausgerichtet sind, den Menschen auf Dauer zu helfen. Damit sind Projekte gemeint, die der Bevölkerung mehr Bildung oder auch Arbeitsplätze verschaffen und somit dazu beitragen, dass sich das Land aus eigener Kraft verändert.

Entwicklungsländer
In vielen Ländern dieser Erde leben Teile der Bevölkerung in Armut, sie können weder lesen noch schreiben und haben Schwierigkeiten bei Krankheiten medizinisch versorgt zu werden. Auch die →Wirtschaft und →Technik sind in diesen Ländern bei weitem nicht so entwickelt, wie wir es aus reichen Industriestaaten, wie zum Beispiel Deutschland, kennen. Diese Länder nennt man Entwicklungsländer. Sie befinden sich hauptsächlich in Asien, Afrika und Südamerika. Sehr oft sind die Entwicklungsländer auf Hilfe aus dem Ausland angewiesen, um die Not der Bevölkerung etwas lindern zu können. Wichtig ist dabei, eine sinnvolle →Entwicklungshilfe zu leisten.

Epidemie
Von einer Epidemie oder Seuche spricht man, wenn plötzlich eine große Gruppe von Menschen oder Tieren an der gleichen Infektionskrankheit erkrankt. Epidemien, wie →Pest, Cholera, aber auch →Grippe, sind in der Vergangenheit immer wieder aufgetreten und haben zum Teil sehr viele Menschenleben gefordert.

Epoche
Als Epoche bezeichnet man einen Zeitabschnitt in der Geschichte. Eine Epoche grenzt sich von der nächsten durch einschneidende Veränderungen ab. In der →Kunst sind die einzelnen Epochen durch die verschiedenen Stilrichtungen, z. B. →Barock oder →Klassizismus, bestimmt.

Erdbeben
Erschütterungen des Erdbodens, die aus der Tiefe der →Erde kommen, bezeichnet man als Erdbeben. Sie entstehen manchmal durch den Ausbruch von →Vulkanen oder den Einsturz von unterirdischen Höhlen. Sie sind dann in der Regel sehr schwach. Die meisten Erdbeben werden allerdings durch den Ausgleich von Spannungen in der Erdkruste ausgelöst. Die harte Erdkruste, auf der der Mensch lebt, besteht aus riesigen Bruchstücken. Darunter

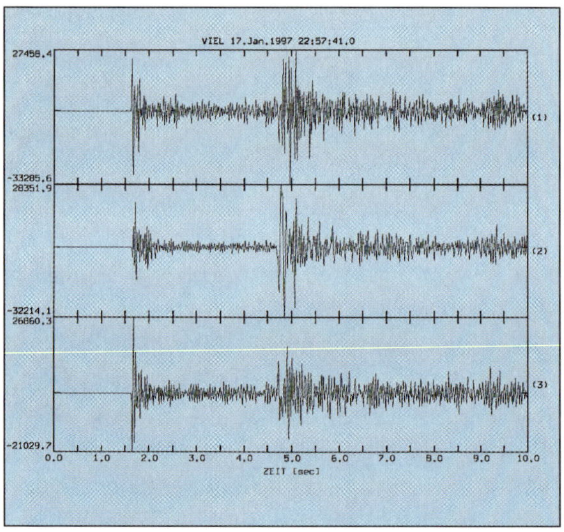

Aufzeichnung eines Erdbebens im Vogtland von einem Seismografen

liegt heißes, halb geschmolzenes →Gestein. Die Erdkruste schwimmt also auf dieser Masse, wobei sich die einzelnen Stücke aufeinander zu- oder voneinander wegbewegen. Dabei entstehen Spannungen, die das Gestein verformen. Erdbeben entstehen, wenn das gespannte Gestein bricht.
Erdbeben ereignen sich sehr oft, die meisten sind allerdings so schwach, dass man sie nicht spürt. Nur auf den Seismografen, den Messgeräten der Wissenschaftler, die sich mit Beben beschäftigen, kann man sie feststellen. Sehr starke Erdbeben sind eher selten, sie können aber schwere Schäden anrichten: Häuser stürzen ein, im Boden bilden sich Spalten. Sehr gefährlich sind auch Beben unter dem Meeresboden, da sie riesige Wellen erzeugen, die die Küsten überschwemmen.
Die Stärke der Beben wird auf der Richter-Skala angegeben. Das bisher stärkste registrierte Beben hatte den Wert 8,7. Die Stelle der Erde, die direkt über dem Erdbebenherd liegt, heißt Epizentrum. Von dort breiten sich die Erschütterungen, die durch das Beben hervorgerufen werden, in Wellen aus. Je nach Stärke kann man es oft noch in großen Entfernungen spüren.

Erde
Die Erde ist ein →Planet. Sie umkreist die →Sonne in etwas mehr als 365 Tagen. Der Abstand zwischen Erde und Sonne beträgt im Durchschnitt 149.600.000 Kilometer. In 24 Stunden dreht sich die Erde einmal um sich selbst. Wir erleben dies auf der Erde als Wechsel von Tag und Nacht.
Die Erdachse, die Linie zwischen Süd- und Nordpol, steht nicht ganz senkrecht auf der Erdbahn um die Sonne, sondern ist etwas geneigt. Dadurch entstehen die →Jahreszeiten. Ein halbes Jahr lang neigt sich der Nordpol etwas der Sonne zu, dort ist dann Sommer, das nächste halbe Jahr erhält der Südpol mehr Sonne. So wechseln sich an den →Polen und auf den jeweiligen Erdhalbkugeln die wärmeren und kälteren Zeiten ab. An den Polen treffen die Strahlen der Sonne immer schräg auf, das bedeutet, dass es dort das ganze Jahr, auch im Sommer, grundsätzlich kühler ist. Am →Äquator dagegen stehen die Strahlen fast senkrecht, es ist dort also immer ziemlich warm.
Die Erde ist nicht ganz rund, sondern an den Polen etwas abgeflacht. Der Umfang beträgt am Äquator 40.077 Kilometer. Die Erdoberfläche ist 510.100.000 km^2 groß. Davon sind 148.100.000 km^2 (29 Prozent) Land und 362.000.000 km^2 (71 Prozent) Meer. Auf einem →Globus kann man sehr gut erkennen, wie viel Wasserfläche die Erdoberfläche aufweist.
Die Erde ist aus verschiedenen Schichten aufgebaut. Sie besteht aus dem inneren und dem äußeren Kern, dem Erdmantel und der Erdkruste. Die Erdkruste ist die äußere, ziemlich dünne, harte Schale. Sie ist etwa 30 Kilometer dick, unter den Meeren zum Teil aber auch nur fünf Kilometer. Darunter kommt der Erdmantel, der aus heißem, halb geschmolzenem →Gestein besteht. Der Erdkern setzt sich aus festem oder flüssigem →Eisen und Nickel zusammen. Es herrschen dort sehr hohe Temperaturen vor. Die Erde ist von einer Lufthülle umgeben, die man →Atmosphäre nennt.
→Erdzeitalter

Die Erde, der „Blaue Planet“

Erdgas
Eigentlich bezeichnet man als Erdgas alle →Gase, die in der Erde vorkommen. Meist meint man damit allerdings die brennbaren Gase, die oft dort zu finden sind, wo auch →Erdöl auftritt. Sie bestehen zum Großteil aus Methan. Erdgas erhält man durch Bohrungen in die Erde. Es wird zum Heizen und in der chemischen →Industrie verwendet.

Erdöl

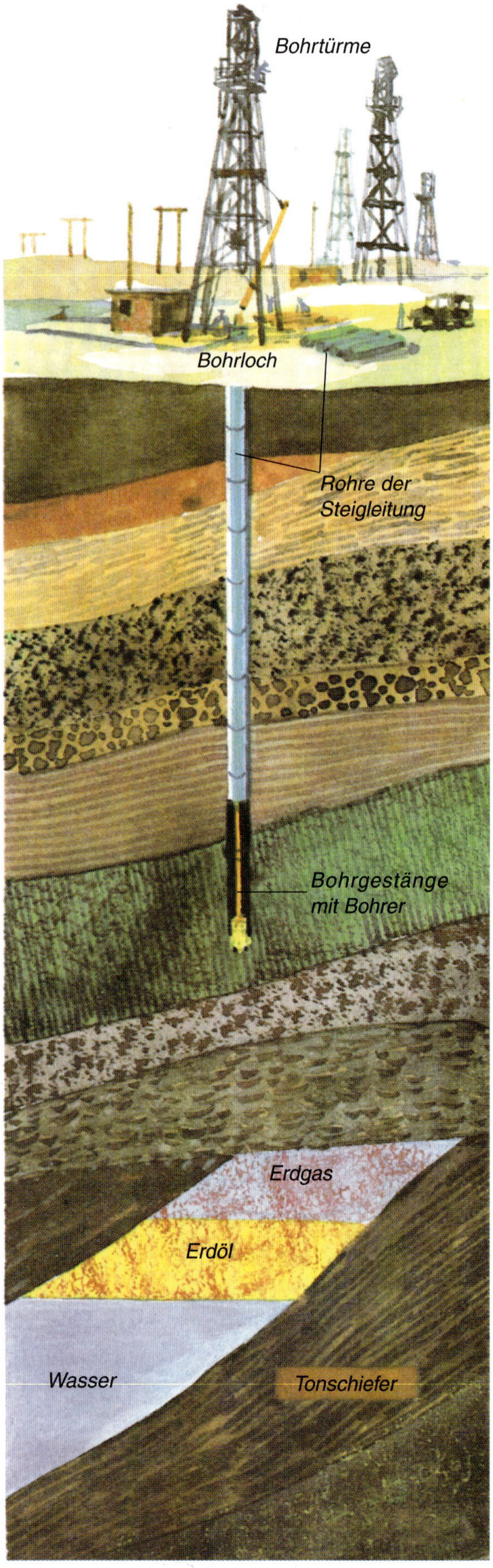

Schnitt durch eine Erdölbohrstelle

Aus Pflanzen und Tieren, die vor vielen Millionen Jahren gelebt haben, entsteht mit der Zeit Erdöl. Nachdem die Tiere und Pflanzen gestorben waren, wurden ihre Überreste durch Schlamm und →Gestein zugeschüttet und verwandelten sich allmählich durch Einwirken von →Bakterien, hohen Temperaturen und Druck in Erdöl.
Die Gesteinsschichten über dem Öl müssen so beschaffen sein, dass das Erdöl nicht von allein an die Oberfläche steigt und sich verliert. Hat man ein Erdölvorkommen gefunden, werden riesige Bohrer eingesetzt, die auf Bohrtürmen befestigt sind. Die Bohrer stoßen so tief in die Erde und durchbrechen das Gestein, bis das Erdöl an die Oberfläche quillt. Danach muss das Erdöl in Raffinerien gereinigt werden. Aus dem Rohöl stellt man dann →Benzin, Heizöle, Plastik oder andere →Kunststoffe her. Da die Erdölvorräte begrenzt sind, muss man sparsam mit ihnen umgehen.

Erdteil

Blickt man auf eine Weltkarte, kann man deutlich erkennen, dass große Teile der Erde zusammenhängende Landflächen bilden. Diese Flächen bezeichnet man als Erdteile oder Kontinente. Man unterscheidet →Europa, →Asien, →Afrika, →Amerika, die →Antarktis und →Australien mit Ozeanien. Europa und Asien werden wegen ihrer Lage manchmal zusammen als ein Erdteil betrachtet und als Eurasien bezeichnet. Aufgrund der geschichtlichen Bedeutung von Europa wird es aber meistens als eigenständiger Kontinent angesehen.
Karte siehe nächste Seite.

Erdzeitalter

Die →Erde hat sich vor ungefähr 4,6 Milliarden Jahren gebildet. Zu dieser Zeit war sie eine kochend heiße Masse, die für jegliche Form von Leben ungeeignet war. Die Erde musste erst langsam abkühlen, damit sich die Landschaften, die Ozeane und schließlich die ersten Lebensspuren bilden konnten. Vor 3,1 Milliarden Jahren entwickelten sich →Bakterien und einfache Blaualgen als erste Lebensformen. Daraus entstanden dann alle anderen Lebewesen und Pflanzen. Die ersten →Menschen lebten vor zwei Millionen Jahren auf der Erde. Die ganze Entwicklung der Erde ist ein

Erdteile

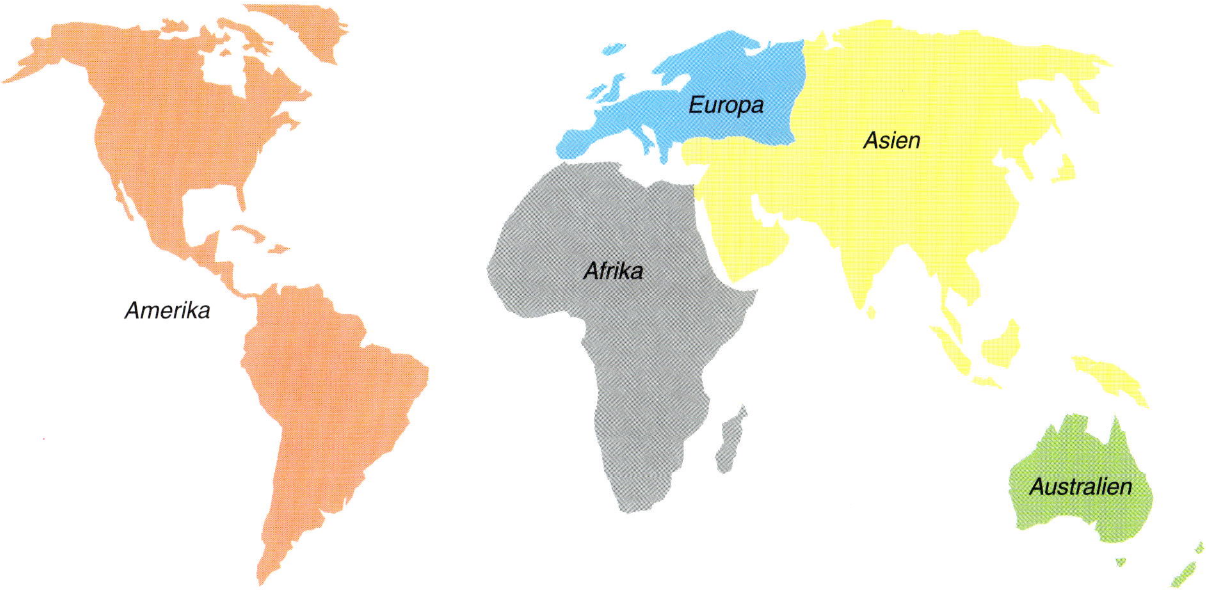

unglaublich langer Prozess, der von Wissenschaftlern in verschiedene Zeiträume, die Erdzeitalter, eingeteilt wird. In der Zeit des Präkambriums, also von der Entstehung der Erde bis vor 570 Millionen Jahren, entstanden die ersten →Erdteile und die ersten, einfachen Lebensformen. Die Zeit von vor 570 bis 245 Millionen Jahren nennt man Erdaltertum oder Paläozoikum: →Vulkane waren sehr aktiv, die →Gebirge entstanden. Aus den einfachen Lebensformen bildeten sich weitere Lebewesen, zum Beispiel →Insekten, →Reptilien und viele verschiedene Pflanzenarten. Im Erdmittelalter oder Mesozoikum von vor 245 bis 65 Millionen Jahren tauchten die →Dinosaurier und die →Säugetiere auf. Die Erdneuzeit oder Känozoikum umfasst den Zeitraum von vor 65 Millionen Jahren bis zur Gegenwart. Es gab →Eiszeiten, die heutigen Landschaftsformen entstanden, der Mensch und die Tier- und Pflanzenarten, wie wir sie heute kennen, entwickelten sich. Diese vier Erdzeitalter lassen sich noch weiter in kleinere Zeitabschnitte unterteilen (siehe Tabelle). Aus dem →Gestein der Erde und aus →Versteinerungen können Wissenschaftler über die Entstehung und Entwicklung der Erde und der Lebewesen Rückschlüsse ziehen. *Schaubild siehe nächste Seite.*

	vor Millionen Jahren	**Zeitraum**	**Entwicklung des Lebens**
Erdneuzeit	2	Pleistozän	Menschen
	5	Pliozän	Rinder
	24	Miozän	Affen und Mäuse
	37	Oligozän	Hunde und Katzen
	58	Eozän	Pferde und Elefanten
	65	Paleozän	Säugetiere
Erdmittelalter	144	Kreide	Blumen; Dinosaurier sterben aus
	208	Jura	Herrschaft der Dinosaurier
	245	Trias	Dinosaurier und Säugetiere
Erdaltertum	286	Perm	einige Tiere sterben aus
	360	Karbon	Reptilien
	408	Devon	Amphibien und Insekten
	438	Silur	Landpflanzen
	505	Ordovizium	Seesterne und Korallen
	570	Kambrium	Fische und Schalentiere
Präkambrium	4600	Präkambrium	Leben im Meer beginnt

Entwicklung des Lebens auf der Erde
Die Erdzeitalter
Mammut
Mastodon
Urmensch
Moschus-
ochse
Urkamel
Säbelzahntiger
Brontops (Urnashorn)
Protylopus (Urhund)
Tetraclaenodon
Barylambda
Erdneuzeit
Flugsaurier
Allosaurier
Ankylosaurier
Stegosaurier
Dinosaurier
Panzerlurch
Plateosaurier
Erdmittelalter
Riesen-Muschelkrebs
Quastenflosser
Panzerfisch
Riesen-Nautilus
Schnecke
Riesen-Trilobit
See-Skorpion
Gliederfüßler
Ringelwurm
Trilobit
Armfüßler
Kiesel-
schwamm
Urschnecke
Erdaltertum

Erhard, Ludwig

Der deutsche Politiker Ludwig Erhard (4.2.1897–5.5.1977) ist vor allem durch seine Leistungen im wirtschaftlichen Bereich bekannt. Von 1945 bis 1946 war er bayerischer Wirtschaftsminister und von 1949 bis 1963 Bundeswirtschaftsminister. Gleichzeitig übte er von 1957 bis 1963 das Amt des Vizekanzlers und von 1963 bis 1966 in der Nachfolge Konrad →Adenauers das Amt des →Bundeskanzlers aus. Erhard gehörte der CDU an, deren Vorsitzender er auch von 1966 bis 1967 war.

Ludwig Erhard gilt als Mitbegründer der sozialen Marktwirtschaft, die den wirtschaftlichen Aufbau Deutschlands nach dem Zweiten →Weltkrieg stark gefördert hat. Marktwirtschaft heißt, dass der →Staat sich möglichst wenig in das Wirtschaftsleben eines Landes einmischt. Der →Markt regelt sich somit durch Angebot und Nachfrage selbst, es herrscht ein freier Wettbewerb. Der Einzelne kann frei handeln. Da hier die Leistung des Einzelnen gefordert ist, besteht die Gefahr, dass sozial Schwächere benachteiligt werden. Die soziale Marktwirtschaft versucht dem entgegenzusteuern, indem der Staat in die Sozialpolitik regelnd eingreift.

Eritrea

Der Staat Eritrea liegt im Osten Afrikas, er grenzt an das Rote Meer, Dschibuti, Äthiopien und den Sudan. Die Bevölkerung besteht aus verschiedenen Volksgruppen, sie betreibt

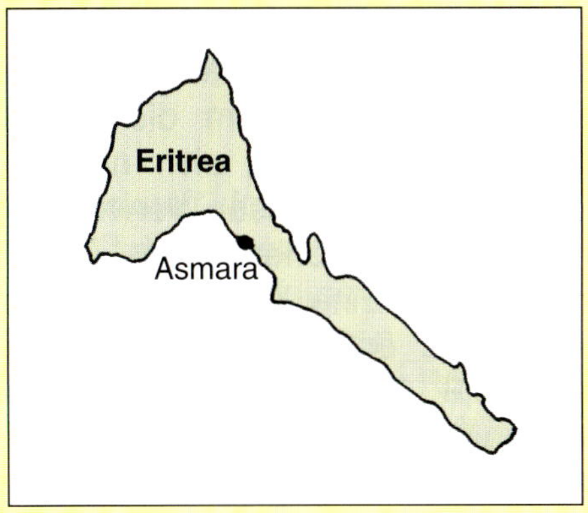

Kontinent:	Afrika
Fläche:	121.144 km^2
Einwohner:	3.779.000
Hauptstadt:	Asmara
Amtssprachen:	Arabisch Tigrinja
Währung:	Birr

zum überwiegenden Teil →Landwirtschaft. Seit 1890 war Eritrea italienische →Kolonie. Ab 1952 gehörte der Staat zu Äthiopien. Bestrebungen, die Unabhängigkeit zu erlangen, führten von 1962 bis 1991 zu einem Krieg mit Äthiopien. Seit 1993 ist Eritrea unabhängige →Republik.

Ernährung

Jedes Lebewesen muss Nahrung zu sich nehmen, damit es wachsen, sich entwickeln und überleben kann. →Pflanzen können die Nährstoffe, die sie brauchen, selbst herstellen, sie müssen dazu nur Wasser und →Kohlendioxid aufnehmen. Menschen und Tiere können dies nicht. Sie müssen über die Nahrung alle Nährstoffe zuführen. Die Nahrung wird im Körper verarbeitet, daraus erhält dieser die Energie, die er für Bewegungen, für die Abläufe im Körper und zum Halten der Körpertemperatur braucht. Nährstoffe helfen beim Erhalt und Aufbau von →Zellen: Das Wachstum des Menschen und die Erneuerung der Zellen sind dadurch gesichert.
Innerhalb der Tierwelt gibt es Arten, die nur Pflanzen zu sich nehmen, andere fressen nur Fleisch und wieder andere ernähren sich von beidem. Auch der Mensch benötigt gemischte Nahrung, also pflanzliche und tierische Kost. Eine gesunde Ernährung

noch Dänemark, Griechenland, Spanien, Finnland, Irland, Norwegen, Österreich, Portugal, Schweden und Großbritannien und Nordirland hinzu. Vor 1993 nannte man diesen Zusammenschluss Europäische Gemeinschaft oder EG, dann wurde er in EU umbenannt. Die Vereinbarungen, die innerhalb der EG getroffen worden waren, dienten als Basis für die EU. Seit 1967 gibt es einen gemeinsamen Ministerrat der Länder, der in Brüssel sitzt.

Evangelische Kirche →Kirche

Evangelium
Das Wort „Evangelium" kommt aus dem Griechischen und bedeutet eigentlich „frohe Botschaft". Damit ist die Lehre →Jesu Christi gemeint, der den gläubigen Menschen Hoffnung auf Erlösung gegeben hat. Die Aussagen, Taten, Leben, Sterben und Auferstehung Christi wurden zunächst mündlich und später auch schriftlich überliefert. Diese schriftlichen Aufzeichnungen sind im Neuen Testament der →Bibel enthalten. Man bezeichnet sie als Evangelien. Sie wurden von den Evangelisten Matthäus, Markus, Lukas und Johannes geschrieben. Im Gottesdienst wird immer eine Stelle aus den Evangelien vorgelesen.

Evolution
Alle Pflanzen und Lebewesen, die heute auf der Erde vorkommen, haben sich über einen sehr langen Zeitraum hinweg aus einfachen Lebensformen entwickelt. Die allerersten Spuren von Leben liegen über 3,1 Milliarden Jahre zurück. Dabei handelte es sich um →Bakterien und einzellige Blaualgen. Ganz langsam entstanden daraus zunächst in den Meeren andere Lebewesen. Vor rund 400 Millionen Jahren machte eine Fischart, der Quastenflosser, den entscheidenden Schritt und ging an Land. Er traf dort auf ganz andere Lebensbedingungen als im Wasser und musste sich daher anpassen, wenn er überleben wollte. In mehreren Millionen Jahren entwickelten sich daraus die →Amphibien, später dann die →Reptilien, die →Dinosaurier, die →Säugetiere und schließlich vor etwa zwei Millionen Jahren der →Mensch. Ebenso bildeten sich auch die Pflanzen, die wir heute auf der Erde kennen. Die natürliche Auslese

Abdrücke im Gestein und Skelettreste, wie hier der Fund des Urvogels Archäopteryx, vermitteln Kenntnisse über die Gestalt und Entwicklung von Tieren, die in vergangenen Epochen der Erdgeschichte lebten.

oder Selektion sorgt dafür, dass nur die am besten an ihre Umwelt angepassten Lebewesen überleben. Es werden somit auch nur die günstigsten Eigenschaften an die Nachkommen vererbt. Dadurch verändern sich die Lebewesen ständig und entwickeln sich weiter. Dies geschieht allerdings über einen sehr langen Zeitraum hinweg. Den langsamen Prozess der Veränderung und Weiterentwicklung nennt man Evolution. Der Begründer der Evolutionstheorie war der Naturforscher Charles →Darwin.
Wissenschaftler können heute anhand von →Versteinerungen und Untersuchungen von altem →Gestein einiges über die Entwicklung des Lebens erfahren.

Expedition
Als Expedition bezeichnet man eine meist lang andauernde Reise, die das Ziel hat, bestimmte Gegenden zu erforschen oder Wissen und Informationen für wissenschaftliche Untersuchungen zu erhalten. Eine sehr bekannte Expedition ist z. B. die

Forschungsreise von Roald Amundsen (1872–1928), in deren Verlauf er 1911 als erster Mensch den Südpol erreichte.

Experiment
Ein Experiment ist ein Versuch. Wissenschaftler führen oft Experimente durch, um bestimmte Behauptungen zu beweisen. Im Schulunterricht dienen Versuche meist dazu, naturwissenschaftliche Lehren oder Gesetze zu verdeutlichen.

Explosion
Das Wort kommt aus dem Lateinischen und bedeutet „Herausklatschen". Im eigentlichen Sinne versteht man unter einer Explosion einen heftigen Ausbruch, bei dem, meist begleitet von einem lauten Knall, etwas in Bewegung gesetzt oder zerstört wird und Wärme entsteht. Zu einer Explosion kommt es, wenn Explosivstoffe, also chemische Verbindungen, →Gase oder Gemische, ausgelöst durch Erwärmung, Schlag, Reibung oder Zündung, plötzlich in große Mengen heißer Gase umgewandelt werden. Damit dieser Vorgang stattfindet, ist das Vorhandensein von →Sauerstoff nötig. Explosivstoffe sind beispielsweise →Dynamit oder Nitroglyzerin. Mithilfe von Explosionen kann man z. B. Löcher in Berge sprengen, um den →Bergbau zu erleichtern, oder Maschinen antreiben. Vorsichtig und zielgerichtet angewendet sind Explosionen also sehr nützlich. Sie können aber äußerst gefährlich werden, wenn sie unvorsichtig oder in Form von Waffen oder Kampfmitteln eingesetzt werden.

Export →Handel

Expressionismus
Der Expressionismus ist eine Kunstrichtung, die nach 1900 entstanden ist und besonders stark in Deutschland ausgeprägt war. Die Künstler versuchten mit ihren Bildern und Kunstwerken nicht nur schöne, erbauliche Dinge zu schaffen, sondern sie wollten das, was sie erlebten und dachten, also das Geistige und Seelische darstellen. Daher hat die Bewegung auch ihren Namen, denn das Wort „Expressionismus" geht auf lateinisch „expressio" für „Ausdruck" zurück. Um dies zu erreichen, verwendeten die Maler zum Teil sehr grelle Farben und entstellten die natürliche Form der dargestellten Dinge. Auch in der Bildhauerei wurden die Formen stark verändert. Für den Expressionismus im Bereich der →Malerei waren zwei Künstlervereinigungen wichtig. Zum einen die 1905 in Dresden gegründete „Brücke", die bis 1913 bestand und der unter anderem Ernst Ludwig Kirchner (1880–1938) oder Karl Schmitt-Rottluff (1884–1976) angehörten. Zum anderen der „Blaue Reiter", der 1911 in München gegründet worden war und zu dem beispielsweise Franz Marc (1880–1916), Paul Klee (1879–1940), August Macke (1887–1914) oder Wassily Kandinsky (1866–1944) gehörten.
In der Literatur war der Expressionismus sogar eine ausschließlich deutsche Erscheinung, die von 1910 bis 1925 andauerte. Auch hier war das Ziel der seelisch-geistige Ausdruck, gleichzeitig kritisierten die Expressionisten die Scheinmoral und Scheinordnung der Gesellschaft und strebten nach der Erneuerung der Welt. Auffällige Stilmittel ihrer Sprache waren z. B. das Weglassen von Artikeln oder Bindewörtern. Die Expressionisten schrieben vor allem →Gedichte und →Dramen. Wichtige Schriftsteller waren Georg Trakl (1887–1914) oder Gottfried Benn (1878–1945).

„Abstraktes Aquarell" von Wassily Kandinsky

F  wie Friedrich

Fabel
Die Fabel ist eine kleine Erzählung, meist aus dem Leben der Tiere. Sie enthält stets eine Lehre für die Menschen. Die hier abgedruckte Fabel hat der deutsche Dichter Gotthold Ephraim →Lessing geschrieben:

Der Hamster und die Ameise

„Ihr armseligen Ameisen", sagte ein Hamster, „verlohnt es sich der Mühe, dass ihr den ganzen Sommer arbeitet, um ein so Weniges einzusammeln? Wenn ihr meinen Vorrat sehen solltet!"
„Höre", antwortete die Ameise, „wenn er größer ist, als du ihn brauchst, so ist es schon recht, dass die Menschen dir nachgraben, deine Scheuern ausleeren und dich deinen räuberischen Geiz mit dem Leben büßen lassen!"

Fabrik →Industrie

Fahne →Flagge

Fahrrad
Im Jahr 1817 erfand der Forstmeister Karl von Drais (1785–1851) das Zweirad. Seine „Draisine" ist ein Laufrad aus einem Holzgestell, an dem vorne und hinten ein Rad befestigt ist. Der Fahrer setzt sich darauf und stößt sich mit den Füßen ab. Etwa fünfzig Jahre später gab es die ersten Fahrräder mit Pedalen, die noch direkt am Vorderrad saßen. Um mit einem Pedaltritt möglichst weit zu kommen, vergrößerte man das Vorderrad. So entstand das Hochrad. Erst 1879 wurde der Pedalantrieb zwischen den Rädern über eine Kette zum Hinterrad entwickelt.
Heute sind die meisten Fahrräder mit einer Gangschaltung ausgestattet. Neben den beiden Grundformen des Damen- und Herrenfahrrades gibt es die verschiedensten Arten von Fahrrädern: Rennräder, Klappräder, Mountainbikes, Trekkingräder, Kunstfahrräder und Tandems, auf denen zwei Fahrer radeln können.
Fahrrad siehe nächste Seite.

Teile eines Fahrrades

1 Rahmen
2 Lenkstange
3 Klingel
4 Lampe
5 Handbremse
6 Dynamo
7 Felge
8 Ventil
9 Speichen
10 Kettenrad
11 Tretkurbel
12 Pedal
13 Kette
14 Zahnkranz
15 Druckluftreifen
16 Rückstrahler
17 Schutzblech

18 Gepäckträger
19 Werkzeugtasche
20 Sattel
21 Luftpumpe
22 Kettenschutz

Fahrenheit →Temperatur

Fährten
Im weichen Erdboden oder im Schnee hinterlassen die Tiere Abdrücke. Dabei unterscheidet man Fährten, Spuren und Geläufe. Fährten heißen die Abdrücke von →Huftieren, also von Hirsch, Reh, Damhirsch, Wildschwein, Wildschaf und Gämse. Hasen, Füchse, Wölfe, Bären und alle anderen Tiere, die keine verhornten Hufe oder Klauen an den Läufen haben, hinterlassen Spuren. Geläufe sind die Abdrücke von Vögeln.
An den Fährten, Spuren und Geläufen kann man erkennen, welche Tiere in einem Gebiet vorkommen. Sie verraten sogar, ob sie von männlichen oder weiblichen Tieren stammen und ob das Tier flüchtete oder ruhig dahinzog.

Fährten und Spuren

Fakir

In Indien gibt es Menschen, die sich aus religiösen Gründen von ihrer →Familie trennen und in völliger Armut und Enthaltsamkeit herumwandern, um den inneren Weg zu ihrem →Gott zu finden. Sie heißen Fakire und genießen als →Heilige höchste Verehrung. In lebenslangen, schweren Übungen lernen sie, ihren Körper und ihre Gedanken völlig mit dem Willen zu beherrschen. Diese Kunst befähigt sie zu Leistungen, die unmöglich erscheinen. Manche Fakire stehen tagelang auf einem Bein, andere sitzen ruhig auf Nagelbrettern oder glühenden Kohlen. Nicht immer handelt es sich aber um echte Fakire. Oft sind es Gaukler und Schwindler, die mit Tricks Geld verdienen wollen.

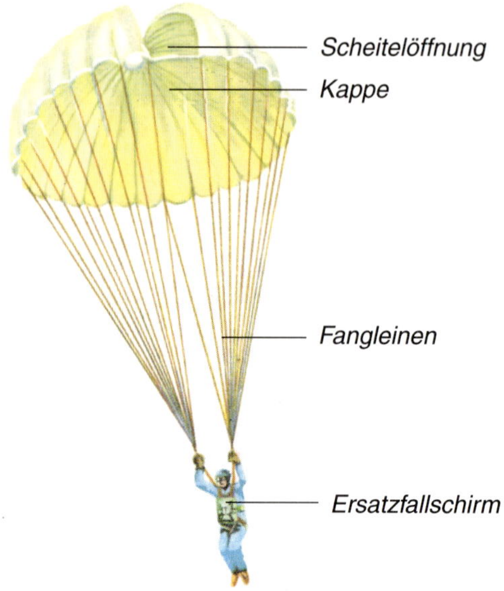

Fallschirm

Mithilfe von Fallschirmen können Menschen oder Lasten aus Luftfahrzeugen zur Erde schweben. In Form einer Halbkugel oder einer tragflächenartigen Schirmkappe bremst der Fallschirm durch seinen großen Luftwiderstand die Fallgeschwindigkeit des an ihm hängenden Körpers. Ein Fallschirmspringer legt den in einem Packsack zusammengefalteten Fallschirm und zur Sicherheit noch einen Ersatzschirm an. Dann lässt er sich von dem Flugzeug auf eine bestimmte Höhe bringen. Er springt hinaus und zieht die Aufziehleine. Der Packsack öffnet sich, der Luftzug reißt mithilfe eines Hilfsschirmes den Schirm heraus und entfaltet ihn. Der Fallschirm kann aber auch beim Absprung oder nach einer bestimmten Fallzeit automatisch geöffnet werden. Die Mindestflughöhe, damit sich der Fallschirm rechtzeitig entfalten kann, liegt bei ungefähr 70 Metern, die Sinkgeschwindigkeit beträgt etwa fünf Meter pro Sekunde. Auch Raumfahrzeuge, die zur Erde zurückkehren, landen an Fallschirmen. Manche Flugzeuge haben am Heck fallschirmähnliche Bremsschirme, mit denen sie nach der Landung die Ausrollstrecke verkürzen.

Wie ein Fallschirmabsprung vor sich geht

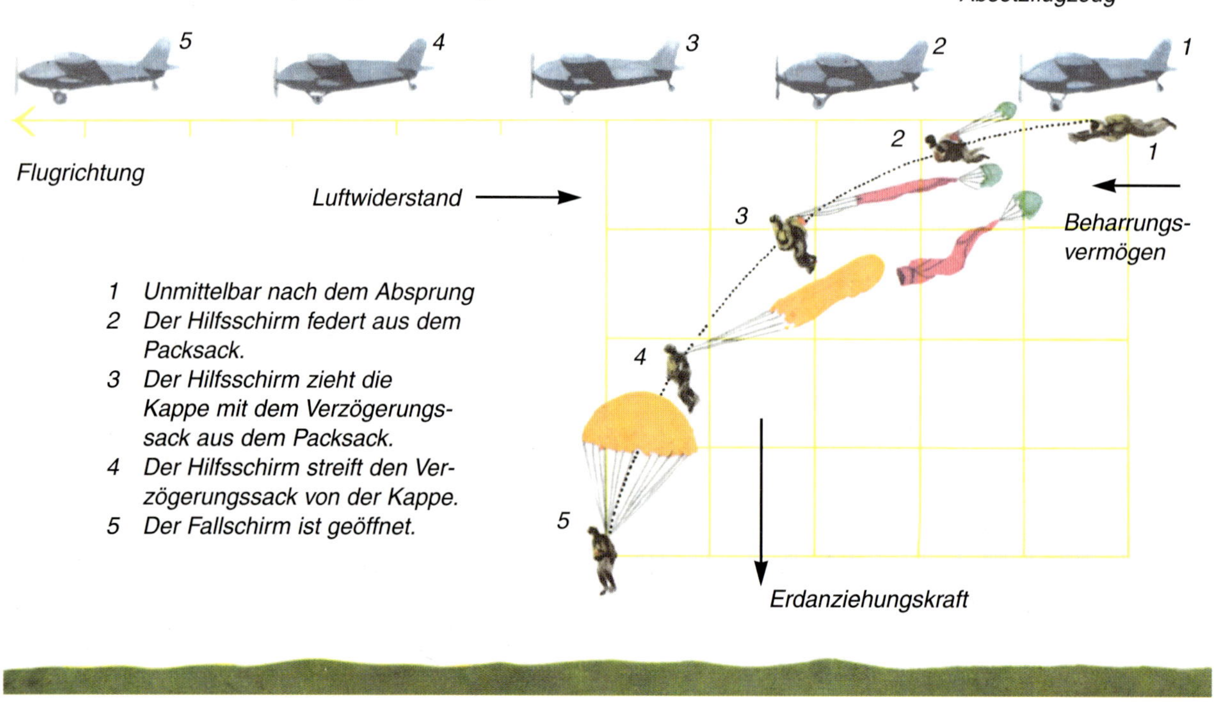

Familie
Eine Familie umfasst im engeren Sinn die Eltern und ihre unselbstständigen Kinder. Sie bilden die Klein- oder Kernfamilie. Im weiteren Sinn gehört zur Familie auch die übrige Verwandtschaft. Früher lebten die Menschen viel häufiger in Großfamilien zusammen: Großeltern und allein stehende, unverheiratete Geschwister der Eltern wohnten mit unter einem Dach. Auf dem Land ist das noch öfter der Fall. In vielen südeuropäischen Ländern und in Kulturen auf anderen Kontinenten bildet die Großfamilie die häufigste Form des Zusammenlebens.
Bei manchen Völkern leben die Menschen in sehr großen Familienverbänden, in Sippen und Clans. Diese werden meist von dem jeweils ältesten Familienmitglied geführt.

Fanatismus
Der Begriff „Fanatismus" kommt aus dem Lateinischen und bedeutet „blinde, hemmungslose Begeisterung". Der Fanatiker kennt keine Selbstkritik und ist gegenüber fremden Anschauungen und Einwänden von anderen Leuten blind und taub. Er versucht beinahe alles, um seine Ziele durchzusetzen.
Obgleich eine Unterscheidung, z. B. bei Besuchern von Fußballspielen, manchmal schwierig ist, ist der Fan nicht mit dem Fanatiker zu vergleichen. Fans begeistern sich leidenschaftlich für eine Sache, eine Person, einen Popstar oder eine Gruppe, aber nur soweit es Spaß macht und anderen Menschen nicht schadet.

Farbe
Wenn man ein Farbfoto bei rotem oder grünem →Licht betrachtet, sehen die Farben auf dem Bild verändert und unnatürlich aus. Erst wenn weißes Licht auf das Bild fällt, wirken die Farben wieder natürlich: der Wald grün und der Himmel blau. Wie kommt das? Jeder hat schon einen →Regenbogen gesehen. Diese Erscheinung lässt sich nachahmen, indem man ein weißes Lichtbündel durch ein →Prisma aus Glas lenkt und ein weißes Blatt Papier dahinter hält. Auf dem Papier erscheint ein farbiges Lichtband, das →Spektrum. Es enthält viele Farben. Einige sind gut zu unterscheiden: Rot, Orange, Gelb, Grün, Blau und Violett. Das Experiment zeigt, dass weißes Licht aus vielen Farben besteht. Wenn sie alle miteinander vermischt sind, ist das Licht weiß. Durch ein Glasprisma lassen sich die Farben auffächern. Jede Farbe entspricht einer bestimmten Wellenlänge des Lichts. Aber warum erscheinen dann auf dem Farbfoto der Wald grün und der Himmel blau, wenn doch weißes Licht auf das Bild fällt?
Jeder Gegenstand, den man farbig sieht, enthält Farbstoffe. So auch das Farbfoto. Jeder Farbstoff ist nicht direkt farbig, aber er besitzt eine wichtige Eigenschaft: Wird er von weißem Licht getroffen, dann verschluckt er einige Farben, die im weißen Licht enthalten sind. Das restliche Licht wirft er wieder zurück. Es gelangt in unser Auge. Dieses restliche Licht ist nicht mehr weiß, weil es nicht mehr alle Farben enthält, es ist farbig. So kann zum Beispiel ein Farbstoff alle Farben verschlucken außer Blau. Diese Farbe wirft er wieder zurück. Deshalb sieht man den Farbstoff blau. Streicht man mit diesem Farbstoff einen Gegenstand an, so wird dieser ebenfalls blau erscheinen. Ein anderer Farbstoff nimmt Gelb, Grün, Blau und Violett auf. Er gibt nur den roten Lichtanteil ab, und der Farbstoff erscheint rot.

Drei Farbfolien, Gelb, Purpurrot und Blaugrün, liegen so hintereinander, dass sie einander teilweise überlappen. Fällt weißes Licht auf die Folien, so entstehen auf einem Bildschirm hinter den Folien die Mischfarben Rot, Grün und Ultramarinblau. Beim Durchgang durch alle drei Folien wird das gesamte weiße Licht verschluckt, es entsteht Schwarz.

Farn

Die blütenlosen Farnpflanzen haben große →Blätter, die man als Farnwedel bezeichnet. Sie gehören zu den ersten Pflanzen, die vor 350 Millionen Jahren auf dem Festland vorkamen.

Heute gibt es weltweit etwa 9000 Arten. Sie wachsen vor allem in schattigen, feuchten Gebieten. Je nach Farnart werden sie nur wenige Zentimeter oder als Baumfarne in den Tropen bis zu 15 Meter hoch. An der Unterseite der Wedel befinden sich kleine rundliche Behälter, in denen die Sporen reifen. Sie dienen der →Fortpflanzung, die im Wechsel geschlechtliche und ungeschlechtliche Generationen hervorbringt. In unseren Wäldern gibt es hauptsächlich den Adlerfarn, den Wurmfarn und den ihm ähnlichen Frauenfarn.

Faschismus

Der Faschismus ist eine politische Bewegung, die im Jahr 1919 in →Italien unter dem Diktator Benito Mussolini (1883–1945) an die Macht kam. Die faschistische Herrschaft fordert den blinden Gehorsam und die bedingungslose Unterwerfung des Volkes unter einen Führer. Das Wort „Faschismus“ hat seinen Ursprung in den altrömischen „fasces“, das sind Rutenbündel mit einem Beil darin, die die Strafgewalt über Leben und Tod versinnbildlichen. Als stärkste Ausprägung des Faschismus wird oft der →Nationalsozialismus in Deutschland gesehen. Seit 1945 ist der Faschismus in den meisten Ländern streng verboten, doch auch heute gibt es noch Menschen, die sich für die Ideen der Nationalsozialisten begeistern und sich in geheimen Gruppen organisieren. Diese Leute sind Neofaschisten, das heißt neue Faschisten. Gegner des Faschismus bezeichnet man als Antifaschisten. Ihre Ziele sind die Freiheit jedes einzelnen Menschen, die →Demokratie und die Bewahrung der →Menschenrechte.

Fastfood

Die Bezeichnung „Fastfood“ ist der amerikanische Ausdruck für „Schnelles Essen“. Man versteht darunter Mahlzeiten und Häppchen, die schnell verfügbar und verzehrbar sind, z. B. im Vorbeieilen an Würstchen- und Frittenbuden, Pizzaständen, in Hamburger-Restaurants oder als Fertiggerichte aus der Konserve, dem Kühlfach und der Tiefkühltruhe. Geschmack und Farbe der Fertiggerichte werden häufig durch Ersatzstoffe aus chemischen Labors beeinflusst, auch enthalten derartige Lebensmittel in der Regel weniger →Vitamine und wertvolle Stoffe als frisch zubereitete Gerichte.

Hamburger sind ein typisches Fastfood-Gericht

Fata Morgana

Eine Luftspiegelung, die vor allem in heißen Wüstengegenden auftritt, nennt man Fata Morgana. Sie täuscht dem Betrachter weit entfernte Landschaftsmerkmale, wie Palmen, Häuser oder Seen, als ganz nahe gelegen vor. Eine Fata Morgana entsteht, wenn zwei unterschiedlich warme Luftschichten zusammentreffen und an der Grenzfläche zwischen den Luftmassen die Lichtstrahlen gespiegelt werden. An heißen Sommertagen wirken Asphaltstraßen aus der Ferne gesehen oft, als ob sie nass wären. Auch diese Erscheinung ist eine Fata Morgana.

Faultiere

Kaum ein anderes →Säugetier ist so träge wie die ans Baumleben angepassten Faultiere. Die Klettertiere bewegen sich meist nur im Zeitlupentempo und hängen oft stundenlang reglos an einem Ast. An ihren Gliedmaßen haben sie je nach Art zwei oder drei Zehen mit sehr langen, sichelförmigen Hakenkrallen, die ihnen einen sicheren Halt geben. Sie ernähren sich von Blättern und Früchten, und ihr Magen arbeitet ähnlich wie der Pansen bei →Wiederkäuern. Wegen der hängenden Lebensweise sind der Magen und einige andere Organe bis zu 135 Grad gedreht. Faultiere gibt es nur in Südamerika. Sie leben einzeln im tropischen →Urwald und treffen sich ausschließlich zur Paarung. Faultierweibchen bringen jährlich ein Junges zur Welt.
Im Fell des Zwei- und Dreizehenfaultieres leben ganz bestimmte Algen- und Schmetterlingsarten, die nur dort vorkommen.

Dreizehenfaultier

FCKW

Die Abkürzung FCKW steht für chemische Substanzen mit dem zungenbrecherischen Namen Fluorchlorkohlenwasserstoffe. Die äußerst stabilen Verbindungen sind als →Gas und →Flüssigkeit vielseitig verwendbar und werden z. B. als Kühlmittel in Kühlschränken, bei der Herstellung von Klimaanlagen und Wärmepumpen, als Treibgas in Spraydosen, als Reinigungsmittel und in der Kunststoffproduktion eingesetzt.
Mittlerweile weiß man, dass die FCKW, die Tag für Tag in Tausenden von Tonnen in die →Luft steigen, ganz wesentlich an der Zerstörung der lebenswichtigen →Ozonschicht beteiligt sind. Deshalb bemüht man sich weltweit, ihre Verwendung einzuschränken oder sogar ganz zu verbieten.

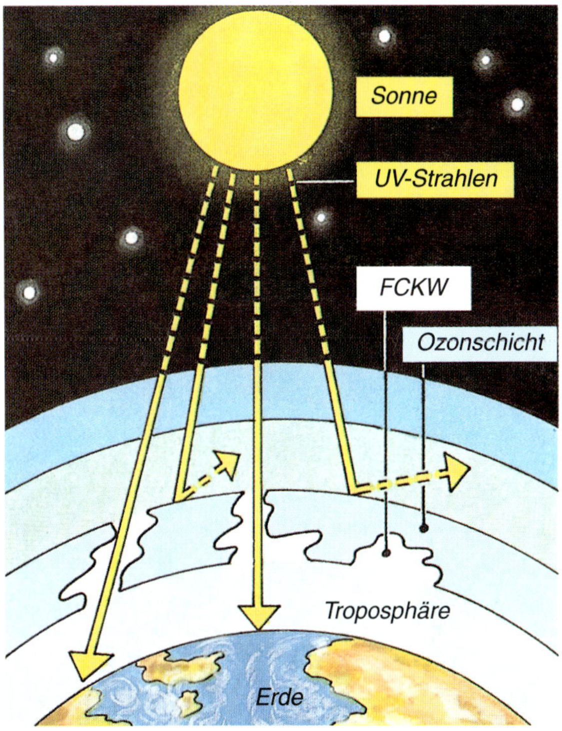

Der Sonnenschutz hat Löcher

Fechten

Das Fechten ist ein Zweikampf mit Hieb- und Stoßwaffen. Als im 14. Jahrhundert das Schießpulver und die Feuerwaffen erfunden wurden, verlor das Fechten seine militärische Bedeutung und entwickelte sich allmählich zu einer Sportart. Aus dem Schwert wurde der viel leichtere Degen. Seit der Jahrhundertwende ist Fechten auch eine olympische Sportart mit den →Disziplinen Florett, Degen und Säbel. Die Fechter tragen einen Schutzanzug, Handschuhe und einen Gesichtsschutz. Es gilt: Treffen ohne getroffen zu werden. Dabei werden die Treffer bei Berührung des gegnerischen Körpers mit der Waffenspitze elektronisch aufgezeichnet. Gefochten wird entweder auf Zeit oder nach Treffern.

Federballspiel →Badminton

Federn

Wie die →Haare beim Menschen und bei den →Säugetieren bestehen auch die Federn der Vögel aus →Horn. Sie wachsen aus den verschiedenen Schichten der Haut und sind als fertige Federn tote Gebilde. Man unterscheidet drei Federarten: Die Daunenfedern sind weich und flaumig. Sie liegen ganz nah am Körper und halten ihn warm. Das ist vor allem für Wasservögel, wie →Enten und →Gänse, wichtig. Die Deckfedern, das so genannte Kleingefieder, schützen vor Nässe und bilden den Körperumriss. Die Schwung- und Steuerfedern, das Großgefieder, formen die Flügel und den Schwanz und dienen der Fortbewegung. Vögel erneuern ein- bis zweimal im Jahr ihre Federn. Dieser Wechsel heißt Mauser.

Verschiedene Vogelfedern

Fernmeldewesen
Das Fernmeldewesen umfasst alle Formen der Nachrichtenübertragung auf elektronischem Weg. Dazu gehören →Radio, →Fernsehen, →Telefon und →Telefax. Das Fernmeldewesen wird auch Telekommunikation genannt. Dieser Begriff kommt von dem griechischen Wort „tele“, das heißt „fern“, und dem lateinischen „communicatio“, das bedeutet „Mitteilung“. Einer der drei Teilbereiche der →Post trägt deshalb den Namen „Telekom“.

Deutsche Telekom

Fernrohr →Teleskop

Fernsehen
Beim Fernsehen werden bewegte Bilder durch elektromagnetische →Wellen übertragen. Dabei werden Lichtwellen in Radiowellen und diese dann im Fernsehgerät wieder zurück in Lichtwellen verwandelt. Durch das Objektiv einer Fernsehkamera gelangen die Bilder zunächst in eine elektronische Bildaufnahmeröhre. Dort wird jedes Bild in 625 Zeilen mit je 800 Bildpunkten aufgerastert: Die bunten Bilder werden in die →Farben Rot, Grün und Blau zerlegt. Die Farbzusammensetzung und die Helligkeit jedes Bildpunktes werden registriert und in elektrische Signale übersetzt.
Diese Signale verwandelt der Sender in Radiowellen im Ultrakurzwellenbereich. Die Aufnahmen werden dann entweder als Livesendungen direkt übertragen oder auf Magnetbändern gespeichert und zu einer späteren Zeit ausgestrahlt.
Die →Antenne des Fernsehgeräts empfängt die Radiowellen des Senders und verwandelt sie zurück in elektrische Signale. Nun kann das Fernsehgerät die Bilder Punkt für Punkt und Zeile für Zeile wieder zusammensetzen. Dies geschieht mit einer Kathodenstrahlröhre, deren vordere Wand der Bildschirm ist. Er besteht aus winzigen Dreiergruppen mit je einem roten, grünen und blauen Bildpunkt, die mit Leuchtstoff versehen sind. Entsprechend den elektrischen Signalen werden die Bildpunkte unterschiedlich stark von drei Elektronenstrahlen zum Leuchten gebracht. Das sich ständig verändernde Mischungsverhältnis der drei Farben ergibt das bunte Fernsehbild. In jeder Sekunde werden 25 vollständige Bilder übertragen, sodass das Auge sie als fortlaufenden Film wahrnimmt. Synchron, das heißt gleichzeitig mit dem Bild, wird auch der Ton aufgezeichnet und übertragen.

Blick in das Gehäuse eines Fernsehers

Die erste Fernsehübertragung fand im Jahr 1927 in den USA von Washington nach New York statt. Seit 1929 wurden in Deutschland von Berlin aus regelmäßig Fernsehsendungen in Schwarz-weiß ausgestrahlt. Das Farbfernsehen startete 1953 in den USA und wurde 1967 in Deutschland eingeführt. Inzwischen verfügt fast jeder Haushalt entweder über einen Kabelanschluss, mit dem er die Sender empfängt, oder er besitzt anstelle der Antenne eine Satellitenschüssel. Durch die Entwicklung des digitalen Fernsehens kann sich der Zuschauer in Zukunft sein Programm über ein Auswahlmenü selbst zusammenstellen. Man spricht derzeit davon, dass es bis zu 300 neue Fernsehprogramme geben wird. Außerdem sind so genannte Spartenkanäle geplant, die sich jeweils an spezielle Zuschauerkreise richten. Einen eigenen Kanal für Kinder gibt es in einigen Bundesländern schon.

Festkörper
Unter Festkörpern versteht man besonders widerstandsfähige Stoffe, die sich in ihrer äußeren Form nur schwer verändern lassen. Ihre Einzelbausteine oder →Atome sind meist in einem ganz bestimmten Muster angeordnet und halten sich gegenseitig an ihren Plätzen. Bei Erwärmung schmelzen manche Festkörper, wie →Glas, ab einem bestimmten Hitzegrad, andere werden ganz langsam zu einer erst zähen, dann dünneren Flüssigkeit und später zu →Gas.
→Kristalle

Fette
Als konzentrierte Energieträger sind Fette wichtige Bestandteile der →Ernährung. Sie liefern dem Körper außerdem →Vitamine und Fettsäuren, die der menschliche →Organismus nicht selbst herstellen kann.
Alle Nahrungsfette werden aus pflanzlichem und tierischem →Gewebe gewonnen. Es gibt sie in verschiedener Festigkeit: Öle sind flüssig, →Butter und Margarine sind streichfähig, Plattenfett, wie Kokosfett, ist fest. Pflanzliche Öle werden aus fetthaltigen Samen und Früchten von →Ölpflanzen gepresst. Sie enthalten viele wertvolle ungesättigte Fettsäuren. Öle sind besonders gut verdaulich, dürfen aber nicht hoch erhitzt

Aus den Früchten der Öl- oder Olivenbäume wird Olivenöl gepresst, ein sehr wertvolles und gesundes Speiseöl. Es wird vor allem in der südländischen Küche verwendet.

werden. Wandelt man sie chemisch in gesättigte Fettsäuren um, sind sie weniger gesund. Sie werden härter und schwerer verdaulich, eignen sich jedoch zum Braten und Frittieren.
Fette enthalten viele →Kalorien. Deshalb soll man sich fettarm ernähren und die vielen „versteckten" Fette mit einrechnen, die in Fleisch, Wurst, Käse und Süßigkeiten enthalten sind.
Fette und Öle können auch künstlich gewonnen werden. Sie sind wichtige →Rohstoffe für die →Industrie, zum Beispiel bei der Herstellung von Kosmetika, Farben und Lacken oder als Schmieröle.

Feuer
Die Fähigkeit Feuer zu erzeugen war ein ganz entscheidender Schritt in der Entwicklungsgeschichte der Menschheit. Am Anfang kannte der Mensch das Feuer nur von Blitzeinschlägen und Buschbränden und fürchtete sich davor. Doch schon vor ungefähr 400.000 Jahren konnte der Pekingmensch mit Feuer umgehen. Nach und nach lernten die Menschen das Feuer zu bewahren und es selbst mit Feuersteinen oder Feuerbohrern zu entfachen. Erst im Jahr 1829 wurden die Zündhölzer erfunden. Feuer ist ein sichtbarer physikalischer Vorgang und zugleich als Verbrennung ein chemischer Prozess, bei dem auch Wärme

und Licht entstehen. Beim Verbrennen verbindet sich das Brennmaterial mit →Sauerstoff. Ohne Sauerstoff kann kein Feuer entstehen.

Kohlespuren und Knochenfunde in einer Höhle nahe der chinesischen Hauptstadt Peking verrieten den Forschern, dass schon der Pekingmensch das Feuer nutzte. Er briet Fleisch und wärmte sich an der Glut.

Feuerwehr

Die Hauptaufgabe der Feuerwehr besteht darin, Brände zu bekämpfen. Bei Alarm rückt die Feuerwehr mit einem oder mehreren speziellen Fahrzeugen aus. Diese sind mit Drehleitern, besonderen Löschgeräten, Wasserspritzen und -tanks ausgestattet sowie mit Schutzkleidung, Atemmasken, Krankentragen, Sprungtuch und verschiedenen anderen Geräten. Mit Löschgeräten ersticken die Feuerwehrleute das →Feuer, kühlen das entflammbare Material mit Wasser ab, dass es sich nicht mehr entzünden kann, und bringen von Feuer und Rauch bedrohte Menschen in Sicherheit. Weitere Aufgaben der Feuerwehr sind Einsätze bei Unglücksfällen, öffentlichen Notständen und Natur- und Umweltkatastrophen, z. B. bei Überschwemmungen oder bei Unfällen, in die Gefahrguttransporte verwickelt sind. In größeren Städten leisten Berufsfeuerwehren diesen Dienst, in Kleinstädten und auf dem Land sind dagegen freiwillige Feuerwehren im Einsatz.

Fichte

Die Fichten gehören zu den →Nadelbäumen. Als bedeutende Holzlieferanten sind sie die wichtigsten Waldbäume Nord- und Mitteleuropas. Ihr helles, leichtes →Holz dient vorwiegend als Bauholz und zur Herstellung von Möbeln und →Papier. Fichten werden bis zu 50 Meter hoch und über 500 Jahre alt. Die Stämme erreichen einen Umfang von zwei Metern. Während bei der →Tanne die Samen enthaltenden, reifen Zapfen senkrecht nach oben stehen und in einzelnen Schuppen abfallen, hängen sie bei der Fichte nach unten und werden im Ganzen abgeworfen.

Fidschi

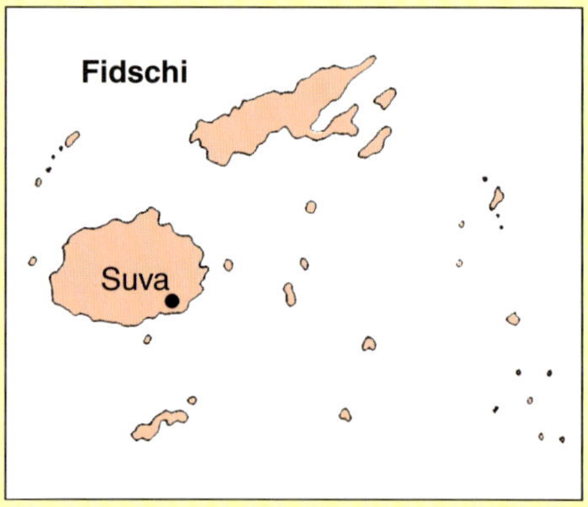

Kontinent:	Australien (Ozeanien)
Fläche:	18.376 km^2
Einwohner:	771.000
Hauptstadt:	Suva
Amtssprachen:	Fidschianisch / Englisch
Währung:	Fidschi-Dollar

Fidschi ist das zweitgrößte Land von Ozeanien. Es umfasst 332 Inseln in der Südsee, 105 davon sind bewohnt. Die Bevölkerung besteht zum Großteil aus Fidschianern und Indern. Das →Klima ist tropisch, es werden Kaffee, Bananen und Zuckerrohr angebaut. Die Inseln waren ehemals eine britische →Kolonie, wurden im Jahr 1970 unabhängig und sind seit 1987 eine →Republik.

Fieber
Beim Menschen bedeutet Fieber, dass die normale Körpertemperatur von 36,5 Grad Celsius (°C) auf mindestens 38°C ansteigt. Das Fieber wird mit einem Thermometer entweder in der Achselhöhle oder unter der Zunge, am zuverlässigsten jedoch im Po oder im Ohr gemessen. Das Fieber selbst ist keine Krankheit, aber ein Anzeichen oder Symptom für eine →Infektion. Es deutet darauf hin, dass der Körper Krankheitserreger abwehrt. Ab 40°C besteht die Gefahr von Fieberkrämpfen. Mit →Medikamenten oder natürlichen Heilmethoden, z. B. Wadenwickeln, muss dann das Fieber gesenkt werden.

Filiale
Eine Filiale ist die Zweigstelle eines Unternehmens, z. B. einer Bank. Sie ist abhängig von der Hauptgeschäftsstelle, der Zentrale.

Film
Die Geburtsstunde des Films schlug am 28. Dezember 1895: Im Keller eines Pariser Cafés gaben die Brüder Louis und Auguste Lumière die erste öffentliche Filmvorführung. Der von ihnen entwickelte Vorführapparat hieß „cinématographe", auf Deutsch „Kinematograph" oder kurz „Kino".
Langsam begann sich eine eigenständige Filmkunst zu bilden. Erst wurden ganz kurze Filme vor allem auf Jahrmärkten vorgeführt: Schwarz-weiße Stummfilme, in denen sich die Menschen viel zu schnell und eckig bewegen. Grammofonmusik oder Klavierspiel ersetzten bei der Vorführung den Ton, und zwischen den einzelnen Szenen sind Texttafeln eingeblendet.
Um die Jahrhundertwende entwickelte sich Hollywood, ein Stadtteil von Los Angeles in Kalifornien in den →USA, weltweit zum führenden Filmzentrum. Im Jahr 1927 wurde dort der erste Tonfilm gedreht, 1928 entstand der erste Mickymaus-Zeichentrickfilm. Den Farbfilm gibt es seit 1935.
Beim Filmen nimmt die Kamera in der Regel

Am Hollywood Boulevard in Los Angeles haben sich viele berühmte Schauspieler wie Cary Grant im Zement mit Händen und Füßen verewigt.

24 Einzelbilder pro Sekunde auf, die dann bei der Wiedergabe des Films durch den Projektor in der gleichen Geschwindigkeit auf die Leinwand geworfen werden. Diese schnelle Abfolge der Einzelbilder sieht das menschliche Auge als zusammenhängende Bewegung. Heute werden die Filme zunehmend mithilfe von Computern produziert. Mit Filmen arbeitet man auch auf dem Gebiet der →Fotografie.

Filmszenen

Die Kinder von Bullerbü

Rasmus und der Vagabund

Fingerabdruck

Wohin man auch fasst, zum Beispiel an eine frisch geputzte Fensterscheibe oder an einen Spiegel, es bleibt immer ein Fingerabdruck zurück, der den „Täter" eindeutig entlarvt. Auf der →Haut an den Fingerkuppen befinden sich Tastlinien, so genannte Papillaren oder Hautleisten, die immer etwas Schweiß und Fett absondern und auf diese Weise Spuren hinterlassen. Das Muster dieser Linien ist an jedem Finger und bei jedem Menschen auf der ganzen Welt verschieden und nicht vererbbar, bei Verletzungen wächst es sogar wieder nach. Der Fingerabdruck ist deshalb das natürlichste und unverwechselbarste Kennzeichen eines Menschen. Er dient der Kriminalpolizei zur Identifizierung von Personen. Die Fingerabdrücke von Verbrechern werden in einem Großcomputer gespeichert, in kürzester Zeit können sie abgerufen und mit aktuellen Fingerabdrücken verglichen werden.

Zeigefingerabdrücke dreier verschiedener Menschen

Finnland

Die →Republik Finnland liegt in Nordeuropa. Sie erstreckt sich zwischen der skandinavischen Halbinsel im Westen und dem nordrussischen Tiefland im Osten auf beiden Seiten des Polarkreises und grenzt an Norwegen, Schweden und Russland. Im Süden liegt die finnische Seenplatte mit ungefähr 60.000 Seen. Drei Viertel des Landes sind bewaldet, deshalb ist die Forstwirtschaft neben der Viehhaltung und dem Ackerbau für die →Wirtschaft am bedeutendsten. Der Holzreichtum liefert die wichtigsten Ausfuhrgüter, wie Papier, Holz, Zellulose und Möbel. In Finnland gibt es kurze, warme Sommer und lange, kalte, schneereiche Winter, in denen die →Ostsee zufriert. Aus diesem Grund verfügt Finnland über eine große Eisbrecherflotte. Von den fünf Millionen Einwohnern sind

Kontinent:	Europa
Fläche:	338.144 km^2
Einwohner:	5.083.000
Hauptstadt:	Helsinki
Amtssprachen:	Finnisch Schwedisch
Währung:	Finnmark

93 Prozent Finnen, die übrigen Schweden und Lappen.
Ursprünglich bewohnten die Lappen das Land, doch im 6. bis 8. Jahrhundert wanderten die Finnen vom Ural aus ein, siedelten sich als Waldbauern an und verdrängten die lappischen Jäger nach Norden. Mitte des 13. Jahrhunderts wurde Finnland von Schweden erobert. Ab 1809 gehörte Finnland zum russischen Zarenreich. Seit 1917 ist es ein unabhängiger Staat.

Firmung

Die Firmung gehört zu den sieben →Sakramenten der katholischen →Kirche und gilt als Vollendung der →Taufe. Sie wird in der Regel vom Weihbischof gespendet. Er legt dem Firmling die Hand auf, zeichnet ein Kreuz auf seine Stirn und salbt ihn zugleich mit Chrisam. Dabei ruft er den Heiligen Geist auf ihn herab. Meist werden Kinder im Alter von zwölf bis 15 Jahren gefirmt.

Fische

Mit über 30.000 Arten gehören die Fische zur Gruppe der Wirbeltiere. Fische sind ausschließlich an das Leben im Wasser angepasst. Sie atmen durch Kiemen, die sich in Kiementaschen auf beiden Seiten hinter dem Maul befinden, und bewegen sich mittels Flossen fort. Eine mit Gas gefüll-

te Schwimmblase in der Körpermitte gleicht den unterschiedlichen Wasserdruck durch Gasaufnahme oder -abgabe aus. Die meisten Fischarten sind stromlinienförmig gebaut, ihre Körperseiten sind abgeplattet und mit einem zusätzlichen Sinnesorgan versehen: Mit dem Seitenlinienorgan, das sich jeweils von der Kieme bis zur Schwanzflosse zieht, nehmen die Fische Strömungen, Wellen, Hindernisse und andere Wasserbewohner wahr.
Man unterscheidet die im Meer lebenden Salzwasserfische und die in Flüssen und Seen lebenden Süßwasserfische. Einige Arten, wie →Aale und Lachse, wechseln zum Laichen, das heißt zum Eierablegen, und zur Nahrungssuche zwischen Süß- und Salzwasser hin und her. Man nennt sie Wanderfische.
Fische werden außerdem in Knochenfische und Knorpelfische unterteilt: Knochenfische haben ein verknöchertes →Skelett mit schmalen, zum Teil spitzen Knochen, den Gräten. Sie bilden die größte Gruppe. Knorpelfische, wie →Haie und Rochen, haben ein Skelett aus Knorpeln. Schließlich gibt es noch die Lungenfische. Wie es der Name schon verrät, können sie Luft atmen. Aus ihren Vorfahren haben sich in der Frühzeit die →Amphibien entwickelt.
Fische sind wechselwarme Wirbeltiere, das bedeutet, dass sich ihre Körpertemperatur nach der Wärme des Wassers richtet, in dem sie sich gerade aufhalten. Für die →Fortpflanzung legt das Weibchen Eier ab, die das Männchen im Wasser mit seinem →Samen befruchtet. Nur wenige Fischarten bringen lebende Jungen zur Welt. Die meisten Fische ernähren sich von Insekten, →Würmern und so genanntem Plankton, das sind sämtliche pflanzliche und tierische Lebewesen, die ohne Eigenbewegung im Wasser schweben und den Fischen ins Maul treiben.
Schaubild siehe nächste Seite.

Fischerei
Alle Arten des gewerblichen Fischfangs und die Fischzucht gehören zur Fischerei. Sie umfasst die Meeresfischerei in der Hochsee und an der Küste und die Binnenfischerei in Flüssen, Seen und Teichen. Sogar das Sammeln von Muscheln, Seemoos, Naturperlen, die Austernzucht und der Fang von Meeresfrüchten sind mit eingeschlossen.

Ein prall gefülltes Netz mit Heringen

Der Fischfang zählt zu den wichtigsten Wirtschaftszweigen der Welt. Zusammengerechnet werden jährlich etwa 60 Millionen Tonnen Fisch aus den Gewässern geholt. Dies geschieht in der Regel mit unterschiedlichen Arten von Netzen und Reusen. Sehr ertragreiche Fischgründe sind zum

Längsschnitt durch einen Fisch

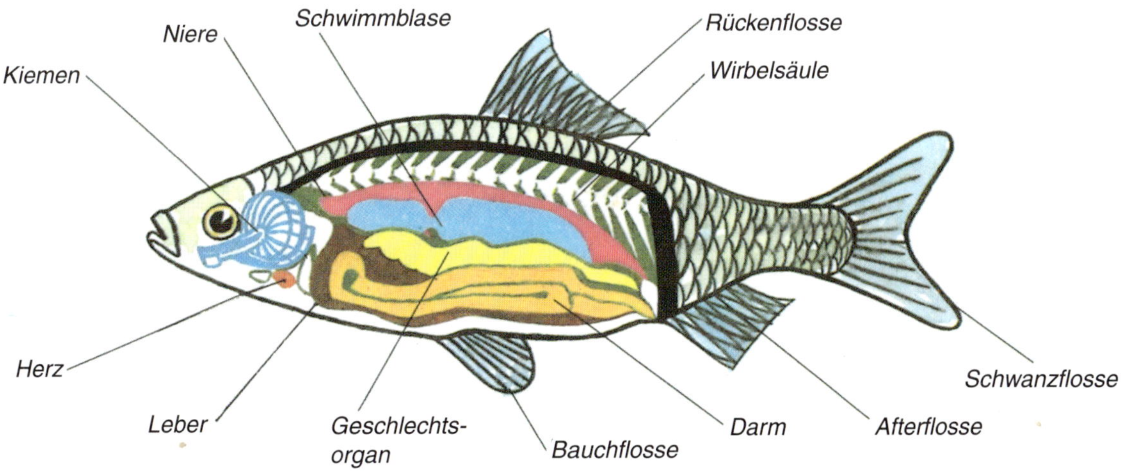

Einheimische Süßwasserfische
Flussbarsch
Hecht
Schleie
Karpfen
Regenbogenforelle
Flussaal
Fische des Meeres
Hering
Kabeljau
Makrele
Nagelrochen
Seepferdchen
Scholle
Steinbutt
Heringshai

Beispiel die flachen Küstenschelfmeere. Licht und Bodenminerale begünstigen dort das pflanzliche Leben und schaffen so den Fischen eine gute Futtergrundlage.
Fisch ist eine wertvolle und beliebte Nahrungsquelle für den Menschen. Wegen seines hohen Eiweiß- und Phosphorgehaltes werden aber auch große Mengen zur Herstellung von Tierfutter und Düngemittel verwendet.

Fischotter
Es ist kaum zu glauben, dass die verspielten Fischotter →Raubtiere sind. Die geschickten Schwimmer und Taucher gehören zur Familie der →Marder und jagen bevorzugt Fische, Frösche und Wasservögel. Sie haben schlanke Körper, kurze Beine mit Schwimmhäuten zwischen den Zehen, einen langen, kräftigen Schwanz als Steuerruder und ein schönes, wasserdichtes Fell, das ihnen möglicherweise zum Verhängnis wurde: Obgleich Fischotter nicht mehr gejagt werden dürfen, sind sie in Mitteleuropa fast ausgestorben.

Fixstern
Sterne, die ihre Position am Himmel so langsam verändern, dass es erst nach vielen Jahrtausenden merkbar ist, heißen Fixsterne. Von jeder der beiden Erdhalbkugeln aus sind etwa 3000 selbst leuchtende Fixsterne mit bloßem Auge zu sehen. Sie sind unregelmäßig am Himmel verteilt.
→Sterne

Fjord
Lange, schmale und oft sehr tiefe Meeresbuchten, die von felsigen Steilküsten umgeben sind, nennt man Fjorde. In Gebieten eiszeitlicher Vergletscherung, zum Beispiel in Norwegen, bilden die Fjorde richtiggehende Fjordküsten. Sie bieten selbst großen Schiffen die Möglichkeit, tief ins Land hineinzufahren, und eignen sich besonders für den Bau geschützt liegender Häfen.

Fläche
Alle Flächen haben zwei Ausdehnungen, die Länge und die Breite. Man unterscheidet ebene und gekrümmte Flächen. So besteht zum Beispiel die Oberfläche eines Würfels aus sechs ebenen, quadratischen Flächen. Doch auch gekrümmte Figuren, wie →Zylinder und Kegel, lassen sich in ebene Flächen zerlegen. Der Zylinder ergibt zwei Kreisflächen und eine rechteckige Fläche, der Kegel einen ebenflächigen Kreisausschnitt. Die gekrümmte Fläche einer Kugel kann dagegen nicht auf eine Ebene gebracht werden.

Flagge
Jeder Staat und jedes Land hat seine eigene Flagge. Das meist rechteckige Tuch gilt mit seinem unverwechselbaren, farbigen Aufdruck als Wahrzeichen oder Hoheitszeichen. Neben der Nationalflagge gibt es in den meisten Ländern auch eine Handelsflagge und eine Armeeflagge, die das Flaggenzeichen in abgewandelter Form zeigen. Auch andere Vereine und Organisationen, z. B. die →NATO oder die →Europäische Union, haben Flaggen.

NATO

UN

Europäische Union

Flaggen dienen als Erkennungszeichen oder Verständigungsmittel. Besonders auf See ist es notwendig, die Herkunft eines Schiffes mit einer Flagge anzuzeigen. Im Krieg bedeutet eine weiße Flagge Kapitulation und Verhandlungsbereitschaft.
Eine Flagge wird oft auch als Fahne bezeichnet. Während die Flagge jedoch durch ein gleichartiges Stück Tuch ersetzt werden kann, ist eine Fahne als Symbol einer Organisation ein sorgsam gehütetes, wertvolles Einzelstück.
Flaggen siehe auch nächste Seite.

Flaggen aus aller Welt

Antigua u. Barbuda

Belize

Bhutan

Dominica

Grenada

Kap Verde

Katar

Kiribati

Lesotho

Marshallinseln

Salomonen

St. Lucia

Swasiland

Tuvalu

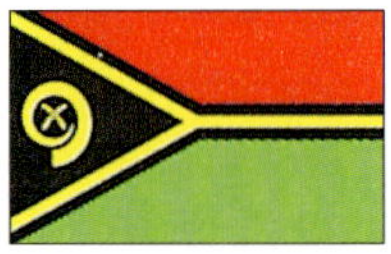
Vanuatu

Flaschenzug
Der Flaschenzug ist eine Vorrichtung zum Heben schwerer Lasten. Er besteht aus einem Seil und zwei oder mehr Rollen, den so genannten Flaschen. Die obere Rolle wird befestigt, zum Beispiel an die Decke gehängt. An ihr wird das Seil mit einem Ende festgebunden, um die untere, lose hängende Rolle herumgeführt, dann wieder nach oben und um die obere Rolle geführt.

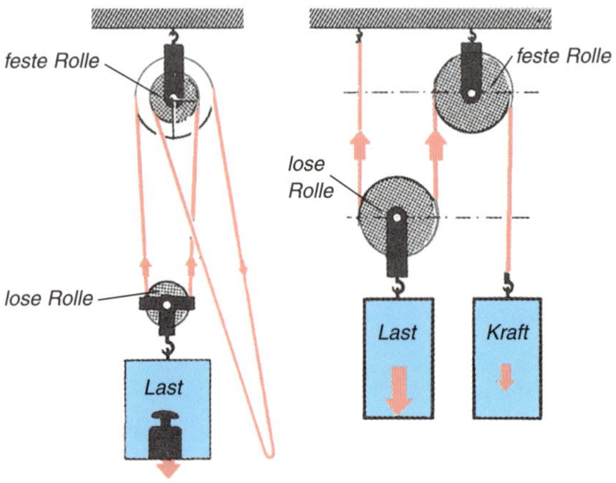

Flaschenzüge

Die Last wird an die untere Rolle gehängt und nun durch Ziehen am losen Ende des Seils angehoben. Das Seil wird dabei über eine Strecke gezogen, die doppelt so lang ist wie der Weg der Last nach oben. Dafür muss man nur ein Viertel der Kraft aufwenden, die man ohne Flaschenzug bräuchte. Je mehr Rollen der Flaschenzug hat, desto weniger Kraft ist notwendig.

Flechten
Die blatt- und blütenlosen Flechten sind niedere Pflanzen mit unterschiedlichsten Wuchsformen. Sie sind eigenartige Doppelwesen, denn sie werden aus zwei ganz unterschiedlichen Pflanzen gebildet, einer →Alge und einem →Pilz. Die Alge liefert dem Pilz Nährstoffe, während der Pilz für die notwendige Wasser- und Salzaufnahme sorgt. Diese enge Art des Zusammenlebens zu gegenseitigem Nutzen heißt Symbiose.
Die anspruchslosen Flechten sind überall verbreitet: Sie gedeihen auf Mauerwerk ebenso wie an Baumrinden und Moosen, auf nackten Felsen im Hochgebirge ebenso wie in den Tropen und im Polargebiet.
Es gibt über 20.000 Flechtenarten, darunter Krusten-, Laub- und Strauchflechten. Einige Fels- und Bodenflechten haben sich zu frei beweglichen Wanderflechten entwickelt, man findet sie vor allem in Steppen und Wüsten.

Fledermäuse
Als so genannte Flattertiere sind Fledermäuse in Europa die einzigen →Säugetiere, die fliegen. Zwischen Rumpf, Gliedmaßen und Schwanz haben sie dünne, fast nackte Flughäute, die sie durch Spreizen der stark verlängerten Fingerknochen ausspannen. Fledermäuse sind Nachttiere. Tagsüber schlafen sie mit dem Kopf nach unten hängend in Höhlen oder auf Bäumen, nachts gehen sie auf die Jagd.

Sie fressen Insekten und Schmetterlinge, nur wenige Arten, wie der in den Tropen lebende Große Vampir, ernähren sich von Früchten. Ihr wichtigstes Sinnesorgan ist das Gehör. Die meisten Fledermäuse finden die Beute nicht mit den Augen, sondern durch das →Echo so hoher Schreie, dass sie das menschliche →Ohr nicht mehr hören kann: Ihr besonders gebauter Kehlkopf stößt durch das Maul oder durch die Nasenlöcher Ultraschallwellen aus, deren Rückprall selbst von den kleinsten Hindernissen, z. B. von fliegenden Mücken, über das Gehör wahrgenommen wird. Auf diese Weise tasten sie ihre Umgebung ab, prägen sie sich ein und finden entsprechend dieser Hörgedächtniskarte zielsicher ihren Weg und ihre Beute.
Auf der ganzen Erde gibt es heute rund 900 Fledermausarten, davon leben nur wenige in Europa, die meisten in den Tropen. Die in Deutschland lebenden Arten sind fast alle vom Aussterben bedroht, sie stehen unter →Naturschutz.

Großohrige Fledermaus

Fliegen
Die dunklen, oft metallisch glänzenden Fliegen gehören zu den →Insekten. Ihr Kopf hat große Augen und kurze Fühler. Der Körper ist behaart, die Mundwerkzeuge arbeiten stechend-saugend oder leckend. Im Gegensatz zu allen anderen Insekten haben sie nur zwei Vorderflügel; die Hinterflügel sind zu Schwingkölbchen umgestaltet, mit denen die Tiere im Flug das Gleichgewicht halten. Fliegen legen →Eier, deren →Larven sich erst verpuppen, bevor das voll entwickelte Insekt ausschlüpft.
Auf der ganzen Erde gibt es mindestens 100.000 Fliegenarten. Dazu gehören auch die Mücken, außerdem Bremsen, Stubenfliegen, Schmeißfliegen, Dungfliegen und Schwebfliegen.

Die Stubenfliege hat am unteren Ende ihres Tupfrüssels ein schwammartiges Polster, mit dem sie flüssige Nahrung aufsaugt.

Viele Fliegen sind als Überträger und Verbreiter von Krankheitskeimen sehr schädlich, da sie sich von Kot und →Aas ernähren, Blut saugen und dabei →Bakterien aufnehmen. Setzen sie sich anschließend auf Lebensmittel, Essgeschirr oder auf unseren Körper, übertragen sie die Krankeitserreger. Auf diese Weise werden zum Beispiel die tropischen Krankheiten Malaria und Gelbfieber durch Mückenstiche übertragen, und die tropische Tsetse-Fliege ist die Ursache für die Verbreitung der Schlafkrankheit in Afrika. Zahlreiche Fliegenarten sind jedoch nützlich, da sie sich z. B. von →Schädlingen, wie den Blattläusen, ernähren, →Blüten bestäuben oder →Humus erzeugen.

Flöhe
Mit über 1600 Arten sind Flöhe auf der ganzen Erde verbreitet. Die kleinen →Insekten haben keine Flügel, dafür kräftig entwickelte Sprungbeine. Als →Schmarotzer springen sie auf ihren Wirt, das können Vögel, Säugetiere und auch Menschen sein, und ernähren sich dort mithilfe besonderer Mundwerkzeuge durch Saugen von Blut.
Ihr brauner bis gelblicher Körper ist seitlich stark abgeflacht, sodass sie sich mühelos in Fell, Haaren und Gefieder bewegen können. Manche Arten, wie der Hunde- oder der Katzenfloh, bleiben stets bei der glei-

Flöhe sind nur 1 bis 7 Millimeter groß. Die Abbildung dieses Flohs ist vielfach vergrößert.

chen Tierart, während andere den Wirt wechseln. Nicht selten legen die Weibchen einige hundert klebrige →Eier auf dem Wirt ab, in denen sich Maden entwickeln. Diese verpuppen sich dann in so genannte Kokons und schlüpfen als fertige Insekten aus. Durch ihre Bisse übertragen Flöhe Krankheiten, z. B. früher die →Pest und das Fleckfieber. Aufgrund der immer wichtiger gewordenen →Hygiene ist der Menschenfloh bei uns fast ausgestorben.

Florenz

Florenz

Die Hauptstadt der mittelitalienischen Region Toskana ist Florenz. Sie liegt umgeben von Bergen am Ende einer fruchtbaren Talebene zu beiden Seiten des Flusses Arno. Florenz zählt zu den bedeutendsten Kunststädten der Welt. Die zahlreichen, berühmten Kunstsammlungen und die Baudenkmäler aus den →Epochen der →Romanik, der →Gotik und der →Renaissance ziehen viele Touristen an.

Flöte

Die Flöte ist ein →Blasinstrument. Sie gilt als das älteste →Musikinstrument überhaupt. Funde beweisen, dass die Menschen schon vor ungefähr 30.000 Jahren auf Knochenflöten spielten. Heute gibt es Flöten in Hunderten von Formen und Größen, sie sind in fast allen Kulturen der Welt verbreitet. Die gebräuchlichsten Arten sind die Blockflöte und die Querflöte.

Blockflöten:

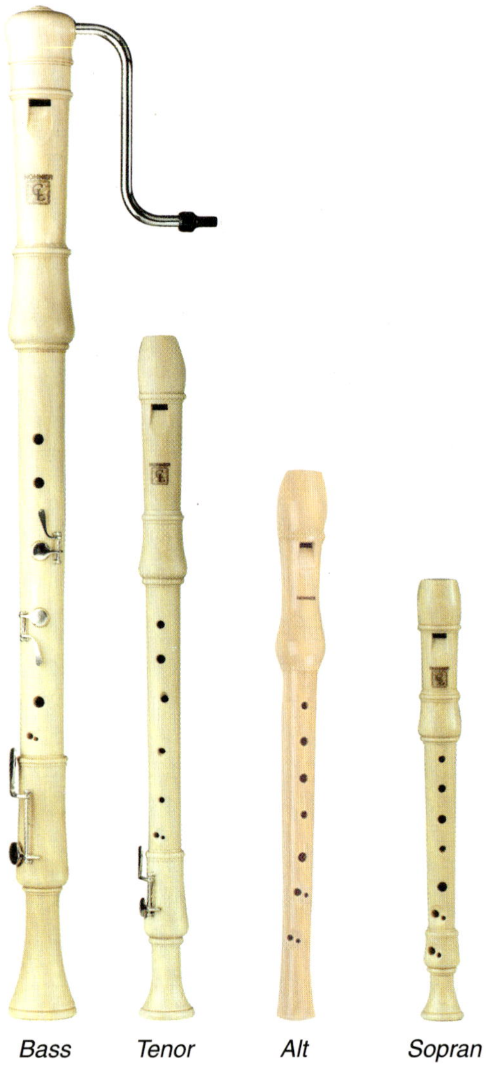

Bass *Tenor* *Alt* *Sopran*

Flotte
Zu einer Flotte gehören alle Schiffe eines Staates oder Landes. Man unterscheidet hier Handels-, Kriegs- und Fischereiflotten. Als Flotte bezeichnet man jedoch auch einen größeren Verband von Schiffen, die zum Beispiel einen gemeinsamen Zweck haben, wie eine Walfangflotte oder eine Tankerflotte.

Flüchtling
Alle Menschen, die durch Krieg oder aus politischen, religiösen und rassischen Gründen gezwungen wurden, ihre Heimat zu verlassen, sind Flüchtlinge. Sie haben Anspruch darauf, von dem Staat, in dem sie sich gerade aufhalten, →Pass oder Personalausweis zu bekommen. Zudem dürfen sie nicht in einen Staat ausgewiesen werden, in dem ihre Freiheit und ihr Leben in Gefahr wären.
Viele Flüchtlinge können nie mehr in ihre Heimat zurück, deshalb benötigen sie von einem anderen Staat politisches →Asyl.

Flughafen
Ein Flughafen ist ein weites, ebenes Gelände, auf dessen Start- und Landebahnen →Flugzeuge ankommen und abheben. Am Rand des Flughafens befinden sich die Terminals, das sind Gebäude, in denen die Passagiere vor dem Abflug und nach der Landung betreut werden. Neben den für die Ausgabe und Aufgabe von Gepäck und Flugtickets zuständigen Schaltern der Fluggesellschaften, den Pass- und Zollkontrollen sind dort auch Reisebüros, Restaurants und Aufenthaltsräume untergebracht. Auf großen Flughäfen gibt es zudem Hotels und Kongresszentren. Der Güterverkehr und die Luftpost werden in Frachthallen abgefertigt.
Im Kontrollturm oder Tower sitzen die Mitarbeiter der Flugsicherheit, die Fluglotsen. Sie sorgen über Funk dafür, dass die Piloten die Flugzeuge sicher landen und starten. Außerdem gibt es an allen Flughäfen eine Feuerwehr, Rettungssanitäter und Notärzte, die rund um die Uhr einsatzbereit sind.
Nach der Landung parken die Flugzeuge auf dem Vor- oder Flugfeld. Vor dem nächsten Start werden die Kabinen gereinigt und die Bordküche mit Speisen und Getränken versorgt. Die Flugzeuge werden gewartet, betankt und mit Gepäck und Fracht beladen. Die Passagiere steigen entweder über so genannte Finger zu, das sind schwenkbare Brücken vom Terminal-Tor oder Gate zum Flugzeug, oder sie werden mit Bussen zu den Maschinen gebracht.
Ist ein Flugzeug abgefertigt, rollt es über den Taxiway zur Startbahn. Diese ist wie die Landebahn 2000 bis 4000 Meter lang, 45 bis 60 Meter breit und nachts beleuchtet. Erst wenn die Flugsicherung den Start freigibt, schaltet der Pilot die Triebwerke auf volle Schubkraft. Bei 270 Stundenkilometern hebt die Maschine ab.
Flughafen siehe nächste Doppelseite.

Flugzeug
Im Gegensatz zum →Ballon und zum Luftschiff sind Flugzeuge schwerer als die Luft. Dafür haben sie eine besondere, nach oben gewölbte Flügel- oder Tragflächenform, mit der sie sich das Prinzip des Auftriebes zu Nutze machen: Da beim Flug die Luft entlang der oberen Flügelseite einen längeren Weg zurücklegen muss als entlang der Flügelunterseite, ist der Luftdruck unter dem Flügel wesentlich höher als über dem Flügel. Dadurch entsteht eine nach oben gerichtete Kraft, der Auftrieb, der das schwere Flugzeug in der Luft hält. Gleichzeitig wirkt die von den Triebwerken gelieferte Vortriebskraft, die den Luftwiderstand überwinden muss.
Jedes Flugzeug besteht neben dem Tragwerk noch aus dem Rumpf, dem Leit- und Steuerwerk, dem Fahrwerk und dem Triebwerk.
Man unterscheidet zwischen Verkehrsflugzeugen für den Transport von Passagieren, Fracht und Post, Militärflugzeugen und anderen Spezialflugzeugen sowie Sportflugzeugen, zu denen auch die Segelflugzeuge gehören. Gleit- und Segelflugzeuge haben kein Triebwerk. Sie werden von Seilwinden oder anderen Flugzeugen in die Luft geschleppt und dort von den Luftströmungen getragen. Motorsegler sind Segelflugzeuge mit einem Hilfsmotor. Kolbenmotorflugzeuge oder Propellerturbinenflugzeuge werden durch Luftschrauben angetrieben. Flugzeuge mit Strahltriebwerken nennt man Strahl- oder Düsenflugzeuge oder Raketenflugzeuge. Passagierflug-

Flughafen München
Start- und Landebahnen
Taxiway
Vorfeld
Terminal
Finger

ninal
Tower
Zentralbereich
mit S-Bahnhof
Parkhaus
Parkhaus
Terminalstraße West

zeuge mit Düsenantrieb, das sind Jets wie der Airbus, erreichen fast Schallgeschwindigkeit (1224 km/h). Düsenjäger fliegen mit über 3600 Stundenkilometern die dreifache Schallgeschwindigkeit.
→Hubschrauber, →Luftfahrt

Eine Boing 747-400

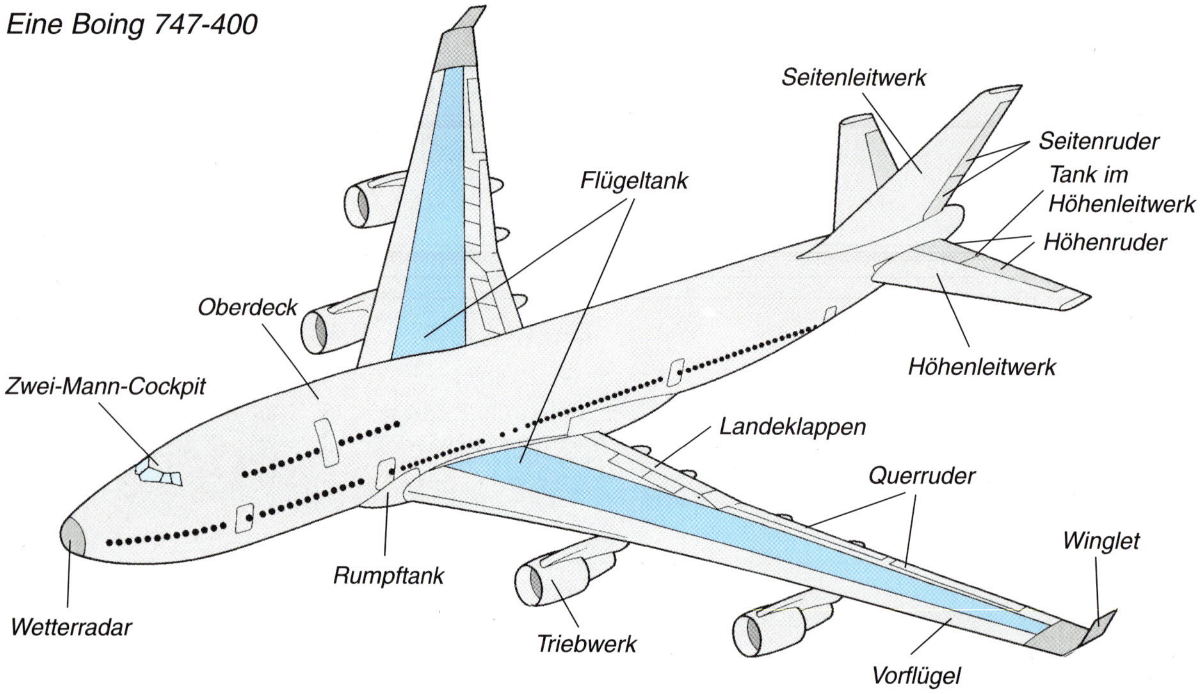

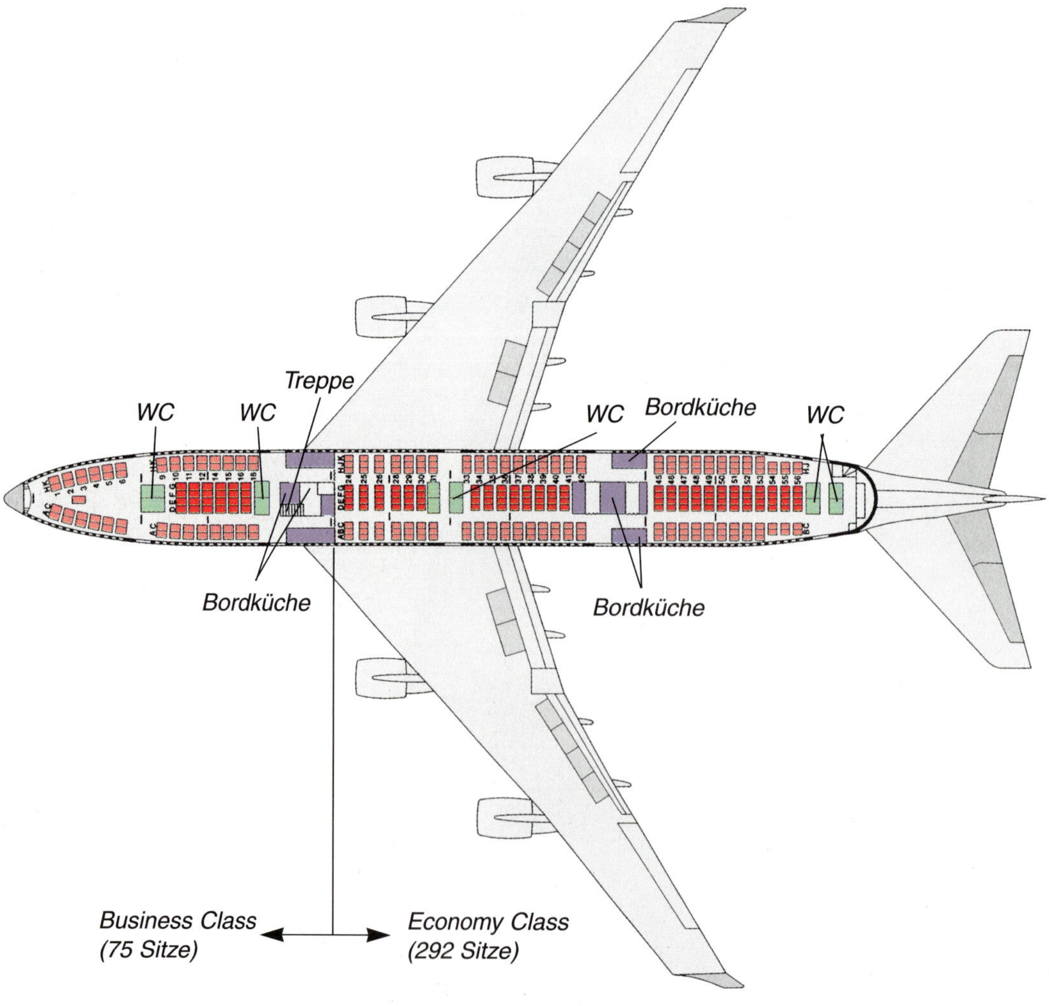

Fluoreszenz
Manche feste, flüssige und gasförmige Stoffe beginnen zu leuchten, wenn sichtbare, aber auch unsichtbare Strahlen, zum Beispiel Röntgenstrahlen, auf sie einwirken. Diese Leuchterscheinung heißt Fluoreszenz. Die Eigenstrahlen des leuchtenden Stoffes liegen im Wellenbereich des →Lichtes.

Fluss
Jedes fließende Gewässer auf dem Festland ist ein Fluss. Das Wasser bewegt sich in einer Rinne, dem Flussbett, seitlich davon befinden sich mehr oder weniger steile Flussufer. Große Flüsse bezeichnet man oft als Ströme, kleinere als Bäche und sehr kleine als Rinnsale.
Ein Fluss entsteht meist aus Niederschlägen, Schmelzwasser und hochsteigenden Quellen im Gebirge, er hat dort seinen Oberlauf. Im Mittellauf wird er bereits langsamer und in der Ebene angekommen fließt er im Unterlauf ruhig dahin.

Die längsten Flüsse der Erde

Name	in	Länge in km
Nil	Afrika	6671
Amazonas	Südamerika	6518
Jangtsekiang	China	6300
Mississippi/ Missouri	Nordamerika	6020
Huang He	China	5464
Ob (mit Katun)	Russland	5410
Amur (mit Argun)	Asien	4416
Lena	Russland	4400
Kongo	Afrika	4320

Nebenflüsse münden in andere Flüsse, Hauptflüsse in einen →See oder ein →Meer. Durch Geröll- und Schlammablagerungen verzweigen sie sich dabei mehr oder weniger stark und bilden ein so genanntes Delta. Flüsse, wie die Elbe oder die →Donau, sind wichtige Verkehrswege. Sie liefern außerdem →Energie, die in Wasserkraftwerken in Strom umgewandelt wird. Flüsse spenden Wasser, nehmen Abwasser mit und sind nicht zuletzt Ziel von vielen Erholungssuchenden.

Flüssigkeit
Während in festen Stoffen die →Atome oder →Moleküle dicht aneinander hängen, sind sie bei Flüssigkeiten voneinander gelöst. Flüssigkeiten haben deshalb keine feste äußere Form, sondern passen sich durch Fließen der Form ihres Behälters an, z. B. einer Blumenvase.
Überschreiten Flüssigkeiten beim Kochen den Siedepunkt, dann verdampfen sie und gehen in einen gasförmigen Zustand über. Beim Gefrieren dagegen verwandeln sich Flüssigkeiten in →Festkörper.

Flusspferde
Trotz ihres Namens gehören Flusspferde nicht zu den Pferden, sondern sind mit der Familie der →Schweine am nächsten verwandt. Flusspferde leben gesellig in Herden in Afrika. Sie halten sich an Flüssen und Seen in der offenen Landschaft auf und lieben es, tagsüber faul im flachen Wasser oder auf Sandbänken zu liegen. Sie paaren sich im Wasser und auch die Jungen werden dort in Sicherheit geboren und gesäugt. Die ausgezeichneten Schwimmer haben Schwimmhäute zwischen den Zehen. Sie sind reine Pflanzenfresser und steigen nachts ans Land, um zu grasen.

Das Große Flusspferd wird auch Nilpferd genannt.

Flusspferde sind nach den →Elefanten die größten Landsäugetiere. Sie werden über vier Meter lang und gute 3000 Kilogramm schwer.

Flut →Gezeiten

Föhn
Der Föhn ist ein warmer, trockener →Wind, der an Gebirgen entsteht und häufig in den Alpen und im Voralpenland auftritt. Meist gibt es bei Föhn eine gute Fernsicht. Bei manchen Menschen verursacht er die so genannte Föhnkrankheit. Das sind Beschwerden wie Kopfschmerzen, Schlaflosigkeit, Mattigkeit und allgemeine Unlust.

Föhre →Kiefer

Formaldehyd
Das farblose Formaldehyd ist ein stechend riechendes →Gas. Es ist in vielen Kunststoffprodukten, z. B. in Möbeln, enthalten und wird von diesen ständig in kleinen Mengen an die Luft abgegeben. Das Einatmen dieser Luft kann Entzündungen der Atemwege, starke →Allergien und andere Gesundheitsschäden hervorrufen.

Formel
Eine Formel ist ein feststehender Ausdruck, zum Beispiel eine Redewendung wie „auf immer und ewig“. Es gibt außerdem Formeln in der Mathematik, Physik und Chemie, sie drücken in kurzer Form Grundsätze und Gesetzmäßigkeiten aus: Die Formel $a^2 + b^2 = c^2$ beispielsweise ist der Satz des griechischen Philosophen Pythagoras (um 570–497/496 v. Chr.) über rechtwinklige →Dreiecke.

Forschung
Eine Arbeit, bei der Menschen bisher Unbekanntes enthüllen, nennt man Forschung. Auf wissenschaftlichem Weg werden neue Erkenntnisse gewonnen und der Allgemeinheit zugänglich gemacht. Alles, was der Mensch über das Weltall, die Erde, den Menschen, die Gesellschaft, die Tiere und Pflanzen weiß, verdankt er der Forschung.

Forst
Ein Forst ist ein großer →Wald, der wirtschaftlich genutzt wird. Im Mittelpunkt stehen die Gewinnung von →Holz, aber auch das Ziel, den Wald als Erholungsgebiet für die Bevölkerung zu schützen.
Zur Forstwirtschaft zählen alle Arbeiten und Maßnahmen, die der Pflege, dem Anbau, der Aufzucht und der Erneuerung des Waldes dienen, und der Verkauf seiner Produkte. Für die Hege, Holzgewinnung und Wiederaufforstung sind Forstbeamte oder Förster verantwortlich.

Forstschädlinge

Eine wichtige Arbeit des Försters besteht darin, die Bäume vor Schädlingen zu schützen.

Fortpflanzung
Bei der Fortpflanzung entsteht Leben aus Leben. Menschen, Tiere und Pflanzen erzeugen Nachkommen und erhalten so ihre Art. Man unterscheidet die ungeschlechtliche und die geschlechtliche Fortpflanzung. Ungeschlechtlich pflanzen sich meist Kleinstlebewesen und Pflanzen fort. An dieser Fortpflanzungsart ist nur eine Pflanze oder ein Tier beteiligt. Im einfachsten Fall entstehen die Nachkommen durch Teilung des elterlichen Lebewesens, wie bei der einzelligen →Amöbe. Sie teilt zuerst ihren Zellkern und durchschnürt dann ihren Körper zu zwei →Einzellern bzw. zwei Amöben. Ungeschlechtliche Fortpflanzung erfolgt außerdem durch die Bildung von Knospen, Sporen, Sprossen, Ausläufern oder Knollen, die sich abgetrennt von der Mutterpflanze zu neuen Lebewesen ent-

wickeln. Durch Sporen pflanzen sich z. B. blütenlose Pflanzen, wie →Farne, →Moose oder →Pilze, fort. Kartoffelpflanzen vermehren sich durch Knollen, die aus Knospen, den so genannten Augen, austreiben.
Bei der geschlechtlichen Fortpflanzung muss erst eine Befruchtung stattfinden. Sie geschieht durch Verschmelzen einer männlichen Samenzelle mit einer weiblichen Eizelle. Dabei werden die →Gene der Eltern vermischt, sodass die Nachkommen neue Eigenschaften und Merkmale aufweisen. Aus der befruchteten →Zelle entsteht dann durch unterschiedlich viele Zellteilungen das neue Lebewesen.
Viele blühende Pflanzenarten, Tiere und die Menschen pflanzen sich geschlechtlich fort. Bei den Blütenpflanzen ist die weibliche Keim- oder Eizelle im Fruchtknoten eingeschlossen, die männliche Keimzelle befindet sich im Blütenstaub oder den Pollen. Wird der Pollen vom Wind oder von →Insekten auf die Narbe der →Blüte getragen, keimt er, bildet einen Pollenschlauch und dringt bis zur Eizelle vor, um sie zu befruchten. Es entsteht ein →Samen, aus dem sich eine neue Pflanze entwickeln kann.

Die Milch der Ziegenmutter enthält alle Nährstoffe und Abwehrstoffe, die das Zicklein noch braucht.

Bei Tieren unterscheidet man zwischen äußerer und innerer Befruchtung. Weibliche Fische legen ihre →Eier im Wasser ab. Dort begießen die Männchen sie mit ihrem Samen. Im Inneren der Eier entwickeln sich dann die Nachkommen. Bei den höheren Wirbeltieren spritzt das Männchen seinen Samen in den Körper des Weibchens, und das Ei oder die Eier werden im weiblichen Körper befruchtet. →Vögel und →Reptilien legen daraufhin die Eier ab, die sie entweder selbst oder mithilfe der Sonnenwärme ausbrüten.
Bei →Säugetieren und auch beim Menschen bleibt das befruchtete Ei im Körper der Mutter und nistet sich in die →Gebärmutter ein. Dort kann sich das Ungeborene geschützt entwickeln und wird über den Mutterkuchen und die Nabelschnur mit →Sauerstoff und Nährstoffen versorgt. Auch nach der →Geburt bekommt das Kind Nahrung und wertvolle Abwehrstoffe noch eine Zeit lang vom Körper der Mutter, die es mit ihrer Milch säugt oder stillt.

Fossilien
Die Fossilien sind versteinerte Überreste von Tieren und Pflanzen aus der Frühzeit der Erde.

Fotografie
Das Wort „Fotografie“ kommt aus dem Griechischen und bedeutet „Aufzeichnung mit Licht“.
Beim Fotografieren fällt →Licht durch eine →Linse ins Innere der Kamera und wirft ein Bild auf den Film. Dieser ist ein aufgerollter Kunststoffstreifen, der auf einer Seite mit einem lichtempfindlichen Material ein- oder mehrfach beschichtet ist. Das Licht bewirkt auf der Schicht, dass sich die dort vorhandenen Silbersalzkörnchen verwandeln und auf diese Weise das Bild festhalten. Der fertig belichtete Film muss dann chemisch behandelt, das heißt entwickelt und fixiert werden. Man erhält ein Negativ, auf dem die hellen Stellen dunkel und die dunklen Stellen hell sind. Von diesem Negativ wird das Positiv auf spezielles Fotopapier übertragen. Bei Diafilmen sieht man sofort nach dem Entwickeln das Positiv.
Die heutigen Kameras sind meist mit Computern ausgestattet, die die Entfernung zum gewünschten Objekt messen, die Helligkeit prüfen und alle Einstellungen automatisch vornehmen. Vielseitiger kann man jedoch mit Spiegelreflexkameras fotografieren: Bei ihnen müssen in der Regel die Belichtungszeit, Entfernung und Öffnungsweite der Blende von Hand eingestellt werden, und man kann nach Belieben die Objektive wechseln.
Die ersten Fotografien machte Louis Daguerre (1787–1851) im Jahr 1837. Sie

Sucher-Kamera

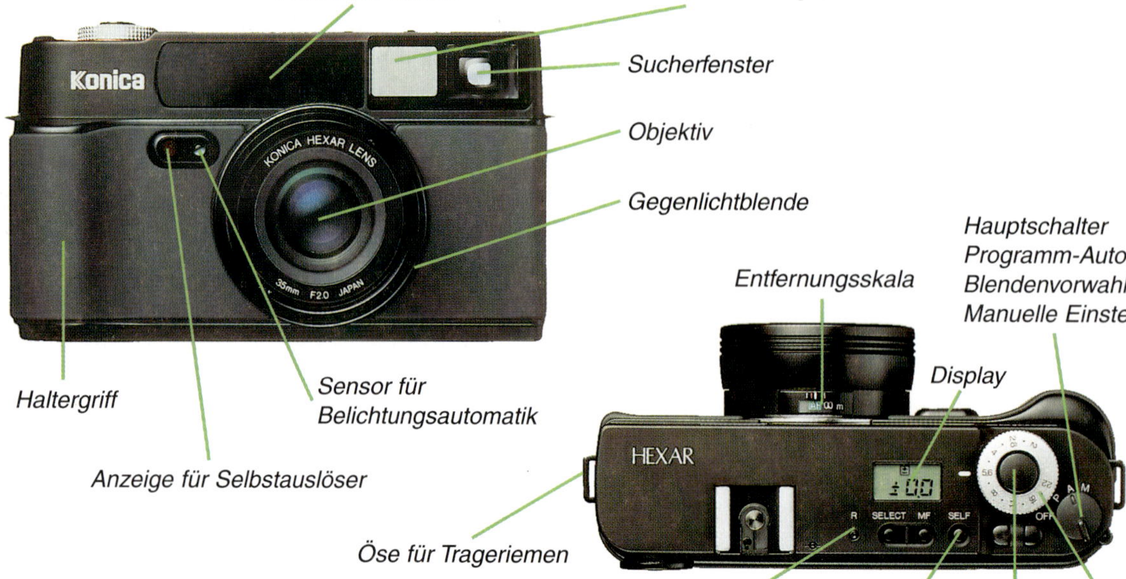

entstanden auf Platten, die man für jede einzelne Aufnahme neu in die Kamera einlegen musste. 1884 erfand George Eastman (1854–1932) den Rollfilm. Um 1947 kam die Sofortbildkamera auf, bei der sich der Film gleich nach dem Belichten automatisch entwickelt.

Fotokopie

Kein Büro könnte heute mehr ohne Fotokopierer auskommen. In wenigen Sekunden fertigt er ein oder mehrere genaue Abbilder einer beliebigen Vorlage, zum Beispiel eines Briefes oder einer Zeichnung, an. Ganz

Querschnitt eines Fotokopierers

nach Einstellung liefert er maßstabsgetreue, verkleinerte oder vergrößerte Fotokopien.
Das moderne Fotokopierverfahren entwickelte sich aus der Xerografie: Die Kopiervorlage wird belichtet und ihr Bild mittels einer →Linse auf eine elektrisch aufgeladene Metalltrommel geworfen. Nur die unbelichteten Stellen bleiben elektrisch geladen. Sie ziehen das ebenfalls elektrisch geladene schwarze Farb- oder Tonerpulver an, sodass sich das Abbild der Kopiervorlage auf der Trommel befindet. Nun läuft ein Blatt Papier über die Trommel, auf das sich dieses Tonerbild überträgt. Zwischen geheizten Walzen wird schließlich das Tonerpulver dauerhaft mit dem Papier verbunden bzw. fixiert.

Fotosynthese
Die Fotosynthese ist ein Grundvorgang grüner →Pflanzen: Mit Hilfe des grünen Farbstoffes Chlorophyll und des Sonnenlichts als →Energie bilden die grünen →Blätter aus dem →Kohlendioxid oder Kohlenstoffdioxid der Luft und dem Wasser aus der Erde →Kohlenhydrate. Das sind →Zucker und →Stärke, die die Pflanze benötigt, um zu wachsen.

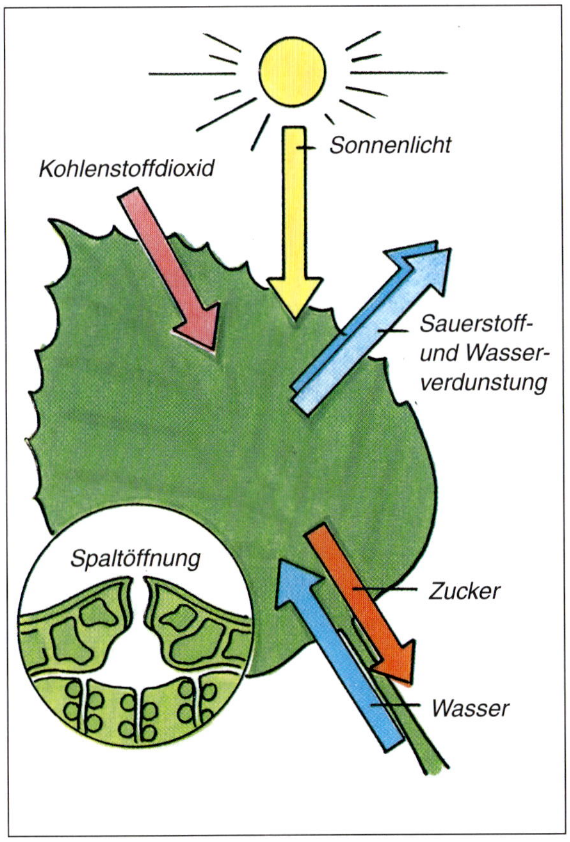

Fotosynthese (Schema)

Das →Gas Kohlenstoffdioxid nehmen die Pflanzen über kleine Spaltöffnungen auf den Blättern auf. Das Wasser zieht durch die Wurzeln in die Blattadern. Beide Ausgangsstoffe gelangen in die Blättergrünkörper, die Chloroplasten. Dort wird bei Lichteinfall Wasser in →Wasserstoff und →Sauerstoff gespalten. Der Sauerstoff entweicht als Abfallprodukt durch die Spaltöffnungen ins Freie. Auf diese Weise liefern die Pflanzen den Menschen und Tieren das lebenswichtige Gas Sauerstoff zum Atmen, sie selbst wiederum brauchen das Gas Kohlenstoffdioxid, das die Menschen und Tiere beim Ausatmen abgeben.

Fotozelle
Wenn Rolltreppen zu laufen beginnen, sobald man sie betritt, oder Türen sich auf gespenstische Weise von selbst öffnen, sobald man sich nähert, dann sind Fotozellen dafür verantwortlich. Das Geheimnis steckt hinter einer unsichtbaren Lichtschranke. Sie besteht aus einem Strahl ultravioletten →Lichts, das auf eine Fotozelle fällt. Solange es auf die Fotozelle trifft, ist der Motor der Rolltreppe abgeschaltet. Wird der Lichtstrahl unterbrochen, schaltet sich der Motor ein. Das Licht löst in der Fotozelle einen elektronischen Leitungsvorgang aus, über den der Schalter des Motors gesteuert wird:
Die Fotozelle wandelt dazu Lichtenergie in elektrische →Energie um. Dabei wirkt die Eigenschaft einiger →Metalle, beim Aufprall von Lichtstrahlen →Elektronen auszusenden. Je mehr Licht einwirkt, desto stärker wird der Elektronenstrom, der den Schalter des Motors betätigt.

Fraktion
Alle →Abgeordneten in einem →Parlament, die derselben →Partei angehören, bilden eine Fraktion. Es besteht auch die Möglichkeit, dass sich die Abgeordneten verschiedener Parteien zu einer Fraktion zusammenschließen, wie die der CDU und CSU im deutschen →Bundestag.

Frankreich
Die französische →Republik wird im Norden vom Ärmelkanal, im Westen vom Atlantik, im Süden nach Spanien von den →Pyrenäen sowie vom Mittelmeer und im Osten

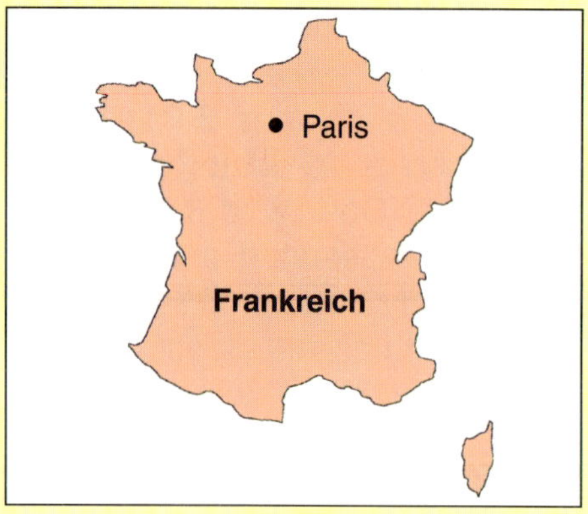

Kontinent:	Europa
Fläche:	543.965 km^2
Einwohner:	57.726.000
Hauptstadt:	Paris
Amtssprache:	Französisch
Währung:	Französischer Franc

von Italien, der Schweiz, Deutschland und Belgien begrenzt. Zum französischen Staatsgebiet gehört außerdem die Mittelmeerinsel Korsika. Frankreich ist das größte Land in Westeuropa, hat aber deutlich weniger Einwohner als Deutschland. Mehr als ein Sechstel der Bevölkerung lebt in und um die Hauptstadt →Paris. Das →Klima ist gemäßigt bis warm, an der Südküste gibt es sehr heiße Sommer. Fast die Hälfte des Landes wird landwirtschaftlich genutzt, angebaut werden Getreide, Obst, Gemüse und Wein. Zahlreiche →Bodenschätze, unter anderem in den Pyrenäen, bilden die Grundlage für die hoch entwickelte →Industrie.

Um 600 v. Chr. gründeten die griechischen Phokäer die Kolonie Massilia, das heutige Marseille. Zur gleichen Zeit besetzten die →Kelten das Land bis zur Eroberung durch die →Römer. Über 500 Jahre lang gehörte das damalige Gallien zum Römischen Weltreich. Um 400 n. Chr. siedelten sich die Franken, Westgoten und Burgunder an. Die Franken eroberten das Land und gründeten das fränkische Reich, aus dessen Ostteil Anfang des 10. Jahrhunderts Frankreich entstand.

Die folgenden Jahrhunderte wurden von Kriegen zwischen den Franzosen und den Engländern bestimmt. Die berühmteste Gestalt dieser Zeit ist →Jeanne d'Arc, die Frankreich im Hundertjährigen Krieg von den Engländern befreite.

Im 17. Jahrhundert entwickelte sich Frankreich zur führenden Nation Europas. Der König regierte das Land als Alleinherrscher. Im Jahr 1789 kam es zur →Französischen Revolution. Frankreich wurde 1792 erstmals eine Republik, doch 1804 wieder eine →Monarchie, als sich →Napoleon I. zum Kaiser krönte. Erst 1871 wurde Frankreich wieder eine Republik.

Französische Revolution

Im 18. Jahrhundert besaßen der Adel und die Geistlichen in Frankreich viele Sonderrechte und lebten im Luxus, während die →Bürger, Bauern, Handwerker und Taglöhner durch hohe Steuern die Verschwendungssucht des Königs und die gewaltige Schuldenlast des Staates tragen mussten und selbst hungerten. Als der herrschende König Ludwig XVI. (1754–1793) Verhandlungen um gerechtere Gesetze ablehnte, führte der Zorn des Volkes zu einem Aufstand. Im Juli 1789 stürmten die Bürger von Paris die Bastille, das Staatsgefängnis. Die Aufständischen forderten „Freiheit, Gleichheit, Brüderlichkeit". Sie entmachteten den König, den Adel und die Kirche und verkündeten im August 1789 die →Menschenrechte. Im Jahr 1792 wurde Frankreich eine →Republik, und ein Jahr später wurden das Königspaar und zahlreiche Adelige verurteilt und hingerichtet. Bis zu diesem Zeitpunkt hatten die gemäßigteren Girondisten die führende Rolle im Nationalkonvent, der aus verschiedenen →Parteien zusammengesetzten Nationalversammlung. 1793 wurden sie von den weitaus radikaleren Jakobinern unter dem Führer Robespierre (1758–1794) verdrängt, die die →Revolution zu ihrem Höhepunkt brachten. Sie errichteten eine →Diktatur, die wegen der zahlreichen Hinrichtungen von Adeligen als Schreckensherrschaft in die Geschichte einging. 1794 wurden die Jakobiner gestürzt, ein bürgerliches „Direktorium" übernahm die Macht. Nach einem Staatsbankrott und schweren Kriegsniederlagen gelang es →Napoleon I., das Direktorium im Jahr 1799 aufzulösen und sich 1804 zum Kaiser Frankreichs zu krönen.

Obwohl die Französische Revolution letztendlich scheiterte, stellt sie mit ihrem Ziel der Gleichberechtigung aller Bürger einen tiefen Einschnitt in der europäischen Geschichte dar.

Frauenbewegung
Die Frauenbewegung tritt für die Gleichberechtigung der Frau in allen Bereichen der →Gesellschaft ein. Sie entstand im 19. Jahrhundert in Europa. In Deutschland bildeten sich ab 1865 die unterschiedlichsten Frauenvereine. Die Frauenrechtlerinnen erregten großes Aufsehen und heftigen Widerspruch. Ihre Forderungen waren berechtigt: Die Frauen erhielten z. B. erst 1918 das Wahlrecht.
Heute ist die Gleichberechtigung der Frau in Deutschland zwar gesetzlich festgelegt, doch in Wirklichkeit spielen die Frauen in der →Politik, im Wirtschaftsleben und in vielen Familien weiterhin eine untergeordnete Rolle. Häufig bekommen sie im Berufsleben schlechtere Chancen, da sie wegen der zusätzlichen familiären Aufgaben, wie Erziehung der Kinder und Haushalt, als weniger belastbar im Beruf angesehen werden.
→Emanzipation

Freiheit
Am einfachsten lässt sich Freiheit durch Grenzen ausdrücken. Frei ist, was durch keinen Zwang begrenzt wird. Ein freier Mensch kann über sein Leben selbst bestimmen, aber nur so weit er damit nicht die Freiheit eines Mitmenschen einschränkt.
Der Begriff „Freiheit" ist je nach den Voraussetzungen unterschiedlich festgelegt und bewertet. Im →Grundgesetz gilt beispielsweise die freie menschliche Persönlichkeit als oberster Wert. Im →Mittelalter dagegen galt ein Mann als vogelfrei, der aus der →Gesellschaft ausgestoßen worden war und keine Rechte mehr hatte.

Freud, Sigmund
Der Nervenarzt Sigmund Freud (6.5.1856–23.9.1939) lebte in Wien. Er erforschte die seelischen Krankheiten und erkannte, dass ein Großteil des menschlichen Denkens unbewusst abläuft und von den Gefühlen gesteuert wird. Um dem Unbewussten näher zu kommen, versuchte Freud die Träume zu deuten und entwickelte die Psychoanalyse. Dabei liegt der Patient z. B. auf einem Sofa und erzählt von seinen Gedanken, Ängsten, Wünschen und Träumen. Meist steigen auch Erinnerungen an seine Kindheit in ihm auf. Mit dieser Heilmethode sollen Probleme, die der Kranke ins Unterbewusstsein verdrängt hat, bewusst gemacht und aufgearbeitet werden, sodass der Patient auf diese Weise von seinen seelischen Störungen befreit wird.

Frieden
Unter dem Begriff „Frieden" oder „Friede" versteht man den Zustand eines ungestörten Zusammenlebens ohne Streit und →Krieg. Im Frieden werden Gegensätze ohne Gewaltanwendung ertragen oder gelöst, z. B. durch einen Ausgleich oder Kompromiss.
Die Friedensbewegung setzt sich für die →Abrüstung ein und will auf der ganzen Welt den Wunsch stärken, Auseinandersetzungen in und zwischen den Ländern friedlich zu lösen. Mitglieder der Friedensbewegung heißen Pazifisten.
An Personen, die sich um den Frieden besonders verdient gemacht haben, wird ein eigener →Nobelpreis verliehen: Der Friedensnobelpreis ist ein großer internationaler Friedenspreis. Es gibt außerdem einen Friedenspreis des deutschen Buchhandels. Diesen bekommen Schriftsteller, die mit ihrem Werk den Friedensgedanken verbreiten.

Die Friedenstaube ist das Sinnbild der Weltfriedensbewegung.

Friedrich I., Barbarossa
Seit 1147 herrschte Friedrich I. (um 1122–10.6.1190) als Herzog Friedrich III. von Schwaben, 1152 wurde er zum deutschen →König gewählt und 1155 zum →Kaiser gekrönt. Er führte mehrere Feldzüge nach Italien, um unter anderem die Macht des Kaisers gegenüber dem Papsttum zu behaupten. 1176 schloss er Frieden mit dem →Papst. Seinen Beinamen „Barbarossa", auf Deutsch „Rotbart", gaben ihm die Italiener.

Friedrich II., der Große
Er hieß Friedrich II. (24.1.1712–17.8.1786), aber auch Friedrich der Große und erhielt in späteren Jahren den Spitznamen der „Alte Fritz".

Friedrich II. (links) mit dem Architekten Knobelsdorff, von dem er sich in Potsdam den Sommersitz Sanssouci bauen ließ.

Von 1740 bis zu seinem Tod regierte er als →König von Preußen. Durch viele erfolgreiche Kriege machte er Preußen zur Großmacht in Europa. Im Frieden verwirklichte er Reformen in der Wirtschaft und im Schul- und Gerichtswesen. Er beschränkte den Import und förderte dafür innerhalb des Landes Handel und Gewerbe, die vom Bürgertum betrieben wurden. Nur Adelige durften höhere Beamte und Offiziere werden.

Von Jugend an liebte Friedrich der Große die Musik und die Malerei. Außerdem interessierte er sich besonders für die französische →Aufklärung und schrieb selbst philosophische und politische Bücher.
Nach seinem Tod wurde er als klassischer König Preußens beinahe zur →Legende. Dabei wird jedoch übersehen, dass er trotz aufgeschlossener Ideen und Reformen das Bürgertum benachteiligte.

Friedrich, Caspar David
Der deutsche Maler Caspar David Friedrich (5.9.1774–7.5.1840) studierte in Kopenhagen und ging dann nach Dresden, um dort an der Kunstakademie zu lehren. Er war ein bedeutender Vertreter der →Romantik und wurde vor allem durch seine Landschaftsbilder berühmt. In ihnen spielt seine Sicht der grenzenlosen Welt und der göttlichen Natur eine große Rolle. Alle seine Bilder vermitteln eine große Sehnsucht nach Befreiung der Seele.

Frösche →Froschlurche

Froschlurche
Alle Frösche und Kröten sind →Amphibien, sie werden zusammengefasst als Froschlurche bezeichnet. Die ausgewachsenen Tiere haben einen gedrungenen Körper, kurze, vierzehige Vorderbeine und fünfzehige, meist zu Sprungbeinen ausgebildete Hintergliedmaßen mit Spannhäuten zwischen den Zehen. Sie leben in feuchten Gegenden, in Teichen, Tümpeln, Seen und Flüssen oder auf Bäumen. Ihre →Eier oder den Laich legen sie im Wasser ab. Aus ihnen entwickeln sich kleine →Larven mit Schwanz, die Kaulquappen. Sie atmen wie Fische durch Kiemen und ernähren sich von Algen. Nach und nach wachsen die Hinter- und Vorderbeine, die Kiemen und der Schwanz bilden sich zurück und die Lungenatmung setzt ein. Die jungen Froschlurche können jetzt an Land.
Frösche bleiben stets in der Nähe des Wassers, da sie ihre nackte, glatte Haut, über die sie auch atmen, feucht halten müssen. Die Haut von Kröten dagegen ist warzig und drüsenreich, deshalb können Kröten auch in trockeneren Gebieten leben.
Frösche und Kröten ernähren sich von Insekten, Schnecken und Würmern. Beim

Die Hautfarbe des europäischen Wasserfrosches stimmt fast mit dem Grün der Blätter überein.

Beutefang hilft ihnen ihre lange, klebrige Zunge, die blitzschnell herausschnellt und das Opfer umwickelt. Zum Schlucken verwenden die fast zahnlosen Froschlurche ihre großen Augäpfel, die sich in die Kehle wölben und die Nahrung hinunterdrücken.
Da Frösche und Kröten viele natürliche Feinde, wie Wasservögel und Schlangen, haben, sind ihre Körperfarben zur Tarnung der Umgebung angepasst. Laubfrösche sind grün, Erdkröten braun, und manche Froscharten wechseln sogar die Farbe, wenn sie sich zum Beispiel von einem grünen Blatt auf ein bräunliches bewegen.
Frösche und Kröten kommen außer in sehr kalten Gebieten auf der ganzen Erde vor.

Frost
Wenn die Temperatur unter null Grad Celsius fällt, besteht Frost. Das Wasser gefriert, und die Luftfeuchtigkeit bildet kleine Eiskristalle, die sich als Raureif an festen Gegenständen ablagern.

Frucht
Die Früchte enthalten die ➝Samen der ➝Pflanzen. Sie entstehen aus dem Fruchtknoten der ➝Blüte. Streufrüchte, wie Mohn-

Verschiedene Früchte

Durch schwimmende Kokosnüsse kann sich die Kokospalme über die Ozeane hinweg verbreiten.

Wie die Stachelbeere ist auch die Tomate eine Beere.

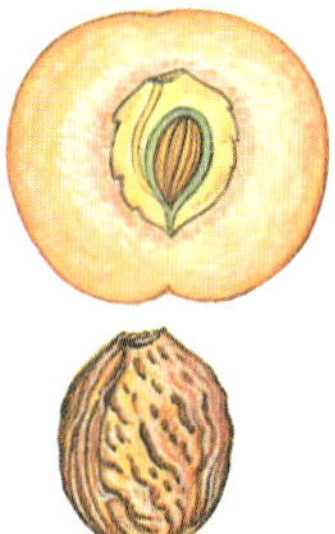

Der Pfirsich ist eine vollfleischige Steinfrucht.

Beim Flachs reifen die Samen in Fruchtkapseln heran.

Kleine Fallschirme tragen den Samen des Löwenzahns weit ins Land.

kapseln, Erbsenhülsen und Senfschoten, öffnen sich im reifen Zustand und streuen den Samen aus. Bei den Schließfrüchten werden die Samen in der geschlossenen Frucht verbreitet. Hierzu zählen die Nüsse, wie Haselnuss und Eichel, die Steinfrüchte, wie Pflaume und Kirsche, und die Beeren, wie Stachelbeere und Tomate. Außerdem gibt es Sammelfrüchte, sie entstehen aus mehreren Fruchtknoten. Bei der Himbeere beispielsweise verwachsen die einzelnen Steinfrüchtchen miteinander und bilden eine Sammelsteinfrucht. Der Fruchtstand der Ananas besteht aus der fleischigen Achse und den saftigen Tragblättern der einzelnen Blüten und stellt so eine zusammengesetzte Beere dar.
Die Verbreitung der Früchte und damit der Pflanzen geschieht auf unterschiedlichste Weise: Die fleischigen Früchte geben den Menschen und Tieren einen Anreiz sie zu essen. Die Samen werden somit durch die Ausscheidungen verbreitet. Andere Früchte, wie die der Klette, haben kleine Häkchen, mit denen sie sich in das Fell von Tieren oder an die Kleider von Menschen hängen und sich auf diese Weise transportieren lassen. Beim Löwenzahn hängen die Früchte an kleinen Fallschirmen und werden vom Wind verweht. Die Früchte der Kokospalme dagegen sind für längere Zeit schwimmfähig.

Fruchtfolge

Baut man auf einem Feld jedes Jahr die gleiche Pflanzenart an, dann werden die Erträge immer schlechter, weil sich bestimmte →Schädlinge und Unkräuter ausbreiten und der →Boden einseitig ausgenutzt wird. Um das zu vermeiden, werden in geregelten Aufeinanderfolgen verschiedene Feldfrüchte angepflanzt. Diese Methode heißt Fruchtfolge oder Fruchtwechsel. Als Dreifelderwirtschaft wurde sie schon im →Mittelalter angewendet.

Füchse

Mit rund 20 Arten gehören Füchse zu den →Raubtieren und sind mit den →Hunden verwandt. Von diesen unterscheiden sie sich durch die ovale Pupillenform der Augen. Die Zehengänger haben kräftige, stumpfe Krallen, die sie nicht einziehen können, und sind schnelle, ausdauernde Läufer. Der schlanke, mit dichtem, fahlrotem Fell bekleidete Körper des Rotfuchses wird bis zu 90 Zentimeter lang. Der buschige Schwanz heißt Lunte. Wegen seiner scharfen →Sinne, besonders des Hör- und Geruchssinns, wird der „Meister Reinecke“ in den →Fabeln als sehr schlau dargestellt.
Füchse sind Einzelgänger, die in unterirdischen Höhlen mit meist mehreren Ausgängen leben. Sie ernähren sich bevorzugt von →Aas, jagen aber auch Mäuse, Eidechsen, Frösche, Vögel und andere Kleintiere. Füchse sind eigentlich sehr scheu. Sie können aber dem Menschen gefährlich werden, da sie die Infektionskrankheit Tollwut übertragen.
Füchse sind weit verbreitet. Neben dem heimischen Rotfuchs und dem gezüchteten Silberfuchs gibt es z. B. den am nördlichen Eismeer lebenden Polarfuchs und den in der Wüste beheimateten kleinen Fennek.

Der sandfarbene Wüstenfuchs oder Fennek nimmt mit seinen großen Ohren das leiseste Geräusch wahr. Auf diese Weise spürt er in der kargen Landschaft Mäuse und Echsen auf.

Fundamentalisten

Personen, die einen strengen, unverrückbaren Glauben an die →Bibel oder an den →Koran haben und danach das Zusammenleben der Menschen und ihren Staat organisieren wollen, nennt man Fundamentalisten. Diese strikte Art des Glaubens grenzt an religiösen →Fanatismus.

Funktechnik

Die Funktechnik ist ein Bereich der Nachrichtentechnik. Sie umfasst alle Verfahren, bei denen Nachrichten nicht über Draht oder →Kabel übertragen werden, sondern über elektromagnetische →Wellen, wie beim Radio oder →Rundfunk, beim →Fernsehen und beim →Radar.

Fußball

Das beliebteste Ballspiel auf der ganzen Welt ist Fußball. So wie es heute gespielt wird, entstand es in der Mitte des 19. Jahrhunderts in England.

Fußball wird von zwei Mannschaften mit je elf Spielern gespielt, die feste Feldpositionen und Aufgaben haben. Das Spielfeld ist 90 bis 120 Meter lang und 45 bis 90 Meter breit. Die beiden Tore sind jeweils 7,32 Meter breit und 2,44 Meter hoch. Der Ball ist ein Hohlball mit Lederhülle, hat einen Umfang von 68 bis 71 Zentimetern und wiegt zwischen 396 und 453 Gramm. Er darf nur vom Torwart mit der Hand berührt werden und soll von der Mannschaft mit dem Fuß, Bein, Kopf oder Einsatz des Körpers so oft wie möglich ins gegnerische Tor befördert werden. Die Spieldauer beträgt zwei Halbzeiten zu je 45 Minuten. Ein Schiedsrichter und zwei Linienrichter passen auf, dass keine Fouls vorkommen. Fouls sind Verstöße gegen die Spielregeln, wie dem Gegner ein Bein stellen, ihn stoßen oder festhalten. Die Schiedsrichter verwarnen derart unsportliche Spieler mit einer gelben Karte oder weisen sie mit einer roten Karte vom Feld. Es gibt feste Regeln, die bei Verstößen mit einem Freistoß für die gegnerische Mannschaft bestraft werden. Ein Regelverstoß ist zum Beispiel das „Abseits“: Ein Spieler befindet sich im Abseits, wenn er in dem Augenblick, in dem der Ball gespielt wird, näher an der gegnerischen Torlinie ist als zwei gegnerische Spieler.

Die wichtigsten Fußballwettbewerbe innerhalb eines Landes sind jährlich die Meisterschaft und der Pokalwettbewerb. Die wichtigsten internationalen Fußballwettbewerbe sind die Weltmeisterschaft, die Europameisterschaft und der Europapokal der Landesmeister. Die zwei Erstgenannten werden im jährlichen Wechsel ausgetragen, der Europapokal dagegen wird jedes Jahr ausgespielt.

Fußball ist eine Mannschaftssportart, die auch von Zweikämpfen lebt. Wer setzt sich wohl in dieser Spielszene durch?

Galaxis →Milchstraßensystem

Galilei, Galileo

Der Italiener Galileo Galilei (15.2.1564–8.1.1642) war ein berühmter Naturwissenschaftler, bereits mit 25 Jahren wurde er Professor für →Mathematik. Galilei gründete seine Forschungen nicht, wie es damals üblich war, auf Vermutungen, sondern beobachtete, machte zahlreiche Versuche und zog daraus seine Schlüsse. Es gelang ihm zum Beispiel, mit einem selbst gebauten Fernrohr die Mondgebirge, vier →Monde des Planeten →Jupiter und Sonnenflecken zu entdecken.
Galilei verteidigte öffentlich die Lehre des Astronomen Nikolaus →Kopernikus, dass die →Erde sich wie alle anderen →Planeten um die →Sonne bewegt. Damit machte er sich die im →Mittelalter allmächtige Kirche zum Feind, da diese noch an der alten Vorstellung festhielt, dass die Erde der Mittelpunkt des →Weltalls sei. Galilei wurde vor ein kirchliches Gericht gestellt, zu lebenslanger Haft verurteilt und gezwungen, der Lehre des Kopernikus abzuschwören. Bis zu seinem Tod wurde er streng überwacht, aber seine Studien setzte er fort. Die Kirche konnte ihn zum Widerruf seiner Lehre zwingen, aber deren Verbreitung war nicht zu verhindern.

Galle
Die Galle ist eine gelblich grüne, bitter schmeckende Körperflüssigkeit. Sie wird von der →Leber erzeugt und in der Gallenblase unterhalb der Leber eingedickt und gespeichert. Der Körper braucht die Galle, um das →Fett in der Nahrung zu verdauen.

Gandhi, Mahatma
„Mahatma" heißt „große Seele" und als solche wurde Mohandas Karamchand Gandhi (2.10.1869–30.1.1948), der geistige Vater des unabhängigen →Indiens, verehrt.
Ab 1914 forderte er seine indischen Landsleute zum gewaltlosen Widerstand gegen die britische →Kolonialherrschaft auf. Die Inder sollten zum Beispiel keine britischen Textilien kaufen, sondern die britische Industrie

boykottieren und eigene Stoffe herstellen. 1947 erreichten Gandhi und seine Anhänger mit der Unabhängigkeit Indiens ihr Ziel. 1948 wurde er bei einem Attentat umgebracht.

Ganges
In 4200 Metern Höhe mitten im →Himalaja entspringt der Hauptstrom →Indiens, der Ganges. Der 2700 Kilometer lange →Fluss fließt quer durch Nordindien nach Bangladesch und bildet dort mit dem Brahmaputra an der Mündung in den Golf von Bengalen das größte Delta der Erde.
Der Ganges ist für die Anhänger des →Hinduismus der heilige Strom Indiens. Man sagt, wer von seinem Wasser trinkt oder an seinem Ufer stirbt, kommt ins Paradies.

An den Ufern des Ganges meditieren die Pilger stundenlang.

Gänse
Die Gänse sind Schwimmvögel. Sie sind mit den →Enten und Schwänen verwandt, aber im Gegensatz zu diesen nicht so eng ans Wasser gebunden. Gänse ernähren sich von Pflanzen, die sie gründelnd aus dem Wasser holen oder an Land mit ihren Schnabelspitzen ausrupfen und mit den gezahnten Schnabelrändern zerkleinern. Gänse sind sehr gute Schwimmer, an den Füßen haben sie breite Schwimmhäute. Unter ihrem Schwanzansatz sitzt die so genannte Pürzeldrüse, mit deren Sekret sie ihr Gefieder fetten, damit es das Wasser abweist. Die männliche Gans nennt man Ganter.
Es gibt viele Gänsearten. Meist nisten sie im hohen Norden und ziehen im Winter in das wärmere Klima Mitteleuropas.
In Deutschland ist die Graugans verbreitet,

Mit den kräftigen Hornzähnen am Schnabelrand rupft die Graugans Gras und Kräuter ab.

von der die Hausgans abstammt. Graugänse fliegen im Herbst in die Mittelmeerländer und zum Teil bis nach Afrika ins Winterquartier und kehren im Frühjahr wieder zurück. Im Flug bilden sie am Himmel ein gleichmäßiges V.
Seit Jahrtausenden werden Gänse als →Haustiere gehalten. Die Menschen ernähren sich von ihrem Fleisch, und ihre →Federn, vor allem die leichten, weichen Daunen, dienen als wärmende Füllung von Betten, Kissen und Anoraks. Gänse können aber auch einen Wachhund ersetzen, da sie beim kleinsten Geräusch laut zu schnattern beginnen.

Garantie
Eine Garantie ist eine Zusicherung, dass etwas so eintreffen wird, wie es versprochen ist. Andernfalls bekommt man dafür eine Entschädigung. Wenn z. B. beim Kauf eines Fernsehers eine Garantie von einem Jahr gegeben ist, dann werden alle Schäden des Gerätes, die innerhalb des folgenden Jahres auftreten, vom Hersteller repariert, soweit sie nicht durch unsachgemäße Behandlung entstanden sind.

Gärung
Die Gärung ist ein Zersetzungsvorgang, zum Beispiel von Früchten oder Milch, der oft als Faulen bezeichnet wird, weil sich gleichzeitig der Geruch der Lebensmittel verändert. Die Ursache sind kleinste Lebewesen, wie →Pilze und →Bakterien, die sich vermehren, wenn Lebensmittel falsch oder zu lange aufbewahrt werden. Sie

verwandeln die →Kohlenhydrate, das sind →Zucker und →Stärke, in →Alkohol und in das Gas →Kohlendioxid, das ganz leicht sprudelnd entweicht.
In speziellen Verfahren werden durch Gärung zum Beispiel aus Weintrauben →Wein oder Sekt gewonnen, aus Milch →Käse hergestellt oder aus Weißkohl Sauerkraut bereitet.

Gas
Alle luftförmigen Stoffe sind Gase. Im Gegensatz zu →Festkörpern und →Flüssigkeiten bewegen sich bei Gasen die →Atome und →Moleküle völlig frei im Raum. Sie füllen ihn gleichmäßig aus und üben auf die Raumwände einen Druck aus.
Verschiedene Gase sind brennbar: Sie werden als Brenngase verwendet, um Wärme zu erzeugen. Wird im Haushalt mit Gas geheizt oder gekocht, dann handelt es sich um →Erdgas.
Erdgas lagert in der Erdkruste, entweder als reines Gas oder in Verbindung mit →Erdöl.

Die Luft ist ein Gasgemisch aus:

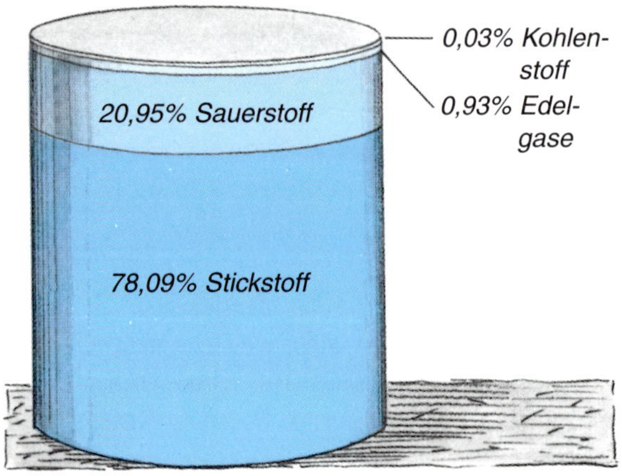

Gastarbeiter
Menschen aus dem Ausland, die entweder für eine bestimmte Zeit oder für immer in einem fremden Land arbeiten, bezeichnet man als Gastarbeiter. In Deutschland wurden ab 1960 dringend zusätzliche Arbeitskräfte benötigt und deshalb Arbeitnehmer vor allem aus den Mittelmeerländern, wie der Türkei, als Gäste angeworben. Um 1973 waren so viele Menschen in Deutschland arbeitslos geworden, dass die Regierung keine neuen Gastarbeiter mehr aufnahm. Obwohl die Mehrzahl der Ausländer Arbeiten verrichtet, die bei den Deutschen nicht sonderlich gefragt sind, werden sie häufig als Mitschuldige für die hohe Zahl der Arbeitslosen gesehen und angefeindet. Auch das Aufeinanderprallen unterschiedlicher Lebensgewohnheiten, Religionen und Sprachen macht für beide Seiten das Zusammenleben nicht immer einfach.

Gaulle, Charles de
Der französische General und Politiker Charles de Gaulle (22.11.1890–9.11.1970) floh 1940 während des Zweiten →Weltkrieges, als Deutschland Frankreich besetzt hatte, nach London. Von dort aus setzte er sich weiterhin für den französischen Widerstand gegen die Deutschen ein. Nach der Befreiung Frankreichs war er von 1944 bis 1946 Regierungschef. 1958 übte er das Amt des Ministerpräsidenten und des Verteidigungsministers aus. Er setzte eine Änderung der →Verfassung durch, nach der die Stellung des Regierungschefs gestärkt wurde. Von 1958 bis 1969 übernahm er das Amt des Präsidenten der →Republik. Damit bestimmte er wichtige politische Entscheidungen. Er bemühte sich um eine Stärkung der Position Frankreichs in der Welt und setzte sich für die Versöhnung und Zusammenarbeit mit Deutschland ein.

Gebärmutter
Die Gebärmutter oder der Uterus gehört zu den weiblichen →Geschlechtsorganen. Sie ist ein muskulöses Hohlorgan, sieht aus wie eine kleine, nach unten gekehrte Birne und befindet sich im Unterleib der Frau zwischen den Beckenknochen. In ihr nistet sich das befruchtete →Ei ein und entwickelt sich zum →Embryo.
Bei der →Geburt ziehen sich die Muskeln der Gebärmutter in regelmäßigen Abständen zusammen, öffnen dabei den unten liegenden Ausgang, den Gebärmuttermund, und schieben das Kind durch den Gebärmutterhals und die anschließende Scheide aus dem Körper der Mutter.

Gebirge
Alle Gebiete der Erde, die durch Berge, Täler und Schluchten gegliedert sind, nennt man Gebirge. Bis zu einer Höhe von 2000 Metern spricht man vom Mittelgebirge, ein Beispiel ist hier das Erzgebirge. Ab 2000 Meter spricht man vom Hochgebirge, dazu

Bruchschollengebirge (oben) wie der Harz haben einen nach oben gepressten Horst.

Faltengebirge (unten) wie die Alpen entstanden vorwiegend durch seitlichen Druck der Erdkruste.

rechnet man beispielswiese die →Alpen. Während die Mittelgebirge meist abgerundete Gipfel haben und bewaldet sind, überragen die Hochgebirge die Baumgrenze, und die steinigen, zerklüfteten Bergspitzen reichen zum Teil in so kalte Höhen hinauf, dass sie das ganze Jahr mit Eis und Schnee bedeckt sind.
Außerdem unterscheidet man Gebirge, die einst aus mehreren →Vulkanen entstanden sind, wie das Siebengebirge, von solchen, die aus Bewegungen der Erdkruste hervorgingen, wie der Harz, die Alpen, die →Anden und der →Himalaja.
Auch durch die Meere ziehen sich Gebirge. Berge, die vom Meeresgrund über den Wasserspiegel hinausragen, bilden die →Inseln.

Gebiss

Die →Zähne bei Menschen und Wirbeltieren bilden das Gebiss. Es dient zum Zerkleinern der Nahrung, die Tiere nutzen es aber auch als Waffe zur Verteidigung oder beim Angriff. Bei Fischen, Lurchen und Kriechtieren sehen alle Zähne gleich aus. Sie sind nicht in Knochen verankert und wachsen bei Zahnausfall immer wieder nach.
Bei allen →Säugetieren und den Menschen sitzen die Zähne fest in den Kieferknochen und sind unterschiedlich geformt. Fallen die Milchzähne aus, wachsen zweite Zähne nach. Verliert man dann jedoch einen Zahn vom bleibenden Gebiss, kann er nur künstlich ersetzt werden.
Fleischfresser, wie →Hunde, →Katzen oder →Raubtiere, haben meistens große, spitze Eckzähne, mit denen sie die Beute ergreifen und festhalten. Ihre Backenzähne sind scharfkantig, um die Nahrung zu zerkleinern. Pflanzenfresser dagegen besitzen breitflächige Backenzähne, um die Nahrung zu zermahlen.
Das erste oder Milchgebiss des Menschen besteht aus 20 Zähnen. Sie brechen nach und nach ab dem siebten Lebensmonat durch. Zwischen dem sechsten und 13. Lebensjahr erneuert und vervollständigt sich das Gebiss zu 32 Zähnen, dem zweiten oder bleibenden Gebiss: Auf jeder Hälfte des Unter- und Oberkiefers befinden sich

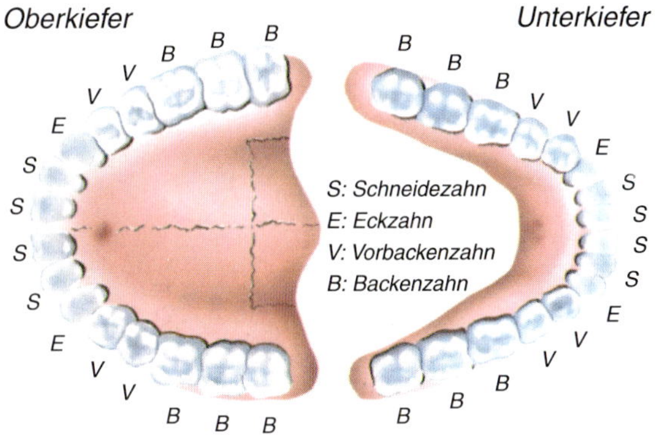

Das menschliche Gebiss

zwei Schneidezähne, ein Eckzahn, zwei Vorbackenzähne und drei Backenzähne. Der jeweils hinterste Backenzahn heißt Weisheitszahn, viele Menschen bekommen ihre Weisheitszähne erst in späteren Jahren oder gar nicht.
Mit den so genannten dritten Zähnen ist eine künstliche Zahnprothese gemeint.

Geburt

Bei der Geburt verlässt der →Embryo den Körper der Mutter, nachdem er in der →Gebärmutter herangewachsen ist. Beim Menschen geschieht das etwa 265 Tage oder 38 Wochen nach der Zeugung.
Bei der Frau kündigt sich die Geburt durch die Wehen an. Die Muskeln der Gebärmutter ziehen sich in immer kürzeren Abständen heftig und schmerzhaft zusammen, und der Gebärmuttermund öffnet sich Zentimeter um Zentimeter. Wenn er weit genug ist, dass das Baby hindurchpasst, platzt die Fruchtblase, die den Embryo umhüllt, und das darin enthaltene Fruchtwasser fließt ab. Die Wehen kommen jetzt in ganz kurzen Abständen und schieben das Kind Kopf voran durch die Scheide nach draußen. Die Frau unterstützt diesen Vorgang durch starkes Pressen. Wenn das Kind geboren ist, durchtrennt die Hebamme, der Arzt oder der Vater die Nabelschnur, über die der Embryo mit Nahrung und →Sauerstoff versorgt wurde. Mit den ersten Atemzügen entfaltet das Kind seine Lungen.
Etwa 20 Minuten später setzen die Nachwehen ein. Sie befördern die Plazenta oder den Mutterkuchen, der den Embryo über die Nabelschnur versorgt hat, und die Fruchtblase oder Eihäute als so genannte Nachgeburt aus dem Körper der Mutter.

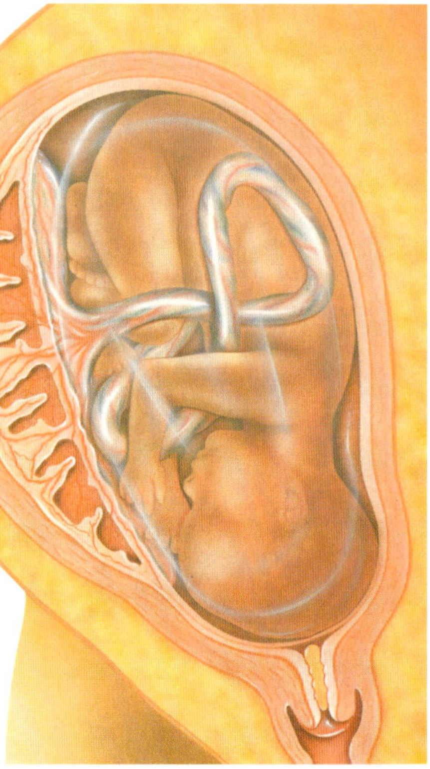

Das Kind ist vollständig entwickelt und bereit, geboren zu werden (38. Woche).

Gedicht

Spätsommerabend

Die Äpfel an den Bäumen,
Die wiegt ein leiser Wind,
Die letzten Rosen träumen,
Der Sommerfaden spinnt.

Es färbt mit abendzarten
Pastellen Zaun und Haus
Die Sonne hinterm Garten.
Die Wiese atmet aus.

Leis raschelt's in den Bäumen.
Die Taube gurrt im Schlag.
Wir sitzen und wir träumen.
Es war ein guter Tag.

Der Dichter Louis Fürnberg (1909–1957) erzählt hier nicht in einer kurzen Geschichte, was er an einem Spätsommerabend sieht, sondern er hat die Form des Gedichts gewählt, um mitzuteilen, was er an diesem Abend empfindet. Sein Gedicht besteht aus drei Strophen. Jede von ihnen setzt sich aus vier Verszeilen oder Versen zusammen. Der Dichter hat die Wörter, die er verwendet, besonders sorgfältig ausgesucht. Sie sind so zu Verszeilen zusammengefügt, dass sie einen ganz bestimmten Rhythmus ergeben und damit die Aussage noch verstärken. Auch die Versenden reimen sich regelmäßig, es enden immer die erste Zeile (a) mit der dritten (a) und die zweite Zeile (b) mit der vierten (b) im Gleichklang: ab ab cd cd ef ef. Dieser Reim heißt Kreuzreim.
In der Dichtkunst gibt es zahlreiche Gedichtformen mit den verschiedensten Rhythmen, Strophen- und Reimarten, die der Dichter je nach seinem Erleben verwendet.

Gefängnis
Ein Gefängnis ist ein Gebäude, in dem Menschen untergebracht sind, die wegen einer Straftat von einem →Gericht zu einer Freiheitsstrafe verurteilt worden sind. Für eine bestimmte Zeit, deren Dauer sich nach der Schwere ihrer Straftat richtet, dürfen sie das Gefängnis nicht verlassen. Die Strafgefangenen haben dort die Möglichkeit zu arbeiten oder einen Beruf zu erlernen, der ihnen nach ihrer Freilassung dabei helfen soll, sich in die →Gesellschaft einzugliedern und nicht mehr straffällig zu werden. Heute sagt man statt Gefängnis offiziell Justizvollzugsanstalt.

Gehirn
Als Hauptteil des →Nervensystems liegt das Gehirn umgeben von drei Hirnhäuten gut geschützt in der knöchernen Schädelhöhle. Es ist das wichtigste Schalt- und Steuerzentrum des Körpers und besteht aus dem Großhirn, dem Zwischenhirn, dem Mittelhirn, dem Kleinhirn und dem Hirnstamm.

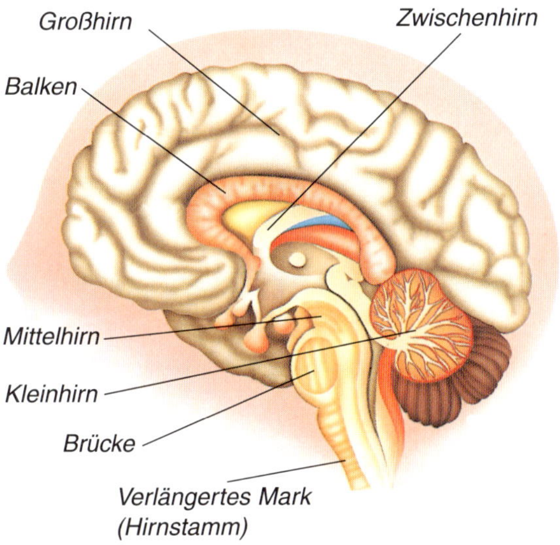

Querschnitt durch das Gehirn

Das Großhirn teilt sich in zwei Halbkugeln, die alle anderen Hirnteile umgeben. Die Oberfläche des Großhirns ist vielfach gewunden, und in der Außenschicht, der Hirnrinde, befinden sich Milliarden von Nervenzellen. Die Innenschicht bildet das Mark, das sich aus Nervenfasern zusammensetzt. Die Hirnrinde ermöglicht das Denken, Wollen und bewusste Erleben und steuert die Arbeit der übrigen Hirnteile. Sie gliedert sich in verschiedene Bereiche mit unterschiedlichen Aufgaben: Das Riechzentrum zum Beispiel liegt im Vorderkopf bei der Stirn, und das Sehzentrum sitzt im Hinterkopf. Die Hirnteile Zwischen-, Mittel- und Kleinhirn steuern die unbewussten Lebensvorgänge, sie sind für die Bewegungsabläufe und den →Gleichgewichtssinn zuständig. Zum Zwischenhirn gehört die Hirnanhangdrüse oder Hypophyse. Sie regelt unter anderem den Blutdruck und weite Teile des →Stoffwechsels. Der Hirnstamm oder das verlängerte Mark stellt die Verbindung aller Hirnteile zum Rückenmark her. In ihm befinden sich unter anderem die für die →Atmung, das →Herz und den →Kreislauf zuständigen Bereiche. Das im Rückgrat eingebettete Rückenmark kann als Verlängerung des Gehirns gesehen werden. Von ihm aus verzweigen sich die Nervenstränge durch den ganzen Körper.

Geier
Es gibt zweierlei Arten von Geiern, die der Alten Welt und die Amerikas, also der Neuen Welt. Beide Arten sind Aasfresser. Sie sehen sich sehr ähnlich, sind groß und plump mit nackten oder nur spärlich befiederten Köpfen und Hälsen und haben Hakenschnäbel, mit denen sie das Fleisch aus den toten Tieren reißen.
Die so genannten Altweltgeier sind →Greifvögel und gehören zur Familie der Habichte. Sie leben in Afrika, Asien und Südeuropa und nisten in heißen Trockengebieten auf schroffen Felsen. Der kleinste unter ihnen ist der schneeweiße Schmutz- oder Aasgeier mit den schwarzen Schwingen, weitere Arten sind der nackthalsige Mönchsgeier, der

Andenkondor

Gänsegeier mit der weißen Halskrause sowie der Bartgeier mit dem langen Bocksbart.
Die Neuweltgeier sind verwandt mit den Störchen und den Kormoranen. Zu ihnen gehören die Kondore, wie der riesige Andenkondor und der Kalifornienkondor, deren Flügelspannweite fast drei Meter beträgt. Am weitesten verbreitet sind die kleineren Rabengeier und die Truthahngeier. Sie sind häufig in den Städten anzutreffen, in denen sie als „Gesundheitspolizei" helfen, Tierkadaver (→Aas) zu beseitigen.

Geisel
Personen, die im Krieg oder von Verbrechern mit Gewalt ergriffen und gefangen gehalten werden, um Forderungen durchzusetzen, nennt man Geiseln. Häufig erpressen die Geiselnehmer die Angehörigen der Opfer, diese mit hohen Geldsummen auszulösen. Viele Geiseln wurden trotz Zahlung brutal ermordet.

Geisteskrankheit
Unter Geisteskrankheiten versteht man seelische Erkrankungen oder organische Schädigungen des →Gehirns. Die betroffenen Menschen leiden unter schweren Störungen ihres Denkens und Fühlens. Sie verhalten sich auffällig und haben manchmal Wahnvorstellungen.
Geisteskranke Menschen brauchen das Verständnis und die Hilfe ihrer Mitmenschen. Sie müssen ihrer Krankheit entsprechend psychotherapeutisch oder mit →Medikamenten behandelt werden. Sind sie für sich selbst und ihre Umwelt eine Gefahr, werden sie in Heil- und Pflegeanstalten eingewiesen.

Geläuf →Fährte

Geld
In der Vorzeit tauschten die Menschen ihre Güter und Arbeitsleistungen direkt miteinander aus. Das wurde mit der Zeit zu umständlich: Wollte zum Beispiel jemand seine Kuh gegen ein Pferd tauschen, dann musste er erst einen anderen finden, der zur gleichen Zeit sein Pferd für eine Kuh hergab. Als die Menschen sich in ihren Berufen spezialisierten, kam der indirekte Tauschhandel auf. Ein Schreiner ließ sich ein Möbelstück mit Fellen oder Getreide bezahlen, auch wenn er diese Waren nicht selbst benötigte. Da sie einen allgemein anerkannten Wert besaßen, konnte er sie jederzeit gegen etwas anderes weitertauschen. Mit der Zeit erwiesen sich aber auch die oft sperrigen Zwischengüter als unpraktisch und wurden von immer kleineren, transportableren Wertgegenständen abgelöst, zum Beispiel von Muscheln, Perlen und Metallstücken aus Kupfer, Silber und Gold. Die Metallstücke wurden anfangs gewogen, später aber zu besser abzählbaren Plättchen verarbeitet. Sie bekamen das Siegel des Kaisers, Königs oder Landesherrn und ihren Wert eingeprägt. Da eine große Anzahl Münzen immer noch ein beträchtliches

Tetradrachmon 5. Jh. v. Chr.
Athenakopf / Eule

Schilling, 15. Jh.
Stadt Wismar (Silber)

Batzen, 1515
Augsburg (Silber)

Taler, 1521
Grafschaft Mansfeld (Silber)

Gulden (Goldgulden) 1538
Mark Brandenburg

Gewicht aufwies, kam bald das leichtere Papiergeld hinzu. Man brachte seine Münzen auf ein privates Kreditinstitut und erhielt dafür zunächst einen Hinterlegungsschein, mit dem man auch einkaufen konnte. Später wurden daraus die Banknoten. Der →Staat bestimmte schließlich, dass nur noch eine zentrale Notenbank Geldscheine herausgeben darf.
Heute wird neben dem Bargeld, das heißt dem direkten Umgang mit Münzen und Banknoten, auch indirekt mit Schecks und Kreditkarten gezahlt. Dabei handelt es sich um Zahlungsanweisungen, mit denen man die →Bank beauftragt, die angegebene Summe zu bezahlen.

Gelenk
Ein Gelenk ist eine bewegliche Verbindung zwischen zwei oder mehreren →Knochen. Es wird von der Gelenkkapsel umgeben, die aus Bindegewebe besteht und Gelenkschmiere erzeugt, damit sich die mit Knorpeln überzogenen Gelenkflächen nicht abnutzen. Beim Menschen und vielen höheren Wirbeltieren unterscheidet man Kugelgelenke, zum Beispiel die Schultern, Pfannengelenke, wie die Hüften, Drehgelenke, zum Beispiel am Unterarm bei Elle und Speiche, Winkelgelenke, wie der Ellbogen, und Sattelgelenke, zum Beispiel am Daumen. Die beweglichen Verbindungen von Bau- oder Maschinenteilen werden ebenfalls Gelenke genannt.

Gemeinschaft Unabhängiger Staaten
Die Gemeinschaft Unabhängiger Staaten, abgekürzt GUS, ist die Nachfolgeorganisation der 1991 aufgelösten →Sowjetunion oder UdSSR. Der lose Staatenbund wurde Ende 1991 in Minsk gegründet und umfasst heute die Republiken →Armenien, →Aserbaidschan, →Georgien, →Kasachstan, →Kirgisistan, →Moldau, →Russland, →Tadschikistan, →Turkmenistan, →Ukraine, →Usbekistan und →Weißrussland. Das höchste Regierungsgremium ist der „Rat der Staatschefs“. Die GUS-Staaten haben die internationalen wirtschaftlichen und politischen Verpflichtungen der Sowjetunion übernommen, die zum Beispiel aus Verträgen mit dem Ausland entstanden sind.

Gemüse

Lauch

braune Zwiebel

rote Zwiebel

Rettich

Radieschen

Karotte

Die essbaren Pflanzen unterteilen sich in die →Früchte, das →Getreide und das Gemüse. Dazu zählen die Wurzel- und Knollengemüse, wie →Kartoffeln, Sellerie, Zwiebeln und Karotten, die Hülsenfrüchte, wie Erbsen, Bohnen und Linsen, die Blattgemüse, wie Salat, Spinat und Mangold, sowie die Fruchtgemüse, wie Auberginen, Zucchini,

Paprika und Kürbisse. Gemüse schmeckt nicht nur sehr gut, sondern enthält auch alle lebenswichtigen →Vitamine. Es ist leicht verdaulich und lässt sich vielseitig zubereiten.

Gen
Zu welcher Person sich ein →Embryo entwickelt, wird von seinen Genen bestimmt. Das sind die Erbanlagen, die auf den Chromosomen sitzen und von den Eltern über die Keimzellen an die Kinder weitergegeben werden. Träger der Erbinformationen ist ein fadenförmiges →Molekül, die Desoxyribonukleinsäure, kurz DNS genannt. Sie ist der Hauptbestandteil der Chromosomen im Zellkern. Jedes der vielen tausend Gene ist einem genau bestimmten Abschnitt auf dem DNS-Strang zugeordnet.

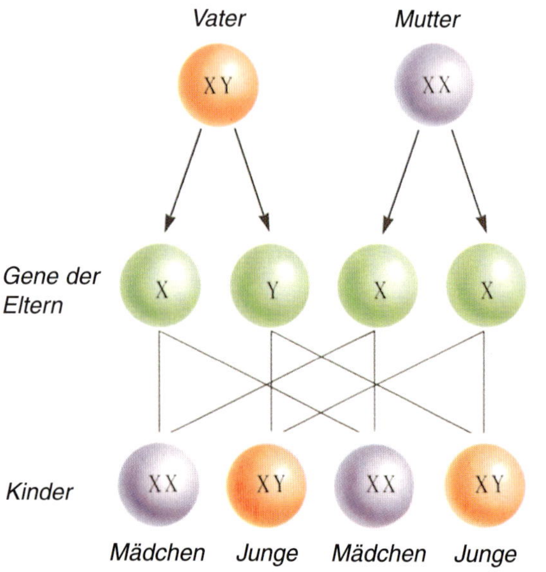

Der Vater kann X-Chromosomen oder ein Y-Chromosom vererben, die Mutter immer nur X-Chromosomen.

Gentechnologie
Die Gentechnologie erforscht die →Gene und greift in ihre natürlichen Gegebenheiten ein. Das Zusammenspiel aller Gene auf den Chromosomen eines Zellkerns bildet den Genotyp oder das Erbbild, das lange Zeit für unveränderbar galt. Mittlerweile ist es der Gentechnologie möglich, Gene von Lebewesen zu isolieren und ganz anderen Lebewesen einzusetzen. Diese Methode bedeutet einerseits einen großen Fortschritt, da zum Beispiel Krankheiten, die auf einem defekten Gen beruhen, durch Austauschen diese Gens beseitigt werden können. Andererseits birgt die Genmanipulation auch gewaltige Gefahren, wenn sie bei Menschen angewendet wird.
Bei Nutzpflanzen und Tieren sind heute derartige genetische Eingriffe üblich. Zahlreiche Tiere und Pflanzen wurden verändert oder neu geschaffen. Noch ist nicht klar, welche Auswirkungen zum Beispiel der Genuss von genmanipulierten Früchten und Gemüsen auf die Dauer gesehen auf die Gesundheit des Menschen haben kann.

Generation
Großeltern, Eltern, Kinder und Enkel stellen jeweils für sich innerhalb einer →Familie eine Generation dar. Auch alle Menschen, die in einem gleichen Zeitabschnitt leben, bilden eine Generation.

Generator

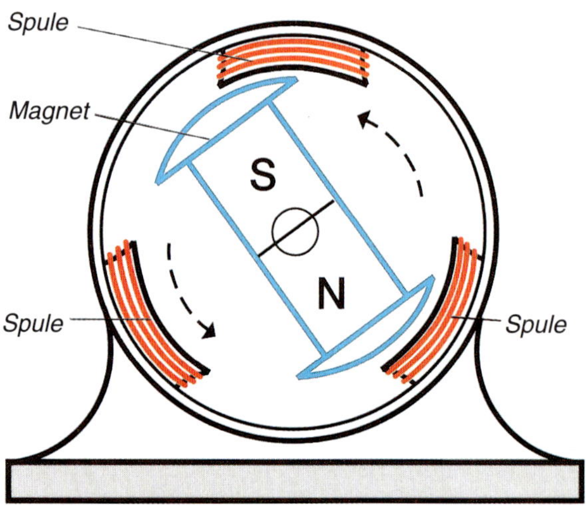

Im Generator dreht sich ein Magnet in den Drahtspulen und erzeugt dadurch Strom.

Ein Generator ist eine Maschine, die Drehbewegung in elektrische →Energie

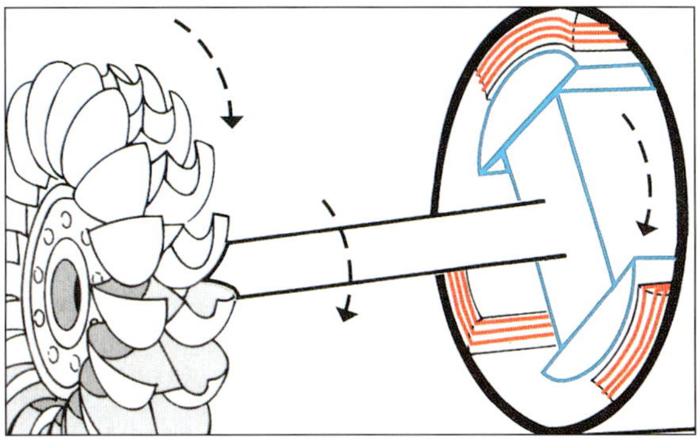

Der Magnet im Generator ist über eine Achse mit der Turbine (links) verbunden. Gegen die Schaufeln der Turbine drückt z. B. strömendes Wasser. Die Turbine beginnt sich zu drehen und bewegt auch den Magneten im Generator.

umwandelt. Ein Wasserkraftwerk nützt zum Beispiel mithilfe einer →Turbine und eines Generators die Bewegungsenergie des Wassers, um Strom zu erzeugen. Der →Dynamo am →Fahrrad ist ein ganz einfacher Generator, der vom Rad des Fahrrads angetrieben für die elektrische Beleuchtung sorgt.

Genie
Ein Genie ist ein Mensch mit einer außergewöhnlichen Begabung in einem oder mehreren Bereichen, zum Beispiel in der Sprache, in der Musik oder in den Naturwissenschaften. Das Genie stößt in bisher unbekannte Bereiche vor und erbringt große Leistungen, wie Erfindungen oder Kunstwerke. Oft werden Genies von ihren Mitmenschen nicht verstanden und verkannt.

Genossenschaft
In einer Genossenschaft schließen sich Menschen oder Unternehmen zusammen, um gemeinsam etwas zu erwirtschaften, was sie alleine für sich nicht erreichen könnten.
Die erwirtschafteten Güter gehören der Gemeinschaft, nicht den einzelnen Mitgliedern. In landwirtschaftlichen Genossenschaften kaufen die Bauern beispielsweise für ihre Betriebe zusammen ein. Sie zahlen dadurch entweder niedrigere Preise oder nutzen große Anschaffungen, wie teure Maschinen, gemeinsam.
Wohnungsbaugenossenschaften stellen ihren Mitgliedern günstige Wohnungen zur Verfügung.

Geografie
Die Geografie oder Erdkunde beschäftigt sich mit der Oberfläche der →Erde. Sie erforscht und beschreibt die →Erdteile, ihre Länder, Landschaftsformen, Gewässer und Klimazonen. Verschiedene Teilgebiete der allgemeinen Geografie befassen sich mit der Entstehung und Entwicklung der Erde, mit der Verbreitung der Pflanzen und Tiere und mit den Siedlungsformen des Menschen. Die Länderkunde versucht, die Erdteile und Länder in ihrer Besonderheit zu erfassen. Sie interessiert sich für die Natur, die Bevölkerung und die →Wirtschaft der einzelnen Nationen. Zu den Aufgaben der Geografen gehört es außerdem, das Land zu vermessen und Karten und Luftbilder zu erstellen.

Geologie
Die Geologie ist die →Wissenschaft vom Aufbau und von der Geschichte der Erdkruste. Geologen befassen sich mit den Kräften, die die Erdoberfläche formen, dazu gehören zum Beispiel Wasser, Eis, Wind und →Vulkane. Ferner untersuchen sie, wie die →Gesteine entstanden und beschaffen sind.
Die Erkenntnisse der Geologen sind für die →Wirtschaft und die →Technik sehr wertvoll. Man benötigt sie zum Beispiel im →Bergbau oder in der Forstwirtschaft.

Die natürlichen Zerstörungskräfte Verwitterung und Abtragung haben diese Landschaft geformt. Die Geologen nennen diese Kräfte Erosion.

Geometrie
Die Geometrie ist ein Teilgebiet der →Mathematik. Sie untersucht die Gesetz-

mäßigkeiten von zwei- und dreidimensionalen Figuren, also von Flächen und Körpern.

Georgien

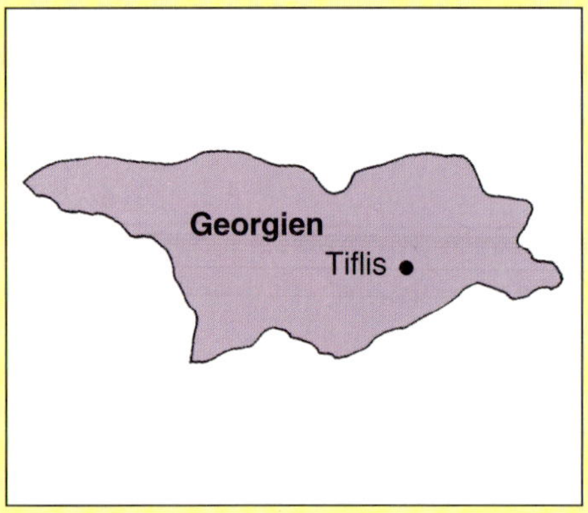

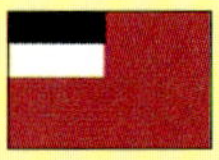

Kontinent:	Asien
Fläche:	69.700 km^2
Einwohner:	5.450.000
Hauptstadt:	Tiflis
Amtssprache:	Georgisch
Währung:	Lari

Der Staat Georgien liegt in Südwestasien im Westen von Transkaukasien. Er grenzt an Russland, Aserbaidschan, Armenien, die Türkei und an das Schwarze Meer. Der größte Teil des Landes wird von Vorgebirgs- und Gebirgsländern eingenommen. Dazwischen erstreckt sich im Westen eine fruchtbare Ebene, die Kolchis. Im Bereich der Kolchis ist das →Klima subtropisch-feucht, gegen Osten wird es zunehmend trockener.
Die Bevölkerung besteht fast zu drei Vierteln aus Georgiern, außerdem aus Armeniern, Aserbaidschanern und Russen. Die meisten von ihnen leben in der Kolchis oder an der Küste zum Schwarzen Meer. Etwa ein Drittel der Einwohner ist in der →Landwirtschaft tätig, die Hauptanbauprodukte sind Wein, Zitrusfrüchte und Tabak. Von Bedeutung ist ferner die Seidenraupenzucht. Weitere Wirtschaftszweige sind der →Bergbau und die Maschinenbau- und Textilindustrie.
Georgien gehörte als sozialistische Sowjetrepublik zur ehemaligen →UdSSR. 1991 verkündete die →Republik ihre Unabhängigkeit und ist jetzt Mitglied der →GUS.

Gerade

Die Gerade ist ein mathematischer Grundbegriff. Zieht man mit Stift und Lineal eine Linie und denkt sie sich nach beiden Seiten unbegrenzt weiter, so erhält man eine Gerade. Markiert man auf ihr einen Punkt A, dann zerlegt er die Gerade in zwei Halbgeraden. Eine Halbgerade heisst auch Strahl. Markiert man die Punkte A und B auf der Geraden, so begrenzen A und B eine Strecke. Sie ist die kürzeste Verbindung der beiden Punkte. Durch zwei Punkte ist die Lage der Geraden, die durch diese Punkte hindurchgeht, genau bestimmt.

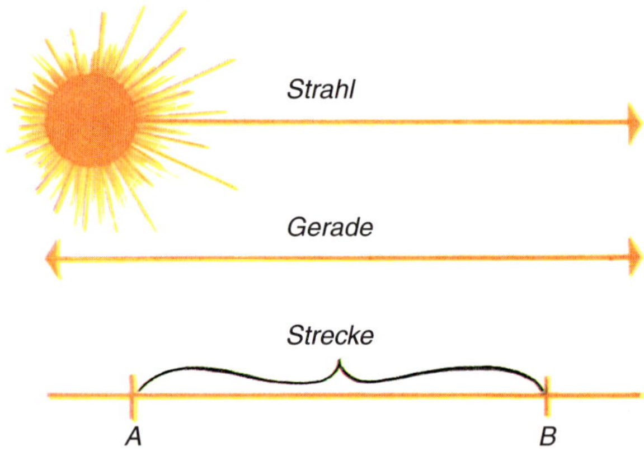

Gericht

Das Gericht ist eine staatliche Behörde. Es prüft und entscheidet, ob jemand gegen ein geltendes →Gesetz verstoßen hat und setzt gegebenenfalls eine angemessene Strafe fest.
Bei schweren Verbrechen, wie Raub oder Mord, muss der Staatsanwalt vor dem Strafgericht Anklage erheben. Der Richter muss grundsätzlich von der Unschuld des Angeklagten ausgehen. Erst im Verlauf des Prozesses urteilt er mithilfe von Beweismaterial und Zeugenaussagen, ob der Angeklagte schuldig ist oder nicht. In besonderen Fällen, zum Beispiel bei Mord, gibt es neben dem Berufsrichter noch Laienrichter oder Schöffen. Dem Angeklagten steht ein Pflichtverteidiger zu, häufig beauftragt er jedoch selbst einen Rechtsanwalt, der sich für ihn um einen möglichst günstigen Verlauf und Ausgang der Verhandlung bemüht. Der Strafprozess endet entweder mit der Verurteilung oder dem Freispruch.
Die Gerichte in Deutschland sind nach Sachgebieten geordnet. Neben dem Strafgericht gibt es zum Beispiel das Zivilgericht,

das für eher private Belange zuständig ist, wie für Schadensfälle, Streitigkeiten zwischen Bürgern und Ehescheidungen. Das Finanzgericht wiederum befasst sich mit steuerrechtlichen Problemen.

Die römische Göttin Justitia gilt als die Verkörperung der Gerechtigkeit. Sie wird oft in Verbindung mit dem Gericht dargestellt.

Jede so genannte Gerichtsbarkeit gliedert sich in verschiedene Stufen oder Instanzen. Wenn der Angeklagte oder der Kläger mit dem Urteil nicht einverstanden ist, kann er beim nächsthöheren Gericht Berufung einlegen und den Fall dort erneut vorbringen. Die höchste Instanz ist das Bundesverfassungsgericht. Es wacht darüber, dass die Regeln des →Grundgesetzes geachtet werden.

Germanen
Ursprünglich hießen nur die Angehörigen eines Stammes, der am Niederrhein lebte, Germanen. Vor ungefähr 2000 Jahren, während des römischen Weltreiches, hat sich der Name dann auf die weiter im Osten und Norden angesiedelten Völker und Stämme übertragen. Die Germanen lebten in Dörfern oder auf allein stehenden Höfen und betrieben vor allem Ackerbau und Viehzucht. Von Seiten der Römer ist überliefert, dass die Germanen groß, blond und blauäugig waren und als wilde Krieger gefürchtet wurden. Der →Rhein, die →Donau und der römische Grenzwall Limes waren lange Zeit die Grenze zwischen dem germanischen Siedlungsraum und dem Römischen Reich.
Im 3. Jahrhundert n. Chr. verbanden sich kleinere Stämme zu Großstämmen, zu den Alemannen, den Franken, den Goten und den Sachsen. Auf der Suche nach geeignetem Siedlungsland drangen sie weit nach Süden und Westen vor: Die Franken eroberten zum Beispiel die römische Provinz Gallia, das spätere Frankreich. Die Angeln und Sachsen besetzten große Teile Britanniens. Die Vandalen zogen über Spanien nach Nordafrika, und die Goten stürmten das weströmische Reich.
Aus den germanischen Sprachen haben sich die heutigen Sprachen Deutsch, Englisch, Holländisch, Dänisch, Norwegisch, Faröisch, Schwedisch und Isländisch entwickelt.

Geruchssinn
Bei Menschen und →Säugetieren funktioniert der Geruchssinn über die →Nase. Meist ist er bei den Tieren besser ausgebildet: Während zum Beispiel ein Schäferhund etwa 225 Millionen Riechzellen besitzt, befinden sich beim Menschen nur etwa 1,5 Millionen derartiger →Zellen auf dem Riechfeld in der Nasenhöhle.
Die Riechzellen werden von Duftmolekülen gereizt und geben diese Information an das →Gehirn weiter. Dort ist es die Aufgabe des Riechlappens, dem Menschen den Geruch zu vermitteln. Die Riechzellen sind sehr anpassungsfähig, deshalb kann man sich zum Beispiel in verrauchten Räumen nach einiger Zeit so an die schlechte Luft gewöhnen, dass man den Rauch gar nicht mehr wahrnimmt. Gerüche verstärken den eher unempfindlichen →Geschmackssinn. Sie helfen außerdem bei der Orientierung, beeinflussen bei Tieren das Paarungsverhalten und werden, wie bei den Stinktieren und Marienkäfern, als Waffe eingesetzt.

Geschichte
Eigentlich umfasst die Geschichte alles Geschehen, das an Raum und Zeit gebunden ist. Meist wird aber davon ausgegangen, dass die Geschichte vor allem die Vergangenheit des →Menschen betrachtet und untersucht.
Geschichtswissenschaftler oder Historiker stellen zunächst viele Fragen an die Vergangenheit, die sie mithilfe von →Quellen zu beantworten suchen. Quellen sind mündlich oder schriftlich überlieferte Berichte von Augenzeugen oder deren Zeitgenossen, die oft mühsam zusammengetragen werden müssen. Auch Fotografien, Fernseh- und

Rundfunkaufnahmen sind Quellen. Ferner geben Funde, Ausgrabungen und sonstige Überreste wichtigen Aufschluss über Vergangenes. Da die Quellen nicht immer übereinstimmen, müssen sie kritisch geprüft und beurteilt werden, bevor die Forscher daraus neue Erkenntnisse ziehen können.

Diese Zeichnungen aus der Bronzezeit geben einen Eindruck vom Leben der Menschen: Man sieht Hacken, Dolche aus Bronze, Tiere, etwas, das aussieht wie eine Umzäunung von Feldern, und Pflüge, die von Ochsen gezogen werden.

Die Geschichte des Menschen wird in vier Zeitalter unterteilt:
Die Vorgeschichte oder Prähistorie reicht von den Anfängen der Menschheit bis zu den ältesten schriftlichen Aufzeichnungen. Während die Ägypter und Sumerer schon um 3000 v. Chr. eine Symbolschrift entwickelten und damit in ein neues Zeitalter vorstießen, gibt es in Mitteleuropa schriftliche Zeugnisse erst ab der Zeit um Christi Geburt. Je nachdem, welche Materialien die Menschen in ihrer Zeit hauptsächlich benutzt haben, gliedert man die Vorgeschichte in die Steinzeit, Bronzezeit und Eisenzeit.

Das Altertum oder die →Antike setzt mit den ersten schriftlichen Überlieferungen ein und endet mit dem Untergang des →Römischen Reiches im Jahr 476 n. Chr.
Das sich daran anschließende →Mittelalter klingt mit der Entdeckung →Amerikas 1492 und dem Beginn der →Reformation im Jahr 1517 aus.
Um 1500 beginnt die Neuzeit, die bis in die Gegenwart reicht. Sie geht nahtlos in die Zeitgeschichte über, die sich mit der unmittelbar vergangenen →Epoche beschäftigt.

Geschlechtsmerkmale

Mädchen und Jungen, Frauen und Männer unterscheiden sich durch ihre Geschlechtsmerkmale. Man spricht von den primären Geschlechtsmerkmalen, wenn sie der →Fortpflanzung dienen. Bei Mädchen und Frauen sind das die Eierstöcke, die →Gebärmutter, die Scheide und die Scham, bei Jungen und Männern die Hoden, die Samenleiter und der Penis. Die sekundären Geschlechtsmerkmale entwickeln sich unter dem Einfluss der Geschlechtshormone erst in der →Pubertät. Zu ihnen zählen der Bart, die Körperbehaarung, die Stimme und der Busen.

Geschlechtsorgane

Menschen haben innere und äußere Geschlechts- oder Fortpflanzungsorgane.
Bei Mädchen und Frauen heißt das äußere Geschlechtsorgan Scham oder Vulva. Es besteht aus den großen und kleinen Schamlippen und dem Kitzler oder der Klitoris. Zu den inneren Geschlechtsorganen gehören die Scheide oder Vagina, die →Gebärmutter oder der Uterus, zwei Eileiter und zwei Eierstöcke. Sie alle befinden sich im Unterleib. Die Eierstöcke enthalten viele tausend winzige Eibläschen mit unreifen Eizellen oder Follikeln. Von der →Pubertät an, die bei Mädchen im Alter von zehn oder elf Jahren beginnt, bis zu den Wechseljahren der Frau zwischen 45 und 55 Jahren, reift alle 28 Tage ein Eibläschen in einem der beiden Eierstöcke heran. Diesen Vorgang steuern →Hormone, die Östrogene, die ebenfalls in den Eierstöcken gebildet werden und die Entwicklung der weiblichen Geschlechtsorgane steuern. Das herangereifte Eibläschen platzt, das →Ei springt heraus und wandert in die Öffnung

des nächstliegenden Eileiters. Die Eileiter sind Röhren, die zur Gebärmutter führen. Findet zu dieser Zeit →Geschlechtsverkehr mit einem Mann statt, dann kommen die im Sperma enthaltenen männlichen Samenzellen dem Ei im Eileiter entgegen, und eine davon verschmilzt mit ihm. Das befruchtete Ei, die Zygote, wandert in die Gebärmutter und nistet sich in ihre Schleimhaut ein. Dort wächst es heran und wird vom Mutterleib versorgt, bis es neun Monate bzw. 38 Wochen später als neuer Mensch durch die Scheide geboren wird.
Wenn keine Befruchtung geschieht, zerfällt die gut durchblutete Schleimhautschicht der Gebärmutter und wird etwa 14 Tage nach dem Eisprung bei der →Menstruation ausgeschieden.

Die weiblichen Geschlechtsorgane

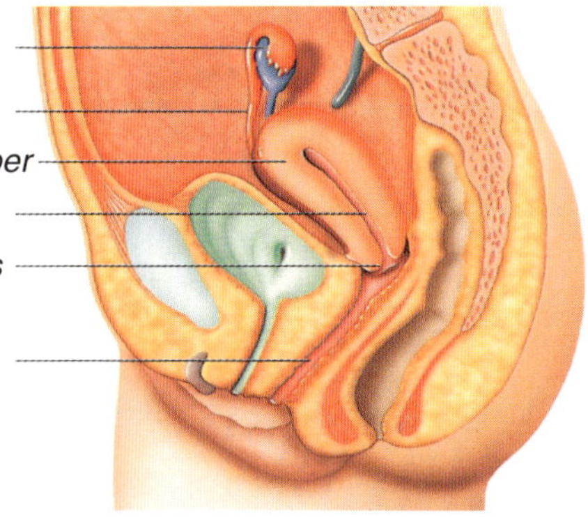

Bei Jungen und Männern sind der Penis oder das Glied und der Hodensack die äußeren Geschlechtsorgane, zu den inneren zählen die zwei Hoden mit den Nebenhoden, die zwei Samenleiter, die Vorsteherdrüse oder Prostata und die zwei Samenblasen. Die Hoden sind zwei →Drüsen und liegen im Hodensack oder Skrotum, der sich außen am Körper hinter dem Penis befindet. Jeder Hoden enthält viele Samenkanälchen, in denen die Spermien und das Hormon Testosteron, das für die Entwicklung der Geschlechtsmerkmale verantwortlich ist, entstehen. Die Spermien werden in den Nebenhoden gespeichert und gelangen über die Samenleiter zur Harnröhre. Die Nebenhoden, die Samenblasen und die Vorsteherdrüse bilden Samenflüssigkeit, die vermischt mit den Spermien das Sperma ergibt. Die Harnröhre führt von der Harnblase durch den Penis aus dem Körper heraus. Durch sie fließen Sperma und Urin, aber niemals gleichzeitig.

Die männlichen Geschlechtsorgane

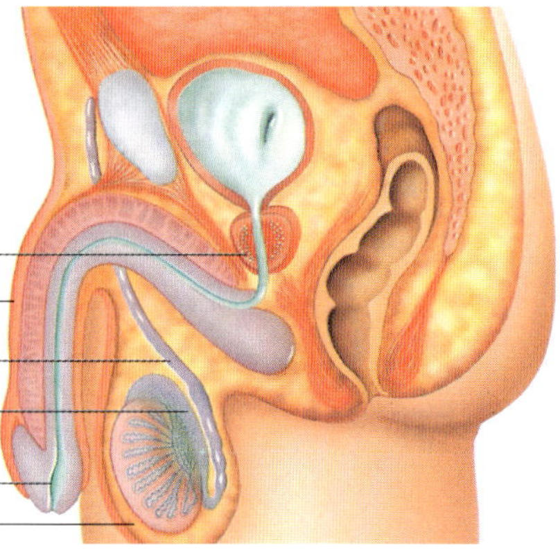

Geschlechtsverkehr
Wenn sich Menschen körperlich vereinigen, sagt man, sie haben Geschlechtsverkehr. In der Umgangssprache heißt es häufig, sie „schlafen miteinander". In der Regel findet Geschlechtsverkehr zwischen einer Frau und einem Mann statt. Durch sexuelle Erregung wird der Penis des Mannes so steif, dass er ihn in die Scheide der Frau einführen kann. Das ist für beide ein sehr schönes Gefühl. Auf dem Höhepunkt der sexuellen Erregung, dem Orgasmus, kommt es beim Mann zum Samenerguss bzw. zur Ejakulation. Hunderte Millionen Spermien werden in die Scheide geschleudert und führen möglicherweise zur →Fortpflanzung.
→Geschlechtsorgane

Geschmackssinn
Warum macht Essen keinen Spaß, wenn man Schnupfen hat? Die Antwort ist ganz einfach. Weil der Geschmackssinn ohne den →Geruchssinn nur schlecht oder gar nicht funktioniert. Allein kann er nur vier Geschmacksrichtungen unterscheiden: süß, sauer, bitter und salzig. Dies geschieht über eine Vielzahl von Geschmacksknospen auf der Zunge und im Mundraum, die sich auf verschieden geformten Papillen befinden. Die menschliche Zunge ist von mehr als 9000 Papillen bedeckt. Jede Papille enthält Nervenzellen, die jeweils nur eine der vier Geschmacksrichtungen feststellen können. Sie sind so auf der Zunge angeordnet, dass sie für jede Geschmacksrichtung eigene Schmeckfelder bilden. Dass die Menschen aber trotzdem so vielfältig schmecken kön-

nen, ermöglichen neben dem Geruchssinn auch Tast-, Schmerz-, Wärme- und Kälteempfindungen.

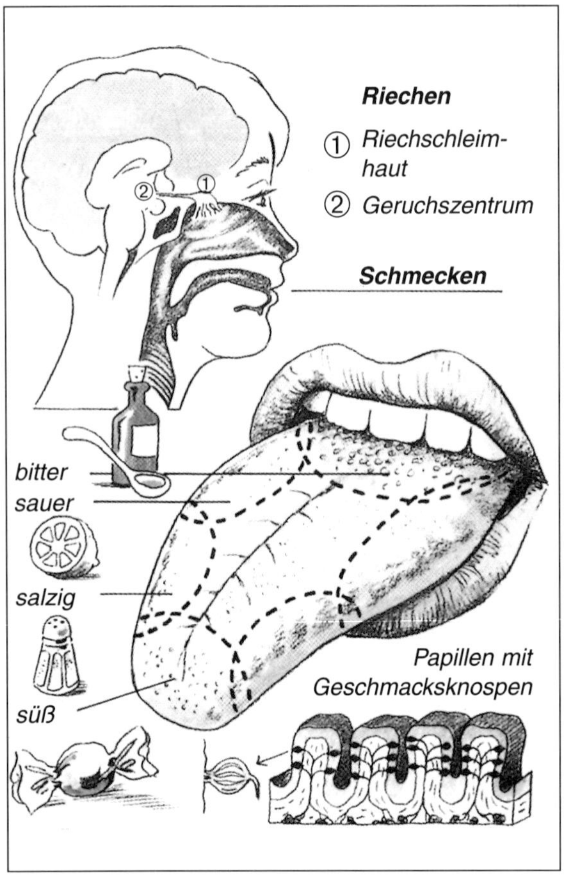

Geschwindigkeit
Mit der Geschwindigkeit gibt man an, wie lange ein Körper braucht, um einen bestimmten Weg zurückzulegen. Wenn zum Beispiel ein Fahrradfahrer mit gleichmäßigem Tempo in einer Stunde ein 20 Kilometer entferntes Dorf erreicht, dann ist er 20 Stundenkilometer (km/h) schnell gefahren.
Die höchste Geschwindigkeit überhaupt ist die Lichtgeschwindigkeit. →Licht legt fast 300.000 Kilometer pro Sekunde (km/s) zurück. Die Schallgeschwindigkeit in der Luft beträgt dagegen nur etwa 3,3 km/s bzw. 331 Meter pro Sekunde (m/s).

Gesellschaft
Menschen, die in einer bestimmten Ordnung oder Organisation zusammenleben und gemeinsam handeln, bilden die Gesellschaft. Auch in der Pflanzen- und Insektenwelt gibt es Vergesellschaftungen, z. B. bei den Staaten bildenden Insekten, wie den →Ameisen oder →Bienen.
Die →Wissenschaft, die sich mit dem Ursprung, der Entwicklung und der Struktur der menschlichen Gesellschaft befasst, heißt Soziologie. Sie geht davon aus, dass nur durch das Zusammenwirken der Menschen im Leben, z. B. im staatlichen und wirtschaftlichen Bereich, eine →Kultur entstehen kann.
Juristisch, d. h. rechtlich gesehen, steht der Begriff „Gesellschaft" für verschiedene Arten von Vereinigungen, die zur Erreichung eines gemeinschaftlichen Zweckes, besonders im geschäftlichen Bereich, gegründet werden. Man unterscheidet hier zwischen Personengesellschaften, z. B. die Gesellschaft des bürgerlichen Rechts (GbR) und die offene Handelsgesellschaft (OHG), und so genannten juristischen Personen, das sind Gesellschaften, die als eigenständige Rechtspersönlichkeiten gelten, z. B. die Aktiengesellschaft (AG) und die Gesellschaft mit beschränkter Haftung (GmbH). Wenn eine Firma, die in der Rechtsform einer Personengesellschaft gegründet wurde, überschuldet ist, dann müssen in der Regel die Personen, die die Firma als Gesellschafter gegründet haben, mit ihrem persönlichen Vermögen für die Schulden aufkommen. Ist dagegen eine AG oder GmbH überschuldet, so ist die Haftung nur auf das Vermögen der Gesellschaft beschränkt.

Gesetz
Wollen Menschen in Frieden zusammenleben, brauchen sie feste Regeln oder Gesetze, an die sich jeder halten muss. Gesetze bestimmen die Rechte und Pflichten des Einzelnen. In einer →Demokratie werden die Gesetze vom →Parlament, das heißt von Vertretern des Volkes, erlassen. Gesetze von Städten, Gemeinden oder Vereinen werden als Satzungen bezeichnet. Wer gegen ein Gesetz verstößt, muss sich zum Beispiel vor →Gericht dafür verantworten.

Gestein
Die Erdkruste und der obere Erdmantel bestehen aus verschiedenen Gesteinen. Sie setzen sich aus einem oder mehreren →Mineralien zusammen. Manche Gesteine sind locker, wie →Sand und Kies, andere sind fest, wie Sandstein oder Granit.
Nach ihrer Entstehung werden drei Ge-

Buntsandstein

Tonschiefer

Quarz–Porphyr

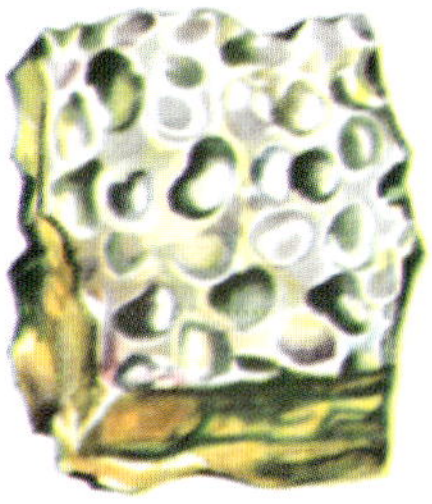

Kalkstein

steinsgruppen unterschieden: Die Erstarrungs- oder Magmengesteine sind abgekühlte vulkanische Gesteine. Zu ihnen gehört der harte Basalt. Die Sedimentgesteine verwitterten durch die Einwirkung von Wasser, Frost und Temperaturwechsel und wurden von chemischen Vorgängen und Kleinstlebewesen zersetzt. Zu ihnen zählen Kalk und Sandstein, Gips, Kies, →Ton, Lehm und Löss. Die so genannten metamorphen Gesteine waren erst Erstarrungs- oder Sedimentgesteine, die dann beim Kontakt mit aufsteigendem Magma oder beim Absinken ins Erdinnere durch Hitze und Druck umgewandelt wurden. Zu ihnen gehören der aus Granit entstandene Gneis und der aus Kalkstein hervorgegangene Marmor.

Getreide

Zum Getreide gehören alle →Gräser, deren →Samen den Menschen als Nahrung dienen. Die verschiedenen Getreidesorten wurden einst aus Wildgräsern gezüchtet und werden bis heute auf Feldern angebaut. Zu ihnen zählen Roggen, Weizen, Gerste, Hafer, Hirse, Dinkel, Mais und Reis. Als Blütenstände haben Roggen, Weizen, Dinkel und Gerste Ähren, Hafer, Hirse und Reis Rispen und Mais Kolben. Ihre →Früchte oder Körner enthalten wertvolle Stoffe, wie →Stärke, →Eiweiß, →Vitamine und →Mineralstoffe, die Mensch und Tier unbedingt brauchen. Die Körner werden entweder zu feinem Mehl gemahlen, grob geschrotet, zu Flocken gepresst oder im Ganzen verwendet. Die Vollwertküche bevorzugt das naturbelassene Getreide, das heißt sie verwendet nicht nur den im Kern enthaltenen

Getreidepflanzen

Mehlkörper, sondern auch den Keimling und die Randschichten.

Getriebe
Ein Getriebe überträgt Drehbewegungen entweder in neue Drehbewegungen oder in andersartige Bewegungen und verändert damit die Geschwindigkeit. Zwei verschieden große Zahnräder bilden im Zusammenspiel ein einfaches Getriebe. Ihre jeweilige Drehgeschwindigkeit wird durch die unterschiedliche Anzahl ihrer Zähne bestimmt.

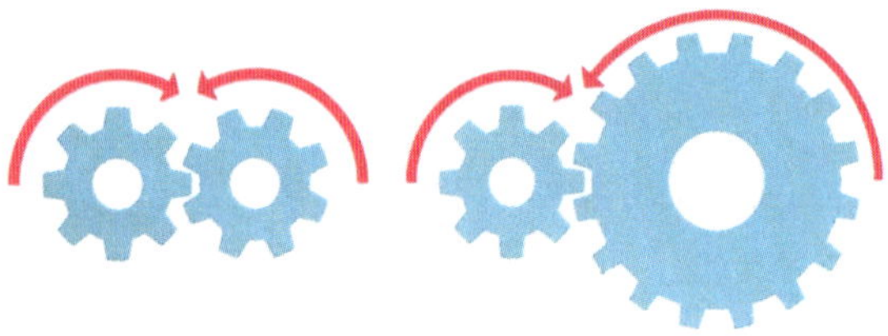

Einfaches Getriebe

Nach dieser Methode arbeitet auch das Getriebe eines →Autos. Durch die Auswahl an Gängen kann der Fahrer die Motorkraft gut an die Straßen- und Verkehrsverhältnisse anpassen. Viele Autos sind zur Kontrolle des richtig geschalteten Ganges mit einem Drehzahlmesser ausgestattet.

Getto
Im Jahr 1531 wurde den in Venedig lebenden →Juden angeordnet, dass sie nur noch in einem bestimmten Stadtviertel wohnen durften. Das Viertel hieß „Ghetto" und war streng vom allgemeinen Stadtleben abgesondert. Der Name wurde nach und nach auf weitere jüdische Wohnviertel in anderen mittelalterlichen Städten übertragen. Bis heute versteht man unter Getto einen Stadtbezirk, in dem eine rassische oder religiöse Minderheit isoliert lebt.
Im Zweiten →Weltkrieg errichteten die →Nationalsozialisten viele Gettos, zum Beispiel in Polen. Die Juden wurden von dort aus in die →Konzentrations- und Vernichtungslager geschafft.

Gewebe
Das Gewebe ist ein Verband von gleichartigen →Zellen, die gemeinsame Aufgaben haben. Das Oberflächengewebe, wie die →Haut und die →Schleimhaut, bedeckt und schützt den Körper. Das lockere Bindegewebe verbindet oder umgibt die →Organe. Aus festem Bindegewebe bestehen Sehnen, Bänder und Gelenkkapseln. Knochen- und Knorpelgewebe bilden als Stützgewebe das Körpergerüst. Ferner gibt es das Gewebe der →Muskeln und der →Nerven.
Bei den Pflanzen wird zwischen dem Bildungsgewebe bei Wurzeln und Sprossen und dem Dauergewebe, zum Beispiel →Holz, unterschieden. Im Gegensatz zum Bildungsgewebe teilen sich beim Dauergewebe die Zellen nicht.

Gewerkschaft
Nach dem Motto „Gemeinsam sind wir stark" treten viele Arbeiter und Angestellte einer Gewerkschaft bei. Gewerkschaften sind in Berufsgruppen organisiert: In der für den Handel zuständigen Gewerkschaft bilden zum Beispiel alle beigetretenen Buchhändler die Fachgruppe Buchhandel. Gewerkschaften vertreten die Interessen und Rechte ihrer Mitglieder, der Arbeitnehmer, gegenüber den Arbeitgebern und deren Verbänden. Sie fordern angemessene Gehälter oder Tarife, kürzere Arbeitszeiten und gute Arbeitsbedingungen. Zeigt sich ein Arbeitgeber bei den Verhandlungen unnachgiebig und es kommt zu Streit, kann die Gewerkschaft ihre Mitglieder zum Niederlegen der Arbeit, d. h. zum →Streik aufrufen.
Die Gewerkschaften kamen in der Zeit der →Industriellen Revolution auf. Die ersten wurden ab 1825 in England gegründet und brauchten Jahrzehnte, um sich durchzusetzen. Seit 1860 gibt es Gewerkschaften in Deutschland. Als Einzelgewerkschaften gehören die meisten heute dem Deutschen Gewerkschaftsbund (DGB) an.

Gewicht
Das Gewicht ist entweder die abgewogene Masse eines Körpers oder die Kraft, mit der ein Körper von der →Erde angezogen wird. Die Anziehungskraft ist im Gegensatz zur Masse von der Entfernung abhängig, die der Körper zum Erdmittelpunkt hat. Das Gewicht ist daher nicht überall gleich. Infolge der Abplattung der Erdkugel ist es am 45. Breitengrad größer als an den →Polen oder am →Äquator. Je weiter sich der Körper von der Erde entfernt, desto geringer wird sein Gewicht.

Gewichtheben
Die olympische Sportart Gewichtheben zählt zur Schwerathletik. Der Gewichtheber muss in höchstens drei Versuchen eine Scheibenhantel mit beiden Armen vom Boden über den Kopf heben und dort zwei Sekunden sicher halten. Gewichtheben gibt es in den →Disziplinen Reißen und Stoßen.

Beim Reißen wird die Hantel in einem Zug nach oben gebracht, beim Stoßen wird sie zunächst auf Brust- oder Schulterhöhe gehoben, dort umgesetzt und erst jetzt bis über den Kopf gestemmt. Die Griffstange der Scheibenhantel ist 20 Kilogramm schwer, an beide Seiten werden Stahlscheiben festgeschraubt. Sie wiegen jeweils zwischen 1,25 und 25 Kilogramm. Die Gewichtheber sind nach ihrem Körpergewicht in Gewichtsklassen unterteilt.

Gewitter
Ein Gewitter entsteht durch elektrische Vorgänge in der →Atmosphäre der Erde. Treffen bei hoher Luftfeuchtigkeit und rasch aufsteigenden Luftströmungen kalte und warme Luftmassen aufeinander, entstehen große Wolkengebirge. Sie bilden Wassertröpfchen und laden sich elektrisch auf. Von den Luftströmungen werden die Tröpfchen auseinander gerissen und in der Gewitterwolke bauen sich bis zum Erdboden hinunter elektrische Spannungen auf. Sie entladen sich durch →Blitze. Durch die hohe Temperatur der Blitze dehnt sich die Luft explosionsartig aus und fällt wieder zusammen. Diese Explosion ist der →Donner. Weil die Schallgeschwindigkeit weit unter der →Geschwindigkeit des Lichts liegt, nimmt man den Donner erst einige Zeit nach dem Blitz wahr. Die Wassertröpfchen der Gewitterwolke sammeln sich zu Regentropfen und fallen zur Erde. Werden sie zuvor in kalte Höhen gewirbelt, gefrieren sie zu Hagelkörnern, die aber die Erde häufig bereits wieder aufgetaut als schwere Tropfen erreichen.

Gewürzpflanze
Zahlreiche →Pflanzen oder Teile von ihnen werden frisch oder getrocknet als Gewürz verwendet. Sie enthalten aromatische Stoffe, die den Wohlgeschmack und die Verdaulichkeit der Speisen erhöhen und zum Teil gegen →Bakterien wirken. Viele Gewürze sind heimische Kräuter, wie Basilikum, Bohnenkraut, Dill, Estragon, Liebstöckel, Majoran, Petersilie, Rosmarin, Thymian und Schnittlauch. Ihre Blätter schmecken frisch verwendet besonders gut. Andere Gewürzpflanzen wachsen nur in warmen Ländern, zum Beispiel Pfeffer, Nelken, Vanille, Zimt, Ingwer, Safran und Muskatnuss. Während beispielsweise Zimt aus der Rinde der Pflanze gewonnen wird, handelt es sich bei Pfeffer und Kümmel um die →Früchte, bei Safran und Nelken um die →Blüten, bei Meerrettich um die →Wurzeln, bei Senf um die →Samen und bei Kapern um die →Knospen.

Gewürzpflanzen

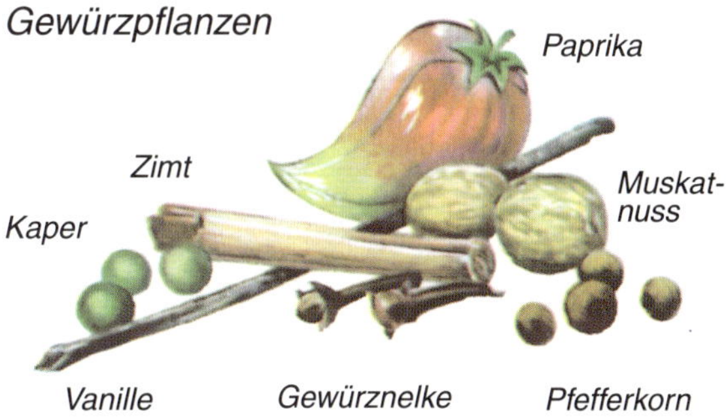

Geysir
Heiße Springquellen, die in meist regelmäßigen Abständen aufbrodeln und in eindrucksvoller Weise heißes Wasser und Wasserdampf in die Luft stoßen, nennt man Geysire. Es gibt sie nur in Vulkangebieten. Dort wird das Grundwasser in unterirdischen Hohlräumen durch heiße →Gase und vulkanisches →Gestein bis über den Siedepunkt erhitzt. Dabei entsteht Wasserdampf, der sich ausdehnt und das übrige Wasser durch die Aufstiegsröhre nach draußen schleudert.
Auf der vulkanischen Insel Island findet man besonders viele Geysire. Von dort stammt

auch der Name: Isländisch „geysa“ bedeutet „in heftige Bewegung bringen“.

Gezeiten

Das regelmäßige Ansteigen und Fallen des Meeresspiegels bezeichnet man als Gezeiten. Sie treten in einem Rhythmus von zwölf Stunden und 25 Minuten auf. Das Steigen des Wassers heißt Flut, das Fallen Ebbe. Die Gezeiten entstehen durch die Anziehungskräfte der →Sonne und des →Mondes. Je nach Position der beiden Gestirne verstärken sie sich gegenseitig oder schwächen einander ab.

Ebbe...

...und Flut, hier eine Sturmflut

Bei Ebbe liegt der während der Flut wasserbedeckte Meeresboden als feuchtes Land da und lädt zu Spaziergängen ein. Dort existieren besondere Tiere und Pflanzen, die sich dem wechselhaften Leben in Niedrig- und Hochwasser angepasst haben.
Während die →Ostsee und das Mittelmeer nur schwache Gezeiten haben, sind sie an der Küste der →Nordsee gut ausgeprägt. Das Gezeitengebiet nennt man Watt.

Ghana

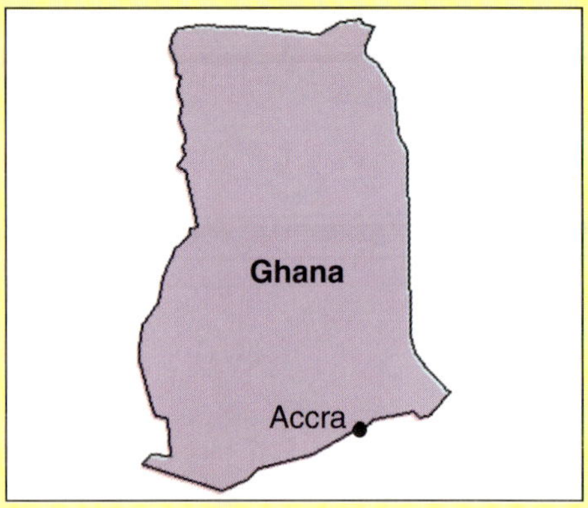

Kontinent:	Afrika
Fläche:	238.537 km^2
Einwohner:	16.944.000
Hauptstadt:	Accra
Amtssprache:	Englisch
Währung:	Cedi

Die westafrikanische →Republik Ghana liegt am Golf von Guinea zwischen der Côte d’Ivoire im Westen, Burkina Faso im Norden und Togo im Osten. Das Land besteht aus einer etwa 60 Kilometer breiten Küstenebene mit tropischem →Urwald, an den sich →Savannen und →Steppen anschließen. Das →Klima ist tropisch. Ghana ist der weltweit größte Kakaolieferant. Weitere wichtige Ausfuhrgüter sind Holz, Gold und Bauxit. Die Bevölkerung besteht zum Großteil aus Gruppen der Kwa.
Die ehemals britische →Kolonie wurde 1957 unabhängig. 1960 wurde Ghana Republik.

Gift

Für Menschen und Tiere sind Gifte nicht nur äußerst schädlich, oft wirken sie auch tödlich. Sie können in Form eines →Gases, einer →Flüssigkeit oder eines →Festkörpers auftreten und von außen durch die Atem- und Verdauungswege, durch die Haut und über das Blut in den Körper eindringen und zu schweren Störungen führen.
Im Wesentlichen gilt, dass erst die Größe der →Dosis einen Stoff zu einem Gift macht, oder anders gesagt, dass beinahe jeder

Stoff zum Gift wird, wenn er dem Körper in zu großen Mengen verabreicht wird, zum Beispiel Kochsalz. Auch reagieren nicht alle Menschen auf einen Giftstoff gleich: Manche bekommen bei einem Bienenstich Atemnot, bei anderen schwillt nur die Stichstelle an.

Giftpflanzen

Gifte werden künstlich hergestellt oder kommen in der Natur bei Tieren und Pflanzen vor. Besonders bei den →Pilzen gibt es nicht nur ungenießbare, sondern auch hochgiftige Arten, wie den Knollenblätterpilz oder den Satanspilz. Zahlreiche Giftpflanzen, wie das Bilsenkraut und der Stechapfel, werden in kleinster Konzentration aber ebenso als Heilmittel angewendet. Tieren dient ihr Gift als Waffe, zum Beispiel den Giftschlangen, manchen →Quallen und →Insekten. Zu den chemischen, künstlich hergestellten Giften gehören Arsen, Blausäure und Strychnin.
Auch im Haushalt sind viele giftige Stoffe anzutreffen. Sie dürfen daher nicht in Reichweite von Kindern aufbewahrt werden. Es handelt sich dabei z. B. um Reinigungsmittel, Entkalker, Wirkstoffe gegen Ungeziefer, →Medikamente und nicht zuletzt →Alkohol und Rauchwaren: Der Verzehr bereits einer halben Zigarette kann für ein Kleinkind tödlich enden. Selbst in den Nahrungsmitteln können sich gesundheitsschädliche Beigaben befinden, wie Farb- und Konservierungsstoffe, Pflanzenschutzmittel oder Schwermetalle. Giftige Bestandteile verbergen sich außerdem in Möbeln und Teppichen aus →Kunststoffen, in alten Wasserleitungen, in Farb- und Lackanstrichen, Lasuren und vielem mehr. Diese Gifte heißen Wohngifte.

Giraffen
Die Echten Giraffen oder Langhalsgiraffen sind die höchsten →Säugetiere der Erde. Die Weibchen erreichen eine Höhe von etwa sechs Metern, die Bullen von über sieben Metern. Kaum zu glauben, dass sie wie alle Säugetiere nur sieben Halswirbel haben. Da sie wegen der langen Beine und des ungelenken Halses den Kopf schlecht zum Boden bringen, holen sich die →Wiederkäuer gern mit ihrer Greifzunge Blätter und Zweige hoch aus den Kronen der Akazien. Beim Trinken und Grasen stellen sie die Vorderläufe auseinander. Langhalsgiraffen leben gesellig in den Busch- und Baumsteppen Afrikas südlich der →Sahara.
Die Kurzhalsgiraffen oder Okapis werden dagegen keine zwei Meter hoch. Sie leben als Einzelgänger im →Regenwald des Kongobeckens.

Gladiator

Die Gladiatoren waren Teilnehmer an Kampfspielen im alten Rom. Meist handelte es sich bei ihnen um Sklaven, Kriegsgefangene oder Verbrecher, die in der Arena der →Amphitheater zur Unterhaltung des Volkes auf Leben und Tod miteinander kämpften. Daneben gab es berufsmäßige Schaukämpfer. Als Waffen hatten sie entweder Schwert und Schild oder Dreizack und Netz. Oft mussten sie sich auch gegen Raubtiere

Gladiatoren beim Kampf in der Arena

erwehren. Wenn ein Gladiator besiegt war, entschied häufig das Publikum mit einem Daumenzeig, ob er gut gekämpft hatte und am Leben bleiben durfte oder ob er vom Sieger getötet werden sollte. Aussagekräftig ist der berühmte lateinische Gruß der Gladiatoren an →Cäsar: „Ave Caesar, morituri te salutant", das heißt „Heil dir, Cäsar, die dem Tod Geweihten grüßen dich".

Glas

Das Glas ist einer der ältesten künstlich erzeugten Werkstoffe des Menschen. Es besteht aus einer Mischung von →Sand, Kalkstein, Soda und anderen Zusätzen. Die Bestandteile werden bei →Temperaturen zwischen 1400 und 1600 Grad Celsius (°C) geschmolzen. Abgekühlt auf 1200 bis 900°C erhält das zähflüssige Glas dann seine

Rohstoffe zur Glasherstellung

Form. Kunstvolle Gefäße entstehen zum Beispiel durch Blasen mit einer Glasmacherpfeife oder einer Blasmaschine. Weitere Verarbeitungsverfahren sind das Walzen und Gießen bei Flachglas, das Pressen und Ziehen, z. B. bei Glasrohren, Tafelglas und Glasfasern, oder der Schleuderguss.

Pressen eines Fernsehbildschirms aus Glas

Funde beweisen, dass in Europa kleine Glasperlen schon um 2500 v. Chr. angefertigt wurden. Die ersten Glasgefäße entstanden um 1500 v. Chr. in Mesopotamien und Ägypten. Fensterscheiben aus Glas gab es gegen Ende des →Mittelalters. Erst im 19. Jahrhundert konnten Gläser auch für technische und optische Zwecke, z. B. für Brillen, hergestellt werden. Heute dienen hochleistungsfähige →Kabel aus feinsten gebündelten Glasfasern zur Übertragung von Nachrichten und Daten.

Gleichgewichtssinn

Mithilfe des Gleichgewichtssinns können Menschen und Tiere ihren Körper in den verschiedenen Stellungen und Lagen im Gleichgewicht halten und sich fortbewegen. Das Sinnesorgan für das Gleichgewichtsempfinden sitzt im Inneren des →Ohres.

Gletscher

Der Gletscher Perito Moreno in Argentinien

Alle Gletscher sind riesige Eisströme, die in Polargebieten oder im Hochgebirge entstehen. Dort ist es so kalt, dass der Schnee nie abschmilzt, sondern sich Schicht um Schicht immer mehr anhäuft. Durch ständiges Antauen und Gefrieren entsteht aus dem Schnee erst Firn, dann Gletschereis, das in die Täler abfließt. Wenn ein Gletscher dabei in tiefere und wärmere Regionen gelangt, taut er ab. Die Geschwindigkeit der abwärts gleitenden Gletscher ist unterschiedlich. In den →Alpen wandern sie jährlich zwischen 40 und 200 Meter, in Grönland wird die Eisschicht bis zu 3000 Meter dick und bewegt sich mit einer Geschwindigkeit bis zu 20 Meter am Tag. Im Polargebiet schieben sich Gletscher bis ins Meer vor. Riesige Eismassen brechen ab und schwimmen als →Eisberge ins Meer hinaus.

Globales Navigationssystem

Das globale Navigationssystem, auf Englisch „global positioning system“ oder kurz GPS, ermöglicht, dass man seinen eigenen Standort auf der Erdkugel auf wenige Meter genau berechnen kann. Es wird auch als Satellitennavigation bezeichnet. Ursprünglich wurde dieses System seit Mitte der 70er-Jahre auf dem Höhepunkt des Kalten Krieges von den Amerikanern entwickelt. Es sollte die Kampfflugzeuge und die →Raketen im Fall eines →Krieges genau zum Ziel lenken. Das System besteht aus 24 →Satelliten, die in 20.000 Kilometern Höhe die Erde umkreisen. Von jedem Punkt der Erde aus sind mindestens vier dieser Satelliten empfangbar. Jeder Satellit sendet ohne Unterbrechung ein Zeitzeichen. Diese Zeitzeichen können von einem GPS-Empfänger wie mit einem Rundfunkgerät eingefangen werden. Ein Minicomputer im GPS-Empfänger errechnet dann aus den verschiedenen Zeitsignalen den genauen eigenen Standort.
Eingesetzt wird das GPS-System mittlerweile auch in vielen zivilen, also nicht militärischen Bereichen. So z. B. in der Seefahrt, in der zivilen Luftfahrt, in der Landver-

Auf dem Bildmonitor kann der zu fahrende Weg entweder auf Landkarten gezeigt oder mit Pfeilen und Symbolen dargestellt werden.

24 Satelliten umkreisen die Erde und ermöglichen mit ihren Funksignalen z. B. einem Autofahrer, seine Position auf mindestens 100 Meter genau zu bestimmen.

messung, in der Architektur und beim Bergsteigen zur Ortung von Menschen in Not. Auch einige Autos sind schon mit diesem Navigationssystem ausgestattet. Der Autofahrer kann einem Bordcomputer sein gewünschtes Fahrziel eingeben. Das Navigationssystem übernimmt nun selbstständig die Routenplanung und leitet den Fahrer mit sprachlichen Anweisungen und mit der Anzeige von Land- und Straßenkarten auf einem Bildmonitor sicher zu seinem Ziel.

Globus

Der Globus ist ein stark verkleinertes, aber wirklichkeitsgetreues Abbild eines →Planeten oder →Mondes in Form eines kugelförmigen Modells. Die Bezeichnung stammt von dem lateinischen Wort „globus" für „Kugel" oder „Ball". Ein Himmelsglobus gibt das von der Erde aus zu sehende Sternengewölbe wieder. Auf einem Erdglobus sind die Meere und Kontinente mit ihrer Oberflächengestalt und ihren Landschaften, die Länder mit ihren politischen Grenzen oder auch die Klimazonen der Erde zu sehen.

Der Globus ist durch ein so genanntes Gradnetz gegliedert, das sich aus den Längen- und →Breitenkreisen zusammensetzt. Den ersten Erdglobus fertigte Martin Behaim (1459–1506) im Jahr 1492.

Erdglobus

Glühlampe

Hält man eine Glühlampe oder Glühbirne gegen das Licht, so sieht man im Inneren einen feinen Draht. Der Draht oder die Wendel steht mit Stromkontakten am Metallsockel der Glasbirne in Verbindung. Der Sockel wird in die Lampenfassung geschraubt. Sobald man den Lichtschalter betätigt, fließt durch die Wendel elektrischer Strom, der sie so erhitzt, dass sie sofort weiß glüht. Da sich in der Glasbirne keine →Luft befindet, kann die Wendel nicht verbrennen. Auf jeder Glühlampe steht in der Einheit Watt die Angabe, wie viel elektrische Leistung sie erbringt.

Glühlampe

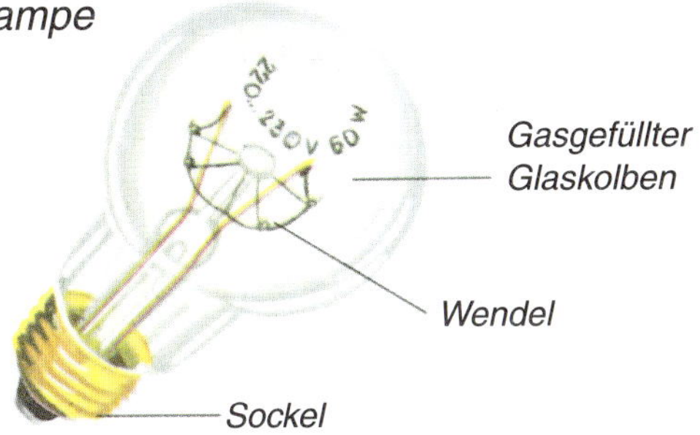

Die Glühlampe wurde im Jahr 1854 von Heinrich Goebel (1818–1893) erfunden. Bereits im Jahr 1879 entwickelte Thomas Alva →Edison das erste gebrauchsfähige Modell.

Goethe, Johann Wolfgang von
Johann Wolfgang von Goethe (28.1.1749–22.3.1832) gehört zu den bedeutendsten deutschen Dichtern. Seine Kindheit verbrachte er in Frankfurt am Main, später studierte er in Leipzig und Straßburg Rechtswissenschaften. Schon in dieser Zeit entstanden so bekannte →Gedichte wie die Ballade „Heidenröslein". Mit dem Briefroman „Die Leiden des jungen Werthers" wurde Goethe 1774 weltberühmt. Mit 26 Jahren ging er nach Weimar und war dort als hoher Staatsbeamter Berater des Herzogs Karl August. Der geniale, gefühlsbetonte Dichter der Jugendzeit wandte sich nun klassischen Formen zu. Die Anregungen dazu erhielt Goethe unter anderem durch eine ausgedehnte Reise nach Italien, während der er sich mit der Kunst der →Antike auseinander gesetzt hatte. Lange Jahre war er mit Friedrich von →Schiller eng befreundet und arbeitete mehrfach mit ihm zusammen. Zu dieser Zeit schrieb er zum Beispiel die Ballade „Der Zauberlehrling" und vollendete den →Roman „Wilhelm Meisters Lehrjahre". Mit zahlreichen Gedichten, vielen Theaterstücken und Romanen hat Goethe ein umfangreiches Werk hinterlassen. Sein herausragendstes Schauspiel ist der „Faust", dessen verschiedene Fassungen und Teile ihn sein ganzes dichterisches Schaffen lang beschäftigt hatten. Neben seiner Tätigkeit als Dichter und Politiker trat Goethe auch als Naturforscher hervor. Er studierte Tiere, Pflanzen und Gesteine, bekannt wurde vor allem seine „Farbenlehre".

Gogh, Vincent van
Der berühmte holländische Maler Vincent van Gogh (20.3.1853–29.7.1890) fing erst im Alter von 27 Jahren an zu zeichnen. Neben anderen erfolglosen Tätigkeiten war er zuvor Verkäufer in einer Kunsthandlung gewesen, hatte sich aber geweigert, den Kunden Bilder anzupreisen, die er selbst nicht gut fand.
In schweren, dunklen Farben malte er Menschen und Landschaften seiner Heimat, Bauern bei der Arbeit, Landstraßen, Felder und Dörfer. Im Jahr 1886 besuchte er seinen Bruder in Paris. Als er dort den Vertretern des →Impressionismus begegnete, erlebte sein Schaffen den entscheidenden Einschnitt. Seine Bilder wurden heller und leichter, er malte die Stadt, ihre Umgebung, Stillleben und Porträts. Im Jahr 1888 zog er nach Arles in die Provence, wo seine berühmtesten, ausdrucksstärksten Werke entstanden. In leuchtenden, kräftigen Farben, mit flammenartigen Pinselstrichen, die die Bilder zum Leben erweckten, malte er sonnenglühende Landschaften, Straßen, bunte Häuser, Blumen, Früchte

„Die Brücke von Arles" von Vincent van Gogh

und Porträts. Vincent van Gogh starb 1890 seelisch krank durch Selbstmord. Seine Gemälde und Zeichnungen zählen heute zu den kostbarsten Schätzen der Museen.

Gold

Das Gold gehört neben Kupfer zu den frühesten →Metallen, die der Mensch benutzt hat. Reines Gold ist gelbrot und sehr weich, lässt sich gut dehnen und hauchdünn auswalzen. Es rostet nicht und wird weder von Luft noch von →Säuren angegriffen. Wegen seiner Seltenheit, seines Glanzes und seiner Beständigkeit wurde das Edelmetall schon in der →Antike zu Schmuck verarbeitet und galt als wertvolles Tauschmittel.

Gold wird als Berggold in Geröllablagerungen gefunden, meist ist es in Quarzen eingelagert und wird im →Bergbau gefördert. Die abgeschlagenen Golderze werden zerkleinert, und das Gold wird dann mit einer chemischen Methode ausgesondert. Wenn das Gold bereits von Wasser aus dem →Gestein gewaschen wurde, befindet es sich als Wasch- oder Seifengold in Form von Blättchen, Körnern und größeren Klumpen oder Nuggets im Sand von Flüssen. Früher wurde es mit siebartigen Pfannen aus dem Sand herausgewaschen, heute geschieht das in Fabriken mit chemischen Mitteln.

Gold wird in der Chemie- und Elektroindustrie und in der Zahntechnik verwendet, vor allem aber zur Herstellung von Schmuck. Da reines Gold zu weich ist, wird es mit Kupfer oder →Silber gemischt. Der Goldgehalt dieser Legierungen wird in Tausendstel angegeben. Die Feingehalte 333, 585 und 900 bedeuten einen Goldanteil von 33,3 Prozent, 58,5 Prozent und 90 Prozent. Eine ältere Maßeinheit sind Karat. Reines Gold entspricht 24 Karat.

Tausende von Männern durchsuchten um 1850 den Grund von Flüssen nach Gold.

Goldhamster
Die Goldhamster galten fast ein Jahrhundert lang als ausgestorben, bis 1930 in Syrien ein Weibchen mit zwölf Jungen lebend gefangen wurde. Von ihren Nachkommen sollen alle Goldhamster abstammen, die heute von Menschen gehalten werden. Die putzigen →Nagetiere sind Pflanzenfresser, werden bis zu 16 Zentimeter lang, haben ein goldbraunes Fell mit einem weißlichen Bauch und große Backentaschen. Die Weibchen sind schon mit sieben Wochen fortpflanzungsfähig und können bis zu achtmal im Jahr acht bis 13 Junge bekommen.

Der Goldhamster sammelt Futter und Nistmaterial in den Backentaschen, die oft weit abstehen.

Golf
Das Ziel des Golfspiels besteht darin, einen kleinen Hartgummiball mit dem Schläger in möglichst wenigen Schlägen vom Abschlag über die grüne Bahn in ein kleines und weit entferntes Loch auf dem so genannten Green zu befördern. Der Golfplatz ist eine gepflegte, kurz geschorene Rasenfläche in natürlichem Gelände. Auf ihm sind in der Regel 18 Bahnen angelegt. Die Bahnen sind zwischen 100 und 500 Meter lang.
Bereits im 15. Jahrhundert schlugen die Menschen in Schottland, dem Geburtsland des Golfsports, die Bälle. Um 1600 gelangte das Golfspiel nach England und fand bald weltweit zahlreiche Anhänger. Auch in Deutschland entwickelt sich der frühere „Sport für Millionäre" immer mehr zum Volkssport.

Golfstrom
Der Golfstrom ist eine mächtige warme und salzreiche Meeresströmung. Er kommt aus dem Golf von Mexiko, zieht vor der Ostküste der →USA nordwärts, durchquert als Atlantischer Strom den nördlichen Atlantik, liefert den Küstengebieten Nordeuropas warmes Wasser und schickt seine Ausläufer bis ins Nordpolarmeer. Die Wärme des Golfstroms hat einen starken Einfluss auf das →Klima in Mittel- und Nordeuropa.

Gorbatschow, Michail Sergejewitsch
Michail S. Gorbatschow (geb. 2.3.1931) war seit 1988 Staatsoberhaupt und seit 1990 Präsident der →Sowjetunion. Gorbatschow stammt aus dem Nordkaukasus, seine Vorfahren waren Bauern. Von 1950 bis 1955 studierte er in Moskau Rechtswissenschaften. Er arbeitete nie als →Jurist, sondern durchlief seit seinem Eintritt 1952 in die Kommunistische Partei der Sowjetunion (KPdSU) eine politische Karriere, die ihn an die Spitze der Sowjetunion führte. 1985 wurde Gorbatschow zum Generalsekretär, das heißt zum Vorsitzenden der KPdSU gewählt. Ein halbes Jahr danach verkündete er sein Konzept der „Perestrojka" und des „Glasnost". Ziel der Perestrojka war, die Wirtschaftskraft der Sowjetunion zu verbessern. Glasnost versprach der Bevölkerung mehr Einblicke in die →Politik. Auch in der Weltpolitik setzte Gorbatschow auf einen neuen Kurs. Mit dem damaligen amerikanischen Präsidenten Ronald Reagan (geb. 1911) vereinbarte er umfangreiche Maßnahmen zur →Abrüstung vor allem bei Atomwaffen. Als im Herbst 1989 die Bevölkerung der →DDR gegen die Staats-

partei SED protestierte und ihre Herrschaft stürzte, ermöglichte Gorbatschow durch seine Zustimmung die deutsche Wiedervereinigung. Diese und seine vorangegangene Entspannungspolitik verschafften ihm bei den Deutschen besonders starke Sympathien. Dagegen kam es in der Sowjetunion infolge der immer schlechteren wirtschaftlichen Lage zu dramatischen innenpolitischen Krisen. Die Situation spitzte sich zu, als im März 1990 →Litauen und im Mai desselben Jahres →Lettland und →Estland ihre Unabhängigkeit erklärten. Am 19. August 1991 versuchten Gorbatschows Gegner, gewaltsam die Macht an sich zu reißen. Nach vier Tagen wurde der Aufstand in Moskau unter Führung des russischen Präsidenten Boris →Jelzin niedergeschlagen. Wenige Tage später legte Gorbatschow sein Amt als Parteivorsitzender nieder. Am 25. Dezember 1991 wurde die →Gemeinschaft Unabhängiger Staaten gegründet und die Sowjetunion hörte auf zu existieren. Am gleichen Tag erklärte Gorbatschow seinen Rücktritt von allen Ämtern.

Gorilla

Die Gorillas sind die größten und stärksten Menschenaffen. Sie leben in den dichten →Urwäldern Afrikas. Die Männchen werden in aufrechter Haltung bis zu zwei Meter groß und wiegen ungefähr 250 Kilogramm. Die gedrungenen Gorillas bewegen sich auf den Füßen und den abgeknickten vorderen Fingerknochen auf allen vieren vorwärts. Als reine Pflanzenfresser ernähren sie sich von Früchten, Blättern, Rinden und Wurzeln. Sie leben in Familienverbänden mit einem Leit- oder Altmännchen und haben außer dem Menschen nur →Leoparden als Feinde. Zur Verteidigung droht das Altmännchen mit einem Scheinangriff oder es richtet sich auf, brüllt und trommelt sich mit den Fäusten auf die Brust, um den Feind zu beeindrucken. Jeden Abend baut es sich und seinen Angehörigen Schlafnester in den Bäumen. Gorillas sind durch Jäger und Tierfänger vom Aussterben bedroht. In Gefangenschaft werden sie leicht trübsinnig.
Abbildung →Affe

Gotik

Der Begriff „Gotik“ bezeichnet eine europäische Kunstrichtung im →Mittelalter. In der Baukunst entstanden damals sehr hohe Kirchen, in denen alles darauf ausgerichtet ist, den Blick des Besuchers zum Himmel zu lenken. In ihrem Inneren bestehen sie aus einem großen Raum, der zwar aufgegliedert ist, aber doch wie eine Einheit wirkt. Alles Trennende wurde vermieden. Typisch sind die schmalen, nach oben in einen Spitzbogen zulaufenden Fenster. Zusammen mit zahlreichen Strebepfeilern und Bögen lassen sie die Außenmauern lichter erscheinen. Berühmte Beispiele gotischer Baukunst sind der Kölner Dom, der Mailänder Dom, die Kathedrale Notre-Dame in Paris und der Stephansdom in Wien.

Der Mailänder Dom

Bildhauer und Holzschnitzer schufen prachtvolle Altäre, Reliefs und Skulpturen. Ein bedeutender deutscher Künstler der Gotik war Tilman Riemenschneider (1460–1531) aus Würzburg.

Gott

Alle großen Religionen, ob →Christentum, →Judentum, →Islam, →Hinduismus oder →Buddhismus, glauben an einen oder mehrere Götter, die das Weltgeschehen beeinflussen. Die Gläubigen verstehen unter Gott eine heilige, vollkommene und allmächtige Person jenseits der menschlichen Vorstellungskraft, die ihr Schicksal in seinen Händen hält.
Die Christen, Juden und Moslems glauben an einen einzigen Gott. Der Ein-Gott-Glaube heißt Monotheismus. Hindus und Buddhisten verehren verschiedene Götter. Diesen Glauben nennt man Polytheismus.
Menschen, die an keinen Gott glauben, sondern seine Existenz bestreiten, sind Atheisten.

Grafik
Die Grafik oder Druckgrafik umfasst alle Bildwerke und Handzeichnungen, die auf unterschiedlichste Weise gedruckt und dadurch vervielfältigt werden. Dazu gehören zum Beispiel der Linolschnitt, der Holzschnitt, Kupferstiche und Radierungen. Bei letzteren wird die Zeichnung mit einer Nadel in eine Kupferplatte geritzt. Im Unterschied zur →Malerei arbeitet man bei der Grafik vor allem mit Linien und Strichen.
In der modernen Gebrauchsgrafik gestalten die Grafiker Werbeplakate, Prospekte, Bücher oder Schriften. Dies geschieht häufig mithilfe von →Computern.

Grammatik
Der Begriff „Grammatik" kommt von dem griechischen Wort „grāmma" für „Geschriebenes, Buchstabe, Schrift". Die Grammatik ist ein Bestandteil der Sprachwissenschaft. Sie beschäftigt sich mit der Entstehung, dem Aufbau und den Regeln von Lauten, Wörtern und Sätzen. Ein Buch, in dem die Sprachformen und -regeln aufgezeichnet sind, heißt ebenfalls Grammatik.

Gräser
Pflanzen mit schlanken Halmen und schmalen →Blättern, die den unteren Teil des Stängels umgeben, sind Gräser. Die Halme werden durch so genannte Knoten gegliedert und tragen Ähren, Rispen oder Kolben als →Blüten. Die →Früchte sind Körner. Unter den vielen tausend Arten gibt es Zwerggräser, die nur wenige Zentimeter hoch werden, und Riesengräser, wie das tropische Zuckerrohr und der →Bambus. Auch das →Getreide und das Schilfgras zählen zu den Gräsern.

Aus den meterlangen Grashalmen des Schilfs werden zum Beispiel Schilfmatten hergestellt.

Grass, Günter
Der Schriftsteller, Bildhauer und Grafiker Günter Grass (geb. 16.10.1927) gehört zu den bedeutendsten deutschsprachigen Autoren der Gegenwart. Nachdem er 1946 aus der amerikanischen Kriegsgefangenschaft freikam, machte er eine Lehre als Steinmetz, studierte Bildhauerei in Düsseldorf und besuchte ab 1953 die Hochschule für Bildende Künste in Berlin. Er unternahm viele Reisen, lebte einige Jahre in Paris und war von 1983 bis 1986 Präsident der Akademie der Künste in Westberlin.

In den 60er- und 70er-Jahren bekannte er sich öffentlich zur Sozialdemokratischen Partei Deutschlands (SPD) und warb in der Bevölkerung für deren →Politik. Auch sonst nahm Grass immer wieder am politischen Leben in Deutschland teil. Sein literarisches Werk besteht aus →Gedichten, Theaterstücken und →Romanen, die häufig in und um Grass' Geburtsstadt Danzig spielen. In ihnen übt er Kritik an Politik und Gesellschaft, vor allem an der engen Welt und Gesinnung des Kleinbürgertums. Berühmt wurde er durch seinen 1959 erschienenen Roman „Die Blechtrommel". In diesem protestiert der kleine Junge Oskar Matzerath gegen die spießbürgerliche Welt der Erwachsenen während des →Nationalsozialismus, indem er an seinem dritten Geburtstag beschließt, nicht mehr zu wachsen. Auf seiner Kinderblechtrommel macht er zudem einen solchen Lärm, dass keiner mehr dagegen ankommt. Weitere berühmte Romane von Günter Grass sind „Katz und Maus", „Hundejahre", „Der Butt" und „Die

Rättin". Seine Erzählung „Unkenrufe" behandelt die Schwierigkeiten zwischen West- und Ostdeutschen nach der Wiedervereinigung. Auch der 1995 erschienene und sehr umstrittene Roman „Ein weites Feld" hat die deutsche Wiedervereinigung zum Thema.

Gravitation
Unter Gravitation versteht man die Anziehungskraft, die zwei Körper aufgrund ihrer Masse aufeinander ausüben. Die Gravitation der →Erde ist die Schwerkraft. Sie bewirkt, dass alle Körper ein →Gewicht haben. Je mehr Masse die Körper aufweisen und je näher sie sich sind, desto stärker ziehen sie sich an. Die Gravitation hält auch die Himmelskörper auf ihren Umlaufbahnen.

Greenpeace
„Green peace" ist englisch und heißt übersetzt „Grüner Frieden". Es ist der Name einer internationalen Umweltorganisation, die 1971 gegründet wurde. Greenpeace will durch gewaltfreie Aktionen auf die ständig zunehmende Zerstörung der Umwelt aufmerksam machen und zu einem bewussteren Umgang mit der Natur aufrufen. Sie setzt sich zum Beispiel für bedrohte Tiere ein, wie →Robben und →Wale, kämpft gegen die Verseuchung der Umwelt durch →Abgase und →Gifte und gegen die Entsorgung von Chemieabfällen und Atommüll durch Versenken ins Meer. Die Aktionen von Greenpeace haben zur Gründung weiterer Umweltschutzorganisationen geführt, in Deutschland gibt es z. B. die Organisation Robin Wood.

Greifvögel
Die Greifvögel haben lange Zehen mit scharfen Krallen und einen kräftigen Hakenschnabel als Greifwerkzeuge. Fast ohne Flügelschlag ziehen sie am Himmel ihre Kreise und erspähen mit ihren ungewöhnlich scharfen Augen schon aus großer Entfernung Beute, wie Mäuse oder kleine Vögel. Lautlos und blitzschnell fliegen sie heran, ergreifen die Beute und schleppen sie zu einem geeigneten Fressplatz oder in ihr Nest, ihren Horst. Sie reißen das Beutetier mit dem Schnabel in Stücke, schlingen diese hinunter und würgen später die unverdauten Nahrungsreste, wie Fell, Knochen, Zähne und Krallen, als Gewölle wieder heraus.
Greifvögel sind überall auf der Erde verbreitet. Zu ihnen zählen die →Adler, Bussarde, Falken, Habichte, Milane, Sperber, Weihen und die →Geier der Alten Welt. Da sie viele kranke und schwache Tiere erbeuten, sind sie auch als Raubvögel sehr nützlich.

Mäusebussard

Griechen, die alten
Ab 1900 v. Chr. wanderten verschiedene Volksstämme, wie die Ionier, Äolier und Achaier, nach Griechenland ein, vermischten sich mit der ansässigen Urbevölkerung und bildeten das griechische Volk. Es gab keinen großen Staat, sondern viele kleine Einzelstaaten. In diesen herrschten zunächst →Könige, seit dem 7. Jahrhundert v. Chr. entstand allmählich eine demokratische Regierungsform, die Polis oder der Stadtstaat. Die mächtigen Stadtstaaten →Athen, Sparta, Korinth und Theben führten zahlreiche Kriege gegeneinander, verbündeten sich jedoch im 5. Jahrhundert v. Chr. gegen die Perser. Dabei trat Athen als erste Macht hervor. Es entwickelte sich zum geistigen und künstlerischen Mittelpunkt Griechenlands. Die Zeit von 500 bis 336 v. Chr. gilt als klassische →Epoche. In ihr erreichten die →Wissenschaft, die →Philosophie, die →Dichtung und die bildende →Kunst ihre Höhepunkte.
Im Jahr 338 v. Chr. eroberten die Make-

Der prunkvolle Parthenontempel auf der Akropolis in Athen wurde um 440 v. Chr. zu Ehren der jungfräulichen Stadtgöttin Athene erbaut.

donier das Land, →Alexander der Große eröffnete die Epoche des Hellenismus und schuf mit seinen Eroberungszügen ein Weltreich. Um 150 v. Chr. wurde Griechenland von den →Römern unterworfen. Nach der Teilung des Römischen Reiches im Jahr 395 n. Chr. gehörte es dann als unbedeutende Provinz zum Oströmischen bzw. Byzantinischen Reich.
Im Mittelpunkt der antiken griechischen Kultur steht die griechische →Mythologie. Die alten Griechen glaubten an zahlreiche Götter, die sie sich als mächtige und unsterbliche Wesen vorstellten und in ihren Dichtungen besangen. Als Sitz der Götter galt der Berg Olymp, auf dem der höchste Gott Zeus mit seiner Gemahlin Hera über alle herrschte. Das Leben der Götter, ihre Beziehung zu den Menschen und die Entstehung der Welt hatte bereits im 8. Jahrhundert v. Chr. der griechische Dichter →Homer in seinen Werken beschrieben.
Viele Funde, Tempelruinen und Skulpturen geben Zeugnis für die große Verehrung, die die alten Griechen ihren Göttern entgegenbrachten. Zugleich gelten die alten Griechen als Begründer der →Naturwissenschaften und der Philosophie. Sie brachten viele berühmte Forscher und Denker hervor, zum Beispiel den Arzt Hippokrates und die Naturphilosophen Thales von Milet und Pythagoras sowie die großen Philosophen Sokrates, Platon und Aristoteles.
Die alten Griechen waren zudem begeisterte Besucher der riesigen Freilufttheater. Dort wurden Schauspiele, Tragödien und Komödien von berühmten Verfassern, wie Aischylos, Sophokles und Euripides, aufgeführt und Dichterwettkämpfe abgehalten. Von 776 v. Chr. bis 393 n. Chr. fanden in Olympia alle vier Jahre sportliche Wettkämpfe, die →Olympischen Spiele, statt.

Götter des Himmels	
Zeus:	Höchster Gott Ordner und Erhalter der ganzen Welt Gott des Donners und des Blitzes
Hera:	Schwester und Gemahlin des Zeus Göttin der Ehe und der Mütter
Pallas Athene:	Göttin der Weisheit, des Mutes, der Reinheit und des klug geführten Krieges Schutzherrin Athens
Apollon:	Gott des Lichtes, der Heilkunst, der Weisheit, der Musik und der Dichtkunst
Artemis:	Göttin der Tiere, der Jagd, der Keuschheit und der Fruchtbarkeit
Ares:	Kriegsgott der rohen Gewalt
Aphrodite:	Göttin der Liebe, Anmut und Schönheit
Hermes:	Gott des Handels und Verkehrs, der Wanderer und Reisenden Schutzgott der Diebe Götterbote
Helios:	Sonnengott
Götter der Gewässer	
Poseidon:	Herrscher des Meeres
Amphitrite:	Gemahlin des Poseidon Meeresgöttin
Triton:	Gott der Wogen
Götter der Unterwelt und der Erde	
Hades oder Pluton:	Herrscher des Totenreiches
Persephone:	Gemahlin des Hades Göttin des Blühens und Grünens
Thanatos:	Gott des Todes
Hypnos:	Gott des Schlafes
Demeter:	Göttin des Ackerbaus und der Fruchtbarkeit
Dionysos:	Gott des Weines, der Fruchtbarkeit und der Ekstase
Pan:	Gott der Hirten, Jäger und des Wildes

Die bekanntesten griechischen Götter des Altertums

Griechenland

Kontinent:	Europa
Fläche:	131.957 km²
Einwohner:	10.408.000
Hauptstadt:	Athen
Amtssprache:	Griechisch
Währung:	Drachme

Griechenland umfasst den südlichsten Teil der Balkanhalbinsel und zahlreiche Inseln im Ionischen Meer und in der Ägäis. Das Land grenzt an Albanien, Mazedonien, Bulgarien und die Türkei. Das Landesinnere ist sehr gebirgig, der höchste Berg, der Olymp, erreicht 2917 Meter. Die Sommer sind heiß und trocken, die milden Winter regenreich. In der →Landwirtschaft werden Wein, Obst, Oliven und Tabak angebaut und Ziegen und Schafe gezüchtet. Ungefähr 95 Prozent der Bevölkerung sind Griechen, über ein Drittel der Einwohner lebt in der Hauptstadt →Athen. 1453 geriet Griechenland unter die türkische Herrschaft und wurde Teil des Osmanischen Reiches. Ab 1821 begannen die Griechen, sich aus der Türkenherrschaft zu befreien und errichteten 1830 ein unabhängiges Königreich. Nach ständig wechselnden Regierungen und jahrelanger Militärdiktatur ist Griechenland seit 1973 eine →Republik. Mit seinen Inseln und der Gastfreundschaft der Einwohner ist es ein beliebtes Urlaubsziel.
→Griechen, die alten

Grillen →Heuschrecken

Grimm, Gebrüder
Die Brüder Jacob (4.1.1785–20.9.1863) und Wilhelm (24.2.1786–16.12.1859) Grimm

Jacob und Wilhelm Grimm

sind vor allem durch ihre Kinder- und Hausmärchen bekannt. Im Jahr 1806 begannen sie die bis dahin nur mündlich überlieferten Geschichten zusammenzutragen. Sie ließen sich die Geschichten auf ihren Reisen von Leuten aus dem Volk erzählen und schrieben sie auf. Vor allem Wilhelm Grimm ist es gelungen, ihnen die einzigartige Märchensprache zu verleihen. Den →Märchen folgte eine Sammlung deutscher →Sagen.
Beide Brüder waren jahrelang als Professoren in Göttingen tätig und wurden 1841 nach Berlin an die Akademie der Wissenschaften berufen. Jacob Grimm begründete mit seiner „Deutschen Grammatik" die

„Der Froschkönig", ein Märchen der Gebrüder Grimm

Erforschung der germanischen Sprachen. Zusammen begannen sie das mehrbändige „Deutsche Wörterbuch", das erst 1961 von Nachfolgern fertig gestellt wurde. Wilhelm Grimm gab unter vielen anderen →Dichtungen das Werk „Die deutsche Heldensage" heraus.

Grippe
Die Grippe ist eine Infektionskrankheit. Sie wird durch Influenza-Viren hervorgerufen und durch Speicheltröpfchen beim Sprechen, Husten und Niesen übertragen. Nach der Ansteckung dauert es einen bis drei Tage, bis die Krankheit ausbricht. Sie äußert sich durch die Symptome hohes →Fieber, Husten, Schnupfen, Hals- und Gliederschmerzen. Grippe tritt häufig in Form einer →Epidemie auf und verbreitet sich rasch über ganze Kontinente. In schweren Fällen kann sie für ältere, geschwächte Menschen sehr gefährlich werden.
Oft spricht man von Grippe, meint aber den grippalen Infekt. Bei diesem handelt es sich um eine kurzfristige, leichte Erkrankung wie eine Erkältung, die von gutartigen →Viren ausgelöst wird.

Grönland
Mit einer Fläche von rund zwei Millionen Quadratkilometern ist Grönland die größte Insel der Erde. Sie liegt im nördlichen →Polargebiet und gehört politisch zu →Dänemark. Die Hauptstadt heißt Nuuk (dänisch Godthåb). Bis auf wenige Küstenstreifen ist die Insel von einer Eisschicht bedeckt, die im Landesinneren eine Dicke von 3400 Metern erreicht. In den eisfreien, felsigen Gebieten gedeihen nur wenige Pflanzen, wie →Gräser, →Moose und →Flechten.
Nur wenige der ungefähr 55.000 Einwohner sind Dänen, die meisten sind →Eskimos. Sie wohnen in Küstennähe und leben vor allem von der →Fischerei und der Fischverarbeitung.

Großbritannien und Nordirland
Zum Vereinigten Königreich Großbritannien und Nordirland gehören England, Wales, Schottland und der Nordosten Irlands. Der Inselstaat befindet sich zwischen der Nordsee und dem Atlantischen Ozean vor der Nordwestküste des europäischen Festlandes. Das überwiegend ebene bis

Kontinent:	Europa
Fläche:	241.752 km^2
Einwohner:	58.088.000
Hauptstadt:	London
Amtssprache:	Englisch
Währung:	Pfund Sterling

hügelige England erstreckt sich über die Mitte, den Süden und den Osten der Hauptinsel. Im Westen liegt das Bergland von Wales und im Norden das gebirgige Schottland. Das →Klima ist ozeanisch, auf mäßig warme Sommer folgen milde Winter. Das ganze Jahr über regnet es häufig, nach Osten nehmen die Niederschläge ab. Da die Wälder weitgehend gerodet sind, werden drei Viertel des fruchtbaren Landes für den Ackerbau und als Weideland genutzt. Auf den satten, grünen Wiesen sind meist große Schafherden zu sehen. Die britische Bevölkerung besteht zum größten Teil aus Engländern, zudem aus Schotten, Iren und Walisern. Wichtige Wirtschaftszweige sind der Maschinen- und Fahrzeugbau und die Textilindustrie.
In der →Antike waren die britischen Inseln von keltischen Stämmen bewohnt, zu denen auch die Briten gehörten. Ab 55 v. Chr. stand das Land unter dem Einfluss der →Römer. Von 43 n. Chr. bis zur Eroberung durch die Angelsachsen im 5. Jahrhundert war Britannien, das damalige England und Schottland, römische Provinz. Ab dem 7. Jahrhundert verbreitete sich das →Christentum. Die weitere Geschichte ist bestimmt von der wechselnden Herrschaft der verschiedenen Königshäuser, deren Machtkämpfe untereinander, dem ständigen Krieg mit Frankreich und dem Aufbau eines

gewaltigen Kolonialreiches. Der bedeutendste englische König des →Mittelalters war Heinrich II. (1133–1189), der die Unterwerfung →Irlands begann. Eduard I. (1239–1307) eroberte Wales und war vorübergehend auch König von Schottland. 1707 wurde Schottland endgültig mit England zum Königreich Großbritannien verbunden. Als sich Irland 1919 für unabhängig erklärte, verblieb Nordirland bei Großbritannien. Dieses ist seit 1921 eine parlamentarische →Monarchie, deren Volksvertreter in den beiden Kammern Unter- und Oberhaus sitzen. Staatsoberhaupt ist Königin Elizabeth II.

Grundgesetz
Das Grundgesetz ist die für die Bundesrepublik →Deutschland gültige →Verfassung. Es wurde 1949 vom Parlamentarischen Rat erlassen und bis heute verschiedentlich geändert. Eine Änderung kann nur durch →Gesetz erfolgen. Das Grundgesetz enthält die Regeln, wie sich der →Staat und die →Bürger zu verhalten haben. Gleich zu Beginn stehen die Grundrechte, die jedem Menschen das unantastbare Recht auf persönliche Sicherheit und Freiheit garantieren sollen. Das Grundgesetz unterscheidet hier zwischen den →Menschenrechten, die allen Menschen zustehen, und solchen Rechten, die nur für Deutsche gelten.

Grundrechenarten
In der →Mathematik gibt es vier Grundrechenarten: das Zusammenzählen oder die Addition, das Abziehen oder die Subtraktion, das Malnehmen oder die Multiplikation und das Teilen oder die Division.
Bei der Addition, z. B. 2+4=6, heißen die Zahlen, die zusammengezählt oder addiert werden, Summanden (2 und 4), das Rechenzeichen heißt plus (+) und das Ergebnis heißt Summe (6).
Bei der Subtraktion, z. B. 6–4=2, nennt man die Zahl, von der abgezogen oder subtrahiert wird, Minuend (6), die Zahl, die abgezogen oder subtrahiert wird, heißt Subtrahend (4), das Rechenzeichen heißt minus (–) und das Ergebnis heißt Differenz (2).
Bei der Multiplikation, z. B. 2·4=8, heißen die Zahlen, die miteinander malgenommen oder multipliziert werden, Faktoren (2 und 4), das Rechenzeichen heißt mal (·) und das Ergebnis heißt Produkt (8).
Bei der Division, z. B. 8:4=2, nennt man die Zahl, die geteilt oder dividiert wird, Dividend (8), die Zahl, durch die geteilt oder dividiert wird, heißt Divisor (4), das Rechenzeichen heißt geteilt durch (:) und das Ergebnis heißt Quotient (2).
Bei den vier Grundrechenarten ist die Subtraktion die Umkehrung der Addition, und die Division die Umkehrung der Multiplikation.

Grundwasser
Das Grundwasser sammelt sich aus →Niederschlägen. Diese dringen als Senkwasser durch Wasser leitende Schichten,

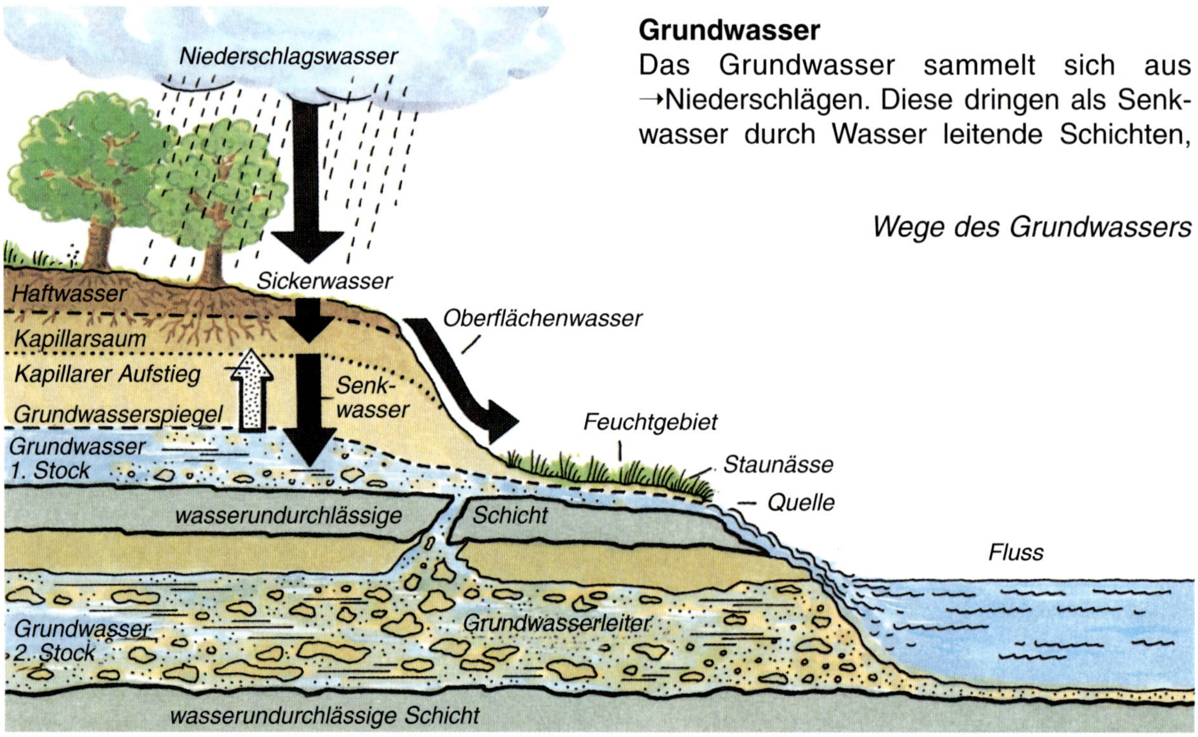

Wege des Grundwassers

wie Kies und Sand, so tief in die Erde ein, bis sie von wasserundurchlässigen Schichten, wie Lehm und →Ton, aufgehalten werden. Liegen im →Boden mehrere wasserundurchlässige Schichten übereinander, die Spalten und Löcher haben, dann bilden sie Grundwasserstockwerke. Sie können mehrere Tausend Meter tief in die Erde hinabreichen.
Die oberen Grundwasserschichten stehen unterirdisch mit den Bächen und →Flüssen in Verbindung. Wenn diese so wenig Wasser führen, dass ihr Spiegel unter dem des Grundwassers liegt, dann gleicht das Grundwasser deren Wasserstand aus.
Endet eine wasserundurchlässige Schicht an einem Hang, dann tritt dort das im Boden gestaute Wasser als →Quelle aus. Grundwasser kann auch mit Brunnen angezapft und gefördert werden.

Guatemala

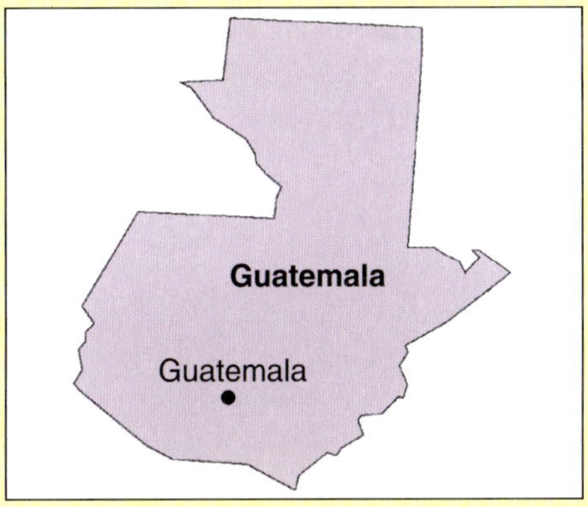

Kontinent:	Amerika
Fläche:	108.889 km^2
Einwohner:	10.322.000
Hauptstadt:	Guatemala
Amtssprache:	Spanisch
Währung:	Quetzal

Die →Republik Guatemala liegt auf der mittelamerikanischen Landbrücke zwischen dem Pazifischen Ozean und dem Karibischen Meer. Sie grenzt an Mexiko, Belize, Honduras und El Salvador. Das zentrale Hochland, das aus Mexiko nach Guatemala hineinzieht und sich in den angrenzenden Staaten fortsetzt, ist dicht besiedelt. Die Küstenebenen im Westen und Osten sind von tropischen →Regenwäldern bedeckt.

Marktfrauen in Guatemala

Guatemala ist das einzige mittelamerikanische Land, in dem die indianische Bevölkerung, Nachkommen der →Maya, überwiegt. Die indianischen Ureinwohner machen 60 Prozent der Bevölkerung aus. Doch erst seit 1995 werden ihnen nach jahrzehntelangen Unruhen durch die →Guerilla gleiche Rechte eingeräumt, zum Beispiel werden einige indianische →Dialekte als gleichberechtigt neben Spanisch anerkannt.
Der wichtigste Wirtschaftszweig ist die →Landwirtschaft, es werden Kaffee, Bananen, Zuckerrohr und Baumwolle angebaut. Die gleichnamige Hauptstadt ist das industrielle Zentrum des Landes. Politisch und kulturell gilt sie als bedeutendste Stadt Mittelamerikas.
Die in Guatemala lebenden Maya wurden 1524 von den Spaniern unterworfen. Erst 1821 konnte sich das Land von der spanischen Herrschaft lösen. Seit 1839 ist Guatemala eine unabhängige Republik, stand jedoch immer wieder unter diktatorischen und militärischen Regierungen.

Guerilla

Das spanische Wort „guerilla“ heißt „Kleinkrieg“. Unter Guerilla versteht man eine Kriegsform, bei der bewaffnete Gruppen aus der Bevölkerung außergesetzlich und eigenmächtig entweder gegen eine Besatzungsmacht kämpfen oder Bürgerkrieg führen. Ein Angehöriger einer solchen Gruppe wird ebenfalls Guerilla genannt.

Guinea

Die →Republik Guinea an der Westküste Afrikas grenzt an den Atlantik, Guinea-Bissau, Senegal, Mali, die Côte d'Ivoire, Liberia und Sierra Leone. Sie unterteilt sich

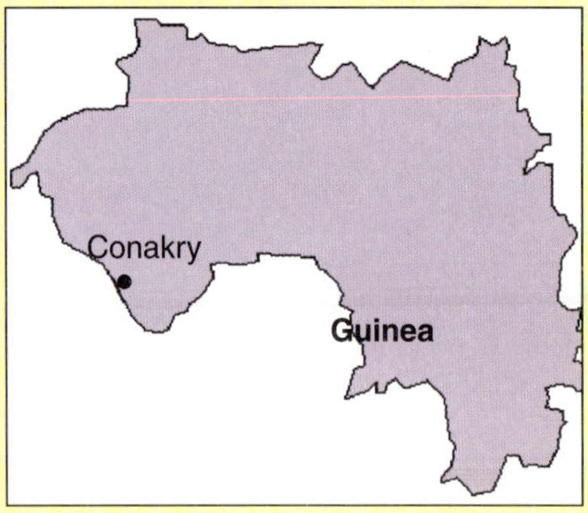

Kontinent:	Afrika
Fläche:	245.857 km^2
Einwohner:	6.501.000
Hauptstadt:	Conakry
Amtssprache:	Französisch
Währung:	Guinea-Franc

in den feuchtheißen, sumpfigen Küstenstreifen und in das mit Grassavannen bewachsene Hochland. Die Bevölkerung setzt sich aus verschiedenen Volksgruppen zusammen, davon sind ein Drittel Manding und ein Drittel Fulbe. Vor allem im Küstengebiet werden Reis, Hirse, Mais, Kaffee, Ananas, Erdnüsse und Bananen angebaut. Die wichtigsten Ausfuhrgüter sind →Bodenschätze, wie Diamanten und Bauxit. Nahrungsmittel müssen zum Teil eingeführt werden.
Guinea war ab 1891 französische →Kolonie. 1958 wurde es unabhängig.

Gummi
Den natürlichen Gummi gewinnt man aus dem eingedickten Milchsaft oder Latex des Kautschukbaumes. Dafür wird die Baumrinde waagrecht oder schräg eingeschnitten und der herausfließende Milchsaft in einem Gefäß aufgefangen. Die Weiterbehandlung erfolgt mit dem Verfahren der Vulkanisation. Der eingedickte oder geronnene Milchsaft wird geschmolzen und unter Zugabe von Schwefel erhitzt. Die →Moleküle des Schwefels verbinden sich mit den fadenförmigen Isopren-Molekülen des Latex. Sie bilden dabei ein Molekülnetz, das in jede Richtung stark gedehnt werden kann und immer wieder in seine ursprüngliche Lage zurückschnellt.
Mittlerweile gibt es auch ein Verfahren zur Herstellung von künstlichem bzw. synthetischem Gummi, der sich als strapazierfähiger erwiesen hat. Er wird für zwei Drittel aller Gummiprodukte verwendet.

Gürteltiere
Als einzige →Säugetiere tragen die in Süd- und Mittelamerika beheimateten Gürteltiere über Kopf, Rücken und Schwanz einen Panzer. Er setzt sich aus kleinen Hornplatten zusammen, die in der Mitte des Rückens eine Reihe von Gürteln bilden. Einige Arten, wie das Kugelgürteltier, können sich bei Gefahr zu einer Panzerkugel zusammenrollen. Andere Arten entgehen ihren Feinden, indem sie sich mit ihren starken Krallen schnell in die Erde eingraben. Gürteltiere leben in Erdhöhlen, die sie nachts verlassen, um Schnecken, Würmer und Insekten zu erbeuten.
Das bis zu 1,5 Meter lange Riesengürteltier holt mit seiner langen, klebrigen Zunge Ameisen und Termiten aus ihrem Bau. Die kleinste Art ist die Gürtelmaus mit zwölf Zentimetern Länge und neunzig Gramm Gewicht.

GUS →Gemeinschaft Unabhängiger Staaten

Gutenberg, Johannes
Sein richtiger Name ist Johannes Gensfleisch zur Laden (um 1397–3.2.1468), aber er nannte sich nach seinem Haus „zum Gutenberg" in Mainz.
Johannes Gutenberg erfand den Buchdruck mit beweglichen Buchstaben oder Lettern. Diese werden in beliebiger Anzahl einzeln aus →Metall gegossen und können deshalb immer wieder verwendet und zu neuen Wörtern zusammengesetzt werden. Außerdem entwickelte er nach dem Vorbild einer Weinpresse die Druckpresse. Um 1450 druckte er damit eine lateinische Bibel.

Druckerwerkstatt zur Zeit Gutenbergs

Die Druckform mit den Buchstaben wurde auf den beweglichen Schlitten gelegt, der dann unter den Druckstempel geschoben wurde. Nun betätigte man an der Druckerpresse den Armhebel, um den Druckstempel auf die Form zu pressen. Im Vordergrund sieht man eine Druckform, die bis zu 270 Buchstaben enthalten konnte.

Die von Gutenberg erfundene Drucktechnik wurde über 400 Jahre lang angewendet und erst gegen Ende des 19. Jahrhunderts von neuen Druckverfahren abgelöst.
→Drucken

Gymnastik
Die Gymnastik umfasst sämtliche Leibesübungen, die den Körper kräftigen und gesund halten. Dazu gehören zum Beispiel Haltungsübungen, die die →Atmung stärken, oder Bodenübungen, wie Rad fahren in der Kerze, Beugestellungen, Klappmesser und Spagat, die die Beweglichkeit trainieren. Oft werden Gymnastikübungen durch rhythmische Musik unterstützt oder Handgeräte, wie Bälle, Keulen, Reifen und Seile, mit einbezogen.
Eine besondere Bedeutung besitzt die Krankengymnastik. Sie ist darauf ausgerichtet, körperliche Schäden zu verbessern oder zu heilen.

wie Heinrich

Haare
Die Haare sind fadenförmige Gebilde und bestehen wie die →Federn der →Vögel und die Schuppen der →Reptilien aus →Horn. Mit Ausnahme weniger Körperregionen, zum Beispiel der Handinnenflächen, der Fußsohlen und der Lippen, ist beim Menschen der ganze Körper behaart. Die lang wachsenden Kopf-, Bart-, Achsel- und Schamhaare unterscheiden sich von den kurzen Augenbrauen, Wimpern, Nasen- und Gehörhärchen und dem feinen Wollhaar, das die übrige Haut bedeckt. Jedes Haar besteht aus dem von außen sichtbaren Haarschaft und der bis in die Unterhaut reichenden Haarwurzel, die sich am Ende zur Haarzwiebel verdickt. In die Haarzwiebel stülpt sich von unten die zapfenförmige Haarpapille, die das Haar ernährt. Das Haar steckt in einem Haarbalg, der es mit Talg geschmeidig hält. Am Haarbalg setzt ein kleiner Muskel an. Wenn er sich zusammenzieht, stellt sich das Haar auf und es kommt zur so genannnten Gänsehaut. Die Haarfarbe wird von mikroskopisch kleinen Farbteilchen oder Pigmenten bestimmt, deren Anzahl im Alter abnimmt, sodass die Haare grau werden.

Habsburger
Die Habsburger sind ein Herrschergeschlecht, dem viele europäische Könige und Kaiser entstammten. Ihr Stammsitz, die Habsburg (Habichtsburg), befindet sich in Aargau in der Schweiz. 1273 wurde Rudolf I. (1210–1291) als erster Habsburger von den deutschen Fürsten zum König gewählt. Die meisten der späteren Kaiser des →Heiligen Römischen Reiches Deutscher Nation gehörten ebenfalls zum Geschlecht der Habsburger. Kaiser Karl V. (1500–1558) überließ 1556 die Krone seinem Bruder Ferdinand, dadurch verzweigten sich die Habsburger in eine spanische und eine österreichische Linie. Die spanische Linie starb um 1700 aus, und das spanische Kaiserreich ging an das französische Geschlecht der Bourbonen über. Der letzte österreichische Vertreter des bis heute bestehenden Hauses Habsburg-Lothringen, Karl I. (1887–1922), musste 1918 die Kaiserkrone abgeben.

Hafen
Der Hafen ist ein schützender Anker- und Anlegeplatz für →Schiffe. Manche Häfen

Der Seehafen Rostock

sind in Buchten oder Flussmündungen von Natur aus vorhanden, andere müssen künstlich angelegt werden. Dies geschieht mit Molen, die als breite Mauern das Hafenbecken umgeben und die Wellen brechen. Damit die Schiffe anlegen können und nicht frei ankern bzw. auf Reede liegen müssen, gibt es besondere Dämme, die Kais und Piers. An ihnen werden meist in →Container verpackte Waren mit großen Kränen eingeladen oder „verstaut" und ausgeladen oder „gelöscht". Oft kommen die Güter für den Abtransport gleich auf Eisenbahnwaggons und Lastwägen oder

Kräne konnen Gewichte bis ca. 40.000 kg heben. Es gibt auch Schiffe, bei denen die Waren per LKW oder Eisenbahn be- und entladen werden.

sie werden in Hallen, Kühlhäusern und Silos auf dem Hafengelände gelagert. Große Häfen haben Werften und Docks. Dort werden Schiffe gebaut und repariert. Trockendocks sind Becken, aus denen das Wasser gepumpt wird, um ein Schiff trockenzusetzen. Schwimmdocks dagegen heben das eingefahrene Schiff über den Wasserspiegel an. Ihrem unterschiedlichen Zweck nach gibt es spezielle Häfen, zum Beispiel für Passagierverkehr, Fischerei, Handel oder Güterumschlag.

Hagel

Unter Hagel versteht man den →Niederschlag von harten Eiskugeln mit mindestens fünf Millimetern Durchmesser. Kleinere Eiskörner heißen Graupel, sind sie weniger als einen Millimeter groß, spricht man von Griesel.

An heißen Sommertagen kommt es durch das Aufsteigen erhitzter feuchter Luft leicht zu einem →Gewitter. Gelangt feuchte Luft in kalte Luftschichten, erstarrt sie zu Eiskristallen. Diese fallen herunter, werden von weiteren feuchten Luftbewegungen wieder nach oben getragen und wachsen durch das Anlagern neuer Eisschichten weiter an. In seltenen Fällen – wie 1986 in Bangladesch – werden Hagelkörner auf diese Weise sogar bis zu einem Kilogramm schwer. In der Regel ist der Aufwind aber nicht so stark, sodass die Hagelkörner ihn in einem früheren Stadium überwinden und zur Erde fallen. Dennoch richten sie häufig großen Schaden, vor allem in der Landwirtschaft, an.

Haie

Die Haie oder Haifische sind Knorpelfische, deren →Skelett nicht aus →Knochen, sondern aus Knorpeln besteht. Dafür sind die Schuppen der Haut verknöchert. Sie bedecken als kleine Zähnchen die Körperoberfläche. Die Zähne im Maul sind weiterentwickelte Hautzähne, die mehrere Reihen bilden. Höchstens fünf Zahnreihen sind in Gebrauch, die anderen dienen eingeklappt als Reserve. Mit ihren torpedoförmigen Körpern, hohen Rückenflossen und kräftigen Schwanzflossen sind Haie ausgezeichnete Schwimmer. Die meisten der etwa 250 Arten leben in warmen Meeren. Kleinere Arten, wie der gefleckte Katzenhai oder der Dornhai, kommen auch im Mittelmeer, in der Nordsee und in der Ostsee vor. Die meisten frei schwimmenden Arten bringen ihre Jungen lebend zur Welt, die am Meeresgrund lebenden Arten legen feste, hornige →Eier. Fast alle Haie sind Fleischfresser, die Fische, Tintenfische, Krebse und Weichtiere erbeuten. Nur die beiden größten Arten, der bis zu 14 Meter lange Walhai und der Riesenhai, ernähren sich von Plankton, das sind kleine pflanzliche und tierische Lebewesen, die im Wasser schweben. Etwa ein Zehntel der Haiarten sind für

den Menschen gefährlich. Zu ihnen gehört der bis zu 3000 Kilogramm schwere und zwölf Meter lange Weißhai oder Menschenhai. Weitere Haiarten sind der Blauhai, der Tigerhai und der Große Hammerhai.
Haie sind auch von wirtschaftlicher Bedeutung. Sie liefern Tran, Fischmehl, Lebertran und Leder. Manche Arten sind beliebte Speisefische. Die in europäischen Meeren gefangenen Dornhaie werden z. B. als „Seeaal" und „Schillerlocken" gegessen.

Haiti

Die →Republik Haiti erstreckt sich über den Westen der zweitgrößten Antilleninsel Hispaniola. Im Sommer herrscht →Regen- und im Winter Trockenzeit.
Haiti gehört zu den ärmsten Ländern der Welt. In den Bergregionen werden Bananen und Kaffee, in den Küstenebenen Baumwolle und Zuckerrohr angebaut.
Knapp drei Viertel der Haitianer sind Schwarze, die übrigen Mulatten (→Mischlinge) und Weiße.
Nach einem Aufstand wurde die ehemalige französische →Kolonie 1804 unabhängig. Die gesamte Insel hatte früher den indianischen Namen Haiti, übersetzt „Gebirgsland". 1844 wurde sie politisch in Haiti im Westen und die →Dominikanische Republik im Osten aufgeteilt.

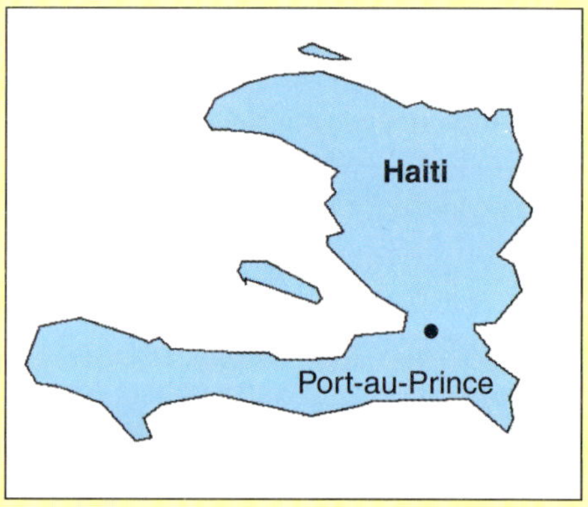

Kontinent:	Amerika
Fläche:	27.750 km^2
Einwohner:	7.035.000
Hauptstadt:	Port-au-Prince
Amtssprachen:	Französisch Kreolisch
Währung:	Gourde

Halbleiter

Chemische →Elemente oder Verbindungen, die bei sehr niedrigen Temperaturen elektrischen Strom nicht, bei hohen Temperaturen Strom aber fast so gut wie →Metall leiten, nennt man Halbleiter. Sie sind meist →Kristalle, in seltenen Fällen Flüssigkeiten. Die am häufigsten verwendeten Halbleiter sind die Elemente →Silizium und

Germanium und die Verbindung Galliumarsenid aus Gallium und Arsen. Aus Halbleitern werden elektronische Bauteile hergestellt, zum Beispiel für →Fotozellen.

Hamburg
Die Stadt Hamburg liegt zwischen Schleswig-Holstein und Niedersachsen an der Unterelbe. Sie besitzt den bedeutendsten Seehafen Deutschlands und ist zugleich als Freie und Hansestadt Hamburg ein selbstständiges Bundesland, das vom Bürgermeister und dem Senat regiert wird. Mit einer Fläche von 755 Quadratkilometern (km^2) und rund 1,6 Millionen Einwohnern ist der Stadtstaat Hamburg nach Bremen das zweitkleinste Bundesland der Bundesrepublik Deutschland.
Mit rund 90 km^2 Hafenanlagen ist Hamburg heute der wichtigste Verkehrsknotenpunkt zwischen Mitteleuropa und Skandinavien. Die bedeutendsten Schifffahrtslinien haben in Hamburg ihren Sitz. Gut die Hälfte der →Wirtschaft ist an den →Hafen gebunden, z. B. Schiffswerften, der Seefischmarkt und Verarbeitungsbetriebe für Importwaren, wie Kaffee, Tabak, Erdöl und Gummi. Hamburg gilt mit vielen großen Zeitungs- und Zeitschriftenverlagen als Zentrum der deutschen →Presse. Neben Hochschulen und zahlreichen Forschungsinstituten gibt es außerdem viele Sehenswürdigkeiten, wie die Kirche Sankt Michaelis mit ihrem 132 Meter hohen Turm „Michel" als Wahrzeichen der Stadt.
Die erste urkundliche Erwähnung der fränkischen Siedlung Hammaburg stammt aus dem Jahr 834 n. Chr., als sie zum Erzbischofssitz erhoben wurde. Im 14. Jahrhundert wurde Hamburg Mitglied der →Hanse und ab 1558 Sitz der ältesten Börse Deutschlands. Seit dem Ersten →Weltkrieg entwickelte sich die Handelsstadt zu einem der größten Industriestandorte Europas.

Hamster →Goldhamster, →Nagetiere

Handball
Die Sportart Handball ist ein beliebtes Hallenspiel. Zwei Mannschaften mit je sechs Feldspielern versuchen einen Lederball möglichst oft mit den Händen in das von einem Torwart bewachte gegnerische Tor zu werfen. Der Ball darf nicht mit den Füßen und Unterschenkeln, sonst aber mit dem ganzen Körper gespielt werden. Zudem darf man ihn nur drei Sekunden in der Hand halten und nur drei Schritte mit dem Ball gehen. Dann muss er entweder den Boden berühren oder an einen Mitspieler abgegeben werden. Die Regeln, z. B. Frei- oder Strafwürfe bei Verstößen, ähneln denen des →Fußballs.
Die Spielfläche ist ungefähr 40 Meter lang und 20 Meter breit. Die Spielzeit beträgt für Herren zweimal 30 Minuten, für Damen und Jugendliche zweimal 25 Minuten. Seit 1972 ist Herrenhandball, seit 1976 auch Damenhandball eine olympische →Disziplin.

Handel
Wer etwas kauft und es mit Gewinn wieder verkauft, treibt Handel. Verkauft eine Bäuerin auf ihrem Hof Milch und Eier, ist das kein richtiger Handel, denn der wirkliche Händler oder Kaufmann hat eine Mittlerrolle zwischen dem Hersteller einer Ware und dem Verbraucher. Er lebt von den Gewinnen, die er beim Verkauf der Waren erzielt. Der Einzelhändler kauft seine Waren beim Großhändler, und dieser handelt sie in großen Mengen bei den Erzeugern ein.
Den Handel innerhalb eines Landes nennt man Binnenhandel, den Handel mit dem Ausland Außenhandel. Die Einfuhr von Waren heißt Import, die Ausfuhr Export. Der Welthandel wird von den verschiedensten Außenhandelsverträgen der Länder untereinander bestimmt. Viele Länder haben sich zu wirtschaftlichen Blöcken, wie der →Europäischen Union (EU) zusammengeschlossen, um ihre Stellung auf dem Weltmarkt zu behaupten.
→Markt

Händel, Georg Friedrich
Georg Friedrich Händel (23.2.1685–14.4.1759) war neben Johann Sebastian →Bach der bedeutendste deutsche Komponist des →Barock. Er studierte in seiner Geburtsstadt Halle Jura und Musik, ging mit 18 Jahren als Cembalist und Geiger an die Hamburger Oper und setzte von 1706 bis 1710 seine musikalischen Studien in Italien fort. 1710 wurde er Hofkapellmeister in Hannover, wechselte 1712 als Cembalist an den englischen Hof in London und blieb

dort bis zu seinem Tod. Er schrieb viele →Opern, z. B. „Julius Cäsar“, und große Chorwerke oder Oratorien, z. B. „Der Messias“. Daneben komponierte er Orgelkonzerte und Orchestermusik, Klavierwerke und Violinsonaten. Weltbekannt wurden unter anderem seine „Wassermusik“ und „Feuerwerksmusik“.

Handwerk

Obwohl auch ein Handwerksbetrieb nicht ohne Maschinen, Werkzeuge und Geräte auskommt, arbeitet der Handwerker vor allem mit der Hand. Im Gegensatz zur industriellen Fließbandproduktion werden

im Handwerk die Erzeugnisse meist einzeln und auf Bestellung des Kunden angefertigt. Ein Handwerksbetrieb wird von einem Handwerksmeister geführt. Er ist berechtigt, Lehrlinge auszubilden. Die Ausbildung dauert zwei bis drei Jahre und wird von der Handwerkskammer überwacht, die auch für den Abschluss, die Gesellenprüfung, zuständig ist. Nach drei bis fünf Jahren Tätigkeit kann der Geselle die Meisterprüfung ablegen.

Es gibt eine große Anzahl von Handwerksberufen in verschiedenen Handwerkszweigen. Bei Jugendlichen sind die modernen technischen Berufe, wie Kfz-Mechaniker, und die Berufe im Bau- und Ausbaugewerbe, wie Maurer, Elektriker und Installateur, sehr beliebt. Viele traditionelle Handwerksberufe sterben langsam aus, weil die überwiegend kleinen bis mittleren Betriebe dem Konkurrenzdruck der →Industrie und der Großbetriebe nicht mehr standhalten können.

Handy

Das Handy ist ein kleines handliches Mobiltelefon, das man z. B. in der Mantelinnentasche oder in der Handtasche mitnehmen kann. Auf diese Weise ist der Handy-Besitzer überall erreichbar. Im Gegensatz zum herkömmlichen →Telefon braucht das Handy kein Kabelnetz, sondern ein Funknetz. Im gesamten Bundesgebiet Deutschlands wurden viele →Antennen installiert, die die Funksignale zum Handy übertragen und gleichzeitig die Signale vom

Dieses Handy funktioniert über das D1-Netz. Mit ihm kann man sogar Kurznachrichten senden und empfangen.

Handy empfangen. In den Handys steckt eine komplizierte →Elektronik. Auf kleinstem Raum arbeitet eine leistungsstarke Sende- und Empfangsanlage. Gespeist wird das Handy von bestimmten →Batterien, den Akkus, die – je nach Hersteller – bis zu einer Woche Strom liefern. Die Telefonnummer jedes Handys ist in einer kleinen Plastikkarte mit eingebautem →Chip gespeichert, die in das Gerät eingesetzt wird.

Für den Mobilfunk gibt es in Deutschland drei digitale Netze (D1, D2, E), ein weiteres ist im Aufbau (E2), außerdem besteht ein so genanntes analoges Netz (C). Mittlerweile ist es auch möglich, mit einem Handy, das in

Deutschland angemeldet ist, in anderen Ländern zu telefonieren und auch dort unter der normalen Rufnummer erreichbar zu sein. Ende 1996 gab es in Deutschland rund 5,5 Millionen Mobilfunkanschlüsse, dazu zählen nicht nur die Handys, sondern auch die eingebauten Autotelefone. Bis zum Jahr 2000 erwarten die Fachleute 15 Millionen Anschlüsse.

Hannibal

Der berühmteste Feldherr der nordafrikanischen Stadt Karthago wurde schon mit 25 Jahren Oberbefehlshaber über das karthagische Heer in Spanien. Durch die Eroberung der mit Rom verbündeten Stadt Sagunt forderte Hannibal (247/246–183 v. Chr.) das mächtige Rom zu einem Krieg heraus. Um dem römischen Angriff auf Spanien und Nordafrika zuvorzukommen, zog Hannibal 218 v. Chr. mit einem riesigen Heer und 37 Elefanten in Gewaltmärschen über die →Pyrenäen und →Alpen nach Italien und errang dort viele Siege. Als der römische Feldherr Scipio 204 v. Chr. in Afrika einfiel, musste Hannibal mit seinem Heer dorthin zurückkehren. In der Schlacht bei Zama wurde er entscheidend geschlagen.
Hannibal ging wieder nach Karthago und führte als höchster Staatsmann demokratische Reformen durch. Seine Gegner zwangen ihn jedoch ins Exil nach Syrien. Da die Römer noch immer seine Auslieferung forderten, blieb ihm 183 v. Chr. kein anderer Ausweg als Selbstmord.

Hanse

Das mittelhochdeutsche Wort „hanse" heißt „Genossenschaft". Im →Mittelalter war die Hanse zunächst der Zusammenschluss von Kaufleuten zu gemeinsamen Handelsfahrten, um Waren billiger zu transportieren. Aus dem Kaufmannsbund entwickelte sich der Bund von Kaufmannsstädten, die gemeinsame Handelsinteressen im Ausland hatten. Zu den 70 bis zeitweise 100 festen Mitgliedsstädten der Hanse gehörten zum Beispiel Reval, Riga und Danzig an der Ostsee, →Hamburg, Bremen und Emden an der Nordsee und Köln, Münster und Braunschweig im Binnenland. Seit 1358 hatte die Stadt Lübeck die Führung der Hanse inne. Wichtige Handelsniederlassungen oder Kontore mit Büros und

Der Binnenhandel über Kanäle und schiffbare Flüsse förderte den Wohlstand der Hansestädte.

Stapelplätzen gab es unter anderem in London, in der belgischen Stadt Brügge und in der russischen Stadt Nowgorod. In ihrer Blütezeit um 1370 verfügte die Hanse über eine eigene Handels- und Kriegsflotte.
Seit Ende des 14. Jahrhunderts bekam die deutsche Hanse starke Konkurrenz durch die Engländer und Holländer. Nach und nach wurden die Kontore aufgelöst, bis die Hanse im Dreißigjährigen Krieg (1618–1648) schließlich unterging. Nur die drei norddeutschen Städte Lübeck, Hamburg und Bremen, die sich 1630 enger verbunden hatten, bewahrten die Tradition der Hanse bis in die Gegenwart.

Hardware

Der englische Begriff „hardware" heißt übersetzt „harte Ware" und umfasst alle Geräte einer Datenverarbeitungsanlage. Die wichtigsten Bestandteile sind der →Computer, der Bildschirm, die Tastatur und der Drucker.
Im Gegensatz dazu steht die Software, die „weiche Ware". Sie umfasst die Programme für das Betriebssystem, die Anwendungsprogramme, z. B. Textverarbeitungs- und Grafikprogramme, sowie die eingegebenen Daten.

Harnblase

Der Harn oder Urin ist eine Körperflüssigkeit aus Wasser, Mineralsalzen und Endprodukten des →Stoffwechsels. Er wird von den →Nieren abgesondert und gelangt über die Harnleiter in die Harnblase. Diese ist ein muskulöses, dehnbares Hohlorgan, in dem sich der Harn sammelt, bevor er über die Harnröhre ausgeschieden wird. Die Harnblase befindet sich im Unterleib über dem Schambein.

Harpune
Die Harpunen sind Wurfspieße mit Widerhaken und einer Fangleine. Man verwendet sie als Fanggerät bei der Unterwasserjagd auf Fische oder beim Walfang. Während sie früher geworfen wurden, werden sie heute überwiegend durch Federkraft, Luftdruck oder aus Kanonen abgeschossen. So genannte Geschossharpunen haben an ihrer Spitze einen Sprengkörper, der beim Eindringen in den Körper des gejagten Tieres explodiert. Sie werden nur zum Fang großer Tiere, z. B. von Walen, eingesetzt.

Hasen
Die Hasen haben ein weiches Fell, lange Ohren oder Löffel, einen kurzen Stummelschwanz, die Blume, und stark verlängerte Hinterläufe. Die Lippen sind tief gespalten, und hinter den oberen Nagezähnen sitzt ein zweites kleines Schneidezahnpaar. Hasen sind in zahlreichen Arten fast über die ganze Erde verbreitet. In Europa ist der graubraune Feldhase anzutreffen. Der Einzelgänger lebt bevorzugt im offenen Gelände, wie auf Feldern und Wiesen, ruht

Zwerghase

tagsüber in Bodenmulden oder Sassen und wird nachts aktiv. Er ernährt sich von Gräsern, Klee, Kräutern und Rinden. Seine Feinde sind Füchse, Eulen, Greifvögel, Hunde und Menschen, die auf ihn Jagd machen. Bei Gefahr drücken sich Hasen fest an den Boden, springen erst im letzten Moment blitzartig auf und rasen Haken schlagend davon. Auf der Flucht erreichen sie Geschwindigkeiten bis zu 80 Stundenkilometer. Männliche Hasen heißen Rammler. Hasenweibchen werfen bis zu viermal im Jahr zwei bis fünf Junge. Im Gegensatz zu den neugeborenen →Kaninchen sind sie voll behaart und können schon sehen und laufen.

Hauff, Wilhelm
Der schwäbische Dichter und Erzähler Wilhelm Hauff (29.11.1802–18.11.1827) ist vor allem durch seine orientalischen →Märchen, wie „Kalif Storch“, „Der kleine Muck“ und „Zwerg Nase“, bekannt. Hauff war Hauslehrer und dachte sich die Märchen für seine Schüler aus. Außerdem verfasste er Texte für Volkslieder und Erzählungen und begründete in Deutschland den an geschichtlichen Ereignissen orientierten →Roman.

Haus
Ein Haus ist ein festes Bauwerk, in dem eine oder mehrere Wohnungen untergebracht sind. Im weiteren Sinn versteht man unter Häusern auch Gebäude, die der Lagerung von Gütern, einem Handwerker als Werkstatt oder Tieren als Stall dienen. Häuser haben immer feste Wände und ein Dach. Sie können jedoch ganz verschieden aussehen, je nachdem, ob sie vor Hitze oder Kälte schützen sollen, aus welchem Material sie bestehen oder in welcher Epoche und Kultur sie errichtet wurden. Als Baustoffe dienen meist →Holz, Steine, Ziegel, Lehm oder Betonteile. Moderne

Afrikanisches Haus

Iglu der Eskimos

Malaiisches Haus

Griechisches Haus

Isländisches Fischerhaus

Pfahlbauten

Häuser werden häufig aus Fertigteilen, moderne Hochhäuser meist aus Stahlteilen und →Beton errichtet. Es gibt sogar Fertighäuser, die nach dem Baukastenprinzip konstruiert sind.

Haustiere
Tiere, die vom Menschen gezähmt und gezüchtet wurden, nennt man Haustiere. Sie können meist nicht mehr in der freien Wildbahn existieren, sondern leben in Abhängigkeit vom Menschen im oder beim Haus. Zu den häufigsten Haustieren gehören →Säugetiere, wie →Rinder, →Pferde, →Schafe, →Ziegen, →Schweine und Stallhasen, →Vögel, wie →Enten, →Gänse und →Hühner, sowie →Insekten, wie →Bienen und Seidenraupen. Haustiere liefern Nahrungsmittel, z. B. Fleisch, →Milch, →Eier und →Honig, aber auch Rohstoffe, wie Felle, →Leder, →Wolle und →Federn. Zugleich sind manche als Arbeits- und Lastentiere nützlich. Viele Haustiere werden auch aus Freude am Zusammenleben mit einem Tier, als Hobby oder zur Gesellschaft gehalten, zu ihnen zählen zum Beispiel →Hunde, →Katzen, Kanarienvögel und →Goldhamster. Hunde kommen oft als Wach-, Polizei- und Blindenhunde zum Einsatz, Katzen sind hervorragende Mäusefänger. Bei aller Tierliebe ist es wichtig, dass Haustiere artgerecht und fürsorglich behandelt werden.

Die Kanarienvögel erfreuen viele Menschen mit ihrem abwechslungsreichen Gesang.

Haut
Der tierische und menschliche Körper wird von Haut bedeckt. Sie schützt den Körper vor Hitze und Kälte, Krankheitserregern und Verletzungen. Außerdem unterstützt sie die

→Atmung, scheidet Endprodukte des →Stoffwechsels aus, z. B. als Schweiß, und hilft, die Körpertemperatur zu regulieren. Als Sinnesorgan für den →Tastsinn enthält sie unzählige Empfindungsnerven, die auf Druck, Berührung, Schmerz und Temperatur reagieren. Die Haut besteht aus drei Schichten: Die Oberhaut erneuert sich ständig, sie stößt die obersten verhornten →Zellen ab und bildet neue Zelllagen in der darunter liegenden Keimschicht. Hier sitzen auch die Farbstoffe oder Pigmente, die bei Sonneneinwirkung nach oben rücken und die Haut dunkler erscheinen lassen. Eng verbunden mit der Oberhaut ist die Lederhaut, in der sich die Blut- und Lymphgefäße, die →Nerven und die Talg- und Schweißdrüsen befinden. Die innerste Schicht ist die Unterhaut. Sie besteht überwiegend aus Fettzellen. Im Unterhautgewebe sind die Haarzwiebeln eingebettet.
Finger- und Zehennägel, Haare, Talg- und Schweißdrüsen sind Hautanhangsgebilde.

Längsschnitt durch die Haut des Menschen

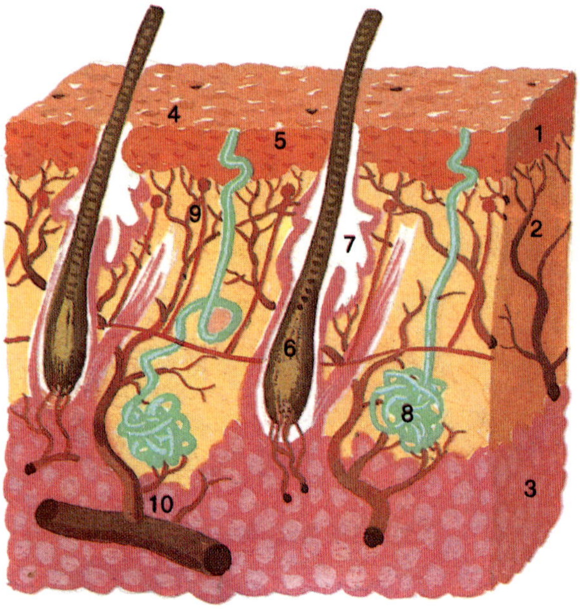

1 Oberhaut
2 Lederhaut
3 Unterhaut mit Fettgewebe
4 Hornschicht
5 Keimschicht
6 Haar
7 Talgdrüse
8 Schweißdrüse
9 Nerven
10 Blutgefäße

Hawaii-Inseln

Die Hawaii-Inseln, auch Sandwich Islands genannt, sind eine Inselgruppe im Pazifischen Ozean. Sie liegen etwa 4500 Kilometer von der kalifornischen Küste entfernt. Ihre Gesamtfläche misst 28.313 Quadratkilometer, auf denen 1.179.000 Einwohner leben. Das →Klima ist mild. Die Hauptstadt Honolulu befindet sich auf der Insel Oahu. Die Inselgruppe setzt sich aus acht größeren Inseln zusammen, deren größte Hawaii heißt. Die Inseln sind Gipfel ertrunkener →Vulkane. Daneben gibt es zahlreiche kleine, meist unbewohnte Koralleninseln. Die Bewohner der Hawaii-Inseln, Chinesen, Japaner, Filipinos, Europäer und andere, leben überwiegend vom →Tourismus. In Plantagenwirtschaft werden Zuckerrohr und Ananas angebaut.
Seit 1959 sind die Hawaii-Inseln ein Bundesstaat der →USA.

Haydn, Joseph

Der österreichische Komponist Joseph Haydn (31.3.1732–31.5.1809) war ein bedeutender Zeitgenosse von Wolfgang Amadeus →Mozart und Ludwig van →Beethoven. Der ehemalige Chorknabe im Stephansdom in Wien verdiente sich seinen Lebensunterhalt zunächst als Geiger. Ab 1761 wirkte er als Kapellmeister und Hofkomponist am Fürstenhof Esterházy in Eisenstadt. Hier schuf er zahlreiche Sinfonien und Streichquartette, Klavier- und Violinsonaten und vieles andere, denn die Fürsten verlangten immer wieder neue Werke zu hören und ihren Gästen darzubieten. Haydn wurde so bekannt, dass er auch

Kompositionen nach Paris und London lieferte und nach 1790 Konzertreisen nach England unternahm. Die großen Oratorien von Georg Friedrich →Händel beeindruckten ihn tief und regten ihn zu eigenen Oratorien, wie „Die Schöpfung“ und „Die Jahreszeiten“, an. Als eine der schönsten seiner über 100 Sinfonien gilt die „Sinfonie mit dem Paukenschlag“. Er komponierte außerdem die österreichische Kaiserhymne, deren Melodie in die →Nationalhymne der Bundesrepublik Deutschland eingegangen ist.

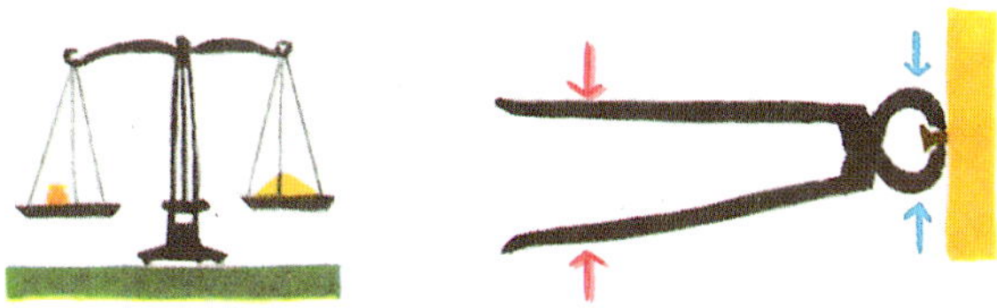

Eine Balkenwaage hat einen gleicharmigen Hebel. Er ist im Gleichgewicht, wenn sich in beiden Waagschalen gleiche Massen befinden.
Man spürt die Kraft umformende Hebelwirkung der Zange, wenn man die Kraft der Hand einmal am Ende der Zangenschenkel und einmal nahe der Drehachse wirken lässt.

Hebel
Mit einer Brechstange, die man als Hebel benutzt, lässt sich mit geringer körperlicher Anstrengung eine große Last anheben oder eine vernagelte Kiste öffnen. Ein Hebel spart Kraft: Er ist eine Kraft umformende Einrichtung, die zum Heben oder Verschieben von Lasten dient. Er hat eine Drehachse und zwei Arme, an denen Kräfte angreifen. Sind beide Arme gleich lang, spricht man von einem gleicharmigen Hebel. Dieser ist im Gleichgewicht, wenn die beiden angreifenden Kräfte gleich groß sind. Daher lassen sich nur mit einem ungleicharmigen Hebel Kräfte so umformen, dass Kraft gespart wird.
Ungleicharmige Hebel sind an vielen Maschinen, Werkzeugen und Geräten zu finden. So sind zum Beispiel Zangen, Scheren und Türklinken, die Schubkarre und die Balkenwaage ungleicharmige Hebel.

Heide
Die Heide ist eine fast baumlose Landschaft, die vor allem mit Zwergsträuchern, wie dem Heidekraut, bewachsen ist. Vereinzelt sind auf den nährstoffarmen, oft sandigen und wasserdurchlässigen Böden auch Ginster, →Birken, →Kiefern und →Fichten anzutreffen. Die größte Heidelandschaft in Deutschland ist die Lüneburger Heide. Sie erstreckt sich über einen Teil des norddeutschen Tieflandes und ist Naturschutzgebiet.

Heilige
Menschen, die in ihrem Leben und Sterben ein besonderes Maß an Frömmigkeit, christlichem Glauben und Nächstenliebe bewiesen haben, werden nach ihrem Tod von der katholischen →Kirche heilig gesprochen. Zu ihnen gehören auch die →Märtyrer sowie Lebens- und Leidensgefährten von →Jesus Christus, wie die →Apostel oder Maria und Josef. Die Heiliggesprochenen erhalten den

Der Hebel spart Kraft

Ein ungleicharmiger Hebel: Je länger der eine Kraftarm gegenüber dem anderen ist, um so weniger Kraft muss zum Anheben einer Last aufgewendet werden.

Der hl. Blasius soll ein Kind, das wegen einer verschluckten Fischgräte zu ersticken drohte, gerettet haben. Seitdem wird er bei Halsleiden um Hilfe gebeten. An seinem Gedenktag, dem 3. Februar, wird in der Kirche vom Priester mit zwei gekreuzten Kerzen der Blasiussegen erteilt.

Titel „heilig", man darf sie im Namen der Kirche verehren und auf ihren Namen dürfen Kirchen geweiht werden. Gläubige rufen sie als Mittler zu Gott an, viele Heilige gelten auch als Schutzpatrone, z. B. Petrus für die Fischer oder Christophorus für die Reisenden. Meist wird ihr Todestag als Tag der Aufnahme in den Himmel gefeiert. An diesem Tag haben alle nach ihnen benannten Menschen Namenstag. In der evangelischen Kirche werden keine Heiligen verehrt.

Heiliges Römisches Reich

Das Deutsche Reich wurde vom →Mittelalter bis 1806 „Heiliges Römisches Reich" genannt. Im Jahr 962 ließ sich der deutsche König Otto I. (912–973) in Rom durch den Papst zum →Kaiser krönen. Er sah sich in diesem Amt als Nachfolger der römischen Kaiser im Altertum. Nach ihm ließen sich später viele deutsche Könige ebenfalls zum Kaiser krönen. Um ihre Gleichrangigkeit mit den Päpsten zu betonen, erhielt ab 1157 das „Römische Reich" das Beiwort „heilig". Im 15. Jahrhundert folgte der Zusatz „Deutscher Nation", der die deutschen Gebiete des Reiches von dem ursprünglichen Weltreich der →Römer abgrenzte.

Heilpflanzen

Viele →Pflanzen werden zur Herstellung von Heil- und Arzneimitteln verwendet. Sie wachsen wild oder werden angebaut. Zu den bekanntesten heimischen Heilpflanzen gehören: Schafgarbe, Kamille, Pfefferminze, Fenchel und Baldrian. Auch die Blüten der Linde und des Holunders enthalten wichtige Heilstoffe. Oft wird aus den getrockneten

Pflanzen oder Pflanzenteilen →Tee zubereitet, der bei Husten, Fieber oder Magenbeschwerden hilft. Manche Heilpflanzen dürfen nur in kleinsten Mengen verwendet werden, da sie höher dosiert wie →Gift wirken und zum Tod führen können. Zu diesen Giftpflanzen zählen zum Beispiel die Tollkirsche, das Bilsenkraut oder der Schlafmohn.

Heine, Heinrich
Heinrich Heine (13.12.1797–17.2.1856) zählt zu den größten deutschen Dichtern und Schriftstellern des 19. Jahrhunderts. Bereits während seines Jurastudiums veröffentlichte er im Alter von 25 Jahren erste →Gedichte. Bald darauf hatte er mit witzig und

Leise zieht durch mein Gemüt
Liebliches Geläute.
Klinge, kleines Frühlingslied,
Kling hinaus ins Weite.

Kling hinaus, bis an das Haus,
Wo die Blumen sprießen.
Wenn du eine Rose schaust,
Sag, ich lass sie grüßen.

unterhaltsam geschriebenen Reiseschilderungen großen Erfolg. Seine Gedichtsammlung „Buch der Lieder“, aus der auch das oben stehende Gedicht stammt, machte ihn 1827 weit über Deutschland hinaus bekannt. 1831 ging Heine als Korrespondent einer Zeitung nach Paris. Er nahm dort unter anderem Kontakt mit Karl →Marx auf und schloss sich sozialistischen Kreisen an. Da er in seinen Schriften mit scharfem Witz und Spott die politischen Verhältnisse in Deutschland kritisierte, wurden sie 1835 vom Deutschen Bundestag verboten. Heine antwortete darauf mit dem Werk „Deutschland. Ein Wintermärchen“, das schonungslos die deutschen Schwächen bloßstellt. Heine blieb bis zu seinem Tod in Paris. Ein unheilbares Rückenmarksleiden fesselte ihn die letzten acht Jahre ans Krankenlager, seine „Matratzengruft“. Während dieser Zeit entstand neben vielen anderen Werken zum Beispiel die Gedichtsammlung „Romanzero“.

Heizung
Anlagen, die zur Erwärmung von Räumen dienen, bezeichnet man als Heizungen. Früher bestand die Heizung aus einem offenen →Feuer auf dem Herdplatz oder im Kamin. Später wurden geschlossene Feuerstellen, wie der Kachelofen, gebaut. Heute haben die meisten Neubauten Zentralheizungen, deren Heizkörper mit heißem Wasser oder →Dampf erwärmt werden. Wasser oder Dampf kommen aus der Heizzentrale des Häuserblocks oder durch Rohre vom Fernheizwerk. Es gibt noch andere Heizungsarten, wie etwa die Luftheizung, bei der durch Kanäle Warmluft in die Räume geleitet wird, oder elektrische Geräte, wie Heizlüfter, Heizstrahler und die Elektrospeicherheizung. Als Brennstoffe für Heizungsanlagen dienen →Holz, →Kohle, →Erdgas und Heizöl. Auch mithilfe von Sonnenenergie (→Energie) können Heizungen betrieben werden.

Heldensage
Die Heldensage ist eine →Dichtung. Sie spielt meist in der Vor- und Frühzeit eines Volkes und erzählt von den Heldentaten tapferer, vorbildhafter Männer und Krieger. Im Unterschied zum Helden im →Märchen, der häufig von guten Mächten gelenkt wird und dem sein Glück oft in den Schoß fällt, muss der Held in der Heldensage weitaus mehr eigene Kraft aufbringen, um Abenteuer und Prüfungen zu bestehen. Berühmte Heldensagen sind zum Beispiel die „Ilias“ und die „Odyssee“ des griechischen Dichters

→Homer, die „Äneis" des römischen Dichters →Vergil, die germanische Heldensage um Siegfried und die Nibelungen und die keltische Heldensage um König Artus und seine Tafelrunde.
→Sage

Helikopter →Hubschrauber

Herz
Das Herz ist ein kräftiger Hohlmuskel, der das →Blut durch das weitläufige Netz der Blutgefäße im Körper pumpt. Es befindet sich in der linken Hälfte des Brustkorbes, ist beim erwachsenen Menschen ungefähr so groß wie seine geballte Faust und wiegt zwischen 250 und 300 Gramm. Es ist in zwei Herzkammern unterteilt, die je einen Vorhof haben, mit dem sie durch ventilartige Klappen verbunden sind. Das Herz schlägt ungefähr 60- bis 80-mal in der Minute. Dabei zieht sich der Herzmuskel zusammen, der Vorgang heißt Systole, und erschlafft wieder, dieser Vorgang heißt Diastole. Bei jedem Herzschlag wird von der linken Herzkammer sauerstoffreiches Blut über die Aorta oder Hauptschlagader in den Körper gepumpt. Die Körperzellen nehmen den →Sauerstoff auf, und das nun sauerstoffarme Blut gelangt durch die Venen zurück zum Herz, wo die rechte Herzkammer es durch den Herzschlag einsaugt. Von dort wird das Blut über die Lungenarterie zur →Lunge transportiert, um sich mit neuem Sauerstoff anzureichern. Über die Lungenvenen gelangt es wieder in die linke Herzkammer. Auf diese Weise fließt das Blut in zwei Kreisläufen, dem kleinen oder Lungenkreislauf und dem großen oder Körperkreislauf.
Wenn der Körper bei →Stress oder Anstrengung, wie beim Sport, mehr Sauerstoff- und Energiezufuhr braucht, dann beschleunigt sich der Herzschlag und treibt in kürzerer Zeit mehr Blut durch den Körper.
→Blutkreislauf

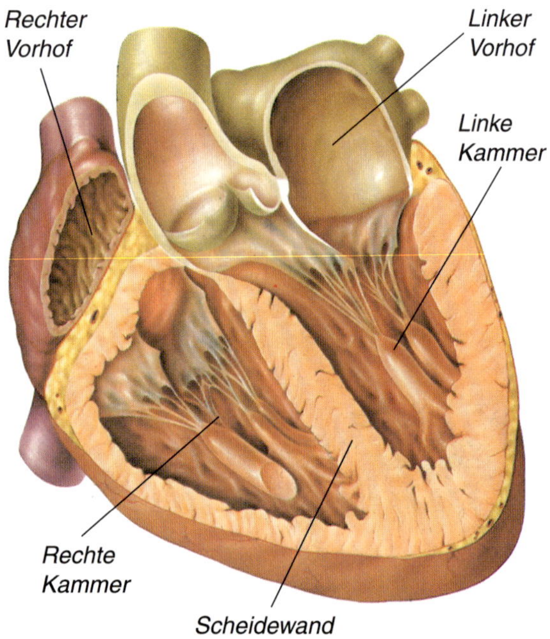

Vorderseite des Herzens

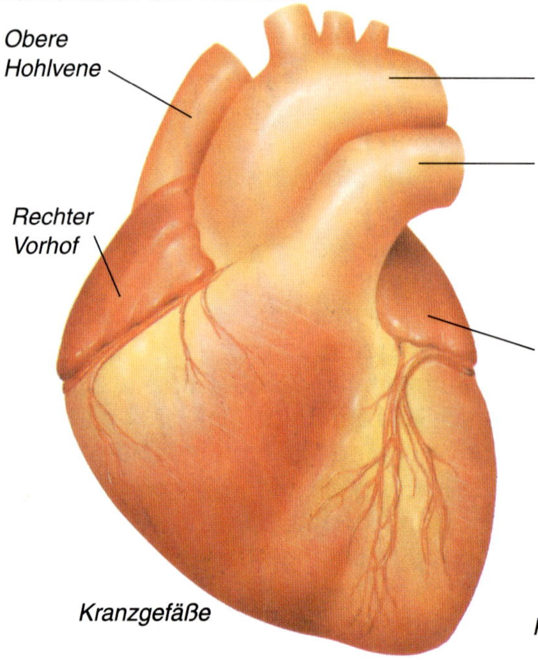

Rückseite des Herzens

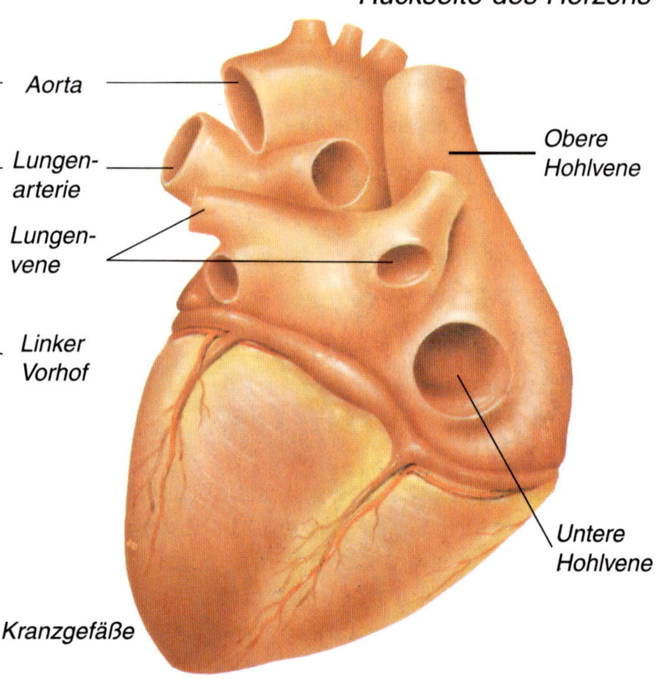

Heterosexualität →Homosexualität

Heuschnupfen →Allergie

Heuschrecken
Die Heuschrecken sind →Insekten und gehören zu den Geradflüglern. Wenn man von Heuschrecken spricht, sind meist die verschiedenen Arten der braunen Feld- und der grünen Laubheuschrecken gemeint. Feldheuschrecken haben kurze, Laubheuschrecken lange, borstige Fühler und das hintere der drei Beinpaare ist zu kräftigen Sprungbeinen verlängert. Die Männchen erzeugen mit Schrillvorrichtungen an den Flügeln und Beinen laute Zirpgeräusche. Von den zahlreichen Arten sind zum Beispiel das Grüne Heupferd und der Warzenbeißer bei uns beheimatet. Das Heupferd sowie die Gruppe der Feldheuschrecken werden auch Gras- oder Heuhüpfer genannt. Heuschrecken sind Pflanzenfresser und schlechte Flieger. Eine Ausnahme bilden die Wanderheuschrecken, die sich zu Schwärmen aus Millionen bis Milliarden Tieren sammeln. Sie legen Entfernungen von 2000 Kilometern zurück und fliegen dabei Tagesstrecken von 30 bis 50 Kilometern. Wo sie sich niederlassen, richten sie ungeheure Schäden an. Sie kommen vor allem in Afrika und Asien vor.

Grünes Heupferd

Mit den Heuschrecken sind die Grillen eng verwandt. Auch bei ihnen machen die Männchen mit den Flügeln laute Musik. In Mitteleuropa sind vor allem die Feldgrillen auf sonnigen Wiesen und die Hausgrillen oder Heimchen in Gebäuden verbreitet. Die Maulwurfsgrillen können nicht zirpen. Bis auf die Paarungszeit leben sie im Boden und ernähren sich von Wurzeln.

Hexen
Die →Märchen und →Sagen überliefern Hexen fast immer als böse, hässliche, alte Weiber, mit Warzen auf den Nasen und Raben oder Katzen auf den Schultern. Sie können zaubern und sind mit dem →Teufel verbündet. In der Nacht vor dem 1. Mai, der Walpurgisnacht, fliegen alle Hexen auf ihren Besen zum Tanz auf den Blocksberg, dem Brocken im Harzgebirge.
Im →Mittelalter brach in Europa, unter anderem ausgelöst von der Kirche, ein schlimmer Hexenwahn aus. Die Menschen konnten sich nicht mit Schicksalsschlägen, z. B. →Seuchen, abfinden und suchten Menschen, denen sie die Schuld dafür geben konnten. Meist waren es Frauen, die aus irgendeinem Grund verdächtigt und so lange gefoltert wurden, bis sie alles zugaben, was man von ihnen hören wollte. Oft war die Anklage der Hexerei nur ein Vorwand, unter dem politisch anders denkende Menschen, z. B. →Jeanne d'Arc, beseitigt wurden. Hunderttausende wurden oft lebendig auf Scheiterhaufen verbrannt, bis die →Aufklärung den Hexenglauben nach und nach überwand. Auch heute gibt es jedoch noch Menschen, die an Hexen glauben.

Hieroglyphen
Das Wort kommt aus dem Griechischen und bedeutet „heilige Schriftzeichen". Hieroglyphen sind die Zeichen von Bilderschriften, vor allem der altägyptischen Bilderschrift, die um 3000 v. Chr. entstanden ist.

Hieroglyphen stehen für ein Wort oder für einen einzelnen Laut:

Eine Eule		oder den Laut M
Wasser	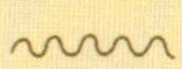	oder den Laut N
Ein Mund		oder den Laut R
Ein Brot		oder den Laut T

„Die fruchtbare Erde" in der Hieroglyphenschrift geschrieben:

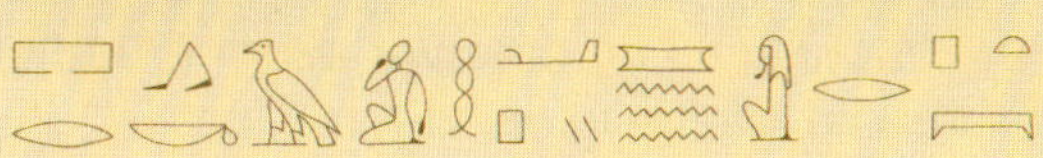

Die Schriftzeichen sind Abbildungen von Lebewesen und Gegenständen, die entweder das Dargestellte bedeuten oder für ein gleich lautendes Wort eingesetzt sind. Die Hieroglyphe für „Haus“ wird z. B. auch für das Wort „hinausgehen“ verwendet, indem dem Bild noch ein Beinpaar angefügt wird. 1822 gelang es Jean-François Champollion (1790–1832), die Schriftzeichen zu entziffern.

Hi-Fi
Die Bezeichnung „Highfidelity“ oder kurz Hi-Fi kommt aus dem Englischen. Wörtlich übersetzt heißt sie „hohe Treue“ und meint damit die hohe Wiedergabetreue bei Schallplatten und elektronischen Geräten, wie CD- und Plattenspielern, Radio- und Tonbandgeräten, Kassettenrekordern, Mikrofonen oder Kopfhörern. Geräte, die die Bezeichnung „Hi-Fi“ als Qualitätsmerkmal tragen, müssen strenge technische Mindestanforderungen erfüllen.

Himalaja
Der Himalaja ist der mächtigste Gebirgszug der Erde. Er ist etwa 2500 Kilometer lang und bis zu 280 Kilometer breit, sein höchster Berg und damit höchster Berg der Erde ist der Mount Everest mit 8872 Metern. Daneben gibt es zahlreiche weitere „Achttausender“. Der Himalaja erstreckt sich zwischen dem Hochland von Tibet und der nordindischen Tiefebene. Er bildet die Klimagrenze zwischen den feuchtheißen Gebieten →Indiens und den trockenen Hochländern Zentralasiens. Seine Schneegrenze liegt auf der Südseite bei ungefähr 5000 Metern Höhe, auf der Nordseite zwischen 5500 und 6000 Metern Höhe. Die Täler, die sich zwischen 1500 und 2500 Meter über dem Meeresspiegel befinden, sind zum Teil dicht besiedelt. Die Anwohner betreiben Ackerbau und Viehzucht. Im Himalaja entspringen die indischen Flüsse Brahmaputra, →Ganges und Indus.

Himmelskunde →Astronomie

Hinduismus
Der Hinduismus ist eine vor allem in Indien verbreitete Weltreligion, die bis ins 1. Jahrhundert v. Chr. zurückreicht. Seine Anhänger heißen Hindus. Der Hinduismus setzt sich aus verschiedenen Glaubensrichtungen zusammen und verehrt neben den drei höchsten Göttern Brahma, Vishnu und Shiva eine Vielzahl weiterer Götter. Diese haben oft die Gestalt von Tieren, wie Ganesha, der Gott der Weisheit, mit dem Elefantenkopf. Auch einige Tierarten, allen voran die Kuh, sowie manche Pflanzen, Berge oder Flüsse, wie der →Ganges, gelten als heilig. Die Götter werden in Tempeln und in kleinen Kapellen der Privathäuser verehrt und ihre Bilder täglich umsorgt. Die heiligste Pilgerstätte ist Benares am Ganges.

Die hinduistischen Gläubigen suchen ihren Tempel zum Meditieren auf oder um ihrem Gott Opfergaben, wie Blumen, Früchte und Duftgewürze, zu bringen.

Alle Glaubensrichtungen des Hinduismus bekennen sich zum Kastenwesen. Es besagt, dass jeder Mensch in eine bestimmte Kaste oder Gesellschaftsschicht hineingeboren wird und sein Leben lang darin bleiben muss. Die höchste Kaste ist die der Brahmanen oder Priester, die niedrigste die der verachtungswürdigen Parias. Dazwischen haben sich mit der Zeit einige tausend Kasten entwickelt, die die indische Gesellschaft zersplittern. Die Hindus glauben, dass der Mensch endlos wiedergeboren wird und sich durch fromme Taten im jetzigen Leben den Aufstieg in eine höhere Kaste im nächsten Leben verdienen kann.

Hirsche
Die Hirsche sind Paarhufer und →Wiederkäuer. Fast alle Männchen der weit verbreiteten Familie und auch das Weibchen der Rentiere tragen ein Geweih, das sie jährlich erneuern und dabei vergrößern. Die Anzahl der Geweihsprossen verrät das Alter des Tieres. Hirsche leben in Rudeln mit einer älteren

Hirschkuh als Leittier. Ältere Männchen sind oft Einzelgänger und stoßen nur zur Brunft- oder Fortpflanzungszeit im Spätsommer zum Rudel.

Das Geweih des in Wildparks lebenden Davidshirsches gleicht einem verkehrt aufgesetzten Rothirschgeweih.

In den Wäldern Deutschlands leben Rothirsche oder Edelhirsche. Erst in der Dämmerung kommen sie heraus und äsen Gras, Kräuter, Blätter und Baumrinden. Bei jungen Bäumen richten sie damit großen Schaden an. Die Anzahl der Hirsche, der Bestand, muss vom Förster in Grenzen gehalten werden, da ihre natürlichen Feinde, Bären, Wölfe und Luchse, bei uns ausgestorben sind. Das betrifft auch die Rehe, eine weitere in Deutschland heimische Hirschart. In Wildparks und anderen Gehegen werden häufig die gefleckten Damhirsche mit dem schaufelförmigen Geweih gezüchtet. Weitere der rund 40 Hirscharten sind zum Beispiel Elche, Wapitis und Muntiaks.

Hit
Wörtlich aus dem Englischen übersetzt ist ein Hit ein „Schlag". Er bezeichnet ein besonders erfolgreiches Musikstück, z. B. einen Schlager. Häufig nennt man aber auch eine tolle Idee, Begebenheit oder Sache einen Hit.

Hitler, Adolf
Der Politiker und nationalsozialistische Führer Adolf Hitler (20.4.1889–30.4.1945) wurde in Braunau in Oberösterreich geboren. Als junger Mann versuchte er vergeblich in Wien beruflich Fuß zu fassen und siedelte 1913 nach München in Deutschland um, wo er 1932 deutscher Staatsbürger wurde. Im Ersten →Weltkrieg kämpfte er als freiwilliger Soldat. 1919 trat Hitler in München in die Nationalsozialistische Deutsche Arbeiterpartei, kurz NSDAP, ein, die einen radikalen →Antisemitismus vertrat. 1921 übernahm er deren Führung. Nach einem misslungenen Staatsstreich wurde 1923 die NSDAP verboten und Hitler zu fünf Jahren Haft verurteilt. Im Gefängnis begann er unter dem Titel „Mein Kampf" seine politischen Ideen und Ziele aufzuschreiben. Er wollte eine deutsche „Herrenrasse" schaffen, in seinen Augen minderwertige →Rassen vernichten und den Deutschen einen großen Lebensraum erobern. 1924 wurde Hitler vorzeitig aus der Haft entlassen und gründete 1925 die NSDAP neu. Viele Deutsche glaubten Hitlers Versprechungen, da sie unter den Folgen des verlorenen Weltkriegs und der schlechten wirtschaftlichen Lage Deutschlands mit →Inflation und Massenarbeitslosigkeit litten.

1932 war die NSDAP die stärkste →Partei im Deutschen Reichstag. Am 30. Januar 1933 wurde Hitler zum Reichskanzler ernannt. In kürzester Zeit erließ er Notverordnungen und so genannte Ermächtigungsgesetze, die seiner →Diktatur den Weg frei machten. Zur Seite standen ihm zwei ebenfalls 1925 gegründete Organisa-

tionen, die Sturmabteilung (SA) als innenpolitische Kampftruppe der NSDAP und die Schutzstaffel (SS). Ab 1933 kam die Geheime Staatspolizei, kurz Gestapo, hinzu. 1934 übernahm Hitler auch das Amt des Reichspräsidenten und gewann dadurch uneingeschränkte persönliche Macht. Anders denkende Organisationen und Parteien wurden verboten, die Presse, der Film und die Kunst seiner Kontrolle unterstellt. Mit den so genannten Nürnberger Rassengesetzen unternahm er den entscheidenden Schritt in der Verfolgung der →Juden. Sie gaben die rechtliche Grundlage dafür ab, dass bis 1945 ungefähr sechs Millionen Juden, aber auch andere rassisch Verfolgte, z. B. Sinti und Roma, in →Konzentrations- und Vernichtungslagern auf grausamste Weise misshandelt und ermordet wurden. 1938 wurde Hitler alleiniger Befehlshaber der Wehrmacht.
Außenpolitisch verfolgte Hitler sein Ziel, das deutsche Herrschaftsgebiet zu vergrößern, vor allem durch Eroberungen in Osteuropa. 1938 gliederte er →Österreich und das Sudetenland gewaltsam an Deutschland an. 1939 entfesselte sein Angriff auf Polen den Zweiten →Weltkrieg, der 1945 mit der totalen Niederlage und der Teilung Deutschlands endete. Um einer Gefangennahme zu entgehen, beging Hitler Selbstmord.

Hobby
Ein Hobby ist eine Beschäftigung, die zum Vergnügen in der Freizeit betrieben wird. Natürlich kann man nach Lust und Laune unbegrenzt viele Hobbys haben. Ganz oben in der Rangliste stehen Sportarten, wie →Schwimmen, →Tennis, →Skilaufen und →Reiten. Künstlerische Tätigkeiten, wie Malen, Töpfern, Weben und Basteln, sind ebenfalls sehr beliebt. Andere wiederum bevorzugen das Sammeln von →Briefmarken, Telefonkarten und sonstigen Dingen.

Hochschule
Die Hochschulen sind die obersten Ausbildungsstätten. An ihnen werden die →Wissenschaften und →Künste erforscht, gelehrt und studiert. Die Lehrer heißen dort Dozenten und sind häufig Professoren. Anstelle von Unterrichtsstunden besuchen die Studenten Vorlesungen und Seminare nach einem Stundenplan, den sie sich weitgehend selbst zusammenstellen können.
Früher galt nur die Universität als allgemein wissenschaftliche Bildungsstätte, während eine Hochschule auf ein oder mehrere bestimmte Fächer begrenzt war. Heute sind in Deutschland alle Universitäten und Hochschulen, an denen sowohl gelehrt als auch Forschung betrieben wird, unter dem Begriff „Hochschule“ zusammengefasst. Von ihnen unterscheiden sich die Fachhochschulen, an denen sich die Studenten nicht überwiegend theoretisch, sondern auch praktisch auf bestimmte Berufe vorbereiten.

Hockey
Einen Ball mit einem Stock in eine abgegrenzte Stelle, das Tor, zu treiben, war eines der ersten Wettspiele der Menschheit. Heute ist Hockey ein Ballspiel, das von zwei Mannschaften gespielt wird. Es gilt, den Vollball aus Leder oder Kunststoff mit einem am unteren Ende gebogenen Stock, dem Hockeyschläger, so oft wie möglich in das gegnerische Tor zu befördern. Der Ball ist etwa 160 Gramm schwer und hat einen Durchmesser von gut 20 Zentimetern. Ein Spiel dauert zweimal 35 Minuten.
Hockey gibt es als Feld- oder Hallenhockey. Beide haben ähnliche Regeln, doch bestehen die Mannschaften wegen der kleineren Spielfläche beim Hallenhockey aus je fünf Spielern und einem Torwart, beim Feldhockey dagegen aus je 10 Spielern und einem Torwart. Feldhockey ist seit 1908 olympische →Disziplin für Herren, seit 1980 auch für Damen.
→Eishockey

Hockey ist ein Spiel, bei dem es vor allem auf die Technik ankommt.

Höhle

Größere Hohlräume im →Gestein nennt man Höhlen oder Grotten. Manche Höhlen sind zusammen mit dem Gestein entstanden, weil sich zum Beispiel in vulkanischem Gestein große Gasblasen gesammelt haben. Andere Höhlen werden entweder nach und nach durch Wasser ausgeschwemmt oder gehen aus Einstürzen hervor. Besonders große Höhlen sind in Kalksteingebieten zu finden. Sie sind durch kohlensäurehaltiges Regenwasser entstanden, das durch Gesteinsritzen versickert ist und den Kalk gelöst hat. Das ständig weiter herabtropfende Wasser bildet Tropfsteine, die entweder als Stalagmiten wie Türme vom Boden nach oben wachsen oder als Stalaktiten zapfenartig von der Höhlendecke herunterhängen. In ihren verschiedensten Ausführungen bieten sie einen Anblick von eigenartiger Schönheit. Häufig gibt es in Höhlen auch einen See oder einen Fluss.

In den Höhlen Frankreichs und Spaniens sind die kunstvollen Felsenbilder des Jetztmenschen zu bewundern.

Sogar Tiere, wie Fische, Krebse, Schnecken, Spinnen oder Grottenolme, leben in Höhlen. Sie haben sich dem Leben in der Dunkelheit angepasst, sind meist blind und farblos, verfügen dafür aber über einen ausgezeichneten →Tastsinn.
Archäologische Funde, wie Reste von Feuerstellen, Knochen, Waffen und Werkzeuge, belegen, dass die Menschen der Frühzeit zumindest vorübergehend in Höhlen gewohnt oder in der Nähe eines Höhleneingangs gelebt haben. Sie nutzten sie als Lagerstätten, zum Schutz vor wilden Tieren und Unwettern, als Ort für religiöse Handlungen und tief im Höhleninneren als Grabstätte für die Toten. Immer wieder dienten die Höhlenwände auch als Untergrund kunstvoller Felsbilder, die vor allem getötete Jagdtiere zeigen. Die Forscher schlossen daraus, dass Höhlen von den Frühzeitmenschen als Zugang zur Unterwelt angesehen worden waren.

Hohlmaße

Einheiten für die Angabe des Rauminhalts von →Flüssigkeiten sind der Kubikmeter (m^3) und der Liter (l). 1l Wasser füllt einen Würfel von 10 cm Kantenlänge und ist deshalb gleich dem Volumen von 1000 Kubikzentimetern (cm^3) oder 1 Kubikdezimeter (dm^3).

Beziehungen zwischen den Hohlmaßen:

Kubikmeter (m^3)	1m^3	=	10 hl		
Hektoliter (hl)	1hl	=	100 l		
Liter (l)	1l	=	1000 ml	=	1dm^3
Milliliter (ml)	1ml	=	0,001 l	=	1cm^3

Holland →Niederlande

Hölle

In vielen →Religionen ist die Hölle der Ort der ewigen Verdammnis und Strafe nach dem →Tod. Nach Auffassung der Christen kommen diejenigen Menschen in die Hölle, die bewusst ein sündiges, gottloses Leben geführt haben und endgültig gescheitert sind. Im Himmel wartet dagegen auf die Gläubigen das ewige →Paradies.

Holz

Das Holz ist das harte Gewebe der →Bäume und Sträucher, aus dem die Stämme, Äste und Wurzeln bestehen. Es setzt sich aus verschiedensten →Zellen zusammen, die der lebenden Pflanze als Wasserleitung und zur Festigung dienen, für den →Stoffwechsel sorgen und Baustoffe speichern. Unter der Rinde befindet sich eine Schicht, das Kambium, die Jahr für Jahr nach innen neues Holz bildet. Auf diese Weise entstehen die Jahresringe, die man im Querschnitt eines Baumstammes erkennen kann und die das Alter des Baumes verraten. Die jüngsten, also äußersten Jahresringe bilden das oft hellere Splintholz, in dem bei der lebenden Pflanze das Wasser transportiert wird. Weiter innen liegt das ältere, verhärtete und gedunkelte Kernholz, dessen frühere Wasserleitungen von Harzen verstopft sind.

Färbung und Faserverlauf einiger Hölzer

Eiche

Rotbuche

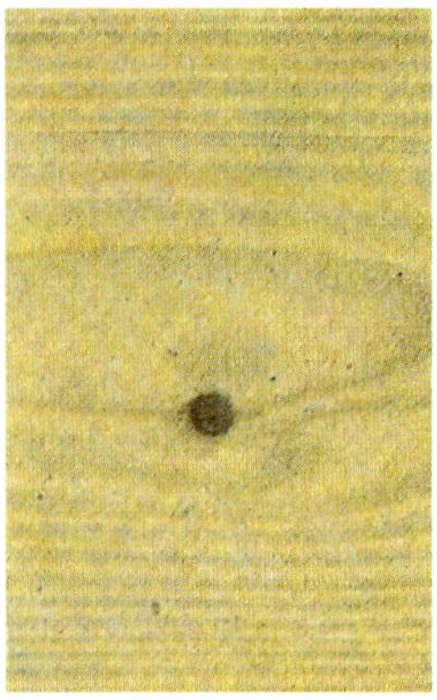

Tanne

Kiefer

Fichte

Linde

Jedes Holz, ob von →Laub- oder →Nadelbäumen, hat eine bestimmte Färbung, Härte und einen besonderen Faserverlauf. Die →Buche, die →Eiche und die Esche gehören zu den Harthölzern, die →Tanne, die →Fichte und die →Kiefer zu den Weichhölzern. Besonders weich und zum Schnitzen geeignet sind die Hölzer von Linden, Weiden und Pappeln.

Da frisch gefälltes Holz sehr wasserhaltig ist, muss es vor der Verarbeitung getrocknet werden. Je nach Holzart wird es in der Bau- und Möbelindustrie, als →Rohstoff für Zellstoff und →Papier und als Brennmaterial verwendet.

Homer

Der griechische Dichter Homer lebte im 8. Jahrhundert v. Chr. wahrscheinlich in Smyrna in Kleinasien. Er gilt als Verfasser der berühmten →Dichtungen „Ilias" und „Odyssee".

Homöopathie

Die Homöopathie ist ein Heilverfahren, das fast ausschließlich Heilmittel aus der Natur anwendet, die aus pflanzlichen, tierischen und mineralischen Stoffen gewonnen werden. Dabei folgt sie dem Grundsatz, „Ähnliches mit Ähnlichem" zu heilen. Das bedeutet, dass ein Kranker mit stark verdünnten Mitteln jener Stoffe behandelt wird, die bei einem Gesunden in hoher Dosierung Symptome der Krankheit hervorrufen würden, an denen der Patient leidet. Die Behandlung bewirkt beim Kranken die Steigerung seiner Abwehrkräfte und damit seine Genesung.

Homosexualität

Die sexuelle Anziehung zwischen Menschen gleichen Geschlechts heißt Homosexualität. Bei sexuellen Beziehungen zwi-

schen Frauen spricht man von lesbischer Liebe, die Frauen selbst nennt man Lesbierinnen oder auch Lesben. Männer, die eine sexuelle Neigung zu anderen Männern haben, bezeichnet man als Homosexuelle oder auch Schwule.
Unter Heterosexualität versteht man dagegen die sexuelle Beziehung zwischen Mann und Frau. Manche Menschen haben homosexuelle und heterosexuelle Neigungen, sie werden als bisexuell bezeichnet.
→Sexualität

Honduras

Kontinent:	Amerika
Fläche:	112.088 km^2
Einwohner:	5.493.000
Hauptstadt:	Tegucigalpa
Amtssprache:	Spanisch
Währung:	Lempira

Die →Republik Honduras liegt auf der mittelamerikanischen Landbrücke zwischen dem Pazifischen Ozean und dem Karibischen Meer. Sie grenzt im Westen an Guatemala und El Salvador, im Süden an Nicaragua. Im Nordosten erstreckt sich ein lagunenreiches Flachland, das übrige Honduras besteht überwiegend aus Gebirgsland. Das →Klima ist tropisch. In Tälern und in fruchtbaren Hochebenen sowie an den Küstenebenen werden das Hauptnahrungsmittel Mais und die Exportgüter Bananen, Kaffee und Tabak angebaut. Rund 90 Prozent der Bevölkerung sind →Mischlinge, im Tiefland Mulatten und Zambos, im Bergland Mestizen.
Honduras war ab 1524 spanische →Kolonie, gehörte seit 1823 zu den Vereinigten Staaten von Zentralamerika und wurde 1828 eine selbstständige Republik.

Honecker, Erich

Erich Honecker (25.8.1912–29.5.1994) war von 1971 bis 1989 Vorsitzender der Sozialistischen Einheitspartei Deutschlands (SED) und von 1976 bis 1989 Staatschef der →DDR. Der gebürtige Saarländer stammte aus einer Bergmannsfamilie und trat bereits als Zehnjähriger einer kommunistischen Kinderorganisation bei. Nach der Volksschule machte er eine Lehre als Dachdecker und wurde 1929 in die Kommunistische Partei Deutschlands (KPD) aufgenommen. Seit dieser Zeit war er Berufspolitiker. Während des →Nationalsozialismus war Honecker im politischen Untergrund tätig. 1935 wurde er verhaftet und saß bis zum Ende des Zweiten →Weltkriegs im Gefängnis.
Nach seiner Befreiung schloss er sich in Ostdeutschland erneut der KPD und später der SED an und baute die Freie Deutsche Jugend (FDJ) auf, deren Vorsitzender er von 1946 bis 1955 war. 1958 stieg er in die SED-Führung auf. 1961 leitete Honecker die Vorbereitungen für den Bau der Mauer in →Berlin, die die Menschen von der Flucht aus der DDR abhalten sollte und die er bis zu seinem Tod für notwendig hielt. Bei Versuchen, nach Westberlin zu entkommen, wurden von 1961 bis 1989 zahlreiche

Menschen verletzt und 807 Menschen, Flüchtlinge und wenige Grenzsoldaten, getötet. Am 3. Mai 1971 wurde Honecker Vorsitzender des Staatsrates der DDR. Als die Bevölkerung der DDR im Herbst 1989 immer stärker gegen die SED-Herrschaft protestierte, trat er 1989 von allen Ämtern zurück. Im März 1991 flüchtete er nach Moskau, kehrte aber im Juli 1992 nach Berlin zurück. Dort wurde er mit anderen führenden früheren Politikern der DDR wegen der Todesschüsse an der Mauer angeklagt. Der Prozess gegen ihn wurde im Januar 1993 eingestellt, weil er bereits seit längerem schwer krank war. Noch am selben Tag flog Honecker zu seiner Frau in die chilenische Hauptstadt Santiago de Chile, wo er im Mai 1994 starb.

Honig

Die süße, meist goldgelbe, zäh fließende und klebrige Flüssigkeit, die von →Bienen bereitet wird, nennt man Honig. Die Bienen sammeln den →Nektar von →Blüten und andere zuckerhaltige Pflanzensäfte und wandeln die so genannte Tracht durch Drüsensäfte in ihrem Honigmagen zu Honig um. Er dient ihnen als Nahrung und wird zur Reifung in Waben gespeichert. Neben rund 75 Prozent →Zucker enthält er Wasser, →Säuren, →Salze, →Vitamine, Pollen und →Eiweiß sowie Farb- und Duftstoffe. Honig besitzt einen hohen Nährwert und wirkt bei Kranken kräftigend und heilend. Je nach Tracht unterscheidet sich Honig in Farbe und Geschmack. Honig von der Linde ist z. B. hell bernsteinfarben, Heidehonig schimmert dagegen leicht rötlich.

Horizont

Ein Beobachter, der sich in einer weiten Ebene aufhält, glaubt zu sehen, dass sich Himmel und Erde in der Ferne berühren. Besonders deutlich beobachtet man diese Erscheinung am Meer. Dort bildet die Trennungslinie zwischen dem Wasser bzw. der Erde mit dem Himmel einen Kreisbogen. Diese Begrenzungslinie des Blickfeldes nennt man Horizont oder Gesichtskreis, nach dem griechischen Wort „horízein“ für „begrenzen“. Der Kreisbogen weist darauf hin, dass die Erde eine kugelähnliche Gestalt hat. Wenn ein Schiff am Horizont auftaucht, sieht man zunächst nur die Mastspitzen, später die Aufbauten und dann erst das ganze Schiff. Auch diese Erscheinung ist auf die Erdkrümmung zurückzuführen. Noch besser ist die Krümmung der Erdoberfläche von Bord eines Raumfahrzeuges aus zu erkennen.

Der Horizont begrenzt das Blickfeld

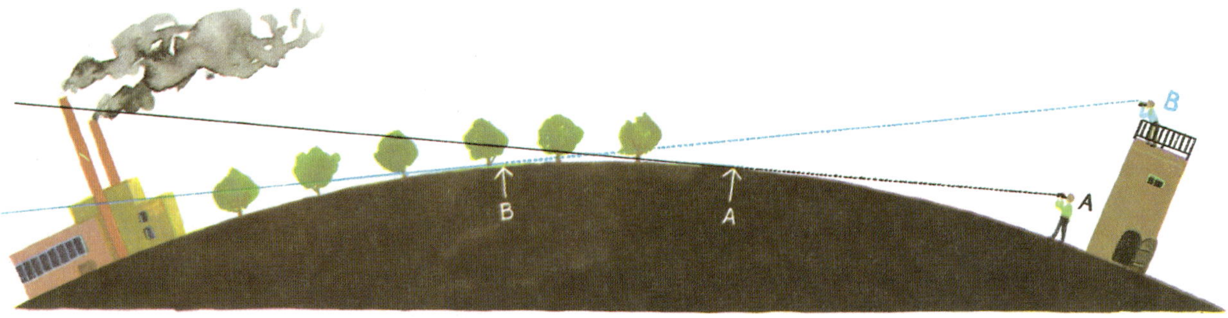

Infolge der durch die Erdkrümmung hervorgerufenen Sichtgrenze bietet sich dem Beobachter A jenes Bild

und dem Beobachter B dieses.

Hormone
Die Hormone sind lebensnotwendige, hochwirksame Stoffe, die im Körper von den →Drüsen gebildet und ins →Blut abgegeben werden. Manche Hormone werden auch von Nerven- und Gewebszellen erzeugt. Hormone steuern den →Stoffwechsel, die →Fortpflanzung und das Wachstum. Sie regeln die Funktion der →Organe und haben außerdem Einfluss auf das seelische Befinden der Menschen.
Die wichtigsten Hormondrüsen beim Menschen sind der Hypothalamus und die Hirnanhangdrüse im →Gehirn, die Schild- und Nebenschilddrüse, die Nebenniere, die Bauchspeicheldrüse sowie beim Mann die Hoden und bei der Frau die Eierstöcke und der Mutterkuchen. Die Bauchspeicheldrüse z. B. stellt das Hormon Insulin her, das den Zuckergehalt im Blut reguliert. Wenn zu wenig oder gar kein Insulin im Körper vorhanden ist, kommt es zu Zuckerkrankheit oder Diabetes, da ohne das Hormon der durch die Nahrung aufgenommene →Zucker im Körper nicht verwertet werden kann. Über die Jahre kann das zu schweren Schäden an Herz, Nieren und Augen führen. Heute können Hormone jedoch auch künstlich hergestellt werden. Genauestens dosiert gleichen sie Hormonstörungen des Körpers weitgehend aus.

Horn
Beim Menschen bestehen die →Haare und Nägel aus Horn, bei Tieren die Krallen, Hufe, →Federn, Schnäbel, Hornhaut, Panzer und Schuppen. Horn ist ein harter Eiweißstoff, der sich überwiegend aus Keratin zusammensetzt und von den obersten Zellschichten der →Haut gebildet wird. Auch die Hörner von Tieren haben eine dicke Hornschicht. Diese umgibt Knochenzapfen, die aus dem Stirnbein wachsen.
Aus einem gekrümmten Tierhorn wurde ursprünglich auch ein →Musikinstrument, das Waldhorn oder Horn, gefertigt. Es gehört heute zu den Blechblasinstrumenten.

Horoskop →Astrologie

Hörsinn →Ohr

Hubschrauber
Während die Tragflügel bei den →Flugzeugen starr am Rumpf angebracht sind, haben Hubschrauber oder Helikopter rotierende Drehflügel, die über dem Rumpf an einer Welle montiert sind. Wie die Tragflächen der Flugzeuge haben auch die zwei bis fünf Rotorblätter der Drehflügel eine bestimmte

In diesem Hubschrauber vom Typ BELL 206 Long Ranger haben ein Pilot und maximal fünf Fluggäste Platz.

Form, mit der sie durch schnelles Drehen Auftriebskraft erzeugen. Je nach Stellung der Rotorblätter können Hubschrauber senkrecht in die Luft starten und wieder landen, im Schwebeflug an einer Stelle bleiben und rückwärts und seitwärts fliegen. Aus diesem Grund eignen sie sich besonders für den Einsatz in engem, unübersichtlichem Gelände oder in der Stadt, zum Beispiel als Rettungshubschrauber. Ihre Höchstgeschwindigkeit beträgt etwa 300 Stundenkilometer. Sie erreichen so große Höhen, dass sie auch im Hochgebirge eingesetzt werden können.
Der erste frei fliegende Hubschrauber wurde 1907 in Frankreich gebaut. Der erste perfekt lenkbare, leistungsfähige Hubschrauber entstand 1936 in Deutschland.

Huftiere
Die Huftiere sind →Säugetiere, bei denen eine oder mehrere Zehen an den Endgliedern von einer Hornmasse, dem Huf, umgeben sind. Nach der Zahl der Zehen werden Unpaar- und Paarhufer unterschieden. Zu den Unpaarhufern zählen Einhufer, wie →Pferde, →Esel oder →Zebras. Weitere Unpaarhufer sind zum Beispiel die dreizehigen →Nashörner. Die meisten Paarhufer haben zwei Zehen, wie →Rinder, →Ziegen, →Schafe, →Schweine, →Hirsche, Rehe, →Antilopen, →Kamele und →Giraffen. Die →Flusspferde dagegen haben vier Zehen.

Hühner
Die Hühner sind →Vögel mit kräftig entwickelten Füßen, kurzen Flügeln, einem nackten Hautkamm auf dem Kopf und nackten Hautlappen am Kinn. Sie ernähren sich von Körnern, Insekten und Würmern, die sie aus der Erde scharren. Seit über 4000 Jahren werden Hühner als →Haustiere gehalten. Sie liefern Fleisch, →Federn und als Legehühner fast täglich ein Ei. Das Haushuhn stammt vom südostasiatischen Bankivahuhn ab. Das Männchen oder der Hahn trägt einen großen, aufrechten Kopfkamm, hat ein farbenprächtiges Gefieder mit langen, gebogenen Schwanzfedern und verfügt über ein kräftiges Stimmorgan, mit dem er den Weibchen oder Hennen imponiert. Die Hennen legen und bebrüten Eier, aus denen nach etwa 20 Tagen die

Henne, Küken und Hahn

Küken ausschlüpfen. Als so genannnte Nestflüchter verlassen sie sofort das Nest und folgen der Bruthenne oder Glucke auf Nahrungssuche.

Humus
Das Wort kommt aus dem Lateinischen und bedeutet „Erde“ und „Erdboden“. Humus ist ein Gemisch aus abgestorbenen pflanzlichen und tierischen Stoffen im und auf dem Erdboden. Er entsteht durch →Würmer, →Bakterien und andere Kleinstlebewesen, die die Erde zersetzen und mit wertvollen Substanzen und →Vitaminen anreichern. Humus ist für die Fruchtbarkeit des →Bodens sehr wichtig. Durch die Zugabe von →Kompost kann der Humusgehalt der Erde erhöht werden.
Schaubild siehe nächste Seite.

Hunde
Die Hunde gehören zu den →Raubtieren und sind fast auf der ganzen Erde verbreitet. Zu den Wildhunden zählen unter anderem die Schakale, →Füchse, Kojoten, Dingos

Schäferhund Dackel Vorstehhund

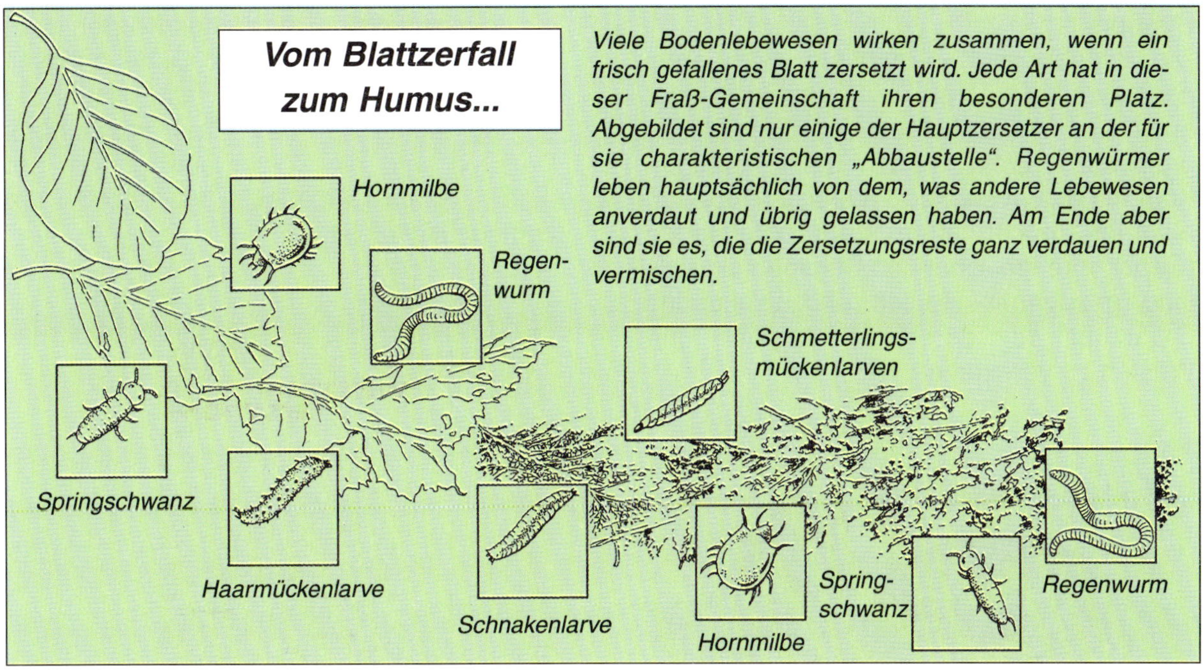

Viele Bodenlebewesen wirken zusammen, wenn ein frisch gefallenes Blatt zersetzt wird. Jede Art hat in dieser Fraß-Gemeinschaft ihren besonderen Platz. Abgebildet sind nur einige der Hauptzersetzer an der für sie charakteristischen „Abbaustelle". Regenwürmer leben hauptsächlich von dem, was andere Lebewesen anverdaut und übrig gelassen haben. Am Ende aber sind sie es, die die Zersetzungsreste ganz verdauen und vermischen.

und →Wölfe. Sie haben eine spitze Schnauze, ein starkes →Gebiss mit Reißzähnen, aufrechte Ohren und einen hängenden, oft buschigen Schwanz. Im Gegensatz zu den →Katzen können sie ihre Krallen nicht einziehen. Ihr Gehör und ihr →Geruchssinn sind besonders fein ausgeprägt.

Alle Haushunde, vom zarten Yorkshire-Terrier bis zum großen Neufundländer, stammen von den Wölfen ab. Sie sind Fleischfresser. Seit Jahrtausenden hat der Mensch die verschiedenen Hunderassen seinen Bedürfnissen entsprechend gezüchtet. So kann z. B. der kleine Dackel bei der Jagd auf Füchse und Dachse in deren Bau eindringen, während Doggen und Boxer stark genug für die Jagd auf Bären sind. Neben den Jagdhunden gibt es besondere Hirten- und Wachhunde, wie die Schäferhunde, Dobermänner und Sennenhunde. Der Bernhardiner eignet sich als Lawinenhund, Schäferhunde dienen außerdem als Blinden- und Polizeihunde. Die meisten Hunde sind jedoch nicht nur kluge Helfer, sondern auch treue Gefährten des Menschen. Sie werden nicht selten bis zu 15 Jahre alt.

Hunger

Das Gefühl, das mitteilt, dass der Körper Nahrung braucht, nennt man Hunger. Wenn sich der leere Magen zusammenkrampft, ist das nur eine Begleiterscheinung. Die tatsächlichen Auslöser des Hungergefühls sind der Nährstoffmangel des →Gewebes oder ein zu niedriger Blutzuckergehalt. Beide werden über das →Blut dem Hungerzentrum im →Gehirn gemeldet, das daraufhin den Hunger signalisiert.

Bei länger dauerndem Nahrungsentzug greift der Körper auf Energiereserven zurück, die in Form von →Kohlenhydraten und →Fett im Körper gespeichert sind. Der Hungernde verliert dadurch an Gewicht und magert ab. Sind diese Reserven erschöpft, beginnt der Körper wichtige →Eiweiße, z. B. Muskeleiweiß, abzubauen. Die Folgen sind Entkräftung, eine stark erhöhte Anfälligkeit für →Infektionen und schwere Hungerkrankheiten, wie Hormon- und Wachstumsstörungen.

Hurrikan

Die Hurrikane sind gewaltige, tropische Wirbelstürme. Sie treten vor allem in den Monaten August bis Oktober im Bereich der Westindischen Inseln und im Südosten der →USA auf. In der Regel bewegen sich Hurrikane über eine Strecke von 3000 Kilometern.

Durch orkanartige →Winde, Wolkenbrüche und Sturmfluten richten sie häufig schlimme Verwüstungen an. Zur besseren Unterscheidung bekommen die Hurrikane eines Jahres in alphabetischer Reihenfolge weibliche Vornamen.

Hyänen

Die Hyänen sind →Raubtiere. Sie gehen nachts auf die Jagd, ernähren sich aber auch von →Aas. Hyänen sind ungefähr so groß wie →Wölfe, haben einen kräftigen Kopf mit einem starken →Gebiss und einen plumpen, nach hinten stark abfallenden Körper. Ihre kreischenden Stimmen sind als lang gezogenes Heulen und zankendes Gelächter weit durch die Steppen und Wüsten zu vernehmen.

Streifenhyänen

Die graubraunen Streifenhyänen leben in Afrika und Südasien, die dunkelbraun bis schwarz getüpfelten, gelbgrauen Fleckenhyänen sind nur in Afrika anzutreffen. Die ebenfalls in Afrika vorkommenden zottigen Schabrackenhyänen mit der hellen Nackenmähne sind fast ausgerottet.

Hygiene

Griechisch „hygieinós" heißt übersetzt „der Gesundheit zuträglich". Die Hygiene ist die Lehre von der Gesundheit und ihrer Erhaltung. Die persönliche Hygiene eines Menschen umfasst die Körperpflege, wie regelmäßiges Waschen, Duschen und Zähneputzen, sowie Sport, Erholung, Schlaf und gesunde Ernährung. Auch der →Staat ist für Hygiene verantwortlich. Zu seinen Aufgaben gehört es, für gesunde Lebensbedingungen zu sorgen, dazu zählen sauberes Trinkwasser, gesunde Luft, auf →Schadstoffe kontrollierte Nahrungsmittel, die Verhütung von →Seuchen und vieles mehr.

Hygrometer

Das Hygrometer ist ein Gerät zum Messen der Luftfeuchtigkeit. Es wird von Wetterdiensten benutzt, aber auch in der Industrie, der Landwirtschaft und in Krankenhäusern, wo man die Luftfeuchtigkeit kennen muss. Das wichtigste Bauteil des Hygrometers ist ein feuchtigkeitsempfindlicher Körper, zum Beispiel ein Haar. Wenn die Luftfeuchtigkeit zunimmt, dehnt sich das Haar. Nimmt sie ab, so zieht sich das Haar zusammen. Dadurch wird ein Zeiger bewegt, der auf einer Skala anzeigt, wie groß die Luftfeuchtigkeit ist.

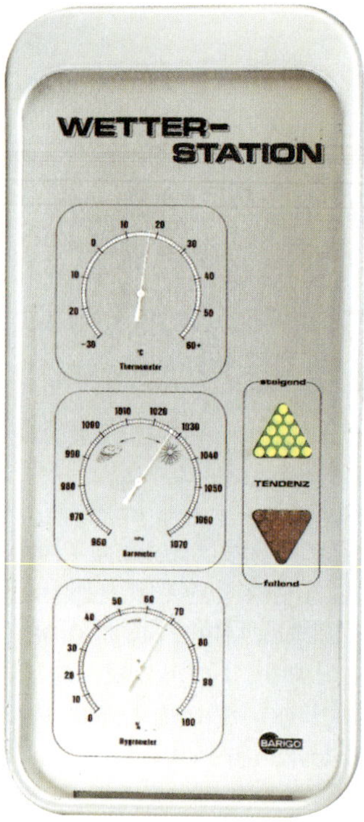

Diese Wetterstation vereint Thermometer, Barometer und Hygrometer. Die Luftfeuchtigkeit wird in Prozent angegeben.

Hymne

Eine Hymne ist ein feierlicher, ursprünglich religiöser Gesang oder ein →Gedicht, in dem große Gedanken und Vorstellungen zum Ausdruck gebracht werden. Zu Beginn des 19. Jahrhunderts kamen die →Nationalhymnen auf.

Hypnose

Der Begriff „Hypnose" kommt von dem griechischen Wort „hypnos" für „Schlaf". Er bezeichnet einen künstlich herbeigeführten Zustand zwischen Schlaf und Wachsein. Das Bewusstsein des Hypnotisierten ist eingeengt. Er überlässt sich ganz dem Willen des Hypnotiseurs, der ihn in einem abgedunkelten Raum durch gleichförmig gesprochene Anweisungen hypnotisiert hat. In der →Medizin wird Hypnose zur Behandlung von Schlafstörungen und anderen nervösen Leiden eingesetzt.

I wie Ida

Identität
Die Identität eines Menschen besagt, dass er einzigartig und unverwechselbar ist. Der österreichische Personalausweis wird z. B. als Identitätsausweis bezeichnet. Jemanden identifizieren heißt, seine Echtheit feststellen.

Igel
Die heimischen Igel sind kleine →Säugetiere mit kurzen Beinen und Schwänzen, einer spitzen Schnauze und einem Stachelkleid auf dem Rücken. Bei Gefahr rollen sie sich zu einer Kugel zusammen und sind

durch die abgespreizten Stacheln für ihre natürlichen Feinde, wie Füchse, Dachse und Marder, unangreifbar. Igel sind Nachttiere. In der Dämmerung verlassen sie ihr Lager im Laub und gehen auf Beutefang. Mit der rüsselartigen Schnauze spüren sie Insekten, Würmer und Schnecken auf. Außerdem jagen sie Mäuse, Frösche und Schlangen. Ein- bis zweimal im Jahr wirft das Weibchen fünf bis sieben Junge, deren weiche Stacheln erst kurz nach der Geburt aus der Haut hervorkommen. Im Herbst suchen sich Igel frostgeschützte Plätze in Laubhaufen oder Gehölzen für den Winterschlaf. Igel stehen unter →Naturschutz. Wenn jemand einen Igel in der Wohnung überwintern lässt, handelt er aus falsch verstandener Tierliebe. Igel sind oft von Würmern, Milben und anderen →Schmarotzern befallen, die sich in der Wärme des Hauses stark vermehren und den Körper des Tieres von innen zerstören.

Iglu
Der Iglu ist ein halbkugelförmiges Schneehaus der →Eskimos in Nordamerika und Grönland. Er wird über einer Vertiefung im Boden aus Schneeblöcken gebaut, die wie Ziegel angeordnet sind. Die vereisten, dichten Schneewände sind schlechte Wärmeleiter und verhindern, dass Wärme aus dem Inneren des Iglu entweicht.

Illegalität
Der Begriff „Illegalität" ist der Gegensatz von →Legalität und bedeutet Ungesetzlichkeit oder Gesetzwidrigkeit. Wer zum Beispiel ohne Aufenthaltsgenehmigung in einem fremden Land lebt, handelt illegal, denn er verstößt gegen das dort geltende Recht.

Illusion
Eine Illusion ist eine Selbsttäuschung. Wer sich Illusionen hingibt, macht sich etwas vor, was in Wirklichkeit nicht sein kann. Illusionen können aber auch absichtlich durch Kunstwerke oder Künstler, so genannte Illusionisten, hervorgerufen werden.

Illustrierte
Der Begriff „Illustrierte" leitet sich von dem lateinischen Wort „illustrare" her, das „erleuchten, erläutern, ausschmücken" heißt. Im 19. Jahrhundert wurde daraus die

Illustrierte für junge Leute

Bedeutung „ein Buch oder eine Zeitschrift mit Bildern schmücken". Demzufolge versteht man unter einer Illustrierten eine Zeitschrift, deren Berichte und Reportagen reich mit Bildmaterial, wie Fotos und →Grafiken, ausgestattet sind.

Imitation
Eine Imitation oder ein Imitat ist eine Nachbildung, z. B. von Schmuck, einem Gemälde oder sonstigen Kunstgegenständen. In der Regel ist eine Imitation um vieles weniger wert als das Original. Häufig gelten jedoch gerade Imitate, wie Kleidung aus Kunstleder oder Pelzersatz, als besonders modern. Ebenso versteht man unter Imitation die genaue Wiederholung einer Melodie, wie es beim Singen eines Kanons geschieht.

Immobilien
Die Immobilien sind unbewegliche Vermögensgegenstände, wie Häuser und Grundstücke.

Immunität
Der medizinische Begriff „Immunität" steht für die Unempfindlichkeit gegen bestimmte Krankheitserreger oder →Gifte. Die Immunität kann von Geburt an bestehen oder durch eine →Impfung erworben werden. Auch wer eine ansteckende Krankheit überwunden hat, ist nun gegen die Erreger dieser Krankheit immun. Der Körper hat genau auf diese Krankheit abgestimmte Abwehrstoffe oder Antikörper entwickelt, die meist ein Leben lang bestehen bleiben.
In einer anderen Bedeutung meint Immunität den Schutz von Mitgliedern z. B. des Bundestags und des Bundesrats vor Strafverfolgung und weiteren staatlichen Beeinträchtigungen.

Impfung
Die Impfung oder Schutzimpfung bewirkt die →Immunität des Körpers gegen bestimmte Krankheitserreger. Die häufigste Methode besteht darin, dem Körper abgeschwächte lebende oder tote Krankheitserreger (→Viren) zuzuführen. Dies geschieht mit einer Spritze oder durch eine Schluckimpfung, bei der der Impfstoff, das Serum, über den Mund eingenommen wird. Der Körper erkennt nicht, dass es sich um abgeschwächte Krankheitserreger handelt und bildet als Abwehrkräfte so genannte Antikörper, die genau auf die Eindringlinge abgestimmt sind und sie bekämpfen. Die Antikörper bleiben ihm in der Regel für sein ganzes Leben erhalten, sodass die betreffende Krankheit bei ihm nicht mehr ausbrechen kann. Manche Impfungen müssen nach einem bestimmten Zeitraum allerdings wiederholt oder aufgefrischt werden. Die meisten Menschen werden schon als Kleinkind gegen gefährliche Krankheiten, wie Kinderlähmung, Wundstarrkrampf, Keuchhusten, Diphtherie, Hib, Masern, Röteln, Mumps und Hepatitis B, geimpft. Eine andere Impfmöglichkeit besteht darin, dem Körper gleich die Antikörper zuzuführen. Der Immunschutz besteht dann allerdings nur drei bis vier Wochen, da der Körper diese Stoffe rasch wieder abbaut.

Import →Handel

Impressionismus
Der Impressionismus ist eine Stilrichtung in der modernen →Malerei. Er kam zwischen 1860 und 1870 in Frankreich auf. Die jungen Künstler wollten nicht mehr im künstlichen Licht der Ateliers malen und gingen mit ihrer Staffelei hinaus ins Freie, um mit hellen, zarten und strahlenden Farben die Natur im Sonnenlicht festzuhalten. In leichten, kurzen Pinselstrichen spiegeln ihre Bilder die unmittelbaren Eindrücke wider, die die Landschaften und Dörfer auf die Künstler machten.
Wichtige Vertreter des Impressionismus waren Claude Monet (1840–1926), Edouard Manet (1823–1883), Edgar Degas (1834–1917) und Auguste Renoir (1841–1919). Zu den deutschen Impressionisten gehörte z. B. Max →Liebermann.

„Impression der aufgehenden Sonne" von Claude Monet

Indianer

Alle Ureinwohner →Amerikas außer den →Eskimos heißen Indianer. Ihren Namen verdanken sie einem Irrtum des Christoph →Kolumbus, der bei seiner Entdeckung Amerikas zunächst vermutet hatte, er sei in Indien gelandet und deshalb die Einwohner „Indianer“ nannte. Vor rund 20.000 Jahren wanderten die Indianer von Asien nach und nach über eine damals noch bestehende Landbrücke auf den amerikanischen Erdteil ein. Sie ließen sich an unterschiedlichen Orten nieder, sodass sich durch Anpassung an die verschiedenen Lebensräume zahlreiche unterschiedliche Völker und Stämme bildeten. Die nordamerikanischen Indianer, wie die Navajos, lebten meist als Jäger und →Nomaden, die Indianer Süd- und Mittelamerikas, wie die →Azteken, →Inka und →Maya, entwickelten hohe →Kulturen in Städten und Staaten.

Mit dem Eindringen der europäischen Siedler ging die Zahl der Indianer durch Kriege und eingeschleppte Krankheiten in kurzer Zeit stark zurück. Viele Stämme wurden von den Weißen ausgerottet oder zunehmend in begrenzte Gebiete, die →Reservate, gedrängt.

In Lateinamerika vermischten sich die Weißen zum Teil mit den Indianern, die dort auf spanisch „Indios“ heißen. Heute leben nur noch rund 20 Millionen Indianer und Indios, abgedrängt an den Rand der Gesellschaft. Noch immer müssen sie um echte Gleichberechtigung mit den Weißen kämpfen.

Indien

Kontinent:	Asien
Fläche:	3.287.263 km^2
Einwohner:	913.600.000
Hauptstadt:	Neu-Delhi
Amtssprachen:	Hindi Englisch Regionalsprachen
Währung:	Indische Rupie

Die südasiatische →Republik Indien umfasst die Halbinsel Vorderindien im Indischen Ozean und grenzt an Pakistan, China, Nepal, Bhutan, Birma, Bangladesch, den Golf von Bengalen und das Arabische Meer. Im Norden hat Indien Anteil am →Himalaja, im Osten und Westen wird es von den Flusstälern des →Ganges und des Indus begrenzt. Das →Klima ist tropisch bis subtropisch und wird vom →Monsun bestimmt, der im Sommer weiten Teilen des Landes schwere Niederschläge bringt. Bleibt der Regen aus, vertrocknen die Felder, ist er zu stark, dann kommt es zu schlimmen Überschwemmungen. Die meisten Inder leben in Dörfern von der →Landwirtschaft und bauen vor allem Reis, Hirse, Weizen, Baumwolle, Jute und Tee an. Auch die Städte, wie Mumbai (früher Bombay), Delhi, Kalkutta oder Madras, sind dicht bevölkert, viele Menschen wohnen in Elendsvierteln oder auf den Straßen. Die Bevölkerung setzt sich aus den verschiedensten Gruppen zusammen. Der wichtigste Industriezweig ist die Textilverarbeitung. Neben den Hauptsprachen Hindi und Englisch gibt es eine Vielzahl weiterer Sprachen. 80 Prozent der Inder gehören dem →Hinduismus an.

Vor über 5000 Jahren entstand im Nordwesten Indiens mit der Induskultur eine der ältesten Hochkulturen der Erde. Ab dem 6. Jahrhundert v. Chr. breitete sich der →Buddhismus aus, der ab dem 7. Jahrhundert n. Chr. verdrängt wurde. Bereits 1498 hatte die europäische →Kolonialherrschaft begonnen. 150 Jahre lang waren die Portugiesen die vorherrschende fremde Macht. Mitte des 18. Jahrhunderts begann →Großbritannien, Indien zu erobern. 1877 wurde die britische Königin Victoria Kaiserin von Indien. 1885 setzte die indische Unabhängigkeitsbewegung ein, die sich im 20. Jahrhundert durch Mahatma →Gandhi zum gewaltfreien Massenaufstand entwickelte. 1947 erreichte Indien die Unabhängigkeit, blieb aber mit Großbritannien locker verbunden. Seit 1950 ist es eine Republik.

Individuum

Das Wort kommt aus dem Lateinischen und bedeutet „das Unteilbare". Jedes einzelne Wesen, das heißt jede Pflanze, jedes Tier und jeder Mensch, ist ein Individuum und als solches der kleinste Bestandteil einer Gemeinschaft oder →Gesellschaft.

Indonesien

Kontinent:	Asien
Fläche:	1.904.443 km^2
Einwohner:	189.907.000
Hauptstadt:	Jakarta
Amtssprache:	Indonesisch
Währung:	Rupiah

Indonesien ist ein Inselstaat in Südostasien beiderseits des →Äquators. Es besteht aus rund 13.600 Inseln, die sich über eine Länge von knapp 5000 Kilometern erstrecken. Zu ihnen gehören die Großen Sundainseln Borneo (ohne den Nordteil), Sumatra, Celebes und Java, die Kleinen Sundainseln, die Molukken und ein Teil von Neuguinea. Die meisten der Inseln sind gebirgig, reich an →Vulkanen und von →Regenwäldern bedeckt. Größere Ebenen gibt es nur auf Sumatra und Borneo. Das →Klima ist tropisch, zum Teil gibt es viele →Niederschläge. Fast zwei Drittel der indonesischen Bevölkerung, die überwiegend aus Alt- und Jungmalaien besteht, leben auf der Insel Java. In der →Landwirtschaft werden vor allem Reis, Mais, Süßkartoffeln, Sojabohnen, Zuckerrohr, Tee, Kaffee und Tabak angebaut. Zu den wichtigsten Ausfuhrgütern gehören Erdöl, Holz und Kautschuk.
Das ehemals portugiesische, britische, dann niederländische Kolonialgebiet wurde 1945 eine →Republik. Seit 1949 ist Indonesien unabhängig.

Industrie

Jeder Arbeiter übt bei der Fertigung dieser Autos bestimmte Handgriffe aus.

In der Industrie werden in großen Fabriken entweder →Rohstoffe zu halbfertigen oder fertigen Produkten verarbeitet oder halbfertige Erzeugnisse fertig gestellt. Dies geschieht in riesigen Mengen mithilfe von →Maschinen und Fließbändern. Die Einsparung menschlicher Arbeitskraft durch den Einsatz von Maschinen nennt man Mechanisierung. Im Gegensatz zum →Handwerk ist der industrielle Produktionsvorgang außerdem in die verschiedenen Arbeitsgänge zerlegt. Der einzelne Arbeiter fertigt das Produkt nicht von Anfang bis Ende allein an, sondern hat an jedem

Produkt in einem bestimmten Arbeitsgang immer die gleichen Handgriffe auszuüben. Diese Arbeitsteilung ist neben der Mechanisierung eine wichtige Maßnahme der Rationalisierung. Deren Ziel ist es, mit möglichst geringem Zeit-, Arbeits- und Kostenaufwand möglichst viel zu produzieren.
Die Industrie ist neben der →Landwirtschaft ein wesentlicher Wirtschaftszweig eines Staates. In einem Teil der Industriebetriebe werden Rohstoffe gewonnen, z. B. im Kohle-, Erdöl- und Erzbergbau. Der andere Teil ist die verarbeitende Industrie, z. B. der Maschinenbau, die Textil- und die Nahrungsmittelindustrie.

Industrielle Revolution
Die Industrielle Revolution bezeichnet den Übergang von der Handarbeit (→Handwerk) zur maschinellen Fertigung im 18. und 19. Jahrhundert in Europa. Als der Schotte James Watt (1736–1819) im Jahr 1765 die erste wirklich zweckmäßige →Dampfmaschine baute, begannen sich das Leben und das Arbeiten der Menschen stark zu verändern.

Eine der Hauptattraktionen der Londoner Weltausstellung von 1851 war die Maschinenhalle. Dort standen modernste Maschinen und Getriebe.

In den Betrieben wurden nun Dampfmaschinen eingesetzt, die wesentlich mehr leisten konnten als die Handwerker mit ihrer Muskelkraft. Nur die reichen Unternehmer konnten sich die teuren Dampfmaschinen leisten. Viele kleine, weniger wohlhabende Handwerksbetriebe mussten schließen. Immer mehr Handwerker und Bauern wurden arbeitslos und waren gezwungen, vom Land in die Städte zu ziehen. Dort verdienten sie gegen niedrigen Lohn bei unmenschlichen Arbeitszeiten und -bedingungen ihren Lebensunterhalt. Die Fabrikbesitzer dagegen wurden immer reicher. Diese Veränderungen betrafen zunächst die Textilindustrie durch die Erfindungen von Spinn- und Webmaschinen, später auch den →Bergbau, die Eisenindustrie und das Verkehrswesen. Erst Mitte des 19. Jahrhunderts besserte sich die Situation der Arbeiter durch neue Gesetze und die Gründung von →Gewerkschaften.
Seit Mitte des 20. Jahrhunderts prägte die Automatisierung, d. h. die vollautomatische Fertigung von Erzeugnissen (→Automat), den Begriff der „Zweiten Industriellen Revolution“. Der Siegeszug des →Computers und das Aufkommen von Mikroprozessoren (→Chip) brachten die „Dritte Industrielle Revolution“ mit sich.

Infektion
Lateinisch „inficere“ bedeutet „anstecken“. Eine Infektion ist eine Ansteckung durch Krankheitserreger oder -keime, wie →Bakterien, →Viren oder →Pilze. Sie geschieht meistens in Form einer Kontaktinfektion, das heißt durch Berühren von Mensch zu Mensch oder von Tier zu Mensch, z. B. bei der Tollwut. Bei der Tröpfcheninfektion werden die durch Husten und Niesen versprühten Erreger eingeatmet. Zur Schmierinfektion kommt es durch direkte Berührung mit dem keimhaltigen Material. Die Zeit von der Ansteckung bis zum Auftreten der ersten Krankheitsanzeichen nennt man Inkubationszeit.
Die übertragenen Krankheiten heißen Infektionskrankheiten, zu ihnen gehören Masern, Mumps, Röteln und Scharlach. Um eine weitere Verbreitung der Krankheitserreger zu verhindern, ist es sinnvoll, den Kontakt zwischen Kranken und Gesunden zu vermeiden. Das bedeutet, die Kranken so lange abzusondern bzw. unter Quarantäne zu stellen, bis sie nicht mehr ansteckend sind.

Inflation
Als Inflation bezeichnet man eine Geldentwertung. Sie entsteht zum Beispiel, wenn ein →Staat mehr →Geld drucken lässt, als Waren verkauft werden können. Dieser Zustand tritt oft nach einem Krieg ein. Wenn es beispielsweise weniger Brot zu kaufen gibt, als die Menschen brauchen, steigen die Brotpreise. Um sie zahlen zu können, wird mehr Geld gedruckt, aber es kann nicht mehr Brot hergestellt werden. Dieser Kreis-

lauf setzt sich fort, bis ein Brot tatsächlich eine Million Mark kostet, wie es nach dem Ersten →Weltkrieg in Deutschland der Fall war. Eine Inflation kann dann nur noch durch eine Neuordnung des Geldwesens bzw. eine Währungsreform beendet werden.

Infrarotstrahlung
Die Infrarotstrahlung ist eine Wärmestrahlung, die auf die elektromagnetische Wellennatur des →Lichts zurückzuführen ist. Alle warmen Körper strahlen infrarotes Licht aus. Es wird als Wärme empfunden, kann jedoch vom menschlichen Auge nicht gesehen werden.
In der →Medizin behandelt man mit Infrarotstrahlen zum Beispiel Erkältungen, Muskelschmerzen und rheumatische Beschwerden. In der →Fotografie spielen Infrarotfilme eine besondere Rolle. Mit ihnen kann auch durch Nebel und Wolken fotografiert werden, da sie auf von Körpern ausgesandte Infrarotstrahlen reagieren, die im Gegensatz zu sichtbarem Licht den Dunst durchdringen.

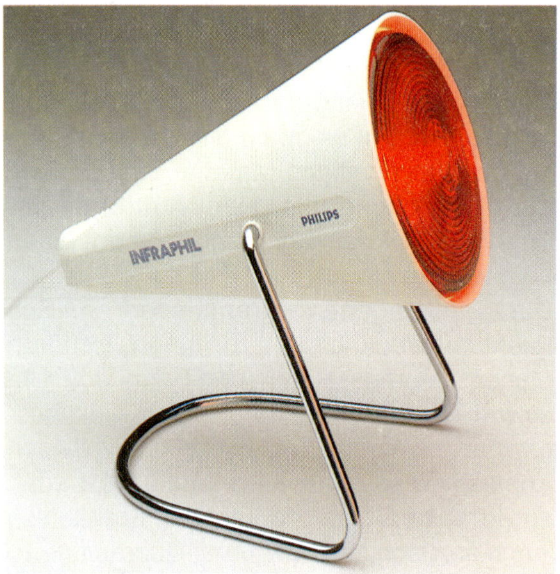

Bei Erkältungen kann man sich z. B. von Infrarotlampen bestrahlen lassen.

Ingenieur
Ob →Häuser, →Brücken, →Motoren, →Schiffe oder →Maschinen gebaut werden, immer sind Ingenieure für die Planung, Berechnung und Durchführung der Arbeiten verantwortlich. Ingenieure sind Techniker, die ihr Wissen durch ein abgeschlossenes Studium an einer →Hochschule oder Fachhochschule erworben haben.

Inka
Die Inka sind ein indianischer Stamm, der ursprünglich in →Südamerika im peruanisch-bolivianischen Hochland beheimatet war und sich in der Ketschua-Sprache verständigte. „Inka" war zunächst nur der Titel des Herrschers, später wurde der Name auf das ganze Volk übertragen. Der Beginn der

Im Alter von acht bis zwölf Jahren wurden ausgewählte Inka-Prinzessinnen und Töchter anderer Adeliger in das Kloster der Sonnenjungfrauen aufgenommen, um von diesem Zeitpunkt an dem Sonnengott zu dienen.

inkaischen Geschichte ist nicht ganz geklärt. Um 1200 n. Chr. lebten die Inka in einem Kleinstaat. Bis zum 15. Jahrhundert eroberten sie viele Nachbarstaaten, verbanden sich mit ihnen zu einem gewaltigen Reich und entwickelten eine Hochkultur. Anfang des 16. Jahrhunderts umfasste das Inkareich mit einer Fläche von rund 900.000 Quadratkilometern das heutige Gebiet von Südkolumbien bis Mittelchile, das von der Hauptstadt Cuzco aus verwaltet wurde und durch ein ausgedehntes Straßennetz erschlossen war. Die Herrscher der einzelnen unterworfenen Völker blieben im Amt, soweit sie die inkaische Oberherrschaft anerkannten und die geforderten Abgaben leisteten. Die Gesellschaft gliederte sich in Angehörige des Inka-Stammes, in Häuptlinge der eroberten Stämme, in freie Menschen und in Sklaven. Der oberste Herrscher wurde als auf Erden weilende Sonnengottheit verehrt. Geld war unbekannt, die Abgaben wurden in Dienstleistungen und Naturalien, wie Lebensmitteln, entrichtet. Da die Inka noch keine →Schrift hatten, notierten sie ihre Abgaben durch Knoten, die sie in bestimmten Abständen in

Schnüre, den Quipus, schlangen. Die →Kultur setzte sich aus den Kulturen der unterworfenen Stämme zusammen. Ab 1531 eroberten die Spanier das Inkareich und machten es zur →Kolonie. Der letzte Inkaherrscher wurde hingerichtet, die Urbevölkerung wurde zum Teil ausgerottet oder vermischte sich mit den Spaniern.

Inline-Skates

Inline-Skating

Für die Strecke von einem Kilometer braucht ein Fußgänger fast eine Viertelstunde, ein geübter Inline-Skater dagegen nur drei Minuten, denn er bewegt sich auf Rollen. Anfang der 90er-Jahre kamen Rollschuhe auf den Markt, die seither von den Straßen nicht mehr wegzudenken sind. Sie wurden in den →USA entwickelt und haben je vier hintereinander montierte Rollen. Inline-Skating ist nicht nur ein Sport und Freizeitspaß für Kinder und Jugendliche, auch immer mehr Erwachsene finden Gefallen daran und genießen die praktische Art der Fortbewegung.

Im Gegensatz zu früheren Rollschuhen, die mit Riemen an die Schuhe geschnallt wurden, sind bei den Skates die Rollen fest mit dem Stiefel verbunden. Dieser reicht bis über den Knöchel und besteht aus einem äußeren Schalenschuh und einem gepolsterten Innenstiefel. Unverzichtbar ist die Bremse: An einem Schuh ist hinter den Rollen ein Stopper angebracht. Wegen der hohen Geschwindigkeit müssen Inline-Skater unbedingt eine Schutzausrüstung tragen. Dazu gehören ein Helm, Handschuhe, Knie- und Ellbogenschützer.

Insekten

Das lateinische Wort „insecare“ bedeutet „einschneiden, einkerben“. Insekten heißen deshalb auch Kerbtiere. Sie gehören zu den Gliederfüßern und bilden mit rund einer

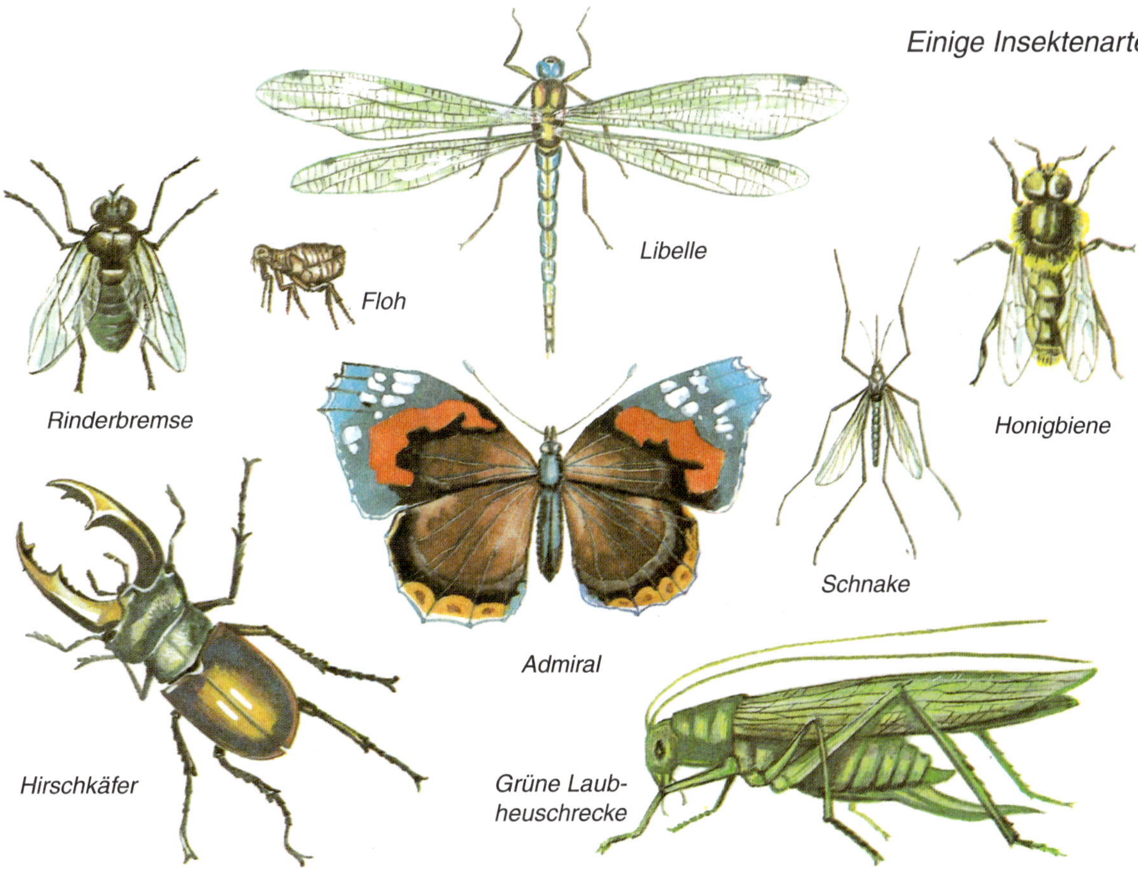

Einige Insektenarten

Million Arten die größte Gruppe im Tierreich. Der Körper aller Insekten ist durch Einkerbungen in drei Teile gegliedert: Kopf, Brust und Hinterleib. Am Kopf befinden sich Fühler, Mundwerkzeuge und meist so genannte Fassettenaugen, die aus vielen Einzelaugen wabenartig zusammengesetzt sind. Mit diesen Augen können Insekten →Farben sehen, die der Mensch nicht mehr erkennt, zum Beispiel ultraviolettes Licht. Die Brust besteht aus drei Ringen mit je einem Beinpaar an der Bauchseite und je nach Art einem oder zwei Flügelpaaren auf dem Rücken. Der Hinterleib enthält die Eingeweide, die Fortpflanzungsorgane und die Tracheen, das sind fein verzweigte Röhrchen, die der →Atmung dienen. Gestützt wird der Körper durch ein festes Außenskelett, einen Panzer aus Chitin. Manche Insekten sind nur einen Viertelmillimeter groß, z. B. bestimmte Erzwespen, andere erreichen eine Länge bis zu 30 Zentimeter, z. B. die tropischen Gespenstheuschrecken. Alle Insekten vermehren sich durch →Eier, aus denen zunächst →Larven schlüpfen. Das sind entweder Raupen, wie bei den →Schmetterlingen, Maden, wie bei den →Fliegen, oder Engerlinge, wie bei den Maikäfern. Bei einigen Arten, wie den →Heuschrecken, verläuft die Entwicklung direkt. Die Jungen sehen ihren Eltern bereits ähnlich, nur die Flügel fehlen noch. Nach mehreren Häutungen sind sie ausgewachsen. Bei den meisten anderen Insekten, wie →Käfern, Fliegen, →Bienen und Schmetterlingen, verwandeln sich die Larven erst in Puppen. Nach einiger Zeit schlüpfen die entwickelten Insekten. Hier handelt es sich um eine indirekte Entwicklung oder Metamorphose.

Viele Insekten sind den Menschen nützlich, weil sie Blütenpflanzen bestäuben, →Honig und Seidenfäden liefern oder Jagd auf →Schädlinge machen, wie die Marienkäfer auf Blattläuse. Ihnen stehen die schädlichen Insekten gegenüber, die die Ernte vernichten, wie die Kartoffelkäfer und Wanderheuschrecken, Krankheiten übertragen, wie Fliegen und Mücken, und die Haut und Haare von Menschen und Tieren befallen, wie →Flöhe und Läuse. Letztere werden auch als →Schmarotzer oder Parasiten bezeichnet.

Insel

Als Inseln bezeichnet man von Wasser umgebene Landteile. Sie sind auf unterschiedliche Weise entstanden, z. B. bei Meeresüberflutung durch Lostrennung vom Festland, durch den Ausbruch von →Vul-

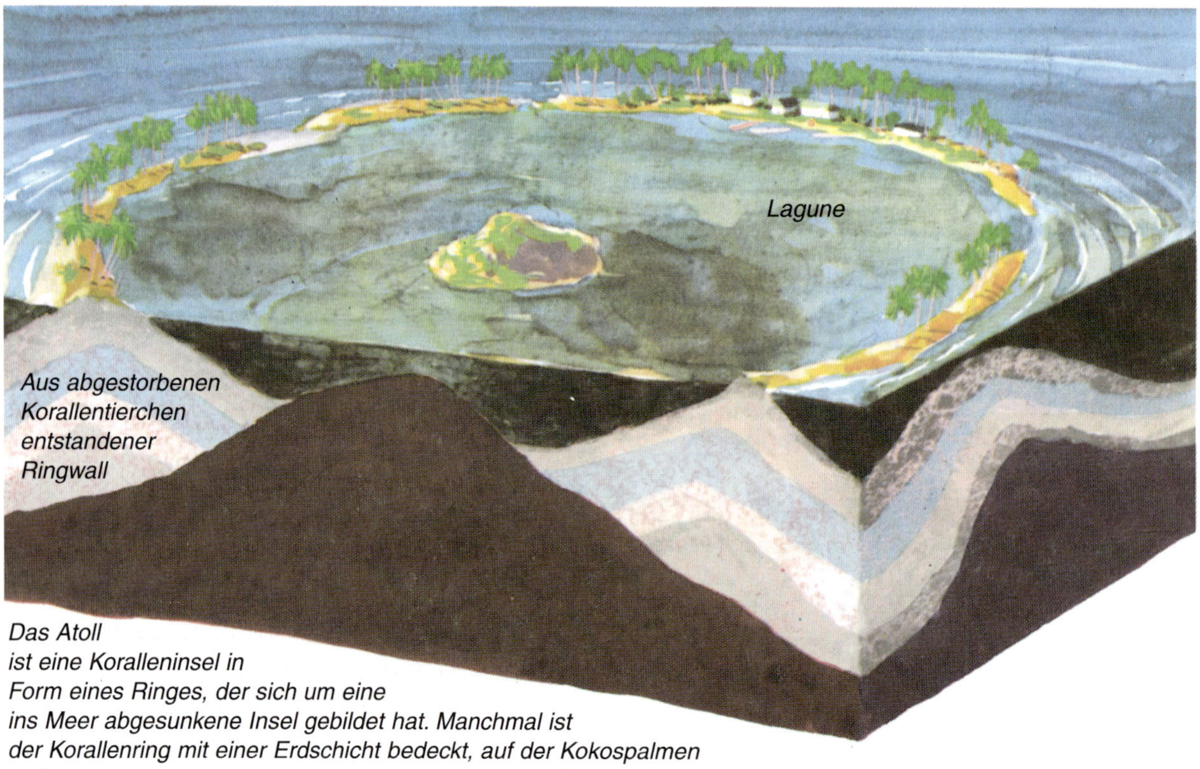

Das Atoll ist eine Koralleninsel in Form eines Ringes, der sich um eine ins Meer abgesunkene Insel gebildet hat. Manchmal ist der Korallenring mit einer Erdschicht bedeckt, auf der Kokospalmen und andere tropische Pflanzen wachsen. Die vom Atoll eingeschlossene Wasserfläche nennt man Lagune.

kanen auf dem Meeresboden, durch Anschwemmung, Aufschüttung und anderes mehr. In der Südsee gibt es Inseln, die aus zahllosen kleinen abgestorbenen und versteinerten Korallentierchen aufgebaut sind, hierzu gehören die Atolle. Eine Gruppe von Inseln nennt man Archipel, eine Reihe heißt Inselkette. Kleinere Inseln werden oft als Eiland bezeichnet. Halbinseln hängen mit dem Festland zusammen und sind nur teilweise von Wasser umschlossen.

Installation
Wenn ein neues Wohnhaus im Rohbau fertig ist, beginnt die Installation. Man versteht darunter den Einbau sämtlicher technischer Anlagen, die der Versorgung und Entsorgung dienen. Diese Arbeit übernehmen Klempner, Schlosser und Elektriker. Sie verlegen z. B. Gas- und Wasserrohre und richten Badezimmer und Toiletten ein. Sie bauen Heizungs-, Entlüftungs- und Entwässerungsanlagen ein und montieren Aufzüge. Sie installieren in jedem Raum elektrische Leitungen für Steckdosen und Lampen und verlegen Fernsprechanschlüsse. Viele Rohre und Leitungen führen in den Keller. Dort werden sie an das unterirdische Gas-, Wasser- und Stromnetz angeschlossen.

Instinkt
Der Instinkt ist das angeborene Verhalten von Tieren und Menschen, das ohne vorherige Überlegung geschieht. Es handelt sich dabei um lebensnotwendige Verhaltensweisen, die der Erhaltung der Art dienen. Bei den Tieren sind das z. B. Futtersuche, Flucht, Partnersuche oder Nestbau.

Intelligenz
Das Wort kommt aus dem Lateinischen und bedeutet „Einsicht, Verstand". Intelligenz ist die Fähigkeit, durch Einsatz des Verstandes Probleme zu lösen, logisch zu denken, Situationen zu erfassen und sich darin zurechtzufinden. Das Ausmaß der Intelligenz wird durch den Intelligenzquotienten (IQ) angegeben, allerdings gibt es bisher keine wirklich zuverlässige Methode, ihn zu ermitteln. Der durchschnittliche Intelligenzquotient des Menschen liegt bei 100, unter einem IQ von 70 gilt man als schwachsinnig, mit einem IQ ab 130 aufwärts als hochintelligent.

Internationalität
Im Unterschied zur Nationalität, der Zugehörigkeit zu einem bestimmten →Staat oder Volk, überschreitet die Internationalität die staatlichen Grenzen. So arbeiten z. B. bei internationalen Organisationen, wie der →Interpol oder dem →Roten Kreuz, die verschiedenen Länder zusammen.

Internet
Das Internet ist ein elektronisches Weltdatennetz, an das viele Millionen verschiedenster →Computer über ein so genanntes Modem angeschlossen sind. Über die Rechner haben die Benutzer gegen Gebühr Zugriff zu den Daten bzw. Informationen, die von den unterschiedlichsten Stellen ins System eingegeben werden. Ursprünglich war dieses Weltnetz während der 60er-Jahre von den →USA als militärisches Informationssystem entwickelt worden. Ab den 70er-Jahren wurde es auch von der →Wissenschaft genutzt. Heute umspannt das Internet fast die gesamte Erdkugel und steht als Massenmedium jedem offen.

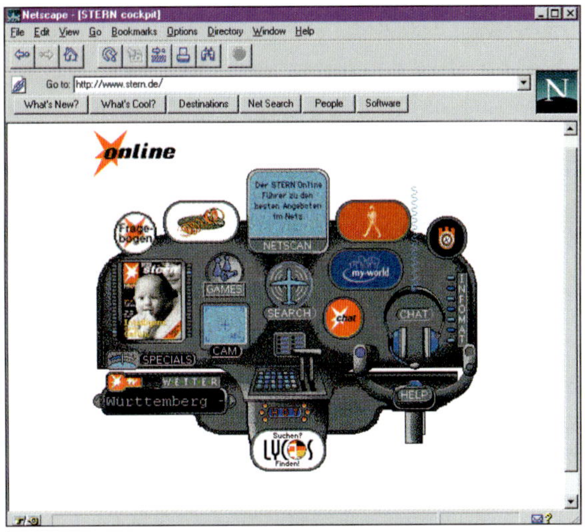

Hat man sich ins Internet eingewählt, kann man sich zum Beispiel dieses Cockpit auf den Bildschirm holen. Man klickt dann mit der Maus auf ein Feld, das einen interessiert, und kann nun mit anderen Personen reden, den Wetterbericht lesen oder auch Informationen für die Hausaufgaben suchen.

Die Benutzer können nicht nur Daten abrufen, sondern sich auch untereinander Nachrichten, so genannte E-Mails, schicken. Außerdem können über das Internet digitale Bild- und Tonsignale übertragen werden, sodass man sich Ausschnitte der neuesten Hollywoodfilme

ins Wohnzimmer holen kann. Manche Radiosender, Zeitungen und Zeitschriften liefern ihre Nachrichten ins Internet.
Sämtliche Organisationen und Verbände, so auch die →Vereinten Nationen und die →NATO, →Parteien und →Regierungen nutzen das Internet, um Informationen über ihre Arbeit weltweit anzubieten. Städte und Gemeinden stellen ihre →Politik und →Kultur vor, speichern Theater- und Kinoprogramme, geben Verkehrsmeldungen und vieles mehr. Zahlreichen Firmen dient das Internet als Kommunikationsmittel und zur Präsentation ihrer Produkte.
Bei all diesen Vorzügen darf jedoch auch die Schattenseite nicht übersehen werden. Obgleich es Bestimmungen der einzelnen Länder gibt, was ins Internet eingespeist werden darf und was nicht, existieren noch keine internationale Zensur und Kontrolle. Das Weltnetz wird daher auch dazu missbraucht, negative Dinge zu verbreiten, wie die Propaganda gemeingefährlicher Organisationen oder strafbare Informationen und Filme.

Interpol
Die Abkürzung „Interpol" steht für „Internationale Kriminalpolizei". Die Organisation wurde 1923 gegründet und hat ihren Sitz in der französischen Hauptstadt Paris. Über Interpol läuft die Zusammenarbeit der Kriminalämter der verschiedenen Länder, sodass bei Verbrechen, die über die Staatsgrenzen hinausreichen, erfolgreicher ermittelt werden kann.

Irak
Der Irak umfasst im Wesentlichen das von Euphrat und Tigris durchflossene Zweistromland Mesopotamien. Er grenzt an die Türkei, Iran, Kuwait, Saudi-Arabien, Jordanien und Syrien. Nur die Flussgebiete sind fruchtbar und eignen sich für den Anbau von Getreide und Dattelpalmen. Im Nordosten ist das Land gebirgig, ansonsten besteht es aus →Steppen und →Wüste. Die Sommer sind heiß, die Winter mild. Der wichtigste Wirtschaftszweig ist die Erdölförderung. 80 Prozent der Bevölkerung sind Araber, die übrigen →Kurden, Türken und Iraner. Staatsreligion ist der →Islam.
Von 1915 bis 1917 eroberten die Briten das Land, das bis dahin zum türkischen Reich

Kontinent:	Asien
Fläche:	438.317 km^2
Einwohner:	19.951.000
Hauptstadt:	Bagdad
Amtssprache:	Arabisch
Währung:	Irak-Dinar

gehörte. 1932 wurde es ein unabhängiges Königreich, blieb jedoch bis 1955 eng an Großbritannien gebunden. 1958 wurde die →Monarchie gestürzt und die →Republik ausgerufen.
1980 begann der irakische Diktator Saddam Hussein (geb. 1937) einen Krieg gegen den →Iran, der 1988 mit einem Waffenstillstand endete. 1990 ließ Hussein Kuwait besetzen und löste damit den Zweiten Golfkrieg aus.

Iran
Die Islamische Republik Iran hieß früher Persien. Sie erstreckt sich über ein von Gebirgen umschlossenes Hochland und grenzt im Norden an Armenien, Aserbaidschan, das Kaspische Meer und Turkmenistan, im Osten an Afghanistan und Pakistan, im Süden an den Golf von Oman und den Persischen Golf, im Westen an den Irak und im Nordwesten an die Türkei.
Das Land besteht überwiegend aus →Steppen und →Wüsten. Nur in den Randgebirgen am Kaspischen Meer regnet es ausreichend, sodass neben Schafzucht auch Ackerbau betrieben werden kann. Ansonsten muss künstlich bewässert werden. Die Sommer sind trocken, die Winter sehr kalt. Nur 50 Prozent der Einwohner sind Perser, die übrigen Aserbaidschaner, →Kurden, Araber und andere. Der →Islam ist Staatsreligion. In der →Wirtschaft haben

vor allem Erdöl und Erdgas Bedeutung, außerdem die Teppichknüpferei und das Kunsthandwerk.
Persien war im 6. Jahrhundert v. Chr. eine Großmacht, die sich zeitweise auch über Gebiete des heutigen Irak und Ägyptens erstreckte. Im 5. Jahrhundert v. Chr. unterlag es den Griechen. 333 v. Chr. wurde das gesamte Reich von →Alexander dem Großen erobert. 650 n. Chr. kam es unter arabische Herrschaft und erhielt mit dem Islam eine neue Religion. Nach Wechseln unter verschiedene Herrschaften kam Persien Anfang des 20. Jahrhunderts unter britische und russische Besatzung. Erst 1921 wurde es wieder selbstständig. 1925 gründete Schah Resa (1878–1944) die Dynastie Pahlewi. Die Monarchen modernisierten die Gesellschaft und richteten sie nach westlichen Vorbildern aus. 1934 erhielt das Land den Namen Iran. 1979 stürzten schiitische Anhänger des Islam die →Monarchie und und riefen die „Islamische Republik“ aus. Dies gilt als die Geburtsstunde des islamischen →Fundamentalismus.
→Irak

Kontinent:	Asien
Fläche:	1.648.000 km^2
Einwohner:	65.758.000
Hauptstadt:	Teheran
Amtssprache:	Persisch
Währung:	Rial

Irland

Die →Republik Irland umfasst den südlichen Teil der Insel Irland. Im Nordosten der Insel liegt Nordirland, das zum Vereinigten

Die Grafschaft Galway in Irland

Königreich →Großbritannien und Nordirland gehört. Irland wird oft als „Grüne Insel“ bezeichnet. Diesen Namen verdankt es der großen Anzahl immergrüner Pflanzen, die im regenreichen, gemäßigten →Klima gedeihen. Die Gebirge an den Küsten liegen wie ein Kranz um das zentrale, fruchtbare Tiefland. Fast 90 Prozent der Fläche sind große →Moore und Wiesen, die als Weideland genutzt werden. Neben der Viehzucht werden Gerste und Kartoffeln angebaut. Die meisten Iren gehören der katholischen →Kirche an.
Im 12. Jahrhundert wurde die aus vielen Königtümern bestehende Insel Irland von England erobert. Jahrhundertelang kämpften die katholischen Iren erfolglos gegen die Herrschaft der protestantischen Engländer,

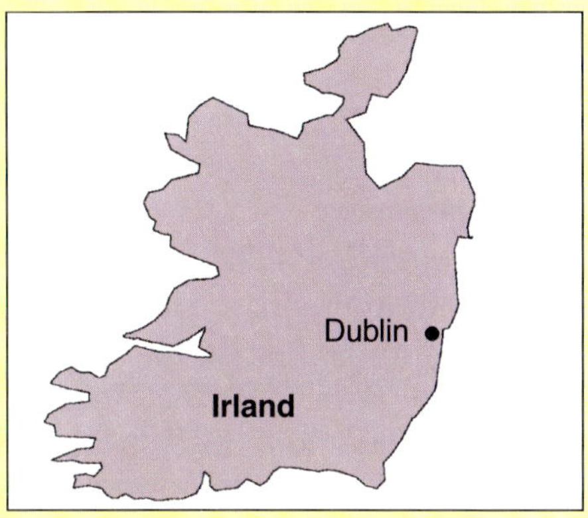

Kontinent:	Europa
Fläche:	70.285 km^2
Einwohner:	3.543.000
Hauptstadt:	Dublin
Amtssprache:	Irisch Englisch
Währung:	Irisches Pfund

die Irland auch wirtschaftlich unterdrückten. Viele Iren verließen das Land. Mitte des 19. Jahrhunderts herrschte eine jahrelange Hungersnot. Sie hatte zur Folge, dass weitere Millionen Iren in die →USA und nach Kanada auswanderten. 1919 erklärte Irland seine Unabhängigkeit. Die Briten reagierten mit Kämpfen und der Abtrennung von Nordirland, das seitdem zu Großbritannien gehört. Erst 1949 wurde die Republik Irland völlig unabhängig.

Islam
Der Islam gehört zu den größten →Religionen der Welt. Er ist vor allem in Marokko und den Philippinen, in Innerasien, Südindien und Mittelafrika verbreitet und hat etwa 800 Millionen Anhänger, die Moslems oder Muslime. Der Islam wurde 622 n. Chr. von dem arabischen Propheten Mohammed (569–632) begründet, durch den Gott Allah zu den Menschen gesprochen hat. Die von Mohammed verkündeten Offenbarungen Allahs wurden im Koran zusammengefasst. Das heilige Buch gibt Aufschluss in allen Dingen des islamischen Glaubens. Jeder Moslem soll fünfmal am Tag beten, jährlich eine bestimmte Summe für die Armen spenden und einmal in seinem Leben eine Wallfahrt in die heilige Stadt Mekka, den Geburtsort Mohammeds, unternehmen. Die Moslems müssen ihr Leben lang auf den Genuss von Schweinefleisch und →Alkohol verzichten, im Fastenmonat Ramadan dürfen sie zudem tagsüber nichts essen und trinken. Von den Frauen wird strenge Sittsamkeit und Untergebenheit dem Mann gegenüber gefordert.
Im Jahr 656 spaltete sich der Islam in drei Glaubensrichtungen. Eine davon, die der Charidjiten, ist heute fast ausgestorben. Die Sunniten stellen mit gut 90 Prozent die größte Gruppe innerhalb des Islams dar. Die Schiiten sind vor allem im →Iran vorherrschend. Sie haben dort die Islamische Republik errichtet, in der sich Staat und Privatleben streng nach den Gesetzen des Koran zu richten haben.

Island
Die kleine Inselrepublik Island liegt im Nordatlantik. Die Insel besteht überwiegend aus Bergland und Hochebenen mit vielen, zum Teil noch tätigen →Vulkanen, zahlreichen →Geysiren, heißen Quellen und gewaltigen →Gletschern. Das Landesinnere ist fast unbewohnt. Das →Klima steht unter dem Einfluss des →Golfstroms, die Sommer sind kühl, die Winter mild. Die Bevölkerung, zum Großteil Isländer, lebt in Städten an den buchten- und fjordreichen Küsten. Die wichtigsten Wirtschaftszweige sind der Fischfang und die Fischverarbeitung.
Island wurde um das Jahr 874 von den →Wikingern besiedelt. Ab 1262 gehörte es zu Norwegen, ab 1380 zu Dänemark, von dem es sich 1944 löste und die →Republik ausrief.

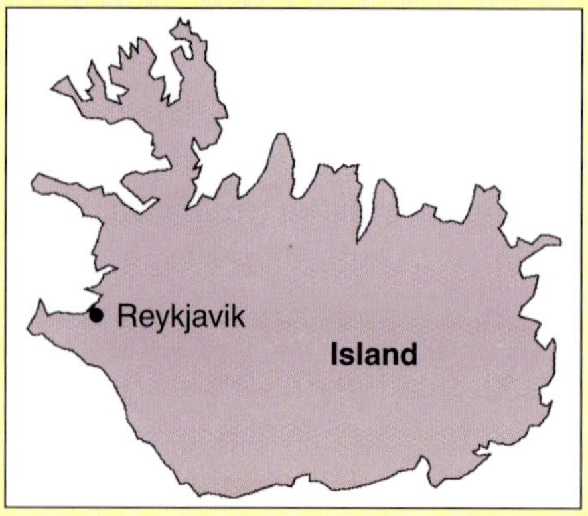

Kontinent:	Europa
Fläche:	103.000 km^2
Einwohner:	266.000
Hauptstadt:	Reykjavik
Amtssprache:	Isländisch
Währung:	Isländische Krone

Isolation
Der Begriff „isolieren" kommt ursprünglich von dem lateinischen Wort „insula" für „Insel" und bedeutet, dass etwas „zur Insel gemacht", also abgetrennt und ausgegrenzt wird. Ein Mensch, der sich in gesellschaftlicher Isolation befindet, etwa weil ihn seine Mitmenschen nicht mögen und meiden, vereinsamt. Ebenso können auch Gegenstände isoliert werden, um zu verhindern, dass Wärme oder Kälte entweichen, Wasser eintritt oder schädliche Stoffe frei werden.

Israel
Der Staat Israel liegt an der Ostküste des Mittelmeeres im Gebiet des früheren →Palästina. Es grenzt an das Mittelmeer,

wie Julius

Jaguar
Der Jaguar ist die größte Raubkatze Mittel- und Südamerikas. Er lebt mit Vorliebe in dicht bewachsenen Gebieten an Flüssen,

Seen und Sümpfen, ist aber auch im feuchten Urwald und in Trockenlandschaften anzutreffen. Das Muster seines Felles besteht aus schwarzen Ringen auf gelblichem Grund mit kleinen Flecken darin und ähnelt dem des →Leoparden. Jaguare sind ausgezeichnete Kletterer, die sich von den Bäumen herab auf ihre Beute stürzen. Neben Hirschen, Tapiren und Wildschweinen jagen sie auch Krokodile, Fische und Sumpfschildkröten. Jaguare sind Einzelgänger und treffen sich nur zur Paarung. Das Weibchen wirft zwei bis vier Junge, die erst nach zwei Jahren selbstständig sind.

Jahr
Das Jahr ist eine Zeiteinheit. Es entspricht der Zeitspanne, in der die →Erde einmal die →Sonne umläuft. Genau genommen braucht sie dafür 365 und 1/4 Tage. Damit das Kalenderjahr aber aus ganzen Tagen bestehen kann, wird nach drei Jahren mit je 365 Tagen ein Schaltjahr „eingeschaltet". Durch den zusätzlichen 29. Februar dauert dieses 366 Tage. Das Jahr unterteilt sich in 12 Monate.

Jahreszeiten
Das Jahr ist in vier Jahreszeiten unterteilt, die sich in →Klima, Wetter und Pflanzen deutlich unterscheiden: Frühling, Sommer, Herbst und Winter. Die Jahreszeiten entstehen dadurch, dass die Erdachse, die gedachte Linie zwischen den →Polen, geneigt ist und während des ganzen Erdumlaufs um die Sonne in dieser Stellung bleibt. Ein halbes Jahr lang neigt sich der Nordpol mehr zur Sonne, das folgende halbe Jahr der Südpol. Zeigt der Nordpol zur

Ein Feld im Jahreszeitenlauf

Winter *Frühling* *Sommer* *Herbst*

Sonne, dann ist auf der Nordhalbkugel der Erde Sommer und auf der Südhalbkugel Winter, zeigt der Südpol zur Sonne, ist es genau umgekehrt. Befindet sich die Erde in der Mittelstellung, ist es Frühling oder Herbst.

An den Polen gibt es nur die zwei Jahreszeiten Sommer und Winter. Da die Strahlen der Sonne dort immer schräg auftreffen, wird es auch im Sommer nie richtig heiß. Im Winter bleibt es ständig dunkel, weil die Sonne nie über den →Horizont steigt. Am →Äquator dagegen strahlt die Sonne fast senkrecht auf die Erde, sodass es dort durchgehend warm ist.

Jamaika

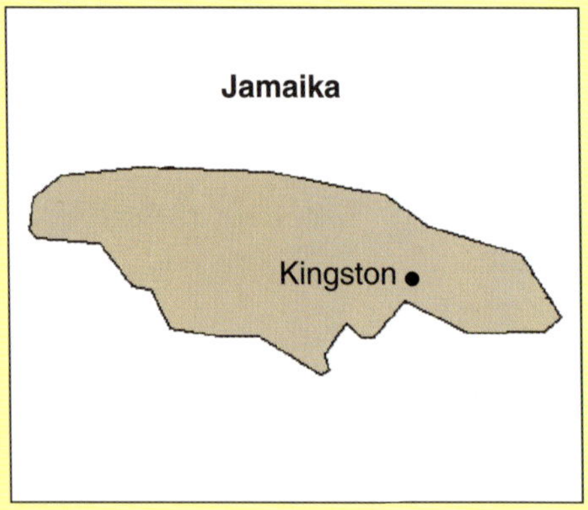

Kontinent:	Amerika
Fläche:	10.991 km^2
Einwohner:	2.496.000
Hauptstadt:	Kingston
Amtssprache:	Englisch
Währung:	Jamaika-Dollar

Der mittelamerikanische Inselstaat liegt im Karibischen Meer und gehört zur Inselgruppe der Großen Antillen. An den Küsten erstrecken sich Tiefländer. Das Landesinnere ist gebirgig. Vor allem an der Nordküste herrscht tropisches →Klima mit häufigen Niederschlägen. Immer wieder treten Wirbelstürme auf, die beträchtliche Schäden anrichten. Die Bevölkerung besteht überwiegend aus Schwarzen und Mulatten (→Mischlingen). Bedeutendstes Exportgut ist der →Rohstoff Bauxit. Außerdem werden Zitrusfrüchte, Bananen, Zuckerrohr, Baumwolle und Tabak ausgeführt.

Jamaika wurde 1494 von Christoph →Kolumbus entdeckt. Die spanische →Kolonialherrschaft endete 1655, als die Briten die Insel eroberten und sie zu ihrer →Kolonie erklärten. Seit 1962 ist Jamaika unabhängig, blieb aber mit Großbritannien locker verbunden.

Japan

Das Inselreich Japan besteht aus 3922 Inseln mit den vier Hauptinseln Kyushu, Shikoku, Honshu und Hokkaido. Es erstreckt sich mit rund 3000 Kilometern Länge als Inselbogen vor der Küste Ostasiens und ist durch das Japanische Meer vom asiatischen Kontinent getrennt. Die Inseln sind im Landesinneren sehr gebirgig. Es gibt dort zahlreiche zum Teil noch tätige →Vulkane und häufig →Erdbeben. Nur etwa 15 Prozent der Landesfläche eignen sich für die →Landwirtschaft. Neben dem Hauptnahrungsmittel Reis werden Getreide, Tee, Obst und Hülsenfrüchte angebaut. Von Bedeutung sind die Seidenraupenzucht, die Perlmuschelzucht und die →Fischerei. Das →Klima wird vom →Monsun bestimmt. Im Süden ist es tropisch heiß und regenreich, im Norden mild und eher kühl. Die Bevölkerung besteht fast nur aus Japanern. Wegen der geringen Nutzfläche des Landes sind die meisten Siedlungsgebiete überbevölkert. Da es kaum →Bodenschätze gibt, müssen alle für die →Industrie wichtigen →Rohstoffe eingeführt

Japan ist bekannt für seine Tee-Zeremonien. Die Dame des Hauses gibt zunächst Tee in eine Schale und gießt ihn mit Wasser auf. Feierlich überreicht sie dem ersten Gast den Tee. Dieser verbeugt sich vor den anderen Gästen, trinkt einen Schluck und reicht die Schale weiter.

werden. Im Maschinen-, Kraftfahrzeug- und Schiffbau sowie in der Elektronikindustrie zählt Japan weltweit zu den führenden Herstellerländern.

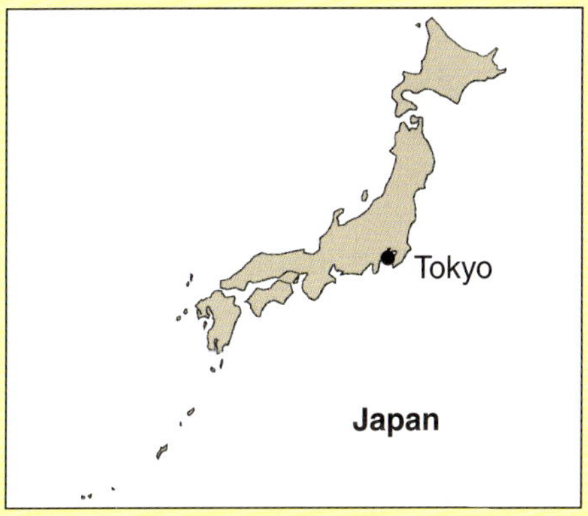

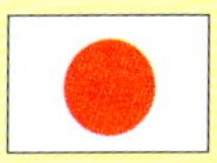

Kontinent:	Asien
Fläche:	377.750 km^2
Einwohner:	124.782.000
Hauptstadt:	Tokyo
Amtssprache:	Japanisch
Währung:	Yen

Im 4. Jahrhundert n. Chr. verbanden sich über 100 Teilstaaten zu einem Einheitsstaat. Ab 550 verbreitete sich der →Buddhismus. Das Land wurde von →Kaisern aus dem Herrscherhaus Tenno regiert. Ab dem 9. Jahrhundert machte ihnen zunehmend der Hofadel die Macht streitig. Ab 1192 folgten die Militärregierungen. Von 1480 bis 1600 versuchten Feudalherren, die Regierung an sich zu bringen. Ab 1637 schloss sich Japan völlig von der Außenwelt und deren Einflüssen ab. 1853 erzwangen die →USA die Öffnung für die Kolonialmächte und zwischen Japan und den USA wurden Handelsverträge geschlossen. Die neue →Politik hatte einen Bürgerkrieg zur Folge, und 1868 übernahm wieder der Kaiser die Regierung. Durch den Sieg im Russisch-Japanischen Krieg 1904/05 wurde Japan zur asiatischen Großmacht. 1940 schloss es mit dem nationalsozialistischen Deutschland und dem faschistischen Italien den Dreimächtepakt. 1941 trat es mit dem Überfall auf die US-Flotte im Hafen von Pearl Harbour auf Hawaii in den Zweiten →Weltkrieg ein. Nach den verheerenden Atombombenabwürfen der Amerikaner auf die Städte Hiroshima und Nagasaki 1945 kapitulierte Japan bedingungslos und stand bis 1951 unter amerikanischer Militärregierung. Seit 1947 ist Japan eine parlamentarische →Monarchie. Staatsoberhaupt ist der Kaiser, der vor allem repräsentative Aufgaben erfüllt.

Jazz

Der Jazz ist eine Musikrichtung, die um 1900 im Süden der →USA entstand. Er entwickelte sich aus den Liedern der schwarzen Sklaven (→Sklaverei), die ab dem 16. bis Mitte des 19. Jahrhunderts zu Millionen aus Afrika nach Amerika verschleppt wurden. Ihre Lieder, die sie bei der Arbeit sangen, handelten von Entbehrung, Leid und der Sehnsucht nach Gott. Doch gibt es auch Lieder, die zu besonderen Anlässen und auf Festen gesungen wurden. Typisch für die Gesänge der Schwarzen ist ein bestimmter Rhythmus.
Als die Sklaven 1865 befreit wurden, zogen viele in die Städte des Südens. Dort kamen sie mit der europäischen Musik in Berührung und lernten die europäischen →Musikinstrumente spielen: auf ihre Weise und mit ihren Melodien.
Um die Jahrhundertwende entwickelten schwarze Musiker und Bands in New Orleans im Bundesstaat Louisiana den New-Orleans-Jazz, der zunehmend auf Begeisterung stieß und sich rasch verbreitete. Bezeichnend für den Jazz ist die Kunst der Improvisation. Die Musiker halten sich nicht an fest vorgeschriebene →Noten, sondern haben eine Grundmelodie, das so genannte Thema, zu dem sie während des Musizierens neue rhythmische und melodische Spielarten erfinden. Zu den berühmtesten Jazzmusikern gehören Louis Armstrong (1900–1971), Charles Bolden (1868–1931) und Joseph Oliver (1885–1938).
Aus der Urform des Jazz entstanden im 20. Jahrhundert verschiedene Stilrichtungen, wie der Dixieland Jazz, der Chicago Jazz, der Swing und der Free Jazz.

Jeanne d'Arc

Die Jungfrau von Orléans, wie Jeanne d'Arc (um 1412–30.5.1431) auch genannt wird, ist die Nationalheldin der Franzosen. Während des Hundertjährigen Krieges (1339–1453) zwischen England und →Frankreich fühlte sich das Bauernmädchen aus Lothringen mit 16 Jahren durch „Stimmen“ von Gott berufen, Frankreich zu befreien und den Thronfolger, den späteren Karl VII. (1403–1461), zu krönen. Jeanne bewegte den französischen Königshof dazu, die englischen Besetzer anzugreifen und befreite 1429 an der Spitze eines Heeres die Stadt Orléans. Im Mai 1430 wurde sie durch Verrat gefangen genommen und den Engländern ausgeliefert. Das mit den Engländern verbündete geistliche Gericht von Beauvais klagte sie wegen der „Stimmen“, die sie gehört hatte, der Zauberei an. Nach qualvollen Prozessen wurde sie 1431 als →Hexe in Rouen auf dem Scheiterhaufen verbrannt. 1920 sprach sie der Papst als →Märtyrerin heilig.

Jelzin, Boris Nikolajewitsch

Boris Nikolajewitsch Jelzin (geb. 1.2.1931) ist seit 1991 Präsident von →Russland. Er stammt aus einer Bauernfamilie im sibirischen Butko, wurde Ingenieur, arbeitete als Chef eines Baukombinats und machte Karriere in der Kommunistischen Partei der Sowjetunion (KPdSU). Als Michail →Gorbatschow zum Vorsitzenden der KPdSU berufen wurde, wechselte Jelzin 1985 nach Moskau und bekleidete dort hohe Parteiämter. Schnell erwarb er sich einen Ruf als radikaler Reformer der →Sowjetunion und wurde in der Bevölkerung sehr beliebt. Im Lauf von Machtkämpfen musste

er seine Ämter abgeben. Im Frühjahr 1990 zog er in das russische →Parlament ein, kurz darauf wurde er dessen Vorsitzender. Im Juli 1990 trat er aus der KPdSU aus. Am 12.6.1991 wurde er zum Präsidenten Russlands gewählt. Ende 1991 entmachtete er Gorbatschow durch die Gründung der →Gemeinschaft Unabhängiger Staaten (GUS), die zum Jahreswechsel die Sowjetunion ablöste. In den folgenden Jahren behauptete Jelzin seine Position trotz vieler Machtkämpfe und immer stärkerer Krisen. Zugleich rückte er immer weiter von seinen Reformplänen ab. 1996 wurde er als Präsident Russlands bestätigt.

Jemen

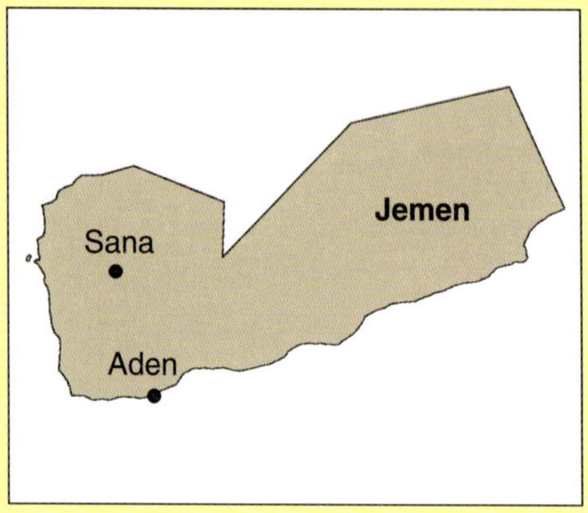

Kontinent:	Asien
Fläche:	536.869 km^2
Einwohner:	13.873.000
Hauptstadt:	im Sommer Sana im Winter Aden
Amtssprache:	Arabisch
Währung:	Jemen-Rial

Der Staat Jemen liegt im Südwesten der Arabischen Halbinsel und grenzt an Saudi-Arabien, Oman und den Golf von Aden. Auf die Küstenstreifen am Roten Meer und am Golf von Aden folgt das vulkanische Hochland mit weiten Talebenen und hohen, abgeplatteten Bergen. Im Osten fällt das Land über 3000 Meter tief zu einer großen Sandwüste ab. Auf dem fruchtbaren Lavaboden des niederschlagsreichen Berglandes werden Getreide, Gemüse, Wein und Kaffee angebaut. Neben der Zucht von Schafen und Ziegen ist die Küstenfischerei

von Bedeutung. In der Küsten- und Winterhauptstadt Aden werden die Ölvorkommen Jemens verarbeitet und ausgeführt. Die Bevölkerung besteht fast ausschließlich aus Arabern. Staatsreligion ist der →Islam.
Jemen war ab 1517 Teil des Osmanischen Reiches. 1918 wurde Nordjemen ein Königreich und 1962 Jemenitische Arabische Republik. Südjemen war zunächst britische →Kolonie und erlangte erst 1967 als Demokratische Volksrepublik Jemen die Unabhängigkeit. Im Mai 1990 vereinigten sich beide Länder zur →Republik Jemen.

Jesus Christus
Der Name „Jesus“ bedeutet im Hebräischen „Gott ist Hilfe“. „Christus“ ist die griechische Übersetzung des hebräischen Begriffs „Messias“ und heißt „der Gesalbte“.

Jesus Christus wird oft auch als Schäfer dargestellt, als der gute Hirte, der über die Christen wacht.

Jesus Christus ist im christlichen Glauben der Sohn Gottes. Er kam als Mensch zu den Menschen auf die Welt, um ihnen das Wort Gottes zu verkünden und sie durch seinen Tod am Kreuz von ihren Sünden zu erlösen. Obwohl in unserer Zeitrechnung das Jahr 0 als Geburtsjahr Jesu festgelegt ist, kam er vermutlich vier bis sechs Jahre vor der Zeitenwende zur Welt. Er wurde in Bethlehem in Judäa (→Israel) als Sohn Marias und Josefs geboren und wuchs als frommer →Jude in Nazareth in Galiläa auf. Im Alter von dreißig Jahren begann er als Wanderprediger durch →Palästina zu ziehen, um das nahende Reich Gottes zu verkünden. Er kümmerte sich besonders um die Armen, Unterdrückten und Kranken und vollbrachte viele Wunder. Eine größere Schar von Anhängern, die Jünger, begleitete ihn. Seine zwölf engsten Gefährten werden auch →Apostel genannt. Mit seiner Lehre und der Behauptung, von Gott gesandt zu sein, zog er sich die Eifersucht und Feindschaft der streng gläubigen jüdischen Pharisäer und Schriftgelehrten zu. Sie erreichten, dass Jesus von dem römischen Statthalter Pontius Pilatus wegen Gotteslästerung und Hochverrat zum Tod am Kreuz verurteilt wurde. Nach christlichem Glauben ist Jesus Christus am dritten Tag nach der Kreuzigung in Jerusalem von den Toten auferstanden (→Ostern) und nach 40 Tagen in den Himmel aufgefahren. Sein Leben und Wirken ist vor allem in den vier →Evangelien im Neuen Testament der →Bibel überliefert.

Joga →Yoga

Jogurt →Milch

Joint →Droge

Jordanien

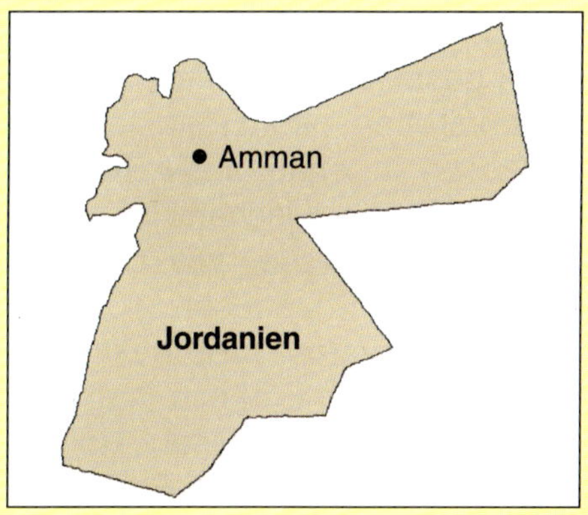

Kontinent:	Asien
Fläche:	88.946 km^2
Einwohner:	4.217.000
Hauptstadt:	Amman
Amtssprache:	Arabisch
Währung:	Jordan-Dinar

Jordanien erstreckt sich zwischen Israel, Syrien, Irak und Saudi-Arbien und hat am Golf von Akaba einen schmalen Zugang zum Roten Meer. Das Land besteht zum

größten Teil aus →Steppen und →Wüsten. Die wichtigste Wasserquelle ist der Fluss Jordan. Im Nordwesten herrscht Mittelmeerklima, im Osten Wüstenklima mit Temperaturen bis zu 50 Grad Celsius. Nur wenige Gebiete eignen sich für den Anbau von Getreide, Obst, Gemüse und Tabak. Die wichtigsten Exportgüter sind Phosphate und Erdöl. 40 Prozent der arabischen Bevölkerung sind →Palästinenser.
Jordanien gehörte bis 1918 zum Osmanischen Reich. Ab 1921 stand es unter britischer Verwaltung. 1946 wurde das unabhängige Königreich gegründet. Der westliche Teil des Landes, das Westjordanland, wurde 1967 von →Israel besetzt. 1994 endete der Kriegszustand mit Israel, doch sind einige Gebiete weiterhin von den Israelis besetzt.

Joule →Kalorien

Journalismus
Der Begriff „Journalismus“ leitet sich von dem französischen Wort „journal“, das heißt „Zeitung, Zeitschrift, Tagebuch“, her. Er bezeichnet die Arbeit bei Zeitungen, beim Rundfunk oder beim Fernsehen. Die Personen, die Artikel für eine Zeitung oder Zeitschrift schreiben, einen Beitrag für den Rundfunk gestalten oder einen Film für das Fernsehen drehen, nennt man Journalisten. Sie verfassen in erster Linie Nachrichten über politische, gesellschaftliche, kulturelle und andere Ereignisse, wie Unfälle oder Naturkatastrophen. Daneben gibt es Kommentare, in denen Journalisten ihre Meinung über ein Ereignis sagen, oder Reportagen, die dem Leser, Hörer oder Zuschauer einen lebendigen Eindruck eines Geschehens vermitteln. Um Journalist zu werden, kann man ein so genanntes Volontariat bei einer Zeitung, einem Rundfunksender oder beim Fernsehen machen. Dabei wird man in verschiedenen Redaktionen oder Abteilungen ausgebildet. Außerdem gibt es besondere Schulen für Journalisten oder entsprechende Studiengänge an →Hochschulen.

Joystick
Ein Joystick ist ein Steuergerät zur Benutzung von Computer- und Videospielen, das über ein →Kabel mit dem →Computer oder →Fernseher verbunden wird. Er besteht aus einem knüppelförmigen Griff, der auf einer Plattform nach allen Himmelsrichtungen bewegt werden kann und auf diese Weise die Leuchtmarkierung bzw. den Cursor auf dem Bildschirm lenkt. Der englische Begriff „joy“ heißt wörtlich übersetzt „Freude“ und „stick“ bedeutet „Hebel“.

Juden
Die Juden sind Angehörige des israelitischen Volkes. Dieses bestand aus zwölf Stämmen, die im Zeitraum vom 15. bis 13. Jahrhundert v. Chr. nach und nach in das von den Kanaanäern besiedelte Gebiet des späteren →Palästina zogen und sich dort niederließen. Um Angriffe der Nachbarstaaten besser abwehren zu können, verbanden sich die Stämme um 1000 v. Chr. zu

Dieses Halbrelief zeigt den Triumphzug der Römer, dargestellt mit der Kriegsbeute. Es stammt ungefähr aus dem 1. Jahrhundert n. Chr.

einem Staat unter König Saul. Diesem folgte König David, der das Land durch Eroberungen zu einem Großreich ausdehnte. Nach David kam dessen Sohn Salomo auf den Thron, der in Jerusalem einen prächtigen Tempel errichtete. Nach Salomos Tod zerfiel das Reich 926 v. Chr. in das Nordreich Israel und das Südreich Juda. 200 Jahre später wurde das Nordreich Israel von den Assyrern zerstört und zur Provinz gemacht. 587 v. Chr. eroberten die Babylonier das Südreich Juda und verschleppten die Judäer nach Babylon in die Gefangenschaft. 538 v. Chr. fiel das Babylonische Reich an die Perser, und der Perserkönig erlaubte den Verbannten die Heimkehr. Da ihr Heiligtum, der Tempel in Jerusalem, vernichtet worden war, blieben

viele freiwillig im persischen Exil oder verstreuten sich – wie bereits zahlreiche geflohene Israeliten – über das ganze Mittelmeergebiet und Ägypten. Seit dieser Zeit gelten nicht nur die einstigen Angehörigen des Stammes und Reiches Juda als Juden, sondern alle, die sich zur jüdischen Religion bekennen.
Die in die Heimat Zurückgekehrten lebten zunächst unter persischer, dann immer wieder wechselnder Herrschaft. 63 v. Chr. begann die Besetzung durch die →Römer, die so zerstörerisch war, dass die meisten Juden ihre angestammte Heimat nun für immer verließen und zu einem „Volk in der Fremde" wurden. Sie ließen sich in allen Teilen der Erde nieder, vor allem in Europa. Obgleich auseinander gerissen, blieb das Volk durch den gemeinsamen jüdischen Glauben geeint und entwickelte eine vielseitige →Kultur.
Als Fremde mit einer eigenen Sprache, Religion und Lebensweise wurden die Juden im Lauf der Geschichte vielfach verfolgt. Sie erhielten weniger Rechte als die heimischen Bürger, mussten höhere Steuern zahlen und meist in abgeschlossenen Stadtvierteln, den →Gettos, leben. Erst seit der Zeit der →Aufklärung erhielten die Juden in Europa und Amerika nach und nach die vollen Bürgerrechte.
Die Judenverfolgung gipfelte im Massenmord während des deutschen →Nationalsozialismus. Sechs Millionen europäische Juden wurden in →Konzentrations- und Vernichtungslagern ermordet. Zwei Drittel der in Deutschland lebenden Juden gelang es, auszuwandern. Es kam zu Masseneinwanderungen nach Palästina, das den Juden seit 1917 nicht mehr verschlossen war. 1948 wurde in Palästina der unabhängige Staat →Israel ausgerufen.
→Judentum

Judentum

Das Judentum bezeichnet die →Religion des jüdischen Volkes. Es ist aber auch der Überbegriff für die →Juden und ihre religiöse Einheit. Die jüdische Religion wurde durch Moses begründet. Nach der Überlieferung des Alten Testaments in der →Bibel war er von Gott (Jahwe) beauftragt, die in Knechtschaft lebenden Israeliten als das auserwählte Volk Gottes aus Ägypten in das

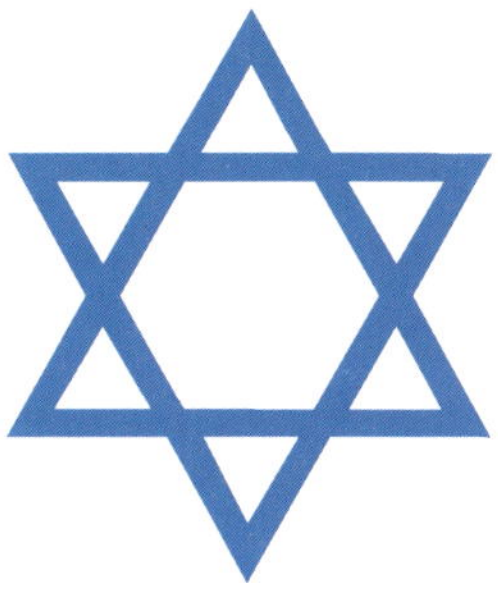

Das Judentum hat verschiedene Glaubenssymbole, eines ist der Davidsstern. Bis heute warten die Juden auf den von Gott verheißenen Erlöser, den Messias, der nach Überlieferung des Alten Testaments aus dem Stamm Davids kommen soll.

gelobte Land Kanaan zu führen. Am Berg Sinai vereinte Moses die israelitischen Stämme in der Verehrung des alleinigen Gottes Jahwe und erhielt von Gott das zukünftige Gesetz. Es ist in der Thora, den Fünf Büchern Mose des Alten Testaments, niedergelegt und enthält die für den jüdischen Glauben grundlegenden Lehren. Neben der Bibel ist der Talmud das wichtigste Buch. In ihm sind über Jahrhunderte alle Gesetzesauslegungen und Vorschriften, wie Juden leben sollen, gesammelt worden.

Ein weiteres Glaubenssymbol ist die Menora. Sie war einst der siebenarmige kultische Leuchter im Tempel von Jerusalem, der während der römischen Besatzung geraubt wurde. Diese überlebensgroße Menora steht gegenüber dem israelischen Parlament in Jerusalem.

Strenggläubige oder orthodoxe Juden müssen den Sabbat von Freitagabend bis Samstagabend als strengen Ruhetag einhalten und den Gottesdienst entweder in der Synagoge besuchen oder zu Hause im Familienkreis abhalten. Die jüdischen Geistlichen heißen Rabbiner. Genaue Vorschriften bestimmen, welche Speisen rein bzw. koscher sind. Schweinefleisch gilt als unrein, und sein Genuss ist verboten. Auch dürfen Milchprodukte nicht mit Fleisch in Berührung kommen. Das wichtigste Jahresfest ist das Passahfest, bei dem der einstige Auszug aus Ägypten gefeiert wird. Mit dem vollendeten 13. Lebensjahr werden die Jungen und in weniger strenggläubigen Gemeinden auch die Mädchen als vollwertige Mitglieder in die Gemeinden aufgenommen.

Zum Sabbat richten die Juden einen Sabbattisch her.

Judo

Die Zweikampfsportart Judo stammt aus Japan und wird in einer Halle auf Matten ausgeübt. Judo entwickelte sich aus dem Jiu-Jitsu, der chinesisch-japanischen Kunst der Verteidigung ohne Waffen. Die Kampffläche ist zwischen sechs mal sechs und zehn mal zehn Metern groß. Die Sportler oder Judoka tragen weiße Jacken und Hosen und sind barfuß. Die Jacke wird von einem Gürtel zusammengehalten, der durch seine Farbe zeigt, welchen Schüler- oder Meistergrad der Judoka schon erreicht hat. Mit verschiedenen Griff- und Wurftechniken versuchen die Kämpfenden, den Gegner so aus dem Gleichgewicht zu bringen, dass er mit Schultern und Po die Matte berührt. Nach einem gelungenen Wurf ist der Kampf zu Ende. Manchmal kann erst durch einen Bodenkampf die Entscheidung über den Sieger fallen. Er muss den Gegner 30 Sekunden lang in einem bestimmten Griff auf der Matte gehalten haben.

Jugendweihe

Die Jugendweihe ist eine feierliche Einführung der Jugendlichen in die Erwachsenen- und Arbeitswelt. Sozialisten, Freidenker und Freireligiöse schufen diesen Brauch Ende des 19. Jahrhunderts anstelle der →Konfirmation. In der ehemaligen →Deutschen Demokratischen Republik fand sie als offizieller Festakt während des achten Schuljahres statt. Zuvor bekamen die Schüler in den so genannten Jugendstunden durch Vorträge Einblick in die →Politik, →Wirtschaft und →Kultur des Staates, besichtigten Betriebe und besuchten Museen und Theater. Bei der Jugendweihe gelobten sie, dem Staat treu zu dienen und bei der Verwirklichung des →Sozialismus mitzuarbeiten. Die Tradition der Jugendweihe lebt ohne dieses Gelöbnis auch nach dem Untergang der DDR fort. 1996 haben sich 86.000 14-jährige für die Jugendweihe entschieden.

Jugoslawien

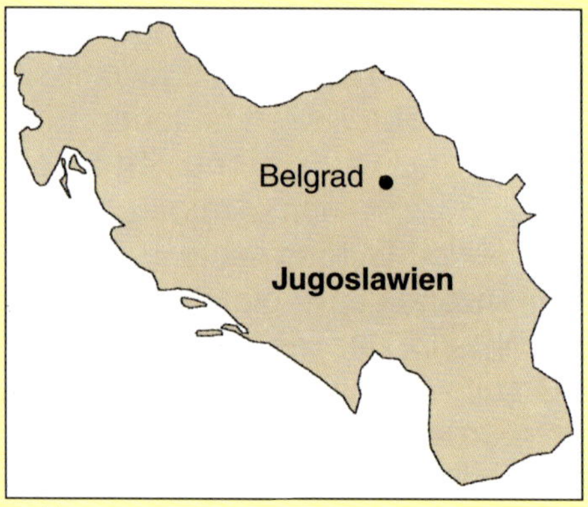

Kontinent:	Europa
Fläche:	102.173 km^2
Einwohner:	10.707.000
Hauptstadt:	Belgrad
Amtssprache:	Serbisch
Währung:	Jugoslawischer Neuer Dinar

Jugoslawien liegt in Südosteuropa und umfasst als Bundesrepublik Serbien und Montenegro. Es grenzt an das Mittelmeer, Bosnien-Herzegowina, Kroatien, Ungarn, Rumänien, Bulgarien, Mazedonien und Albanien. Jugoslawien besteht zum größten Teil aus Hügel- und Gebirgsland mit frucht-

baren Beckenlandschaften. An der Küste herrscht Mittelmeerklima, im Binnenland sind die Winter kalt und die Sommer heiß. Zwei Drittel der Bevölkerung sind Serben, die übrigen Einwohner sind Albaner, Montenegriner und andere. Viele Jugoslawen arbeiten in der →Landwirtschaft. Jugoslawien besitzt reiche →Bodenschätze, wie Braunkohle, Erdöl, Erdgas und Eisenerz. Die wichtigsten Industriezweige sind →Bergbau, Stahlindustrie, Maschinen- und Fahrzeugbau, die Textil-, Möbel- und Nahrungsmittelindustrie. Seit dem 1995 beendeten Bürgerkrieg steckt die →Wirtschaft in einer schweren Krise.
Als Folge des Ersten →Weltkrieges wurde 1918 das „Königreich der Serben, Kroaten und Slowenen“ gegründet. Diese Vereinigung führte bald zu inneren Spannungen, auf die König Alexander I. mit dem autoritär regierten „Königreich Jugoslawien“ reagierte. Während des Zweiten Weltkrieges gelang es dem kommunistischen Führer Josip Broz Tito (1892–1980), eine einheitliche Widerstandsbewegung gegen die Besetzung durch das nationalsozialistische Deutschland und das faschistische Italien zu entwickeln. 1943 schuf Tito eine provisorische kommunistische Regierung. 1945 wurde die →Republik ausgerufen, die ab 1948 einen unabhängigen sozialistischen Weg einschlug. Nach dem Tod Titos 1980 brachen die nationalen Streitigkeiten des „Vielvölkerstaates“ wieder auf. 1991 erklärten →Slowenien, →Kroatien und →Mazedonien ihre Unabhängigkeit von dem von den Serben beherrschten Rumpf-Jugoslawien. Es kam zu einem blutigen Bürgerkrieg zwischen Serben und Kroaten. Am 2. Januar 1992 wurde in Genf ein Friedensplan der →Vereinten Nationen unterzeichnet. Trotzdem ging der Krieg weiter. Als am 3. März 1992 →Bosnien-Herzegowina seine Unabhängigkeit verkündete, begannen in dem Staat grausame Kämpfe und die Belagerung der Hauptstadt Sarajevo. Nach langen Verhandlungen wurde am 21. November 1995 im amerikanischen Dayton ein Friedensabkommen unterzeichnet.

Jüngstes Gericht
Nach christlichem Glauben endet die Geschichte der Menschheit am Jüngsten Tag. An diesem Tag wird →Jesus Christus wiederkehren und als Richter beim Jüngsten Gericht über die Lebenden und die Toten urteilen. Sie werden je nach ihren irdischen Taten vom Jüngsten Gericht entweder in das ewige →Paradies aufgenommen oder in die →Hölle verdammt.

Jupiter
Der Jupiter ist der größte →Planet unseres →Sonnensystems. Sein Äquatordurchmesser beträgt 142.796 Kilometer und ist über elfmal so groß wie der Äquatordurchmesser der →Erde mit 12.756 Kilometern. Der Jupiter hat einen Abstand von 778 Millionen Kilometern zur →Sonne und braucht 11,862 Jahre, um sie zu umlaufen. Weil sich der Planet verhältnismäßig schnell um seine eigene Achse dreht, sind auf ihm ein Tag und eine Nacht nur 9 Stunden 55 Minuten 30 Sekunden lang. Um ihn kreisen 16 →Monde.

Als größter Planet hat er seinen Namen von Jupiter, dem obersten Gott der →Römer, der bei den →Griechen dem Zeus entspricht.

Jurist
Personen, die Rechtswissenschaft oder Jura erfolgreich studiert haben und einen entsprechenden Beruf, z. B. Rechtsanwalt oder Richter, ausüben, nennt man Juristen. →Gericht

Juwelen
Kostbare, geschliffene →Edelsteine und wertvolle Schmuckstücke aus →Gold, →Silber und Perlen fasst man unter dem Begriff „Juwelen“ zusammen. Mit Juwelen handeln die Juweliere.

K wie Kaufmann

Kabel
Biegsame, gut isolierte elektrische Leitungen nennt man Kabel. Sie werden über und unter der Erde oder unter Wasser verlegt. Jedes Kabel enthält einen oder mehrere Leitungsdrähte, die Adern, die aus den Leitungsmaterialien Kupfer und →Aluminium bestehen. Jede Ader ist zum Schutz vor gegenseitiger Berührung mit →Gummi, →Kunststoff oder getränktem Faserstoff, z. B. →Papier, umhüllt. Zusammen werden sie durch eine gemeinsame Isolierung, den Kabelmantel, vor Feuchtigkeit und Beschädigungen geschützt. Man unterscheidet Starkstrom- und Schwachstromkabel. Zu den letztgenannten gehören die Telefonkabel. Über Starkstromkabel werden z. B. die Städte und Ortschaften mit →Elektrizität versorgt.
Im modernen Fernsprechwesen und beim Kabelfernsehen werden die Informationen durch Glasfaserkabel übermittelt. Diese hochleistungsfähigen Kabel enthalten feinste Glasfasern, die umgewandelte elektrische Signale in Form von Lichtsignalen übertragen. Im Empfänger werden sie in elektrische Signale zurückverwandelt.

Käfer
Die Käfer gehören zu den →Insekten. Bisher sind über 350.000 Arten bekannt, die kleinsten sind weniger als einen halben Millimeter lang, die größten über 15 Zentimeter. Die Vorderflügel der Käfer sind meist zu harten Flügeldecken umgebildet, die in Ruhestellung die gefalteten Hinterflügel und den Hinterleib bedecken und schützen. Die meisten Arten können fliegen. Typische Laufkäfer, wie die Hirschkäfer, haben besonders lange Gliedmaßen. Die Beine der Schwimmkäfer, z. B. der Taumelkäfer, sind mit Schwimmhaaren als Ruder ausgestattet.
Die meisten Käferarten ernähren sich von Pflanzen. Manche, wie die Kartoffelkäfer, Maikäfer oder Borkenkäfer, richten unter den Kulturpflanzen beträchtlichen Schaden an.

Käfer

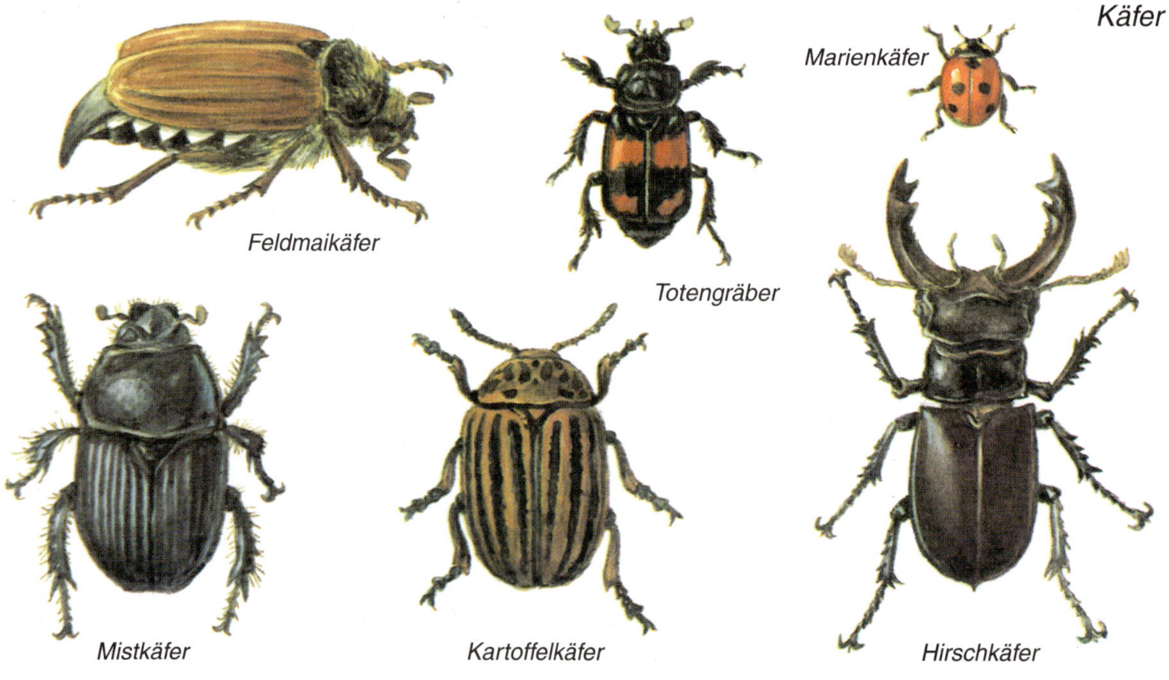

Kaffee
Die roten →Früchte des niedrigen Kaffeestrauches heißen Kaffeekirschen. Jede enthält zwei →Samen, die Kaffeebohnen. Geröstet und gemahlen, wird aus den Kaffeebohnen das aromatische Getränk Kaffee bereitet. Es enthält den chemischen Stoff Koffein, der Herz und Nerven anregt, bei übermäßigem Genuss jedoch schädlich ist.
Ursprünglich kam der Kaffee aus Arabien und Äthiopien, heute wird er in zahlreichen Gebieten Afrikas und Südamerikas auf Plantagen angebaut. Seit dem 17. Jahrhundert ist der Kaffee in Europa bekannt.

Kaffeekirschen mit Kaffeebohnen

Kaiser
Das Wort „Kaiser" leitet sich vom lateinischen „Cäsar", dem Beinamen der römischen Herrscher oder Imperatoren, her. Es bezeichnet den höchsten Titel eines weltlichen Herrschers. Im →Mittelalter ließen sich viele deutsche →Könige vom Papst in Rom zum Kaiser krönen, so Otto I. im Jahr 962. Sie waren damit für den Schutz der römischen Kirche verantwortlich. Kaiser gab es auch in Österreich, Frankreich, Brasilien, Mexiko und China. Das letzte Kaiserreich der Gegenwart ist →Japan. Der Kaiser trägt dort den Titel „Tenno" und hat vor allem repräsentative Aufgaben.

Kakao
Der immergrüne Kakaobaum stammt aus Mittel- und Südamerika und wird heute in vielen heißen, niederschlagsreichen Ländern angebaut. Die orangefarbenen bis roten →Früchte wachsen an Stamm und

aufgeschnittene Frucht mit Kakaobohnen

Ästen und enthalten als →Samen die Kakaobohnen. Diese werden getrocknet, geröstet und gemahlen. Der Kakaomasse wird das Fett, die Kakaobutter, entzogen, die zur Herstellung von Schokolade oder kosmetischen Produkten verwendet wird. Das entölte Kakaopulver ist die Grundlage für das vor allem bei Kindern beliebte Kakaogetränk.

Kakteen
Es gibt über 6000 Kakteenarten, die alle aus den trockenheißen Gebieten Amerikas stammen. Die blau- bis graugrünen, fleischigen Stämme dieser Pflanzen sind durch eine dicke, ledrige Haut vor dem Aus-

Der Saguaro-Kaktus wird mehr als 200 Jahre alt und kann über 15 Meter hoch werden.

trocknen geschützt. Sie dienen als Wasserspeicher und sorgen für den →Stoffwechsel. Nur wenige Arten tragen Laubblätter, in der Regel haben sich die Blattanlagen zu Stacheln oder Dornbüschel umgebildet. Die meist ungestielten →Blüten der Kaktusgewächse können sehr groß werden und haben prächtige Farben.

Kalender

Mithilfe des Kalenders lassen sich die Tage eines →Jahres nach Wochen und Monaten ordnen. In Kalendern sind die Feiertage verzeichnet, und manche geben die Mondphasen oder sogar den täglichen Auf- und Untergang der Sonne und des Mondes an.
46 v. Chr. bestimmte Julius →Cäsar den so genannten Julianischen Kalender, der das Jahr, orientiert an der Umlaufzeit der Sonne um die →Erde, auf eine Dauer von 365 und 1/4 Tagen festlegt. Eine darin enthaltene Ungenauigkeit korrigierte Papst Gregor XIII. (1502–1585) im Jahr 1582 durch eine Änderung der Schaltjahre. Seitdem ist der Gregorianische Kalender fast überall auf der Erde gültig. Eine Ausnahme machen Moslems, Juden und Chinesen, die sich zum Teil nach eigenen Kalendern richten.

Kalorien

Essen und Trinken führen dem Körper Energie zu. Diese Energie wird in Kalorien (cal) und Kilokalorien (kcal) oder Joule (J) und Kilojoule (kJ) gemessen: 1 cal sind 4,1868 J. So hat z. B. eine Tafel Schokolade 560 cal bzw. 0,56 kcal oder 2345 J bzw. 2,345 kJ. Diese Werte entsprechen der Energie, die man z. B. für eine gute Stunde Schnee schaufeln aufbringen muss.

Kambodscha

Der Staat Kambodscha liegt in Hinterindien und grenzt an Thailand, Laos, Vietnam und den Golf von Thailand. Er besteht aus einer großen Beckenlandschaft, die von Gebirgen umgeben ist. Im tropischen →Klima werden vor allem Reis, Kautschuk, Zuckerrohr und Tabak angebaut. Über 90 Prozent der Bevölkerung sind buddhistische Khmer.
Bis 1945 war die ehemals französische →Kolonie von den Japanern besetzt. 1955 wurde Kambodscha unabhängig. Von 1975 bis 1979 stand das Land unter der Schreckensherrschaft der kommunistischen Roten Khmer, die eine Million Opfer kostete. Danach wurde es bis 1989 von →Vietnam besetzt. Seit 1993 ist Kambodscha ein Königreich.

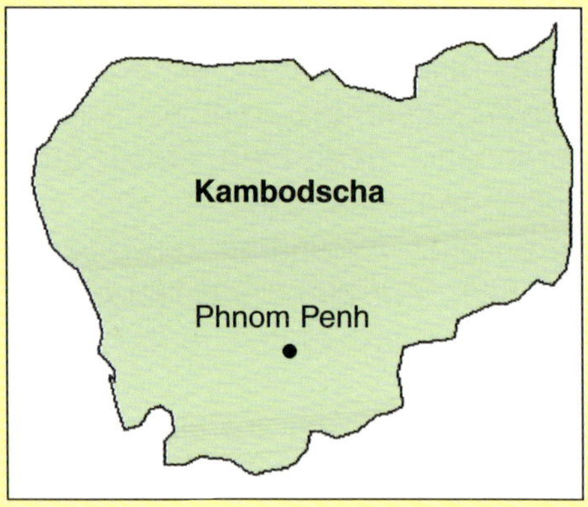

Kontinent:	Asien
Fläche:	181.035 km^2
Einwohner:	9.968.000
Hauptstadt:	Phnom Penh
Amtssprache:	Khmer
Währung:	Riel

Kamele

Die Kamele sind Paarhufer (→Huftiere) und →Wiederkäuer, die sich dem Leben in Steppen und Wüsten besonders gut angepasst haben. Die „Schwielensohler" haben dicke, elastische Polster unter den Zehen, die ein Einsinken in sandige Böden verhindern. Die Höcker auf dem Rücken dienen als Fettspeicher, sodass Kamele lange Zeit ohne Nahrung auskommen. Ebenso können sie bis zu 17 Tage überleben ohne zu trinken, denn ihr →Gewebe vermag bis zu 100 Liter Wasser zu speichern. Zudem können Kamele ihre Körpertemperatur der Außentemperatur angleichen. Das ein-

höckerige Dromedar stammt aus Arabien, das zweihöckerige Trampeltier ist in Mittel- und Ostasien zu Hause. Beide Großkamelarten werden von den Wüstenbewohnern als Last- und Reittiere gehalten. Kleinkamele, wie das Lama und das Alpaka, haben keine Höcker. Ursprünglich lebten sie im Gebirge in Südamerika, heute liefern sie als →Haustiere Fleisch, Felle und Wolle.

Kamerun
Die →Republik Kamerun ist der westlichste Staat Zentralafrikas und grenzt an Äquatorialguinea, den Golf von Guinea, Nigeria, den Tschad, die Zentralafrikanische Republik, den Kongo und Gabun. Als Bergland erhebt sich Kamerun hinter einer sumpfigen Küstenebene. Das →Klima ist tropisch. Die Bevölkerung setzt sich aus Bantu, Pygmäen und Sudanvölkern zusammen. Baumwolle, Kaffee, Kakao und Bananen sowie das Holz der →Regenwälder sind die wichtigsten Ausfuhrgüter.
Von 1884 bis 1918 war Kamerun deutsche →Kolonie. Danach kam es unter französische und britische Verwaltung. 1969 wurde das französische Gebiet unabhängige Republik, das britische wurde 1961 zwischen Nigeria und Kamerun aufgeteilt.

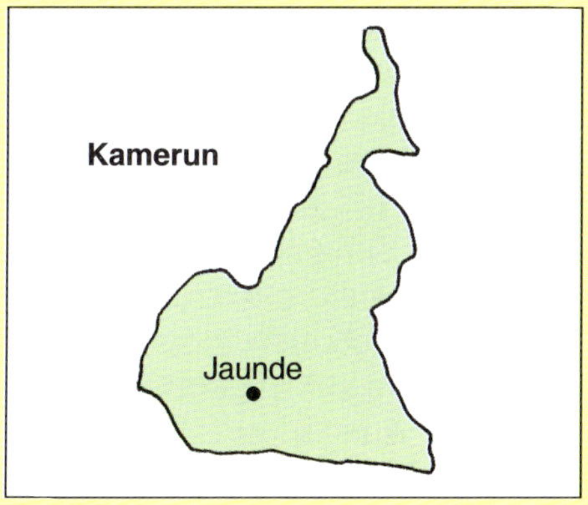

Kontinent:	Afrika
Fläche:	475.442 km^2
Einwohner:	12.871.000
Hauptstadt:	Jaunde
Amtssprachen:	Französisch Englisch
Währung:	CFA-Franc

Kanada

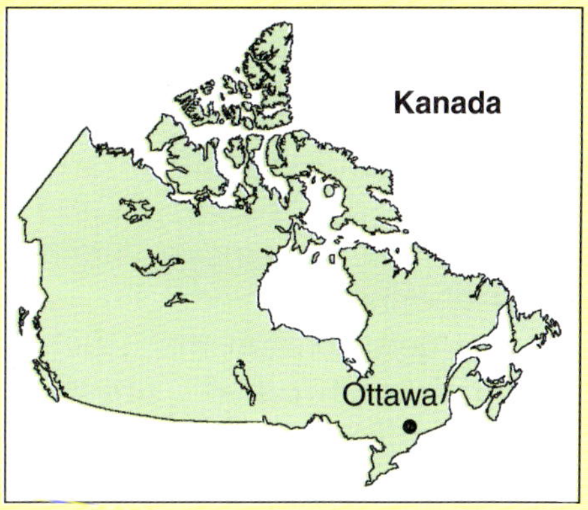

Kontinent:	Amerika
Fläche:	9.958.319 km^2
Einwohner:	29.121.000
Hauptstadt:	Ottawa
Amtssprachen:	Englisch Französisch
Währung:	Kanadischer Dollar

Der Bundesstaat Kanada ist das zweitgrößte Land der Erde. Er erstreckt sich in Nordamerika zwischen dem US-Bundesstaat Alaska und dem übrigen Gebiet der Vereinigten Staaten. An der Pazifikküste im Westen erheben sich die →Rocky Mountains, der Osten zum Atlantik hin besteht aus Hügel- und Flachland mit vielen Seen. Im Süden gibt es fruchtbare Prärien. Im Norden folgen auf weite Waldgebiete die baumlose →Steppe oder →Tundra, das →Polargebiet und die kanadisch-arktischen Inseln. Im vorwiegend arktischen →Klima sind die Winter lang und streng, die Sommer kurz und kühl. Nach Süden wird es milder, dort werden Getreide, Gemüse und Obst angebaut. Wichtige Wirtschaftszweige sind außerdem die Viehzucht, die →Fischerei und die Holzverarbeitung. Kanada ist reich an →Bodenschätzen, wie Nickel, Zink, Asbest, Kohle, Erdöl und Erdgas. Viele Kanadier sind französischer, englischer oder anderer europäischer Herkunft.
Das ehemals von →Indianern und →Eskimos besiedelte Land kam im 16. Jahrhundert unter französische, 1763 unter britische Herrschaft. 1931 wurde Kanada selbstständig, blieb jedoch mit Großbritannien verbunden. Seit 1867 ist es ein Bundesstaat, er

besteht heute aus zehn Provinzen und zwei Territorien. In der französischstämmigen Bevölkerung gibt es immer wieder Bestrebungen, einen eigenen Staat zu gründen.

Kanal
Für die Schifffahrt künstlich angelegte Wasserstraßen, die Meere, Flüsse oder Seen miteinander verbinden, nennt man Kanäle. Höhenunterschiede im Gelände werden von den Schiffen mit →Schleusen oder Schiffshebewerken überwunden. Kanäle, die zur Ent- oder Bewässerung dienen, sind als offene oder überdeckte Wasserläufe mit einem natürlichen Gefälle angelegt. Außerdem gibt es Abwasserkanäle (→Kanalisation).
In der →Funktechnik bezeichnet ein Kanal einen begrenzten Frequenzbereich, in dem ein Sender sein Programm überträgt.

Kanalisation
Unter Kanalisation versteht man das weit verzweigte Netz unterirdischer Kanäle, die das Schmutzwasser aus den Haushalten, Gewerbebetrieben und öffentlichen Einrichtungen, wie Schulen, aufnehmen, aber auch das Regenwasser von den Straßen. Diese Abwässer werden zu den →Kläranlagen gepumpt, dort gereinigt und danach den Flüssen zugeführt.

Kanarische Inseln
Die Kanarischen Inseln sind eine spanische Inselgruppe vor der Nordwestküste →Afrikas. Sie umfassen sieben größere und sechs kleinere Inseln. Davon sind Hierro, La Palma, Gomera, Graciosa, Teneriffa, Gran Canaria, Fuerteventura und Lanzarote bewohnt.
Die Landschaft ist überwiegend gebirgig. Im subtropisch-atlantischen →Klima werden vor allem Bananen, Tomaten, Kartoffeln und Getreide angebaut. Die Bevölkerung besteht größtenteils aus →Mischlingen von Guanchen und Spaniern. Wegen der milden Temperaturen und der landschaftlichen Schönheit sind die Inseln viel besuchte Reiseziele.
Die ursprünglich von den Guanchen, einem nordafrikanischen Berbervolk, bewohnten Kanarischen Inseln wurden im 15. Jahrhundert von den Spaniern erobert und christianisiert.

Känguru
Mit rund 50 Arten gehören die Kängurus zu den →Beuteltieren. Sie sind vorwiegend Pflanzenfresser und leben in Australien, Neuguinea und auf einigen umliegenden Inseln. Manche Arten sind so klein wie →Ratten oder →Kaninchen, z. B. das Nabarlek. Riesenkängurus erreichen Menschengröße. Alle Arten bewegen sich springend fort. Sie haben kurze Vorderbeine, sehr kräftige, verlängerte Hinterbeine und einen langen, muskulösen Schwanz als Stütze. Kängurus leben meist in Gruppen und bewohnen fast alle Landschaften, wie Sumpf- und Grasland, Steppen, Felsen und sogar Bäume.

Kaninchen
Die Kaninchen oder Karnickel sind mit den →Hasen verwandt, unterscheiden sich jedoch von diesen durch den kleineren Wuchs und die kürzeren Ohren und Hinterläufe. Wildkaninchen werfen drei- bis fünfmal im Jahr bis zu acht Junge. Sie richten nicht selten Schaden an, weil sie Bäume benagen und Kulturpflanzen fressen. In großen Gemeinschaften leben sie in Wäldern und Parks in selbst gegrabenen Bauen mit mehreren Ausgängen. Hauskaninchen

Blauer Wiener

werden in zahlreichen →Rassen gezüchtet. Von den Angorakaninchen gewinnt man z. B. →Wolle, von anderen Arten Fleisch und Felle.

Angorakaninchen

Kapitalismus
In der Wirtschaftsform Kapitalismus stehen sich Unternehmer und Arbeiter sowie Angestellte gegenüber. Die Unternehmer verfügen über Kapital. Es besteht aus Geld, Grund und Boden und den Produktionsmitteln Maschinen und Fabriken. Die Arbeiter und Angestellten verkaufen ihre Arbeitskraft an die Unternehmer und erhalten dafür Lohn oder Gehalt. Deren Höhe ist jedoch geringer als der Wert der Produkte, die sie mit ihrer Arbeitskraft schaffen. Die Differenz bzw. den Mehrwert eignet sich der Unternehmer, der Kapitalist, an und investiert sie als Privateigentum in neue Produktionsmittel oder behält sie als Privatgewinn. Die einzelnen Unternehmer stehen untereinander in zum Teil scharfer Konkurrenz.
Die negativen Ausformungen des Kapitalismus traten besonders deutlich während der →Industriellen Revolution hervor. In dieser Zeit bildete sich der →Kommunismus als Gegenbewegung zum Kapitalismus.

Karl der Große
Nach dem Tod seines Vaters Pippin III. (um 715–768) wurde Karl der Große (2.4.747–28.1.814) König der Franken. Das Fränkische Reich umfasste zu dieser Zeit einen großen Teil des heutigen Frankreichs. Durch zahlreiche Kriegszüge dehnte er es über Gebiete der heutigen Länder Spanien, Italien, Österreich, Deutschland, Niederlande, Belgien, Luxemburg und Schweiz zum größten Staat des →Abendlandes aus, den er als Einheit völlig neu organisierte. Durch Klöster und Bischofsschulen förderte Karl der Große die Bildung und verbreitete das →Christentum. Im Jahr 800 wurde er vom Papst in Rom zum →Kaiser gekrönt. Nach ihm sind die Karolinger, ein fränkisches Herrschergeschlecht, benannt.

Kartoffeln
Aus ihrer Heimat Südamerika wurden die Kartoffeln im 16. Jahrhundert von den Spaniern nach Europa gebracht. Man setzte sie zunächst als Zierpflanzen in den Boden. Erst im 18. Jahrhundert wurden sie als Nahrungs- und Futterpflanzen auf Feldern angebaut. Heute gehören die Kartoffeln in Europa und Asien zu den wichtigsten Grundnahrungsmitteln. Sie enthalten sehr viel →Stärke sowie →Eiweiße und →Vitamine.
Von der Pflanze sind nur die Kartoffeln essbar, die als Sprossknollen unter der Erde wachsen. Die →Früchte des Kartoffelkrauts, die als kleine grüne Beeren die →Samen enthalten und unreifen Tomaten ähneln, sind giftig. Wie die verwandte Tomatenpflanze gehört auch die Kartoffelpflanze zu den Nachtschattengewächsen.

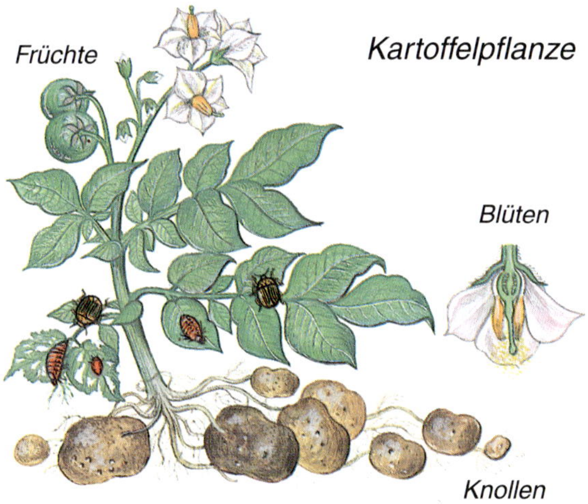

Kartoffelpflanze

Kasachstan
Die →Republik Kasachstan liegt in Mittelasien und grenzt an Russland, China, Kirgisistan, Usbekistan, Turkmenistan und das Kaspische Meer. Sie besteht zum größten Teil aus Flachland mit großen →Wüsten und →Steppen. Das →Klima ist kontinental mit kalten Wintern und warmen Sommern. Gut 40 Prozent der Bevölkerung sind Kasachen, weitere 40 Prozent Russen, außerdem leben dort Ukrainer, Deutsche

Kontinent:	Asien
Fläche:	2.717.300 km^2
Einwohner:	17.027.000
Hauptstadt:	Almaty (Umzug nach Akmola ist beschlossen)
Amtssprache:	Kasachisch
Währung:	Tenge

und andere Minderheiten. Nur wenige Gebiete im Norden eignen sich für die →Landwirtschaft. Dafür gibt es reiche Vorkommen an →Bodenschätzen, wie Erdöl, Erdgas, Kohle und Eisenerz.
Seit dem 19. Jahrhundert gehörte Kasachstan zu →Russland. Im Zuge der russischen →Revolution 1917/18 wurde dort die sowjetische Herrschaft ausgerufen. Seit 1991 ist Kasachstan eine unabhängige Republik und Mitglied der →GUS.

Käse
Ob in harter, weicher oder streichfähiger Form, sahnig oder mager, mild oder würzig, kaum ein Nahrungsmittel ist so vielseitig und beliebt wie der Käse. Er wird aus der →Milch von Kühen, Schafen, Ziegen oder Büffeln gewonnen. Je nach Sorte verwendet man entweder die unbehandelte Rohmilch oder Milcherzeugnisse, wie Sahne, Molke, Butter- oder Magermilch. Für den Käserohstoff werden die Eiweißstoffe der Milch ausgeflockt. Dies kann auf verschiedene Weise geschehen: durch →Gärung, durch Beigabe von Milch- oder Zitronensäure oder Lab, einem Stoff des Kälbermagens, oder durch Erhitzen. Dem so genannten Käsebruch wird dann ein Großteil seiner Flüssigkeit entzogen. In Formen geschöpft oder zu Laiben gepresst, gesalzen und je nach Sorte weiterbehandelt muss der Käse nun reifen, um sein Aroma zu entfalten.

Verschiedene Käsesorten

Brie

Ziegenweichkäse *Edelschimmelkäse (Stilton)*

Kassettenrekorder →Tonband

Kästner, Erich

Der Schriftsteller Erich Kästner (23.2.1899–29.7.1974) verfasste zahlreiche →Gedichte und →Romane für Kinder „von 9 bis 90 und darüber". Er studierte Germanistik und ließ sich 1927 als freier Schriftsteller in Berlin nieder. Zu seinen beliebtesten Kinderbüchern zählen „Emil und die Detektive", „Pünktchen und Anton", „Das fliegende Klassenzimmer", „Das doppelte Lottchen" und „Der 35. Mai". Einfühlsam, voller Humor und Phantasie erzählt Kästner seinen jungen Lesern, wie Kinder mutig Sorgen und Schwierigkeiten ihres Alltags bewältigen. Bezeichnend für Kästner ist auch seine scharfe Zeitkritik. Während des →Nationalsozialismus waren seine Bücher verboten.

Katalysator
Stoffe, die eine chemische Reaktion bewirken, verlangsamen oder beschleunigen, dabei aber selbst unverändert bleiben, nennt man Katalysatoren. Beim geregelten Katalysator, der in die Auspuffanlage des →Autos eingebaut wird, wandeln Stoffe wie Platin, Palladium oder Rhodium die schädlichen →Abgase in ungiftige um. Dabei werden die Abgase durch ein Rohr hindurchgepresst, dessen unzählige feine Kanäle mit dem Katalysatorstoff beschichtet sind: Durch den Kontakt mit dem Katalysator werden das Kohlenmonoxid, die Kohlenwasserstoffe und die Stickoxide der Abgase zu →Kohlendioxid, Wasserdampf und →Stickstoff. Da Katalysator-Autos nur mit bleifreiem →Benzin fahren dürfen, sinkt gleichzeitig die Bleibelastung der Umwelt.

Katastrophe
Eine Fünf im Diktat ist ein Schreck, möglicherweise ein harter Schlag und auf alle Fälle Grund zum Lernen, aber noch lange keine Katastrophe. Stürzt dagegen ein Flugzeug ab oder prallen zwei Züge aufeinander, so sind das schlimme Unglücksfälle, die man als Katastrophe bezeichnet. Es gibt auch natürliche Katastrophen, wie →Erdbeben, Überschwemmungen und →Hurrikane. Umweltkatastrophen werden dagegen von den Menschen verursacht, z. B. das immer größer werdende Loch in der →Ozonschicht und das Freiwerden radioaktiven Materials aus einem →Kernkraftwerk, wie es 1986 im ukrainischen Tschernobyl der Fall war.

Katholische Kirche →Kirche

Katzen
Die Familie der Katzen gehört zu den Fleisch fressenden →Raubtieren und ist mit etwa 35 Arten fast über die ganze Erde verbreitet. Katzen haben einen kräftigen, geschmeidigen Körper, meist einen langen Schwanz, eine kurze Schnauze mit einem starken Gebiss und empfindlichen Schnurrhaaren, scharfe Augen und ein sehr ausgeprägtes Gehör. Außer dem Geparden können alle Arten ihre Krallen einziehen, um sich ihrer Beute lautlos zu nähern. Zu den Großkatzen zählen →Löwe, →Tiger, →Jaguar, →Leopard und Panther, zu den Mittelkatzen z. B. Puma und Schneeleopard, zu den Kleinkatzen z. B. Ozelot, Zwergtigerkatze und Wildkatze. Luchs und Serval sind kurzschwänzige Katzen. Die Hauskatzen stammen von der ägyptischen Falbkatze ab, die zu den Wildkatzen gehört. Seit Jahrtausenden züchten Menschen Hauskatzen. Unter den zahlreichen →Rassen gibt es kurzhaarige Siamkatzen, langhaarige Angora- und Perserkatzen und sogar haarlose Katzen, wie die Sphynx.

Hauskatzen

Siamkatze (links), Abessinische Katze (Mitte), Perserkatze (rechts)

Kautschuk →Gummi

Kelten
Die Kelten setzen sich aus zahlreichen Volksstämmen zusammen, die sich vor über 2000 Jahren in Europa ausgebreitet und einen großen Kulturraum errichtet haben. Zu ihnen gehörten die Briten in England und Wales, die Gälen in Irland und Schottland, die Belgen in Belgien und Nordfrankreich, die Gallier im übrigen Frankreich, in der Schweiz und in Oberitalien sowie die Galater, die bis nach Kleinasien vordrangen. Die Kelten lebten in großen Gemeinschaften oder Clans mit einem Stammesfürsten an der Spitze. Sie betrieben Ackerbau, züchteten Vieh, vor allem Pferde, und galten als starke Krieger. Neben dem Adel gab es einen wohlhabenden Bauernstand und Handwerker. In der Nähe der Fürstenburgen lagen oft Städte, so genannte Oppida, mit Wohnhäusern und Werkstätten, wie Schmieden, Töpfereien, Glas- und Schmuckwerkstätten und Münzprägereien. Neben zahlreichen Göttern verehrten die Kelten auch

Tiere, wie den Hirsch und den Eber. Die Priester hießen Druiden und genossen hohes Ansehen. Seit dem 2. Jahrhundert v. Chr. nahmen die →Germanen die keltischen Gebiete östlich des →Rheins ein. Die →Römer unterwarfen die Kelten in Oberitalien, Gallien und Britannien. In der Bretagne, in Wales, Irland und Schottland leben noch Menschen keltischer Herkunft. Sie sprechen keltische →Dialekte, wie Gälisch, Walisisch und Bretonisch.

Kenia

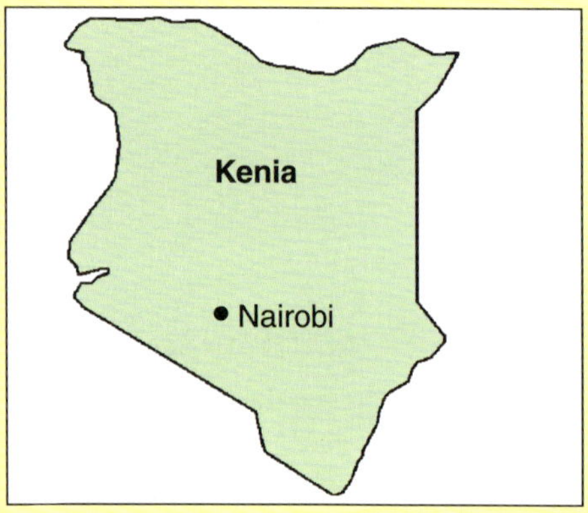

Kontinent:	Afrika
Fläche:	582.646 km^2
Einwohner:	26.017.000
Hauptstadt:	Nairobi
Amtssprache:	Suaheli
Währung:	Kenia–Schilling

Kenia liegt in Ostafrika beiderseits des →Äquators am Indischen Ozean und grenzt an Tansania, Uganda, den Sudan, Äthiopien und Somalia. Im Westen erstrecken sich weite Hochflächen mit erloschenen →Vulkanen, →Nomaden betreiben dort Viehzucht. Im Norden überwiegen →Wüste und →Steppe. Der Süden und die Küste sind dicht besiedelt. Im tropisch heißen →Klima werden Kaffee, Tee, Ananas, Bananen und Baumwolle angebaut. Die Bevölkerung besteht fast ausschließlich aus Afrikanern, vor allem Bantu, sowie aus wenigen Arabern, Indern und Europäern. Eine wichtige Rolle spielt der →Tourismus.
Die ehemals portugiesische, dann britische →Kolonie wurde 1963 unabhängig und ist seit 1964 eine →Republik.

Kepler, Johannes

Der deutsche Astronom und Mathematiker Johannes Kepler (27.12.1571–15.11.1630) vervollkommnete durch jahrelange Berechnungen die Lehre des Nikolaus →Kopernikus, die dieser ein Jahrhundert zuvor aufgestellt hatte. Dabei halfen ihm genaue Beobachtungen des dänischen Astronomen Tycho Brahe (1546–1601). Kepler entdeckte, dass sich die →Planeten nicht in Kreisbahnen um die →Sonne bewegen, wie Kopernikus angenommen hatte, sondern auf →Ellipsen, in deren einem Brennpunkt die Sonne steht. Außerdem erkannte er, dass die Umlaufzeiten der Planeten um die Sonne mit zunehmender Entfernung von ihr immer länger und die Umlaufgeschwindigkeiten dabei immer geringer werden. So beträgt die durchschnittliche Entfernung des Planeten →Mars von der Sonne 228 Millionen Kilometer und die Umlaufzeit 687 Tage. Die durchschnittliche Entfernung der →Erde von der Sonne beträgt 150 Millionen Kilometer und ihre Umlaufzeit 365 und 1/4 Tage. Die Ergebnisse seiner Planetenforschungen formulierte er in den Kepler'schen Gesetzen. Außerdem erfand Kepler das astronomische →Teleskop.

Keramik

Als Keramik bezeichnet man alle Erzeugnisse, die aus tonhaltiger Masse, wie →Tone oder Porzellanerde, geformt und dann bei Temperaturen von über 900 Grad Celsius gebrannt werden. Keramikgegenstände sind hart, form- und hitzebeständig,

Die Töpferscheibe als einfache Maschine zur Formung runder keramischer Gegenstände ist eine der ältesten Maschinen überhaupt.

geschmack- und geruchlos und leiten den elektrischen Strom nicht. Bei den Produkten wird zwischen Grobkeramik, wie Ziegeln oder Bodenplatten, und Feinkeramik, wie Geschirr, Vasen und sonstigen künstlerischen Erzeugnissen, unterschieden. Je nach Verwendungszweck werden die Keramiken in einem zweiten Brand mit einer wasserdichten Glasur überzogen.

Kernenergie
Im Kern eines →Atoms befinden sich als Bausteine die Protonen, die sich mit einer ungeheuren elektrischen Kraft gegenseitig abstoßen. Sie werden von den Neutronen durch die so genannte Kernkraft zusammengehalten. Je mehr Protonen ein Atom besitzt, desto mehr Neutronen sind nötig, damit der Kern nicht explodiert. Wird nun ein Atomkern mit einem oder mehreren Neutronen beschossen, kommt es zur Kernspaltung, bei der →Energie freigesetzt wird: die Kernenergie. Für die Gewinnung von Kernenergie in →Kernkraftwerken dient vor allem das Element →Uran. Mit 92 Protonen gehören die Uranatome zu den schwersten, die in der Natur vorkommen. Mindestens 142 Neutronen sind nötig, um den Kern zusammenzuhalten.
Auch wenn Atomkerne miteinander verschmolzen werden, d. h. bei der Kernfusion, wird Kernenergie freigesetzt. Dieser Vorgang spielt sich in der →Sonne ab und liefert die Sonnenenergie. Im Gegensatz zur Kernspaltung kann die Kernfusion jedoch bis heute nicht in Kernkraftwerken kontrolliert werden.

Kernkraftwerk
Wie alle anderen →Kraftwerke hat auch das Kernkraftwerk die Aufgabe, Strom zu erzeugen. Dies geschieht mithilfe von →Kernenergie, die durch kontrollierte Kernspaltungen in einem →Kernreaktor gewonnen wird. Der Reaktorbrennstoff wird in einem aufwendigen Verfahren aus →Uran bereitet. Da beim Betrieb des Kraftwerks eine Unmenge höchst schädlicher radioaktiver Stoffe entsteht, muss ein Kernkraftwerk über besondere Sicherheitsvorrichtungen verfügen. Außerdem werden spezielle Fabriken zur Herstellung der Brennstoffe und zur Wiederaufbereitung verbrauchter Brennelemente sowie sichere Gebäude für die Zwischen- und Endlagerung radioaktiver Abfälle benötigt.
→Radioaktivität

Das Kernkraftwerk

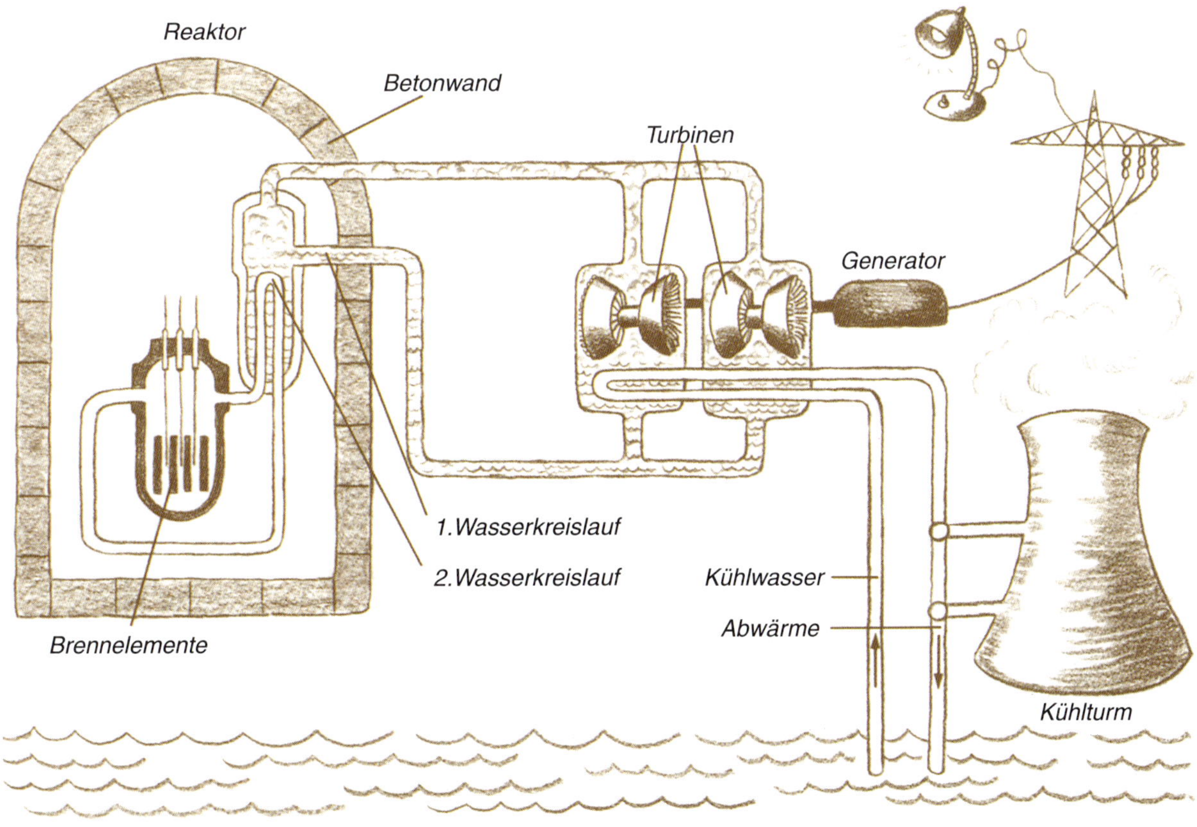

Kernreaktor

Der Kernreaktor ist eine Anlage im →Kernkraftwerk. In ihm wird durch Kernspaltung →Kernenergie gewonnen und in andere →Energie, vor allem Wärme, umgewandelt. Als Brennstoff dienen vorwiegend →Uran oder Plutonium, das in einem speziellen Kernreaktor, dem Brutreaktor oder „Brüter", künstlich aus Uran hergestellt wird. Der Brennstoff befindet sich in Brennstäben, die zu Brennelementen zusammengefasst werden. In den vielen hundert Brennelementen erfolgt die Spaltung der gesamten Füllmenge an →Atomen durch eine Kettenreaktion, die mit Regelstäben gesteuert wird. Die gewonnene Wärmeenergie dient dem Kernkraftwerk nun zum Erhitzen von Wasser zu Wasserdampf, der über →Turbinen einen →Generator zur Stromerzeugung antreibt.

Kiefer

Die Schädelknochen bei Wirbeltieren und beim Menschen, in denen die →Zähne sitzen, heißen Ober- und Unterkiefer. Sie sind durch ein Scharniergelenk miteinander verbunden, das es dem Unterkiefer ermöglicht, sich beim Atmen, Sprechen und Kauen auf und ab und seitwärts zu bewegen.

Die Kiefer ist auch ein →Nadelbaum. Die rund 80 Arten kommen vor allem auf der nördlichen Erdhalbkugel vor. Je nach Art bilden zwei bis fünf lange, schmale Nadeln kleine Büschel, die auf kurzen Trieben sitzen. Neben der →Fichte gehört die Waldkiefer oder Föhre zu den häufigsten Forstbäumen Mitteleuropas. Ihre lange Pfahlwurzel reicht bis ins →Grundwasser. Der über 40 Meter hohe Baum kann deshalb auf sandigen, trockenen Böden gedeihen. Die Kiefernstämme liefern →Holz und reichlich Harz, aus dem Terpentin und Kolophonium, z. B. für die Herstellung von Farben und Lacken, gewonnen werden.

King, Martin Luther

Martin Luther King während einer Rede

Der evangelische Pfarrer und Bürgerrechtler Martin Luther King (15.1.1929–4.4.1968) setzte sich für die Gleichberechtigung der amerikanischen Schwarzen ein. Er entwickelte im Kampf gegen die Rassentrennung den gewaltlosen Widerstand. 1964 erhielt er den Friedensnobelpreis. 1968 wurde er durch ein Attentat getötet.

Kirche

Das Wort „Kirche" bezeichnet zum einen ein christliches Gotteshaus, in dem der Gottesdienst abgehalten wird, zum anderen auch die christliche Glaubensgemeinschaft, die nach der christlichen Lehre von →Jesus Christus gegründet wurde.

Die katholische Kirche ist die älteste christliche Glaubensgemeinschaft. Sie heißt nach dem Sitz des Oberhauptes, des Papstes im Vatikan in Rom, auch römisch-katholische Kirche. Weltweit hat sie ungefähr 900

Millionen Mitglieder. Der Papst gilt als irdischer Stellvertreter von Jesus. Seine ausdrücklich geäußerten Entscheidungen in Glaubensfragen sind bindend. Ihm stehen die Kardinäle, Bischöfe, Priester und Laien zur Seite. Zugleich ist der Papst Bischof von Rom und Staatsoberhaupt der →Vatikanstadt. Die katholische Kirche ist nach Bezirken in Bistümer oder Diözesen gegliedert, die von Bischöfen geleitet werden. Die Bischöfe gelten als Nachfolger der →Apostel. Die katholische Kirche bezieht sich auf das →Evangelium und kennt sieben →Sakramente.
Infolge der Teilung des →Römischen Reiches hat sich Mitte des 11. Jahrhunderts die orthodoxe Ostkirche von der römisch-katholischen Kirche getrennt. Aus ihr sind verschiedene orthodoxe Kirchen hervorgegangen, die ebenfalls streng hierarchisch in Bischöfe, Priester und Laien organisiert sind, doch nicht dem Papst unterstehen.

Viele Kirchen, wie die Basilika Vierzehnheiligen, beeindrucken die Gläubigen durch ihre Größe und ihre Pracht.

Die evangelische oder protestantische Kirche in Deutschland fasst verschiedene voneinander unabhängige Landes- und Freikirchen zusammen, die sich im Zuge der →Reformation von der katholischen Kirche abgespalten haben. Dazu gehören die auf Martin →Luther zurückgehenden Lutherischen Kirchen sowie die Reformierten Kirchen, die sich unter anderem auf die schweizerischen Reformatoren Ulrich Zwingli (1484–1531) und Johannes Calvin (1509–1564) beziehen. Die obersten Geistlichen der evangelischen Kirchen heißen je nach Region Bischof, Präses oder Kirchenpräsident. Im Gegensatz zur katholischen Kirche erkennt die evangelische Kirche nur die →Taufe und das Abendmahl als Sakramente an.

Kirgisistan

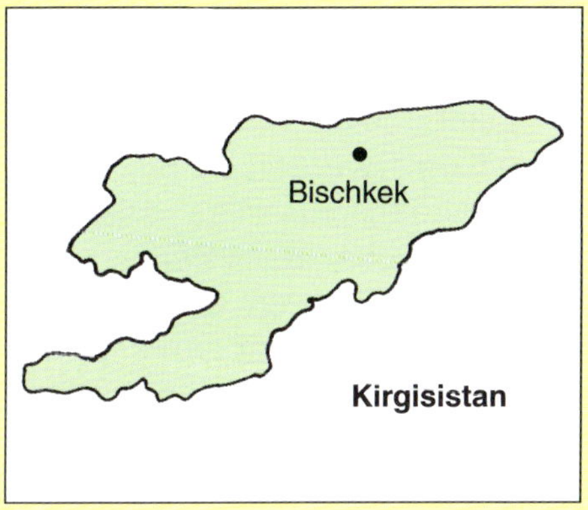

Kontinent:	Asien
Fläche:	198.500 km^2
Einwohner:	4.667.000
Hauptstadt:	Bischkek
Amtssprachen:	Kirgisisch Russisch
Währung:	Kirgisistan–Som

Die →Republik Kirgisistan liegt in Mittelasien zwischen Kasachstan, China, Tadschikistan und Usbekistan. Sie besteht fast ausschließlich aus Hochgebirgsland. Die Winter sind streng, die Sommer heiß. Die Bevölkerung setzt sich vor allem aus Kirgisen, Russen, Usbeken und Ukrainern zusammen. Gut ein Drittel der Landesfläche wird als Weideland für Schafe, Ziegen und Rinder genutzt. Von wirtschaftlicher Bedeutung sind die Schaf- und Baumwolle und die Seidenraupenzucht.
Kirgisistan war Teil der →Sowjetunion. 1991 erklärte es seine Unabhängigkeit.

Kläranlage

In Kläranlagen wird das Abwasser gereinigt. Die →Kanalisation sammelt die Abwässer einer Stadt oder Gemeinde und leitet sie zur Kläranlage. In der mechanischen Vorreinigung werden alle größeren →Abfälle mit Grobrechen und Sieben ausgesondert. Schotter, Sand und Kies bleiben im Sand-

So funktioniert ein Klärwerk

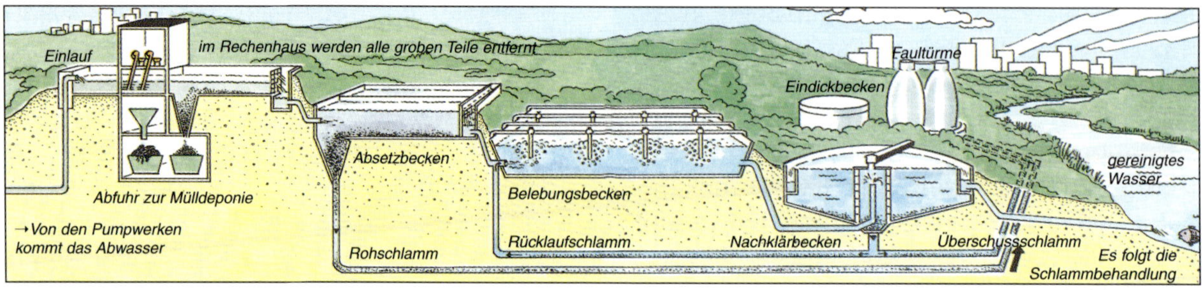

fang hängen. Die Grobabfälle kommen auf eine Mülldeponie. Im Vorklär- oder Absetzbecken werden Fett, Öl und Schlamm abgefischt. Dies erledigt eine Räumerbrücke über dem Becken, die den im Wasser abgesetzten Schmutz zusammenschiebt, damit er abgepumpt werden kann. In der folgenden biologischen Reinigung fließt das vorgeklärte Wasser in Belebungsbecken. Milliarden von Mikroorganismen, wie →Bakterien, →Amöben und winzigste Tierchen wandeln dort mithilfe von →Sauerstoff die Schmutzstoffe weitgehend um. Im Nachklärbecken setzen sich die Kleinstlebewesen vermischt mit Rückständen ab. Dieser Schlamm wird in einem Voreindicker durch Entwässern eingedickt und gelangt in einen geheizten Faulturm, in dem Mikroorganismen, die keinen Sauerstoff benötigen, die Reste zersetzen. Dabei entsteht Faulgas, das wiederum zur Energieversorgung des Klärwerks genutzt wird. Meist ist das Abwasser jedoch durch viele chemische Stoffe, wie Reinigungs- und Waschmittel, derart belastet, dass eine dritte, eine chemische Reinigungsstufe nötig ist. Dem Wasser werden chemische Mittel zugesetzt, wie Eisen- und Aluminiumsalze. Diese verbinden sich mit den restlichen Abfallstoffen, z. B. →Phosphat, und werden dann herausgefiltert. Das gereinigte Wasser wird schließlich in einen nahe gelegenen Bach oder Fluss geleitet.

Klassik

Während der Zeit der Stadtstaaten im 5. und 4. Jahrhundert v. Chr. erlebten →Kunst und →Kultur der alten →Griechen ihre höchste Blüte. Diese Zeit wird Klassik genannt.
Verschiedene spätere Kunstepochen haben sich an den Schöpfungen dieser Zeit orientiert. Auch sie werden als Klassik bezeichnet. So spricht man z. B. in der Literaturgeschichte von dem Zeitalter der Klassik in den Jahren 1786 bis 1805. Deren bedeutendste Vertreter sind Johann Wolfgang von →Goethe und Friedrich von →Schiller. In der Musik prägte das Schaffen von Joseph →Haydn, Wolfgang Amadeus →Mozart und Ludwig van →Beethoven die so genannte Wiener Klassik im Zeitraum von 1781 bis 1827.
Im übertragenen Sinn hat „klassisch" außerdem die Bedeutung von „vorbildlich" und „mustergültig". Demnach gelten auch Kunstschöpfungen als klassisch, die ganz besondere Leistungen darstellen und damit zum Wegweiser und Maßstab für andere Werke wurden.
Grundsätzliche Kennzeichen des Klassischen sind Ausgewogenheit, Harmonie, strenge Formen, Schönheit und die Vereinigung von Kunst und Natur.

Klassizismus

Der Klassizismus bezeichnet eine Kunstrichtung, die im Zeitraum von ungefähr 1770 bis 1840 vor allem die Architektur beeinflusst hat. Bezeichnend für den klassizistischen Stil ist die Anlehnung an die Kunst der alten →Griechen. Sowohl in der Baukunst als auch in der Malerei sind strenge, klare Formen, Linien und Farben vorherrschend. Die Motive der Bilder und Skulpturen stammen überwiegend aus der griechischen

Die Glyptothek in München

→Mythologie. Bedeutende klassizistische Bauten sind in Berlin die Neue Wache von Karl Friedrich Schinkel (1781–1841) sowie das Brandenburger Tor von Carl Langhans (1732–1808) und in München die Glyptothek von Leo von Klenze (1784–1864). Berühmte klassizistische Maler sind Jacques Louis David (1748–1825) und Jean Auguste Dominique Ingres (1780–1867).
Auch in der Literatur orientierte man sich an klassischen Vorbildern der griechischen →Antike, z. B. an dem nach strengen Regeln aufgebauten →Drama oder an der Tragödie. Zu den Wegbereitern gehören Johann Christoph Gottsched (1700–1766) und Gotthold Ephraim →Lessing.

Kleopatra
Als letzte ägyptische Königin bestieg Kleopatra (69–30 v. Chr.) im Jahr 51 v. Chr. den Thron. Sie galt als sehr verführerisch, klug und gebildet. Als sie von ihrem Bruder vertrieben wurde, verhalf ihr Julius →Cäsar wieder zur Herrschaft. Sie hatte mit Cäsar einen Sohn, Kaisarion, und lebte einige Jahre in Rom. Nach Cäsars Tod kehrte sie nach Ägypten zurück und verband sich mit Cäsars Nachfolger Antonius (um 82–30 v. Chr.), der ihr römische Provinzen schenkte. Dies veranlasste dessen Mitregenten Octavian (63 v. Chr.–14 n. Chr.), den späteren Kaiser Augustus, zum Krieg gegen beide. Nach der verlorenen Schlacht bei Actium im Jahr 31 v. Chr. und dem Selbstmord des Antonius nahm sich Kleopatra das Leben.

Klima
Das Klima bezeichnet den durchschnittlichen Wetterablauf vieler Jahre in einem bestimmten Gebiet. Die wesentlichen Klimaelemente sind Temperatur, →Niederschlag, Bewölkung, Sonnenstrahlung, Luftdruck, Luftfeuchtigkeit, Windrichtung und Windstärke. Das Klima ist außerdem abhängig von folgenden Klimafaktoren: die Höhenlage, die Entfernung zu einem Meer und die Oberflächengestalt des jeweiligen Gebietes. Nach der Höhenlage unterscheidet man zwischen Gebirgs- und Tieflandklima, nach der Entfernung zu einem Meer zwischen kontinentalem oder Landklima und ozeanischem oder Meeresklima. Für das Landklima sind große Temperaturschwankungen im Tages- und Jahresverlauf, z. B. kalte Winter und warme Sommer, typisch. Das Meeresklima ist wesentlich feuchter, hat dafür nur geringe Temperaturschwankungen, also z. B. milde Winter und kühle Sommer.
Die →Erde lässt sich ganz grob in Klimazonen einteilen: die ganzjährig feuchtheiße, niederschlagsreiche tropische Zone beiderseits des →Äquators, die trockenen

Die Klimazonen der Erde (Schema)

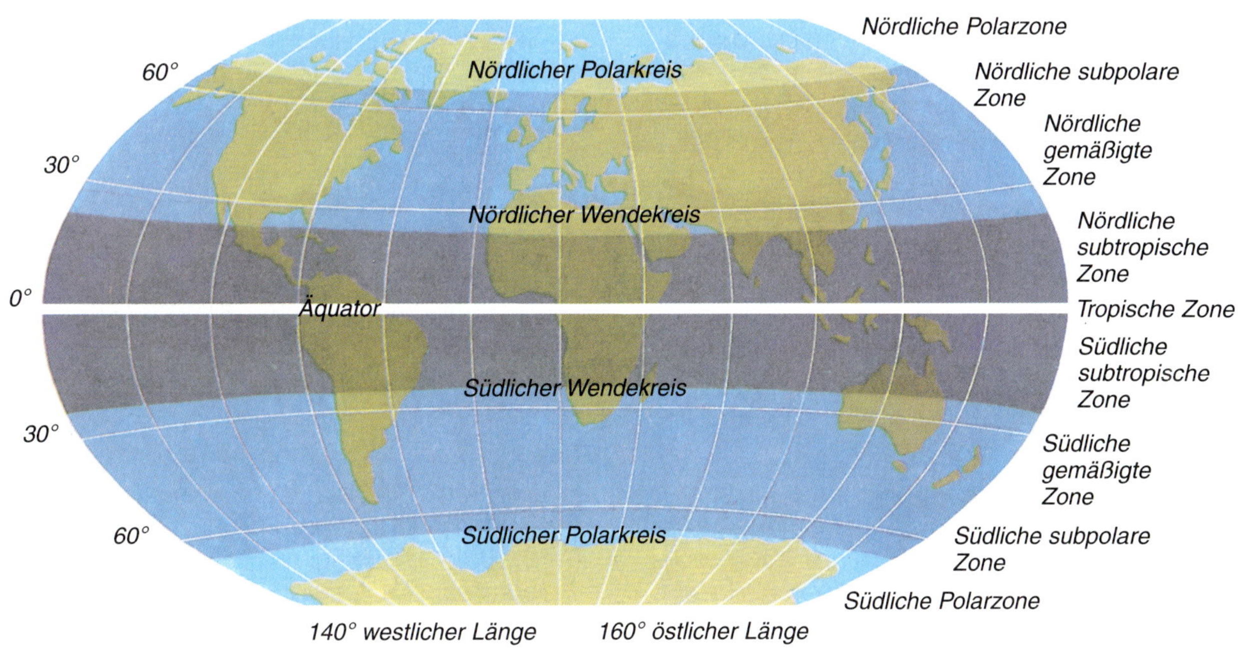

subtropischen Zonen mit heißen Sommern und kühleren Wintern, die gemäßigten Zonen, in denen Mitteleuropa liegt, mit deutlichem Jahreszeitenwechsel, die subpolaren Zonen mit kurzen, kühlen Sommern und strengen Wintern und die sehr kalten polaren Zonen.

Knochen
Die Knochen sind Stützorgane im Körper der Wirbeltiere und des Menschen. Sie bilden das →Skelett und sind entweder fest zusammengefügt, wie die Schädelknochen, oder durch →Gelenke beweglich miteinander verbunden. Man unterscheidet zwischen Röhrenknochen, z. B. Arm- und Beinknochen, und Plattenknochen, z. B. Schulterblatt und Rippe.
Jeder Knochen ist von Knochenhaut überzogen, die ihn über Blutgefäße mit Nährstoffen versorgt und durch →Nerven empfindlich macht. Im Knocheninneren befinden sich die harte Knochenrinde und die Schwammschicht aus Knochenbälkchen. Durch den Gehalt an Kalksalzen ist die Knochensubstanz hart und trotzdem elastisch. In den Hohlräumen der Knochen befindet sich rotes, Blut bildendes oder gelbes, fetthaltiges Knochenmark. An den Knochen sind durch Sehnen die →Muskeln befestigt. Sie bilden zusammen das Stütz- und Bewegungssystem. Erwachsene Menschen haben über 200 Knochen in ihrem Körper.

Knospe
Pflanzensprossen, die sich noch in der Entwicklung befinden, heißen Knospen. Sie sind meist von einer festen Hülle, den Knospenschuppen, umgeben. In den Blattknospen befinden sich die →Blätter, in den Blütenknospen die →Blüten. Im Frühjahr wird die schützende Hülle abgeworfen, die Knospe bricht auf, und der junge Spross entwickelt sich. Manche Knospen, wie die der Laubbäume →Buche und →Eiche, ruhen bis zu 100 Jahre, bevor sie aufspringen. Sie werden deshalb „schlafende Augen" genannt.

Knoten
Ein Knoten ist eine Verschlingung von Fäden, Schnüren, Stricken, Seilen, Tauen und Ähnlichem. Ein guter Knoten muss fest sitzen, aber auch schnell zu lösen sein.
Knoten (kn) ist außerdem eine Geschwindigkeitseinheit in der Seefahrt: 1 kn = 1,85 km/h.

Einige einfache Knoten

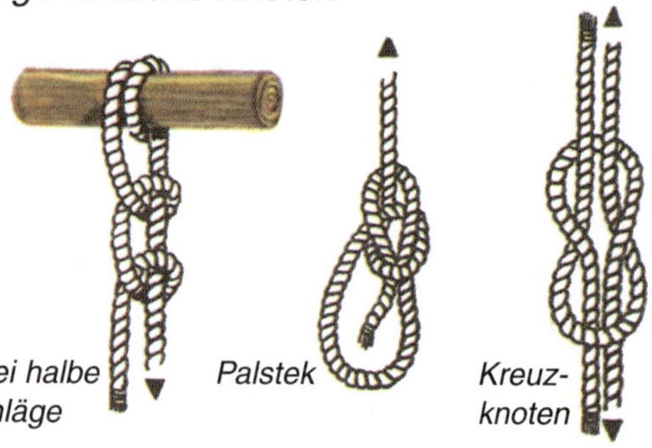

Kohl, Helmut
Der deutsche Politiker Helmut Kohl wurde am 3. April 1930 in Ludwigshafen am Rhein geboren. Sein Vater war Finanzbeamter, seine Mutter stammte aus einer Lehrerfamilie. Kohl machte 1950 Abitur an der Oberrealschule in Ludwigshafen und studierte danach Geschichte, Rechts- und Staatwissenschaften in Frankfurt und Heidelberg. Ende 1946 war er Mitbegründer der Jungen Union (JU) in Ludwigshafen und seit 1947 ist er Mitglied der →Partei Christlich Demokratische Union (CDU).

Von 1969 bis 1976 war er Ministerpräsident von Rheinland-Pfalz, 1973 wurde er Bundesvorsitzender der CDU. Seit dem 1.10.1982 ist er →Bundeskanzler der Bundesrepublik Deutschland. Als im November 1989 die Mauer zwischen BRD und

→DDR fiel, setzte sich Kohl gegenüber den Westmächten und der →Sowjetunion stark für die Wiedervereinigung Deutschlands ein. Helmut Kohl ist der am längsten amtierende Kanzler in der Geschichte der Bundesrepublik.

Kohle
Die Entstehung der Kohle begann vor vielen Millionen Jahren, als weite Gebiete der Erde noch von dichten Wäldern bedeckt waren. Im Lauf vieler Jahrtausende versanken diese Wälder in Sumpf und →Moor. Von der Luft abgeschlossen und unter dem Druck der sich darüber legenden Gesteinsschichten verkohlten die abgestorbenen Pflanzen. Sie wandelten sich erst in Torf und dann in Braunkohle, die 20 bis 60 Millionen Jahre alt ist. Je mehr Gesteinsschichten sich im Lauf von Jahrmillionen ablagerten, desto größer wurde der Druck und desto höher die Temperatur, die zum Erdinneren hin zunimmt. Wasser und →Gas wurden aus der Braunkohle herausgepresst, und es entstand eine schwarze, steinharte Masse, die Steinkohle. Sie ist 250 bis 300 Millionen Jahre alt und liegt sehr tief im Boden. Während man Braunkohle überwiegend im Tagebau, d. h. über der Erde schichtweise in offenen Gruben abträgt, wird Steinkohle im →Bergbau unter Tage gefördert. Kohle ist ein brennbares →Gestein. Sie dient jedoch nicht nur zu Heizzwecken, aus ihr werden auch viele Grundstoffe der chemischen Industrie gewonnen, z. B. für die Herstellung von →Kunststoffen.

Kohlendioxid
Wissenschaftlich korrekt heißt das Kohlendioxid eigentlich Kohlenstoffdioxid. Es handelt sich dabei um ein unsichtbares, geruch- und geschmackloses →Gas, das bei der Verbrennung von →Kohlenstoff entsteht, außerdem bei der →Gärung und bei der →Atmung von Lebewesen. In der →Luft befinden sich nur 0,03 Prozent Kohlendioxid. In geringer Menge gilt das Gas als bekömmlich und anregend für den Körper. Es ist unter anderem im Mineralwasser enthalten und bildet dort die Kohlensäure. In höherer Konzentration, z. B. in unbelüfteten Winzerkellern, wirkt es auf den Menschen wie →Gift und kann zum Erstickungstod führen.

Kohlenhydrate
Unter Kohlenhydraten versteht man Verbindungen aus →Kohlenstoff, →Wasserstoff und →Sauerstoff. Sie werden z. B. bei der →Fotosynthese als →Zucker und →Stärke von →Pflanzen gebildet. Kohlenhydrate sind lebensnotwendige Nährstoffe für Menschen und Tiere. Sie sind vor allem in Getreidekörnern, Hülsenfrüchten, →Kartoffeln und zuckerhaltigen Lebensmitteln enthalten. Nimmt man mehr Kohlenhydrate zu sich, als der Körper in Form von Energie verbraucht, werden sie als →Fett gespeichert.

Pro Körperkilogramm sollte ein Mensch rund 5 bis 7 Gramm Kohlenhydrate am Tag zu sich nehmen. Kohlenhydrate sind auch in Nudeln enthalten, die es in allen Formen und Farben gibt, z. B. als Muschelnudeln (links) oder Spiralnudeln (rechts).

Kohlenstoff
Das chemische →Element Kohlenstoff kommt in der Natur in Reinform als →Diamant oder Grafit vor. Er ist vor allem in →Kohle, →Erdöl, →Erdgas sowie in allen Lebewesen enthalten. Bei der Verbrennung des Kohlenstoffs entsteht das Gas →Kohlendioxid.

Kollwitz, Käthe
Käthe Kollwitz (8.7.1867–22.4.1945) ist eine bedeutende deutsche Grafikerin und Bildhauerin. Sie lebte in Berlin und gewann durch die Heirat mit einem Armenarzt Einblick in den Alltag und die Nöte der Arbeiterschicht. Diese wurden zum Hauptthema ihrer Zeichnungen, Holzschnitte und Radierungen, die tiefes Mitgefühl mit Not leidenden und unterdrückten Menschen ausstrahlen und die soziale Ungerechtigkeit anklagen. Kaum 30 Jahre alt, wurde Kollwitz durch ihre aufrüttelnden Bilder zu den historischen Ereignissen „Weberaufstand“ (1844) und „Bauernkrieg“ (1524/25) bekannt. Unter

dem unmittelbaren Eindruck des Ersten →Weltkriegs entstanden die Holzschnitte „Der Krieg“ und der Zyklus „Hungernde Kinder“. 1910 begann Kollwitz ihre bildhauerische Tätigkeit. In ihrem Spätwerk beschäftigte sie sich vor allem mit der Darstellung von Mutter und Kind. Während des →Nationalsozialismus war die Ausstellung ihrer Werke verboten.

Käthe Kollwitz zeigt die schwere Arbeit und das Elend der Landbevölkerung.

Kolonie

Eine Kolonie ist die Ansiedlung von Menschen in einem fremden Land oder der Landbesitz eines Staates im Ausland. Bereits in der →Antike hatten die →Griechen und →Römer an den Mittelmeerküsten Kolonien.

Kolonialherrschaft

Seit der Entdeckung →Amerikas 1492 begannen die europäischen →Staaten in Amerika, Asien und Afrika Land in Besitz zu nehmen und →Kolonien zu gründen. Die Ureinwohner wurden unterdrückt, ausgebeutet oder verdrängt. So unterwarfen die Spanier und Portugiesen große Teile Mittel- und Südamerikas, die Briten und Franzosen breiteten sich in Nordamerika und Indien aus und viele weitere europäische Staaten, wie die Niederlande und Belgien, drangen nach Afrika und Asien ein. Ende des 19. Jahrhunderts erwarben auch die Deutschen so genannte Schutzgebiete in Afrika und Asien.

Die Kolonialpolitik oder der Kolonialismus geschah zum Teil aus wirtschaftlichen Gründen, um an →Rohstoffe zu kommen oder um neue Absatzmärkte für die eigenen Erzeugnisse zu schaffen. Es entstanden Siedlungskolonien, in denen sich die Einwanderer aus fremden Ländern niederließen, aber auch Militärkolonien, die z. B. als Flottenstützpunkte eine wichtige Rolle spielten. In abgelegenen, unwirtlichen Gebieten verwahrte man Sträflinge in Strafkolonien. Erst im 20. Jahrhundert wurden die meisten Kolonien in selbstständige, politisch unabhängige Staaten umgewandelt.

Kolumbien

Die →Republik Kolumbien liegt im Nordwesten Südamerikas und grenzt an den Pazifischen Ozean, Panama, das Karibische Meer, Venezuela, Brasilien, Peru und Ecuador. Über die Hälfte des Landes nehmen die Gebirgsketten der →Anden ein. Im Osten breiten sich Tiefländer aus. Im heißen Tiefland werden Kakao, Bananen und Zuckerrohr angebaut und Viehwirtschaft betrieben. In den höher gelegenen, kühleren Gebieten wachsen Getreide, Kartoffeln und Baumwolle. Von großer wirtschaftlicher Bedeutung sind Kaffee, Erdöl, Smaragde und Gold. Die Bevölkerung besteht überwiegend aus Mestizen und Mulatten (→Mischlingen) sowie aus Weißen und einer schwarzen und indianischen Minderheit.
Kolumbien wurde 1499 entdeckt und war von 1536 bis 1819 unter spanischer Herrschaft. 1886 wurde die Republik ausgerufen.

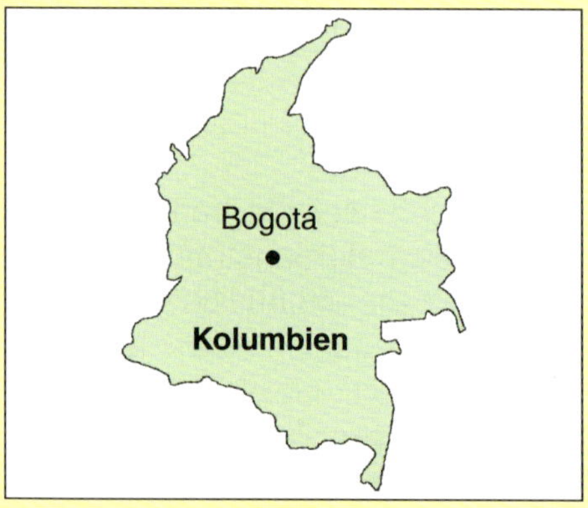

Kontinent:	Amerika
Fläche:	1.141.748 km²
Einwohner:	36.330.000
Hauptstadt:	Bogotá
Amtssprache:	Spanisch
Währung:	Kolumbianischer Peso

Kolumbus, Christoph

Der italienische Seefahrer und Entdecker →Amerikas Christoph Kolumbus (1451–20.5.1506) wollte einen neuen Seeweg nach Indien westwärts über den Atlantischen Ozean finden. Im Dienst des spanischen Herrscherpaares landete er nach zweimonatiger Fahrt mit dem Schiff „Santa Maria“ am 12.10.1492 auf der Bahamainsel San Salvador und entdeckte so den neuen →Erdteil Amerika. Da Kolumbus zunächst annahm, in Indien gelandet zu sein, nannte er die Ureinwohner Amerikas →Indianer. Auch die Inseln Mittelamerikas heißen deshalb Westindische Inseln. Kolumbus unternahm noch drei weitere Erkundungsfahrten nach Amerika. Mit der Entdeckung Amerikas, der Neuen Welt, beginnt die →Neuzeit.

Die 1522 veröffentlichte Karte zeigt schon einen Teil Südamerikas. Nordamerika ist noch nicht eingezeichnet.

Komet

So genannte Schweifsterne oder Kometen sind Himmelskörper, die sich auf lang gestreckten, in →Ellipsen verlaufenden Bahnen um die →Sonne bewegen. Kometen haben einen Kern aus Eis- und Gesteinsteilen mit einem Durchmesser zwischen einem und 100 Kilometern. Der Kern ist von einer leuchtenden Hülle, der Koma, umgeben. Sie besteht aus Gasmassen mit Durchmessern bis zu 600.000 Kilometern. Aus diesem Kometenkopf entwickelt sich bei Annäherung an die Sonne ein Schweif, der bis zu 250 Millionen Kilometer lang werden kann. Es gibt unzählig viele Kometen in unserem →Sonnensystem, aber nur wenige konnte man bisher von der Erde aus beobachten. Bekannte Kometen sind der Enckesche Komet mit einer Umlaufzeit von 3,3 Jahren, der Bielasche Komet mit einer Umlaufzeit von 6,6 Jahren und der Halleysche Komet mit einer Umlaufzeit von

Der Komet Hale-Bopp

76 Jahren. Im Frühjahr 1997 raste der Komet Hale-Bopp mit 144.000 Stundenkilometern so nahe an der Erde vorbei, dass er mit bloßem Auge beobachtet werden konnte. Er gilt als der drittgrößte Komet aller Zeiten, hat einen Kerndurchmesser von 20 Kilometern und einen über 100 Millionen Kilometer langen Schweif. Erst im Jahr 4377 wird er wieder zu sehen sein.

Kommunion

Der Begriff „Kommunion“ kommt von dem lateinischen Wort „communio“ für „Gemeinschaft“. Er bezeichnet in der katholischen →Kirche den Empfang des Abendmahles, der Eucharistie.
→Erstkommunion

Kommunismus

Im Mittelpunkt der Idee des Kommunismus steht der Gedanke, dass es kein privates Eigentum an Produktionsmitteln wie im →Kapitalismus gibt, sondern dass Fabriken, Grund und Boden, Bodenschätze und Maschinen der Gemeinschaft gehören. Der erzeugte Reichtum ist so groß, dass alle Mitglieder der →Gesellschaft ihren Bedürfnissen entsprechend daran teilhaben können.
1848 veröffentlichten Karl →Marx und Friedrich →Engels die Programmschrift „Das Kommunistische Manifest“. Diese stellt eine Gesellschaftsordnung vor, in der keine

Klassen von Besitzenden und Unterdrückten mehr vorkommen. Der russische Revolutionär Wladimir Iljitsch →Lenin versuchte diese Vision seit der Jahrhundertwende durch die Gründung einer kommunistischen →Partei und später der →Sowjetunion zu verwirklichen. Nach dem Zweiten →Weltkrieg entstanden meist unter sowjetischer Führung viele sozialistische Staaten in Mittel- und Osteuropa sowie in Asien und Amerika. Ihr Ziel bestand darin, den Kommunismus zu verwirklichen. Man bezeichnete sie auch als →Ostblock. Infolge wirtschaftlicher und politischer Krisen brach der Ostblock 1989 zusammen.

Kompass
Der Kompass ist ein Gerät zur Bestimmung der Himmelsrichtung. Man unterscheidet Magnetkompasse und Kreiselkompasse. Ein Magnetkompass besteht aus einem Gehäuse, in dem eine leicht drehbare Magnetnadel über einer Windrose gelagert ist. Die Nadel stellt sich in der magnetischen Nord-Süd-Richtung ein. Der magnetische →Pol stimmt jedoch nicht genau mit dem geografischen Pol der →Erde überein, sodass die jeweilige Anzeige des Magnetkompasses immer um einen bestimmten Wert, die Missweisung, berichtigt werden muss. Die Missweisung ist überall auf der Erde anders und ändert sich im Lauf der Zeit. Zuverlässiger ist der Kreiselkompass, der unabhängig vom Erdmagnetfeld arbeitet. Mit ihm kann die geografische Nordrichtung genau bestimmt werden, denn seine schnell drehende Schwungscheibe richtet sich mit der Drehachse immer in Nord-Süd-Richtung aus.
→Magnet

Magnetkompass

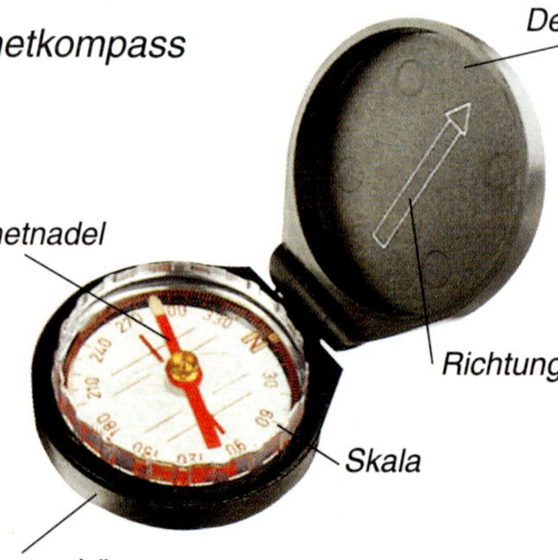

Kompost
Wenn pflanzliche und tierische →Abfälle, z. B. aus Haushalt und Garten, im Freien auf einem Haufen gesammelt werden und diese sich zersetzen, entsteht Kompost. Man kann ihn als bewusst erzeugten →Humus bezeichnen. Unter die Gartenerde gemischt ist Kompost ein wertvoller biologischer →Dünger.

Kondom
Das Kondom oder Präservativ ist ein Mittel zur →Empfängnisverhütung. Es ist ein Überzug aus feinem Gummi, der vor dem →Geschlechtsverkehr über den Penis gestreift wird und verhindert, dass männliche →Samen in die Scheide gelangen. Kondome schützen außerdem Männer und Frauen vor der Übertragung ansteckender Krankheiten, z. B. von →Aids.

Konfirmation
Die Konfirmation ist in der evangelischen →Kirche eine feierliche Handlung, bei der junge Christen im Alter zwischen zwölf und 14 Jahren in die Gemeinde der Erwachsenen aufgenommen werden. Nachdem die Konfirmanden ein Glaubensbekenntnis abgelegt haben, werden sie unter Handauflegung gesegnet und dürfen erstmals am Abendmahl teilnehmen.

Konfuzius
Der chinesische Philosoph Konfuzius (um 551–479 v. Chr.) hatte starken Einfluss auf die chinesische Kultur. Er lehrte die Menschen, dass sie nur dann in Frieden und Harmonie leben können, wenn sie einander lieben, gerecht, aufrichtig und weise handeln, die Vorfahren verehren, sich den Eltern unterordnen und traditionelle Bräuche pflegen. Höchste Ziele sind sittliche Vollkommenheit und Selbstdisziplin. Sämtliche Tugendlehren wurden erst mündlich überliefert und später von seinen Anhängern aufgezeichnet. Lange Zeit galt der Konfuzianismus als chinesische Staatsreligion.

Kongo
Der Staat Kongo erstreckt sich in Zentralafrika beiderseits des →Äquators vom Kongobecken bis zum Atlantischen Ozean. Er grenzt an Gabun, Kamerun, die Zentralafrikanische Republik, Zaire und Angola.

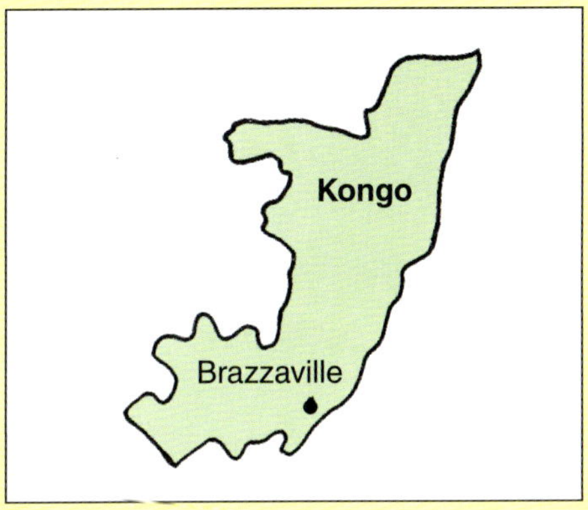

Kontinent:	Afrika
Fläche:	342.000 km^2
Einwohner:	2.516.000
Hauptstadt:	Brazzaville
Amtssprache:	Französisch
Währung:	CFA-Franc

Das →Klima ist tropisch mit ausgeprägten →Regenzeiten. Die Hälfte des überwiegend bergigen Landes ist von →Regenwäldern bedeckt, deren Nutzung ein bedeutender Wirtschaftszweig ist. Neben Holz werden vor allem Kaffee, Kakao, Bananen, Erdnüsse und Tabak ausgeführt, außerdem →Bodenschätze, wie Erdöl und Diamanten. Die Einwohner sind überwiegend Bantu.
Die ehemals französische →Kolonie wurde 1960 unabhängig und ist seit 1992 eine →Republik.

König
Der König ist das Staatsoberhaupt eines Königreiches oder einer →Monarchie. Über ihm stand früher nur der →Kaiser. Könige mussten entweder dem hohen Adel entstammen oder vom Papst oder Erzbischof als „von Gottes Gnaden“ gesalbt sein. In vielen Ländern, z. B. in England und Frankreich, wurde der Titel vererbt. Reichsfürsten und später die Kurfürsten wählten den deutschen König. Seit Ende des 18. Jahrhunderts wurden im Zuge verschiedener →Revolutionen die meisten europäischen Könige abgesetzt.
Einige Länder, wie Belgien, Dänemark, Großbritannien, die Niederlande, Norwegen, Schweden und Spanien, sind heute noch Monarchien. Sie werden jedoch demokratisch regiert und die Aufgaben des Königs oder der Königin sind weitgehend auf repräsentative Pflichten eingeschränkt.

Konkurrenz
Philipp hat es leicht. In der Schule kann und weiß er alles, im Sport ist er stets der Schnellste und Geschickteste, alle bewundern ihn, und keiner kommt an seine Leistungen heran. Da taucht auf einmal Lena auf und ist ebenso gut wie Philipp. Wenn Philipp der Beste bleiben will, muss er sich jetzt anstrengen, denn in Lena hat er eine ernst zu nehmende Konkurrenz bekommen. Konkurrenten befinden sich miteinander im Wettbewerb. Dadurch stehen zwar beide Seiten unter Leistungsdruck, entwickeln jedoch oft Fähigkeiten, die sie ohne Konkurrenz nicht erreicht hätten.

Kontinent →Erdteil

Konzentrationslager
Der Begriff „Konzentrationslager“, abgekürzt KL oder KZ, umfasst Gefängnis- und Zwangsarbeitslager, in denen Menschen aus politischen, religiösen oder rassischen Gründen festgehalten werden. Im →Nationalsozialismus wurde ein weit verzweigtes, straff organisiertes System aus zahlreichen Konzentrations- und Vernichtungslagern in Deutschland und den eroberten Gebieten Osteuropas errichtet. Mehr als zehn Millionen Menschen wurden in die Lager verschleppt und mussten unter menschenunwürdigsten Bedingungen und bei harter Arbeit dort jahrelang leben. Sechs Millionen →Juden, zwei Millionen Russen, eineinhalb Millionen Polen, 500.000 Sinti und Roma und zahlreiche politische Gegner, wie Sozialdemokraten und Kommunisten, wurden in Massenvernichtungslagern, wie Auschwitz, Treblinka und Maidanek, oder in Konzentrationslagern, wie Dachau oder Oranienburg, ermordet.

Kopernikus, Nikolaus
Viele Jahrhunderte lang wurde gelehrt, die →Sonne und die →Planeten würden sich um die →Erde bewegen und daher sei die Erde der Mittelpunkt der Welt. Um 1500 begann der polnische Arzt und Astronom Nikolaus Kopernikus (19.2.1473–24.5.1543) die Wahrheit zu ergründen. Nach genauen Überlegungen, Beobachtungen und Be-

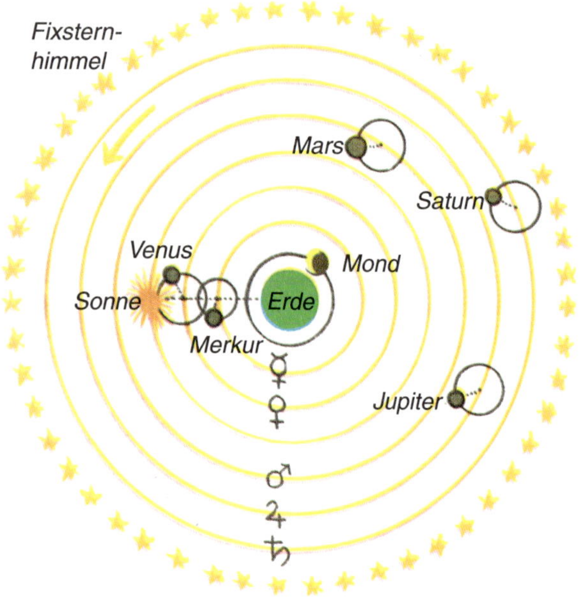

Das von Ptolemäus aufgestellte, falsche Weltbild: Die Sonne und die Planeten umkreisen die Erde.

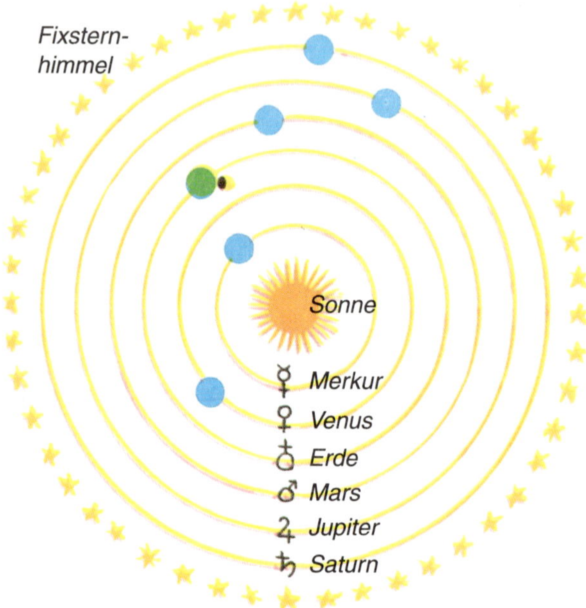

Das von Kopernikus erkannte, richtige Weltbild: Die Planeten bewegen sich um die Sonne.

rechnungen bewies er, dass die Erde einmal im Jahr die Sonne umkreist, dass sie sich täglich einmal um die eigene Achse dreht und dass sich die übrigen Planeten ebenfalls um die Sonne als Mittelpunkt bewegen. Als Kopernikus diese Erkenntnisse kurz vor seinem Tod in seinem Hauptwerk „Über die Umläufe der Himmelskörper“ veröffentlichte, hatte er der Lehre der mittelalterlichen Kirche den Kampf angesagt. Obgleich seine Schriften verboten wurden, verlor die kirchliche Naturlehre immer mehr an Einfluss.
Das Kopernikanische Weltsystem stieß bei vielen Gelehrten auf großes Interesse und wurde später durch Johannes →Kepler vervollkommnet.

Kopf
Der Kopf oder das Haupt ist ein Körperteil, das beim Menschen und bei vielen Tieren durch den Hals mit dem übrigen Körper verbunden ist. Im Kopf befinden sich das →Gehirn, die Mehrzahl der →Sinnesorgane, die für die Nahrungsaufnahme zuständigen Organe →Gebiss, Mund und Schlund und die oberen Teile der Atmungsorgane →Nase und Rachen. Der Schädel, das knöcherne Gerüst des Kopfes, ist in Hirn- und Gesichtsschädel gegliedert. Bis auf den beweglichen Unterkiefer (→Kiefer) sind alle Schädelknochen fest miteinander verbunden.

Schnitt durch den Kopf des Menschen

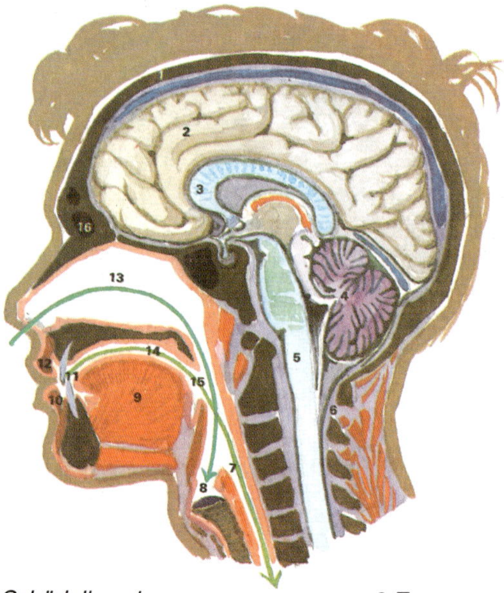

1 Schädelknochen
2 Großhirn
3 Balken
4 Kleinhirn
5 Verlängertes Rückenmark
6 Wirbelsäule
7 Speiseröhre
8 Luftröhre
9 Zunge
10 Unterkiefer
11 Zähne
12 Oberkiefer
13 Nasenhöhle
14 Mundhöhle
15 Rachenhöhle
16 Stirnhöhle

Koran →Islam

Korea, Nord-
Nord-Korea umfasst den Nordteil der ostasiatischen Halbinsel Korea zwischen dem Gelben und dem Japanischen Meer. Es

grenzt an China, Russland und Süd-Korea. Das →Klima ist vom →Monsun beeinflusst. Vor allem in den Ebenen des gebirgigen Landes werden Reis, Mais, Gerste, Sojabohnen, Kartoffeln, Obst und Gemüse angebaut. Die wichtigsten Exportgüter sind Kohle, Grafit, Eisenerz, Industriegüter sowie Ginsengwurzeln und Seide. 99 Prozent der Bevölkerung sind Koreaner.
Nord-Korea ist seit 1948 eine kommunistisch regierte Volksrepublik und ging 1945 aus der Besetzung durch die →Sowjetunion und der anschließenden Teilung Koreas hervor.
→Korea, Süd-

Kontinent:	Asien
Fläche:	120.538 km^2
Einwohner:	23.472.000
Hauptstadt:	Pjöngjang
Amtssprache:	Koreanisch
Währung:	Won

Korea, Süd-
Süd-Korea erstreckt sich über den Südteil der Halbinsel Korea und grenzt an Nord-Korea. Im mild-feuchten Meeresklima werden Reis, Gerste, Süßkartoffeln, Weizen, Sojabohnen, Obst und Gemüse angebaut. Hauptausfuhrgüter sind Ginsengwurzeln, Baumwolle sowie Fisch und Textilien. Die Bevölkerung besteht fast ausschließlich aus Koreanern.
Süd-Korea ist seit 1948 eine →Republik. Sie ging 1945 aus der Besetzung durch die →USA und der anschließenden Teilung Koreas hervor. 1950 brach der so genannte Koreakrieg zwischen Süd- und Nordkorea aus. Er steht für den Beginn des Kalten →Krieges zwischen der westlichen Welt und dem →Ostblock. 1953 schlossen die kriegsführenden Parteien Waffenstillstand.
→Korea, Nord-

Kontinent:	Asien
Fläche:	99.392 km^2
Einwohner:	44.563.000
Hauptstadt:	Seoul
Amtssprache:	Koreanisch
Währung:	Won

Kosmonaut →Astronaut

Kosmos →Weltall

Kraftwerk
In Kraft- oder Elektrizitätswerken wird Strom gewonnen. Es gibt verschiedene Arten von Kraftwerken. In Wasserkraftwerken oder Windkraftwerken wird Bewegungsenergie in elektrische →Energie umgewandelt. Strömendes Wasser treibt →Turbinen oder der Wind Windräder an. Die Bewegung wird auf →Generatoren übertragen, die dann Strom erzeugen. In Gezeitenkraftwerken treiben die unterschiedlichen Wasserstände von Ebbe und Flut den Generator an. In →Kernkraftwerken bezieht man die Energie, die zur Gewinnung von Strom nötig ist, aus der Kernspaltung. In Dampf- oder Wärmekraftwerken wird durch das Verbrennen von →Kohle, →Gas, Torf und →Erdöl oder durch die Kraft der Sonne Wärme erzeugt. Diese bringt wiederum Wasser zum Verdampfen, das in Rohren durch den Brennraum gepumpt wird. Da →Dampf mehr Platz braucht als Wasser, entsteht in den Rohren Druck. Dadurch werden Dampfturbinen

So funktioniert ein Wärmekraftwerk

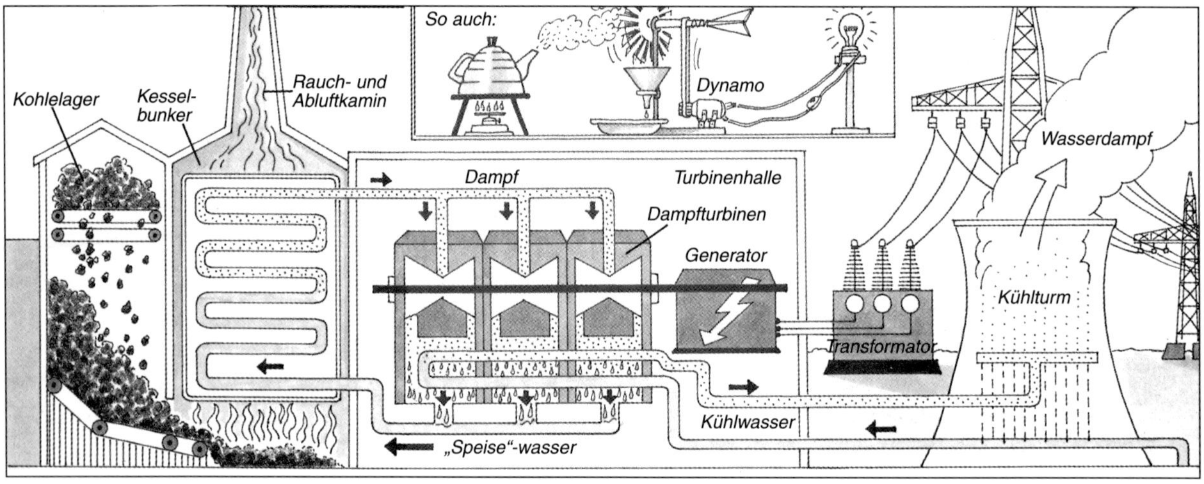

angetrieben, deren Bewegung nun über Generatoren in Strom umgewandelt wird. In Leitungen fließt der Strom weiter in sämtliche Häuser und Fabriken und kann dort über die Steckdosen genutzt werden. Überschüssiger Wasserdampf wird als so genannte Abwärme mithilfe von Luft und Wasser weitgehend wieder abgekühlt.

Krankenhaus

Das Krankenhaus ist eine Einrichtung zur Heilung kranker Menschen, bei denen eine medizinische Behandlung zu Hause nicht möglich ist, z. B. weil sie ständige Beaufsichtigung brauchen oder sich einer →Operation unterziehen müssen. Die Ursprünge der Krankenhäuser liegen im 4. Jahrhundert bei den frühchristlichen Hospitälern und bei den mittelalterlichen Klosterspitälern. Während die Patienten mit den unterschiedlichsten Krankheiten damals noch im gleichen Raum lagen, begann man im 18. Jahrhundert, für jede Krankheitsart ein eigenes Krankenzimmer einzurichten. Ein Krankenhaus, das auf bestimmte Krankheiten spezialisiert ist, nennt man Klinik. Heute gibt es zahlreiche Fachkliniken, wie die Frauen-, Kinder-, Haut- oder Zahnklinik. Allgemeine Krankenhäuser sind in Sonderstationen und -gebäude gegliedert.

Krebs

Die Krankheit Krebs umfasst alle bösartigen Geschwülste oder Tumore und kann sämtliche →Organe des Körpers befallen. Oft ohne erkennbare Ursache beginnen sich die →Zellen des betroffenen →Gewebes ungehemmt zu vermehren, dringen in benachbartes Gewebe ein und zerstören es. Einzelne kranke Zellen gelangen durch das Blut oder die Gewebsflüssigkeit, die Lymphe, in andere Körperteile und verbreiten sich dort als Tochtergeschwülste oder Metastasen. Die Ursachen der Krebserkankung sind noch nicht geklärt. Man weiß jedoch, dass bestimmte Reizstoffe, die Karzinogene, Krebs auslösen können. Zu ihnen gehören z. B. →Asbest, Tabakteer, ultraviolette und radioaktive Strahlen sowie bestimmte →Viren. Bei frühzeitiger Behandlung ist Krebs durch →Medikamente, durch kontrollierte Bestrahlung mit Röntgen- oder Gamma-Strahlen (→Radioaktivität) oder durch eine →Operation heilbar.

Krebse

Die Krebse, Krebstiere oder Krustentiere gehören zu den Gliederfüßern. Sie haben meist eine harte Chitinschale, die den Körper wie ein Panzer umgibt, ihn stützt und durch Häutung gewechselt wird. Die meisten der rund 35.000 Arten leben im Wasser, also im Meer, in Flüssen oder Seen, und atmen durch Kiemen. Zu ihnen gehören die Garnelen, Langusten, Krabben, Einsiedler- und Flusskrebse und Wasserflöhe. Wenige Arten, wie die Asseln, leben an Land, wo sie wie →Insekten durch Tracheen atmen. Der Körper von Krebsen ist in einzelne Glieder, die Segmente, unterteilt. Man kann Kopf, Brust und Hinterleib unterscheiden. Jedes Segment kann Gliedmaßen tragen. Bei manchen Krebsen, wie dem Hummer, hat sich das vorderste Beinpaar zu Scheren gewandelt, die zum Greifen der Nahrung und zur Abwehr von Feinden dienen. Die meisten Krebse kleben sich ihre →Eier an die Gliedmaßen oder tragen die Jungen mit sich herum. Manche Krabben, wie auch der in Deutschland fast ausgestorbene Flusskrebs, können vorwärts, seitwärts und rückwärts laufen.

Krebstiere

Flusskrebs *Hummer*

Kreis
Der Kreis ist eine geschlossene Linie aus Punkten, die alle von einem festen Punkt M, dem Mittelpunkt, gleich weit entfernt sind. Diese Entfernung nennt man Radius oder Halbmesser des Kreises. Schneidet eine gerade Linie den Kreis in zwei Punkten, so nennt man sie Sekante. Deren Strecke, die innerhalb der Kreislinie liegt, heißt Sehne. Geht sie durch den Mittelpunkt des Kreises, wird sie Durchmesser genannt und ist doppelt so groß wie der Radius. Eine Gerade, die mit dem Kreis nur einen Punkt P gemeinsam hat, also den Kreis nur an diesem Punkt berührt, nennt man Tangente. Verbindet man den Mittelpunkt M des Kreises mit diesem Punkt P, so ist die Strecke MP das →Lot von M auf die Tangente.

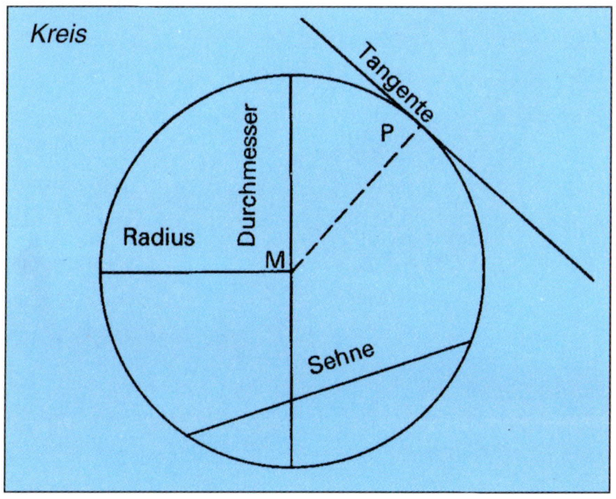

Kreislauf →Blutkreislauf

Kreuzzüge
Im Jahr 1071 wurde die heilige Stadt Jerusalem, in der →Jesus Christus starb, von den Türken erobert. Sie zerstörten die Grabeskirche und erschwerten christlichen Pilgern zunehmend ihre Wallfahrten. Dies veranlasste Papst Urban II. (um 1035–1099), in Frankreich auf der Kirchenversammlung in Clermont 1095 die →Ritter als „Herolde Christi" auf den bereits lange geplanten Kreuzzug zu schicken. Sie sollten die heiligen Stätten von den türkischen Heiden befreien und das →Christentum weiter verbreiten. Den Kreuzfahrern, die ein rotes Kreuz auf dem Gewand trugen, wurde als Belohnung die Vergebung ihrer Sünden versprochen. Im Zeitraum von 1096 bis 1270 fanden sieben Kreuzzüge statt. Über eine Million Menschen, Ritter, Pilger, Prediger, aber auch Plünderer und sogar Kinder, zogen in Scharen ins Heilige Land. Der 1. Kreuzzug ging vor allem von Frankreich aus. Später beteiligten sich auch deutsche, englische und italienische Ritter und Landsleute.
In den eroberten Gebieten des →Orients entstanden Kreuzfahrerstaaten, die jedoch nicht lange gehalten werden konnten. 1291 ging auch die letzte christliche Besitzung in →Palästina wieder an die Moslems verloren.

Kriechtiere →Reptilien

Krieg
Die bewaffnete Auseinandersetzung zwischen zwei oder mehreren Staaten, Völkern oder Gruppen nennt man Krieg. Die Kriegsgegner handeln aus politischen, wirtschaftlichen oder religiösen Gründen und versuchen, ihre Interessen mit Gewalt durchzusetzen. Im Kriegszustand gilt ein besonderes Kriegsrecht, das grausame und unnötige Leiden verhindern soll und Kriegsverbrechen bestraft. Der bewaffnete Machtkampf zwischen zwei oder mehreren Gruppen innerhalb eines Staates heißt Bürgerkrieg.
Seit dem so genannten Kalten Krieg zwischen den Westmächten und der →Sowjetunion, der mit dem Krieg in →Korea (1950–1953) seinen ersten Höhepunkt erreichte und mit dem Untergang der Sowjetunion (1991) endete, unterscheidet man zwischen heißem und kaltem Krieg. Während im heißen Krieg Armeen und Waffen eingesetzt werden, sind für den kal-

ten Krieg militärische Hochrüstung und Drohungen sowie politischer und wirtschaftlicher Druck kennzeichnend.

Kristalle

Als Kristalle bezeichnet man →Festkörper, deren Bausteine, →Atome oder →Moleküle, räumlich regelmäßig angeordnet sind und dadurch ein so genanntes Kristallgitter bilden. Fast alle Stoffe, die bei Zimmertemperatur fest sind, liegen kristallisiert vor, z. B. Kochsalz, →Diamanten und die →Metalle. Auch Flüssigkeiten, wie Wasser, und Gase, wie →Kohlendioxid, gehen bei genügend niedrigen Temperaturen in den kristallinen Zustand über. So bilden sich bei null Grad Celsius aus dem flüssigen Wasser Eiskristalle. Von diesen kommt auch der Name, denn das griechische Wort „krystallos“ heißt „Eis“.

Eine Stufe mit Quarz-Kristallen

Kroatien

Der →Staat Kroatien liegt in Südosteuropa am Adriatischen Meer. Er grenzt an Slowenien, Ungarn, Jugoslawien und Bosnien-Herzegowina. Das Land ist teils gebirgig, teils fruchtbares Tiefland, in dem Mais, Weizen, Gemüse und Kartoffeln angebaut werden. An der Küste gedeihen Wein und Zitrusfrüchte. Im Hochland wird vor allem Viehzucht betrieben. Bauxit, Erdöl und Erdgas sind die wesentlichen →Bodenschätze. Unter dem von 1991 bis 1995 dauernden Bürgerkrieg zwischen Serben und Kroaten haben die →Industrie und der →Tourismus stark gelitten.
Kroatien war seit 1918 Teil von →Jugoslawien und erklärte sich 1991 zur unabhängigen →Republik.

Kontinent:	Europa
Fläche:	56.538 km²
Einwohner:	4.780.000
Hauptstadt:	Zagreb
Amtssprache:	Kroatisch
Währung:	Kuna

Krokodil

Mit 21 Arten gehören die Krokodile oder Panzerechsen zu den größten →Reptilien, die es heute noch gibt. Die ausgezeichneten Schwimmer und Taucher bewohnen überwiegend tropische Flüsse und Seen. Manche Arten schwimmen auch ins Meer. Ihr eidechsenartiger Körper mit den muskulösen Gliedmaßen ist von Hornplatten bedeckt, die auf dem langen, kräftigen Ruderschwanz einen Schuppenkamm bilden. Über den Ohröffnungen sitzen große

Ohne Gefahr für die Vögel lassen sich Krokodile von den kleinen Krokodilswächtern die Haut und sogar das Maul reinigen.

Hautdeckel, die Augen werden durch doppelte Lider besonders gut geschützt. Die Nasenlöcher sind verschließbar. In der meist langen Schnauze der gefährlichen Fleischfresser befinden sich viele spitze Zähne. Krokodile lauern stundenlang bewe-

gungslos im Wasser, um dann blitzschnell ihre Beute, Fische, Wasservögel oder trinkende Tiere am Ufer, zu schnappen. Die Weibchen legen bis zu 100 Eier an Land ab und vergraben sie. Die frisch geschlüpften Jungen machen sich durch Quieken bemerkbar, werden freigescharrt und laufen sofort ins Wasser.
Man unterscheidet drei Familien: die Alligatoren und Kaimane, die Gaviale und die Echten Krokodile.

Kröte →Froschlurche

Kuba

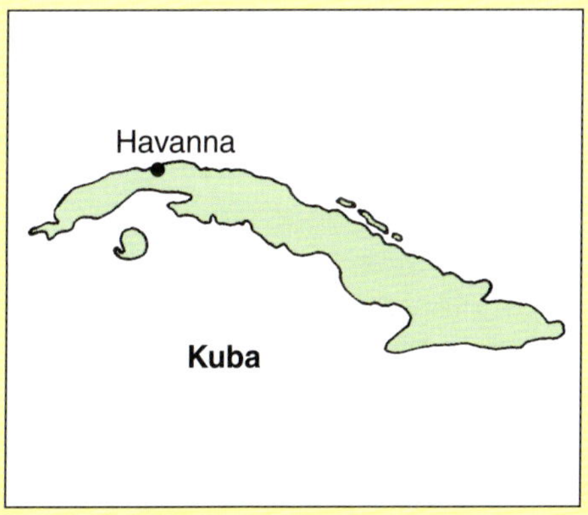

Kontinent:	Amerika
Fläche:	110.860 km^2
Einwohner:	10.951.000
Hauptstadt:	Havanna
Amtssprache:	Spanisch
Währung:	Kubanischer Peso

Der mittelamerikanische Staat Kuba umfasst die größte →Insel der Großen Antillen im Karibischen Meer und zahlreiche kleine Inseln und Korallenriffe. Bis auf den gebirgigen Osten besteht Kuba aus Flach- und Hügelland. Das →Klima ist tropisch mit wechselnden Trocken- und →Regenzeiten. Vor allem im Herbst treten Wirbelstürme auf. Wichtigstes Anbauprodukt der „Zuckerinsel" ist Zuckerrohr, weitere Exportgüter sind Kaffee, Tabak und Zitrusfrüchte. Von Bedeutung ist die Viehzucht. Zwei Drittel der Bevölkerung sind Weiße spanischer Abstammung, daneben gibt es Mulatten (→Mischlinge) und Schwarze.
Die ehemals spanische →Kolonie kam 1898 in den Besitz der →USA. 1901 wurde Kuba eine unabhängige →Republik, blieb jedoch bis 1934 unter amerikanischer Aufsicht. 1959 übernahm nach langjährigem Kampf im Untergrund Fidel Castro (geb. 1926) die Regierung und baute unter Anlehnung an die →Sowjetunion einen sozialistischen Staat auf. Seit dem Untergang der Sowjetunion 1991 kämpft Kuba mit schweren wirtschaftlichen und politischen Krisen.

Kuh →Rinder

Kultur
In der Welt wird alles, das nicht von der Natur, sondern vom Menschen geschaffen ist, unter dem Begriff „Kultur" zusammengefasst. Dazu gehören →Sprache, →Kunst, →Wissenschaft, →Philosophie, →Religion, Sitten, Gebräuche und Lebensformen. Jedes Volk hat eine eigene Kultur entwickelt, und nicht selten kommt es zu Missverständnissen und Konflikten, wenn verschiedene Kulturen aufeinander treffen. Andere Kulturen sollte man respektieren. Sie stellen eine große Bereicherung für die eigene Kultur dar.

Kunst
Der Begriff „Kunst" kommt von „können" und bedeutet „Geschicklichkeit, Fertigkeit". Kunst ist die schöpferisch gestaltende Tätigkeit des Menschen, sein Produkt ist das Kunstwerk. Zu den Künsten im engeren Sinn zählen die →Dichtung, die →Musik, die bildende Kunst, wie →Architektur, Bildhauerei, →Malerei, Zeichnung, →Grafik und Kunsthandwerk, außerdem die darstellende und ausübende Kunst, wie Tanz, →Theater, →Pantomime und →Film. Man unterscheidet dabei die verschiedenen Kunstrichtungen oder -stile, wie die →Gotik, den →Barock, den →Impressionismus und andere.

Kunststoffe
Die auch als Plaste oder Plastik bezeichneten Kunststoffe sind Werkstoffe, die von der chemischen →Industrie hergestellt werden. In einem komplizierten Verfahren vereinigt man die kleinen →Moleküle der Ausgangsstoffe zu Riesenmolekülen, wodurch neue Stoffe mit neuen Eigenschaften entstehen. Dabei werden entweder Naturstoffe, wie →Holz oder →Kautschuk, umgewandelt oder die Kunststoffe aus →Rohstoffen, wie

→Kohle, →Erdöl und →Erdgas, völlig neu aufgebaut bzw. synthetisiert. Unter der Vielzahl der Kunststoffe unterscheidet man die Thermoplaste, die durch Wärme verformt werden können, und die Duroplaste, die gepresst und gegossen weder verformbar noch durch Lösungsmittel lösbar sind.

Auch Bücher, wie die MOLLY-Plastikbilderbücher, können aus Kunststoff sein.

Kurden
Das Volk der Kurden lebt in dem Gebiet Kurdistan in Vorderasien, das sich vor allem über den Osten der Türkei, den Irak und einen kleinen Teil des Iran erstreckt. Weltweit wird die Zahl der Kurden auf 30 Millionen geschätzt. Sie gliedern sich in viele Stämme, die unterschiedliche →Dialekte sprechen. Hauptreligion ist der →Islam. Bis ins 20. Jahrhundert lebten die Kurden in zahlreichen kleinen Fürstentümern. Dann bildete sich eine kurdische Nationalbewegung, die die Gründung eines eigenen →Staates anstrebt. Die Kurden sind untereinander politisch zerstritten und bekämpfen sich zum Teil gegenseitig. Vor allem in der Osttürkei und im Irak werden sie jedoch brutal von Seiten der Regierungen und Militärs unterdrückt. In der Osttürkei liefern sich türkische Truppen und militante Kurden seit Jahren einen blutigen Bürgerkrieg.

Küste
Die Küste bezeichnet den natürlichen Grenzstreifen zwischen Land und →Meer. Da sich sowohl die Höhe des Festlandes als auch die des Wasserspiegels ständig ändern, verlagert sich die Küstenlinie immer wieder und nimmt neue Formen an. Man unterscheidet Steilküsten, die abrupt zum Meer hin abfallen, wie die Kliffküste der Ostseeinsel Rügen, und Flachküsten, die lang gezogen ins Meer laufen, wie die Nordseeküste. Lagert das Wasser entlang der Küste Geröll und Sand in Form von Strandwällen und Sandriffen ab, kommt es zu Haff- und Nehrungsküsten. Die meisten Küsten sind Festlandsränder, die bei höher steigendem Meeresspiegel ertrunken sind. Das Meer ist in vorhandene Hohlräume gedrungen und hat diese weiter ausgewaschen. So bildeten sich z. B. die Fjordküsten und die Boddenküsten. Weitere untergetauchte Küstenarten sind die Fördenküsten, z. B. bei Schleswig-Holstein, bei denen das Meer eiszeitliche Schmelzwasserrinnen gefüllt hat, und die Schärenküsten. Diese wurden vom Meer überflutet, sodass nur kleine Felsbuckelinseln, die Schären, über den Wasserspiegel hinausreichen. Bei den Riasküsten und Limanküsten wurden ehemalige Flusstäler vom Meer überschwemmt.

Kuwait
Das arabische Scheichtum Kuwait grenzt an Irak und Saudi-Arabien. Es liegt am Persischen Golf in einer →Wüste. Mit Ausnahme der Wintermonate ist das →Klima heiß. Das Trinkwasser muss großteils in Entsalzungsanlagen aus Meerwasser gewonnen werden. Wegen seiner riesigen Erdölvorkommen ist Kuwait sehr reich. Von wirtschaftlicher Bedeutung ist außerdem der Fischfang. Fast zwei Drittel der Bevölkerung sind Ausländer.
Kuwait war bis 1961 britisches Schutzgebiet und wurde dann unabhängig. Seit 1962 ist es eine →Monarchie.

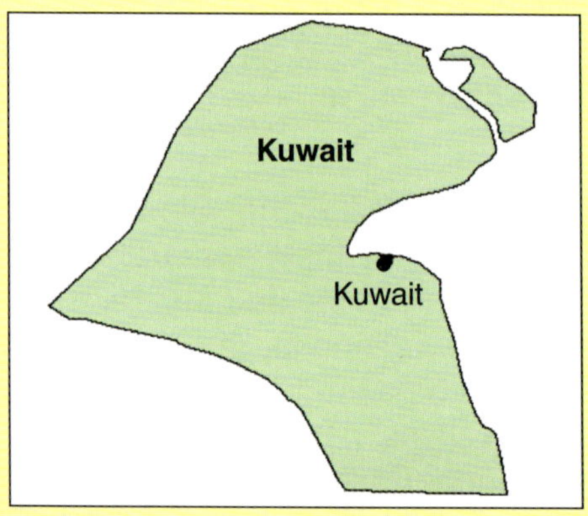

Kontinent:	Asien
Fläche:	17.818 km^2
Einwohner:	1.651.000
Hauptstadt:	Kuwait
Amtssprache:	Arabisch
Währung:	Kuwait–Dinar

wie Ludwig

Labyrinth

Ein Labyrinth ist ein Irrgarten oder ein Gebäude mit vielen verschlungenen Wegen und Gängen. Diese sind so unübersichtlich angelegt, dass sich der Besucher unweigerlich darin verläuft. Ursprünglich bezeichnete das Wort einen Palast in Knossos auf der griechischen Insel Kreta. Der →Sage nach ließ ihn König Minos im 2. Jahrtausend v. Chr. von dem Baumeister Dädalus errichten, um in den verwirrend angelegten Gängen das Stier-Mensch-Ungeheuer Minotaurus gefangen zu halten.

Wegen seiner gewundenen Form heißt außerdem das innere →Ohr Labyrinth.

Lamaismus

Der Lamaismus ist eine Form des →Buddhismus. Er entstand ab dem 7. Jahrhundert im Königreich Tibet, einer heutigen Region der Volksrepublik →China, als dort der Buddhismus eingeführt wurde. Im Gegensatz zu anderen →Religionen gehören dem Lamaismus nur Priester und Mönche an. Die Priester tragen den Titel „Lama". Den höchsten Rang nehmen zwei Oberpriester oder Großlamas ein: der Pantschen-Lama, der als Wiedergeburt Buddhas gilt, und der Dalai Lama als Wiedergeburt des Bodhisattwa, des Schutzherrn von Tibet. Es heißt, dass ein verstorbener Großlama innerhalb von 49 Tagen nach seinem Tod in einem neugeborenen Knaben wiederkehrt.

Seit dem 15. Jahrhundert hatte der Dalai Lama auch die weltliche Herrschaft in Tibet inne. Er war Staatsoberhaupt bis 1951, als Tibet seine Selbstständigkeit aufgeben musste und von China unterworfen wurde. Im Zuge der Aufstände 1959/60 gegen die chinesische Herrschaft floh der 14. Dalai Lama nach Indien. Von dort aus kämpft er bis heute gegen die politische und religiöse Unterdrückung seiner Heimat. 1989 wurde er für sein Engagement mit dem Friedensnobelpreis ausgezeichnet.

Landkarte

Die Landkarten stellen die Erdoberfläche oder Teile davon vereinfacht und verkleinert auf einer Ebene dar. Für ihre Erstellung werden das Gelände und die Landschaftsmerkmale, das sind Berge, Flüsse, Wälder, Ortschaften, Straßen usw., genau vermessen und in ein so genanntes Kartennetz eingetragen. Dieses ist ein Gitter aus senk-

Landkartenausschnitt

rechten und waagrechten Linien, die den Längen- und →Breitenkreisen bzw. dem Gradnetz des →Globus entsprechen. Die gekrümmte Erdoberfläche kann so auf eine ebene Karte übertragen werden. Die Landschaftsmerkmale sowie Straßenarten oder Grenzen werden durch verschiedene Linien, Zeichen und Farben wiedergegeben. Diese Symbole sind in einer →Legende erklärt. Der Maßstab der Landkarte gibt an, in welchem Verhältnis die Natur verkleinert wurde. Auf einer Karte im Maßstab 1:300.000 entsprechen einer Strecke von 1 cm Länge 300.000 cm = 3000 m = 3 km in der Natur.

Für die Darstellung der Oberflächengestalt eines Geländes gibt es mehrere Möglichkeiten. Im Atlas werden Höhenschichten durch verschiedene Farbtöne angegeben.

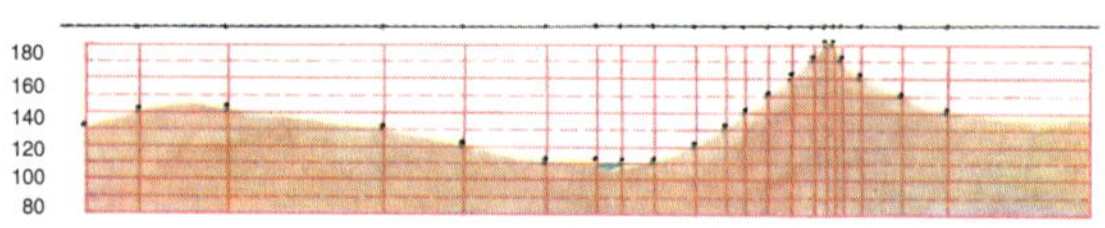

Auch mit Höhenlinien kann die Oberfläche dargestellt werden. Die Höhenlinien verbinden Punkte gleicher Höhe und zeigen das Profil des Geländes.

Man unterscheidet verschiedene Arten von Landkarten, auf denen je nach Verwendungszweck bestimmte Dinge hervorgehoben werden. Physische Karten geben die Oberflächengestalt wieder, politische Karten zeigen die Staaten, und thematische Karten geben Auskünfte über bestimmte Themen, wie das →Klima, die →Wirtschaft oder die Bevölkerung.

Landwirtschaft
Die Landwirtschaft ist die Nutzung des →Bodens. Sie hat das Ziel, pflanzliche und tierische Nahrungsmittel, wie →Getreide, →Gemüse, Fleisch, →Milch oder Eier, und →Rohstoffe, wie →Öl- und Faserpflanzen oder →Wolle, zu gewinnen. Zu ihr zählen der Ackerbau und die Viehzucht, aber auch der Garten-, Gemüse-, Obst- und Weinbau, die Forstwirtschaft, Jagd und →Fischerei sowie landwirtschaftliche Nebenbetriebe, wie Molkereien oder Brauereien.
Die Landwirte oder Bauern in Deutschland haben meist kleine bis mittelgroße Betriebe, die entweder der Familie gehören oder gepachtet sind. Der Einsatz von Maschinen, wie Traktoren, Mähdrescher oder Sämaschinen, erleichtert die schwere Arbeit. In Ostdeutschland haben sich als Nachfolger der landwirtschaftlichen Produktionsgenossenschaften, abgekürzt LPG, landwirtschaftliche Großbetriebe gebildet. In den Anfangsjahren der →DDR hatten sich viele Landwirte zunächst freiwillig, dann zum Teil unter starkem staatlichen Druck mit ihren kleinen Privatbetrieben zu LPGs zusammengeschlossen. Der landwirtschaftlich genutzte Grund, das Vieh, die Maschinen und die Wirtschaftsgebäude waren Eigentum der Genossenschaften. Diese waren oft auf die Großproduktion bestimmter Erzeugnisse, z. B. die Rinder- oder Schweinemast, spezialisiert.
Bereits vor 5000 Jahren, in der jüngeren →Steinzeit, hatten die Menschen begonnen, den Boden mithilfe eines Pflugs zu bearbeiten, der von Pferden oder Rindern gezogen wurde. Dies ermöglichte es, auf Feldern größere Mengen anzubauen, als für die bisherige Selbstversorgung nötig war. Zunächst entstand die Einfelderwirtschaft, bei der man auf einem Feld jedes Jahr das gleiche Getreide anbaut. Aus ihr entwickelte sich die Mehrfelderwirtschaft oder →Fruchtfolge. Ab Mitte des 19. Jahrhunderts kamen die →Düngung und der Pflanzenschutz auf.
→Liebig, Justus von

Mit Maschinen sind große Felder gut zu bearbeiten.

Längenkreis →Breitenkreis

Lao-tse
Der chinesische Philosoph Lao-tse lebte wahrscheinlich von 480 bis 390 v. Chr. und stammte wie →Konfuzius aus Nordchina. Über ihn sind zahlreiche Wundergeschichten überliefert, so heißt es z. B., dass er bei der Geburt weiße Haare hatte und bereits sprechen konnte. Auch soll er nicht gestorben, sondern auf einem schwarzen Büffel nach Westen davongeritten sein. Auf die Bitte eines Grenzwächters hin hat er seine Lehre in 5000 Worten niedergeschrieben. Sie sind in dem Werk „Tao-te-king" als weise Sinnsprüche gesammelt. Nach Lao-tse ist das „Tao" der Urgrund, aus dem alles in der Welt entspringt. Das „te" ist die Kraft, die sich dem Weisen offenbart, wenn er sich dem Wirken des Tao überlässt, ohne selbst in die Welt einzugreifen.

Lärche
Als einzige Gattung der heimischen →Nadelbäume wirft die Lärche gegen Ende jeden Jahres ihr nadelförmiges Laub ab. Im Frühjahr brechen die neuen Nadeln in kleinen, weichen Büscheln hervor. Allmählich nehmen sie ein sattes Grün an, färben sich im Herbst goldgelb und fallen im November ab. Für den Waldboden sind sie ein wichtiger →Dünger. Im Gegensatz zu anderen

Nadelbäumen braucht die Lärche zu ihrer vollen Entfaltung Licht, außerdem gedeiht sie am besten im Gebirge in Höhen bis zu 2000 Metern. Sie ist schnellwüchsig, anspruchslos, wird bis zu 50 Meter hoch und bis zu 1000 Jahre alt. Die Lärche liefert haltbares, wasserbeständiges, harzreiches →Holz, aus dem z. B. Möbel und Türen gefertigt werden.

Larve
Die Larve ist eine Frühform von Tieren, die eine indirekte Entwicklung oder Metamorphose durchmachen. Larven unterscheiden sich meist stark im Aussehen und in der Lebensweise vom erwachsenen Tier, dem sie sich erst durch Weiterentwicklung annähern: Aus Raupen werden →Schmetterlinge, aus Maden →Fliegen, aus Kaulquappen Frösche oder aus Engerlingen Maikäfer.
→Insekten, →Froschlurche

Laser
Der Laser ist ein Gerät, das sehr starkes →Licht erzeugt. Lichtwellen sind elektromagnetische →Wellen. Sonnenlicht oder das Licht einer →Glühlampe setzt sich aus unterschiedlichen Wellen zusammen. Das Licht des Lasers dagegen besteht aus gebündelten parallelen Strahlen gleicher Wellenlänge, die einen besonders energiereichen Lichtstrahl bilden. Dieser entsteht im Inneren des Lasers durch einen geeigneten →Kristall, z. B. Rubin: Die →Atome des Rubins werden durch das Licht einer Blitzlampe dazu angeregt, einen Teil ihrer gespeicherten →Energie als elektromagnetische Strahlung abzugeben, die dann mithilfe von verspiegelten Flächen weiter verstärkt wird. Anstelle von Kristallen setzt man auch bestimmte Flüssigkeiten oder →Gase

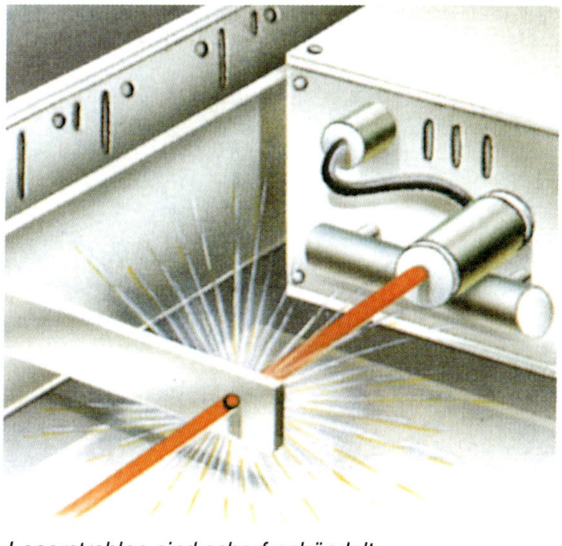

Laserstrahlen sind scharf gebündelt.

ein. Laserstrahlen werden in der →Wissenschaft und →Technik angewendet. Je nach Laserart kann man mit ihnen hoch schmelzende und härteste Materialien verarbeiten, schwere Stahlplatten oder die äußerst empfindliche Netzhaut bei Augenoperationen schweißen. Laserstrahlen werden außerdem als besonders scharfe Messer bei feinsten chirurgischen Eingriffen eingesetzt. Auch in der Nachrichtenübermittlung und in der Unterhaltungsindustrie spielen sie eine große Rolle, z. B. beim Abspielen einer →CD.

Laubbäume
Alle →Bäume, die →Blätter tragen, sind Laubbäume. Dazu gehören die Obstbäume und viele Bäume der Wälder und Parks, wie →Buche, →Eiche, →Birke, Linde, →Ahorn und Akazie. Im Gegensatz zu den Nadeln der →Nadelbäume verdunsten die Blätter mit ihren großen Oberflächen ständig sehr viel Wasser. Im Winter kann dieses aus dem gefrorenen Boden nicht ersetzt werden. Zudem würde der Frost die →Zellen der Blätter zerstören. Die heimischen Laubbäume sind deshalb dem Wechsel der →Jahreszeiten angepasst. Im Herbst ziehen die Bäume die in den Blättern enthaltenen lebenswichtigen Stoffe zurück und speichern sie in den Zweigen und Ästen, im Stamm und in den →Wurzeln. Der grüne Farbstoff, das Chlorophyll, wird zerstört, und die Blätter färben sich herbstlich bunt, vertrocknen und fallen ab. Im Frühjahr schwellen die an den Zweigen gebildeten →Knospen. Sie brechen auf und die neuen Blätter entfalten sich.
Laubbäume gehören zu den Blütenpflanzen und vermehren sich durch →Samen, die der Wind und die →Insekten verbreiten. Die erste →Blüte tritt meist erst nach einigen Jahrzehnten ein.

Wuchsformen einiger Laubbäume

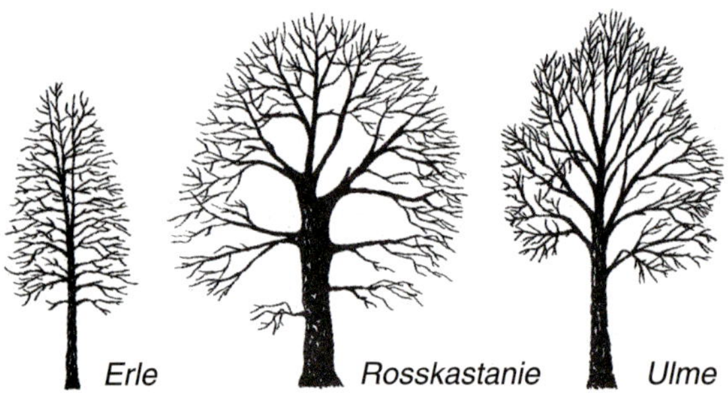

Blätter und Früchte einiger Laubbäume

Lautsprecher
Aus dem Lautsprecher ertönen Sprache, Musik und Geräusche, die z. B. auf ein →Tonband, eine →CD oder eine →Schallplatte aufgenommen sind und abgespielt werden. Der Lautsprecher ist ein Gerät, das elektrische →Energie bzw. elektrische Schwingungen in hörbare oder akustische Schwingungen, den →Schall, umwandelt. Dies geschieht überwiegend mithilfe eines →Magneten, der bei fließendem Strom eine Drahtspule zum Schwingen bringt. Die Spule gibt die Bewegungen an ein feines, schwingungsfähiges Blättchen, die Membran, weiter, und die Membran überträgt die Schwingungen an die Luft. Hochwertige Lautsprecherboxen für Hi-Fi-Anlagen (→Hi-Fi) sind mit zwei oder drei Lautsprechersystemen ausgestattet. Diese haben unterschiedlich große Membranen für die hohen, mittleren und tiefen →Töne und können damit die Klänge naturgetreuer wiedergeben.

Lava →Vulkan

Lawine
Schnee-, Eis-, Erd- oder Steinmassen, die plötzlich an Gebirgshängen herabstürzen, heißen Lawinen. Sie entstehen z. B. bei Tauwetter oder durch Stürme. Man schützt sich vor diesen Naturgewalten durch das Anlegen von Wäldern, die zum einen den Boden festigen und dadurch Erdrutsche verhindern, zum anderen abgehende Lawinen auffangen. Auch mithilfe von Mauern, Zäunen und Wällen, durch das Überdachen von Verkehrswegen und durch rechtzeitige Warnung kann man die Lawinengefahr einschränken.

Leber
Die Leber ist das zentrale →Organ des →Stoffwechsels und die größte →Drüse des menschlichen und tierischen Körpers. Sie befindet sich im rechten Oberbauch direkt

unter dem Zwerchfell. Durch eine Furche ist sie in den großen rechten und den kleinen linken Leberlappen geteilt. In ihnen sind die Leberzellen angeordnet, die täglich über einen Liter →Galle bilden. Über die Pfortader erhält die Leber →Blut aus dem →Darm. Diesem entnimmt sie Traubenzucker, speichert ihn als tierische →Stärke oder Glykogen und wandelt den Überschuss in Fettstoffe um. Außerdem erzeugt die Leber Harnstoff, der über die →Nieren ausgeschieden wird und den Körper von schädlichen Stoffen befreit. Da die Leber als Entgiftungsorgan oft stark beansprucht ist, kann sie abgestorbene Leberzellen zum Teil durch neue ersetzen. In den Leberzellen entstehen auch Abwehrstoffe und Substanzen für die Blutgerinnung.

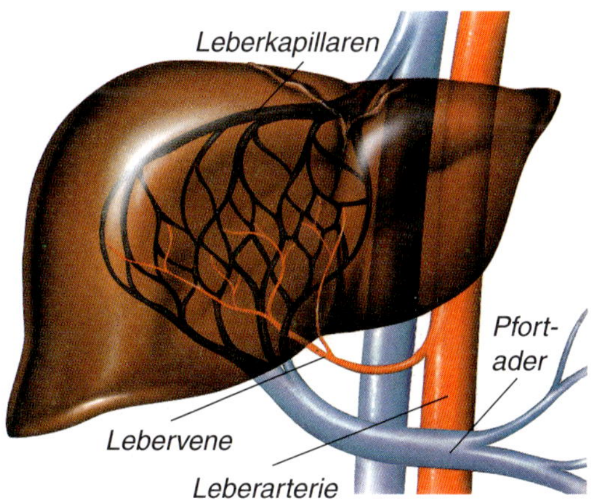

Leder
Das Leder stellt man aus den →Häuten von Rindern, Schafen, Ziegen, Schweinen, Hirschen, Schlangen, Krokodilen, aber auch einiger Fischarten her. Jede Tierhaut muss mehrfach bearbeitet werden, bevor man sie als Leder verwenden kann. Sie wird gereinigt, von den Haaren und der obersten Schicht der Haut befreit und dann gegerbt. Dabei wird die Oberhaut mit chemischen Substanzen gelöst und in der Regel mit →Maschinen entfernt. Übrig bleibt die ungegerbte Lederhaut oder Blöße. Diese wird mit chemischen oder pflanzlichen Gerbstoffen behandelt, auf eine gleichmäßige Dicke gebracht und getrocknet. Ungegerbte Haut würde hart werden und Pergament ergeben. Nach dem Gerben wird das Leder je nach seinem Verwendungszweck behandelt: Es wird gefärbt, mit pflanzlichen und tierischen Ölen geschmeidig und Wasser abstoßend gemacht, glanzgestoßen oder aufgeschliffen.

Dieses Modell zeigt Gerber bei der Bearbeitung der Häute (um 1950).

Legalität
Der Begriff „Legalität" bedeutet, dass etwas so geschieht oder geschehen muss, wie es das →Gesetz vorschreibt. Im →Staat gibt es den so genannten Legalitätsgrundsatz. Er verlangt, dass die Verwaltung und die Rechtssprechung nach den Gesetzen und der →Verfassung handeln. Dabei kann es passieren, dass ein Gesetz zwar formal eingehalten wird, dennoch aber nach menschlichem Gerechtigkeitsempfinden etwas Unrechtes getan wird.
→Illegalität

Legasthenie
Der Begriff „Legasthenie" kommt von dem lateinischen Wort „legere" für „lesen" und dem griechischen Wort „asthenes" für „schwach". Man versteht darunter eine Lese- und Rechtschreibschwäche, die vor allem bei Schulkindern vorkommt. Meist verwechseln Legastheniker ähnlich lautende Buchstaben, wie b und p, vertauschen Doppellaute, wie ie und ei, oder ganze Wortteile oder lassen Buchstaben bzw. ganze Silben aus. Legasthenie ist weder eine Krankheit, noch sind die betroffenen Menschen weniger intelligent als andere. Die Ursachen sind bisher nicht entdeckt worden, aber durch besondere Übungen kann man Legasthenie beheben.

Legende
Die Geschichte vom vorbildlichen Leben und Leiden eines →Heiligen, wie dem des

Nothelfers Christophorus, bezeichnet man als Legende. Sie ist eine Mischung aus Wahrheit und Dichtung, oft berichtet sie von Wundertaten, die im wirklichen Leben nicht geschehen sind, den Gläubigen jedoch Trost und Hoffnung spenden sollen.
Unter Legende versteht man außerdem die Unterschriften und Erläuterungen zu Bildern in Zeitungen, Zeitschriften und Büchern, die Inschriften auf Münzen, Siegeln und Werken der bildenden Kunst sowie die Zeichenerklärungen auf →Landkarten.

Leichtathletik

Beim Hürdenlauf müssen zehn in regelmäßigen Abständen aufgestellte Hürden überlaufen werden. Die Distanz bei Männern beträgt 110 m oder 400 m, bei den Frauen 100 m oder 400 m.

Die Leichtathletik gehört zu den ältesten Sportarten. Einige →Disziplinen wurden schon bei den →Olympischen Spielen im alten Griechenland ausgetragen. Zur heutigen Leichtathletik zählen das Laufen, z. B. der 100-Meter-Lauf, →Marathonlauf oder Hürdenlauf, sowie das Gehen, das Springen, wie der Hoch- und Weitsprung, das Werfen, z. B. Speerwurf, und das Stoßen, z. B. das Kugelstoßen. Daneben gibt es den Mehrkampf, bei dem drei, fünf, sieben oder zehn der genannten Disziplinen im Wettbewerb ausgetragen werden. Der Grundgedanke der Leichtathletik ist, schneller zu laufen, höher und weiter zu springen, weiter zu werfen oder zu stoßen als alle anderen Wettkampfteilnehmer. Gleichzeitig sind Laufen, Springen und Werfen sowie die dafür benötigte Kraft, Schnelligkeit und Ausdauer die Voraussetzungen für viele andere Sportarten. Zusammen mit Schwimmen bilden die leichtathletischen Wettkämpfe die Bundesjugendspiele, die jeden Sommer von Schulen in Deutschland veranstaltet werden. Die Leichtathletik ist außerdem der Hauptteil der olympischen Sommerspiele.

Lenin, Wladimir Iljitsch

Der russische Revolutionär Wladimir Iljitsch Lenin (22.4.1870–21.1.1924) hieß eigentlich Wladimir Iljitsch Uljanow. Er war Führer der →Partei der Bolschewiki, die in der Oktober-Revolution 1917 die Macht in →Russland an sich rissen und die →Sowjetunion begründeten. Lenins Bruder Alexander hatte sich einer revolutionären Gruppe angeschlossen, die den Zaren, Kaiser Alexander III., stürzen wollte, und war hingerichtet worden. Wegen seines politischen Einsatzes, der ebenfalls auf den Sturz des Zaren abzielte, wurde Lenin von 1897 bis 1900 nach Sibirien verbannt. Danach lebte er bis 1917 im Exil. In dieser Zeit litt die russische Bevölkerung immer mehr unter den Auswirkungen des Ersten →Weltkriegs und wurde zunehmend kriegsmüder. Im Februar 1917 kam es deshalb zur so genannten Februar-Revolution, in deren Verlauf der Zar abtrat. Kurze Zeit darauf kehrte Lenin nach

Russland zurück. Für den Fall, dass seine Partei den Sieg davontragen würde, versprach er der Bevölkerung sofortigen Frieden und den besitzlosen Bauern Land. Als es im Oktober 1917 zu Aufständen kam, gelang es Lenin, die Macht zu übernehmen. In den Jahren 1918 bis 1921 herrschte in Russland ein blutiger Bürgerkrieg, den die Bolschewiki gewannen. Seit 1918 errichteten sie unter Lenins Führung eine sozialistische Gesellschaftsordnung. Dabei nahmen sie hauptsächlich auf die Lehren von Karl →Marx Bezug. Dementsprechend nennt man ihre Gesellschaftstheorie „Marxismus-Leninismus". Auf sie beriefen sich die meisten anderen sozialistischen Staaten der Erde.

Leonardo da Vinci

Leonardo da Vinci (Selbstbildnis)

Der Italiener Leonardo da Vinci (15.4.1452–2.5.1519) war Maler, Bildhauer, Schriftsteller, →Architekt, Naturforscher und Erfinder und gilt als einer der bedeutendsten und vielseitigsten Künstler Europas. Er lebte zur Zeit der →Renaissance, als sich →Wirtschaft, →Technik und →Kunst stürmisch zu entwickeln begannen. Als Maler schuf er so berühmte Gemälde wie die „Madonna in der Felsengrotte" oder die „Mona Lisa", als Architekt wird er mit Arbeiten am Mailänder Dom in Verbindung gebracht. Als Forscher beschäftigte er sich mit zahlreichen Gebieten, er beobachtete die Natur und strebte danach, ihre Gesetze zu erkennen und sie nutzbringend anzuwenden. Neben vielem anderen konstruierte er eine Taucherglocke, den →Fallschirm, Kriegsgerät und Flugmaschinen und studierte erfolgreich den Bau des menschlichen Körpers.

Leoparden

Der Leopard oder Panther gehört zu den Großkatzen. Als Einzelgänger lebt er in Urwäldern, Savannen, Steppen und Gebirgslandschaften in Afrika, Süd- und Ostasien. Er wird bis zu 150 Zentimeter lang und ähnelt dem →Jaguar, hat jedoch im Fellmuster keine Flecken in den Ringen. Unter den verschiedenen Leopardenarten gibt es immer wieder so genannte Schwärzlinge, die schwarzen Panther. Leoparden sind sehr gute Kletterer. Sie jagen alle warmblütigen Tiere, die sie überwältigen können. Wegen der Jagd auf ihr wertvolles Fell sind sie in manchen Gegenden fast ausgerottet.

Lessing, Gotthold Ephraim

Der deutsche Dichter, Denker und Kritiker Gotthold Ephraim Lessing (22.1.1729–15.2.1781) studierte in Leipzig Theologie und →Medizin. 1748 wurde er in Berlin freier Schriftsteller und Journalist. Als Dichter steht er am Übergang der →Aufklärung zur →Klassik. Bis dahin wurden im Theater immer die Probleme Adeliger behandelt. Sein Trauerspiel „Miss Sara Sampson" brachte bei der Uraufführung 1755 erstmals die Nöte der Bürger auf die deutsche Bühne. In diesem und in seinen anderen Stücken, wie „Minna von Barnhelm", „Emilia Galotti" oder „Nathan der Weise", fordert Lessing Gleichberechtigung, Toleranz und Menschlichkeit. Auch seine →Fabeln und weiteren Schriften zeigen in witzig-nachdenklicher und schlagkräftiger Weise auf das Unrecht in der Welt. Lessing gilt als wichtiger Vertreter und Wegbereiter der deutschen →Literatur.

Lettland

Der osteuropäische Staat Lettland liegt an der Ostsee zwischen Estland und Litauen, mit denen er das Gebiet des Baltikums umfasst. Lettland besteht aus Hügel- und Flachland mit vielen Wäldern und Seen. Es herrscht Meeresklima mit kühlen Sommern und milden Wintern. Über die Hälfte der Bevölkerung sind Letten, die übrigen Einwohner sind überwiegend Russen sowie Weißrussen und Ukrainer. Lettland hat eine vielseitige →Landwirtschaft und →Industrie, von Bedeutung ist die Hochseefischerei.
Die →Republik Lettland wurde 1918 aus der Landschaft Kurland, der Provinz Lettgallen und einem Teil der Landschaft Livland gebildet. 1940 wurde sie von der →Sowjetunion besetzt und in diese eingegliedert. Seit 1991 ist Lettland unabhängig.

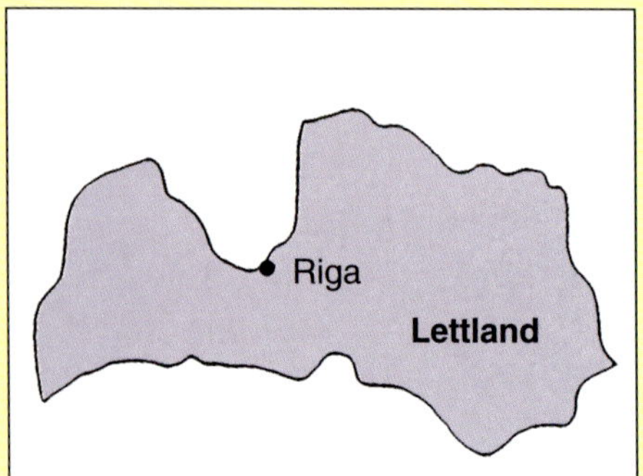

Kontinent:	Europa
Fläche:	64.589 km^2
Einwohner:	2.583.000
Hauptstadt:	Riga
Amtssprache:	Lettisch
Währung:	Lats

Leuchtturm

Als weithin sichtbare Seezeichen stehen Leuchttürme an →Küsten. Die hohen Türme, oft rotweiß angestrichen, tragen an ihrer Spitze ein starkes Leuchtfeuer, das in bestimmten Abständen aufblinkt. Es wird von einem Spezialscheinwerfer erzeugt, dessen Signal den Schiffen bei Nacht und schlechten Wetterlagen den Weg zur Hafeneinfahrt oder um →Inseln herum anzeigt. Leuchttürme stehen außerdem als Warnzeichen an gefahrvollen Stellen, z. B. an Untiefen.

Lexikon

Ein Lexikon ist ein alphabetisch geordnetes Nachschlagewerk für einen oder mehrere Wissensbereiche. Es kann ein Wörterbuch sein, das den Wortschatz einer oder mehrerer Sprachen enthält oder Fremdwörter erklärt, oder ein Fachlexikon, das Auskunft über ein bestimmtes Fachgebiet gibt, z. B. über die Musik. Ein Konversationslexikon, wie dieses Kinderlexikon, behandelt dagegen eine Auswahl an Stichwörtern aus allen Wissensbereichen.

Libanon

Der Libanon liegt in Vorderasien an der Ostküste des Mittelmeers und grenzt an Syrien und Israel. Hinter der schmalen, dicht besiedelten Küstenebene erheben sich das

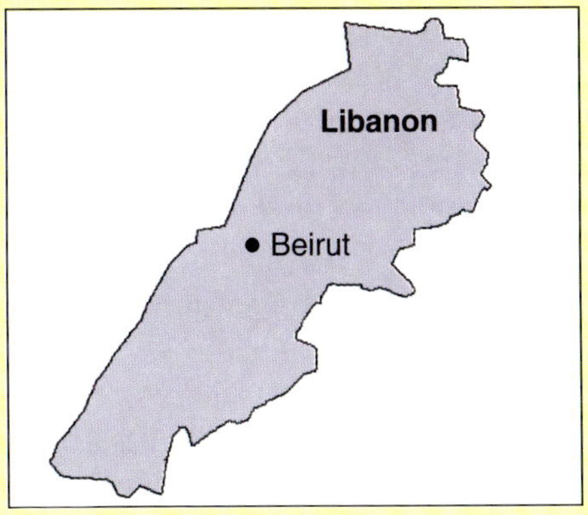

Kontinent:	Asien
Fläche:	10.452 km^2
Einwohner:	3.930.000
Hauptstadt:	Beirut
Amtssprache:	Arabisch
Währung:	Libanesisches Pfund

Libanongebirge und der Antilibanon, die durch das fruchtbare Talbecken der Beka getrennt sind. Die Sommer sind heiß und trocken, die Winter mild und feucht. Im Westen des Gebirges fällt Schnee. Die Einwohner sind vor allem Libanesen. Bei zum Teil künstlicher Bewässerung werden Zitrusfrüchte, Wein, Ölbäume, Tabak, Getreide und Obst angebaut. Besonders im Gebirge wird Viehzucht betrieben.
Ab 1920 stand der Libanon zusammen mit dem Nachbarstaat →Syrien unter französischer Herrschaft, wurde 1926 eine →Republik mit eigener Verwaltung und erhielt 1944 die Unabhängigkeit. Von 1975 bis 1990 herrschte ein religiös begründeter Bürgerkrieg, an dem →Israel und Syrien beteiligt waren. Bis heute sind syrische Truppen im Libanon stationiert, und Syrien hat starken Einfluss auf die →Politik des zerstörten Landes. Der Süden ist zum Teil von Israel besetzt.

Libyen

Die →Republik Libyen erstreckt sich in Nordafrika zwischen Tunesien und Ägypten. Bis auf den dicht besiedelten Küstenstreifen am Mittelmeer besteht das Land überwiegend aus →Wüsten mit nur wenigen →Oasen und heißem, trockenem →Klima. Die Einwohner sind vor allem Araber und Berber. Von Bedeutung sind die von →Nomaden betriebene Viehzucht und die →Fischerei. Bei künstlicher Bewässerung werden Dattelpalmen, Ölbäume, Tabak, Wein, Getreide, Gemüse und Erdnüsse angebaut und die Erzeugnisse exportiert. Wegen des reichen Erdölvorkommens gehört Libyen zu den größten Erdöllieferanten der Erde.
Im 7. Jahrhundert n. Chr. geriet das Land unter arabische Herrschaft. Anfang des 16. Jahrhunderts wurde es türkisch und nach dem Ersten →Weltkrieg bis 1947 italienisch. 1951 erhielt Libyen die Unabhängigkeit und wurde ein Königreich. 1969 stürzten Offiziere unter dem Oberst Muammar al-Ghaddafi (geb. 1942) den König und errichteten eine sozialistische Volksrepublik, die sich streng am →Islam orientiert. Seit 1969 ist Libyen ein radikaler Gegner Israels.

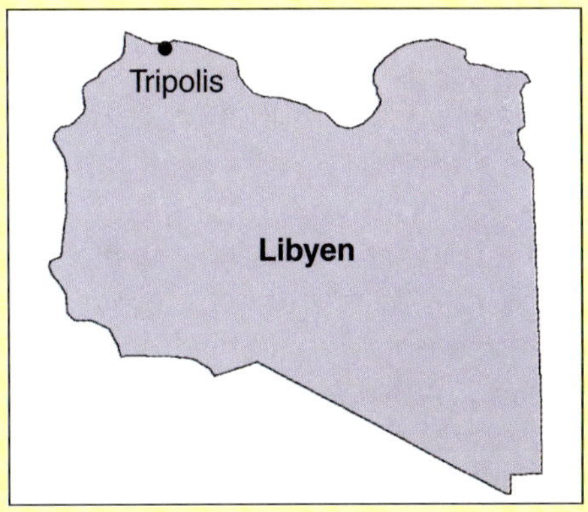

Kontinent:	Afrika
Fläche:	1.775.500 km^2
Einwohner:	5.222.000
Hauptstadt:	Tripolis
Amtssprache:	Arabisch
Währung:	Libyscher Dollar

Licht

Durch das Licht wird die Umgebung für das menschliche Auge wahrnehmbar. Es geht entweder von Lichtquellen aus, z. B. von der →Sonne, einer Kerze oder einer →Glühlampe, oder es wird von Körpern zurückgeworfen oder gestreut, die selbst kein Licht aussenden, wie vom →Mond, der das von der Sonne empfangene Licht zurückwirft. Es gibt Körper, die das Licht gut durchlassen, z. B. Fensterscheiben. Sie sind durchsichtig. Körper, die auf sie fallendes Licht nicht

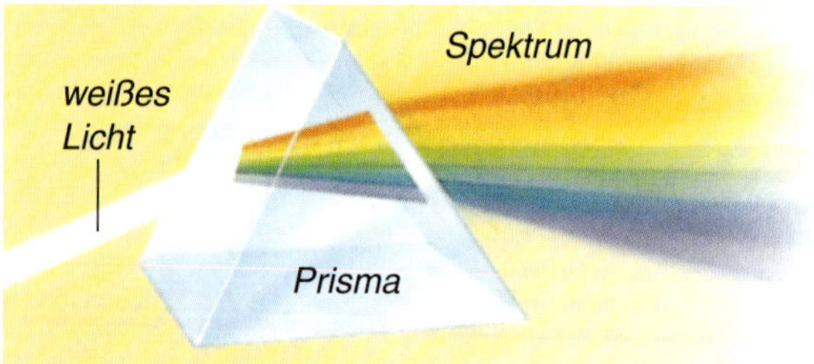

Ein Prisma spaltet Licht in ein Spektrum. Seine Farben sind die gleichen wie die im Regenbogen.

durchlassen, sind undurchsichtig. Hinter ihnen entsteht ein Schatten. Licht besteht aus elektromagnetischen →Wellen. Die →Farbe des Lichtes hängt von der jeweiligen Wellenlänge ab. Weißes Licht, wie es die Sonne oder eine Glühlampe erzeugen, besteht aus Strahlen unterschiedlicher Wellenlänge. Durch ein optisches →Prisma kann es in seine Bestandteile, die Spektral- oder Regenbogenfarben Rot, Orange, Gelb, Grün, Blau und Violett, zerlegt werden. Ein Lichtbündel breitet sich gleichmäßig und geradlinig aus. Seine →Geschwindigkeit beträgt etwa 300.000 Kilometer pro Sekunde. Trifft ein Lichtbündel auf Wasser, wird es geknickt bzw. gebrochen und läuft danach im Wasser geradlinig weiter. Es gibt auch Licht, das wegen seiner großen Wellenlänge vom menschlichen Auge nicht wahrgenommen wird: das infrarote und das ultraviolette Licht sowie das Röntgenlicht.
Als Lichtjahr bezeichnet man die Strecke, die vom Licht in einem Jahr zurückgelegt wird. Ein Lichtjahr (Lj) beträgt 9,460528 Billionen Kilometer.

Liebe
Die Liebe umfasst alle Formen des Hingezogenseins zu einer anderen Person, aber auch zu einem Tier, einer Pflanze, einem fassbaren Gegenstand, wie Geld, oder einer nicht fassbaren Sache, wie Freiheit. Liebe kann Sympathie bedeuten und ebenso starke Zuneigung oder Leidenschaft.

Liebermann, Max
Der Berliner Maler Max Liebermann (20.7.1847–8.2.1935) war ein bedeutender Vertreter des deutschen →Impressionismus. Viele seiner Bilder stellen Leute aus dem einfachen Volk bei der Arbeit dar, so die „Konservenmacherinnen“ oder die „Gänserupferinnen“. Während er anfangs noch überwiegend dunkle Farbtöne verwendete, wurden seine Bilder in den folgenden Jahren zusehends heller und lichter. Es entstanden Straßen-, Park- und Gartenansichten, Strandszenen und zahlreiche Selbstporträts. 1920 wurde Liebermann zum Präsidenten der Preußischen Akademie der Künste berufen und gewann großen Einfluss auf das Berliner Kunstleben. Weil er →Jude war, wurde er in seinen letzten Lebensjahren von den Nationalsozialisten unterdrückt und seine Kunst als „entartet“ verworfen.

„Flachsscheuer in Laaren“ von Max Liebermann

Liebig, Justus von
Justus von Liebig (12.5.1803–18.4.1873) war mit 21 Jahren bereits Professor für →Chemie. Sein Laboratorium in Gießen wurde zum Vorbild für fast alle Universitäten in Deutschland. Liebig entwickelte neue Lehrmethoden, bei denen das →Experiment stärker als bisher in die wissenschaftliche Arbeit einbezogen wurde. Durch seine

Forschungen leitete Liebig eine Umwälzung in der →Landwirtschaft ein. Er wies nach, dass die →Pflanzen dem Acker Nährstoffe entziehen, die dem →Boden wieder zugeführt werden müssen, da er sonst unfruchtbar wird. Die Düngung mit Stallmist und Jauche reicht nicht aus, weil die verschiedenen Boden- und Pflanzenarten ganz bestimmte Mineralstoffe benötigen. Deshalb müssen diese als Düngemittel in der chemischen →Industrie hergestellt werden.

Liebknecht, Karl

Der Politiker Karl Liebknecht (13.8.1871–15.1.1919) sprach sich 1914, als einziger →Abgeordneter im Deutschen Reichstag, gegen den Krieg aus. Er erklärte, dass dieser Krieg gegen die Interessen des Volkes geführt werde und nur dem Kaiser, den Fürsten, Gutsherren und Besitzern der großen Industriebetriebe dazu verhelfe, Macht und Reichtum zu vergrößern. Am 1. Mai 1916 rief er in Berlin zu einer Kundgebung gegen den Krieg auf und wurde daraufhin zu zweieinhalb Jahren Gefängnis verurteilt. Nachdem Liebknecht im Oktober 1918 vorzeitig freikam, übernahm er mit Rosa →Luxemburg die Führung der sozialistischen Gruppe „Spartakusbund". Nach deren Spaltung gründeten Liebknecht und Luxemburg um die Jahreswende 1918/19 die Kommunistische Partei Deutschlands (KPD). Nach einem Aufstand im Januar 1919 in Berlin wurden beide festgenommen und ohne Gerichtsverfahren von Freikorpsoffizieren erschossen.

Liechtenstein

Kontinent:	Europa
Fläche:	160 km^2
Einwohner:	30.600
Hauptstadt:	Vaduz
Amtssprache:	Deutsch
Währung:	Schweizer Franken

Der Kleinstaat Liechtenstein liegt in Mitteleuropa am Alpenrhein (→Rhein) zwischen der Schweiz und Österreich. Im milden →Klima werden im Osten der Rheinebene Obst, Getreide und Wein angebaut. Im Gebirge und den Hochtälern überwiegt die Viehzucht. Hauptwirtschaftszweige sind die vielseitige →Industrie und der →Tourismus. Fast 40 Prozent der Bevölkerung sind Ausländer, vor allem Schweizer, Österreicher und Deutsche.
Das Reichsfürstentum Liechtenstein entstand 1719 und gehörte bis 1866 zum Deutschen Bund, einem Zusammenschluss deutscher Einzelstaaten. Als selbstständiger Staat lehnte es sich politisch zunächst an Österreich, ab 1918 an die Schweiz an. Seit 1921 ist es eine parlamentarische →Monarchie.

Lied

Ein Lied ist ein vertontes →Gedicht, bei dem die Melodie und der Text eine Einheit bilden. Die meisten Lieder haben mehrere Strophen, die häufig alle zur gleichen Melodie gesungen werden. Von ihrer Entstehung her unterscheidet man Volkslieder und Kunstlieder. Viele Volkslieder sind sehr alt, sie wurden meist mündlich überliefert und man weiß oft nicht, wer sie gedichtet und komponiert hat. Volkslieder drücken Gedanken und Gefühle des Volkes aus und haben sehr eingängige Melodien. Es gibt traurige, aber auch viele fröhliche Volkslieder, Tanz- und Jahreszeitenlieder und nicht zuletzt Lieder der verschiedenen Berufe, z. B. das Lied über die „Waschfrauen“. Kunstlieder sind immer von einem bestimmten Verfasser geschaffen. Sie sind in der Regel für einzelne Sänger, meist Berufssänger, gedacht und werden von Klavier oder anderen →Musikinstrumenten begleitet. Zum Teil schreibt der Komponist zu jeder Strophe eine andere charakteristische Melodie. Manche Kunstlieder sind in vereinfachter Form zum Volkslied geworden, z. B. „Am Brunnen vor dem Tore“ von Franz →Schubert. Lieder werden außerdem von ihrem Inhalt her in geistliche, also Kirchenlieder, und weltliche Lieder unterteilt. Eine Rolle spielt auch, ob sie von Einzelpersonen oder von einem Chor gesungen werden.

2. Es blühen Blümlein auf dem Feld,
sie blühen weiß, blau, rot und gelb;
es gibt nichts Schöneres auf der Welt.

3. Jetzt geh ich über Berg und Tal,
da hört man schon die Nachtigall
auf grüner Heid' und überall.

Lincoln, Abraham
Der Politiker Abraham Lincoln (12.2.1809–15.4.1865) war von 1861 bis 1865 der 16. Präsident der →USA. Da Lincoln für die Abschaffung der →Sklaverei eintrat, die für die Südstaaten große wirtschaftliche Bedeutung hatte, erklärten diese ihren Austritt aus den USA. Zwischen den Nord- und Südstaaten kam es von 1861 bis 1865 zu einem blutigen Bürgerkrieg, dem Sezessionskrieg, den die Nordstaaten gewannen. Während des Krieges hatte Lincoln 1863 die Aufhebung der Sklaverei verkündet und war 1864 wieder gewählt worden. Bald danach wurde er von einem fanatischen Südstaatler erschossen.

Linse, optische
Optische Linsen werden aus durchsichtigem Material, wie →Glas, Quarz oder →Kunststoff, geschliffen. Wegen ihrer ähnlichen Form heißen sie wie die bekannten Hülsenfrüchte. Der Körper einer optischen

Sammellinse

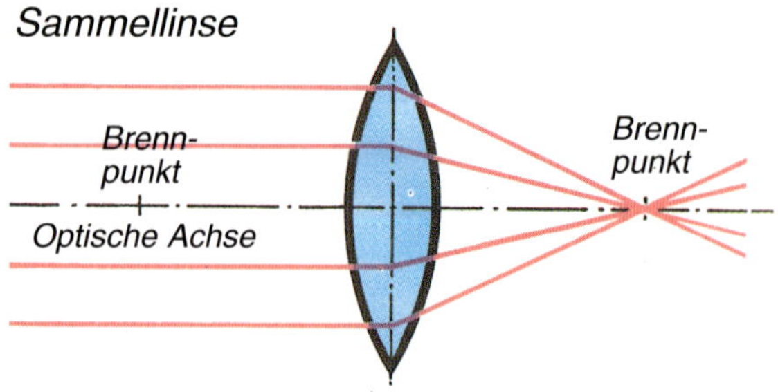

Zerstreuungslinse

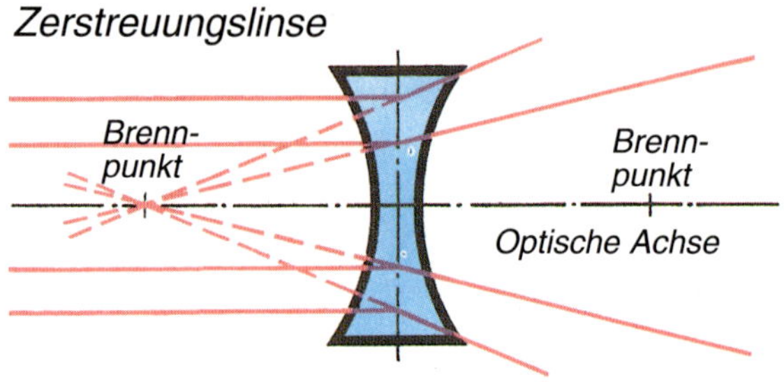

Linse ist meist von zwei gleich gekrümmten Flächen begrenzt. Tritt →Licht durch die Linse, so wird es gebrochen. Man unterscheidet zwei Arten von Linsen: konvexe und konkave Linsen. Die konvexen Linsen oder Sammellinsen sind in der Mitte dicker als am Rand, sie sammeln die einfallenden Lichtstrahlen in einem Punkt, dem Brennpunkt, und vergrößern den durch die Linse betrachteten Gegenstand. Die konkaven Linsen oder Zerstreuungslinsen sind am Rand dicker als in der Mitte, sie zerstreuen die einfallenden Lichtstrahlen und verkleinern den betrachteten Gegenstand. Linsen verwendet man bei optischen Geräten, wie Brillen, Kontaktlinsen, →Mikroskopen, Fotoapparaten oder Vergrößerungsgläsern.

Litauen
Der osteuropäische Staat Litauen grenzt an Lettland, Weißrussland, Polen, Russland und die Ostsee. Er besteht aus Hügel- und Flachland mit vielen Seen, Sümpfen und Wäldern. Das →Klima ist gemäßigt. In der →Landwirtschaft werden Flachs, Getreide, Kartoffeln und Zuckerrüben angebaut und Schweine, Rinder und Geflügel gezüchtet. Die wichtigsten Industriezweige sind die Holzverarbeitung, der Maschinenbau und

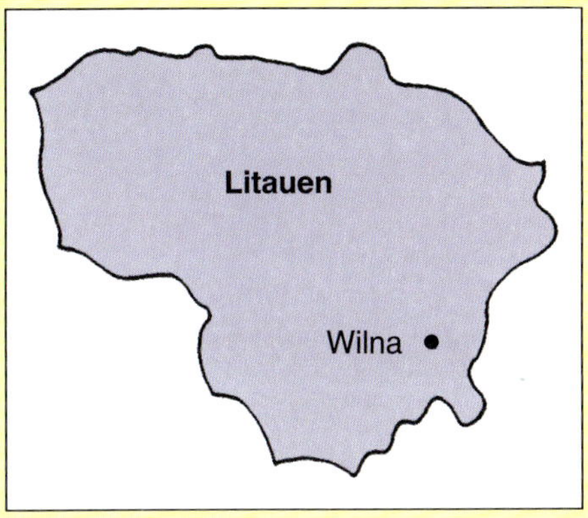

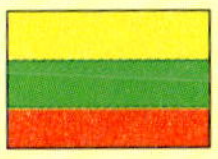

Kontinent:	Europa
Fläche:	65.300 km^2
Einwohner:	3.706.000
Hauptstadt:	Wilna
Amtssprache:	Litauisch
Währung:	Litas

die Elektrotechnik. 80 Prozent der Bevölkerung sind Litauer, die übrigen Einwohner sind vor allem Russen und Polen.
Das ehemalige Großfürstentum wurde im 16. Jahrhundert mit Polen vereinigt. Ab 1795 gehörte es zum Russischen Reich und rief 1918 die unabhängige →Republik aus. 1940 wurde Litauen von der →Sowjetunion besetzt. Als erste der sowjetischen Unionsrepubliken erklärte es 1990 seine Unabhängigkeit.

Literatur
Der Begriff „Literatur“ kommt von dem lateinischen Wort „litteratura“, das „Buchstabenschrift“ und „Sprachkunst“ bedeutet. Unter Literatur versteht man alle sprachlichen Texte, die erzählt, aufgeschrieben und verbreitet werden. Dazu gehören wissenschaftliche Texte ebenso wie →Gedichte, →Romane, Theaterstücke, →Sagen, →Märchen und sogar →Comics.

Lokomotive
Die Lokomotive, kurz Lok genannt, ist das Triebfahrzeug für Personen- und Güterzüge der →Eisenbahn. Man unterscheidet Dampflokomotiven, Diesellokomotiven und Elektrolokomotiven oder E-Loks. Die erste Dampflokomotive baute Richard Trevithick (1771–1833) im Jahr 1804. Die Urform der späteren Lokomotiven schufen 1829 die Brüder Stephenson mit der „Rocket“. Dampflokomotiven erhalten ihre →Energie über einen Dampfkessel, der mit →Kohle, Öl oder →Holz geheizt wird. Sie verbrauchen viel Brennstoff, sind sehr teuer in der Wartung und wurden daher ab 1910 nach und nach von Diesel- und Elektrolokomotiven abgelöst. Bei den Dieselloks treiben →Dieselmotoren →Generatoren an, die elektrische Energie zum Antrieb der Fahrmotoren erzeugen. Elektroloks entnehmen die elektrische Energie einem Fahrdraht, der Oberleitung. Die erste Elektrolok stellte Werner von Siemens (1816–1892) im Jahr 1879 vor. Die erste Diesellok konstruierte 1908 Rudolf Diesel (1858–1913).

Lokomotiven

Schnellzugdampflokomotive 18 201

E-Lok EuroSprinter

London
Als Hauptstadt von →Großbritannien und Nordirland ist London zugleich Regierungssitz und Residenz der britischen Könige. Die

Stadt liegt beiderseits des Flusses Themse etwa 75 Kilometer vor dessen Mündung in den Ärmelkanal. Sie ist in die Innenstadt oder City und 32 Stadtbezirke unterteilt und erstreckt sich mit 6,76 Millionen Einwohnern über eine Fläche von 1580 Quadratkilometern. Bedeutende Sehenswürdigkeiten sind z. B. der Buckingham Palast, der Tower, ehemals Residenz, dann Gefängnis und heute eine Kaserne, das Parlamentsgebäude und sein Uhrturm mit der Glocke Big Ben, zahlreiche historische Bauten, Museen, Theater und Parks. Mit sieben Flughäfen und einem der größten Häfen der Erde sowie einer vielseitigen →Industrie ist London ein bedeutender Verkehrsknotenpunkt und Zentrum des Welthandels.
London entstand aus einer keltischen Siedlung. Schon um 60 n. Chr. entwickelte es sich unter römischer Herrschaft als Londinium aus einem Militärlager zu einem wichtigen Handelsplatz.

Lorenz, Konrad
Der österreichische Arzt und Verhaltensforscher Konrad Lorenz (7.11.1903–27.2.1989) beschäftigte sich mit dem natürlichen Verhalten vieler Tierarten und verglich es mit dem Verhalten der Menschen. Neben Dohlen, Raben und Fischen beobachtete er besonders ausgiebig die Graugänse. Berühmt wurden seine Entdeckungen, die er bei der →Gans Martina machte. Zufällig stieß er durch sie auf die Verhaltensweise der „Prägung“: Weil das frisch geschlüpfte Küken den Forscher als erstes Lebewesen erblickt hatte, hielt es ihn für seine Mutter und lief ihm von da ab überallhin nach. 1973 erhielt Konrad Lorenz den →Nobelpreis für →Medizin.

Lot
Verbindet man einen Punkt P, der nicht auf einer →Geraden g liegt, mit einem solchen Punkt F auf der Geraden g, dass die Strecke PF mit der Geraden g zwei gleich große →Winkel bildet, so sagt man: PF ist das Lot von P auf die Gerade g oder: PF steht senkrecht auf g oder: PF bildet mit g zwei rechte Winkel. F heißt der Fußpunkt des Lotes.
Verbindet man einen Punkt P, der nicht in einer Ebene E liegt, mit einem solchen Punkt F dieser Ebene, dass PF auf jeder Geraden der Ebene, die durch F geht, senkrecht steht, so ist PF das Lot von P auf die Ebene E.
In der Schifffahrt ist das Lot ein Gerät zum Messen der Wassertiefe.

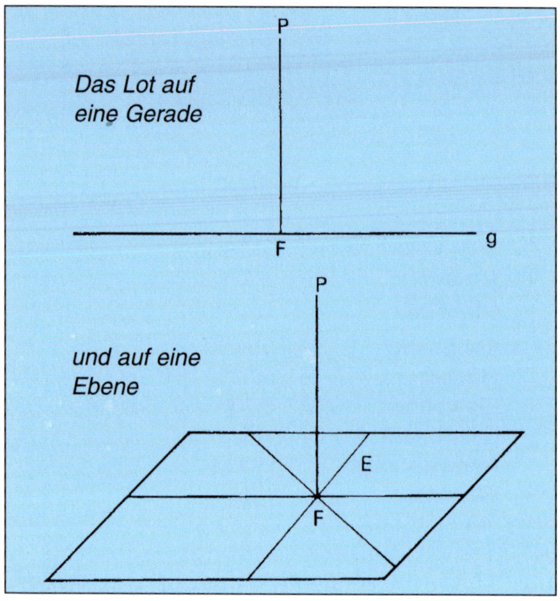

Lotse
Wenn ein Schiff in einen →Hafen einläuft, muss der Kapitän Kontakt zu einem Lotsen aufnehmen. Dieser ist ein erfahrener Seemann, der das Fahrwasser genau kennt und das Schiff sicher in den Hafen und später wieder auf See leitet. Der Kapitän fordert den Lotsen entweder über Funk, mit einer Lotsenflagge oder einem Flackerfeuer an.
Auf dem →Flughafen sorgen Fluglotsen für Sicherheit bei der Landung und dem Start der Flugzeuge.

Löwen
Die Löwen sind große, gelbbraune Raubkatzen. Sie leben als einzige Katzenart in Rudeln und bewohnen vor allem die Steppen und Savannen Afrikas sowie ein kleines Reservat in Indien. Die Männchen tragen eine dichte, etwas dunklere Mähne,

die je nach →Rasse und Verbreitungsgebiet Kopf, Hals und Brust bedeckt und bei Kämpfen um die Rangordnung im Rudel als Schutz dient. Löwen jagen in Gruppen und kreisen ihre Beute ein oder sie lauern als Einzeljäger dem Beutetier auf. Bevorzugt reißen sie →Huftiere, wie Antilopen, Zebras oder Gazellen. Auch →Aas verschmähen die „Könige der Tiere" nicht.

Luft

Die Luft umgibt die →Erde wie eine Hülle und ist ein Gemisch aus →Gasen. Sie besteht in den erdnäheren Schichten zu 78 Prozent aus →Stickstoff und zu 21 Prozent aus →Sauerstoff, außerdem sind in der Luft →Wasserstoff, →Kohlendioxid und Edelgase enthalten. Die Lufthülle oder →Atmosphäre der Erde hat eine gewaltige Masse. Dadurch übt sie auf die Erdoberfläche einen Druck aus. Mit dem →Barometer wird der Luftdruck gemessen. Je nach Temperatur speichert die Luft unterschiedlich viel Wasserdampf. Diese Luftfeuchtigkeit kann mit dem →Hygrometer gemessen werden.

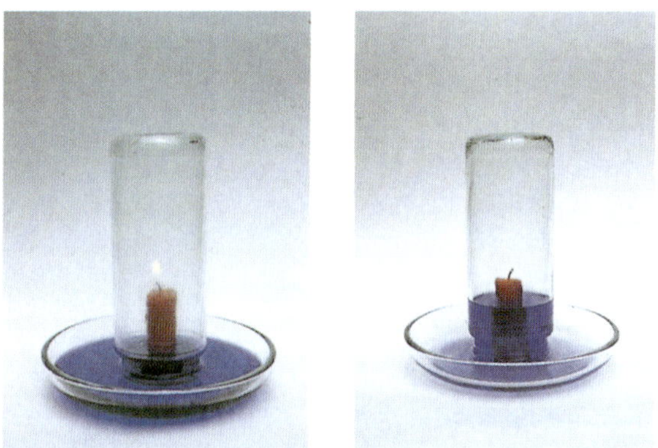

Der Sauerstoff der Luft hält die Verbrennung in Gang. Stülpt man über eine brennende Kerze ein Gefäß, so erlischt die Flamme. In den Raum, den vorher der Sauerstoff einnahm, dringt Wasser.

Luftfahrt

Unter Luftfahrt versteht man die Fortbewegung mit Luftfahrzeugen im Luftraum, also innerhalb der Lufthülle der Erde. Die Fortbewegung außerhalb der →Atmosphäre wird als →Weltraumfahrt bezeichnet. Die Luftfahrzeuge unterteilt man in solche, die leichter als Luft sind und durch aerostatischen Auftrieb in der Luft gehalten werden, z. B. →Ballone oder Luftschiffe. Die andere Gruppe umfasst Luftfahrzeuge, die schwerer als Luft sind, wie →Flugzeuge, Flugmodelle, Gleiter oder →Fallschirme. Sie fliegen mithilfe des aerodynamischen Auftriebs.

→Hubschrauber, →Zeppelin, →Weltraumfahrt

Doppeldecker

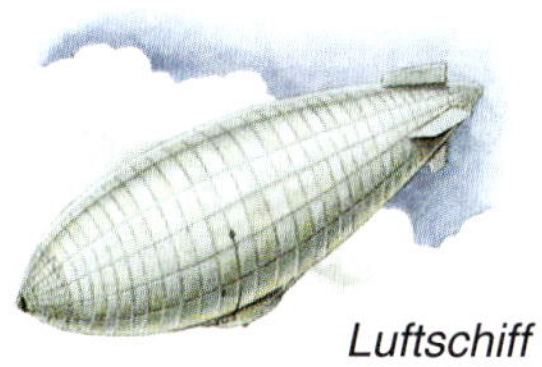

Luftschiff

Hubschrauber

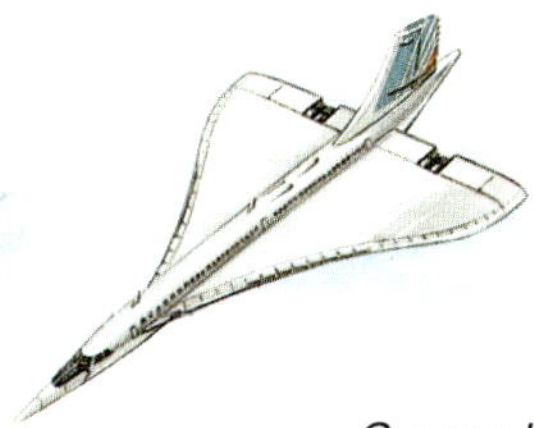

Concorde

Wichtige Stationen der Luftfahrt:

Um 1500
Leonardo da Vinci entwickelt die ersten Schwingenflugzeuge. Sie werden mit Muskelkraft angetrieben, sind aber noch flugunfähig.

Um 1670
Francesco de Lana entdeckt die Möglichkeit, den aerostatischen Auftrieb zu nutzen.

1783
Den Brüdern Montgolfier gelingt die erste Fahrt mit dem Heißluftballon. Wenige Wochen später glückt die erste Fahrt mit dem Wasserstoffballon des Erfinders Jacques Charles.

1809
George Cayley entdeckt durch Versuche mit Flugmodellen und Gleitern die aerodynamische Auftriebserzeugung und ihre Stabilisierung.

1852
Henry Giffard entwickelt das mit Dampf angetriebene, lenkbare Luftschiff.

1891–1896
Otto Lilienthal beweist mit über 2000 Gleitflügen, dass auch Apparate fliegen können, die schwerer als Luft sind.

1900
Ferdinand Graf von Zeppelin erfindet ein Luftschiff für die wirtschaftliche Nutzung. Ab 1910 gibt es Luftschiffverkehrsdienste.

1903
Den Brüdern Wright gelingt mit einem Doppeldecker der erste gesteuerte Motorflug der Welt. Er dauert zwölf Sekunden.

1909
Louis Blériot überfliegt in 27 Minuten mit einem selbst gebauten Eindecker den Ärmelkanal.

1919
John William Alcock und Arthur Whitten Brown glückt der erste Motorflug über den Nordatlantik von Neufundland zur irischen Küste.

1927
Charles Lindbergh überfliegt allein den Nordatlantik von New York nach Paris.

1937
Die Explosion des Luftzeppelins „Hindenburg“ in Lakehurst mit 36 Toten setzt der Verkehrsluftschifffahrt ein Ende.

1939
– Erstmals gelingen Flüge mit einem Flugzeug mit Raketentriebwerk, der Heinkel He 176, und einem Flugzeug mit Turbostrahltriebwerk, der Heinkel He 178.
– Der erste flugtüchtige Hubschrauber wird entwickelt.

1947
Das erste Raketenflugzeug, die Bell X-1, überschreitet die Schallgeschwindigkeit.

1949
Erstmals wird die Erde umrundet: 37.523 Kilometer ohne Zwischenlandung.

1952
Das erste Strahlverkehrsflugzeug, die Comet I, wird in den Liniendienst eingesetzt.

1963
Das Raketenforschungsflugzeug North-American X-15 erreicht eine Flughöhe von 107.960 Metern und eine Geschwindigkeit von über 7000 Stundenkilometern.

1969
Die Concorde ist das erste Überschall-Verkehrsflugzeug. Sie kann bis zu 2333 Stundenkilometer erreichen.

1976
Der Überschall-Luftverkehr wird eröffnet.

1978
Erstmals glückt eine Nordatlantiküberquerung von USA bis Paris mit einem Heliumballon.

1979
Ein Muskelkraftflugzeug, die pedalbetriebene Gossamer Albatros, überquert den Ärmelkanal.

1981
– Der erste Raumtransporter, der wieder verwendbare Spaceshuttle Columbia, fliegt angetrieben von Raketen ins Weltall, kehrt nach dem Flug auf die Erde zurück und landet dort wie ein Flugzeug.
– Das Sonnenkraftflugzeug, die Solar Challenger, überquert mit Solarantrieb den Ärmelkanal.

Luftkissenfahrzeug

Das Luftkissenfahrzeug ist ein so genanntes Amphibien- oder Land-und-Wasserfahrzeug, das sich vorwärts bewegt, ohne den Erdboden oder die Wasseroberfläche zu berühren. Es erzeugt ein Luftkissen, indem es Luft ansaugt, verdichtet und unter seinen Boden drückt, sodass es dicht darüber hinwegschweben kann. Die Vorwärtsbewegung wird durch Luftschrauben bewirkt. Durch Seitenleitwerke lässt sich das Luftkissenfahrzeug wie ein →Flugzeug lenken. Bei kürzeren Wasserstrecken erreichen Luftkissenfahrzeuge mit geringerer Motorleistung eine höhere Geschwindigkeit als andere Fährschiffe. Sie sind während der Fahrt frei von Erschütterungen und eignen sich vor allem für den Einsatz in unwegsamem Gelände, wie Sumpf, Marsch, Sand oder Eis.

Aufgeschnittenes Luftkissenfahrzeug

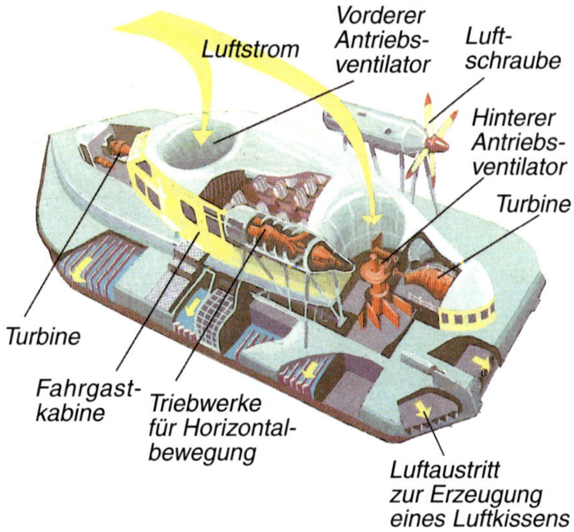

Lunge

Die Lunge ist das Atmungsorgan des Menschen und aller Luft atmenden Wirbeltiere. Sie befindet sich im Brustraum. Die Lunge hat die Aufgabe, →Sauerstoff an das →Blut abzugeben und von diesem →Kohlendioxid aufzunehmen. Die menschliche Lunge besteht aus zwei Lungenflügeln, von denen der rechte aus drei und der linke aus zwei Lungenlappen zusammengesetzt ist. Beide Lungenflügel werden vom Lungenfell überzogen. Die Brusthöhle ist innen vom Rippenfell ausgekleidet. Lungen- und Rippenfell bilden zusammen das Brustfell. Beim

Atmen gleiten sie aufeinander: Eine geringe Menge an Flüssigkeit zwischen ihnen vermeidet dabei, dass sie sich reiben.
Beim Einatmen wird die sauerstoffhaltige Luft auf dem Weg durch Nase, Mund und Luftröhre angefeuchtet, gereinigt und erwärmt. Sie gelangt in den Brustraum, in dem sich die Luftröhre in zwei Bronchien teilt. Diese verzweigen sich immer weiter bis zu winzig kleinen Lungenbläschen, die sich bei der einströmenden Atemluft erweitern.

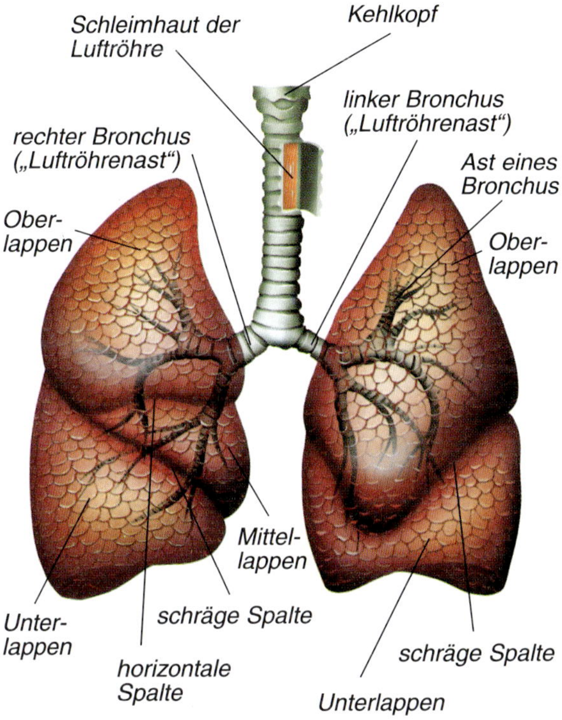

Die Bläschen sind von feinen Blutgefäßen umgeben, die sauerstoffarmes Blut von der mit dem →Herzen verbundenen Lungenarterie erhalten. Durch die dünnen Wände der Blutgefäße und der Bläschen werden die Gase Sauerstoff und Kohlendioxid ausgetauscht. Mit ihren vielen Verästelungen erreicht die elastische Lunge eine Oberfläche bis zu 100 Quadratmetern, sodass ein ausreichender Gasaustausch stattfinden kann. Das mit Sauerstoff angereicherte Blut gelangt von den Blutgefäßen über die Lungenvenen und das Herz in den großen →Blutkreislauf.

Lurche →Amphibien, →Froschlurche

Luther, Martin
Martin Luther (10.11.1483–18.2.1546) gilt als Begründer der evangelischen →Kirche. Er trat 1505 dem Orden der Augustiner bei, wurde 1507 zum Priester geweiht und lehrte ab 1512 an der Universität Wittenberg. Am 31. Oktober 1517 veröffentlichte er 95 Thesen, in denen er die mittelalterliche Kirche grundlegend kritisierte. Auslöser für die Veröffentlichung war der blühende Handel der Kirche mit so genannten Ablassbriefen, mit denen sich die Gläubigen von ihren Sünden freikaufen konnten. Nach Luthers Sicht erhält der gläubige Christ die Gnade Gottes als Geschenk und kann sie sich nicht durch Geld und Buße von der Kirche erwerben. Für Luther galt auch nur die →Bibel als Maßstab für richtiges christliches Handeln, nicht aber der →Papst und dessen Auslegung der Heiligen Schrift.
Während sich die Thesen rasch verbreiteten und zahlreiche Anhänger fanden, wurde in Rom ein Prozess gegen Luther eröffnet. Als dieser sich weigerte, seine Lehren zu widerrufen, verhängte Papst Leo X. die schwerste kirchliche Strafe, den Kirchenbann, über ihn. Kaiser Karl V. sprach zudem die Reichsacht aus, sodass ihn jeder ungestraft töten konnte. Kurfürst Friedrich der Weise von Sachsen ließ Luther auf die Wartburg in Sicherheit bringen. Dort übersetzte dieser erstmals die lateinische Bibel, die damit auch für die Allgemeinheit verständlich wurde. Luthers Schriften, die sich mit der

Erneuerung oder →Reformation der Kirche befassten, wurden vielfach auch politisch verstanden. Sie führten zu zahlreichen Unruhen, Zerstörungen von Kirchen und Klöstern und zu grausamen Aufständen der unterdrückten Bauern. 1525 heiratete Luther die ehemalige Nonne Katharina von Bora. Er setzte sich mit den Lehren anderer Reformatoren auseinander und widmete sich vor allem dem Aufbau protestantischer Kirchengemeinden.

Luxemburg

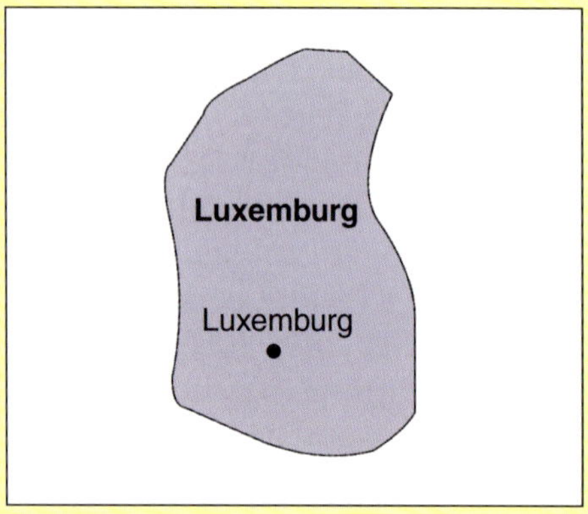

Kontinent:	Europa
Fläche:	2586 km^2
Einwohner:	400.900
Hauptstadt:	Luxemburg
Amtssprachen:	Französisch Lëtzebuergesch Deutsch
Währung:	Luxemburgischer Franc

Luxemburg liegt in Westeuropa zwischen Belgien, Deutschland und Frankreich. Es gliedert sich in das fruchtbare, hügelige Gutland im Süden und die stark bewaldete Hochebene des Ösling im Norden. Im gemäßigten, feuchten →Klima werden Getreide, Kartoffeln, Obst und im Moseltal auch Wein angebaut. Im Süden und Südwesten wird Eisenerz gefördert und verarbeitet. Allgemein sprechen die Luxemburger eine deutsche Mundart, das Lëtzebuergesch oder Luxemburgische, außerdem wird Französisch gesprochen.
Im frühen →Mittelalter entstand die deutsche Grafschaft Luxemburg. Als Herzogtum kam sie 1443 an Burgund und 1477 an die →Habsburger. 1815 wurde Luxemburg Großherzogtum, seit 1866 ist es ein unabhängiger Staat.

Luxemburg, Rosa

Die Politikerin Rosa Luxemburg (5.3.1871–15.1.1919) wuchs in Polen auf und wurde 1893 zur Mitbegründerin der Sozialdemokratischen Partei des Königreichs Polen und Litauen. 1897 kam sie nach Deutschland und trat als führende Denkerin der →Partei der damaligen SPD hervor. Zwischenzeitlich war sie in der polnischen Stadt Warschau an Aufständen gegen die russische Herrschaft beteiligt. In Deutschland kämpfte sie mit Karl →Liebknecht gegen die herrschende →Politik und verbrachte wegen ihrer revolutionären Tätigkeit die meiste Zeit des Ersten →Weltkriegs im Gefängnis. Luxemburg und Liebknecht führten ab Oktober 1918 die revolutionäre sozialistische Gruppe „Spartakusbund“ und gründeten um die Jahreswende 1918/19 die Kommunistische Partei Deutschlands (KPD). Nach dem gescheiterten Aufstand des Spartakusbundes im Januar 1919 in Berlin wurden sie ohne Gerichtsverfahren von Freikorpsoffizieren erschossen und ihre Leichen in den dortigen Landwehrkanal geworfen.

Madrid
Hauptstadt und zugleich größte Stadt →Spaniens ist Madrid. Sie liegt in der gleichnamigen Provinz in der Mitte der Iberischen Halbinsel am Fluss Manzanares. Die Stadt Madrid umfasst 587 Quadratkilometer und hat 3,27 Millionen Einwohner. Als Sitz der Regierung und der obersten Behörden ist sie der politische Mittelpunkt des Landes. Mit einer ständig wachsenden, vielseitigen Industrie, mehreren Hochschulen, Akademien, zahlreichen Museen, Kirchen und Palästen ist sie auch das wirtschaftliche und kulturelle Zentrum Spaniens. Besonders berühmt ist der Prado, das spanische Nationalmuseum, mit seinen Sammlungen bedeutender Gemälde und Skulpturen. Die ehemals maurische Festung Madrjit ist seit 1561 Residenz der spanischen Könige. Seit Mitte des 19. Jahrhunderts wurde Madrid nach und nach erweitert und entwickelte sich zur Weltstadt.

Magen
Der Magen ist beim Menschen und bei höher entwickelten Tieren ein →Organ, das der Speicherung und →Verdauung der Nahrung dient. Er befindet sich beim Menschen als muskulöse, sackförmige Erweiterung des Verdauungskanals im oberen Bereich der Bauchhöhle zwischen der Speiseröhre und dem →Darm. Beim Erwachsenen fasst der Magen ungefähr 2,5 Liter Speise, seine Größe verändert sich je nach Füllmenge. Der Eingang des Magens heißt Magenmund, er verhindert den Rückfluss der Nahrung in die Speiseröhre. Der Magenausgang oder Magenpförtner ist ein ringförmiger Schließmuskel, durch den der Mageninhalt an den Dünndarm abgegeben wird. Durch Bewegungen der längs, quer und schräg verlaufenden →Muskeln der Magenwände wird die gespeicherte Nahrung durchmischt und nach und nach weiterbefördert. Die Innenwände des Magens sind von einer schützenden →Schleimhaut überzogen, die täglich je nach Bedarf mehrere Liter Magensaft bildet. Dieser enthält Salzsäure und verschiedene Stoffe, die der Verdauung dienen und viele →Bakterien unschädlich machen.

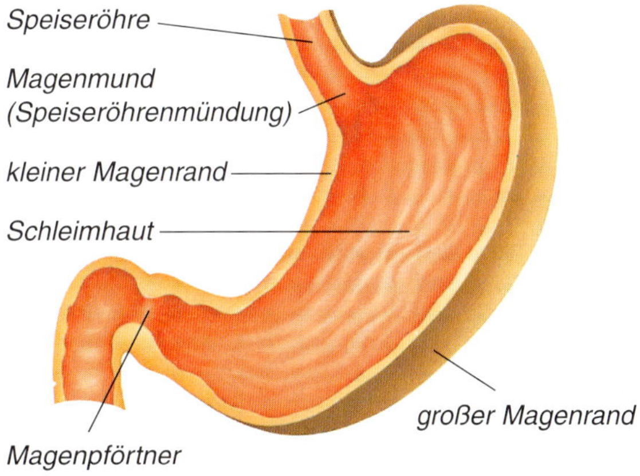

Magnet
Ein Magnet zieht Körper aus →Eisen, Nickel und Kobalt an und wird von diesen Körpern ebenfalls angezogen. Diese Eigenschaft nennt man Magnetismus. Dauermagnete werden aus Stahl hergestellt und haben Stab- oder Hufeisenform. Außerdem gibt es Elektromagnete. Sie bestehen aus einem nicht magnetischen Eisenkern, um den eine Drahtspule gewickelt ist. Fließt nun durch die Spule elektrischer Strom, magnetisiert sich das Eisen. Dauermagnete verwendet man z. B. im →Kompass und in elektrischen Messgeräten; Elektromagnete z. B. in der elektrischen Klingel und zum Heben von Lasten, wie Schrott oder anderen Eisenteilen.
Wenn man Eisenfeilspäne auf eine Glasscheibe streut und darunter einen Stabmagneten hält, ordnen sich die Späne in bestimmten Linien an: Man erhält das Feldlinienbild des Magneten. An den Enden des Stabmagneten befinden sich die beiden

Magnetische Feldlinienbilder

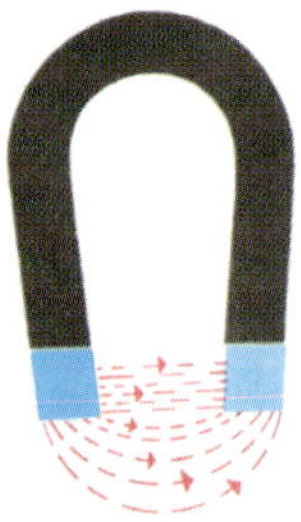

Hufeisenmagnet

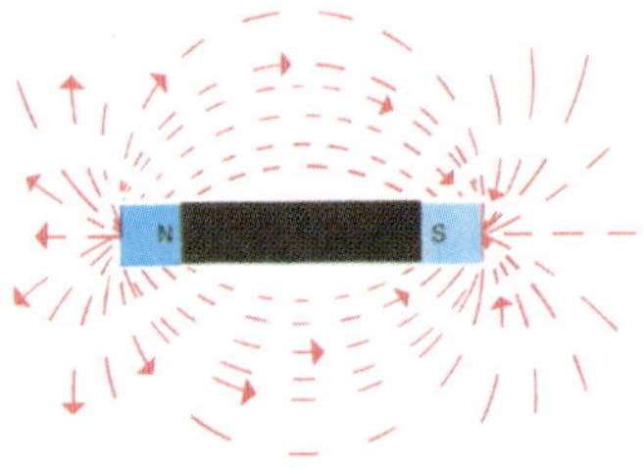

Feldlinienbild eines Stabmagneten

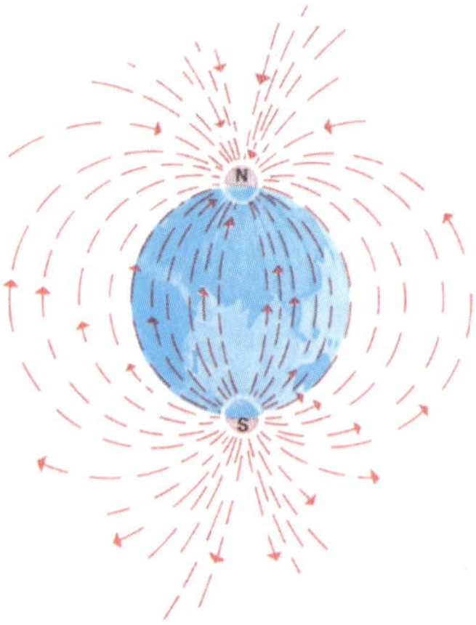

Die Erde ist ein großer Magnet. Die beiden Magnetpole stimmen jedoch nicht mit dem geografischen Nord- und Südpol überein.

Magnetpole, der Südpol und der Nordpol. Hier ist die magnetische Kraftwirkung am größten. Die im Kompass verwendete, leicht drehbar gelagerte Magnetnadel ist ebenfalls ein Stabmagnet mit Süd- und Nordpol. Nähert man den Nordpol einer Magnetnadel dem Südpol eines anderen Stabmagneten, so ziehen sich beide gegenseitig an. Dagegen stoßen sich die Nordpole beider Magneten sowie deren Südpole gegenseitig ab. In der Ruhelage zeigt die Magnetnadel mit dem einen Ende nach Norden und mit dem anderen nach Süden. Dies geschieht, weil die →Erde selbst ein großer Magnet mit zwei →Polen ist. Ihr magnetischer Südpol liegt auf der nördlichen Erdhalbkugel im arktischen →Nordamerika und ihr magnetischer Nordpol auf der südlichen Erdhalbkugel in der →Antarktis.

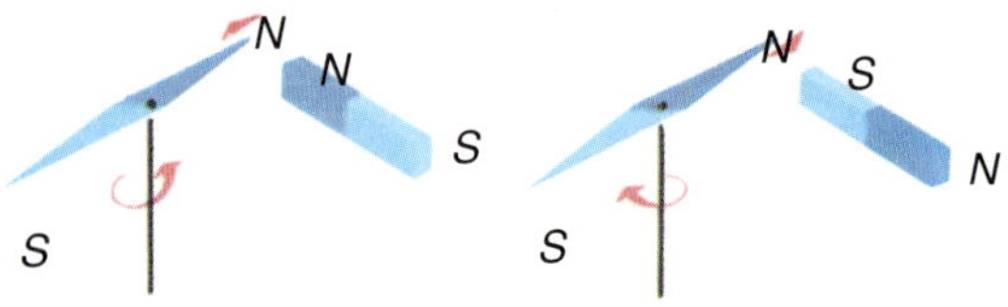

Eine dem Stabmagneten genäherte Magnetnadel zeigt: Ungleichnamige Magnetpole ziehen einander an, gleichnamige stoßen einander ab.

Malaysia

Der südostasiatische Bundesstaat Malaysia umfasst den Südteil der Malaiischen Halbinsel und den Norden der →Insel Borneo und grenzt an Thailand, Singapur, Brunei und Indonesien. Das Land ist überwiegend gebirgig und bewaldet, an den Küsten und in den Tälern gibt es fruchtbare Ebenen und ausgedehnte Sümpfe. Die Einwohner sind hauptsächlich Malaysier, außerdem Chinesen, Inder und Pakistaner. Das →Klima ist tropisch. Hauptausfuhrgüter sind Kautschuk, Palmöl, Kakao, Reis, Tee, Gewürze, Holz und die →Bodenschätze Zinn, Erdöl und Bauxit.
Die frühere britische →Kolonie wurde 1957 als Malaiischer Bund unabhängig, blieb aber mit Großbritannien locker verbunden. Seit 1963 ist Malaysia eine →Monarchie.

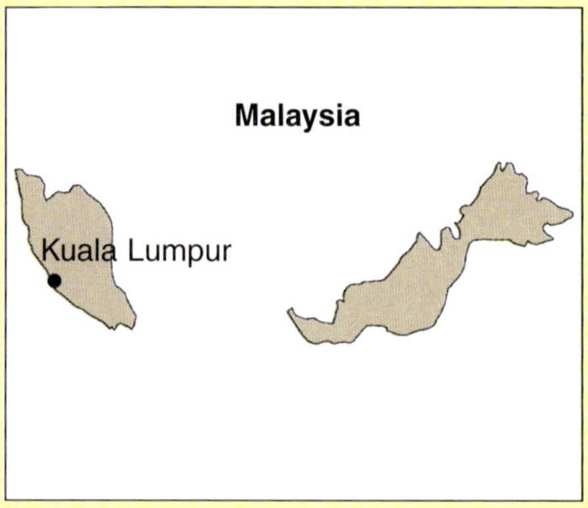

Kontinent:	Asien
Fläche:	329.758 km^2
Einwohner:	19.498.000
Hauptstadt:	Kuala Lumpur
Amtssprache:	Malaiisch
Währung:	Malaysischer Ringgit

Malediven

Der Inselstaat Malediven erstreckt sich über eine Inselkette im Indischen Ozean südwestlich von Indien. Das →Klima ist tropisch und vom →Monsun bestimmt. Knapp 200 der insgesamt 2000 Koralleninseln sind bewohnt, und zwar ausschließlich von Maledivern. Hauptsächlich werden Kokospalmen angebaut, weitere Zweige der nur schwach entwickelten →Wirtschaft sind Fischfang und -verarbeitung sowie der →Tourismus.

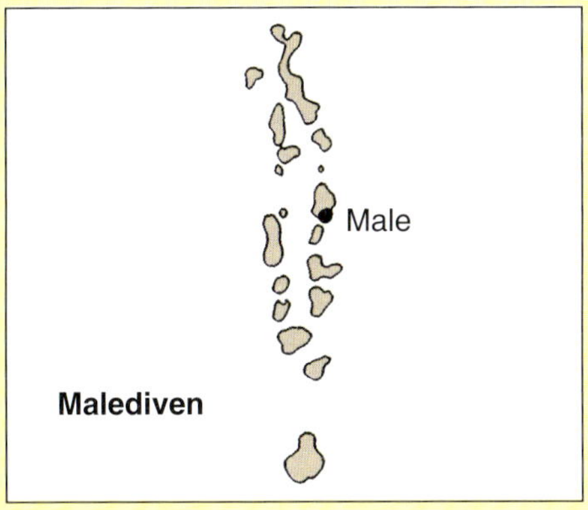

Kontinent:	Asien
Fläche:	298 km^2
Einwohner:	246.000
Hauptstadt:	Male
Amtssprache:	Maldivisch
Währung:	Rufiyaa

Die ehemals portugiesische →Kolonie kam 1887 unter britische Herrschaft, wurde 1965 unabhängig und ist seit 1968 eine →Republik.

Malerei

Im Unterschied zur →Grafik, bei der man vor allem mit Linien arbeitet, werden in der Malerei Flächen mit Farben künstlerisch gestaltet und in ein Bild verwandelt. Je nach Untergrund, auf dem gemalt wird, unterscheidet man die Wand- und Deckenmalerei, wie sie oft in Kirchen zu bewundern ist, die Tafelmalerei auf Holztafeln, Leinwand, Karton oder →Papier und die kunstgewerbliche Malerei, bei der z. B. auf Porzellan oder →Glas gemalt wird. Neben dem Material unterteilt man die Malerei auch nach der Größe des Bildes. Die Formen reichen von riesigen Monumentalgemälden bis zu kleinsten Miniaturbildern. Eine weitere Unterscheidung betrifft die verschiedenen Maltechniken, zu den wichtigsten zählen die Aquarell-, die Öl-, die Tempera- und die Pastellmalerei. Eine wesentliche Rolle spielt außerdem, was dargestellt wird. Es gibt z. B. Landschaftsbilder, Heiligenbilder, Darstellungen von historischen Ereignissen, Porträts oder Stillleben, bei denen Blumen und Gegenstände, meist aus dem täglichen Leben, künstlerisch abgebildet werden.

„Jungfrau mit Kind und Heiliger Anna" von Leonardo da Vinci (1452–1519).

Mali

Die →Republik Mali ist das größte Land Westafrikas. Im Norden hat es Anteil an der →Sahara und umfasst im Süden das Niger-

Kontinent:	Afrika
Fläche:	1.240.192 km^2
Einwohner:	9.524.000
Hauptstadt:	Bamako
Amtssprache:	Französisch
Währung:	CFA-Franc

becken und nach Westen das Gebiet des oberen Senegalflusses. Mali grenzt an Mauretanien, Algerien, Niger, Burkina Faso, die Côte d'Ivoire, Guinea und Senegal. Im feuchten →Klima des Südens werden Erdnüsse, Reis, Baumwolle und Zuckerrohr angebaut. In den nördlichen Wüstengebieten betreiben →Nomaden Viehzucht. Das Land ist nur dünn besiedelt, die bedeutendsten Siedlungen liegen an den Ufern des Flusses Niger. Die →Industrie ist wenig entwickelt. Ein großer Teil der Bevölkerung, die sich aus Gruppen der Sudaniden zusammensetzt, lebt in Armut.
Um 1900 wurde das heutige Mali von Frankreich unterworfen und war ab 1904 ein Teil von Französisch-Westafrika. Seit 1960 ist es eine unabhängige Republik.

Malta

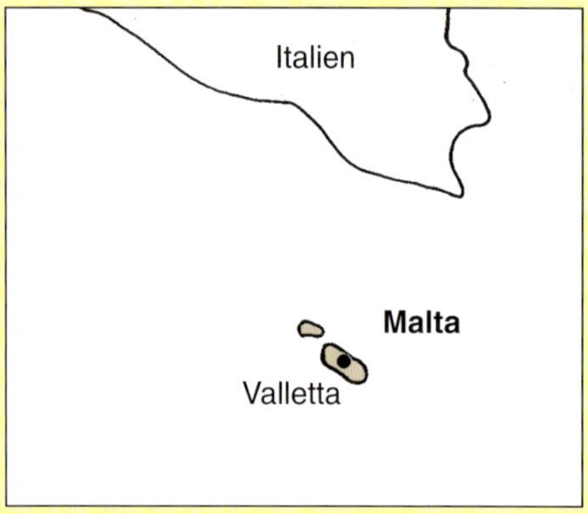

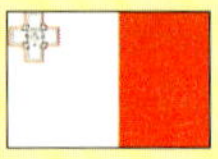

Kontinent:	Europa
Fläche:	316 km^2
Einwohner:	364.000
Hauptstadt:	Valletta
Amtssprachen:	Maltesisch Englisch
Währung:	Maltesische Lira

Der Staat Malta ist eine Inselgruppe im Mittelmeer. Er besteht aus der gleichnamigen Hauptinsel Malta und drei kleineren →Inseln. Die Inselgruppe ist aus flachen Kalksteintafeln entstanden, die in der Vorzeit eine Landbrücke zwischen Nordafrika und der italienischen Insel Sizilien bildeten. Es herrscht Meeresklima mit heißen, trockenen Sommern und milden, feuchten Wintern. 98 Prozent der Bevölkerung sind Malteser, zwei Prozent Briten. Neben dem Export von Blumen, Frühkartoffeln, Obst und Gemüse ist der →Tourismus ein wichtiger Wirtschaftszweig.
Im Jahr 870 wurde das seit 218 v. Chr. römische Malta von den Arabern, 1090 von den sizilianischen Normannen unterworfen. Von 1530 bis zur Eroberung durch →Napoleon I. war es dem Johanniterorden überlassen. 1814 wurde es britische →Kolonie. 1964 erhielt Malta seine Unabhängigkeit, seit 1974 ist es eine →Republik.

Mammuts

Die Mammuts sind mit den heutigen →Elefanten verwandt und lebten während der →Eiszeit weit verbreitet in Europa, Nordasien und Nordamerika. Sie wurden bis zu vier Meter hoch, gute fünf Meter lang und trugen zum Schutz vor der Kälte ein dichtes, rotbraunes Wollhaarfell. Ihre nach außen und oben gekrümmten Stoßzähne erreichten bis zu fünf Meter Länge, mit ihnen schoben die Tiere die Schneemassen zur Seite, um pflanzliche Nahrung freizulegen. Höhlenmalereien und Funde überliefern, dass Mammuts begehrte Jagdtiere der Eiszeitmenschen waren.

Manager

Ein Manager vertritt die Interessen einer anderen Person oder leitet ein fremdes Unternehmen. Er betreut z. B. einen Sportler oder einen Künstler, organisiert die Termine, steuert dessen Ruf in der →Presse und schirmt ihn weitgehend vor der Öffentlichkeit ab, damit sich dieser seinem Beruf oder seiner Kunst ungestört widmen kann. In Firmen entscheiden Manager fast uneingeschränkt über sämtliche Geschäfte. Nicht selten kommt es vor, dass ein Manager dabei einflussreicher als der Firmeneigentümer wird.

Mann, Heinrich
Der deutsche Schriftsteller Heinrich Mann (27.3.1871–12.3.1950), älterer Bruder von Thomas →Mann, ist vor allem durch seinen Roman „Der Untertan“ bekannt, den er 1914, zwei Monate vor Ausbruch des Ersten →Weltkrieges, abgeschlossen hatte. In diesem Werk, das im Zeitraum 1888 bis 1918 in Deutschland unter Kaiser Wilhelm II. spielt, wie auch in seinen anderen →Romanen und Erzählungen erweist sich Mann als scharfer Kritiker der →Gesellschaft und →Politik. Er richtet sich gegen ein Bürgertum, das engstirnig und selbstherrlich seinen Führern folgt, ohne Vernunft, Menschlichkeit und Mut zum Widerspruch. Mann kämpfte in seinen Schriften für ein demokratisches Deutschland. Seine Bücher waren während des →Nationalsozialismus verboten und wurden öffentlich verbrannt. Er selbst wanderte 1933 über Frankreich und Spanien in die →USA aus und blieb dort bis zu seinem Tod.

Heinrich Mann

Mann, Thomas
Wie sein älterer Bruder Heinrich →Mann wurde auch Thomas Mann (6.6.1875–12.8.1955) freier Schriftsteller. Er gilt als einer der bedeutendsten deutschsprachigen Erzähler des 20. Jahrhunderts. Bereits sein erster, 1901 erschienener →Roman „Buddenbrooks“ machte ihn weltweit berühmt. Im Mittelpunkt des Romans behandelt Mann den Zwiespalt zwischen Leben und Geist: Der erfolgreiche, vernünftige und lebenstüchtige Bürger steht dem sensiblen, einsamen Künstler gegenüber, der an den Ansprüchen des alltäglichen Lebens scheitert. Dieses Thema, wie überhaupt die Frage nach dem Gegensatz von Kunst und Natur, greift Mann auch in späteren Werken immer wieder auf, z. B. in den Erzählungen „Tonio Kröger“ und „Tod in Venedig“. Mit seinem zweiten großen Roman „Der Zauberberg“ übt der anfangs noch unpolitische Schriftsteller Kritik an der →Politik und →Gesellschaft in der Zeit vor dem Ersten →Weltkrieg. Er warnt vor dem sich immer deutlicher entwickelnden deutschen →Faschismus. Bald nachdem →Hitler 1933 an die Macht kam, wanderte Mann über die Schweiz in die →USA aus. In vielen Vorträgen, Briefen, Reden und Radiosendungen an Deutschland gerichtet bekämpfte er von außen die Herrschaft der Nationalsozialisten. Neben zahlreichen Erzählungen entstanden im Exil weitere berühmte Romane, z. B. „Doktor Faustus“. 1929 erhielt Mann den →Nobelpreis für Literatur.

Thomas Mann

Mao Zedong
Der chinesische Politiker Mao Zedong (26.12.1893–9.9.1976) gehört zu den Gründern der Kommunistischen Partei →Chinas und arbeitete seit 1923 an deren Spitze. Mao bemühte sich besonders darum, eine revolutionäre Bewegung der Bauern zu organisieren. Dies unterscheidet ihn von den meisten anderen kommunistischen Führern, die meinten, eine sozialistische →Revolution sollte von den Arbeitern in den Fabriken ausgehen. Seine Theorie

des →Sozialismus wird deshalb auch „Maoismus" genannt. Außerdem war Mao entgegen anderen sozialistischen Denkern der Ansicht, auch im Sozialismus werde es einen Kampf zwischen den einzelnen Klassen der Bevölkerung geben. 1927 errichtete er in der Provinz Kiangsi eine Räteherrschaft. 1934 und 1935 machten sich die Kommunisten unter seiner Führung von dort auf den „Langen Marsch" nach Norden. In der Provinz Shensi schufen sie 1935 eine neue Räteherrschaft. Seit 1947 eroberten sie China und gründeten 1949 die Volksrepublik. Mao wurde Vorsitzender der Regierung, oberster Befehlshaber des Militärs und 1954 Staatspräsident. 1958 trat er nach politischen Rückschlägen von dem Amt zurück, blieb aber Parteivorsitzender. Seit 1966 versuchte er in der „Kulturrevolution" wieder mehr Macht zu gewinnen. Unter seinen zahlreichen Werken ist besonders das „Rote Buch", auch „Mao-Bibel" genannt, berühmt geworden. In ihm sind Maos Gedanken und Aussprüche gesammelt. Mao wurde auch als Dichter bekannt.

Marathonlauf
Der Marathonlauf wird meist auf Straßen ausgetragen und führt mit 42,195 Kilometern über die längste Laufstrecke in der →Leichtathletik. Er wurde 1896 als Wettbewerb für Herren in die →Olympischen Spiele aufgenommen, seit 1984 ist er auch olympische →Disziplin für Frauen. Der Langstreckenlauf geht auf eine sagenhafte Begebenheit in der →Antike zurück: Nach der Schlacht von Marathon 490 v. Chr. lief ein Bote mehr als 40 Kilometer ohne Unterbrechung nach Athen, um die Nachricht vom Sieg der Griechen über die Perser zu überbringen. Am Ziel brach er mit den Worten „Wir haben gesiegt!" tot zusammen.

Der Marathonlauf entwickelt sich zunehmend zu einer Massensportart. Die Schnellsten legen die 42,195 km in gut zwei Stunden zurück.

Märchen
Der Begriff „Märchen" kommt von dem mittelhochdeutschen Wort „maere" für „Kunde, Nachricht" und heißt „erfundene Geschichte" und „fantastische Dichtung". Das Märchen ist eine kurze Erzählung, in der wunderbare Dinge geschehen und →Hexen, Zauberer, Feen, Prinzessinnen, Könige oder Zwerge auftreten. Sie sind meist eindeutig als edle oder schlechte Wesen zu erkennen, fast immer siegen am Ende die Guten und die Bösen werden bestraft. Auch gibt es typische Situationen bzw. Märchenmotive, z. B. dass ein Held drei Aufgaben lösen muss.
Jedes Volk hat seine Märchen, die über Jahrhunderte mündlich weitergegeben wurden. Sie entstanden aus der Freude am Erzählen und oft aus Wunschträumen von mutigen Helden und hilfreichen Geistern, die im Märchen verwirklichen, was im Leben undenkbar war: Der arme Schneider wird König oder der mittellose Bauer findet einen Topf mit Geld. Die deutschen Volksmärchen haben vor allem die Brüder Jacob und Wilhelm →Grimm gesammelt und aufgeschrieben.
Neben den Volksmärchen gibt es die Kunstmärchen, die Dichter und Schriftsteller, wie Hans Christian →Andersen und Wilhelm →Hauff, erdacht und niedergeschrieben haben. Im Gegensatz zu den leicht verständlichen Volksmärchen sind die Kunstmärchen zwar oft wirklichkeitsgetreuer, haben jedoch eine kompliziertere Aussage.

Marder
Die Marder sind kleine bis mittelgroße →Raubtiere, die in zahlreichen Arten überall auf der Erde leben. Sie haben einen lang

Haus- oder Steinmarder (links), Baum- oder Edelmarder (rechts)

gestreckten Körper, kurze Beine, einen langen Schwanz, ein dichtes, feines Fell und ein ausgeprägtes Raubtiergebiss. Am After sitzen Stinkdrüsen, die ein unangenehm riechendes Duftsekret absondern. Es dient zur Abwehr von Feinden, aber auch dazu, einen Partner für die Paarung zu finden. Marder jagen in der Dämmerung oder nachts kleine Beutetiere, wie Eichhörnchen, Ratten und Mäuse, von denen sie nur das Blut saugen. Zu den einheimischen Mardern gehören der Baum- oder Edelmarder und der Haus- oder Steinmarder, der auf dem Land häufig in Ställe eindringt, um Geflügel und Eier zu erbeuten. Auch in der Stadt sind Marder gefürchtet, da sie mit ihren spitzen Zähnen Kabel und Gummiteile anknabbern und damit z. B. große Schäden an Autos anrichten. Weitere Marderarten sind →Dachse, Otter, Nerze, Vielfraße, Wiesel und Zobel.

Markt

Das Wort „Markt“ leitet sich von dem lateinischen „mercatus“ ab, das „Handel, Messe, Markt“ heißt. Der Begriff wird in zweierlei Bedeutungen verwendet. Zum einen bezeichnet er den Ort, an dem Händler oder Verkäufer den Verbrauchern oder Käufern ihre Waren anbieten. Bei den Waren kann es sich um Dinge des täglichen Bedarfs, wie Lebensmittel, handeln oder auch um hochwertige Güter, wie Autos oder Möbel.
Zum anderen bedeutet der Begriff „Markt“, dass Waren verkauft und gekauft werden. Der freie Markt ist ein Markt, bei dem Verkäufer und Käufer keiner staatlichen Beschränkung unterliegen. Der Preis einer Ware, das heißt die Summe Geld, die man für sie bezahlen muss, bestimmt sich dann durch Angebot und Nachfrage. Ist eine Ware sehr begehrt oder gibt es sie nur in geringer Menge, steigt ihr Preis. Auf dem freien Markt konkurrieren die Händler um ihre Kunden. Sie versuchen, durch günstige Preise zu erreichen, dass mehr Leute bei ihnen kaufen als bei einem anderen Händler.

Mark Twain

Viele Lausbubenstreiche, von denen Mark Twain (30.11.1835–21.4.1910) in seinen weltberühmten →Romanen „Tom Sawyers Abenteuer“ und „Huckleberry Finns Abenteuer“ erzählt, hat er als Kind selbst erlebt. Der amerikanische Schriftsteller hieß eigentlich Samuel Langhorne Clemens. Er begann als Setzerlehrling in einer Druckerei, war dann Lotse auf dem Fluss Mississippi, Goldgräber und Mitarbeiter verschiedener Zeitungen. Seine Romane, Erzählungen und Reisebeschreibungen sind spannend, voller Humor und oft auch spöttisch gegenüber der engen, oft verlogenen und von Vorurteilen überschatteten Welt der Erwachsenen.

Marokko

Der nordwestafrikanische Staat Marokko erstreckt sich südlich der Straße von Gibraltar. Er grenzt an das Mittelmeer, den Atlantik und an Algerien. Im Süden geht das Land in die →Sahara über. Den größten Teil des Landes durchziehen die Ketten des

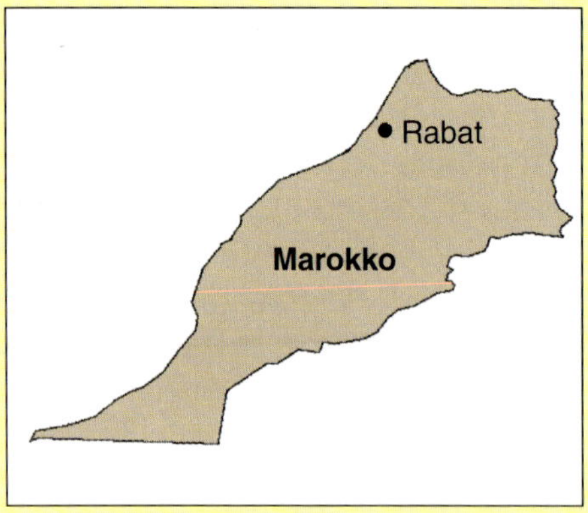

Kontinent:	Afrika
Fläche:	458.730 km²
Einwohner:	26.488.000
Hauptstadt:	Rabat
Amtssprache:	Arabisch
Währung:	Dirham

Atlasgebirges, dazwischen erstrecken sich Täler und Hochebenen. Im Meeresklima der fruchtbaren Küstengebiete werden Getreide, Obst, Gemüse, Ölbäume und Baumwolle angebaut und Fischfang betrieben. In den →Steppen und Gebirgen züchten →Nomaden Vieh. Die wichtigsten →Bodenschätze sind Phosphat, Eisen, Steinkohle und Erdgas. Bedeutende Wirtschaftszweige sind außerdem die Produktion von Kork, die Textilindustrie und der →Tourismus. Die Bevölkerung besteht vor allem aus Arabern und Berbern.
Um 700 eroberten islamische Araber das ehemalige Land der Berber. Im 15. Jahrhundert wurde es von Portugiesen und Spaniern beherrscht. Im 16. und 17. Jahrhundert entwickelten sich politische Beziehungen zwischen Marokko und Frankreich. 1912 wurde ein Teil des Landes unter französische, der andere Teil unter spanische Schutzherrschaft gestellt. Seit 1956 ist Marokko ein unabhängiges Königreich.

Mars
Mit einem Abstand von 228 Millionen Kilometern ist der Mars der viertnächste →Planet zur →Sonne. Seine Entfernung von der →Erde schwankt zwischen 56 und fast 400 Millionen Kilometern. Der Planet durchläuft seine Bahn um die Sonne in 687 Tagen und braucht etwa 24 Stunden 37 Minuten, um sich einmal um seine Achse zu drehen. Er ist nur halb so groß wie die Erde, sein Äquatordurchmesser beträgt etwa 6789 Kilometer. Von allen Planeten ist er in seiner →Atmosphäre und Oberfläche der Erde am ähnlichsten. Zwei sehr kleine →Monde umwandern den Mars: Phobos und Deimos. Auf dem Planeten gibt es neben zahlreichen Kratern, Gebirgen, Vulkanen und Schluchten auch ausgedehnte Ebenen, die mit Geröll und Sand bedeckt sind. Diese Gebiete leuchten rötlich, deshalb wird der Mars auch „roter Planet“ genannt. Seit 1962 wurde der erdnahe Planet immer wieder von sowjetischen und amerikanischen Weltraumsonden erforscht. Man hat jedoch keine Spuren von pflanzlichem oder tierischem Leben entdeckt.
Der Planet hat seinen Namen von dem römischen Gott des Krieges und Schutzherrn der Felder und Fluren.

Märtyrer
Menschen, die wegen ihres Glaubens oder ihrer Überzeugung Leiden ertragen oder sterben müssen, nennt man Märtyrer. Früher wurde dieser Begriff ausschließlich auf Christen angewendet, und ursprünglich galt als Märtyrer nur, wer ein unmittelbarer Zeuge des Lebens →Jesu war. Der erste christliche Märtyrer ist der heilige Stephanus, der zu Tode gesteinigt wurde.

Marx, Karl
Der Philosoph und Nationalökonom Karl Marx (5.5.1818–14.3.1883) ist der Begründer der nach ihm benannten Wirtschafts- und Gesellschaftstheorie, des Marxismus, auf die sich vor allem die sozialistischen Staaten beriefen. Marx ging davon aus, dass die modernen kapitalistischen Gesellschaften aus so genannten Klassen bestehen. Die beiden wichtigsten sind das Proletariat oder die Arbeiter und die Bourgeoisie, die Besitzbürger, denen die Industrie und die Handelsunternehmen gehören. Die beiden Klassen kämpfen um die Herrschaft über die →Gesellschaft. Dabei wird nach Marx das Proletariat den Sieg davontragen. Es wird die Bourgeoisie enteignen und die Industrie verstaatlichen. Die Armut, das Elend und die politische Rechtlosigkeit des Proletariats werden auf diese Weise aufgehoben. Wie die Gesellschaft der Zukunft

genau aussieht, hat Marx nicht beschrieben. Er prägte für seine Theorie den Begriff „wissenschaftlicher Sozialismus“, seine Nachfolger haben die künftige Gesellschaft →Kommunismus genannt.
Marx studierte Rechtswissenschaften und →Philosophie, wurde Journalist und arbeitete bei einer Zeitung, die die damaligen politischen Verhältnisse anprangerte. 1843 wanderte er nach Paris aus. Dort lernte er seinen späteren Freund und Vertrauten Friedrich →Engels kennen. In Paris und danach in Brüssel verfasste er mehrere revolutionäre Schriften, darunter 1848 das „Manifest der kommunistischen Partei“. Es gilt als die Geburtsstunde des wissenschaftlichen →Sozialismus und ist eine seiner wichtigsten Schriften. Während der →Revolution 1848 kehrte er nach Deutschland zurück, musste aber bereits 1849 nach London auswandern, wo er zeitweise in bitterster Armut bis zu seinem Tod lebte. In London entstand sein Hauptwerk „Das Kapital“. Es enthält eine umfassende Untersuchung des Kapitalismus und umfasst drei Bände. Zugleich setzte sich Marx in der so genannten Ersten Internationalen ein, einem Zusammenschluss von Politikern, die für das Proletariat kämpften.

Marxismus →Marx, Karl

Maschinen
Die Maschinen erleichtern dem Menschen die Arbeit. Zu den einfachsten Maschinen gehören der →Hebel oder die Rolle am →Flaschenzug. Maschinen bestehen aus der Arbeitsmaschine, die z. B. fräst, schleift oder hobelt, und der Energie- oder Kraftmaschine, die diese Arbeitsmaschine antreibt. Die Antriebskraft muss auf die Arbeitsmaschine übertragen werden. Zu diesem Zweck gibt es verschiedene Übertragungselemente, z. B. das Riemen-, Zahnrad- oder Kettengetriebe. Maschinen sind nicht nur in der →Industrie, sondern auch in der →Landwirtschaft und im Haushalt zu finden. Der elektrische Rasierapparat zum Beispiel hat als Energiemaschine einen kleinen →Elektromotor, der den Mechanismus mit Messern, also die Arbeitsmaschine, antreibt.

Auch der Keil und die schiefe Ebene sind einfache Maschinen.

Mathematik
Der Begriff „Mathematik“ kommt von dem griechischen „mathema“, das ganz allgemein „Wissenschaft“ heißt. Um 300 v. Chr. bekam die Mathematik ihre jetzige Bedeutung: Sie ist die Lehre von den Zahlen, Mengen, Formen und Figuren und ihren Beziehungen untereinander.
In der Mathematik werden die reine und die angewandte Mathematik unterschieden. Zur reinen Mathematik zählen z. B. die Teilgebiete →Algebra und →Geometrie, während sich die angewandte Mathematik unter anderem mit der Wahrscheinlichkeitsrechnung und der Statistik beschäftigt.

Maulwürfe
Die Maulwürfe gehören zu den Insektenfressern. Die in Europa und auch in Asien am meisten verbreiteten Europäischen Maulwürfe sind kleine →Säugetiere mit walzenförmigem Körper und einem schwarzbraunen, samtigen Fell. Als typische Vertreter ihrer Art leben sie in unterirdischen,

weit verzweigten Gängen. Sie durchgraben den →Boden mit ihren schaufelartigen Vorderfüßen und befördern die überflüssige Erde an die Oberfläche, sodass dort kleine Hügel, die Maulwurfshügel, entstehen. Wegen der unterirdischen Lebensweise sind ihre kleinen Augen nur schwach entwickelt. Manche Arten, wie der Blindmaulwurf, können gar nicht sehen. Dafür haben die Tiere eine äußerst feine Rüsselnase, mit der sie ihre Beute, Insekten, Larven, Regenwürmer und Schnecken, aufspüren. Mit ihren spitzen Zähnen knacken sie mühelos die harten Insektenpanzer auf. Da sie keinen Winterschlaf halten, legen sie sich in ihrem Bau neben einem Wohnkessel und einer Tränke auch eine Vorratskammer an. Maulwürfe werden bis zu vier Jahre alt, die Weibchen bekommen jährlich vier bis fünf Junge.

Mäuse

Die Mäuse sind eine artenreiche Familie der →Nagetiere und überall auf der Erde verbreitet. Zu den bekanntesten Arten gehören die Hausmaus und die Waldmaus. Hausmäuse erreichen eine Länge von sieben bis zwölf Zentimetern mit einem ebenso langen, nackten Schwanz. Sie haben ein braun- bis bleigraues Fell, eine spitze Schnauze und große Ohren. In der Nähe von Menschen bewohnen sie bevorzugt Keller, Dachböden und andere Plätze, an denen Vorräte aufbewahrt oder Speiseabfälle gesammelt werden. Bis zu sechsmal im Jahr wirft das Weibchen vier bis sechs Junge, die bereits nach drei Monaten geschlechtsreif sind. Die rotäugige Weiße Maus, die zu Versuchszwecken gezüchtet wird, stammt von der Hausmaus ab. Von den Waldmäusen sind in Europa vor allem die grau- bis gelbbraune Feldwaldmaus und die etwas größere Gelbhalsmaus verbreitet. Hauptsächlich in Wäldern lebend ernähren sie sich von Wurzeln, Trieben und Insekten. Eine weitere europäische Art ist die bis zu acht Zentimeter lange Zwergmaus, die Felder und Schilf bewohnt.

Hausmaus

Wanderratte

Auch die Haus- und Wanderratten gehören zu den Mäusen. Mit einer Körperlänge bis zu 25 Zentimetern sind die nachtaktiven Allesfresser um vieles größer und kräftiger als ihre kleinen Verwandten. Wie die Hausmaus leben sie bevorzugt in Lagerräumen von Nahrungsmitteln oder auf Müllplätzen. Sie sind räuberische →Schädlinge und gefährliche Krankheitsüberträger. Im Gegensatz zu den Hausratten, die meist eng an menschliche Siedlungen gebunden sind, leben Wanderratten auch in freier Natur, vor allem in der Nähe von Gewässern. Die Weiße Ratte wird als Versuchstier in der Forschung aus der Wanderratte gezüchtet.

May, Karl

Mit seinen spannenden Abenteuerromanen, wie „Durch die Wüste“, „Winnetou“ oder „Der Schatz im Silbersee“, zählt Karl May (25.2.1842–30.3.1912) zu den meistgelesenen Reiseschriftstellern der Welt. May arbeitete zunächst als Volksschullehrer und verbrachte wegen Diebstählen und Betrügereien, die er aus finanzieller Not beging, mehr als sieben Jahre im Gefängnis. Zu Beginn seiner schriftstellerischen Laufbahn verfasste er Dorfgeschichten aus dem Erzgebirge und Groschenromane. Bald wurde er jedoch durch seine fantastischen Abenteuerromane bekannt, die vor allem unter den Indianerstämmen Nordamerikas und im Vorderen Orient spielen. Um seine Leser noch mehr zu fesseln, schrieb May, als hätte er vieles selbst erlebt. Er verfasste die →Romane als Reiseerzählungen, verwendete häufig die Ich-Form und schilderte Land und Leute bis in Einzelheiten, die er sich aus Büchern angeeignet hatte. Erst viele Jahre später konnte er selbst Reisen in den →Orient und nach →Amerika unternehmen. Die Figuren seiner Werke sind eindeu-

tig gut oder böse, und immer siegen am Ende die vorbildhaften Helden, wie Winnetou, Old Shatterhand oder Kara Ben Nemsi.
Im sächsischen Radebeul, wo der Schriftsteller zuletzt lebte, gibt es ein Karl-May-Museum. Außerdem finden regelmäßig z. B. in Bad Segeberg in Holstein Karl-May-Festspiele statt. Die Kinderbühne in Bischofswerda zeigt von Kindern gespielte Karl-May-Stücke.

Maya
Die Maya sind eine indianische Stammes- und Sprachgruppe. Zu ihr gehören heute 20 Indianervölker mit insgesamt zwei Millionen Menschen. Sie leben vor allem in Mexiko, Guatemala, Belize, El Salvador und Honduras.

Ein Kriegertempel der Maya in der Ruinenstadt Chichén Itzá in Mexiko

Bis um 300 v. Chr. wohnten die Maya in kleinen landwirtschaftlichen Siedlungen. Danach schufen sie in verschiedenen Zeitabschnitten eine hoch entwickelte →Kultur. Sie bauten zahlreiche Städte mit gewaltigen, reich verzierten Palästen und Tempeln auf →Pyramiden, mit denen sie viele verschiedene Götter verehrten. Auch entwickelten sie eine komplizierte Hieroglyphenschrift und ein Kalendersystem. In der →Astronomie und →Mathematik überragten die Maya alle übrigen indianischen Kulturen. Kriegerische Auseinandersetzungen zwischen den einzelnen Stadtstaaten, Aufstände der Bauern gegen die priesterliche Oberschicht und das Eindringen anderer Völker führten nach und nach zum Niedergang der Kultur. Im 16. und 17. Jahrhundert unterwarfen dann die Spanier das Maya-Gebiet.

Mazedonien

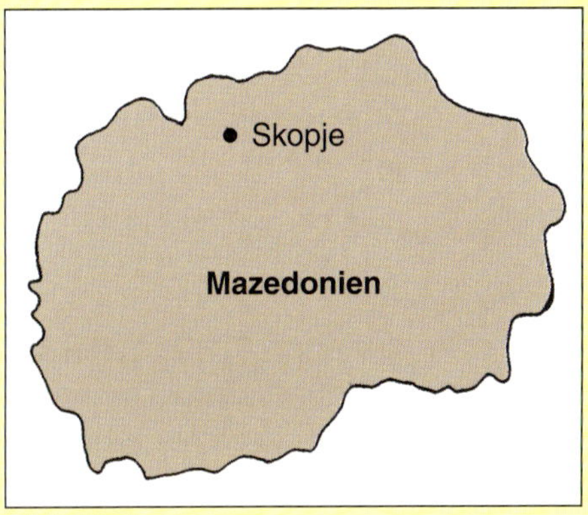

Kontinent:	Europa
Fläche:	25.713 km^2
Einwohner:	2.093.000
Hauptstadt:	Skopje
Amtssprache:	Mazedonisch
Währung:	Denar

Der südosteuropäische Staat Mazedonien grenzt an Jugoslawien, Bulgarien, Griechenland und Albanien. Die Sommer sind dort warm, die Winter kühl. Das Land ist gebirgig mit fruchtbaren Beckenlandschaften, in denen Getreide, Baumwolle, Tabak, Obst und Wein angebaut werden. Außerdem ist Mazedonien reich an →Bodenschätzen, wie Eisen, Kupfer, Blei,

Zink und Braunkohle. Zwei Drittel der Bevölkerung sind Mazedonier, die übrigen Einwohner sind vor allem Albaner und Türken.
Der historische Staat Makedonien wurde um 700 v. Chr. gegründet. Er entwickelte sich unter →Alexander dem Großen zum Weltreich und zerfiel nach dessen Tod. Das Land kam zunächst unter römische, dann byzantinische, bulgarische und osmanische Herrschaft und wurde 1913 zwischen Serbien, Bulgarien und Griechenland aufgeteilt. 1918 fiel der serbische Teil an das spätere →Jugoslawien. 1991 erklärte sich Mazedonien zur unabhängigen →Republik.

Medien
Der Begriff „Medien" kommt von dem lateinischen Wort „medium" für „Mittel". Er umfasst alle Mittel, die der Verbreitung oder dem Austausch von Nachrichten und Informationen dienen. Handelt es sich beim Empfänger um eine große, nicht mehr überschaubare Menschenmenge, so spricht man von Massenmedien oder Massenkommunikationsmitteln. Zu diesen gehören das →Buch, die →Presse, der →Rundfunk, das →Fernsehen, der →Film, die →CD und das →Internet.

Medikamente
Die Medikamente oder Arzneimittel beugen Krankheiten vor, heilen sie oder lindern Beschwerden. Die Wirkstoffe werden aus Pflanzen oder von Tieren gewonnen oder chemisch hergestellt. Sie machen Krankheitserreger unschädlich, ersetzen Stoffe, die der kranke Körper gar nicht oder zu wenig produziert, oder regulieren Körperfunktionen. Manche Menschen müssen ständig Medikamente einnehmen, z. B. Zuckerkranke das →Hormon Insulin. Die →Wissenschaft, die sich mit der chemischen Zusammensetzung und Herstellung von Medikamenten beschäftigt, heißt Pharmazie.

Medizin
Die Medizin umfasst nicht nur die Lehre vom Heilen, sondern auch die vom gesunden Körper. Sie untersucht den Aufbau und die Funktionen des menschlichen oder tierischen →Organismus, erforscht krankhafte Veränderungen und versucht, diese zu beseitigen und zu verhindern. Die Humanmedizin beschäftigt sich mit dem Menschen, die Veterinärmedizin mit den Tieren. In den Anfängen der Medizin wurde der Beruf des →Arztes jahrhundertelang innerhalb der Familie vererbt. Später gab es Schulen, die nach Asklepios, dem griechischen Gott der Heilkunst, benannt waren. Als Begründer der wissenschaftlichen Heilkunde gilt der griechische Arzt Hippokrates (460–375 v. Chr.). Auf ihn geht der „Hippokratische Eid" zurück, mit dem sich die Ärzte verpflichten, ihre Kenntnisse nur zum Wohl der Patienten einzusetzen. Wer heute Arzt werden will, muss Medizin an einer →Universität studieren.

Meer
Das Meer, die zusammenhängende Wassermasse der Erde, bedeckt mit rund 362 Millionen Quadratkilometern Fläche etwa 71 Prozent der Erdoberfläche. Durch die →Erdteile wird das Meer in drei große Weltmeere oder Ozeane unterteilt: den Stillen oder Pazifischen Ozean oder Pazifik, den Atlantischen Ozean oder Atlantik und den Indischen Ozean. Am Rand der Ozeane befinden sich kleinere Nebenmeere. Meere, die zwischen den Erdteilen liegen, heißen Mittelmeere, z. B. das europäische Mittelmeer. Ein Randmeer, wie die →Nordsee, ist durch vorgelagerte Inseln oder Halbinseln vom Ozean abgetrennt. Ein Binnenmeer ist fast ganz von Land umschlossen, also nur durch schmale Wasserstraßen mit anderen Meeren verbunden, z. B. die →Ostsee. Eine offene Meeresbucht heißt Meerbusen, Golf oder Bucht.

Das Meer ist der Lebensraum vieler Fische und Pflanzen.

Eine weitere Gliederung orientiert sich an der Tiefe des Meeres und der Entfernung zum Land: Auf die Küstenzone folgt die Flachsee oder der Schelf mit einer Tiefe bis zu 200 Metern. Danach fällt der Meeresboden zur Tiefsee mit einer Tiefe bis zu 4000 Metern ab. Dort gibt es Tiefseebecken mit einer Tiefe bis zu 6000 Metern und Tiefseegräben mit einer Tiefe bis zu 11.022 Metern (im pazifischen Marianengraben).
Der durchschnittliche Salzgehalt des Meerwassers liegt bei 3,5 Prozent, das heißt, ein Liter Wasser enthält 35 Gramm Salz. Etwa 75 Prozent dieses Meersalzes bestehen aus Kochsalz.
Im Meer leben über 20.000 verschiedene Fischarten sowie unzählige andere Tiere und Pflanzen. Auch haben die Meere große wirtschaftliche Bedeutung. Der Fischfang liefert wertvolle Nahrungsmittel, außerdem enthält das Meer für den Menschen lebensnotwendige →Mineralien. Über die Meere verlaufen zudem die großen Schifffahrtswege, die die Erdteile verbinden.

Meerschweinchen
Die Meerschweinchen sind schwanzlose, kurzbeinige →Nagetiere, die gern als →Haustiere gehalten werden. Die Inka, die Ureinwohner Südamerikas, hielten sie bereits als Haustiere. Im 16. Jahrhundert

brachten die Holländer die kleinen Nager nach Europa. Das Hausmeerschweinchen ist einfarbig oder gescheckt. Manche Arten haben ein kurzes, glattes Fell, andere sind langhaarig und haben ein Fell voller Wirbel. Die Tiere erreichen etwa 25 Zentimeter Länge. Zwei- bis viermal jährlich werfen die Weibchen drei bis sechs Junge, die behaart, sehend und mit kleinen Zähnen zur Welt kommen. Kleinere Züchtungen heißen Zwergmeerschweinchen. Größere Verwandte der Meerschweinchen sind der Pampashase und das Wasserschwein.

Mensch
Der Mensch ist das am höchsten entwickelte Lebewesen der Erde. Im biologischen System gehört er neben den Halbaffen und →Affen zur Säugetierordnung der Primaten oder Herrentiere. Als Jetztmensch oder Homo sapiens sapiens, d. h. „vernunftbegabter Mensch", ist er der einzige heute noch lebende Vertreter der Gattung „Homo". Dieses Wort stammt aus dem Lateinischen und heißt „Mensch".
Der Körperbau des Menschen stimmt in vielen wesentlichen Merkmalen mit dem der übrigen →Säugetiere überein. Auch entwickeln sich die Nachkommen zunächst im Mutterleib und werden nach der →Geburt mit Milch gesäugt. Viele Besonderheiten unterscheiden den Menschen jedoch von allen Tieren, so sein aufgerichteter Körper, seine geringe Behaarung und sein großes, äußerst vielschichtiges →Gehirn. Mit diesem ist der Mensch das einzige Lebewesen der Erde, das arbeiten, denken und sprechen kann.
Menschen und Affen stammen von den gleichen Vorfahren ab. Bis vor ungefähr drei Millionen Jahren verlief ihre →Evolution sehr ähnlich, doch dann entwickelte sich beim Menschen das große Gehirn. Seine geistigen Fähigkeiten machten ihn zum so genannten Echt-Menschen, während die Affen weiterhin vom →Instinkt gesteuert werden. Der erste Echt-Mensch gehörte zur Art des Homo habilis, des „geschickten Menschen", der die frühesten Steinwerkzeuge anfertigte. Von diesem stammt der Homo erectus ab, der „aufrecht gehende Mensch", der schon mit besserem Werkzeug und →Feuer umging. Er gilt als direkter Vorfahre des Homo sapiens, des „wissenden Menschen". Zu diesem gehörten zum einen die Nebenlinie des geistig noch wenig entwickelten →Neandertalers, zum anderen die Cro-Magnon- und Aurignac-Menschen, die als typische Vertreter des Jetztmenschen einzuordnen sind.

Menschenrassen
Die Menschen unterscheiden sich in einigen Merkmalen, die sie durch die jeweilige Anpassung an die verschiedenen Gebiete der Erde entwickelt haben. Diese Merkmale betreffen zum Beispiel den Körperbau, die Hautfarbe, die Farbe und Form der Haare,

die Lidspalte des Auges und die Verteilung der Blutgruppen. Zur Kennzeichnung dieser Besonderheiten spricht man von Menschenrassen. Die rund 30 Rassen lassen sich in drei Rassenkreise ordnen, in Europide, Negride und Mongolide.
Die unterschiedlichen Merkmale sind zum Teil für das Leben in bestimmten Klimazonen der Erde von Bedeutung, nicht aber für die Stellung des Menschen in der →Gesellschaft. Biologisch und gesellschaftlich gesehen sind alle Menschen gleichwertig.

Viele Menschenrassen bewohnen die Erde. Das Bild zeigt, von links nach rechts, eine Afrikanerin (Negride), einen Weißen (Europiden) und eine Asiatin (Mongolide).

Menschenrechte
Die Menschenrechte sind unantastbare Rechte, die jedem Menschen von Natur aus zustehen. Sie werden nicht erst vom Staat verliehen, sondern müssen als wichtigste Rechte allen anderen Rechten und Gesetzen zugrunde liegen. Zu ihnen gehören vor allem die Menschenwürde, das Recht auf Leben und Entfaltung der Persönlichkeit, die Gleichheit und die Religions- und Gewissensfreiheit. In der Regel werden die Menschenrechte in den →Verfassungen der Länder garantiert, so in Deutschland im →Grundgesetz. Weltweit wurden sie am 10. Dezember 1948 in der „Allgemeinen Erklärung der Menschenrechte" durch die →UN erklärt und am 4. November 1950 in der „Europäischen Konvention zum Schutz der Menschen und Grundfreiheiten" vom Europarat unterzeichnet.
→Amnesty International

Menstruation
Die Menstruation, Regel oder Periode ist die monatliche Blutung aus der →Gebärmutter der geschlechtsreifen Frau. Gewöhnlich erfolgt sie alle 28 Tage, ist unterschiedlich stark und dauert etwa vier bis sechs Tage. Sie ist Teil des weiblichen Fortpflanzungszyklus, bei dem sich die Gebärmutter mit einer dicken, gut durchbluteten →Schleimhaut auskleidet, damit sich ein befruchtetes →Ei darin einnisten kann. Hat keine Befruchtung stattgefunden, wird für diesen Monat die Schleimhaut nicht mehr gebraucht und deshalb zusammen mit dem unbefruchteten Ei durch die Scheide ausgeschieden. Manche Mädchen und Frauen haben dabei Bauch- und Rückenschmerzen und fühlen sich unwohl. Auch bekommen junge Mädchen häufig noch nicht regelmäßig ihre „Tage". Zum Schutz der Wäsche verwendet man in dieser Zeit Monatsbinden oder Tampons.
→Geschlechtsorgane

Merkur
Der Merkur ist der zweitkleinste →Planet unseres →Sonnensystems. Er hat einen Äquatordurchmesser von 4878 Kilometern und ist mit einem durchschnittlichen Abstand von 58 Millionen Kilometern von allen Planeten der →Sonne am nächsten. Seine Umlaufzeit um die Sonne beträgt rund 88 Tage. In 58 Tagen 15 Stunden 30 Minuten dreht er sich einmal um die eigene Achse. Wenn überhaupt, hat der Merkur nur eine sehr schwache →Atmosphäre. Wegen seiner großen Nähe zur Sonne ist er äußerst schwer zu beobachten. Fotos zeigen, dass er ähnlich wie unser →Mond zahlreiche Krater aufweist.
Seinen Namen hat der Planet von Merkur, dem Götterboten und römischen Gott des Handels.

Metalle
Bereits vor mehreren tausend Jahren konnten die Menschen Metalle schmelzen und bearbeiten. Sie fertigten daraus Werkzeuge und Waffen. Heute zählen viele Metalle zu wichtigen Werkstoffen. Sie lassen sich durch verschiedenste Methoden, wie Pressen oder Walzen, gut formen und leiten Wärme und elektrischen Strom. Ein Gemisch von Metallen heißt Legierung.

Metalle sind chemische →Elemente und haben jeweils besondere Eigenschaften. Die meisten Metalle erkennt man an ihrer Farbe, Festigkeit und Dichte: →Aluminium zum Beispiel ist silberweiß und hat nur eine geringe Dichte, es gehört zu den Leichtmetallen. →Blei ist grau und weich. Es hat eine größere Dichte und gehört zu den Schwermetallen. Andere Schwermetalle sind →Eisen oder Kupfer. →Quecksilber gibt es auch in flüssiger Form. Platin, →Silber und →Gold zählen zu den Edelmetallen.

Meteorit
Die Meteorite sind kleine, feste, außerirdische Körper. Wenn sie mit großer Geschwindigkeit in die →Atmosphäre der Erde eindringen, werden sie infolge der →Reibung so erhitzt, dass sie aufglühen. Diese Leuchterscheinung nennt man Meteor oder Sternschnuppe. Fast alle Meteoriten verdampfen schon in Höhen über 80 Kilometern. Die seltenen größeren Meteoriten können sich der Erdoberfläche bis auf zehn Kilometer nähern. Sie erscheinen als große, helle Feuerkugeln, die auch bei Tag zu sehen sind und oft donnerartige Geräusche erzeugen. Meist zerspringt der Meteorit jedoch vor dem Aufprall und es kommt zu einem Meteoritenschauer und zu Steinregen. Der größte Meteorit, der bisher aufgefunden wurde, wog 54.400 Kilogramm.

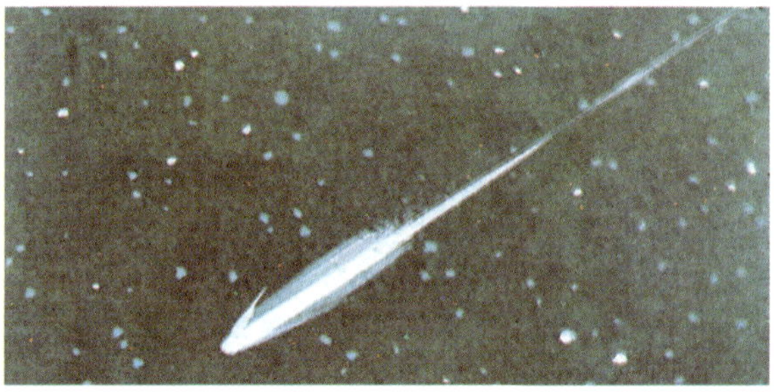

Meteorologie
Die Meteorologie oder Wetterkunde untersucht die Vorgänge in den unteren Schichten der →Atmosphäre der Erde. Sie ist unter anderem für die Vorhersage des →Wetters zuständig.

Mexiko
Der Bundesstaat Mexiko liegt im Süden Nordamerikas und im Norden Mittelamerikas und grenzt an die USA, Guatemala und Belize. Er umfasst 31 Bundesländer und einen Bundesdistrikt. Das Land besteht überwiegend aus Hochland, das hohe, bewaldete Bergketten und schmale Küstenebenen umgeben. Das →Klima ist je nach Höhenlage tropisch-feucht bis gemäßigt. Drei Viertel der Mexikaner sind Mestizen (→Mischlinge), die übrigen →Indianer und Weiße. Etwa die Hälfte von ihnen ist in der →Landwirtschaft tätig. Es werden Mais und Bohnen sowie Baumwolle, Zuckerrohr, Kaffee, Tabak, Getreide, Obst und Gemüse angebaut. Von Bedeutung sind außerdem die Viehzucht und die Holzwirtschaft. Mexiko ist reich an →Bodenschätzen, wie Erdöl, Erdgas, Erzen, Gold, Silber, Quecksilber, Schwefel und Kohle. Daneben hat es eine vielseitige →Industrie.

Seit dem 14. Jahrhundert hatten die →Azteken ein mächtiges Reich geschaffen, das um 1520 der Spanier Hernando Cortez eroberte. 1535 wurde Mexiko zum spanischen Vizekönigreich. Nach jahrelangen Freiheitskämpfen wurde es 1822 unabhängig, doch folgten Bürgerkriege, die das Land sehr schwächten. 1836 löste sich Texas von Mexiko, nach einem Krieg gegen die →USA musste es alle Nordprovinzen, darunter Kalifornien und New Mexico, an die USA abtreten. Nach einem Wirtschaftsaufschwung unter Präsident Porfirio Diaz (1830–1915) in den Jahren 1887 bis 1911 brachen erneut →Revolutionen aus. 1917

Kontinent:	Amerika
Fläche:	1.958.201 km^2
Einwohner:	91.858.000
Hauptstadt:	Mexiko-Stadt
Amtssprache:	Spanisch
Währung:	Mexikanischer Peso

kam es zu einer sozialistisch ausgerichteten Neuordnung des Staates, deren →Verfassung bis heute gültig ist.

Michelangelo
Der Italiener Michelangelo oder Michelangelo Buonarotti (6.3.1475–18.2.1564) war ein berühmter Bildhauer, Maler, Baumeister und Dichter. Er gilt als einer der bedeutendsten Künstler der →Renaissance und als Wegbereiter des →Barock. Michelangelo beschäftigte sich ausführlich mit der →Kunst der →Antike. Zu seinen herausragendsten bildhauerischen Werken gehört die aus einem Marmorblock gefertigte, fünf Meter hohe Statue des biblischen „David", der den Riesen Goliath mit einem Steinwurf tötete. Sie ist in der Akademie in →Florenz zu bewundern. Ebenso berühmt sind Michelangelos gewaltige Wand- und Deckenbilder in →Rom, z. B. die Fresken des „Jüngsten Gerichts" in der Sixtinischen Kapelle des Vatikans. Sein mächtigstes Bauwerk ist die Kuppel des Petersdomes in Rom. Als Dichter verfasste er vor allem religiöse, philosophische und zum Teil sehr schwermütige →Gedichte.

Michelangelo malte die Decke der Sixtinischen Kapelle mit Szenen des Alten Testaments aus; hier stellt er die „Sintflut" dar.

Mikrofon
Das Mikrofon ist ein Gerät, das die durch Sprache, Töne oder Geräusche erzeugten Schallwellen in elektrische Ströme veränderlicher Stärke umwandelt. Bei den meisten Mikrofonen geschieht dies mithilfe eines feinen, schwingungsfähigen Plättchens, einer so genannten Membran, die von den Schallwellen in Bewegung gesetzt wird. Diese Bewegung erzeugt entweder elektrische Wechselspannungen oder steuert einen elektrischen Strom im Takt der Schallwellen. Je nach Einsatzgebiet werden unterschiedliche Mikrofontypen verwendet. So befindet sich z. B. im Telefonhörer ein einfaches, robustes Kohlemikrofon, bei dem sich hinter der Membran Kohlekörner befinden. Diese werden von der Membran unterschiedlich stark bewegt und regeln dadurch den Strom im Takt der Schallwellen. Für eine hochwertige Wiedergabe von Tönen eignen sich dagegen Kondensatormikrofone oder elektrodynamische Mikrofone. Das erste Mikrofon baute der deutsche Physiker Philipp Reis 1861 in Verbindung mit dem →Telefon.

Mikroskop
Mit dem Mikroskop kann man sehr kleine Gegenstände vergrößert betrachten. Es gibt mehrere Bauarten. Von der Bauart ist abhängig, wie stark und wie scharf vergrößert der betrachtete Gegenstand erscheint. Jedes Mikroskop hat in einem verschiebbaren Rohr, dem Tubus, ein Okular und ein Objektiv, die meist aus mehreren →Linsen, in diesem Fall Sammellinsen, zusammengesetzt sind. Den Gegenstand, der betrachtet werden soll, befestigt man unter dem Objektiv auf einer Glasplatte. Durch diese wird er von unten mit natürlichem oder künstlichem Licht durchleuchtet, sodass sein Gefüge besser sichtbar wird. Das

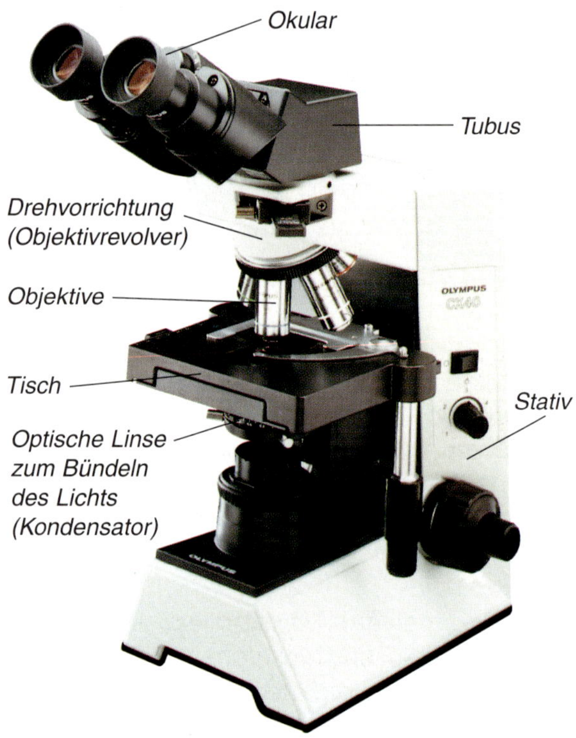

Linsensystem des Objektivs erzeugt nun ein vergrößertes Bild des Gegenstandes. Dieses Bild wird durch das Linsensystem des Okulars, durch das man mit dem Auge hineinsieht, wiederum vergrößert. Die Gesamtvergrößerung errechnet sich, indem man die jeweiligen Vergrößerungen durch Objektiv und Okular miteinander malnimmt. Während moderne Mikroskope bis zu 2000fach vergrößern, kann man mit einem Elektronenmikroskop sogar →Atome sichtbar machen. Bei gewöhnlichen Mikroskopen werden die Gegenstände mithilfe von Lichtstrahlen vergrößert betrachtet, beim Elektronenmikroskop werden sie dagegen mit →Elektronen abgetastet.

Mikrowellen →Wellen

Milch
Die Milch wird von den Milchdrüsen der weiblichen →Säugetiere und Menschen abgesondert, um die Nachkommen in den ersten Wochen und Monaten nach der Geburt zu säugen oder zu stillen. Als Muttermilch enthält sie alle Nähr- und Wirkstoffe, die die Neugeborenen brauchen, bis ihr Körper andere Nahrung aufnehmen und verwerten kann.

In der Molkerei wird aus Milch z. B. Süßrahmbutter hergestellt.

Wird im Alltag von Milch gesprochen, dann ist damit meist Kuhmilch gemeint. Die weiße Flüssigkeit wird im Euter der →Kuh gebildet und enthält bis zu 90 Prozent Wasser, außerdem bis zu 4,5 Prozent →Fett sowie →Eiweiße, vor allem den Käsestoff Kasein, →Kohlenhydrate in Form von Milchzucker, →Salze, wie Kalzium und Phosphor, und →Vitamine. Das Milchfett hat die Form kleinster Tröpfchen. Weil Fett leichter ist als Wasser, steigen diese Tröpfchen bei längerem Stehen der Milch an die Oberfläche und bilden den Rahm oder die Sahne, die sich von der Magermilch absetzen. Durch Schütteln der Milch ballen sich die Fetttröpfchen zu Butterklumpen zusammen, übrig bleibt die Buttermilch. Wird Magermilch durch längeres Stehen sauer, dann gerinnt in ihr das Kasein und es entsteht Quark. Diesen verwendet man entweder als Speisequark oder verarbeitet ihn zu →Käse. Die Restflüssigkeit heißt Molke. Das Sauerwerden der Milch geschieht zum einen durch Milchsäurebakterien, die den Milchzucker zu Milchsäure vergären (→Gärung), zum anderen durch Zugabe von Lab, einem Stoff, der im Magen von Kälbern abgesondert wird. Sauermilchprodukte sind z. B. Kefir, Dickmilch und Jogurt. Je nach gewünschter Festigkeit entzieht man ihnen durch Erhitzen überflüssiges Wasser.
Milch wird meist durch →Pasteurisieren haltbar gemacht und in verschiedenen Fettstufen als Vollmilch oder fettarme Milch im Handel angeboten. Unbehandelte Milch heißt Rohmilch. Der ursprüngliche Fettgehalt ist beibehalten, genauestens überwacht wird sie als Vorzugsmilch verkauft.

Milchstraße
Besonders in klaren, mondlosen Herbstnächten kann man am Himmel einen matt leuchtenden Streifen sehen. Er wird nach einer alten griechischen Sage Milchstraße genannt. Der schwache Schimmer der Milchstraße rührt vom Licht unzähliger, unvorstellbar weit entfernter →Sterne her, die man nur mithilfe von großen →Teleskopen oder auf fotografischen Himmelsaufnahmen einzeln erkennen kann.
→Milchstraßensystem

Von oben betrachtet ist die Milchstraße eine Spirale.

Milchstraßensystem

Die →Sterne der →Milchstraße bilden zusammen mit unserem →Sonnensystem und allen anderen am Himmel sichtbaren Sternen ein riesiges Sternsystem. Dieses wird Milchstraßensystem oder Galaxis genannt. Es hat die Form einer galaktischen Scheibe mit einem Durchmesser von ungefähr 100.000 Lichtjahren und einer Dicke von 3500 Lichtjahren, die zum galaktischen Zentrum hin auf 16.000 Lichtjahre anwächst. Von oben betrachtet zeigt diese Scheibe die Struktur einer Spirale. Sie ist von dem so genannten galaktischen Halo umgeben, das vor allem aus Kugelsternhaufen besteht und einen Durchmesser von 165.000 Lichtjahren hat. Um das galaktische Zentrum bewegen sich die Sterne und unser Sonnensystem. Unsere →Sonne befindet sich auf dem Spiralarm Orion etwa 30.000 Lichtjahre vom galaktischen Zentrum entfernt. Sie umläuft dieses mit einer Geschwindigkeit von 230 Kilometern pro Sekunde, braucht aber trotzdem für einen vollen Umlauf 250 Millionen Jahre.
Es gibt im →Weltall unzählige Sternensysteme von ähnlicher Größe des Milchstraßensystems.

Mineralien

In der Erdkruste oder auch in Himmelskörpern kommen zahlreiche Mineralien oder Minerale vor, z. B. Feldspat, Glimmer oder Quarz. Sie sind einheitlich zusammengesetzte feste Naturstoffe, die überwiegend die Struktur von →Kristallen haben. Auch die →Erze, aus denen →Metalle gewonnen werden, sind Mineralien.

Mineralien

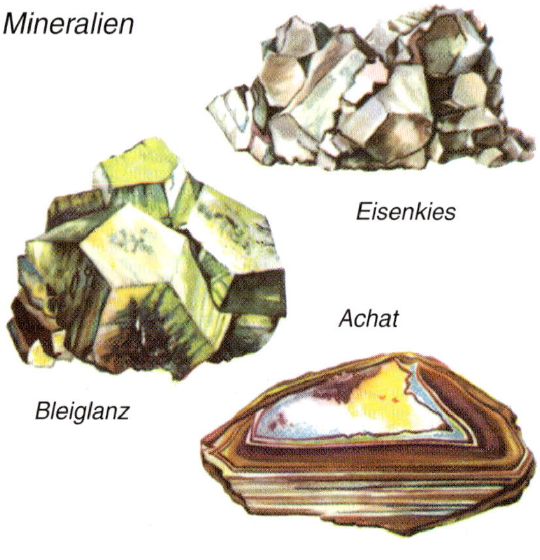

Mineralstoffe

Die Mineralstoffe sind bei Pflanzen, Tieren und Menschen die unverbrennbaren Bestandteile der Körpersubstanz. Als lebensnotwendige Baustoffe, wie Kalzium, Kalium und Magnesium, und Spurenelemente, wie Jod, Fluor und Eisen, werden sie von Mensch und Tier mit der Nahrung aufgenommen und teilweise mit dem Schweiß, Harn oder Kot wieder ausgeschieden. Pflanzen holen sich die Mineralstoffe über die →Wurzeln aus dem →Boden. Nimmt ein Lebewesen zu wenig Mineralstoffe zu sich, kommt es zu Störungen im Mineralstoffwechsel und zu Mangelerscheinungen. So ist z. B. Eisen ein wichtiger Bestandteil des Blutfarbstoffes Hämoglobin, der bei Mangel zu Blutarmut führt. Es ist deshalb wichtig, auf eine ausgewogene →Ernährung zu achten.

Minister

Die Minister sind Mitglieder der →Regierung eines →Staates. Meist leiten sie ein Ministerium, d. h. eine oberste Verwaltungs- oder Regierungsbehörde mit einem bestimmten Aufgabenbereich. In der Bundesrepublik Deutschland heißen sie Bundesminister. Sie werden vom →Bundeskanzler vorgeschlagen und vom →Bundespräsidenten ernannt. Außerdem gibt es Minister der einzelnen Bundesländer. In Berlin, Bremen und Hamburg sind das die Senatoren. Alle Minister eines Staates bilden das Kabinett, den Ministerrat oder die Regierung. An ihrer Spitze steht der Ministerpräsident, Premierminister oder Kanzler.

Mischlinge

Menschen mit Eltern verschiedener Rassen sind Mischlinge. Die gemeinsamen Nachkommen zum Beispiel von Weißen und Schwarzen heißen Mulatten, die von Weißen und →Indianern nennt man Mestizen und die von Schwarzen und Indianern Zambos.
→Menschenrassen

Mittelalter

Das Mittelalter umfasst den Zeitraum zwischen dem Altertum oder der →Antike und der →Neuzeit. Es beginnt nach dem Untergang des →Römischen Reiches 476 n. Chr. und klingt mit der Entdeckung

→Amerikas 1492 bzw. dem Beginn der →Reformation 1517 aus. Wie jedes Zeitalter gliedert es sich in eine Früh-, Hoch- und Spätphase, sie reichen hier in die Jahre 1000, 1250 und 1500.

Fürsten und Adelige des Mittelalters ließen sich zur Unterhaltung gerne Geschichten von König Artus und den Rittern seiner Tafelrunde vorlesen. Das obige Bild zeigt Lanzelot, einen Ritter der Tafelrunde.

Die →Gesellschaften des Mittelalters waren in Stände unterteilt, in Adelige, Geistliche, →Bürger, Handwerker, Bauern und eine Unterschicht, zu der →Juden, Henker und Prostituierte zählten. Die meisten Menschen arbeiteten in der Landwirtschaft. Nur wer Grund besaß, hatte auch Macht. Er ließ sein Land von Bauern bewirtschaften, die dafür nicht nur Abgaben leisten, sondern auch Arbeiten, so genannte Frondienste, verrichten mussten. Häufig waren die Bauern Leibeigene des Grundherrn, wurden wie Sklaven behandelt und lebten in großer Armut. Während im Frühmittelalter neben dem König nur der Adel über Macht verfügte, blühten im Hochmittelalter das Lehnswesen und das Rittertum auf. Der Eigentümer oder Lehnsherr verlieh Land, Ämter oder Rechte an einen Lehnsmann, der ihm dafür Gefolgschaftstreue leistete. Er musste für den Lehnsherrn in den Krieg ziehen und ihm mit Rat und Hilfe zur Seite stehen. Als einzige Waffenträger bildeten die →Ritter eine eigene Gesellschaftsschicht. Sie bekamen als Gegenleistung für ihre Kriegsdienste Grundbesitz und →Burgen zu „Lehen", ihr Rang entsprach dem des niederen Adels. Mit dem Aufkommen der Feuerwaffen seit dem 14. Jahrhundert veränderte sich das Kriegswesen, und die Ritter verloren allmählich an Ansehen.

Städtisches Leben entwickelte sich im Mittelalter erst ab dem 11. Jahrhundert. Die →Städte waren klein, hatten enge Gassen und wurden von Mauern umgeben. Zunächst unterstanden die Städte den Fürsten, doch durch ein starkes Gemeinschaftsgefühl erstritten sich die Bürger immer mehr Rechte. Sie wählten einen Bürgermeister und einen Stadtrat. Die Handwerker schlossen sich seit dem 12. Jahrhundert nach Berufszweigen zu Zünften zusammen und besprachen sich untereinander, sodass keine Konkurrenz mehr aufkommen konnte. Dieser Zeit entstammen auch die mittelalterlichen Klöster und Kirchen, wie der Kölner und der Regensburger Dom, die in ihrer Pracht die Burgen bei weitem übertrafen. Kirchen dienten hauptsächlich für den Gottesdienst, aber auch für Versammlungen oder als Zufluchtsstätten bei Gefahr.

Politisch ist das Mittelalter durch schwere Machtkämpfe zwischen dem Kaiser- und dem Papsttum gekennzeichnet. Beide verfolgten die Idee, ein großes, einheitliches christliches Abendland zu schaffen und das →Christentum noch weiter darüber hinaus zu verbreiten.

→Heiliges Römisches Reich, →Kreuzzüge

Mittelamerika →Südamerika

Mittlere Reife →Schule

Mohammed →Islam

Molche

Die Molche sind Schwanzlurche und gehören zu den →Amphibien. Mit ihnen sind die Salamander eng verwandt. Während Salamander jedoch im Querschnitt runde Schwänze haben, sind die Ruderschwänze der Molche seitlich abgeflacht. Molche leben überwiegend im Wasser, wo die Weibchen zur Fortpflanzungszeit mehrere hundert →Eier an Wasserpflanzen ablegen. Wie bei den →Froschlurchen machen die Nachkommen erst ein Larvenstadium durch. Sie atmen zunächst durch Kiemen, später durch Lungen. Einheimische Molcharten sind der Kamm-, Berg-, Teich- und Fadenmolch.

Bergmolch

Moldau
Der osteuropäische Staat Moldau grenzt an Rumänien und die Ukraine. Sein →Klima ist warm und sonnig. In der leicht hügeligen Landschaft gedeihen Wein und Obst sowie Tabak, Getreide und Gemüse. Daneben wird Viehzucht betrieben. In der →Industrie liegt das Gewicht auf der Produktion von Textilien, Kleidung, Lederwaren, Elektrogeräten und Landmaschinen. Zwei Drittel der Bevölkerung sind Moldauer, die übrigen vor allem Ukrainer und Russen.
Das 1359 gegründete Fürstentum Moldau umfasste Moldava, Bessarabien und Bukowina. 1504 kam das Gebiet unter osmanische Herrschaft, im 19. Jahrhundert unter russische. Nachdem das Gebiet zwischenzeitlich zum Teil an Rumänien angegliedert war, wurde es 1940 zur Moldauischen Sozialistischen Sowjetrepublik. 1991 erklärte Moldau seine Unabhängigkeit und ist jetzt Mitglied der →GUS.
Moldau heißt auch der Fluss, der durch Prag fließt.

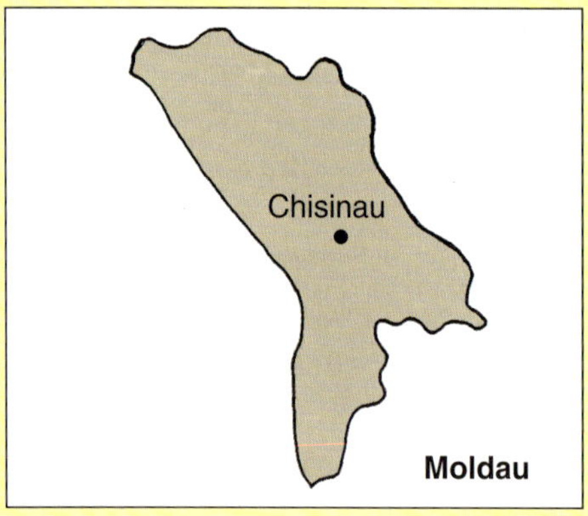

Kontinent:	Europa
Fläche:	33.700 km^2
Einwohner:	4.420.000
Hauptstadt:	Chisinau
Amtssprache:	Moldawisch
Währung:	Moldau-Leu

Molekül
Die Moleküle sind die kleinsten Einheiten einer chemischen Verbindung. Sie bestehen aus mindestens zwei →Atomen, können aber als Riesen- oder Makromoleküle auch aus Millionen von Atomen zusammengesetzt sein.

Zwei Wasserstoffatome (blau) und ein Sauerstoffatom (gelb) bilden ein Wassermolekül.

Monaco
Das Fürstentum Monaco liegt an der französischen Riviera und ist nach der →Vatikanstadt der kleinste Staat der Erde. Es besteht aus den drei zu einer Gemeinde vereinigten Stadtbezirken Monaco, Monte Carlo und La Condamine. Nur rund 4500 Einwohner sind Monegassen, die übrigen sind vor allem Franzosen und Italiener. Wegen seines wintermilden →Klimas ist die Hauptstadt Monaco ein viel besuchter Kurort. Dort befinden sich das Schloss des Fürstenhauses Grimaldi, zahlreiche palastartige Hotels, Theater, Museen und Parks. In Monte Carlo gibt es eine Spielbank, deren Einkünfte zu einem wesentlichen Teil den Staatshaushalt tragen.
Die im 5. Jahrhundert v. Chr. von den Phöniziern gegründete Stadt Monaco wurde später römisch und kam im 13. Jahrhundert unter die Herrschaft der genuesischen Familie Grimaldi. Monaco war zeitweise unter sardischer, danach französischer Schutzherrschaft. 1911 erhielt es durch Fürst Albert I. eine →Verfassung. Seit 1918 besteht mit Frankreich ein Schutzvertrag,

nach dem Monaco bei Aussterben des Fürstenhauses Grimaldi an Frankreich fällt.

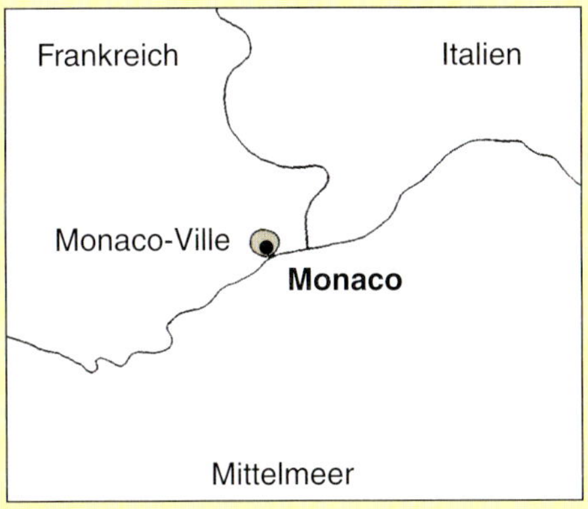

Kontinent:	Europa
Fläche:	1.95 km^2
Einwohner:	32.000
Hauptstadt:	Monaco-Ville
Amtssprache:	Französisch
Währung:	Französischer Franc

Monarchie

Die Monarchie ist eine Staatsform, an deren Spitze ein Monarch steht, z. B. ein →Kaiser oder ein →König. Meist ist der Monarch durch Erbfolge zur Herrschaft berechtigt. Er kann aber auch „von Gottes Gnaden" eingesetzt oder von einem Rat, dem Adel oder dem Volk gewählt werden. Wenn der Monarch ohne Kontrolle durch ein →Parlament regiert, nennt man diese uneingeschränkte Herrschaftsform eine absolute Monarchie. Dagegen ist in der konstitutionellen Monarchie die Macht des Regenten durch eine →Verfassung beschränkt. In einer parlamentarischen Monarchie hat der Monarch überwiegend repräsentative Aufgaben, die →Regierung und die →Minister sind von der Zustimmung des Parlaments abhängig.
Staaten wie →Großbritannien und Nordirland, →Dänemark oder →Schweden haben eine parlamentarische Monarchie, während in manchen arabischen Staaten, z. B. in →Saudi-Arabien, noch absolute Formen der Monarchie bestehen.

Mond

Die Monde sind Himmelskörper, die sich um einen →Planeten bewegen und mit diesem auf ellipsenförmigen Bahnen (→Ellipse) die →Sonne umlaufen. Monde senden selbst kein Licht aus, sondern werfen das von der Sonne kommende Licht zurück. Die →Erde und der Planet →Pluto haben jeweils einen Mond, →Mars hat zwei, →Jupiter 16, →Saturn mindestens 17, →Uranus 15 und →Neptun acht Monde.
Der Erdmond besitzt keine →Atmosphäre. Große Ringgebirge, Krater, Gebirgsketten und weite Ebenen auf seiner Oberfläche sind bereits mit einem Fernglas zu erkennen. Auf dem Mond herrschen gewaltige Temperaturunterschiede von +130 bis –160 Grad Celsius. Der kugelförmige Mond hat einen Durchmesser von 3476 Kilometern, er zieht seine Bahn in durchschnittlich 384.405 Kilometern Entfernung von der Erde. In 27 Tagen 7 Stunden 43 Minuten umkreist der Mond die Erde einmal. Er wendet ihr dabei stets die gleiche Seite zu, denn bei einem Umlauf um die Erde dreht er sich gleichzeitig einmal um die eigene Achse. Von der Erde aus gesehen wechselt der Mond seine Form, weil jeweils nur der Teil des Mondes am Himmel zu erkennen ist, den die Sonne anstrahlt. Diese verschiedenen Beleuchtungsformen, die durch die Stellung von Sonne, Erde und Mond zueinander hervorgerufen werden, nennt man Mondphasen: Bei Neumond ist der Mond von der Erde aus nicht zu sehen. Der zunehmende Mond wächst aus einer nach links geöffneten Mondsichel zum vollständig sichtbaren Vollmond an. Dieser nimmt zu einer nach

Oberflächenausschnitt des Mondes

rechts geöffneten Mondsichel ab und verschwindet wieder bei Neumond.
Als erste Menschen landeten am 20. Juli 1969 die amerikanischen →Astronauten Neil Armstrong (geb. 1930) und Edwin Aldrin (geb. 1930) mit der Mondlandefähre des Weltraumfahrzeuges Apollo 11 auf dem Mond.

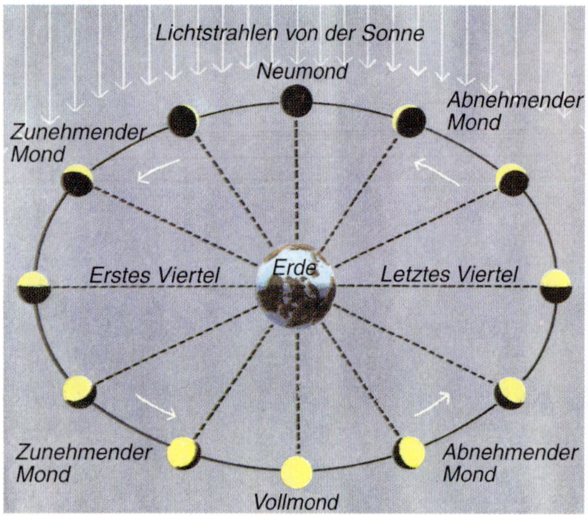

Mondfinsternis
Eine Mondfinsternis tritt ein, wenn der →Mond durch den Erdschatten wandert und deshalb von der Sonne nicht angestrahlt werden kann. Während dieser Zeit steht die Erde genau zwischen Sonne und Mond. Da der Mond kein eigenes Licht aussendet, bleibt er für diese Zeit unsichtbar.

Eine Mondfinsternis

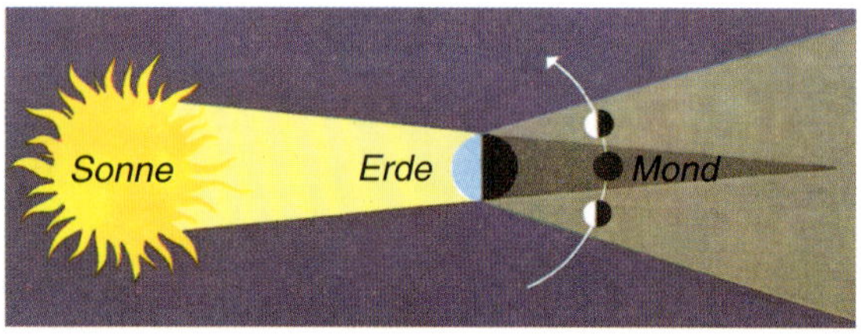

Mongolei
Die Mongolei liegt in Zentralasien und grenzt an Russland und die Volksrepublik China. Das Hochland besteht überwiegend aus →Steppen und Wüstensteppen und ist von Gebirgen umgeben. Im Süden und Südosten erstreckt sich die →Wüste Gobi. Die Sommer sind kurz und sehr heiß, die Winter lang und sehr kalt. Hauptwirtschaftszweig ist die Viehzucht. In Bergwerken werden Kohle und Erze abgebaut. Die →Industrie verarbeitet vor allem Produkte

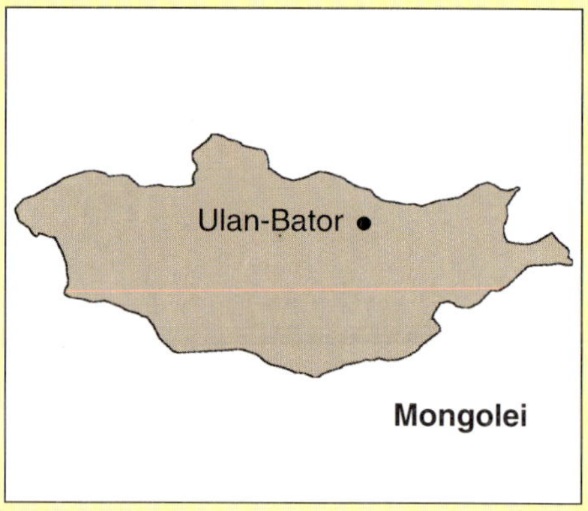

Kontinent:	Asien
Fläche:	1.565.000 km^2
Einwohner:	2.363.000
Hauptstadt:	Ulan-Bator
Amtssprache:	Mongolisch
Währung:	Tugrik

der Viehzucht, wie Fleisch, Leder und Wolle. Die Einwohner sind überwiegend Mongolen. Im →Mittelalter war die Mongolei Teil eines mächtigen Großreiches. Seit dem 17. Jahrhundert gehörte sie zu China. 1911 spaltete sich die Äußere Mongolei ab und rief 1924 die kommunistische Mongolische Volksrepublik aus. Seit 1992 ist sie eine →Republik mit einem Mehrparteiensystem.

Monsun
Der Monsun ist eine weit ausgedehnte Luftströmung, die im Verlauf der Jahreszeiten ihre Richtung wechselt. Im Sommerhalbjahr verläuft sie vom Meer zum Land, im Winterhalbjahr vom Land zum Meer. Besonders ausgeprägt tritt der Monsun über Indien, Hinterindien und dem Indischen Ozean auf. Als warmer, feuchter Sommerwind weht er vom Indischen Ozean her und bringt starken Monsunregen. Als kalter, trockener Wind kommt er im Winter aus Zentralasien.

Moor
Ein Moor ist ein feuchtes, sumpfiges Gelände, das von einer dicken Torfschicht bedeckt wird. Es bildet sich, wenn der Boden z. B. durch Regen mehr Wasser erhält als abläuft, versickert oder verdunstet. Durch das gestaute Wasser sterben die Pflanzen ab, vermodern und werden zu Torf,

einer Vorform der →Kohle. Man unterscheidet Flachmoore und Hochmoore. Ein Flachmoor entsteht in Bereichen, die unterhalb des Grundwasserspiegels liegen, z. B. wenn ein Teich oder See von den Ufern her durch Pflanzen zuwächst und verlandet. Da das →Grundwasser aus dem Boden viele Nährstoffe bezieht, gedeiht in Flachmooren eine üppige Pflanzenwelt. Erhöht sich das Flachmoor nach und nach durch abgestorbene Pflanzen und Torfschichten, wird es zum Hochmoor. Dieses erhält das Wasser ausschließlich durch Niederschläge. Im nährstoff- und kalkarmen Regenwasser aber wachsen nur anspruchslose Pflanzen, wie →Moose und Zwergsträucher.

Flachmoor

Moose

Die Moose sind niedrige, blütenlose Grünpflanzen und am nächsten mit den →Farnen verwandt. Sie haben weder Wurzeln noch Gefäße, sondern holen sich durch feine Haarverästelungen Wasser und Nährstoffe aus der Erde oder nehmen Feuchtigkeit über die →Blätter auf. Dabei können sie große Mengen Wasser speichern. Wie die Farne pflanzen sich auch die Moose im Wechsel geschlechtlich und ungeschlechtlich fort. Die ungeschlechtliche Generation vermehrt sich durch Sporen, aus denen die geschlechtliche Generation entsteht.

Mit rund 26.000 Arten sind die Moose über die ganze Erde verbreitet. Sie gedeihen am besten an feuchten, schattigen Plätzen, wo sie sich häufig zu Polstern ausbreiten. Sie gliedern sich in zwei Klassen, die Laubmoose und die Lebermoose. Alle Laubmoose haben Blätter und Stängel, bei den Lebermoosen dagegen gibt es sowohl beblätterte als auch gelappte Arten, die nicht in Stiel und Blätter unterteilt sind.

Morgenland →Orient

Morsen

Im Jahr 1837 entwickelte der Amerikaner Samuel Morse (1791–1872) ein →Alphabet für die →Telegrafie. Alle Buchstaben, Ziffern und Satzzeichen werden dabei durch gleichmäßig kurze oder lange elektrische Stromstöße bzw. durch Punkte und Striche dargestellt. Dies geschieht mithilfe von Telegrafen, mit denen Nachrichten über Leitungen oder drahtlos übermittelt werden können. Die Morsezeichen vernimmt der Funker über den Kopfhörer als lange oder kurze Töne.

Das Morsealphabet

		0	– – – – –
a	· –	1	· – – – –
ä	· – · –	2	· · – – –
b	– · · ·	3	· · · – –
c	– · – ·	4	· · · · –
ch	– – – –	5	· · · · ·
d	– · ·	6	– · · · ·
e	·	7	– – · · ·
f	· · – ·	8	– – – · ·
g	– – ·	9	– – – – ·
h	· · · ·	Punkt	· – · – · –
i	· ·	Komma	– – · · – –
j	· – – –	Apostroph	· – – – – ·
k	– · –	Doppelpunkt	– – – · · ·
l	· – · ·	Bindestrich	– · · · · –
m	– –	rechte Klammer	– · – – · –
n	– ·	linke Klammer	– · – – ·
o	– – –	Fragezeichen	· · – – · ·
ö	– – – ·	Unterstreichung	· · – – · –
p	· – – ·	Anführungszeichen	· – · · – ·
q	– – · –	Auslassungszeichen	· – – – – ·
r	· – ·	Trennung	– · · · –
s	· · ·	Bruchstrich	– · · – ·
t	–	Anfangszeichen	– · – · –
u	· · –	Schlusszeichen	· – · – ·
ü	· · – –	Verstanden	· · · – ·
v	· · · –	Irrung	· · · · · · · ·
w	· – –	Aufforderung	
x	– · · –	zum Senden	– · –
y	– · – –	Warten	· – · · ·
z	– – · ·	SOS	· · · – – – · · ·

Moslem →Islam

Motor

Die Motoren sind Antriebsmaschinen für Fahrzeuge, Flugzeuge, Schiffe und Arbeitsmaschinen. Sie verwandeln die ihnen zugeführte →Energie in Bewegungsenergie. Man unterscheidet z. B. →Dampfmaschinen,

→Elektromotoren und →Verbrennungsmotoren. Ihre Leistung wird in Kilowatt (kW) oder Watt (W) angegeben. Außerdem gibt es die Leistungseinheit Pferdestärke (PS): 1 PS = 0,7355 kW = 735,5 W.

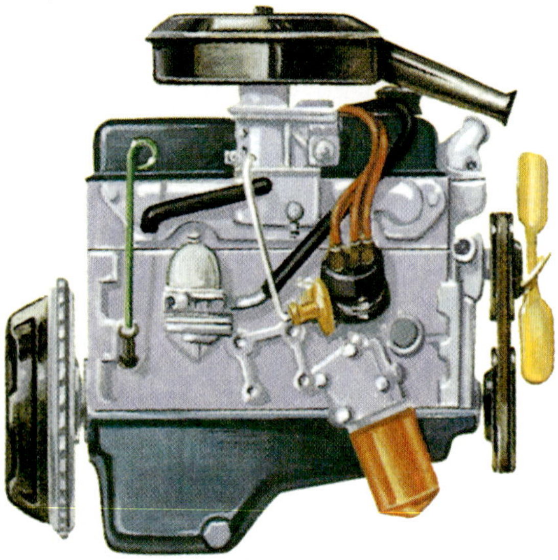

Verbrennungsmotor

Motorrad

Krafträder oder Motorräder sind einspurige, zweirädrige Fahrzeuge. Sie werden je nach Hubraumgröße von einem Zweitakt- oder Viertakt-Verbrennungsmotor angetrieben und meist durch den Fahrtwind gekühlt. Jedes Motorrad hat zwei gefederte, mit Stoßdämpfern versehene Räder, einen Stahlrohrrahmen, der den →Motor mit der Kupplung und dem →Getriebe trägt, eine Lichtmaschine oder Batterie für die elektrische Ausrüstung, außerdem einen Sattel oder eine Sitzbank und einen Brennstofftank, der sich zwischen dem Lenker und dem Fahrer befindet. Am Lenker sind die Bedienungshebel für Kupplung und Handbremse angebracht, mittels eines Drehgriffes wird die Gaszufuhr reguliert. Auch die Gänge werden bei Mopeds und Motorrollern mit einem Handgriff geschaltet, ansonsten mit einem Fußhebel, außerdem gibt es eine Fußbremse.

Motorräder können mit einem Beiwagen verbunden werden, man spricht dann von einer Beiwagenmaschine oder einem Gespann, während man ein Motorrad ohne Beiwagen als Solomaschine bezeichnet.

Vom Motorrad unterscheidet sich der Motorroller durch kleinere Räder und eine umfassendere Verkleidung der Fahr- und Triebwerkteile. Mofas, Mopeds und Mokicks

Motorroller

sind Kleinkrafträder mit einem →Verbrennungsmotor von höchstens 50 Kubikzentimeter (cm^3) Hubraum. Ein Mofa ist ein Motorfahrrad mit Hilfsmotor. Bei älteren Mopedtypen musste der Motor durch Pedaltreten angeworfen werden; aus den Wörtern „Motor" und „Pedal" entstand so die Bezeichnung Moped. Mokicks haben zum Anwerfen des Motors einen so genannten Kickstarter.
Bei größeren Motorrädern unterscheidet man die Leichtkrafträder mit einem Hubraum von 51 bis höchstens 80 cm^3 und die Krafträder. Große, schwere Maschinen haben einen elektrischen Anlasser, die anderen ebenfalls einen Kickstarter.

Mount Everest →Himalaja

Möwen
Mit über 40 Arten sind Möwen auf der ganzen Erde verbreitete Seevögel. Sie leben an Meeresufern und an Süßgewässern und sind häufig auch in Städten anzutreffen. Die bis zu 40 Zentimeter langen →Vögel können ausgezeichnet fliegen und schwimmen, sie haben zugespitzte Flügel

Lachmöwe

und Schwimmhäute zwischen den Vorderzehen. Bei fast allen Möwenarten sind der Körper und Schwanz weiß, die Flügel dagegen grau oder schwärzlich gefärbt. Manche Arten, wie die im Binnenland häufig vorkommende Lachmöwe, tragen zur Brutzeit ein dunkles Kopfgefieder. In großen Kolonien brüten Möwen in Bodennestern auf Küstenfelsen, →Inseln oder in →Dünen. Sie ernähren sich von →Aas, Abfällen, Würmern, Larven und Weichtieren, von kleinen Fischen und der Brut anderer Vögel, die sie aus den Nestern rauben. Die bekanntesten Arten sind die Lach- und Silbermöwen sowie die Mantel-, Sturm- und Heringsmöwen.

Mozart, Wolfgang Amadeus

Die große musikalische Begabung des österreichischen Komponisten Wolfgang Amadeus Mozart (27.1.1756–5.12.1791) zeigte sich sehr früh. Bereits als Sechsjähriger spielte Mozart zusammen mit seiner vier Jahre älteren Schwester Nannerl, Anna Maria Mozart, am Wiener Hof und unternahm eine dreijährige Konzertreise durch Europa. Mozart war nicht nur ein glänzender Geiger und Klavierspieler, er begann auch als Fünfjähriger seine Laufbahn als Komponist und machte durch sein Können bald von sich reden. Auf seinen Reisen lernte er die Meister der Zeit kennen; so erhielt er viele Anregungen, die seinen Kompositionen zugute kamen. Mit neun Jahren schrieb er seine erste →Oper „Apollo und Hyacinthus". 1769 wurde das „Wunderkind"

in Salzburg vom Erzbischof zum Konzertmeister ernannt. In den folgenden Jahren reiste Mozart mehrfach nach Italien, wo er große Erfolge feierte und die italienische Oper ihn stark beeindruckte. Es entstanden zahlreiche Werke, Opern, Sinfonien, Konzerte, Kammermusik und Messen.
1781 übersiedelte er nach Wien. Dort schrieb er seine Meisterwerke, darunter die Opern „Die Hochzeit des Figaro", „Don Giovanni", „Cosi fan tutte" und „Die Zauberflöte". Seine letzte Komposition ist das „Requiem", eine Totenmesse, die Mozart nicht mehr vollenden konnte. In großer Armut starb er sehr jung im Jahr 1791.

Mücken →Fliegen

Müll →Abfall

Multiplikation →Grundrechenarten

Mumie
Eine Mumie ist eine vor Verwesung geschützte Leiche. In trockenen, heißen Gebieten mit salzhaltigem Boden werden vergrabene Tote oft auf natürliche Weise mumifiziert, und ihre Körper bleiben weitgehend erhalten. In manchen →Kulturen entstand der Brauch, die Toten künstlich zu mumifizieren. Man stellte sich vor, dass die Verstorbenen in einer anderen Welt in ihrem Körper weiterleben. Die Leichen wurden am Feuer getrocknet, wie in Australien und im Sudan, oder mit Salzlauge behandelt und mit Ölen und Harzen einbalsamiert, wie im alten →Ägypten. Danach umwickelten die Ägypter die Mumie mit Binden und Leinentüchern und setzten sie in einem Sarkophag bei.

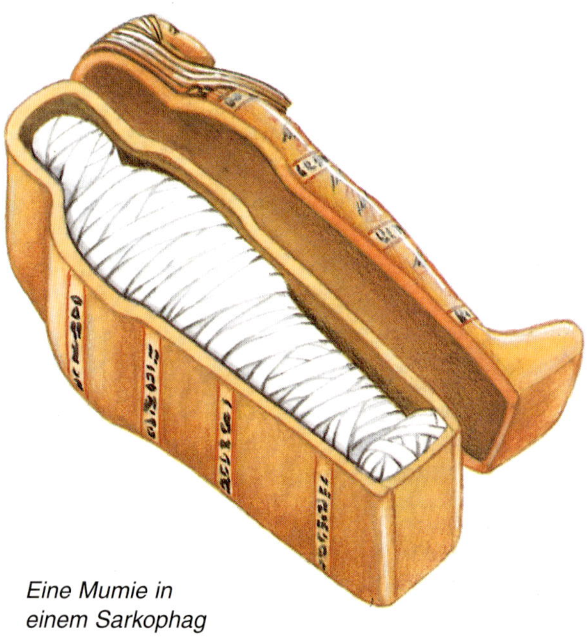

Eine Mumie in einem Sarkophag

Münze →Geld

Muscheln
Die Muscheln sind →Weichtiere, die überwiegend im Meer, aber auch in Süßgewässern vorkommen. Es gibt etwa 25.000 Arten. Die wirbellosen Tiere schützen ihren weichen Körper, dessen Kopf zurückgebildet ist, durch eine außen mit →Horn überzogene Kalkschale. Sie besteht aus zwei Klappen, die durch Zähne, Rillen oder Zacken und ein elastisches Band miteinander verbunden sind. Die Muscheln können ihre Schale mit kräftigen Schließmuskeln öffnen und schließen. Die Innenseite der Schale ist von Perlmutt überzogen. Über seitlich am Körper liegende Kiemen holen sich Muscheln den →Sauerstoff aus dem Wasser, das durch zwei Öffnungen die Schale durchströmt. Mit den Kiemen seihen sie auch Nahrungsteilchen aus dem Atemwasser und führen sie zur Mundöffnung. Kurz vor dem Ausströmen des Wassers werden noch die Abfallstoffe aus dem Darm in dieses Wasser ausgeschieden. Durch das Atemwasser gelangt bei getrenntgeschlechtigen Arten außerdem der →Samen des Männchens in den Körper des Weibchens, das die →Larven später ins Wasser abgibt. Die meisten Muscheln haben einen Fuß, mit dem sie sich fortbewegen oder im Meeresgrund eingraben. Bei fest sitzenden Arten, wie den Austern, fehlt dieser Fuß, sie haften mithilfe eines Sekrets an Felsen oder anderem Untergrund.
Zu den kleinsten Muscheln gehört die Erbsenmuschel mit einer Schalenlänge von 2,5 Millimetern. Die größte Art ist die Riesenmuschel. Sie wird bis zu zwei Meter lang und bis zu 250 Kilogramm schwer. Eine besondere Eigenart zeigt die Perlmuschel: Ist ein winziger Fremdkörper unter ihre Schale gedrungen, so umgibt sie ihn mit einer Kalkschicht, sodass er im Lauf der Zeit zu einer kostbaren Perle anwächst. Viele Muscheln sind essbar, z. B. die Miesmuschel, die Auster und die Herzmuschel.
Muschelquerschnitt siehe nächste Seite.

Querschnitt durch eine Muschel

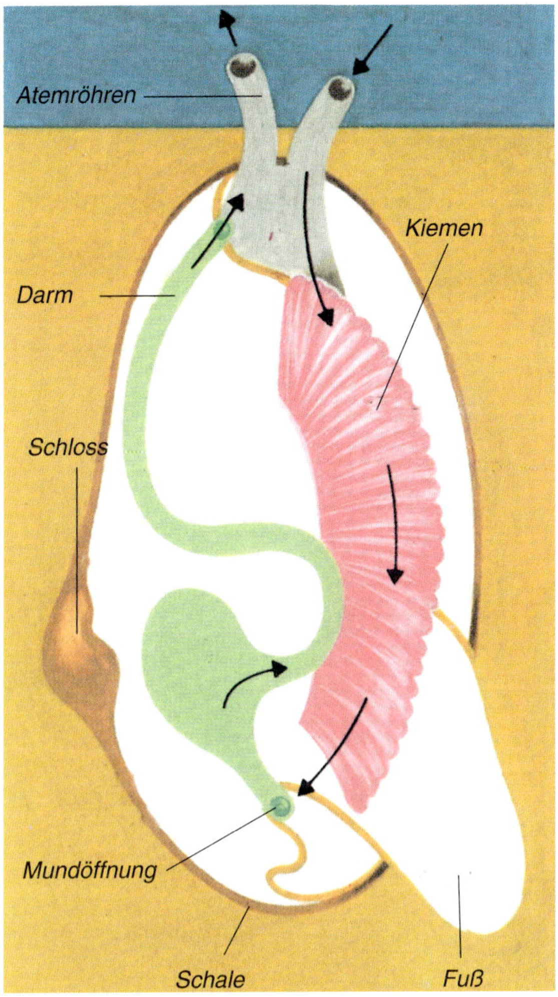

Museum

Kultur- und Bildungsstätten, in denen interessante und wertvolle Gegenstände der →Geschichte der menschlichen Gesellschaft, der →Kunst, der Völkerkunde, der →Naturwissenschaften oder der →Technik gesammelt und öffentlich ausgestellt werden, nennt man Museen.

Schon in der →Antike wurden in Tempelschatzkammern oder Privathäusern Kunstwerke, seltene Funde und auf Beutezügen erworbene Schätze gesammelt. Das griechische „mouseion" galt als heiliger Ort der Musen, der neun Schutzgöttinnen der Künste und →Wissenschaften. Im →Mittelalter bewahrte man Kunstschätze in Klöstern und Kirchen auf. Ab dem 14. Jahrhundert entstanden so genannte Kunst- und Wundersammlungen in Fürstenhäusern. Erst ab dem 18. Jahrhundert durfte die Öffentlichkeit nach und nach die kostbaren Sammlungen bewundern, und die modernen Museen begannen sich zu entwickeln.

Musik

Der Begriff „Musik" geht auf das griechische „mousiké" für „Tonkunst" zurück. Die alten Griechen verstanden darunter die Kunst, durch Töne Empfindungen auszudrücken. Früher zählte deshalb auch noch die Dichtkunst zur Musik.

Musik entsteht zum einen durch Singen als Vokalmusik, zum anderen durch das Spielen von →Musikinstrumenten als Instrumentalmusik. Außerdem unterscheidet man zwischen einstimmiger und mehrstimmiger Musik, zwischen Volks-, Kunst- und Unterhaltungsmusik, zwischen Kirchenmusik und weltlicher Musik, zwischen Tanz-, Konzert- oder Hausmusik sowie Film-, Theatermusik und vielen weiteren Musikrichtungen.

Musikinstrumente

Geräte, mit denen man →Töne erzeugt, um →Musik zu machen, nennt man Musikinstrumente. Man teilt sie in Saiten-, →Blas- und Schlaginstrumente ein.

Die Saiten der Saiteninstrumente werden entweder mit einem Bogen gestrichen (Geige oder Violine, Bratsche oder Viola, Violoncello oder Kontrabass), mit den Fingern oder mit Plättchen gezupft (Gitarre, Laute, Mandoline, Zither, Harfe), mit Filzhämmern angeschlagen (Klavier), oder durch einen Federkiel oder Lederzapfen angezupft (Cembalo); Filzhämmer und Federkiele werden durch Tastenanschlag in Bewegung gesetzt.

Die Blasinstrumente teilt man ein in Holzblasinstrumente (→Flöte, Oboe, Klarinette, Saxofon, Fagott) und Blechblasinstrumente (→Horn, Trompete, Posaune, Tuba). Bei den Blasinstrumenten wird durch Anblasen die vom Instrument umschlossene Luftsäule zum Erklingen gebracht. Auch beim Akkordeon und Bandoneon wird der Ton durch schwingende Luftsäulen hervorgerufen. Die Luft wird aus einem Balg in die Pfeifen gepresst, deren Ton durch Tasten- oder Knopfdruck zum Klingen gebracht werden soll. Auf ähnliche Weise entstehen auch die Töne beim Harmonium und bei der Orgel. Die Orgel hat außer den Tasten für die Hände noch Tasten für die Füße, die Pedale. Durch das Niederdrücken der Tasten wird ein Luftstrom zu Pfeifen geleitet, die in Tonhöhe und Klangfarbe unterschiedlich klingen.

Musikinstrumente

Bei den Schlaginstrumenten wird mit Holz- oder Filzschlegeln auf gespanntes Fell (Trommel, Pauke), auf abgestimmte Holzstäbe (→Xylophon) oder Metallstäbe (Glockenspiel, Metallophon) oder mit Metall gegen Metall (Triangel, Becken) geschlagen. Daneben gibt es noch selbst klingende Instrumente (Rasseln) und elektronische Instrumente mit Lautsprechern (Elektrogitarre, Synthesizer).

Musikinstrumente

Muskeln
Mithilfe der Muskeln können Menschen und Tiere einzelne Körperteile bewegen, z. B. die Gliedmaßen, wie Arme und Beine, und die →Organe, wie das →Herz oder den →Darm. Die Muskeln sind ein fleischiges →Gewebe. Sie setzen sich aus vielen Muskelbündeln zusammen, die von Bindegewebe umgeben sind und wiederum aus zahlreichen Muskelfasern bestehen. Man unterscheidet die quer gestreifte Skelettmuskulatur, die mit dem Willen gesteuert werden kann, von der glatten Muskulatur der Eingeweide, also der inneren Organe vor allem in Brustraum und Bauchhöhle, die nicht dem Willen unterliegt. Nur die Herzmuskulatur macht hier eine Ausnahme. Sie ist quer gestreift, kann aber nicht willkürlich beeinflusst werden. Skelettmuskeln sind durch →Sehnen an den →Knochen befestigt. Jede Bewegung der Muskeln, ob willkürlich oder unwillkürlich, wird stets durch Reize ausgelöst, die vom →Nervensystem kommen. Dabei zieht sich der Muskel zusammen, er verkürzt sich, spannt sich an und entspannt sich danach wieder in der Ruhestellung zu seiner ursprünglichen Länge. Bei jeder Bewegung arbeiten mehrere Muskeln im Zusammenspiel. So zieht sich z. B. beim Anwinkeln des Armes der Oberarmmuskel Bizeps zusammen. Beim Strecken des Armes wird er durch den Gegenmuskel Trizeps wieder gedehnt, indem sich nun dieser zusammenzieht.

Mythologie
Der Begriff „Mythologie“ kommt von dem griechischen Wort „mythos“ für „Fabel, Sage, Dichtung, Erzählung“. Fast alle Völker, wie die alten →Griechen, →Römer oder die →Germanen, hatten in ihrer Vorzeit Geschichten, in denen sie ihre Götter und Helden verehrten und die Entstehung der Welt und des Menschen erklärten. Diese Geschichten nennt man Mythen. Die Gesamtheit der Mythen, aber auch ihre wissenschaftliche Erforschung, nennt man Mythologie.

Das Muskelsystem des Menschen

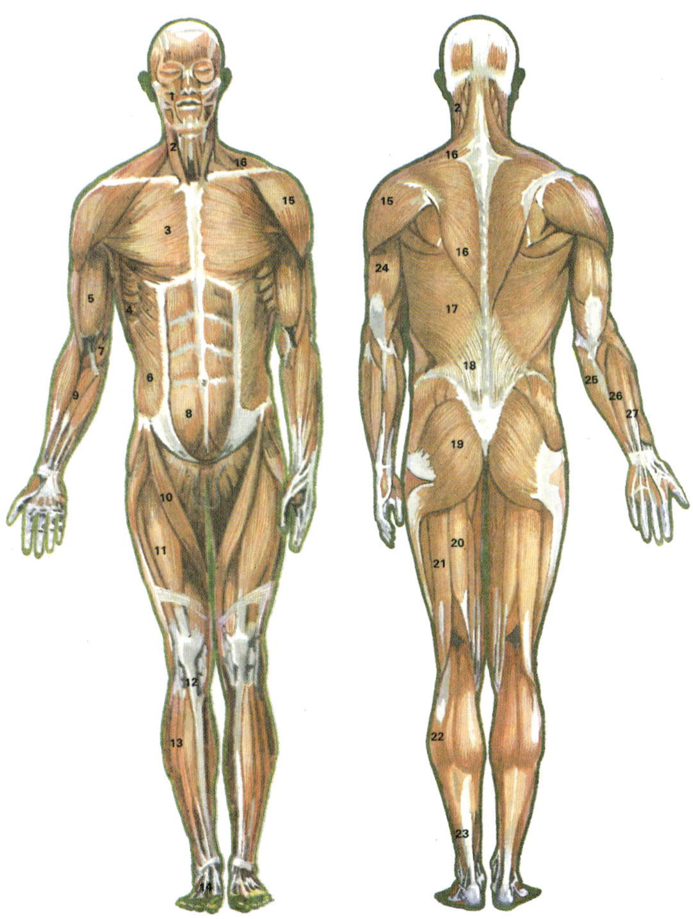

1 Gesichtsmuskel
2 Kopfwender
3 Großer Brustmuskel
4 Sägemuskel
5 Zweiköpfiger Armmuskel (Bizeps)
6 Äußerer schräger Bauchmuskel
7 Einwärtsdreher
8 Gerader Bauchmuskel
9 Unterarmbeuger
10 Schneidermuskel
11 Schenkelstrecker
12 Kniescheibenband
13 Wadenbeinmuskel
14 Zehenstrecker
15 Deltamuskel
16 Trapezmuskel
17 Breiter Rückenmuskel
18 Lendenbinde
19 Großer Gesäßmuskel
20 Halbsehniger Muskel
21 Bizeps
22 Zwillingsmuskel
23 Achillessehne
24 Trizeps
25 Ellenhandbeuger
26 Ellenhandstrecker
27 Gemeinschaftlicher Fingerstrecker

N wie Nordpol

Nabel
Die kleine Grube in der Mitte des Bauches nennt man Nabel. Das ist die Stelle, an der beim Ungeborenen die Nabelschnur ansetzt. Über diese erhält es in der →Gebärmutter von der Plazenta oder dem Mutterkuchen Nahrung und →Sauerstoff aus dem mütterlichen →Blutkreislauf. Nach der →Geburt wird die Nabelschnur durchtrennt und am Bauch des Babys abgeklemmt. Der Rest der Nabelschnur trocknet ein, fällt ab und hinterlässt eine kleine, vertiefte Narbe, den Nabel.

Nadelbäume
Die →Kiefer, →Fichte, →Tanne, →Lärche, Eibe und der Wacholder werden Nadelbäume oder Nadelhölzer genannt, weil sie nadelähnliche →Blätter haben. Mit Ausnahme der Lärche werfen sie ihre Blätter nicht jährlich ab, sondern wechseln sie allmählich im Lauf mehrerer Jahre. Sie sind immergrün und meist reich und regelmäßig verzweigt. Ihr Wachstum ist gut zu erkennen, da die im Frühjahr gebildeten neuen Zweige und Blätter eine hellere Färbung haben als die älteren. Die weiblichen Blütenstände der Kiefer, Fichte, Tanne und Lärche verholzen und bilden Zapfen, die die →Samen enthalten. Da die Samen frei auf den Zapfenschuppen liegen, gehören die Nadelbäume zu den Nacktsamern. Eibe und Wacholder bilden keine Zapfen, sondern beerenähnliche Blütenstände.
Das →Holz der meisten Nadelbäume wird als Bau- und Schnittholz für die Möbelproduktion verwendet. Besonders Fichten- und Kiefernholz dient auch als →Rohstoff für die Herstellung von Zellstoff und →Papier.

Wuchsform, Zweige und Früchte einiger Nadelbäume

Nagetiere
Mit rund 3000 Arten sind die Nagetiere über die ganze Erde verbreitet. Sie gehören zu den →Säugetieren und haben als Kennzeichen ein besonderes →Gebiss: Im Ober- und Unterkiefer stecken je zwei scharfe, wurzellose Schneidezähne, die das ganze Leben lang nachwachsen. Da die Eckzähne fehlen, befindet sich zwischen den Nage- und Backenzähnen eine Lücke. Außerdem haben die Tiere in der Oberlippe eine Spalte.
Nagetiere sind vorwiegend Pflanzenfresser, die an Nutzpflanzen und Nahrungsvorräten großen Schaden anrichten können. Meist pflanzen sie sich sehr schnell und in großer Zahl fort, wie →Mäuse, Ratten und →Meerschweinchen. Neben diesen Arten zählen →Biber, Chinchillas, →Eichhörnchen, Hamster, Lemminge, Pampashasen, Siebenschläfer und viele andere zu den Nagern; jedoch nicht →Hasen und →Kaninchen.

Nahrungskette
Eine Reihe von Lebewesen, von denen die einen den anderen als Futter dienen, bildet eine Nahrungskette. Am Anfang jeder Nahrungskette stehen Pflanzen, z. B. winzi-

ge →Einzeller im Meer: Dieses Phytoplankton besteht vor allem aus →Algen. Es dient kleinen Tieren, wie →Krebsen, →Würmern oder →Quallen, dem Zooplankton, als Nahrung. Diese werden wiederum von Schwarmfischen, wie Heringen oder Sardellen, gefressen, die ihrerseits das Futter größerer Raubfische sind, z. B. des Kabeljaus oder Rotbarsches. Häufig werden die größeren Fische dann von noch größeren Tieren, wie →Robben und Seevögeln, gefressen. Die Ausscheidungen sowie die toten Körper der Tiere, die am Ende der Nahrungskette stehen, liefern in zersetzter Form wiederum Nährstoffe für das Phytoplankton. So schließt sich die Nahrungskette zu einem Kreislauf.

Organischer Kreislauf im Meer

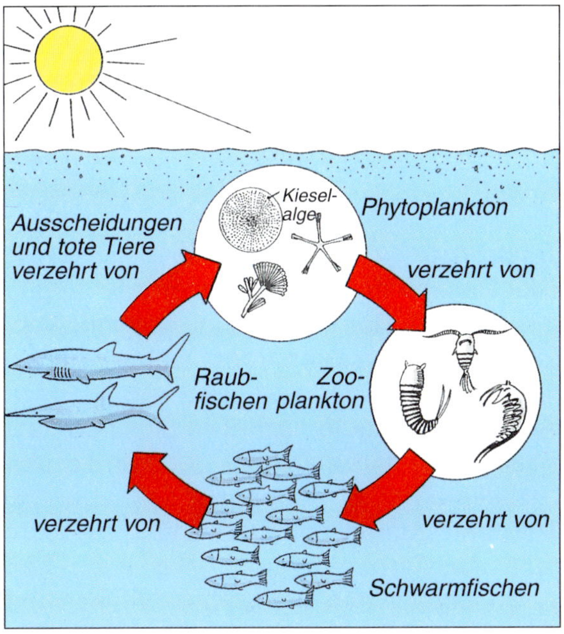

Namibia

Der südwestafrikanische Staat Namibia liegt zwischen Angola, Botswana und der Republik Südafrika. Er besteht überwiegend aus Hochland, das zur Küste hin steil zur →Wüste Namib abfällt. Im Osten und Norden erstreckt sich die Dornbuschsavanne des Kalaharibeckens. Wegen des trockenen →Klimas überwiegt in der →Landwirtschaft die Viehzucht, daneben sind die →Fischerei und der →Bergbau, vor allem der Abbau von Diamanten, von Bedeutung. Die Einwohner sind überwiegend Bantu-Völker und nur wenige Weiße.
Namibia wurde im 15. Jahrhundert von den

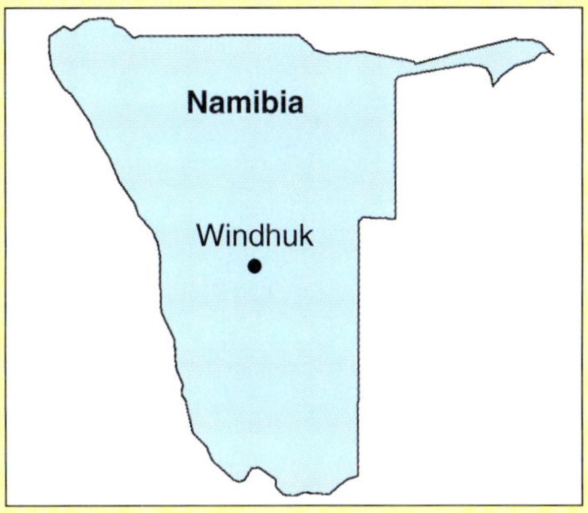

Kontinent:	Afrika
Fläche:	824.292 km^2
Einwohner:	1.500.000
Hauptstadt:	Windhuk
Amtssprache:	Englisch
Währung:	Namibia-Dollar

Portugiesen entdeckt. Von 1884 bis 1918 war es als Deutsch-Südwestafrika deutsches Schutzgebiet, danach stand es unter südafrikanischer Verwaltung. Nach jahrzehntelangen Unabhängigkeitskämpfen wurde Namibia 1990 eine unabhängige →Republik.

Napoleon I. Bonaparte

Von 1804 bis 1814/15 war Napoleon I. Bonaparte (15.8.1769–5.5.1821) →Kaiser der Franzosen. Als jungem General gelang es ihm, 1795 in Paris einen Aufstand gegen die bürgerliche Regierung, das „Direktorium", niederzuwerfen. 1797 wurde er deshalb zum Oberbefehlshaber des italienischen Feldzuges befördert, der ihm großen Ruhm einbrachte. Im November 1799 stürzte er das Direktorium durch einen Staatsstreich, löste das →Parlament auf und übernahm als Erster Konsul die Alleinherrschaft. 1802 wurde Napoleon Konsul auf Lebenszeit. 1804 krönte er sich selbst zum Kaiser und ließ sich vom Papst weihen.
Durch Reformen in der Verwaltung, Rechtssprechung und im Steuerwesen gelang es ihm, →Frankreich im Sinn der →Französischen Revolution zu modernisieren und vor dem Zerfall zu bewahren. Er erließ ein bürgerliches Gesetzbuch, den „Code Civil", das auf der persönlichen Freiheit und Gleichheit aller Bürger gründet und großen

Auf Bildern aus dem 19. Jahrhundert werden die Erfolge Napoleons als „nationale Siege“ gefeiert.

Einfluss auf das Rechtswesen vieler europäischer Länder nahm. Außenpolitisch verfolgte Napoleon den Plan, Frankreich die Vormachtstellung in Europa zu verschaffen. Dies führte zu immer neuen Kriegen mit den europäischen Mächten, den Napoleonischen Kriegen. Nach vielen siegreichen Feldzügen blieb Großbritannien als unbezwingbarer Gegner. Napoleon wollte es deshalb durch eine Kontinentalsperre wirtschaftlich abschließen und vernichten. Als sich 1810 Zar Alexander I. (1777–1825) weigerte, an der Sperre mitzuwirken, kam es zum Feldzug gegen Russland, der 1812 mit dem kläglichen Rückzug der französischen Truppen endete. Großbritannien, Russland, Österreich, Preußen und Schweden verbündeten sich zu Befreiungskriegen gegen Frankreich. 1814 musste Napoleon abdanken und sich auf die Insel Elba ins Exil begeben. 1815 versuchte er nochmals mithilfe eines Heeres, an die Macht zu kommen. Er wurde nach 100 Tagen von den Briten und Preußen in der Schlacht bei Waterloo vernichtend geschlagen und auf die Atlantikinsel St. Helena verbannt, wo er 1821 starb.

Narkose ➝Operation

Nase

Bei Wirbeltieren und beim Menschen dient die Nase als ➝Organ für die ➝Atmung und den ➝Geruchssinn. Sie hat die Aufgabe, die Atemluft zu erwärmen, anzufeuchten und zu reinigen. Das Gerüst der äußeren Nase besteht aus dem knöchernen Nasenbeinpaar, dem knorpeligen Teil der Scheidewand und den Flügelknorpeln. Den Naseninnenraum teilt die Scheidewand in zwei Hälften, deren Eingang die Nasenlöcher sind. Beide Hälften haben Verbindung zu verschiedenen Nasennebenhöhlen, so zur Stirnhöhle und zur Kieferhöhle. Die Nase wird innen von einer ➝Schleimhaut ausgekleidet, die den Nasenschleim produziert. Bei Entzündungen, wie dem Schnupfen, schwillt sie an. Im oberen Teil der Nasenhöhle in Höhe der Nasenwurzel zwischen den Augenbrauen befindet sich das Geruchszentrum mit den Riechzellen.

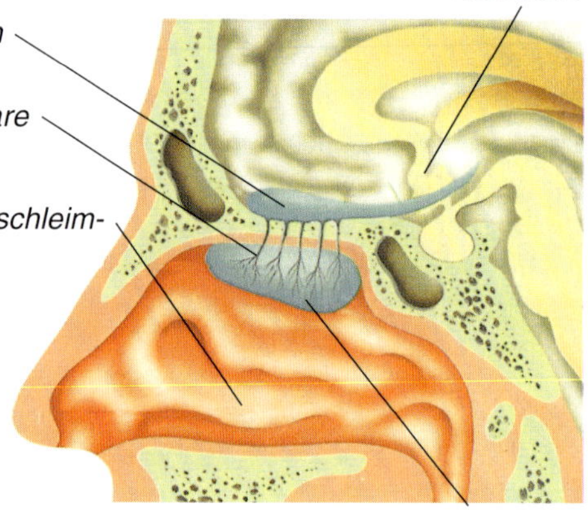

Nashörner

Die Nashörner oder Rhinozerosse tragen ein bis zwei Hörner auf dem Nasenrücken. Diese werden von der panzerartigen Oberhaut gebildet und wachsen je nach Abnutzung ständig nach. Die plumpen, fast haarlosen Pflanzenfresser gehören zu den ➝Huftieren. Sie bewohnen seit über 50 Millionen Jahren die Erde und sind heute vom Aussterben bedroht. Nur noch fünf Arten leben in den Grassteppen Afrikas und Asiens: das Breitmaul-, das Sumatra-, das Java-, das Spitzmaul- und das Indische Panzernashorn.

Spitzmaulnashorn

Nationalhymne

Jeder ➝Staat hat eine Nationalhymne. Sie ist ein feierliches Lied, das bei besonderen öffentlichen Anlässen, wie Staatsbesuchen oder sportlichen Veranstaltungen, gespielt oder gesungen wird. Text und Melodie drücken die Treue zum Vaterland aus. Die deutsche Nationalhymne ist das Deutschlandlied, von dem die dritte Strophe gesungen wird. Der Text stammt von dem Dichter Heinrich Hoffmann von Fallersleben (1798–1874), die Melodie aus dem „Kaiserquartett" von Joseph →Haydn.

Nationalität →Internationalität

Nationalpark
Ein Nationalpark ist eine weiträumige Naturlandschaft, die geschützt wird, z. B. wegen ihrer Schönheit, als Erholungsgebiet oder um den Pflanzen- und Tierbestand zu erhalten. In Deutschland gibt es elf Nationalparks: Bayerischer Wald, Berchtesgaden, Schleswig-Holsteinisches-, Niedersächsisches- und Hamburger-Wattenmeer, Vorpommersche Boddenlandschaft, Jasmund, Müritz, Hochharz, Sächsische Schweiz und Unteres Odertal.

Auch in anderen Ländern gibt es Nationalparks: Ein sehr bekannter ist z. B. der Grand Canyon in den USA.

Nationalsozialismus
Die besondere Art des →Faschismus in →Deutschland zwischen 1933 und 1945 wird als Nationalsozialismus bezeichnet. Er geht wie der Faschismus davon aus, dass das Volk eine Gemeinschaft sei, die sich dem unbedingten Willen des obersten Staatsmannes, des Führers, unterordnen müsse.
Der Nationalsozialismus strebte die Herrschaft der Deutschen über die ganze Welt an. Dazu kam ein gewalttätiger →Rassismus, der im Zweiten →Weltkrieg viele Millionen Tote forderte. Ihre Hauptfeinde sahen die Nationalsozialisten in den Kommunisten, Demokraten und →Juden. Bis 1945 wurden in →Konzentrations- und Vernichtungslagern in Deutschland und vor allem in Osteuropa mehr als sechs Millionen Juden ermordet. Die →Partei der Nationalsozialisten hieß Nationalsozialistische Deutsche Arbeiterpartei (NSDAP).

Das Hakenkreuz ist das Zeichen des Nationalsozialismus. Bei Massenveranstaltungen waren die Versammlungsorte reichlich mit Hakenkreuzfahnen dekoriert.

Die NSDAP wurde 1919 in München gegründet. Noch im selben Jahr trat Adolf →Hitler in die Partei ein und übernahm 1921 die Führung. Am 9. November 1923 versuchten die Nationalsozialisten in München gewaltsam die Macht zu erobern. Der Putsch wurde niedergeschlagen, Hitler verhaftet und die NSDAP verboten. Nach ihrer Wiedergründung 1925 gewann sie wegen der immer schärferen Wirtschaftskrisen zunehmend Macht und Einfluss und wurde 1932 die stärkste →Fraktion im damaligen →Parlament, dem Reichstag in Berlin. Um Demonstrationen politischer Gegner niederzuwerfen, hatte die NSDAP eine eigene Kampftruppe, die Sturmabteilung (SA), aufgebaut.
Am 30. Januar 1933 wurde Hitler zum Reichskanzler berufen. Schritt für Schritt schaffte er den demokratischen Rechtsstaat ab und errichtete eine →Diktatur, die auf ihn als alleinigen Führer ausgerichtet war. Er verbot alle anderen Parteien, die →Gewerkschaften und alle Organisationen, die sich nicht ausdrücklich zum National-

sozialismus bekannten. Zugleich wurden die ersten Konzentrationslager eingerichtet, in denen man vor allem politische Gegner inhaftierte. 1933 setzte auch die Verfolgung der Juden ein. 1934 übernahm Hitler das Amt des Staatsoberhauptes und nannte sich „Führer und Reichskanzler". Gegenüber dem Ausland gab er sich friedlich, zugleich ließ er Deutschland aufrüsten und bereitete einen Krieg vor. 1938 marschierten deutsche Truppen in →Österreich ein und 1939 in die Tschechoslowakei.

Am 1. September 1939 überfielen deutsche Truppen →Polen. Das Datum gilt als Beginn des Zweiten Weltkriegs. Zunächst besetzten die Deutschen einen großen Teil Europas. Am 22. Juni 1941 griffen sie die →Sowjetunion an und drangen weit auf ihr Gebiet vor. Seit dem Jahreswechsel 1942/43 wurde immer deutlicher, dass die Nationalsozialisten den Krieg nicht gewinnen würden. Alle bedrohten Länder, vor allem die Sowjetunion, →Großbritannien und die →USA, hatten sich zu einer so genannten Koalition gegen Deutschland verbündet. Man nannte sie die Alliierten. Am 8. Mai 1945 ergaben sich die deutschen Armeen bedingungslos, Deutschland wurde besetzt und die NSDAP und alle ihre Unterorganisationen wurden verboten. Viele führende nationalsozialistische Politiker brachten sich um, andere wurden 1946 in Nürnberg vor ein internationales Militärgericht gestellt und zum Tod oder zu langen Haftstrafen verurteilt.

In Deutschland selbst hatten nur wenige Widerstand gegen die Nationalsozialisten geleistet. In der einfachen Bevölkerung bildeten hauptsächlich Kommunisten und Sozialdemokraten Widerstandsgruppen. Am 20. Juli 1944 scheiterte ein Bombenattentat auf Hitler, das von dem Offizier Claus Schenck Graf von Stauffenberg (1907–1944) ausging. Nach dem Krieg ordneten die Alliierten die so genannte Entnazifizierung an, die die Deutschen von den Ideen der Nationalsozialisten befreien sollte.

NATO

Als Abkürzung von „North Atlantic Treaty Organization" steht NATO für den Nordatlantikpakt. Er ist ein Bündnis, das im April 1949 in Washington zwölf westliche Staaten miteinander schlossen: Belgien,

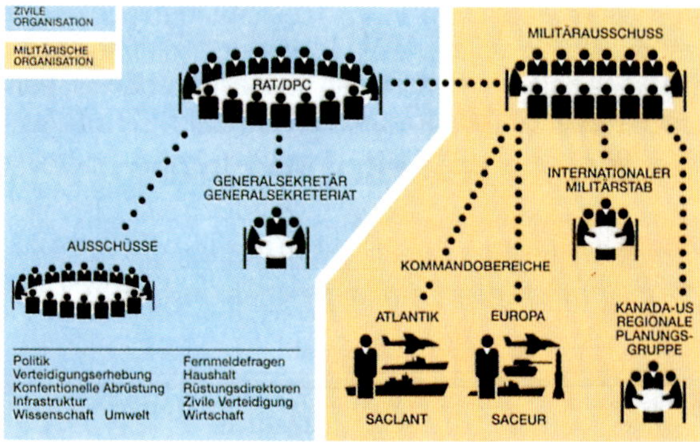

Die Organisation der NATO

Dänemark, Frankreich, Großbritannien, Island, Italien, Kanada, Luxemburg, die Niederlande, Norwegen, Portugal und die USA. Sie verpflichteten sich zur gemeinsamen Verteidigung der Mitgliedsstaaten im Fall eines Angriffes von außen und zum friedlichen Ausgleich von Streitigkeiten innerhalb der Bündnispartner. Die NATO war vor allem gegen die Staaten des →Ostblocks gerichtet, die sich im „Warschauer Pakt" zusammengeschlossen hatten. 1952 traten noch Griechenland und die Türkei bei, 1955 die Bundesrepublik Deutschland und 1982 Spanien. 1966 zog sich Frankreich aus der militärischen Organisation zum Teil zurück. Seit dem Niedergang des Ostblocks 1989 bis 1991 wollen viele osteuropäische Staaten, wie die Tschechische Republik oder Ungarn, der NATO beitreten.

An der Spitze der NATO steht der NATO-Rat, dem Vertreter aus allen Mitgliedsstaaten angehören.

Naturschutz

Der Mensch verändert die Natur zu seinem Nutzen: Er fördert die →Bodenschätze, verwandelt Wiesen in Äcker, baut →Kanäle und Talsperren, errichtet →Kraftwerke, Wohnhäuser und Industriebetriebe. Dabei greift er in den Haushalt der Natur ein und richtet zum Teil beträchtlichen Schaden an. Um die Natur vor unberechtigten und nicht notwendigen Eingriffen zu schützen, um ihre Schönheit und das natürliche Gleichgewicht zu erhalten oder wiederherzustellen, seltene Tiere und Pflanzen vor dem Aussterben zu bewahren oder um Erholungsgebiete zu gestalten, gibt es den Naturschutz. Er ist im Bundes-Naturschutz-Gesetz geregelt. In Naturschutzgebieten dürfen die Natur und Landschaft nicht verändert werden, vor allem auch wild wachsende Pflanzen nicht beschädigt und wild lebende Tiere nicht beunruhigt oder gejagt werden. Der gestaltende Naturschutz versucht, geschädigte Naturgebiete wiederherzustellen, z. B. durch das Wiederaufforsten gerodeter Landschaften, und dem Menschen die Natur wieder nahe zu bringen, z. B. durch das Einrichten von Natur- oder →Nationalparks.

Dieser Sumpfwald wurde für den Bau einer Autobahn trockengelegt. Der Naturschutz bemüht sich darum, solche Landschaften zu erhalten.

Naturwissenschaften
Zu den Naturwissenschaften zählen alle →Wissenschaften, die die Naturerscheinungen erforschen. Sie beobachten die Natur, machen →Experimente, vergleichen die Ergebnisse und versuchen, daraus Regeln und Gesetze abzuleiten.
Grundfächer der Naturwissenschaften sind die →Mathematik, →Physik und →Chemie. Weitere Naturwissenschaften sind z. B. die →Geografie, →Geologie und →Meteorologie, die sich mit der Erde beschäftigen, sowie die →Biologie und Genetik, die sich mit dem Leben befassen.

Navigation
Die verschiedenen Methoden, den Standort und Kurs eines Schiffes, eines Luft- oder eines Weltraumfahrzeuges zu bestimmen, fasst man unter dem Begriff „Navigation" zusammen. Eine Methode ist z. B. die Funk-Navigation, die mittels elektromagnetischer →Wellen Signale aussendet und auf diese Weise ein Schiff oder Flugzeug sicher zu seinem Ziel führt. Sie ermöglicht es dem Piloten sogar, bei schlechtesten Sichtverhältnissen „blind" zu landen.

Navigationssystem →Globales Navigationssystem

Neandertaler
Im Jahr 1856 fand man im Neandertal zwischen Düsseldorf und Elberfeld Reste eines menschenähnlichen →Skeletts, dessen Alter auf etwa 60.000 Jahre geschätzt wurde. Wie zahlreiche weitere Funde ergaben, handelte es sich dabei um einen jener Urmenschen, die vor 150.000 bis 35.000 Jahren in Europa, Afrika und im Nahen Osten gelebt haben: den Homo sapiens neanderthalensis. Schädelreste lassen erkennen, dass sein →Gehirn nur zu geringen geistigen Leistungen fähig war. Die Neandertaler waren Jäger und Sammler. Sie fertigten vielgestaltige Steinwerkzeuge und gebrauchten das →Feuer. Als Vorfahren der heutigen Menschen kommen sie nicht in Frage.
→Mensch

Der Neandertaler war etwa 1,60 Meter groß, hatte kurze Beine, lange Arme und einen Kopf mit fliehender Stirn, starken Augenbrauenbögen, einer breiten Nase und einem wenig ausgeprägten Kinn.

Nebel
Wenn Wasserdampf in Bodennähe kondensiert, bildet sich Nebel: Dabei geht die →Luft vom gasförmigen in den flüssigen Zustand über. Durch die in der Luft schwebenden Wassertröpfchen beträgt die Sichtweite dann weniger als einen Kilometer, manchmal nur wenige Meter. Nebel können entstehen, wenn sich die Luft nachts bei klarem Himmel unter ihren Taupunkt abkühlt, oder wenn sich zwei verschiedene Luftmassen, feuchtmilde und kalte, mischen. Nebelbildung setzt so genannte Kondensationskerne voraus, zum Beispiel Staub- und Ruß-

teilchen, an denen die Feuchtigkeit haftet. Nebel tritt deshalb in Industriegebieten besonders häufig auf.

Nektar

Der zuckerhaltige, klebrige Saft, den blühende →Pflanzen in den Honigdrüsen ihrer →Blüten ausscheiden, heißt Nektar. Er lockt die →Insekten an, die die Pflanze zu ihrer Bestäubung braucht.
In der griechischen →Mythologie ist Nektar der Trank der Götter, der wie die Götterspeise Ambrosia Unsterblichkeit verleiht.

Nepal

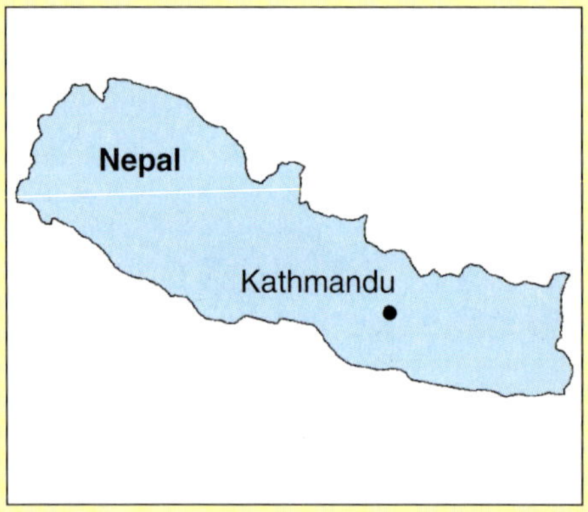

Kontinent:	Asien
Fläche:	147.181 km^2
Einwohner:	21.360.000
Hauptstadt:	Kathmandu
Amtssprache:	Nepali
Währung:	Nepalesische Rupie

Nepal grenzt an China und Indien. Es erstreckt sich im Norden über Teile des Hoch-Himalaja mit dem höchsten Berg der Erde, dem Mount Everest (8872 m), nach Süden über Gebirgsketten und Täler des Nieder-Himalaja und im Süden über Sümpfe und →Urwald. Das →Klima steht unter dem Einfluss des →Monsun. Die Bevölkerung setzt sich vor allem aus hinduistischen Gurkhas und buddhistischen Newars zusammen, die meist von der →Landwirtschaft leben. Bedeutende Ausfuhrprodukte sind Jute und Edelhölzer.
1768 eroberten die Gurkhas das Land und gründeten das Königreich Nepal. Seit 1990 ist es eine parlamentarische →Monarchie.

Neptun

Der →Planet Neptun ist von der →Sonne aus gesehen der achte Planet unseres →Sonnensystems. Sein Äquatordurchmesser beträgt 49.200 Kilometer. Mit einer Geschwindigkeit von 5,4 Kilometern pro Sekunde umläuft er in 164,8 Jahren einmal die Sonne, von der er durchschnittlich 4,5 Millionen Kilometer entfernt ist. In 15 Stunden 40 Minuten dreht er sich einmal um die eigene Achse. Der von drei →Monden begleitete Planet wurde 1846 von Johann Gottfried Galle (1812–1910) in Berlin entdeckt.
Seinen Namen hat der Planet von Neptun, dem römischen Gott des Meeres.

Nerven

Die Nerven sind Stränge im →Nervensystem des menschlichen und tierischen →Organismus. Sie leiten Reize und Empfindungen z. B. von den →Sinnesorganen zum →Gehirn und zu anderen →Organen, →Muskeln oder →Drüsen. Nerven bestehen aus gebündelten Nervenfasern, die wiederum Fortsätze der Nervenzellen sind. Man unterscheidet die sensiblen Nerven, die Sinneseindrücke zum Gehirn leiten, von den motorischen Nerven, die der Muskulatur Bewegungsanstöße oder -impulse übermitteln.

Nervenzelle

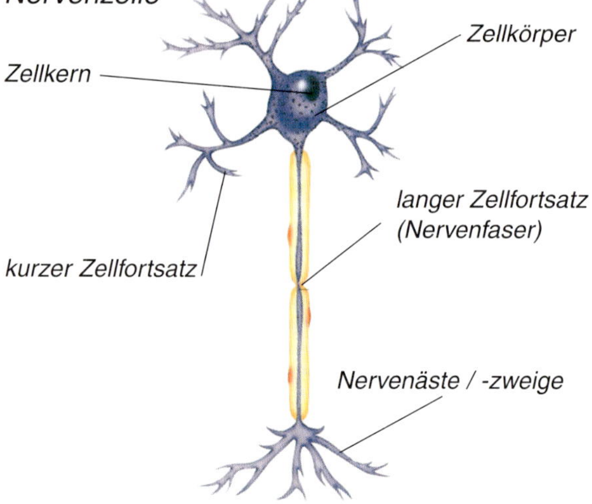

Nervensystem

Die Gesamtheit der Nervenzellen und -fasern des Körpers bildet das Nervensystem. Es nimmt aus der Umwelt und aus dem Körper Reize auf, wandelt sie in Erregungen um und übermittelt sie den zentralen Schaltstellen. Dort werden die Infor-

mationen verarbeitet und als Bewegungsanstöße oder -impulse an die Körperorgane oder an die Muskulatur weitergeleitet, die nun darauf reagieren.
Das Nervensystem des Menschen gliedert sich in das von →Gehirn und Rückenmark gebildete Zentralnervensystem und in das selbstständige oder vegetative Lebens-Nervensystem. Das Gehirn enthält die wichtigsten Sinnes- und Schaltzentren. Es steuert alle dem Willen unterworfenen →Organe sowie einige Körpervorgänge, die unbewusst ablaufen. Im Rückenmark verlaufen vor allem die verschiedenen →Nerven, die zum Gehirn hin- und von diesem wegführen. Sie bilden zusammen mit Nerven, die im Rückenmark entspringen, das periphere, d. h. am Rand liegende Nervensystem. Auch das vegetative Lebens-Nervensystem sitzt zum Teil in Form von Nervenknoten oder Ganglien im Gehirn, außerdem bei den Körperorganen und im so genannten Grenzstrang, der beiderseits der Wirbelsäule verläuft. Es ist für die inneren Organe zuständig und reguliert lebenswichtige Funktionen, wie den →Stoffwechsel.
Alle Teile des Nervensystems stehen miteinander in Verbindung.

Neuseeland
Der Inselstaat Neuseeland liegt im südwestlichen Pazifik südöstlich von Australien. Er besteht aus der Nord- und der Südinsel, zwischen denen die Cook-Straße verläuft, und einigen kleineren →Inseln. Beide Hauptinseln sind gebirgig, auf der Nordinsel gibt es →Vulkane, →Geysire und Thermalquellen, auf der Südinsel sind die Neuseeländischen Alpen zum Teil vergletschert. Außer im subtropischen Norden ist das →Klima gemäßigt warm und im Westen niederschlagsreich. Drei Viertel der Einwohner stammen ursprünglich aus Europa, vor allem aus Großbritannien, nur zehn Prozent sind Maori, das sind die Ureinwohner Neuseelands. Der wichtigste Wirtschaftszweig ist die Viehzucht. Außerdem werden Getreide, Flachs, Gemüse und Obst angebaut. In der →Industrie überwiegt die Verarbeitung der landwirtschaftlichen Erzeugnisse.
Neuseeland wurde 1642 entdeckt und von 1769 bis 1777 von dem Engländer James →Cook erforscht. 1840 wurde es britische →Kolonie. Jahrelange Aufstände kosteten vielen Maori das Leben. Seit 1907 ist Neuseeland eine parlamentarische →Monarchie, seit 1931 ist es unabhängig, blieb jedoch mit Großbritannien locker verbunden.

Kontinent:	Australien (Ozeanien)
Fläche:	270.534 km^2
Einwohner:	3.534.000
Hauptstadt:	Wellington
Amtssprache:	Englisch
Währung:	Neuseeland-Dollar

Neuzeit
In der →Geschichte ist die Neuzeit das Zeitalter, das auf das →Mittelalter folgt und bis zur Gegenwart reicht. Sie beginnt um 1500 mit der Entdeckung →Amerikas, der Neuen Welt, und der →Reformation. Innerhalb der Neuzeit markiert das Jahr 1789 mit der →Französischen Revolution den Übergang zur Neueren oder Neuesten Zeit.

Newton, Isaac
Die Erkenntnisse des Engländers Isaac Newton (4.1.1643–31.3.1727) sind grundlegend in vielen Gebieten der →Physik, →Mathematik und →Astronomie.
Newton erkannte das Gesetz der Anziehungs- oder Gravitationskraft, die zwei Körper aufgrund ihrer Masse aufeinander ausüben. Er erklärte damit, warum sich die →Planeten um die →Sonne und die →Monde sich um die Planeten bewegen. 1687 erschien sein bedeutendstes Werk über die mathematischen Grundlagen der →Naturwissenschaft „Philosophiae naturalis principia mathematica“. Darin behandelt er unter anderem die →Gezeiten des Meeres,

Strömungs- und Schwingungsvorgänge, die Erscheinung von Bewegung und Widerstand und formuliert das mathematische Gesetz der →Gravitation. Newton fand außerdem heraus, dass sich das weiße Sonnenlicht durch ein Glasprisma in ein →Spektrum zerlegen lässt und stellte eine Theorie über die Natur des →Lichtes auf. Auch baute er das erste →Teleskop, bei dem die →Linse durch einen um 45 Grad geneigten Spiegel ersetzt ist.

Nicaragua

Kontinent:	Amerika
Fläche:	120.254 km^2
Einwohner:	4.275.000
Hauptstadt:	Managua
Amtssprache:	Spanisch
Währung:	Córdoba

Die →Republik Nicaragua erstreckt sich zwischen Honduras und Costa Rica auf der mittelamerikanischen Landbrücke. In der Landesmitte erhebt sich das Gebirgsmassiv der Kordilleren. Nach Osten zur Karibik hin liegt das sumpfige Tiefland der Moskitoküste. Nach Westen zum Pazifik fällt das Gebirge zu einer Grabensenke mit zwei großen Seen und vielen →Vulkanen ab. 70 Prozent der Bevölkerung sind →Mischlinge, die übrigen Weiße und Schwarze. Der wichtigste Wirtschaftszweig ist die →Landwirtschaft. Hauptausfuhrgüter sind Baumwolle, Kaffee, Kakao, Zuckerrohr, Bananen und Edelhölzer.
1502 entdeckte →Kolumbus die Atlantikküste Nicaraguas. 1524 eroberten die Spanier das Land. Seit 1838 ist es eine selbstständige Republik. 1983 brach ein jahrelanger Bürgerkrieg aus, in dem die →USA die Contras, die konservativen Rebellen, unterstützten. Die linksgerichtete „Sandinistische Befreiungsfront“, die seit 1979 die Regierung innehatte, stimmte schließlich demokratischen Wahlen zu. Seit 1990 ist die konservative →Partei an der Regierung.

Niederlande

Die Niederlande werden in der Umgangssprache oft als Holland bezeichnet. Sie liegen an der Nordsee und grenzen an Belgien und Deutschland. Das überwiegende Tiefland befindet sich zu einem Drittel unterhalb des Meeresspiegels und wird durch →Dünen und →Deiche gegen Sturmfluten gesichert. In den feuchten Marschen hinter den Deichen gewinnt man durch Entwässerungsanlagen und →Kanäle so genanntes „Polderland“. Dort liegen große, fruchtbare Acker- und Viehzuchtgebiete. Im Nordosten gibt es ausgedehnte →Moore und Wälder. In der →Landwirtschaft werden auf Äckern und in Treibhäusern riesige Mengen an Obst, Gemüse und Blumen für den →Export gezüchtet, große Bedeutung haben außerdem die Vieh- und Milchwirtschaft. Zu den wichtigsten Industriezweigen gehören die chemische, Elektro-, Textil-, Nahrungsmittel- und Erdölindustrie.

Kontinent:	Europa
Fläche:	41.865 km^2
Einwohner:	15.391.000
Hauptstadt:	Amsterdam
Amtssprachen:	Niederländisch regional Friesisch
Währung:	Holländischer Gulden

Der Haupthafen in Rotterdam gilt als bedeutendster Hafen der Welt.
Nach einer bewegten Geschichte, in der die Niederlande unter anderem zum Fränkischen Reich, zu Deutschland, Burgund, Spanien und zuletzt unter →Napoleon I. zu Frankreich gehörten, wurde das damalige Holland 1815 mit →Belgien zum „Königreich der Vereinigten Niederlande“ verbunden. 1830 spaltete sich Belgien ab. Seit 1848 sind die Niederlande eine parlamentarische →Monarchie. 1947 schlossen sich die Niederlande mit Belgien und →Luxemburg wirtschaftlich zu den „Benelux-Staaten“ zusammen.

Niederschläge

Die aus den →Wolken zur Erde fallenden Regentropfen, Graupel- oder Hagelkörner und im Winter die Schneeflocken fasst man unter dem Begriff „Niederschläge“ zusammen. Im Winter werden die kleinen Wassertröpfchen bei Temperaturen unter 0 Grad Celsius (°C) zu Eiskristallen, die zu sechssternigen Schneeflocken zusammenwachsen. Tau entsteht, wenn sich feste Körper in Erdbodennähe stärker abkühlen als die sie umgebende →Luft. Dadurch schlägt sich auf ihnen der in der Luft enthaltene unsichtbare Wasserdampf in kleinen Tröpfchen nieder. Liegt die Temperatur unter dem Gefrierpunkt, so scheidet sich der unsichtbare Wasserdampf in Form von Eisteilchen als Reif ab. Fällt Regen auf den Erdboden, der Temperaturen unter 0°C hat, gefriert das Wasser sofort zu Glatteis.
Die Niederschläge haben große Bedeutung für das Leben auf der Erde. Sie ermöglichen das Wachstum der Pflanzen, der Hauptnahrung von Mensch und Tier. Die gesamte →Wirtschaft ist vom Wasser und damit von den Niederschlägen abhängig.

Nieren

Die Nieren sind ein paariges →Organ bei Wirbeltieren und beim Menschen. Sie dienen der lebenswichtigen Ausscheidung von Produkten des →Stoffwechsels und regulieren den Wasser- und Salzhaushalt des Körpers. Beim Menschen liegen die Nieren rechts und links der Lendenwirbelsäule an der hinteren Bauchwand. Sie sind bohnenförmig, etwa zwölf Zentimeter lang, sechs Zentimeter breit und drei bis vier Zentimeter dick. An der nach innen gewölbten Seite

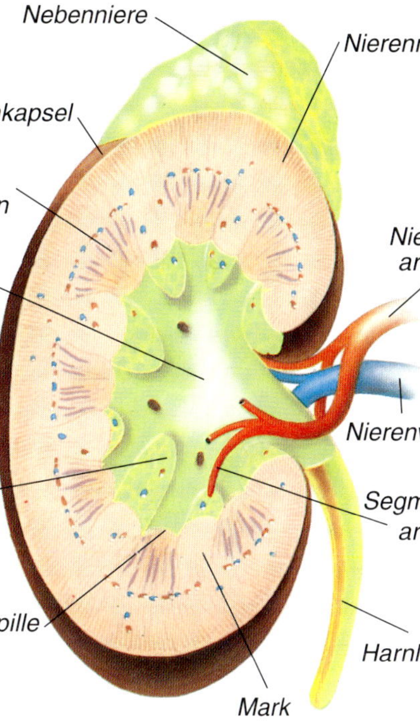

führen der Harnleiter und die Nierengefäße in das Organ. Die Nierengefäße verästeln sich in der Nierenrinde. Durch sie fließen →Blut und Wasser in die Nieren. Sie werden in Kanälchen gefiltert, von Abfallstoffen des Stoffwechsels befreit und frisch aufbereitet in den Körper zurücktransportiert. Die Abfallstoffe sammeln sich im Nierenbecken und gelangen als Harn über den Harnleiter in die →Harnblase.

Nigeria

Die →Republik Nigeria liegt in Westafrika am Golf von Guinea und grenzt an Benin, Niger und Kamerun. Im Süden befindet sich eine niederschlagsreiche, flache Tropenwaldzone, nach Norden steigt das Land zum zentralen Bergland von Bauchi an und geht über eine Buschsteppe in →Savanne über. Mit rund 108 Millionen Einwohnern ist Nigeria der volkreichste Staat →Afrikas. Die Bevölkerung setzt sich aus zahlreichen Stämmen von Sudannegern zusammen, wie den Haussa und Fulbe im Norden, den Jaruba im Südwesten und den Ibo im Südosten. In der →Landwirtschaft werden für den Eigenbedarf Maniok, Hirse, Mais, Süßkartoffeln, Reis, Bananen und Gemüse angebaut. Wichtige Exportgüter sind Erdnüsse, Kakao, Kautschuk und Baumwolle sowie Edelhölzer. Außerdem besitzt das Land reiche Vorkommen an Erdöl, Erdgas, Steinkohle, Zinn und Eisen.

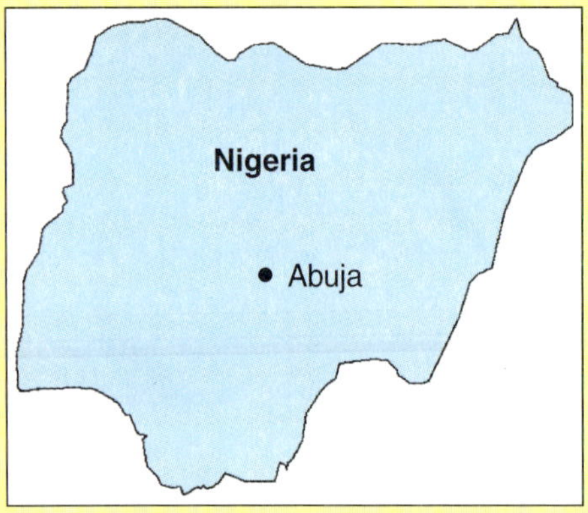

Kontinent:	Afrika
Fläche:	923.768 km^2
Einwohner:	107.900.000
Hauptstadt:	Abuja
Amtssprache:	Englisch
Währung:	Naira

Um 1500 begannen verschiedene europäische Staaten Nigeria auszubeuten und Sklavenhandel zu betreiben. 1861 setzten sich die Briten an der Küste fest und machten Nigeria 1914 zur einheitlichen →Kolonie. 1960 wurde Nigeria unabhängig, blieb jedoch mit Großbritannien locker verbunden. 1963 rief es die Republik aus. 1967 spaltete sich die von Ibos bewohnte Ostregion ab und bildete unter dem Namen Biafra einen selbstständigen Staat. Ein blutiger Bürgerkrieg zwang das von Hungersnot und Plünderung geschüttelte Biafra 1970 in den nigerianischen Staat zurück.

Nil

Mit 6671 Kilometern ist der Nil in →Afrika der längste →Fluss der Erde. Er entspringt in Ruanda und Burundi und vereinigt sich als Weißer Nil bei Khartum, der Hauptstadt des →Sudan, mit dem aus Äthiopien kommenden Blauen Nil. Kurz hinter Kairo, der Hauptstadt →Ägyptens, teilt sich der Nil in ein rund 24.000 Quadratkilometer einnehmendes Delta und mündet ins Mittelmeer.
Schon im alten Ägypten war die →Landwirtschaft vom Wasserstand des Nils abhängig. Durch sommerliche Regenfälle in Äthiopien erhält der Nil so viel Wasser, dass es jedes Jahr in der Zeit von Juni bis Oktober zu großen Überschwemmungen kommt. Diese wässern den Boden des Niltals und -deltas und düngen ihn mit fruchtbarem Nilschlamm. Heute versucht man die Fluten – nicht immer erfolgreich – mit Staudämmen als Dauerbewässerung zu nutzen.

Nilpferde →Flusspferde

Nobelpreis

Der schwedische Chemiker und Industrielle Alfred Nobel (1833–1896) wurde unter anderem durch die Erfindung des Sprengstoffes →Dynamit bekannt. In seinem Testament bestimmte er, dass die Zinsen seiner Stiftung von 31 Millionen schwedischer Kronen als Geldpreise für bedeutende wissenschaftliche und menschliche Leistungen verliehen werden sollen. Jedes Jahr werden nun am 21. Oktober, dem Todestag Nobels, so genannte Nobelpreise vergeben. Sie betreffen die Gebiete →Physik, →Chemie, Physiologie und →Medizin, →Literatur und Wirtschaftswissenschaften. Für außerordentliche Beiträge zur Schaffung und Erhaltung des Völkerfriedens wird zudem der Friedensnobelpreis verliehen.

Nomaden

Hirten, die mit ihren Viehherden umherziehen, um immer neues Weideland zu finden, heißen Nomaden. Sie haben keinen festen Wohnsitz, bewegen sich jedoch stets innerhalb eines bestimmten Gebietes. Vollnomaden leben in transportablen Zelten ausschließlich von den Erträgen der Viehzucht. Halbnomaden dagegen haben feste Quartiere für den Winter, dort treiben sie auch Ackerbau.

Nordamerika

Der nördliche Teil des Doppelkontinents →Amerika ist Nordamerika. Es ist im Norden vom Nordpolarmeer umgeben, im Westen vom Pazifik und im Osten vom Atlantik. Durch eine Landbrücke, die als Mittel- oder Zentralamerika bezeichnet wird, ist es mit →Südamerika verbunden. Die natürliche Grenze zu Mittelamerika bildet die mexikanische Landenge von Tehuantepec, aber ganz Mexiko wird bereits zu Mittelamerika gezählt. Dem Norden des Halbkontinents sind neben →Grönland viele kleinere →Inseln vorgelagert, der Kanadisch-Arktische Archipel, das französische Gebiet Saint Pierre und Miquelon und die britischen

Bermudainseln. Von Norden nach Süden erstreckt sich Nordamerika über rund 8000 Kilometer, von Osten nach Westen über rund 6000 Kilometer. Staatlich ist es in

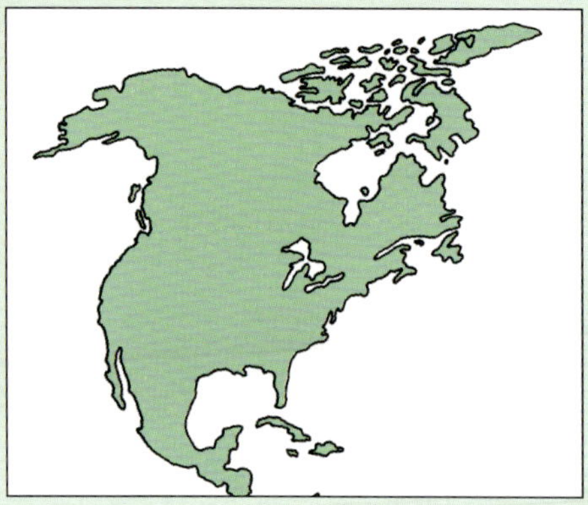

Fläche:	23.500.000 km²
Einwohner:	290.000.000
Größtes Land:	Kanada
Kleinstes Land:	Grönland

→Kanada, die →USA und Grönland gegliedert. Im Westen zieht sich entlang der Küste das Faltengebirge der Kordilleren. Dessen östlicher Teil sind die →Rocky Mountains. Nach Osten folgt das zentrale Tiefland mit den Great Plains in den USA und dem südlich gelegenen Stromland des Mississippi und Missouri. Im Osten erhebt sich das Gebirge der Appalachen und im Nordosten liegt das Tiefland des Kanadischen Schildes mit zahlreichen großen Seen. Vom Polarklima im Norden bis zum subtropischen →Klima im Süden hat Nordamerika Anteil an allen Klimazonen. Entsprechend vielgestaltig ist die Pflanzen- und Tierwelt. Insgesamt gesehen ist Nordamerika eher gering bevölkert, am dichtesten ist der Osten besiedelt. Im Norden leben nur wenige →Eskimos. Die →Indianer sind zum größten Teil in →Reservate zurückgedrängt. Der Großteil der Bevölkerung sind Weiße, daneben gibt es Schwarze, Asiaten und →Mischlinge aller Rassen. Nordamerika ist reich an →Bodenschätzen, außerdem liefern die Wälder große Mengen wertvolles Holz. Je nach Klima und Beschaffenheit des Bodens überwiegen in manchen Gebieten Ackerbau und Viehzucht, in anderen die →Industrie. Die USA sind die führende Industrienation der Erde.
Die Ureinwohner Amerikas sind die Indianer, die im Norden überwiegend als Jäger und →Nomaden lebten. Um 1500 begannen die Europäer, den Erdteil in Besitz zu nehmen und die Indianer fast auszurotten. Zunächst stand Nordamerika unter dem Haupteinfluss der Spanier. Ab Ende des 16. Jahrhunderts siedelten sich zunehmend Briten, vor allem an der Ostküste, und Franzosen, vor allem im Norden, an und kämpften um die Vormachtstellung. Mitte des 18. Jahrhunderts verlor Frankreich Kanada und verschiedene →Kolonien am Missouri und am Mississippi an Großbritannien. 1776 bildeten sich die Vereinigten Staaten von Amerika, die USA.

Nordlicht →Polarlicht

Nordpol →Pole

Nordsee
Mit einer Fläche von rund 580.000 Quadratkilometern erstreckt sich die Nordsee als Nebenmeer des Atlantischen Ozeans zwischen den Britischen Inseln und dem europäischen Festland. Die Straße von Dover und der Ärmelkanal führen zum Atlantischen Ozean, der Meeresarm des Skagerrak und die Meerenge des Kattegat sowie der Nord-Ostsee-Kanal zur →Ostsee. Die Tiefe des flachen Schelfmeeres beträgt durchschnittlich 94 Meter. Die →Gezeiten verursachen ein Schwanken des Meeresspiegels, den so genannten Tidenhub, bis zu sieben Meter.
Die Nordsee ist ein bedeutendes Fischereigebiet, außerdem gehört sie zu den meistbefahrenen →Meeren der Erde mit den Welthäfen London, Rotterdam, Hamburg, Amsterdam, Bremerhaven und Antwerpen. Auf dem Grund der Nordsee gibt es gewaltige Erdöl- und Erdgasvorkommen, die in erster Linie von Großbritannien, Norwegen und den Niederlanden gefördert werden.

Norwegen
Der nordeuropäische Staat Norwegen erstreckt sich über eine Länge von etwa 1800 Kilometern im Westen der skandinavischen Halbinsel, die es zusammen mit →Schweden einnimmt. Dem Festland ist ein aus Tausenden von →Inseln bestehender Schärengürtel vorgelagert. Die Küste ist durch zahlreiche tief ins Land führende →Fjorde stark zerklüftet und wegen der Nähe des →Golfstromes das ganze Jahr über eisfrei. Den größten Teil des Landes durchzieht das stark vergletscherte skandinavische Ge-

Kontinent:	Europa
Fläche:	323.877 km^2
Einwohner:	4.317.000
Hauptstadt:	Oslo
Amtssprache:	Norwegisch
Währung:	Norwegische Krone

birge. Im Landesinneren herrscht trockenes, kühles →Klima, an der Küste ist es mild und regenreich. Ein Drittel der Landesfläche wird von Wäldern bedeckt, in denen noch viele Tiere, wie Hirsch oder Elch, vorkommen. Die Bevölkerung setzt sich fast ausschließlich aus Norwegern und nur wenigen Lappen und Finnen zusammen. Durch Gefälle und Stromschnellen bieten die Flüsse ein hohes Maß an Wasserkraft, die von der →Industrie genutzt wird. Eine große Rolle spielen die Nutzung der Wälder und die Seefischerei. Außerdem werden Erdöl, Erdgas und Erze gefördert.
Bis Ende des 9. Jahrhunderts war Norwegen, die Heimat der Normannen oder →Wikinger, in mehrere Adelsherrschaften unterteilt. Um 872 wurde es erstmals ein einheitliches Königreich. Im 13. Jahrhundert ging die Herrschaft an Schweden über. Ende des 14. Jahrhunderts wurden Norwegen, Schweden und Dänemark vereint. Schweden erklärte sich 1523 für unabhängig, Norwegen blieb bis 1814 bei Dänemark. Obgleich es 1814 auf seiner Unabhängigkeit bestand, kam es erneut zu Schweden, von dem es sich nach einer spannungsreichen Zeit 1905 löste und eine parlamentarische →Monarchie errichtete.

Dank des Golfstroms können an der Küste Norwegens Schafe weiden.

Noten

Es gibt Noten in Form von Banknoten (→Geld) oder als Zensuren für die Bewertung von Leistungen, z. B. in der Schule. Außerdem heißen so die Schriftzeichen für →Töne. Um Musik aufschreiben zu können, wurden sie vor knapp tausend Jahren nach persischen und byzantinischen Vorbildern geschaffen und haben sich bis ins 17. Jahrhundert hinein zur heutigen Notenschrift entwickelt. Diese besteht aus den fünf Notenlinien, den Notenschlüsseln, den Notenzeichen, den Taktstrichen, Pausen- und anderen Zeichen, die Wiederholungen, Ausschmückungen oder Veränderungen anzeigen. Die unterschiedlichen Plätze im Notensystem geben die Tonhöhe, die unterschiedlichen Formen der Noten die Tonlängen an.

wie Otto

Oase

Die grünen Inseln in den pflanzenlosen →Wüsten oder pflanzenarmen Wüstensteppen nennt man Oasen. Sie entstehen an Plätzen, an denen das →Grundwasser durch eine →Quelle zutage tritt oder über Brunnen erreichbar ist. Die großen Oasen sind meist dicht besiedelt und dienen als Stützpunkte für den Verkehr und Handel. Dattelpalmen, Obst und Getreide werden dort angebaut.

Oasen haben sich oft zu richtigen Städten entwickelt, wie Ghardaia in Algerien.

Obst

Die essbaren →Früchte und →Samen einer Anzahl von Bäumen, Sträuchern und krautigen Pflanzen zählen zum Obst. Man unterscheidet Steinobst, wie Kirsche, Pflaume, Pfirsich, Aprikose, Dattel und Olive, vom Kernobst, wie Apfel, Birne, Quitte und Zitrusfrüchte. Zum Beerenobst gehören die Weintraube, Johannisbeere, Stachelbeere, Heidelbeere, Erdbeere, Brombeere und Himbeere. Nüsse, Esskastanie, Pistazie und Mandel sind Schalenobst. Die Banane ist eine Kapselfrucht, die Ananas ein Fruchtstand. Obst aus südlichen Ländern fasst man als Südfrüchte zusammen.

Obst ist für die →Ernährung besonders wertvoll, weil es viele →Vitamine, →Mineralstoffe und Traubenzucker enthält. Am gesündesten isst man es roh, da durch Kochen und Konservieren wichtige Vitamine verloren gehen. Aus Obst stellt man viele Nahrungs- und Genussmittel her: Dörrobst, Saft oder Süßmost, Marmelade und Kompott, aber auch →Wein und Schnaps zählen dazu.

Obst wird meist in großen Obstgärten, in Plantagen oder in Kleingärten angebaut. Bei Obstbäumen dauert es einige Jahre, bis sie Früchte tragen. Die Beerenobstarten wachsen fast alle an Sträuchern.

Obst

Ohr

Das Ohr ist das →Organ für den Hörsinn und den →Gleichgewichtssinn. Es dient der

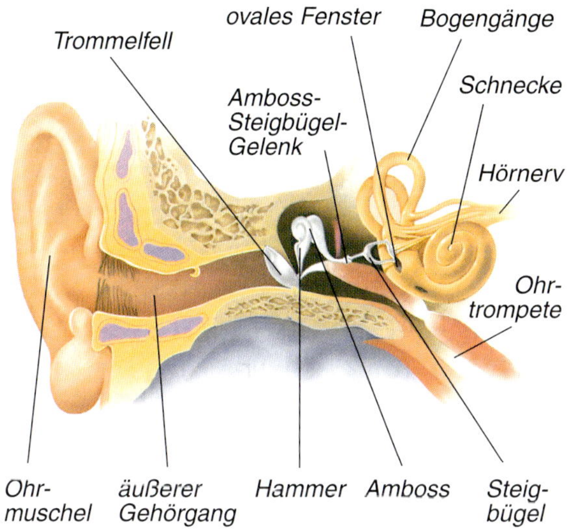

Aufnahme und Weiterleitung von Schallwellen und besteht aus dem Außenohr oder der Ohrmuschel, dem Mittelohr mit dem Trommelfell und dem Innenohr mit Bogengängen, Schnecke und Hörnerv. Der →Schall dringt durch den Gehörgang zum Trommelfell, das er in Schwingungen versetzt. Diese werden von den drei kleinen Knöchelchen Amboss, Hammer und Steigbügel auf das Innenohr übertragen und dort von den Sinneszellen in eine Erregung umgewandelt. Diese gelangt über den Hörnerv in das →Gehirn und wird dort zu einer Hörempfindung oder Wahrnehmung verarbeitet. Die Bogengänge des Innenohrs sind Organe der Gleichgewichtsempfindung.

Ökologie
Als Teilgebiet der →Biologie erforscht die Ökologie die Beziehungen, die zwischen den →Organismen bestehen. Sie untersucht zum einen die jeweilige Abhängigkeit des einzelnen Lebewesens von seiner Umwelt, zum anderen das Zusammenleben mehrerer Lebewesen in einem →Biotop. Die Erkenntnisse der Ökologie sind sehr wichtig für den →Umwelt- und →Naturschutz.

Okzident
In der römischen →Antike fasste man alle Länder im Westen Italiens unter dem Begriff „Okzident" zusammen. Da im Westen die Sonne untergeht, heißt der Okzident auch Abendland. Heute versteht man darunter den Kulturkreis Westeuropas.
→Orient

Ölpflanzen
Kulturpflanzen, aus denen wertvolles Speiseöl gewonnen wird, bezeichnet man als Ölpflanzen. Das Öl wird in besonderen Mühlen aus den →Samen und →Früchten der Pflanzen gepresst und dient vor allem zur Herstellung von pflanzlichen →Fetten und Margarine. In Europa baut man Ölbäume, Walnussbäume, Raps, Rüben, Ölsonnenblumen, Mohn, Senf, Öllein, Hanf, Rizinus und Sojabohnen an, außerhalb Europas gibt es zudem Ölpflanzen wie Leindotter, Ölrettich, Ölpalme, Kokospalme, Erdnuss, →Kakao, Mandelbaum, Paranussbaum und →Baumwolle.

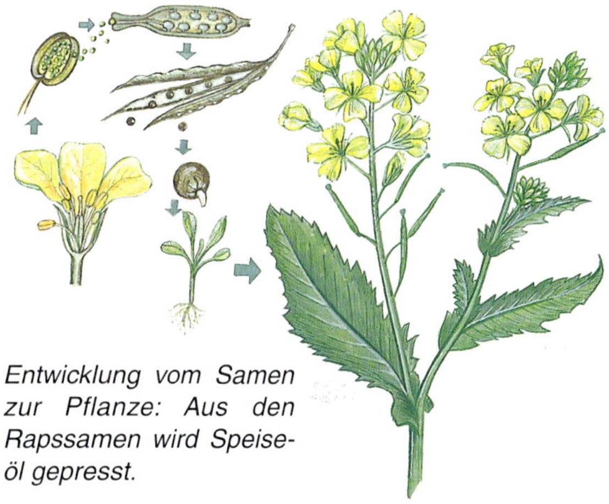

Entwicklung vom Samen zur Pflanze: Aus den Rapssamen wird Speiseöl gepresst.

Olympische Spiele
Bekannt auch als Olympiade sind die Olympischen Spiele die Höhepunkte internationaler Sportwettkämpfe. Sie vereinigen die besten Amateursportler der Welt und dienen der Völkerverständigung. Die Olympischen Spiele gehen auf die bedeutendsten Festspiele der →Antike zurück. Diese fanden im Zeitraum 776 v. Chr. bis 393 n. Chr. alle vier Jahre im alten Griechenland statt. Austragungsort war das Heiligtum des Göttervaters Zeus in Olympia.
1500 Jahre später rief der französische Pädagoge und Geschichtsforscher Pierre

Das Symbol der Olympischen Spiele sind die farbigen, ineinander verschlungenen Olympischen Ringe, sie stehen für die Verbundenheit der fünf Erdteile.

de Coubertin (1863–1937) die Olympischen Spiele wieder ins Leben und gründete das Internationale Olympische Komitee (IOC). Die ersten neuzeitlichen Olympischen Spiele wurden 1896 in →Athen, der Hauptstadt Griechenlands, veranstaltet. Seither werden sie in fast allen sportlichen →Disziplinen alle vier Jahre nach festen Olympischen Regeln an wechselnden Orten ausgetragen. Seit 1924 gibt es auch Olympische Winterspiele, die heute im zweijährigen Wechsel mit den Sommerspielen stattfinden. Während der gesamten Spieldauer brennt im Stadion die Olympische Flamme, die seit 1936 im griechischen Olympia entzündet und in einem Fackellauf zum Festspielort getragen wird.

Ausrichter der Olympiade sind Städte, z. B. 1996 Atlanta / USA und 1998 Nagano / Japan. Sie werben mit einem bestimmten Emblem für die Spiele.

Oper

Als ein Kreis italienischer Künstler und Gelehrter, die „Camerata" in Florenz, vor etwa 400 Jahren die in Vergessenheit geratene altgriechische Schauspielkunst wieder entdecken wollte, um die eigene →Kultur im Geist der →Antike zu erneuern, entstand ein Theaterstück, dessen Text nicht gesprochen, sondern gesungen wurde. In diesem musikalischen Schauspiel wird meist der Anfang der Oper gesehen. Rasch verbreitete sich die neue Form überall in Europa. 1637 entstand das erste öffentliche Opernhaus in Venedig.

Die Oper wird heute entweder nur gesungen oder im Wechsel gesungen und gesprochen. Früher beschränkte sie sich auf den Sprechgesang oder das Rezitativ sowie auf einstimmige Chöre und den Tanz. Allmählich entwickelten sich die Arien, das sind ausdrucksstarke Lieder, die solo, also von einem einzelnen Sänger, vorgetragen und von Instrumenten begleitet werden. Auch die Themen wandelten sich. Anfangs gab es nur die ernste Oper (opera seria). Im 18. Jahrhundert entstanden die komische Oper (opera buffa) und die halbernste Oper (opera semiseria). Die komische Oper hat häufig einen fließenden Übergang zur Operette, der heiteren „kleinen Oper", in der wesentlich mehr gesprochen und getanzt wird. Berühmte Opernkomponisten sind unter vielen anderen Wolfgang Amadeus →Mozart, Carl Maria von Weber (1786–1826), Richard →Wagner, Giuseppe Verdi (1813–1901) und Richard Strauss (1864–1949).

Operation

In der →Medizin bedeutet eine Operation einen chirurgischen Eingriff in den Körper. In der Regel muss der →Arzt die entsprechende Körperstelle durch einen Schnitt öffnen, um z. B. den entzündeten Wurmfortsatz des →Blinddarms zu entfernen oder einen zersplitterten →Knochen zusammenzusetzen. Danach wird der Schnitt mit einer Naht oder Klammer geschlossen. Eine andere Möglichkeit ist, durch eine Körperöffnung oder einen Hautschnitt einen Schlauch in den Körper einzuführen. Am Schlauch befinden sich eine Kamera, mit der man die →Organe genau erkennt, und kleine Zangen und Scheren, mit denen man operiert. Dieses Verfahren nennt man Endoskopie. Um das Schmerzempfinden des Patienten auszuschalten und ihn ruhig zu stellen, verabreicht ihm ein spezieller Arzt, der Anästhesist, entweder eine vollständige Narkose, durch die er in einen künstlichen Schlaf fällt, oder es wird nur der betroffene Körperteil durch eine Spritze örtlich betäubt.

Optik

Als ein Teilgebiet der →Physik ist die Optik die Lehre vom →Licht. Sie untersucht seine Entstehung, Ausbreitung und seine Wahrnehmung. Die geometrische Optik beschäftigt sich mit allen Erscheinungen, bei denen sich das Licht als geradlinige Strahlung ausbreitet. Die Wellen-Optik wendet sich den Vorgängen zu, die auf die elektromagnetische Wellennatur des Lichts zurückzuführen sind. Die physiologische Optik erforscht die Gesetzmäßigkeiten des Sehens. Ihre praktische Anwendung findet die geometrische

Optik bei der Herstellung optischer Geräte, wie Brille, Kontaktlinse, →Mikroskop und →Teleskop.

Orang-Utan
Unter den →Affen gehört der Orang-Utan zu den Menschenaffen. Sein Name bedeutet „Waldmensch". Die bis zu 1,50 Meter großen Tiere mit dem rötlichen bis dunkelbraunen Fell leben in den →Regenwäldern der asiatischen Inseln Borneo und Sumatra. Sie werden über 30 Jahre alt. Mit ihren überlangen Armen erreichen sie eine Spannweite bis zu 2,25 Metern. Als Einzige der Menschenaffen sind sie echte Baumbewohner. Ihre Nahrung besteht überwiegend aus Früchten, Blättern und Knospen. Die Jungen werden bis zum Alter von vier Jahren gesäugt. Durch das Abholzen der Regenwälder sind Orang-Utans vom Aussterben bedroht.
Abbildung →Affe

Orbit
Die jeweilige Bahn, auf der der →Mond, ein künstlicher →Satellit oder sonstige Weltraumflugkörper die →Erde umlaufen, heißt in der englischen Fachsprache „orbit" und übersetzt „Erdumlaufbahn".

Orchester
Eine größere Anzahl Musiker mit verschiedenen →Musikinstrumenten und der →Dirigent bilden ein Orchester. Je nach der Zusammensetzung unterscheidet man Streichorchester (nur Streichinstrumente), Blasorchester (nur Blas- und Schlaginstrumente), zu denen auch die Militärorchester gehören, große oder Sinfonieorchester (Streich-, Blas- und Schlaginstrumente) und kleine oder Kammerorchester mit weniger Musikern als beim großen Orchester. Die Begriffe „Theater-" sowie „Tanz-" und „Unterhaltungsorchester" geben die von ihnen ausgeübte Musikart an.

Orchideen
Wegen ihrer farben- und formenprächtigen, duftenden und lange haltbaren →Blüten gelten Orchideen als kostbare Zierpflanzen. Mit rund 20.000 verschiedenen Arten bilden sie eine umfangreiche Pflanzenfamilie, die über die ganze Erde verbreitet ist, vor allem jedoch in tropischen Bereichen. Dort wachsen Orchideen häufig als so genannte Überpflanzen oder Scheinschmarotzer auf Bäumen. Sie ernähren sich aber eigenständig im feuchten →Klima über Luftwurzeln mittels der →Fotosynthese. Die in Mitteleuropa heimischen Orchideen sind Erdpflanzen, die ihre Nahrung über unterirdische Wurzelstöcke oder -knollen beziehen. Zu ihnen gehören der Frauenschuh, verschiedene Arten des Knabenkrautes und die Sumpfwurz. Die →Fortpflanzung geschieht durch →Insekten, die Pollenpakete von Blüte zu Blüte

Eine Sitzordnung des Sinfonieorchesters

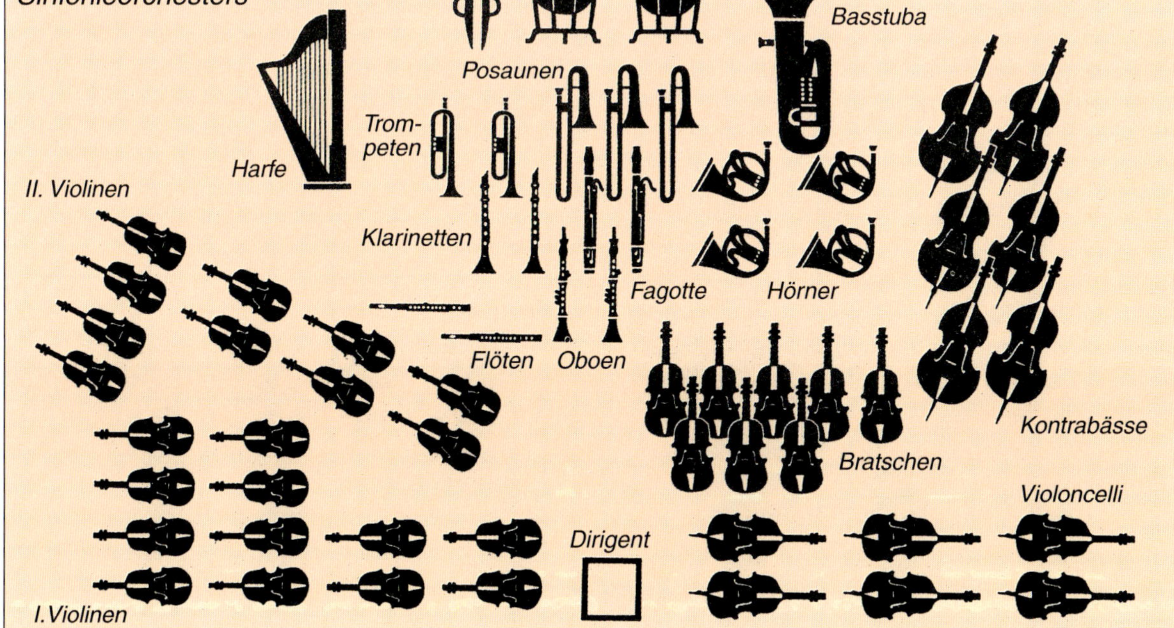

tragen. Aus diesen entwickeln sich →Samen, die nur mithilfe eines →Pilzes keimen können. Orchideen leben deshalb stets in Gemeinschaft bzw. Symbiose mit einem Pilz, dem sie als Gegenleistung den Lebensraum und Nährboden stellen.

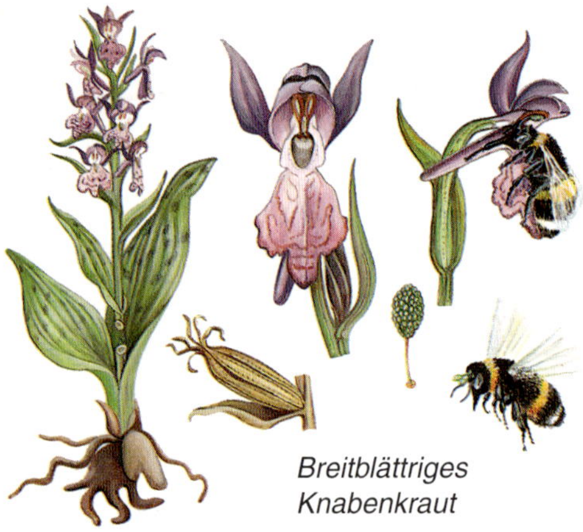

Breitblättriges Knabenkraut

Orff, Carl
Der deutsche Komponist Carl Orff (10.7.1895–29.3.1982) zählt zu den bedeutendsten Komponisten des 20. Jahrhunderts. Er studierte Tonkunst an der Münchner Musikakademie und war als Theaterkapellmeister tätig. 1924 gründete er in München mit Dorothee Günther (1896–1975) die „Günther-Schule für Gymnastik, Rhythmik und künstlerischen Tanz" und leitete dort viele Jahre die Musikabteilung. Die Arbeit regte ihn zu seinem „Schulwerk" an, in dem er einen neuen Weg der Musikerziehung entwickelte. Dieser ist weltweit als Training des musikalischen Denkens in den Musikunterricht der Jugend eingegangen. Das „Schulwerk" hat seine wesentlichen Grundlagen im Rhythmischen und in der Improvisation. Es bedient sich vor allem rhythmischer Instrumente, wie Stabspiele, →Xylophone, Metallophone und Glockenspiele, die durch Geräusche der Hände und die Stimme sowie →Flöten, Fideln und Lauten ergänzt werden. Bedeutende Werke Orffs sind außerdem die Gesänge „Carmina Burana" und die →Opern „Der Mond" und „Die Kluge". Auch schuf er eine neue Form des Musiktheaters.

Organ
In der →Biologie steht der Begriff „Organ" für jeden Körperteil mehrzelliger Lebewesen, der einheitlich aufgebaut ist und eine genau bestimmte Aufgabe hat, z. B. →Wurzel, →Blätter und →Blüten bei den →Pflanzen, oder →Darm, →Lunge und →Herz bei Tieren und beim Menschen. Alle Organe, die in Körperhöhlen wie Brust, Bauch und Becken liegen, werden als Eingeweide bezeichnet.
→Organismus
Auch eine oder mehrere Personen können ein Organ darstellen, wenn sie in einer Organisation wie dem →Staat oder einer Firma einen bestimmten Aufgabenbereich innehaben, z. B. die Verwaltung oder die Geschäftsführung.

Organismus
Jedes selbstständige Lebewesen mit den Eigenschaften des →Stoffwechsels, des Wachstums, der →Fortpflanzung, Entwicklung und Reizbarkeit stellt einen Organismus dar. Er besteht bei den einfachsten Lebewesen nur aus einer →Zelle. Bei den höher entwickelten Organismen sind die Zellen spezialisiert und bilden →Gewebe, z. B. Stützgewebe bei den Pflanzen, Haut-, Muskel- und Nervengewebe bei Tieren und beim Menschen. Aus den Geweben bauen sich die →Organe auf. Sie bilden in ihrer Gesamtheit den Organismus.

Orient
Im Gegensatz zum →Okzident, dem Abendland, steht der Orient für das Morgenland, den Osten, in dem die Sonne aufgeht. Im Lauf der Geschichte gab es die verschiedensten Auffassungen über das Gebiet des Orients. So umfasste es während des →Römischen Reiches Libyen, Ägypten, Palästina-Syrien und Kleinasien. Im →Mittelalter verstand man darunter das Herrschaftsgebiet des →Islam. Im heutigen Sprachgebrauch fasst man unter Orient die Länder Nordafrikas und Vorderasiens zusammen.

Original
Das lateinische Wort „origo" heißt „Ursprung, Quelle". Von ihm leitet sich das Original ab, das im Gegensatz zur Kopie, →Imitation oder Fälschung das echte Exemplar darstellt.
Als Original bezeichnet man auch eine Person, die sich durch besondere Eigentümlichkeiten von anderen Menschen abhebt.

Ostblock
Ursprünglich umfasste der Name „Ostblock“ die →Sowjetunion sowie alle kommunistisch regierten Staaten Mittel- und Osteuropas und Asiens, die im Zeitraum nach dem Zweiten →Weltkrieg bis zu den Umwälzungen 1989 bis 1991 unter dem wirtschaftlichen und politischen Einfluss der Sowjetunion standen. Zu den Ostblockstaaten gehörten Bulgarien, die DDR, Polen, Rumänien, die Tschechoslowakei und Ungarn, zeitweise Albanien, China, Jugoslawien und die Mongolei.

Ostern
Als Feier der Auferstehung des gekreuzigten →Jesus Christus ist Ostern das älteste und wichtigste Fest der Christen. Ursprünglich feierten die Gläubigen Ostern bei jedem sonntäglichen Gottesdienst, sie gedachten der Leiden Jesu und feierten den Sieg des Lebens über den Tod. Spätestens seit dem 2. Jahrhundert wird das Osterfest jedoch – verbunden mit der →Taufe – als Höhepunkt des Kirchenjahres immer am ersten Sonntag nach dem ersten Frühlingsvollmond begangen. Ihm geht eine 40 Tage dauernde Fastenzeit voraus, die mit dem Aschermittwoch beginnt. Die letzte Fastenwoche vom Palmsonntag, an dem Jesus in Jerusalem einzog, bis zur Osternacht heißt Karwoche. In ihr finden am Gründonnerstag das Gedenken an das letzte Abendmahl Jesu und am Karfreitag das an seinen Tod statt. Da Jesus am Morgen des Ostersonntags auferstanden ist, liegt auch die Auferstehungsfeier mit der Messe als Abschluss meist in den frühen Morgenstunden. Dabei werden die Osterkerze als Sinnbild der Auferstehung und das Oster- bzw. Taufwasser geweiht. Außerdem lassen nach alter Tradition viele Christen ihre Kinder in der Osternacht taufen.

Ein beliebter Brauch ist der Osterhase, der für Kinder bemalte Eier und Süßigkeiten versteckt. Oft werden auch Bäume, Sträucher und Brunnen mit bunten Eiern geschmückt. Die meisten dieser Bräuche gehen auf heidnische Vorstellungen zurück.

Österreich

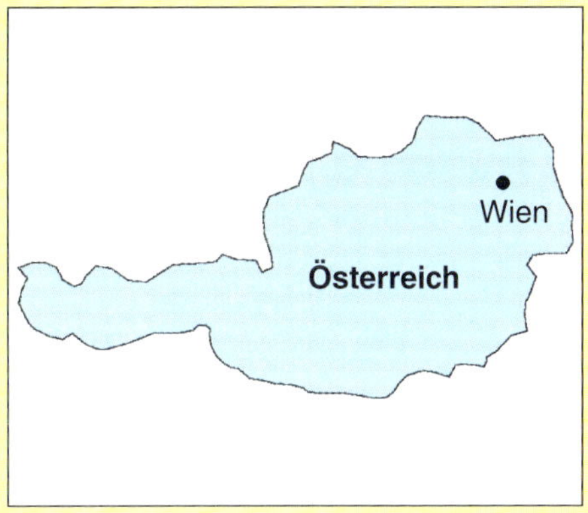

Kontinent:	Europa
Fläche:	83.857 km²
Einwohner:	8.030.000
Hauptstadt:	Wien
Amtssprache:	Deutsch
Währung:	Schilling

Die Bundesrepublik Österreich grenzt an Deutschland, die Tschechische Republik, die Slowakische Republik, Ungarn, Slowenien, Italien und die Schweiz. Sie besteht aus neun Bundesländern: Burgenland, Kärnten, Niederösterreich, Oberösterreich, Salzburg, Steiermark, Tirol, Vorarlberg und Wien. Die Ostalpen durchziehen zwei Drittel der Staatsfläche. In den →Alpen sind die Sommer kurz und die Winter lang. Im Osten wird der Temperaturunterschied zwischen Sommer und Winter größer. Am dichtesten sind das Alpenvorland, das Wiener Becken und die großen Täler besiedelt. In der →Landwirtschaft überwiegt im Gebirge die Viehzucht, im Alpenvorland wird außerdem Ackerbau betrieben. Die wichtigsten Anbauprodukte sind Getreide, Kartoffeln und Zuckerrüben, an der →Donau und im Osten auch Wein. Zu den →Bodenschätzen zählen Eisenerz, Erdöl, Erdgas, Braun- und Steinkohle sowie Magnesit und Salz. Die →Industrie ist vielseitig. Da 40 Prozent des Landes bewaldet sind, spielt die Holzverarbeitung eine große Rolle. Von besonderer Bedeutung ist der Fremdenverkehr. Die meisten Touristen kommen aus Deutschland.

Im 6. Jahrhundert siedelte sich der Volksstamm der Baiern im Alpen- und Donauraum an. →Karl der Große gliederte das gesamte bairische Gebiet in das Frankenreich ein und dehnte es weiter aus. 995 entstand die Ostmark, 996 wird erstmals der Name „Ostarrichi" erwähnt. In den folgenden Jahrhunderten bildete sich in der östlichen Alpenregion eine Reihe von Herrschaftsgebieten, aus denen später die heutigen Bundesländer hervorgingen. Durch geschickte Heiratspolitik mit europäischen Königshäusern und Kriegsgewinne entwickelte sich Österreich zu einer Großmacht, der Donaumonarchie Österreich-Ungarn, die bis zum Ende des Ersten →Weltkrieges 1918 bestand. Die Kriegsniederlage Deutschlands und Österreichs hatte zur Folge, dass der „Vielvölkerstaat" aufgelöst wurde und Österreich die →Republik ausrief. 1938 erzwang Adolf →Hitler den Anschluss Österreichs an Deutschland. Nach der deutschen Niederlage im Zweiten Weltkrieg wurde Österreich in vier Besatzungszonen aufgeteilt. Nach langwierigen Verhandlungen erhielt es 1955 seine Unabhängigkeit zurück, unter der Bedingung, in Zukunft neutral zu bleiben.

Ostsee
Die Ostsee heißt auch Baltisches Meer. Sie ist ein flaches Nebenmeer des Atlantiks mit einer durchschnittlichen Tiefe von 55 Metern und liegt zwischen Schweden, Finnland, Estland, Lettland, Litauen, Russland, Polen, Deutschland und Dänemark. Ihre Fläche beträgt rund 420.000 Quadratkilometer, die tiefste Stelle liegt bei 459 Metern. Über den Meeresarm des Skagerrak und die Meerenge des Kattegat sowie den Nord-Ostsee-Kanal ist sie mit der →Nordsee verbunden. Im Gegensatz zu dieser sind ihre →Gezeiten kaum wahrnehmbar, auch der Salzgehalt des Wassers ist gering. Bis zu fünf Monate im Jahr sind Teile der Ostsee mit Eis bedeckt, in strengen Wintern kann sie fast ganz zufrieren. Ihre wichtigsten Häfen sind Kopenhagen, Göteborg, Malmö, Stockholm, Kiel, Lübeck, Rostock, Stettin, Gdingen, Danzig, Königsberg, Riga und Sankt Petersburg.

Ozean →Meer

Ozeanien →Australien

Ozon
Das kräftig riechende, giftige →Gas Ozon kommt in geringen Mengen in der →Luft vor und ist eine Verbindung aus je drei Sauerstoffatomen. Ozon entsteht, wenn →UV-Strahlen der Sonne auf den →Sauerstoff in der Luft einwirken, oder bei elektrischen Entladungen, z. B. bei einem →Blitz. Treffen danach ultraviolette Sonnenstrahlen auf Ozon, spaltet er sich zurück zu Sauerstoff. Auf diese Weise bilden Ozon und Sauerstoff einen Kreislauf.
→Ozonschicht

Ozonschicht
Die →Atmosphäre ist nach ihrer jeweiligen Temperatur in unterschiedliche Luftschichten unterteilt. In der Höhe von 17 bis 50 Kilometern über dem Erdboden liegt die Stratosphäre. Innerhalb dieser befindet sich zwischen 30 und 40 Höhenkilometern die Ozonschicht. Sie hat die Aufgabe, die →UV-Strahlen der Sonne so weit auszufiltern und in Wärme umzuwandeln, dass sie für das Leben auf der Erde nicht mehr schädlich sind. Dies gelingt durch den Kreislauf, den →Sauerstoff und →Ozon bilden. In der Regel fängt die Ozonschicht über 90 Prozent der gefährlichen UV-Strahlen ab.

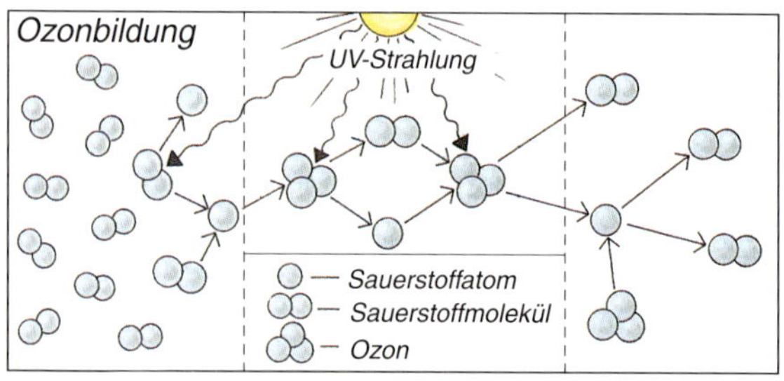

In den 70er-Jahren haben Wissenschaftler entdeckt, dass die Ozonschicht über dem Südpolargebiet abnimmt. Mittlerweile drohen auch über der Arktis, Europa und Nordamerika so genannte Ozonlöcher zu entstehen. Eine der Ursachen ist der Gebrauch von →FCKW. Würden die UV-Strahlen in höherer Konzentration auf die Erde treffen, können sie allein beim Menschen schwere Verbrennungen, Sehschäden, →Allergien und Hautkrebs auslösen. Auch die Pflanzen und Tiere blieben nicht verschont, das →Klima auf der Erde würde sich ändern, die Temperatur steigen und der gesamte Kreislauf der Natur zusammenbrechen.

P wie Paula

Pakistan

Die Islamische Republik Pakistan erstreckt sich in Südasien vom →Himalaja bis zum Arabischen Meer. Sie grenzt an den Iran, Afghanistan, China und Indien. Das Land gliedert sich in die Tiefebene des Flusses Indus, →Wüsten und Gebirge. Das subtropisch-kontinentale →Klima wird vom →Monsun bestimmt. In der →Landwirtschaft müssen die meisten Anbaugebiete künstlich bewässert werden. Die wichtigsten →Bodenschätze sind Erdgas, Erdöl, Braunkohle und Salz. Neben der Verarbeitung von landwirtschaftlichen Erzeugnissen sind die chemische →Industrie und die Schwerindustrie von Bedeutung.
Bis 1947 gehörte Pakistan zum britisch verwalteten →Indien. Bei dessen Teilung wurde aus den überwiegend islamisch bevölkerten Gebieten der Staat Pakistan geschaffen. Er bestand damals aus den mehr als 1600 Kilometer auseinander liegenden Teilen Ost- und West-Pakistan. Nach einem Bürgerkrieg erreichte Ost-Pakistan mit indischer Unterstützung die Unabhängigkeit und gründete den Staat →Bangladesch.

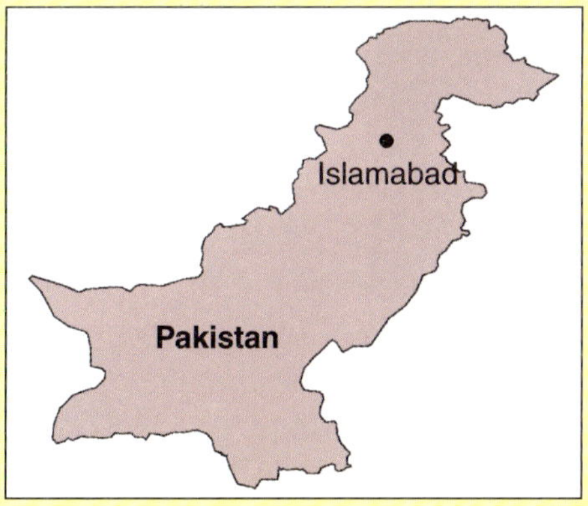

Kontinent:	Asien
Fläche:	796.095 km^2
Einwohner:	126.284.000
Hauptstadt:	Islamabad
Amtssprachen:	Urdu, Sindhi Pandschabi Paschtu u. a. Englisch
Währung:	Pakistanische Rupie

Palästina

Die Landschaft Palästina liegt in Vorderasien und entspricht ungefähr dem Gebiet des heutigen →Israels und des Westjordanlandes. Als biblisches Land Kanaan ist Palästina das „Gelobte Land" der →Juden sowie das „Heilige Land" der Christen und →Moslems.
→Jordanien, →Palästinenser

Palästinenser

Ursprünglich wurden alle Bewohner →Palästinas als Palästinenser bezeichnet. Seit den 50er-Jahren verstehen sich nur noch diejenigen Araber als Palästinenser, die bis zur Gründung des Staates →Israel 1948 im zuvor britisch verwalteten Palästina lebten. Ein kleiner Teil von ihnen wohnt noch heute dort, die meisten wurden jedoch vom israelischen Militär vertrieben und haben sich in →Syrien, →Jordanien, →Ägypten und im →Libanon niedergelassen. 1964 gründeten sie die Palästinensische Befreiungsorganisation (PLO), die seither unter der Führung Jasir Arafats (geb. 1929) für einen eigenen Staat Palästina kämpft.

Palmen

Mit über 4000 Arten gehören die Palmen zu den tropischen und subtropischen Pflanzen. Die meisten Palmen sind →Bäume mit schlanken Stämmen, die einen Schopf mächtiger, langstieliger →Blätter tragen. Diese sind entweder gefiedert, wie bei der Öl-, Kokos- und Dattelpalme, oder fächerförmig, wie bei der Zwergpalme, der einzigen südeuropäischen Art. Zwischen den Blättern wachsen stark verzweigte Blütenstände mit zahlreichen unscheinbaren →Blüten, aus denen sich je nach Art essbare oder ungenießbare →Früchte entwickeln. Während Palmen in Mitteleuropa als Zierpflanzen dienen, gehören sie in den →Tropen zu den wichtigsten Nutzpflanzen. Sie liefern Bau- und Brennholz, Fasern, Öl, Früchte, →Stärke, Palmwein, Palmzucker und Gerbstoffe.

Die Früchte der Dattelpalme, die Datteln, wachsen an Fruchtständen.

Dattelpalme

Panama
Die →Republik Panama liegt auf dem schmalsten Teil der mittelamerikanischen Landbrücke zwischen Costa Rica im Westen und Kolumbien im Osten. Sie besteht aus Hügel- und Bergland und wird vom Panamakanal durchbrochen. Das →Klima ist tropisch. Die meisten Einwohner sind Mestizen und Mulatten (→Mischlinge), die übrigen Weiße, Schwarze, →Indianer und Asiaten. Hauptanbauprodukte des zu 70 Prozent bewaldeten Landes sind Reis, Mais, Kaffee, Bananen, Zuckerrohr und Kakao. Von Bedeutung ist die →Fischerei. Eine wichtige Einnahmequelle sind die Gebühren des Panamakanals, der den Seeweg zwischen der West- und Ostküste der →USA stark verkürzt.
Seit seiner Entdeckung 1501 war Panama bis 1821 spanische →Kolonie. Danach gehörte es zu Großkolumbien. 1903 wurde es ein unabhängiger Staat.

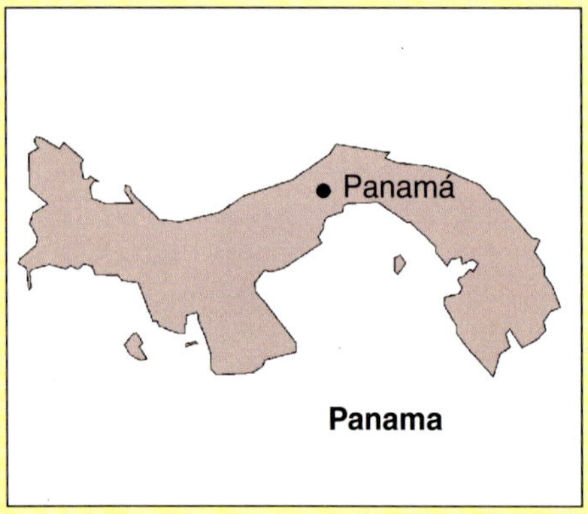

Kontinent:	Amerika
Fläche:	75.517 km^2
Einwohner:	2.585.000
Hauptstadt:	Panamá
Amtssprache:	Spanisch
Währung:	Balboa

Pantomime
Die Pantomime, das stumme →Theater, arbeitet anstelle von Worten nur mit mimischen Mitteln: Durch Bewegungen, Gesichtsausdrücke und Gebärden machen sich die Künstler oder Pantomimen verständlich. Häufig verwenden sie auch Musik und Tanz, um Handlungen und typische Personen darzustellen. Die Pantomime ist außerdem ein beliebtes Spiel bei Kindern und Erwachsenen, z. B. um Berufe zu raten.

Papageien

Rabenkakadu und Stanley-Sittiche

Die Familie der Papageien umfasst über 320 Arten, die in den wärmeren Zonen der Erde verbreitet sind. Die kleinste Art ist mit zehn Zentimetern Länge der Spechtpapagei, die größte mit etwa einem Meter Länge einschließlich des Schwanzes der Hyazinth-Ara. Typisch für die meist farbenprächtigen →Vögel sind ihre Greif- und Kletterfüße, bei denen je zwei Zehen nach vorn und nach hinten gerichtet sind. Zum Klettern dient außerdem der kräftige Hakenschnabel, dessen Oberschnabel besonders beweglich ist. Die äußerst geselligen Papageien leben vorwiegend auf Bäumen und ernähren sich von Früchten, Nüssen und harten Sämereien, die sie mühelos mit dem Schnabel knacken und zerraspeln. Fast alle Arten nisten in Höhlungen in Bäumen, Felsen oder Erdböschungen. Die Jungen werden mit aufgeweichter Nahrung aus dem Kropf gefüttert. Papageien gelten als sehr intelligent und gelehrig. Sie können Geräusche nachahmen und sogar ganze Sätze sprechen, deren Sinn sie allerdings nicht verstehen. Zu den bekanntesten Papageien gehören die Kakadus, die Aras, die Amazonenpapageien, die Graupapageien und die Sittiche, wie der Wellensittich.

Papier

Die alten Ägypter schrieben auf Papyrus, das sie aus dem getrockneten Mark der Papyrusstaude, einer Schilfart, gewannen. Vom Papyrus hat das Papier seinen Namen. Papier wird aus Zellstoff, den man aus Pflanzenfasern gewinnt, aus Holzschliff, vor allem der →Fichte und →Tanne, aus Hadern oder Lumpen und aus Altpapier hergestellt. Die zerfaserten →Rohstoffe werden zu einem Brei gerührt und mit Aufhellern oder Farbstoffen, Füll- und Leimstoffen angereichert. Auf den Sieben der Papiermaschine verfilzen sich die Fasern und bilden eine Papierbahn, die gepresst, getrocknet, aufgerollt und beschnitten wird. Das fertige Papier kann durch verschiedene Arbeitsgänge, wie Beschichten, Formen oder Imprägnieren, weiterveredelt werden. Es gibt unzählige Papiersorten, sie reichen vom billigen Zeitungspapier bis zum kostbaren Hochglanzbogen. Starkes Papier nennt man Karton, sehr starkes Pappe.

Die verschiedenen Papierrohstoffe

Papst →Kirche

Paradies

In der →Bibel bezeichnet das Paradies den „Garten Eden", aus dem Gott die ersten Menschen, Adam und Eva, vertrieben hat, weil sie verbotenerweise vom Baum der Erkenntnis gegessen haben. Nach christlichen Vorstellungen ist das Paradies der Ort der ewigen Glückseligkeit und der Gegensatz zur →Hölle.

Paraguay

Kontinent:	Amerika
Fläche:	406.752 km^2
Einwohner:	4.830.000
Hauptstadt:	Asunción
Amtssprachen:	Spanisch Guaraní
Währung:	Guaraní

Die →Republik Paraguay liegt in Südamerika zwischen Argentinien, Brasilien und Bolivien. Das Land wird von dem gleichnamigen Fluss Paraguay in das flache Trockenwaldgebiet des Gran Chaco im Westen und ein von →Regenwald überzogenes Hügelland im Osten geteilt. Das →Klima ist subtropisch. 90 Prozent der Bevölkerung sind Mestizen (→Mischlinge), die übrigen →Indianer, Europäer und Asiaten. Haupterwerbszweig ist die →Landwirtschaft mit dem Anbau von Zuckerrohr, Tabak, Baumwolle, Getreide und Zitrusfrüchten sowie die Viehzucht. In der →Industrie werden vor allem die land- und forstwirtschaftlichen Produkte verarbeitet. Die Flüsse Paraguay und Paraná sind die

Hauptverbindungen im wenig ausgebauten Verkehrsnetz. Über Wasserkraftwerke liefern sie wichtige →Energie.
Die ehemals spanische →Kolonie wurde 1524 entdeckt. Von 1604 bis 1767 stand Paraguay unter dem Einfluss jesuitischer Missionare. 1811 wurde es selbstständig. Im Krieg gegen Argentinien, Brasilien und Uruguay (1864–1870) verlor Paraguay vier Fünftel seiner Bevölkerung und große Teile des Staatsgebietes. Nach Kriegsende kam es ständig zu Unruhen. Erst unter den Militärdiktaturen von 1954 bis 1989 nahm die →Wirtschaft wieder Aufschwung. Seit 1992 hat die Republik eine neue →Verfassung.

Parallele
Zwei →Geraden, die in gleicher Richtung verlaufen und sich nicht schneiden, heißen Parallelen. Fällt man von einem beliebigen Punkt P der Gerade g_1 das →Lot auf ihre parallele Gerade g_2 und nennt den Fußpunkt F, so sind alle Strecken PF gleich groß. Man sagt: Zwei parallele Geraden haben überall den gleichen Abstand.

Parallele Geraden

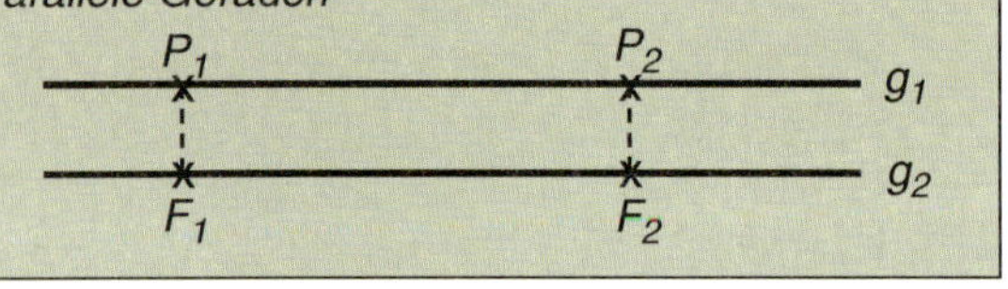

Parallelogramm
Das Parallelogramm ist ein Viereck, in dem die sich gegenüberliegenden Seiten parallel verlaufen. Sie sind jeweils gleich lang. Zwei benachbarte →Winkel sind zusammen so groß wie zwei rechte Winkel, und die Diagonalen halbieren sich. Besondere Formen des Parallelogramms sind das →Quadrat, das →Rechteck und der →Rhombus.

Parallelogramm

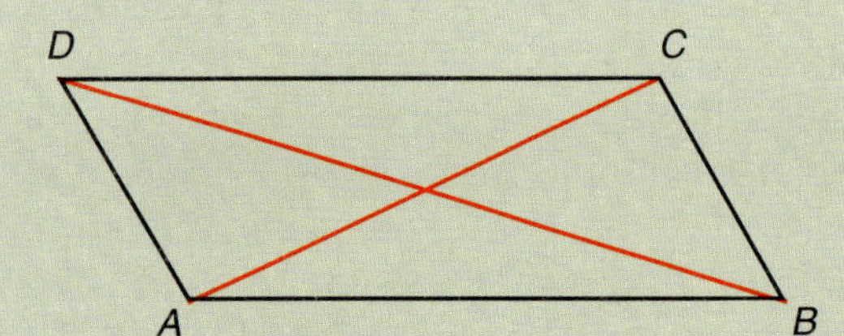

Parasit →Schmarotzer

Paris

Der Eiffelturm

Die Hauptstadt →Frankreichs, Paris, liegt beiderseits des Flusses Seine mitten im Pariser Becken. Im engeren Stadtgebiet leben auf einer Fläche von nur 105 Quadratkilometern rund 2,15 Millionen Einwohner; mit den Vororten erreicht Paris eine Einwohnerzahl von zehn Millionen. Verwaltungsmäßig ist die Stadt in 20 Bezirke oder Arrondissements gegliedert. Sie ist Sitz der obersten staatlichen und kirchlichen Behörden und wichtiger internationaler Organisationen, wie der UNESCO, das ist die Erziehungs-, Wissenschafts- und Kulturorganisation der →UN. Außerdem ist Paris das wirtschaftliche und kulturelle Zentrum Frankreichs. Von der vielseitigen →Industrie sind vor allem die Flugzeug-, Fahrzeug- und Maschinenindustrie zu nennen sowie die Herstellung von Modewaren, Luxusartikeln, Parfüms und Schmuck. Wichtigstes Stadtverkehrsmittel ist die Untergrundbahn Métropolitain bzw. Métro. Zudem ist Paris der Hauptbinnenhafen Frankreichs und internationaler Knotenpunkt für den Luftverkehr. Neben der berühmten Universität Sorbonne gibt es Akademien, wissenschaftliche Institute, Museen, z. B. den Louvre, Theater, z. B. die Comédie Française, und bedeutende Kirchen, z. B. die Kathedrale Notre-Dame.

Berühmte Sehenswürdigkeiten sind unter vielen anderen der Triumphbogen →Napoleons I., der Eiffelturm und das Kunst- und Kulturzentrum Georges Pompidou.
Im Kern der Stadt liegt die Seine-Insel Ile de la Cité. Um diese hat sich im 3. Jahrhundert v. Chr. die ursprünglich gallische, danach römische Siedlung Lutetia gebildet, aus der sich Paris – vor allem ab dem 10. Jahrhundert – zur Weltstadt entwickelte.

Parlament
Die →Staaten, in denen →Demokratie herrscht, haben als oberstes Staatsorgan ein Parlament. Es handelt sich dabei um eine gewählte Volksvertretung, die aus einer oder zwei Kammern besteht. Die Bundesrepublik Deutschland hat als ein Einkammerparlament den →Bundestag. Der →Bundesrat ist kein Parlament, sondern eine Vertretung der Bundesländer. In den Bundesländern heißen die Parlamente Landtag. Diesem entsprechen in Berlin das Abgeordnetenhaus, in Hamburg und Bremen die Bürgerschaft. Österreich hat mit dem Bundes- und Nationalrat ein Zweikammerparlament, ebenso die Schweiz mit dem National- und Ständerat. Das deutsche Parlament, der Bundestag, beschließt die Bundesgesetze und ist damit die legislative Macht. Außerdem wählt es den →Bundeskanzler und hat die Aufsicht über die →Regierung und den Staatshaushalt.

Partei
In der →Politik versteht man unter einer Partei eine Gruppe von Personen, die sich zu einer festen Organisation verbunden haben, um gemeinsame Ziele im →Staat durchzusetzen. Diese Ziele sind im Parteiprogramm zusammengefasst. Laut →Verfassung können sich in einer →Demokratie die verschiedensten Parteien gründen, soweit sie selbst demokratisch organisiert sind.
Zu den führenden Parteien der Bundesrepublik Deutschland gehören die Christlich Demokratische Union (CDU), die Christlich Soziale Union (CSU), die Sozialdemokratische Partei Deutschlands (SPD), die Freie Demokratische Partei (FDP) und Bündnis 90/Die Grünen. In den neuen Bundesländern hat die Partei des Demokratischen Sozialismus (PDS) großen Einfluss.

Pass
Für die Einreise in ein fremdes Land und den dortigen Aufenthalt braucht man einen Pass oder Reisepass, der bei einer Kontrolle dem Beamten Aufschluss über die Person gibt. Dieser Ausweis ist ein amtliches Dokument, das im Heimatland ausgestellt wird. Er muss in regelmäßigen Abständen verlängert und im Fall einer Änderung, z. B. des Namens durch eine Heirat, aktualisiert werden. Der deutsche Reisepass enthält den Namen, die Unterschrift und eine Fotografie des Inhabers sowie die Angaben über dessen Staatsangehörigkeit, Geburtstag und -ort, Geschlecht, Wohnort, Körpergröße und Augenfarbe. Außerdem bietet er ausreichend Platz für so genannte Sichtvermerke oder →Visa. Bis zum 16. Lebensjahr benötigen Kinder für Auslandsreisen einen Kinderausweis, sofern sie nicht im Reisepass ihrer Eltern eingetragen sind. Die meisten Länder verlangen von ausländischen Reisenden das Vorzeigen eines Reisepasses. Anderen, wie Deutschland, Österreich und der Schweiz, genügt der Personalausweis.

Personalausweis

In Deutschland muss jede Person ab dem 16. Lebensjahr einen Personalausweis besitzen und ihn zum Nachweis der →Identität auf Verlangen der Polizei oder einer Behörde vorzeigen. Er enthält die gleichen persönlichen Angaben wie der Reisepass, außerdem noch die genaue Adresse, doch kann kein Visum eingestempelt werden.

Pasteurisieren
Vor allem flüssige Lebensmittel, wie →Milch, Sahne oder Fruchtsäfte, werden durch Pasteurisieren für eine bestimmte Zeit haltbar gemacht. Dieses Verfahren hat der

französische Chemiker und Bakteriologe Louis Pasteur (1822–1895) entwickelt. Durch vorsichtiges Erhitzen der Lebensmittel auf höchstens 85 Grad Celsius lassen sich fast alle darin enthaltenen →Bakterien abtöten, die sonst zu →Gärung und Fäulnis führen würden.

Patent
Wer eine Erfolg versprechende Erfindung macht, sollte sich in jedem Fall ein Patent darauf ausstellen lassen. Es bescheinigt dem Erfinder, dass nur er das Recht hat, seine Erfindung wirtschaftlich zu nutzen, also z. B. in großen Mengen herzustellen und zu verkaufen. Zuständig für Patente ist in Deutschland das Deutsche Patentamt in München. Es prüft die Erfindung auf ihre Tauglichkeit, kontrolliert, ob sie tatsächlich neu und nicht nachgemacht ist und sich gewerblich nutzen lässt, entscheidet bei Streitigkeiten zwischen Erfindern und stellt im gegebenen Fall die 20 Jahre gültige Patenturkunde aus.

Penizillin →Antibiotika

Persien →Iran

Personalausweis →Pass

Kontinent:	Amerika
Fläche:	1.285.216 km^2
Einwohner:	23.331.000
Hauptstadt:	Lima
Amtssprachen:	Spanisch Ketschua Aymará
Währung:	Neuer Sol

Peru
Der südamerikanische Staat Peru liegt am Pazifik zwischen Ecuador, Kolumbien, Brasilien, Bolivien und Chile. Das Land besteht aus drei Großlandschaften: Auf die schmale, heiße, teils wüstenhafte, teils fruchtbare Küstenzone der Costa folgt das Gebirgsland der Sierra mit zahlreichen Tälern und Hochbecken. Im Osten erstreckt sich das Regenwaldgebiet Montana, das sich zum Amazonasbecken absenkt. Das →Klima ist tropisch. Die Bevölkerung besteht überwiegend aus →Indianern und Mestizen (→Mischlingen) sowie einer Minderheit von Weißen. Vor allem in den Gebirgstälern und den fruchtbaren Tälern der Costa werden Baumwolle, Zuckerrohr, Kaffee, Kakao, Reis und Tabak angebaut. Von Bedeutung ist die →Fischerei. Zu den →Bodenschätzen zählen Kupfer, Blei, Erdöl und Kohle.
Bis Mitte des 16. Jahrhunderts bestand das Reich der →Inka. Danach unterwarfen die Spanier das Land. Nach schweren Kämpfen wurde Peru 1820 unabhängig. 1825 spaltete sich Ober-Peru als selbstständige Republik →Bolivien ab. Von 1968 bis 1980 herrschte eine kommunistisch orientierte Militärregierung. Seit deren Sturz ist Peru wieder eine →Republik.

Pest
Die bereits in der →Antike bekannte Krankheit Pest wird durch →Bakterien hervorgerufen und ist vor allem unter →Ratten verbreitet. Die Erstübertragung vom Tier auf den Menschen geschieht meist durch →Flöhe, im späteren Stadium durch Tröpfcheninfektion (→Infektion) von Mensch zu Mensch. Bei den Kranken schwellen zunächst die Lymphknoten an. Es bilden sich eitrige Beulen und dunkle Flecken. Die →Organe entzünden sich und das →Gewebe zerfällt. Als „schwarzer Tod" forderte die Pest über viele Jahrhunderte, besonders im →Mittelalter, zahllose Opfer. Heute ist die gefürchtete →Epidemie durch strenge hygienische Überwachung aus Europa völlig verdrängt.

Pfadfinder
Im Jahr 1907 gründete der englische Offizier Robert Baden-Powell (1857–1941) in Großbritannien die Jugendorganisation der „Boy Scouts", auf Deutsch „Pfadfinder".

1910 folgte die der „Girl Scouts" oder „Pfadfinderinnen". Beide verbreiteten sich rasch zu einer internationalen Jugendbewegung, die heute rund 26 Millionen Mitglieder in 120 Ländern zählt. Ihr Ziel ist, die Kinder und Jugendlichen Pflichtgefühl und Kameradschaft zu lehren sowie die Bereitschaft, den Mitmenschen zu helfen und sich für den Frieden in der Welt einzusetzen. Außerdem wird den Pfadfindern und Pfadfinderinnen in Zeltlagern oder auf Wanderfahrten das Leben in der Natur nahe gebracht. Die Gemeinschaft der Mitglieder drückt sich unter anderem durch das Tragen einer besonderen Uniform, der „Kluft", aus.

Pfadfinder in Kluft auf einer Wanderfahrt

Pferde

Die auf der ganzen Erde verbreitete Familie der Pferde gehört zu den →Huftieren. Pferde treten nur mit der Spitze der Mittelzehe auf, die von einem kräftigen, verhornten Huf umgeben ist. Die als →Haustiere gehaltenen Pferde wurden in verschiedenen →Rassen aus Wildpferden gezüchtet. Diese stammen wiederum vom Urpferd ab, das nur die Größe eines Hundes und an den Füßen noch fünf Zehen hatte. Zur Familie der Pferde gehören auch die →Esel, Halbesel und →Zebras. Pferde leben gesellig in Gruppen oder Herden mit einem männlichen Tier, dem Leithengst, an der Spitze. Das weibliche Tier, die Stute, bringt nach elfmonatiger Tragzeit ein Junges, das Fohlen, zur Welt. Es kann der Mutter sofort nach der Geburt folgen. Pferde werden bis zu 50 Jahre alt.

Vollblutpferde und Traber setzt man vor allem im Pferderennsport ein. Sie sind ausdauernd und schnell. Warmblutpferde eignen sich als Reit- und Wagenpferde. Sie sind in der Haltung anspruchsvoller als die

Warmblutstute mit Fohlen

ruhigen, kräftigen Kaltblutpferde, die schwere Lasten ziehen können und früher als Arbeitspferde dienten. Zu den Kleinpferden zählen die genügsamen, aber sehr leistungsfähigen Ponys.

Die Pferde unterscheidet man auch nach ihrer Fellfärbung. Rappen haben schwarzes Fell, Schimmel weißes, Füchse rotbraunes und Braune braunes Fell mit schwarzer Mähne und schwarzem Schweif. Schecken sind gefleckt.

Pflanzen

Wie alle Lebewesen bestehen auch die Pflanzen aus →Zellen. Sie ernähren sich, wachsen und vermehren sich. Ohne Pflanzen könnten Tiere und Menschen nicht leben. Die meisten Pflanzen bilden →Sauerstoff, →Fette, →Eiweiße, →Kohlenhydrate und →Vitamine. Den Sauerstoff benötigen Mensch und Tier zur →Atmung, die anderen Stoffe zur →Ernährung. Mithilfe des grünen Farbstoffes, des Blattgrüns oder Chlorophylls, und des Sonnenlichts bilden die grünen Pflanzen aus dem →Kohlendioxid der Luft und dem Wasser aus der Erde Kohlenhydrate, das sind →Zucker und →Stärke (→Fotosynthese). Für den Aufbau der Eiweiße, Fette und Vitamine sind außerdem Nährsalze erforderlich, die viele lebenswichtige chemische →Elemente, wie Phosphor, Schwefel, Kalium, Kalzium, Eisen und Magnesium, enthalten. Bei den einzelligen Pflanzen, wie manchen →Algen, geschehen all diese Vorgänge in dieser einzigen Zelle. Bei den vielzelligen Pflanzen erfüllen Zellen, →Gewebe und →Organe unterschiedliche Aufgaben. An den Samenpflanzen unterscheidet man zunächst das Wurzelsystem und das Sprosssystem. Die →Wurzeln verankern die Pflanzen im Boden und nehmen von dort Wasser und Nährsalze auf. Der

Spross trägt die →Blätter und →Blüten und leitet Wasser und Nährsalze weiter. In den Blättern werden die Nährstoffe gebildet. Die Blüten dienen der →Fortpflanzung.

Philippinen
Im Malaiischen Archipel etwa tausend Kilometer vor der südostasiatischen Küste liegen 7100 →Inseln, von denen etwa ein Fünftel bewohnt ist. Sie bilden das Staatsgebiet Republik der Philippinen. Die beiden größten Inseln Luzon und Mindanao umfassen knapp 200.000 Quadratkilometer. Auf dem Malaiischen Archipel herrscht tropisches →Klima mit vielen Niederschlägen und Taifunen, es gibt zahlreiche aktive →Vulkane. Die beiden größten Bevölkerungsgruppen sind die Philippiner und die Indonesier. Sie leben an der Küste von der →Fischerei, im Landesinneren von der →Landwirtschaft. In der →Industrie werden landwirtschaftliche Produkte verarbeitet. Außerdem gibt es Kupfer- und Erzminen, es wird auch Erdöl gefördert.
Die Philippinen wurden 1521 von dem im Dienst Spaniens stehenden portugiesischen Seefahrer Magellan (1480–1521) entdeckt und kolonialisiert. Seit 1866 erhoben sich die Einheimischen gegen die Spanier. 1898 übernahmen die →USA die Herrschaft, 1941 die Japaner. Nach Japans Niederlage im Zweiten →Weltkrieg wurden die Philippinen selbstständig und lehnten sich wieder eng an die USA an. In den Jahren nach 1965 herrschte Präsident Ferdinand Marcos (1917–1989), der das Land zunehmend unterdrückte. Seit 1992 regiert Fidel Ramos (geb. 1928). Er hatte sich 1986 der Revolte gegen den Diktator Marcos angeschlossen.

Kontinent:	Asien
Fläche:	300.000 km^2
Einwohner:	66.188.000
Hauptstadt:	Manila
Amtssprache:	Pilipino
Währung:	Philippinischer Peso

Philosophie
Die Menschen stellen sich seit jeher Fragen nach der Wahrheit, dem richtigen Leben und dem Schönen. Die Philosophie versucht, diese Fragen zu beantworten. Der Begriff „Philosophie" stammt aus dem Griechischen und bedeutet „Liebe zur Weisheit". Die Philosophie teilt sich in drei Bereiche. Die Logik, das ist die Lehre des richtigen Denkens, und die Metaphysik, die sich mit den Dingen jenseits der gegenständlichen Welt auseinander setzt, behandeln die Frage nach der Wahrheit. Die Ethik beschäftigt sich mit der Frage nach dem richtigen Leben und die Ästhetik mit der nach dem Schönen. Diese Einteilung geht auf den griechischen Philosophen Platon (427–347 v. Chr.) zurück und prägte das Denken des →Abendlandes. Platons Lehrer

Sokrates (469–399 v. Chr.) betrachtete es als seine Aufgabe, seinen Mitmenschen zu zeigen, wie wenig man tatsächlich wissen kann. Deshalb war er sehr umstritten, wurde schließlich wegen Gottlosigkeit angeklagt und zum Tod verurteilt. Ein anderer wichtiger Philosoph der →Antike ist Aristoteles (384–322 v. Chr.). Er war Platons Schüler, später dessen Gegenspieler und begründete unter anderem die →Wissenschaft der Logik. Weitere wichtige Philosophen sind René Descartes (1596–1650), John Locke (1632–1704), Jean-Jacques Rousseau (1712–1778), Immanuel Kant (1724–1804) und Georg Friedrich Wilhelm Hegel (1770–1831).
Seit den großen Fortschritten der Natur-, Sozial- und Gesellschaftswissenschaften im 19. Jahrhundert geht der Einfluss der Philosophie immer mehr zurück. Dies zeigt sich auch darin, dass die Philosophen des 20. Jahrhunderts, wie Martin Heidegger (1889–1976) oder Jean Paul Sartre (1905–1980), darüber nachdachten, wie sich die moderne technisierte und wissenschaftsgläubige Welt auf die Menschen auswirkt.

Phosphate
Die Phosphate gehören zu den →Mineralien. Sie werden vorwiegend als Düngemittel verwendet, aber auch als Zusatz in Wasch- und Reinigungsmitteln. Vor allem über die Abwässer der Haushalte gelangen die Phosphate in die Gewässer und richten dort großen Schaden an. Da sie für die Pflanzen einen wichtigen Nährstoff darstellen, beginnen die →Algen und Wasserpflanzen aufgrund der erhöhten Nahrungszufuhr üppig zu wuchern. Mittels der →Fotosynthese produzieren sie jedoch nur tagsüber, bei Sonnenlicht, den für das Leben im Wasser wichtigen →Sauerstoff. Diesen verbrauchen sie nachts wegen des starken Wachstums zum größten Teil selbst, sodass es für die Fische zu lebensbedrohlichem Sauerstoffmangel kommt. Mit der Zeit sterben nicht nur die Fische, sondern auch die sich gegenseitig bedrängenden Pflanzen ab. Dadurch vermehren sich nun die Kleinstlebewesen, wie →Bakterien und →Pilze, die die abgestorbenen Pflanzenreste zersetzen. Auch sie benötigen vermehrt Sauerstoff, der

Eutrophierung (= ein Gewässer „kippt um")

immer knapper wird. Gleichzeitig wandeln sie die Pflanzenreste zu Mineralien um, die wiederum die Wasserpflanzen noch mehr düngen. Dieser Kreislauf setzt sich so lange fort, bis alle Lebewesen im Wasser erstickt sind und faulen. Das Gewässer kann sich nicht mehr selbst reinigen, es verschlammt und stirbt schließlich durch die Überdüngung mit Phosphat selbst biologisch ab. Dieser Vorgang heißt Eutrophierung.

Physik

Die Physik ist die →Wissenschaft, die in enger Zusammenarbeit mit der →Mathematik und der →Chemie die Gesetzmäßigkeiten der unbelebten Natur erforscht. Dies geschieht vor allem durch →Experimente. Die Physik ist eine besonders wichtige →Naturwissenschaft, weil sie die Voraussetzungen für andere Wissenschaften liefert. Der Begriff „Physik" leitet sich von dem griechischen Wort „physis" her, das heißt „Natur".

Man unterscheidet die klassische und die moderne Physik. Die klassische Physik umfasst die Mechanik, die Wärmelehre, die Lehre vom →Schall (→Akustik), die Lehre vom →Licht (→Optik) und die der →Elektrizität. Berühmte klassische Physiker sind Galileo →Galilei und Isaac →Newton. Auch André Marie Ampère (1775–1836) gehört zu ihnen. Ihm gelangen grundlegende Entdeckungen über die Wechselwirkung zwischen elektrischen Strömen und Magnetfeldern. Nach ihm wurde die internationale Basiseinheit für die elektrische Stromstärke benannt. Zur modernen Physik zählen unter anderem die Atom- und die Kernphysik oder die Relativitätstheorie Albert →Einsteins.

Picasso, Pablo

Der spanische Maler, Grafiker und Bildhauer Pablo Ruiz (25.10.1881–8.4.1973), der sich nach seiner Mutter Picasso nannte, ist einer der bedeutendsten Künstler des 20. Jahrhunderts. 1896 besuchte er die Kunstakademie in Barcelona, 1897 wechselte er an die Academia San Fernando in Madrid. Seit 1904 lebte er in Frankreich. Im spanischen Bürgerkrieg zwischen den Faschisten und den Republikanern (1936–1939) ergriff er Partei für die Republik. Nach dem Sieg des faschistischen Generals Francisco Franco kam er nie wieder in seine Heimat zurück.

„Die Jungfrauen von Avignon" (1907) von Pablo Picasso

Picassos früheste Bilder stehen unter dem Einfluss des →Impressionismus. Schon bald entwickelte Picasso einen unverwechselbaren Stil. In der so genannten „Blauen Periode" (1901–1904) malte er viele kühle und schwermütige Bilder von Gauklern, Ausgestoßenen und Armen vor allem in der Farbe Blau. In der anschließenden „Rosa Periode" überwiegen Werke aus der Zirkuswelt. Ab 1907 malte Picasso nicht länger gegenständlich. Er versuchte, die verschiedensten Ansichten und Perspektiven auf einen Gegenstand oder Menschen zugleich auf das Papier zu bringen und die gesamte Wirklichkeit auf geometrische Formen zurückzuführen. Diese →Technik, die Picasso mit seinem Freund und Kollegen Georges Braque (1882–1963) entwickelte, nennt man Kubismus. Nach 1917 griff Picasso wieder verstärkt auf klassische Maltechniken zurück. Er legte aber auch Werke vor, die vom Surrealismus beeinflusst sind, d. h. in denen die Wirklichkeit durch fantastische Elemente verzerrt ist. Außerdem schuf er Plastiken, Lithografien und Keramiken. Mit der Friedenstaube, die Picasso nach dem Zweiten →Weltkrieg entwarf, gelang ihm ein eindrucksvolles →Symbol für die Friedenssehnsucht der Menschen.

Pilze

Die auf der ganzen Erde verbreiteten Pilze leben entweder mit anderen Pflanzen, wie →Kiefern, →Tannen und →Birken, in einer Symbiose, das heißt in einer Gemeinschaft, aus der alle Beteiligten Nutzen ziehen; oder sie leben als →Schmarotzer auf anderen Pflanzen und schädigen diese dadurch. Wieder andere Pilze sind Fäulnisbewohner und leben von abgestorbenen Lebewesen. Sie sind deshalb besonders wichtig für den Kreislauf der Natur. Allen ist gemeinsam, dass sie kein Blattgrün oder Chlorophyll wie andere →Pflanzen haben, sich deshalb nicht selbst durch →Fotosynthese ernähren, sondern auf Nahrungszufuhr von außen angewiesen sind.

Pilze unserer Wälder und Wiesen

Es gibt rund 100.000 Pilzarten. Zu ihnen zählen die einzelligen Hefepilze, die man zum Backen verwendet, ebenso wie die Schimmelpilze, z. B. auf Lebensmitteln, oder die Hutpilze auf den Wiesen und in den Wäldern.

Der über der Erde sichtbare Pilz ist nur dessen Fruchtkörper. Die eigentliche Pilzpflanze wächst im Boden und bildet dort ein feines spinnwebartiges Geflecht, das Myzel. Pilze pflanzen sich durch Sporen fort, die vom Wind verweht werden, zu Boden fallen und dort wieder ein Myzel bilden. Wer Pilze sammelt, sollte den Fruchtkörper sauber mit einem Messer abschneiden, damit das Myzel nicht verletzt wird. Viele Pilze sind essbar, viele aber auch ungenießbar oder sogar hochgiftig.

Pinguine

Obwohl sie von flugfähigen Vögeln abstammen, können Pinguine nicht fliegen. Dafür sind sie ausgezeichnete Schwimmer und Taucher, deren spindelförmiger Körper besonders gut an das Leben im Wasser angepasst ist. Die kurzen Flügel sind zu Flossen umgewandelt, die als Steuerruder dienenden Füße haben Schwimmhäute, und der ganze Körper wird von einer dicken Fettschicht warm gehalten. Die einstigen Federn sind nun schuppenartige Gebilde, die das Wasser abstoßen. Die etwa 20 Arten kommen nur auf der Südhalbkugel der Erde vor. Sie leben in kalten bis mäßig warmen Meeresgewässern und auf dem Eis der →Antarktis. Ihre Nahrung besteht aus Fischen und anderen Meerestieren. An Land haben sie einen aufrechten, watschelnden Gang. Zur →Fortpflanzung bevorzugen Pinguine einsame Strände und Inseln, auf denen sie riesige Kolonien bilden. Meist legen die Weibchen bis zu drei →Eier in Felsspalten oder Bodenlöcher ab und bebrüten sie.

Der Kaiserpinguin wird bis zu 1,20 Meter groß.

Ein besonderes Brutverhalten haben die Kaiserpinguine. Ihre Brutplätze liegen weit im Landesinneren der Antarktis. Sofort nachdem das Weibchen ein Ei gelegt hat, ergreift das Männchen das Ei und steckt es in eine Hautfalte über seinen Füßen, damit es nicht erfriert. Während alle Weibchen zum Fressen ans Meer zurückkehren, brüten die Männchen fast zehn Wochen lang, bis die Weibchen sie ablösen, um die Pflege der nun schlüpfenden Jungen zu übernehmen. Erst dann wandern die Männchen ans

Meer, fressen sich satt und kommen zurück, um ihre Familie zu versorgen.
Weitere Arten sind die Adeliepinguine, die Schopfpinguine mit den leuchtend gelben Kopffedern, die Zwerg- oder die Königspinguine.

Pipeline
Eine Rohrleitung, mit der man →Gase und →Flüssigkeiten bequem, billig und schnell über große Entfernungen transportieren kann, nennt man Pipeline. Sie wird vor allem dafür eingesetzt, Rohöl (→Erdöl) und →Erdgas von den Bohrstellen zu den →Häfen und →Raffinerien zu befördern.

Planeten
Die eigentlichen →Sterne leuchten als glühende Himmelskörper selbst, ein Beispiel ist die →Sonne. Es gibt auch Himmelskörper, die kein eigenes Licht aussenden. Zu ihnen gehören die neun Wandelsterne oder Planeten: →Merkur, →Venus, →Erde, →Mars, →Jupiter, →Saturn, →Uranus, →Neptun und →Pluto. Sie leuchten nur im Licht der Sonne, die sie auf ellipsenförmigen Bahnen (→Ellipse) umlaufen. Nach ihrer unterschiedlichen Entfernung von der Sonne unterscheidet man die vier inneren Planeten Merkur, Venus, Erde, Mars und die fünf äußeren Planeten Jupiter, Saturn, Uranus, Neptun und Pluto. Während der Merkur sonnendurchglüht ist, sind die weit von der Sonne entfernten äußeren Planeten kältestarre Welten. Außer Merkur und Venus haben alle Planeten →Monde.
Im Raum zwischen den Planeten, vor allem zwischen Mars und Jupiter, ziehen kleine Himmelskörper, die Planetoiden, ihre Bahnen um die Sonne. Man schätzt, dass es etwa 50.000 Planetoiden in unserem →Sonnensystem gibt.

Plaste →Kunststoffe

Pluto
Mit einem Äquatordurchmesser von rund 2700 Kilometern ist Pluto der kleinste und zugleich sonnenfernste →Planet. Sein Abstand zur →Sonne beträgt 5900 Millionen Kilometer. Für einen Sonnenumlauf braucht er 248 Jahre. In 6,4 Tagen dreht er sich einmal um die eigene Achse. Um ihn kreist ein →Mond namens Charon, zusammen mit diesem wird Pluto oft als Doppelplanet bezeichnet.
Seinen Namen hat der Planet von dem griechischen Gott Pluto oder Pluton, dem Herrscher der Unterwelt und Gott des Reichtums und Überflusses.

Polargebiete →Antarktis, →Arktis

Polarlicht
Auf der Nordhalbkugel der →Erde heißt das Polarlicht Nordlicht, auf der Südhalbkugel Südlicht. Es handelt sich dabei um eine Leuchterscheinung in der Luft, die unterschiedlich stark auftritt. Polarlichter leuchten in allen Farben und können verschiedenste Formen annehmen: die Form eines flammenden Bandes, die eines beweglichen

Größenverhältnis der Planeten unseres Sonnensystems

Lichtvorhanges, die von Säulen, die eines Strahlenfächers oder eines flachen Bogens. Diese Naturschauspiele sind besonders häufig in den Gebieten um die →Pole zu beobachten. Das Polarlicht wird durch elektrisch geladene Teilchen verursacht, die die →Sonne ausschleudert. Sie treffen in Höhen von meist 100 bis 120 Kilometern mit Teilchen der →Atmosphäre zusammen und bringen diese zum Leuchten. In Zeiten erhöhter Sonnenfleckentätigkeit kommt es vermehrt zu Polarlichterscheinungen.

Pole

Die →Erde dreht sich um sich selbst, als habe sie eine unsichtbare Achse. Die beiden Endpunkte dieser gedachten Erdachse heißen Nord- und Südpol. Die jeweiligen Gebiete um sie herum nennt man Polargebiete. Das Nordpolargebiet ist die →Arktis, das Südpolargebiet die →Antarktis.

Polen

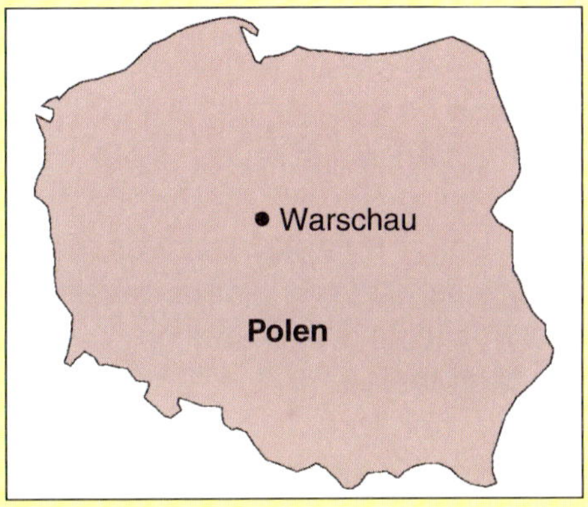

Kontinent:	Europa
Fläche:	312.685 km²
Einwohner:	38.341.000
Hauptstadt:	Warschau
Amtssprache:	Polnisch
Währung:	Zloty

Der mitteleuropäische Staat Polen erstreckt sich von der Ostseeküste im Norden bis zum Sudeten- und Karpatengebirge im Süden. Er grenzt an Russland, Litauen, Weißrussland, die Ukraine, die Slowakische Republik, die Tschechische Republik und an der von den Flüssen Oder und Neiße gebildeten Linie an Deutschland. Polen ist zum größten Teil ein Tiefland mit Seenplatten im Norden und Berg- und Hügelländern im Süden. Das →Klima ist kontinental. Die Bevölkerung besteht fast ausschließlich aus Polen. Zwei Drittel der Fläche werden landwirtschaftlich genutzt. Zu den wichtigsten Anbaupflanzen gehören Kartoffeln, Getreide und Zuckerrüben. Außerdem sind große Vorräte an →Bodenschätzen vorhanden, wie Stein- und Braunkohle, Erdöl und Erdgas, die in der →Industrie verarbeitet werden. Daneben gibt es Schiff-, Fahrzeug- und Maschinenbau sowie Nahrungsmittel- und chemische →Industrie.

Das im 11. Jahrhundert entstandene Königreich Polen war im 14. Jahrhundert mit Ungarn und Litauen verbunden und beherrschte bis ins 16. Jahrhundert ein mächtiges Reich in Ost- und Südosteuropa. Von 1573 bis 1795 war Polens Thron von ausländischen Regenten besetzt. Das Land wurde in Kriege verwickelt, musste große Gebietsverluste hinnehmen und wurde zuletzt unter Preußen, Österreich und Russland aufgeteilt. 1807 bildete →Napoleon I. aus den von Preußen und Österreich eroberten polnischen Gebieten das Großherzogtum Warschau, das 1815 mit Russland verbunden wurde. Erst 1918 – nach dem Ersten →Weltkrieg – wurde Polen wieder selbstständig und rief die →Republik aus. Der Einmarsch der deutschen Truppen unter →Hitler löste 1939 den Zweiten Weltkrieg aus. Nach Kriegsende gingen die ostpolnischen Gebiete an die →Sowjetunion. Polen wurde mit deutschen Gebieten im Westen bis zur Oder-Neiße-Linie entschädigt und eine kommunistische Volksrepublik. Die seit den 70er-Jahren wachsende Unzufriedenheit der arbeitenden Bevölkerung führte 1980 zur Gründung der unabhängigen Gewerkschaft „Solidarnosc". Diese erkämpfte unter dem Vorsitzenden Lech Walesa (geb. 1943) die allmähliche Demokratisierung des Staates. Seit 1989 ist Polen eine demokratische Republik.

Politik

Der Begriff „Politik" stammt von dem griechischen Wort „polis" ab, das „Stadt" oder „Stadtstaat" bedeutet. Seit dem 7. Jahrhundert v. Chr. lebten die alten →Griechen in solchen Stadtstaaten. Zu den berühmtesten gehörten →Athen und Sparta. Sie waren

unabhängige Siedlungen und die →Bürger regelten alles selbst, was mit ihrem Zusammenleben zu tun hatte: Das sind im Wesentlichen die Gesetzgebung, die Rechtssprechung und die Verwaltung. „Politik" bedeutet dementsprechend „Staatskunst" oder „die Lehre von der Verfassung einer Polis".
Heute meint man damit die Organisation eines →Staates und die Einflussnahme auf die →Gesellschaft durch eine →Partei oder einen Interessenverband, wie eine →Gewerkschaft oder eine Industrieorganisation. Unter Politik versteht man aber auch das Handeln eines Staates selbst. Ist sie auf die Bevölkerung des Staates gerichtet, spricht man von Innenpolitik. Ist sie auf andere Staaten bezogen, nennt man sie Außenpolitik. Die Sozialpolitik regelt die gesellschaftlichen Beziehungen der Bevölkerung, und die Kulturpolitik regelt alles, was mit der →Kultur zu tun hat. Die Bildungspolitik kümmert sich um Schulen, Universitäten und andere Bildungseinrichtungen. Seit einiger Zeit interessieren sich immer weniger Menschen für Politik. Man spricht deshalb von „Politikverdrossenheit".

Polizei
Der Begriff „Polizei" ist mit dem Begriff →„Politik" eng verwandt. Beide stammen aus dem Griechischen. Polizei leitet sich von

Eine wichtige Aufgabe der Polizei ist die Verkehrserziehung.

dem Wort „politeia" her. Man verstand darunter die Verwaltung eines →Staates. Seit es moderne Staaten gibt, umfasst der Begriff alle Maßnahmen, mit denen Gefahren für die Sicherheit der Bevölkerung und des Staates abgewehrt werden. Je nach ihren besonderen Aufgaben unterscheidet man zum Beispiel Bahn-, Feuerschutz-, Wasser-, Fremden-, Sitten-, Grenz-, Bereitschafts- und Verkehrspolizei. Zugleich versteht man unter Polizei auch die Mitarbeiter dieser Behörden. Polizeibeamte oder Polizisten tragen meistens Uniformen und sind häufig bewaffnet, da sie die Sicherheit des Staates und der Bevölkerung notfalls mit Gewalt durchsetzen dürfen. Auch sollen sie sich selbst gegen Rechtsbrecher und Gewalttäter schützen können. Die Angehörigen der Kriminalpolizei tragen keine Uniform. Ihre Aufgabe ist es, schwere Straftaten und Verbrechen, wie Mord, Drogenhandel oder Einbrüche, aufzuklären, die Täter zu verhaften und den →Gerichten zu übergeben.

Pollen →Blüte

Polo, Marco
Der Venezianer Marco Polo (1254–8.1.1324) ist wohl der berühmteste Weltreisende des →Mittelalters. Von 1271 bis 1295 bereiste er mit seinem Vater, dem Kaufmann Nicolo Polo, und dessen Bruder Matteo Mittelasien und →China. In Kambaluk, dem heutigen Peking, war der mongolische Khan und Kaiser Shih Tsu von Marco Polo sehr angetan. Er betraute ihn zunächst mit Kurierdiensten durch ganz China und setzte ihn daraufhin als Statthalter der Provinz Kiangnan ein. Erst 1292 machte sich Marco Polo als Begleiter einer chinesischen Prinzessin auf die Rückreise. Über die Sundainseln und Südindien kehrte er 1295 zusammen mit Vater und Onkel als reicher Mann nach Venedig zurück. 1298 geriet Marco Polo für viele Monate in genuesische Gefangenschaft. Dort diktierte er einem Mitgefangenen seinen Reisebericht. Als erste umfassende Schilderung des Mongolenreiches wurde der Bericht bald in verschiedene Sprachen übersetzt, 1477 auch ins Deutsche. Neben der →Bibel gehörte er zu den meistgelesenen Büchern des Mittelalters

und prägte die damalige →Geografie bis ins 16. Jahrhundert.

Popmusik

Der Begriff „Popmusik“ oder „Pop“ kommt von dem englischen „popular music“ und heißt wörtlich übersetzt „volkstümliche Musik“. Gemeint ist eine →Musik, die für die Allgemeinheit als Unterhaltungsmusik zugänglich ist und in der die Bedürfnisse vor allem der jungen Leute zum Ausdruck kommen. Sie entstand in den 60er-Jahren aus dem amerikanischen Rock ’n’ Roll und entfaltete sich – bekannt auch als Beat – durch Gruppen wie die →Beatles oder Rolling Stones. In den →USA heißt sie Rockmusik oder Rock.
Pop- oder Rockmusik wird von Einzelsängern oder Bands gespielt. Zu den wichtigsten →Musikinstrumenten gehören das Schlagzeug, die Elektrogitarre und der Synthesizer, das ist ein elektronisches Gerät, auf dem man künstliche Klänge zusammenmischt. Ihre Rhythmen sind meist einfach und einprägsam. Auf Festivals, Pop- und Rockkonzerten treffen sich oft viele tausend Menschen. Meist nehmen die Zuhörer aktiv an der Musik teil, sie klatschen, singen mit und bewegen sich im Rhythmus der Klänge. Viele Pop- und Rockstars werden für ihre Fans zu wichtigen Leitfiguren.

Die Popgruppe „No Mercy“ ist für ihre House- und Soulmusik mit Flamencoeinschlägen bekannt.

Je nach dem Zeitgeist und der Anlehnung an andere Musikstile haben sich die verschiedensten Richtungen entwickelt. Sie reichen vom sanften „Soft Beat“ über die melodische, rustikale „Country Music“, die entrückenden, außerirdischen Klänge des „Psychedelic Rock“, den eingängigen Herztonrhythmus des „Reggae“ bis zum aggressiven „Hard Rock“ oder „Heavy Metal“. In den 80er- und 90er-Jahren kamen Stilrichtungen wie Punk, New Wave, Rap oder Techno auf und begeisterten Millionen.

Portugal

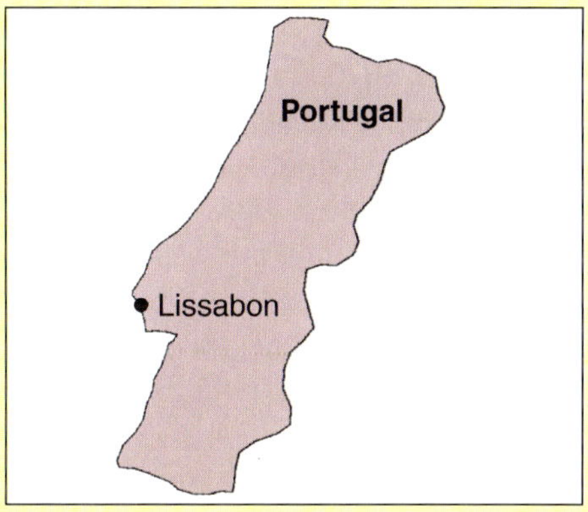

Kontinent:	Europa
Fläche:	92.270 km^2
Einwohner:	9.832.000
Hauptstadt:	Lissabon
Amtssprache:	Portugiesisch
Währung:	Escudo

Die →Republik Portugal liegt auf der Iberischen Halbinsel und wird vom Atlantik und von Spanien begrenzt. An den Küsten und im Süden befindet sich überwiegend Tiefland, ansonsten ist Portugal gebirgig. Das →Klima wird vom Meer beeinflusst, der Süden ist heißer und trockener als der Norden. Die Einwohner sind fast ausschließlich Portugiesen. Geringe Rohstoffvorkommen und eine wenig entwickelte →Industrie machen Portugal zu einem der ärmsten Länder Europas. Ein wichtiger Erwerbszweig ist die →Fischerei. Außerdem werden Getreide, Kartoffeln, Wein, Oliven und Obst angebaut und Viehzucht betrieben. Wegen der großen Bestände an Korkeichen gehört Portugal zu den führenden Korklieferanten der Erde.
Ab Mitte des 12. Jahrhunderts wurde Portugal als →Monarchie selbstständig. Im 15. und 16. Jahrhundert bauten die Portugiesen in Afrika und Mittel- und Südamerika ein großes Kolonialreich auf, verloren jedoch den größten Teil an die Niederlande und England. Nach langen inneren Spannungen wurde 1911 die Republik ausgeru-

fen. Die darauf folgende →Diktatur stürzte 1974, seit 1976 herrscht eine →Demokratie.

Post
Die Post ist in drei wesentliche Aufgabenbereiche unterteilt: Der Postdienst oder die „Gelbe Post" sorgt dafür, dass die Briefkästen regelmäßig geleert und die Briefe und Pakete zu ihren Empfängern befördert werden. Die Telekom kümmert sich darum, dass man über →Telefon und →Telefax verfügen kann und stellt die Anschlüsse und notwendigen Leitungen her. All das fasst der Begriff →„Fernmeldewesen" zusammen. Eine wichtige Aufgabe der Telekom sind außerdem die modernen Kommunikationstechnologien. So kann man z. B. seinen →Computer mit dem Telefonanschluss verbinden und mit einem anderen Computerbesitzer über ein Datennetz Informationen austauschen. Der kleinste Bereich der Post ist die Postbank. Bei ihr kann man -- wie bei jeder anderen →Bank – ein Giro- oder ein Sparkonto unterhalten.

Viele Arbeitsgänge sind erforderlich, um z. B. einen Brief vom Absender zum Adressaten zu befördern: Diese Grobsortiermaschine nimmt eine erste Sortierung nach der Anschrift vor.

Das Wort „Post" leitet sich von dem lateinischen „posita" her. So hieß der Ort, an dem berittene Boten die Pferde wechselten. In der →Antike und im →Mittelalter gab es keine Post im heutigen Sinn, sondern nur Kuriere. Um 1495 richtete Franz von Taxis (1459–1517) den ersten Postdienst in Europa ein. Es handelte sich um eine Verbindung mit Kutschen zwischen Wien und Brüssel. Diese wurde weiter ausgebaut, und andere kamen hinzu, bis die Familie Thurn und Taxis ein dichtes Netz von Verbindungen in ganz Europa aufgebaut hatte. Daneben entstanden auch Postdienste der einzelnen Länder, doch bis Mitte des 19. Jahrhunderts blieb der gesamte Postbetrieb stark zersplittert. Mit der Einrichtung des Reichspostamtes als Vorläufer der heutigen deutschen Post wurde schließlich 1880 das deutsche Postwesen vereinheitlicht. Nach dem Ersten →Weltkrieg gründete man an seiner Stelle das Reichspostministerium, etwas später wurde die Deutsche Reichspost eine weitgehend selbstständige Behörde.
In der 1949 geschaffenen Bundesrepublik →Deutschland gab es die Deutsche Bundespost, in der →DDR die Deutsche Post. Beide waren staatliche Einrichtungen. Die Deutsche Bundespost hatte ursprünglich das Monopol auf alle ihre Dienste, d. h. nur sie durfte diese Dienste leisten. Seit 1990 wird sie stufenweise völlig umgestaltet: Zunächst entstanden die drei eigenständigen Unternehmen Postdienst oder „Gelbe Post", Telekom und Postbank. 1994 wurden diese in Aktiengesellschaften (→Gesellschaft) umgewandelt und erhielten damit eine privatwirtschaftliche Organisation. Die dritte Stufe der Postreform soll ab 1998 das Monopol der Telekom auf elektronische Datenübermittlung abschaffen. Zu Beginn des Jahres 2003 wird die Post dann auch das Monopol auf Briefbeförderung verlieren.

Prag
Die Hauptstadt der →Tschechischen Republik ist Prag. Sie liegt zu beiden Seiten der Moldau im Böhmischen Becken und hat rund 1,2 Millionen Einwohner. Die Stadt geht auf eine slawische Siedlung um die Burgen Hradschin und Wisegrad im 10. Jahrhundert zurück. Sie wurde 973 Bischofssitz und 1344 Erzbistum. 1255 erhielt sie deutsches

Prag mit Karlsbrücke und Hradschin

Stadtrecht. 1348 wurde dort die erste deutsche Universität gegründet, sie war zugleich die erste Universität Europas. In der zweiten Hälfte des 14. Jahrhunderts baute Kaiser Karl IV. (1316–1378) Prag zur Residenzstadt und Hauptstadt des Deutschen Reiches aus. Unter ihm erlebte Prag seine höchste Blüte. Die Stadtansicht wird von der ehemaligen Hofburg auf dem Hradschin beherrscht. In ihr residiert der Staatspräsident. Wegen der unzähligen in der Sonne glänzenden Dächer und Zinnen der Kirchen und Türme wird Prag auch die „Goldene Stadt" genannt.

Presse
Eine Presse ist eine →Maschine, mit der man eine starke Kraft oder einen Druck erzeugt und Werkteile, zum Beispiel aus →Metall, bearbeitet. Dazu zählen auch die Saftpressen, die in vielen Küchen stehen und mit denen man Fruchtsäfte zubereiten kann.
Außerdem versteht man unter Presse alle Druckschriften, die über aktuelle Ereignisse informieren. Dazu gehören in erster Linie Tageszeitungen, z. B. die „Süddeutsche Zeitung" oder die „Frankfurter Allgemeine Zeitung", aber auch Boulevardzeitungen, z. B. die „Bild"-Zeitung, Wochenzeitungen, z. B. „Die Zeit", oder Zeitschriften. Bei Letzteren unterscheidet man zwischen Nachrichtenmagazinen, z. B. dem „Spiegel", oder den mehr der Unterhaltung dienenden →Illustrierten. Die bekannteste deutsche Illustrierte ist der „Stern". Die so genannte Fachpresse richtet sich an Leser mit speziellen Interessen, z. B. an Computern oder Autos. Außerdem gibt es Zeitschriften, die z. B. nur für Kinder oder Frauen gedacht sind und für die jeweilige Zielgruppe alle möglichen Themen aufbereiten.
In vielen Staaten wird die Presse unterdrückt. Das heißt, eine staatliche Stelle bestimmt, was Journalisten schreiben dürfen. Die Pressefreiheit ist deshalb eine große Errungenschaft. In Deutschland wird sie durch das →Grundgesetz garantiert. Sie besagt, dass jeder Journalist seine Meinung frei äußern darf, solange er nicht gegen Straf- und Jugendgesetze oder den gesetzlichen Schutz der persönlichen Ehre verstößt.
→Journalismus, →Medien

Prisma
Das Prisma ist ein Körper, dessen Deck- und Grundfläche in zwei parallelen Ebenen liegen. Die Deckfläche und die Grundfläche sind kongruente, d. h. deckungsgleiche Vielecke (n-Ecke), wie →Dreiecke oder Vierecke. Die Seitenflächen werden von n Rechtecken gebildet, deren eine Seite zugleich eine Seite eines der beiden Vielecke ist und deren gegenüberliegende Seite eine Seite des anderen kongruenten Vielecks darstellt. Ein optisches Prisma ist ein keilförmiger Körper, der aus einem lichtdurchlässigen und lichtbrechenden Material, wie →Glas, besteht. Lenkt man ein weißes Lichtbündel hindurch, so wird dieses in seine Bestandteile, die Spektralfarben, zerlegt.
→Licht

Drei-, vier- und fünfseitiges Prisma

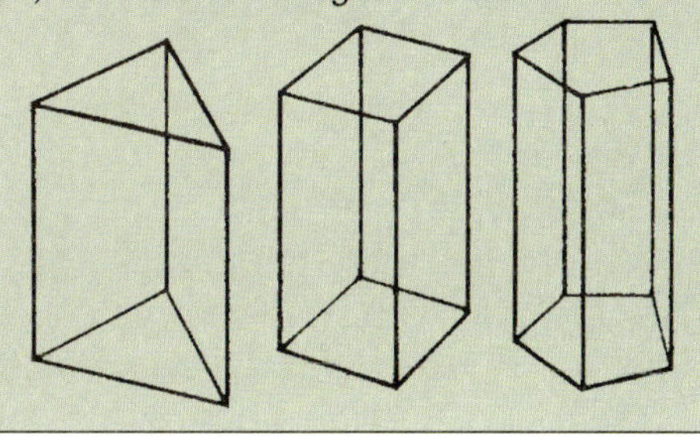

Profi →Amateur, →Sport

Programmieren →Computer

Prokofjew, Sergej
Zu den Musikschaffenden, die oft und gern für Kinder schrieben, gehört auch der berühmte russische Komponist Sergej Prokofjew (23.4.1891–5.3.1953). Besonders bekannt ist sein musikalisches →Märchen „Peter und der Wolf". Jedes handelnde Lebewesen in diesem Märchen ist durch eine bestimmte Grundmelodie, das Thema, gekennzeichnet, die von einem oder mehreren bestimmten Instrumenten gespielt wird: Eine lustige, von Streichinstrumenten gespielte Melodie charakterisiert z. B. den fröhlichen, mutigen Peter, die Melodie der Hörner charakterisiert den heimtückischen, bösen Wolf. Durch die einprägsamen Themen hilft dieses Märchen, den Klang der Orchesterinstrumente, die zu Beginn einzeln vorgestellt werden, im Ohr zu behalten. Gesprochene Zwischentexte geben die Märchenhandlung wieder und erleichtern

das Verstehen der ausdrucksstarken Musik. Prokofjew schrieb außerdem sieben Sinfonien, Kammermusik, →Opern, →Ballette und Kantaten.

Proportion

Wenn ein Radfahrer in einer Stunde einen Weg von 15 Kilometern zurücklegt, ein Fußgänger jedoch nur fünf Kilometer, dann bewältigt der Radfahrer den dreifachen Weg des Fußgängers. Gleich benannte Größen kann man vergleichen, indem man das Verhältnis in Form eines Bruches bildet: Die Strecke des Radfahrers verhält sich zur Strecke des Fußgängers wie

$$\frac{15}{5} = \frac{3}{1}$$

Gleiche Verhältnisse kann man durch ein Gleichheitszeichen (=) vergleichen. Damit erhält man die Verhältnisgleichung oder Proportion:

$$\frac{a}{b} = \frac{c}{d} \qquad a : b = c : d$$

Für jede Proportion gilt die Produktengleichung: Das Produkt der Außenglieder (ad) muss gleich dem Produkt der Innenglieder (bc) sein. a : b = c : d ist also nur dann erfüllt, wenn gilt: ad = bc.

Prothese

Das griechische Wort „prothesis" heißt „das Hinzufügen, das Ansetzen". Von ihm leitet sich „Prothese" her. Sie bezeichnet den künstlichen Ersatz eines fehlenden Körperteils. Die meisten älteren Leute tragen als so genanntes drittes →Gebiss eine Zahnprothese. Auch Arme und Beine, die z. B. wegen eines Unfalls oder einer Kriegsverletzung amputiert werden mussten, ersetzt man durch funktionstüchtige Prothesen.

Pseudonym

Ein Künstler, der seine wahre →Identität nicht preisgeben möchte, veröffentlicht seine Werke unter einem Decknamen oder Pseudonym. Dies kann viele Gründe haben: So will z. B. der Verfasser aufrührerischer Schriften unerkannt bleiben, um nicht verfolgt zu werden. Oder der Künstler möchte verhindern, dass die Öffentlichkeit Einblick in sein Privatleben erhält. Oft findet er seinen echten Namen aber auch zu farblos oder er kommt so häufig vor, dass die Gefahr einer Verwechslung besteht.

Psychologie

Die Psychologie ist die Lehre von der Seele, der Psyche. Als →Wissenschaft befasst sie sich mit dem bewussten und unbewussten Verhalten und Erleben des Menschen. Sie erforscht seinen →Instinkt und seine →Intelligenz und den Einfluss der Umwelt auf ihn. Außerdem beschäftigt sich die Psychologie mit den seelischen Störungen und Krankheiten und versucht diese zu heilen.
Schon in der →Antike befassten sich gelehrte Männer, wie Platon und Aristoteles (→Philosophie), mit der Seelenkunde. Ihre Erkenntnisse von den Schichten, Aufgaben und dem Vermögen der Seele hatten bis ins 19. Jahrhundert Bedeutung. Als selbstständige Wissenschaft wurzelt die Psychologie in der →Aufklärung. Die heutige Psychologie ist in zahlreiche Richtungen verzweigt, es gibt z. B. die Verhaltens-, die Entwicklungs- und die Sozialpsychologie. Ihre praktische Anwendung auf seelische Störungen findet die Psychologie unter anderem in der Psychoanalyse und Psychotherapie.

Pubertät

Der Begriff „Pubertät" kommt von dem lateinischen Wort „pubertas" für „Geschlechtsreife". Er bezeichnet den Zeitabschnitt, in dem Kinder beginnen, sich körperlich und seelisch zu Erwachsenen zu entwickeln. Mädchen kommen im Alter von zehn bis zwölf Jahren in die Pubertät, Jungen etwas später. Sie dauert etwa bis zum 16. Lebensjahr.

Unter dem Einfluss von →Hormonen setzt ein körperlicher Wachstumsschub ein, und die →Geschlechtsmerkmale, wie Achsel- und Schambehaarung, prägen sich aus. Beim Mädchen bildet sich der Busen und die →Menstruation setzt ein. Beim Jungen kommt es zu Stimmbruch und Bartwuchs, die →Geschlechtsorgane werden größer, die Hoden beginnen, Sperma zu produzieren, und er erlebt seinen ersten Samenerguss.
Mit den körperlichen Veränderungen ist auch eine seelische Umstellung verbunden. Viele Mädchen und Jungen sind während der Pubertät unausgeglichen und fühlen sich verunsichert. Hin- und hergerissen zwischen der Geborgenheit des Kindseins und dem Drang nach Selbstständigkeit und Eigenverantwortung kommt es oft zu Auseinandersetzungen und Streit mit den Eltern und anderen Erwachsenen und zur Auflehnung gegenüber der Umwelt. Was häufig als „halbstarkes Verhalten" und „Flegeljahre" bezeichnet wird, erklärt sich darin, dass sich die werdenden Erwachsenen in der Pubertät neu orientieren müssen.

Puls
Mit jedem Herzschlag wird →Blut durch die →Adern des Körpers gepumpt. Steigt der dadurch entstehende Druck im Inneren der Adern an, dehnen sich diese aus; sobald er nachlässt, verengen sie sich wieder. In Form einer Wellenbewegung pflanzt sich der Druck durch das Arteriensystem fort. An oberflächlich gelegenen, großen Arterien, z. B. an der Speichenschlagader am Handgelenk, kann die Druckwelle als Puls gemessen werden. Man kontrolliert damit die Herztätigkeit sowie den allgemeinen Gesundheitszustand. Beim Erwachsenen liegt die normale Pulszahl pro Minute zwischen 60 und 80 Schlägen, bei Säuglingen und Kleinkindern zwischen 100 und 130 Schlägen.

Pyramide
Die Pyramide ist ein Körper mit einem ebenen Vieleck als Grundfläche. Bei geraden Pyramiden bilden die Seitenflächen gleichschenklige →Dreiecke, und es stoßen so viele Dreiecke an der Spitze zusammen wie die Grundfläche Seiten hat. Man unterscheidet danach drei- und mehrseitige Pyramiden.

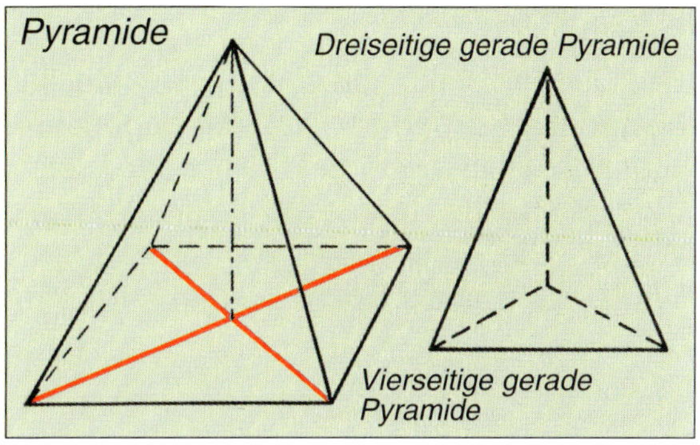

Vier Seiten haben die berühmten altägyptischen Königsgräber, von denen die drei großen Pyramiden bei Gizeh – als eines der →sieben Weltwunder – am bekanntesten sind.

Pyrenäen
Die Pyrenäen sind ein Hochgebirge zwischen →Spanien und →Frankreich. Sie erstrecken sich vom Golf von Biscaya (Atlantik) bis zum Golf von Lyon (Mittelmeer) über eine Länge von 440 Kilometern und trennen dadurch die Iberische Halbinsel vom übrigen Europa. Die Breite des Gebirgszuges beträgt bis zu 130 Kilometer, der höchste Berg ist mit 3404 Metern der Pico de Aneto.

Die Pyramiden von Gizeh

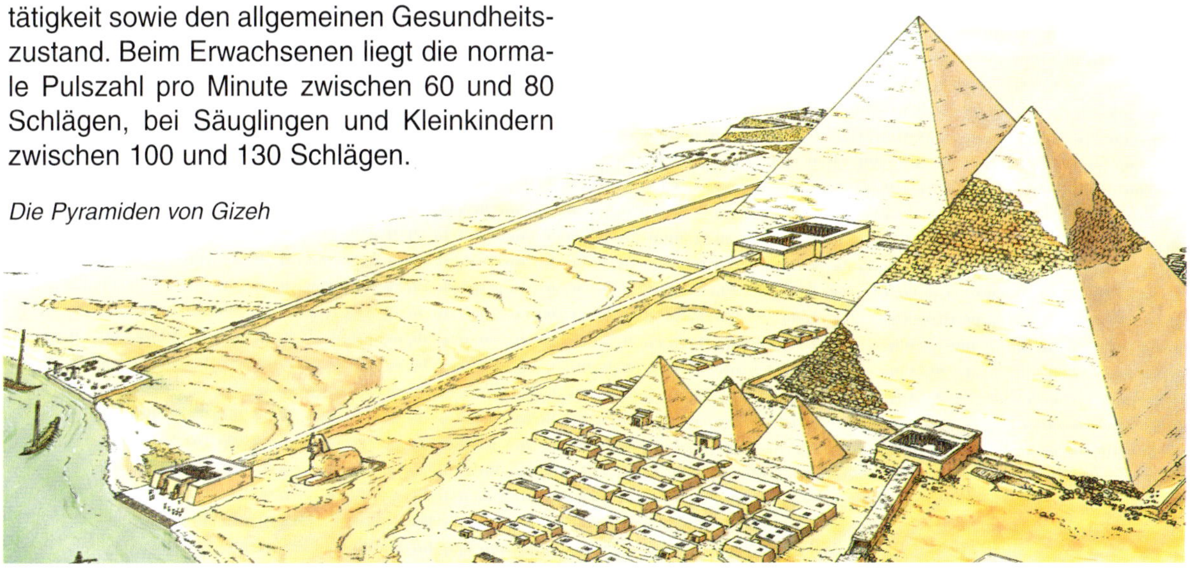

wie Quelle

Quader
Der Quader ist ein von sechs →Rechtecken begrenzter Körper. Je zwei sich gegenüberliegende Rechtecke sind einander gleich. Sind alle sechs Rechtecke gleich, ist es ein Würfel. Die Oberfläche von Quader und Würfel kann in die Ebene ausgebreitet werden.

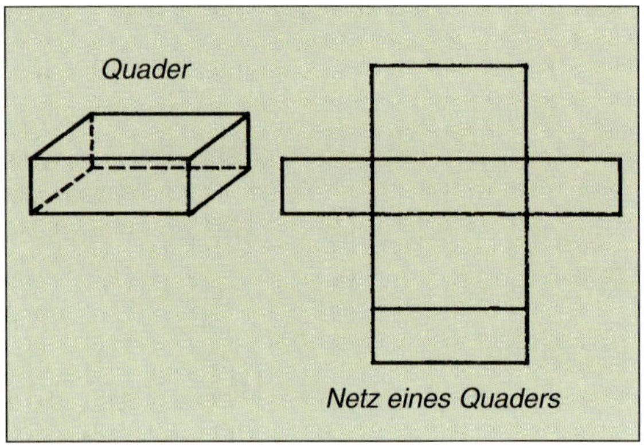

Quadrat
Das Quadrat ist ein Viereck mit vier rechten →Winkeln und vier Seiten von gleicher Länge. Die Diagonalen im Quadrat sind gleich lang und halbieren einander. Das Quadrat ist also ein →Rechteck mit vier gleich langen Seiten oder ein →Rhombus mit vier gleich großen Winkeln.

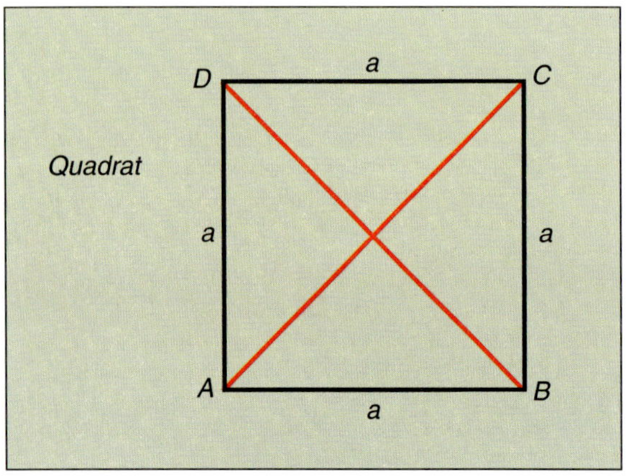

Qualifizierter Hauptschulabschluss →Schule

Qualität
Die Beschaffenheit und Güte einer Sache bezeichnet man als Qualität. Meistens sind teure Waren qualitativ hochwertiger. Ihre Herstellung war aufwendiger, sie halten länger, sind widerstandsfähiger oder gesünder.

Quallen
Die auch als Medusen bekannten Quallen gehören zu den Nesseltieren. In riesigen Schwärmen schwimmen sie frei im Meer. Ihr Körper hat die Form eines Schirmes. Die gallertige bis knorpelige Gewebemasse besteht zu mehr als 95 Prozent aus Wasser, sie ist durchsichtig oder bunt. Aus dem Körper hängt ein Magenstiel mit einer Mundöffnung. Sie wird von lappenförmigen Fangarmen umgeben, zahlreiche lange Fangfäden oder Tentakel befinden sich am Schirmrand. Sie dienen der Jagd auf kleine Fische und andere Meerestierchen. Mithilfe giftiger Nesselzellen an den Fangarmen und Tentakeln wird die Beute bewegungsunfähig gemacht oder getötet und zum Mund geführt. Quallen schwimmen, indem sie ihren Schirm zusammenziehen und dabei Wasser

Das Nesselgift der Blauen Nesselqualle verursacht auf der Haut von Menschen brennende Entzündungen.

nach unten ausstoßen. Der Rückstoß treibt sie hoch, und die Schwerkraft zieht sie wieder hinunter.
Alle Nesseltiere pflanzen sich im Generationswechsel fort, d. h. geschlechtlich, ungeschlechtlich, geschlechtlich usw. Quallen stellen die Generation dar, die sich geschlechtlich vermehrt. Aus einem befruchteten Quallenei entwickelt sich ein ungeschlechtlicher Polyp, der sich nicht frei im Wasser bewegt, sondern z. B. an Pflanzen festsetzt. Durch einfache Querteilung, Sprossung oder Knospung bringt der Polyp wiederum Quallen hervor.
→Fortpflanzung

Quarantäne
Um zu verhindern, dass sich eine ausgebrochene Infektionskrankheit weiter ausbreitet, werden Menschen, die mit dieser Krankheit in Berührung gekommen oder bereits daran erkrankt sind, für eine bestimmte Zeit von ihren Mitmenschen räumlich abgesondert. Diesen Zeitraum nennt man Quarantäne. Seine Dauer hängt von der Ansteckungs- bzw. Inkubationszeit der jeweiligen Krankheit ab.
Übersetzt heißt das aus dem Französischen stammende Wort „Anzahl von 40“: So viele Tage dauerte früher die Hafensperre für Schiffe, die seuchenverdächtige Personen an Bord hatten. Sie mussten abgesperrt vor Anker liegen, und erst nach Ablauf der Quarantäne durften die Passagiere das Schiff verlassen.
→Infektion

Quark →Milch

Quecksilber
Das chemische →Element Quecksilber ist als einziges Schwermetall bei Zimmertemperatur flüssig. Es glänzt silbrig und ist äußerst giftig. In der Natur kommt es vorwiegend in Verbindung mit Schwefel als Zinnober vor. Quecksilber wird z. B. zur Füllung von →Thermometern und →Barometern verwendet, in Form von Amalgamen für Zahnfüllungen und zur Herstellung von →Medikamenten.

Quelle
Die Stelle, an der das →Grundwasser aus dem Erdboden quillt, nennt man Quelle. Von

Das Wasser der König Ludwig I. Quelle in Bad Brückenau wird wegen ihren Eisengehalts auch Stahl-Quelle genannt. Sie ist für Trink- und Badekuren geeignet.

einer Mineralquelle spricht man, wenn im Quellwasser →Mineralien gelöst sind. Im Wasser einer Solquelle ist Kochsalz enthalten. Wo Solquellen entspringen, befinden sich in der Erde große Salzlager. Eine eisenhaltige Quelle gibt es z. B. in Bad Liebenstein, einem Kurort in Thüringen, eine Jod-Schwefel-Heilquelle in Bad Wiessee in Bayern. An manchen Orten der Erde kommt warmes oder heißes Quellwasser aus dem Boden. Solche Quellen heißen Thermalquellen. Sie sind z. B. in Ungarn oft zu finden. Auch die Springquellen oder →Geysire sind Heißwasserquellen. Mit donnerndem Brausen schleudern sie Wasser bis zu 100 Meter hoch.
Mit Quellen anderer Art arbeitet die →Geschichte. Überreste, wie ausgegrabene Bauwerke, Knochen oder sonstige Funde, oder mündlich und schriftlich überlieferte Berichte geben als Quellen Aufschluss über die Vergangenheit.

Diese Figur, die in einem Maya-Grab gefunden wurde, stellt einen Krieger dar. Sie gibt Auskunft über die Gesellschaftsschichten der Maya.

wie Richard

Rad
Das Rad ist eine der ältesten und wichtigsten Erfindungen. Vor vielen Jahrtausenden entstand es aus der Walze, die man – z. B. in Form eines Baumstammes – unter schwere Lasten schob, um diese zu transportieren. Als man die Walze in Längsrichtung durchbohrte und sich um die eigene Achse drehen ließ, war die Rolle erfunden. Bei den ersten Wagen benutzte man statt einer Rolle zwei Scheibenräder. Aus dem Vollrad entstand dann das Speichenrad.
Das Rad ist ein Maschinenelement für drehende Bewegung. Es findet in fast allen →Maschinen und vielen anderen technischen Geräten Anwendung, z. B. als Riemenscheibe, →Zahnrad oder Schwungrad zur Übertragung von Kraft. Jedes Rad hat eine Nabe zur Aufnahme der Achse oder Welle.

Von der Walze zum Rad

Walzen rollen unter der bewegten Last weg. Bei dieser Vorrichtung wird das Wegrollen verhindert, aber es tritt starke Reibung auf.

Wagen mit hölzernen Scheibenrädern, die fest verkeilt auf einer Achse befestigt waren, gab es schon um 4000 v. Chr.

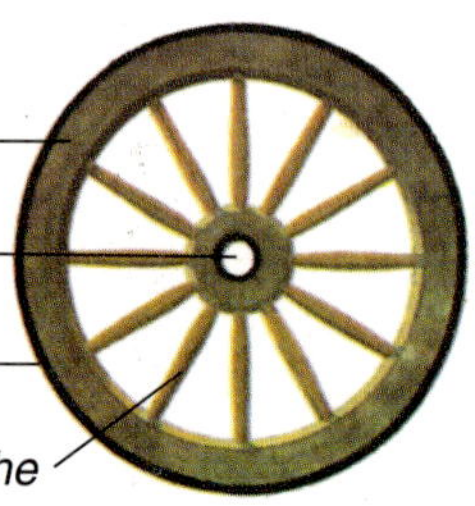

Hölzernes Speichenrad mit Eisenreifen

Radar
Die Abkürzung „Radar" stammt von der englischen Bezeichnung „radio detecting and ranging" für „Funkorten und -messen". Radar ist der internationale Begriff für ein Funkmessverfahren, mit dem Gegenstände erfasst und ihre Lage bestimmt werden können. Ein Radargerät besteht aus einem Sender, einer →Antenne, einem Empfänger und einem Sichtgerät. Der Sender strahlt über die Antenne in kurzen Abständen elektromagnetische →Wellen aus, die zurückgeworfen werden, wenn sie auf einen Gegenstand treffen. Der Empfänger nimmt sie wieder über die Antenne auf, verstärkt sie und leitet sie zum Sichtgerät weiter, wo sie auf dem Bildschirm als helle Flecke erscheinen und ihre genaue Entfernung abgelesen werden kann. Mit Radar-Rundsichtgeräten wird z. B. auf →Flughäfen die Position der an- und abfliegenden →Flugzeuge verfolgt. Auf →Schiffen erfassen Radargeräte selbst bei Nacht, Nebel und Regen andere Schiffe, die sich in der Nähe befinden, sowie Hindernisse wie →Eisberge.
Radargeräte setzt man auch zur Überwachung des Straßenverkehrs und zur Kontrolle der Geschwindigkeit von Fahrzeugen ein.

Radio →Rundfunk

Radioaktivität
Die Kerne mancher →Atome haben die Eigenschaft, ohne äußere Einflüsse zu zerfallen. Sie stoßen Teilchen, Protonen und Neutronen, ab und setzen dabei auch →Energie in Form von Strahlung frei. Diese Eigenschaft nennt man Radioaktivität.
Die radioaktiven Strahlen werden in drei Arten unterschieden:
1. Die Alpha (α)-Strahlung entspricht den Atomkernen des →Elements Helium. Sie lässt sich durch Papier stoppen.
2. Die Beta (β)-Strahlung besteht aus freige-

setzten →Elektronen und lässt sich durch Blei stoppen.
3. Die Gamma (γ)-Strahlung besteht nicht aus Atombausteinen, sondern ist eine Abstrahlung von Energie. Sie hat die gleiche Eigenschaft wie →Röntgenstrahlen und durchdringt fast alles.

Die chemischen Elemente, deren Atomkerne radioaktiv sind, kommen in der Natur vor oder werden aus den stabilen Kernen anderer Elemente in →Kernreaktoren künstlich erzeugt. Atomkerne zerfallen stufenweise, der Kern verwandelt sich jeweils in den eines benachbarten Elements, bis er das stabile Endprodukt →Blei erreicht hat. Aus den Kernen des →Urans entstehen z. B. die Kerne des Thoriums. Je mehr Atomkerne sich in einer bestimmten Zeit verwandeln, desto stärker ist ihre Radioaktivität.

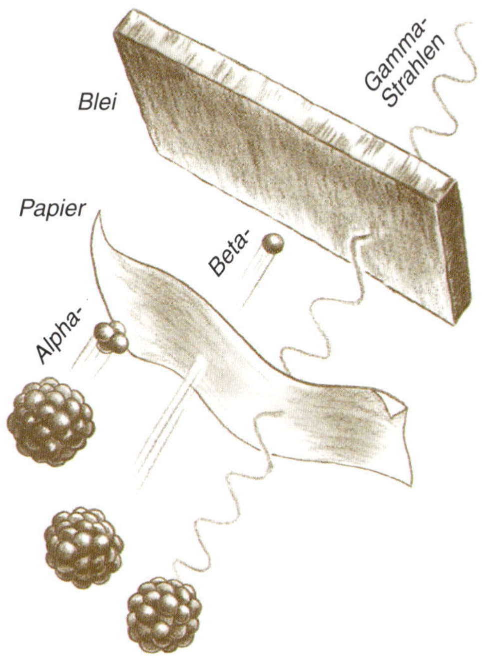

Die Radioaktivität wird nach ihrem Entdecker, dem Physiker Henry Becquerel, mit der Einheit Becquerel (Bq) gemessen. Hat ein Element z. B. eine Radioaktivität von 500 Bq, so bedeutet das, dass es innerhalb einer Sekunde 500 Atomkerne umwandelt.

Die Geschwindigkeit des radioaktiven Zerfalls wird durch die Halbwertszeit angegeben. Sie steht für den Zeitraum, in dem sich die Hälfte aller Atomkerne eines radioaktiven Stoffes in andere Atomkerne verwandelt hat: In einer bestimmten Zeit zerfällt immer nur die Hälfte der vorhandenen Atomkerne, von der übrigen Hälfte zerfällt wiederum nur die Hälfte usw. Dadurch ist die vollständige Zerfallszeit mancher hochradioaktiver Elemente unendlich lang. So hat z. B. Thorium eine Halbwertszeit von 14 Milliarden Jahren, das heißt, dass nach dieser Zeit immer noch die Hälfte der vorherigen Anzahl radioaktiver Kerne vorhanden ist. Radioaktive Stoffe mit kürzeren Halbwertszeiten sind z. B. →Radium mit 1620 Jahren oder Francium mit 21 Minuten.

Da radioaktive Elemente in der Natur vorkommen, ist der Mensch ständig einer gewissen radioaktiven Strahlung ausgesetzt.

Weitaus gefährlicher als die natürliche ist die künstliche Strahlenbelastung, die z. B. durch Unfälle in →Kernkraftwerken verursacht wird. Auch in der →Medizin arbeitet man mit Radioaktivität, z. B. bei der Strahlentherapie bösartiger Tumore (→Krebs) oder bei Röntgenuntersuchungen. Unkontrolliert angewendet kann radioaktive Strahlung den Körper schwer schädigen.

Radium

Das chemische →Element Radium ist ein seltenes, weiß glänzendes →Metall, das von selbst ununterbrochen radioaktive Strahlen aussendet. Es ist in einem Uranerz, der Pechblende, in winzigen Mengen vorhanden. Als Zerfallsprodukt des →Urans zerfällt es selbst unter Aussendung von Alpha-, Beta- und Gamma-Strahlen in das Edelgas Radon.

Mit dem Radium besaßen Ärzte erstmals ein wirksames Mittel gegen bösartige Geschwulste (→Krebs). Die Radiumstrahlen schädigen bei übermäßiger Anwendung das →Gewebe des Körpers. Werden sie jedoch in berechneter Stärke auf krankes Körpergewebe gerichtet, töten sie es ab und dienen der Heilung. Seit radioaktive Stoffe auch künstlich gewonnen werden können, ging der Bedarf an Radium zurück.

→Radioaktivität

Radius →Kreis

Radsport

Etwa 50 Jahre nach der Erfindung des →Fahrrades wurden um 1870 in England und Frankreich die ersten Radrennen ausgetragen. Seither ist das Radfahren ein beliebter Sport geworden. Bei den Wettkämpfen unterscheidet man zwischen Straßen-

und Bahnrennen. Straßenrennen finden überwiegend auf öffentlichen Straßen statt. Zu ihnen zählen Etappen-Fernrennen, wie die „Friedensfahrt Warschau-Berlin-Prag“ der →Amateure oder die „Tour de France“ der Profifahrer, außerdem Einzelstraßen-, Rundstrecken-, Berg- und Querfeldeinrennen. Bahnrennen werden auf offenen oder geschlossenen Radrennbahnen ausgetragen. Zu ihnen gehören Flieger-, Steher- und Sechstagerennen. Sechstagerennen z. B. finden in der Halle statt: Maßgebend ist die Anzahl der zurückgelegten Runden, bei denen sich die Fahrer der Zweier-Mannschaften beliebig oft ablösen können. Weitere Radsportarten in der Halle sind Kunstradfahren, Radball und Radpolo.

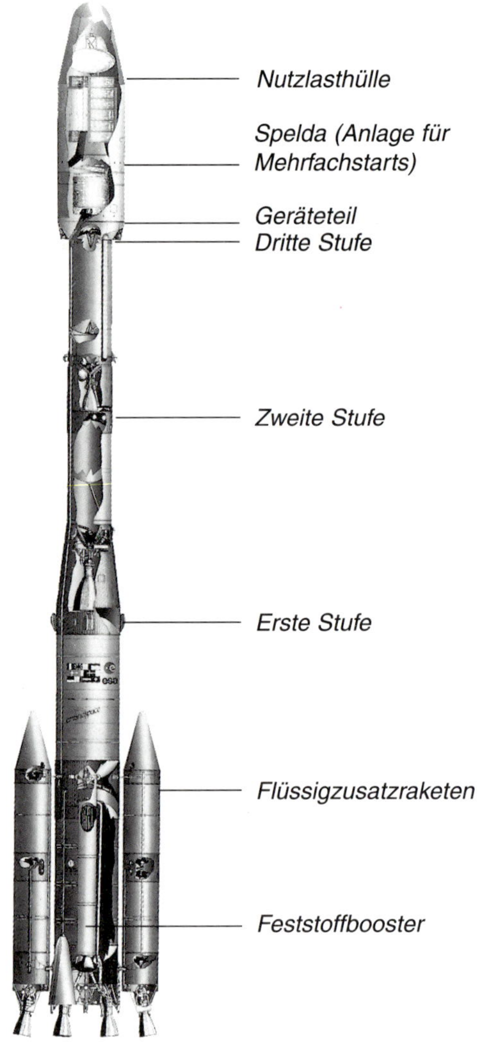

Die Trägerrakete Ariane 4 kann mit oder ohne Zusatzraketen starten, die mit Feststoff- oder Flüssigtreibstoff angetrieben werden.

Raffinerie

Eine Raffinerie ist eine technische Anlage zum Reinigen und Veredeln von Naturstoffen, wie →Zucker oder Erdöl. Gereinigter Zucker wird als Raffinade bezeichnet.

Rakete

Flugkörper, die ihren Vortrieb durch Rückstoß erhalten, nennt man Raketen. Jede Rakete setzt sich aus einer Zelle und einem Triebwerk zusammen. In der Zelle trägt sie im Kopfteil die Nutzlast, z. B. Erdsatelliten, Planetensonden mit wissenschaftlichen Geräten oder Raumfahrzeuge mit Besatzung. Im hinteren Zellenteil sind die Treibstofftanks untergebracht.

Die so genannten Trägerraketen für die →Weltraumfahrt sind stets Mehrstufenraketen. Sie bestehen aus mehreren übereinander oder gebündelt angeordneten Raketenstufen, die nacheinander gezündet werden. Nach Verbrauch des →Treibstoffes wird die jeweils ausgebrannte Stufe automatisch abgeworfen. Die letzte Stufe bleibt erhalten, sie enthält die Nutzlast.

Der Raketenantrieb erfolgt nach dem Rückstoßprinzip: Die in den Triebwerken erzeugten Verbrennungsgase werden durch Düsen mit hoher Geschwindigkeit nach hinten ausgestoßen. Dabei kommt es zum Rückstoß bzw. Vorwärtsschub. Da die Rakete den zur Verbrennung des Treibstoffes notwendigen →Sauerstoff mit sich führt, kann sie auch im luftleeren Raum ihren Antrieb erzeugen. Gesteuert wird die Rakete, indem man durch Schwenken der Düsen die Richtung des Gasstromes verändert.

Nach Art des verwendeten chemischen Treibstoffes und des entsprechenden Triebwerkes unterscheidet man Feststoff- und Flüssigkeitsraketen. Außerdem gibt es Hybridraketen mit Fest-Flüssig-Antrieb und Raketen mit elektrischen Strahltriebwerken.

Rasse
In der →Biologie ist das Wort „Rasse" ein Ordnungsbegriff. Eine Rasse umfasst eine Gruppe von →Individuen innerhalb einer Art, die die gleichen typischen Merkmale aufweisen. Man nennt sie auch Unterart. So bildet z. B. die Gruppe der Dackel eine Rasse innerhalb der Tierart →Hunde. Tierrassen werden zu bestimmten Zwecken gezüchtet. Bei der Pflanzenzucht spricht man anstelle von Rassen von Sorten.
→Menschenrassen

Rassismus
Die Auffassung, dass bestimmte →Menschenrassen anderen überlegen seien und einen höheren Wert hätten, bezeichnet man als Rassismus. Er entsteht häufig aus Machthunger, Unzufriedenheit und Neid und wird als politisches Mittel eingesetzt. Die Geschichte zeigt, dass er meist von Weißen gegen Farbige gerichtet war und zu grausamer Unterdrückung und dem Mord an zahllosen unschuldigen Menschen geführt hat. Beispiele rassistischer Verbrechen sind die europäische →Kolonialherrschaft, die →Apartheid in Südafrika, die →Sklaverei und die Verfolgung der →Juden, insbesondere während des →Nationalsozialismus.

Ratten →Mäuse

Raubtiere
Schon vor über 60 Millionen Jahren gab es Raubtiere. Heute sind sie mit rund 250 Arten über die ganze Erde verbreitet und leben in allen →Biotopen. Sie gehören zu den →Säugetieren. Man unterscheidet zwischen den Landraubtieren, wie →Katzen, Schleichkatzen, →Hyänen, →Bären, Hundeartigen, →Hunden und →Mardern, und den Wasserraubtieren, zu denen heute nur noch die →Robben zählen. Allen gemeinsam ist das typische Raubtiergebiss mit den ausgeprägten, spitzen Eckzähnen und scharfen Reißzähnen. Außerdem sind die →Sinnesorgane, vor allem für den →Geruchs- und →Hörsinn, hoch entwickelt. Die meisten Raubtiere sind Fleischfresser. Einige Arten, z. B. manche Bären, ernähren sich nur von Pflanzen, andere, z. B. die Hyänen, fressen auch →Aas.

Der Puma gehört zu den Landraubtieren.

Rauchen →Tabak

Raumfahrt →Weltraumfahrt

Raummaße
Die Einheit für den Rauminhalt bzw. das Volumen ist der Kubikmeter (m^3). 1 m^3 gibt den Rauminhalt eines Würfels an, dessen sämtliche Kanten 1 m lang sind.

Beziehungen zwischen den Raummaßen:

Kubikmeter (m^3)	1 m^3	=	1000 dm^3
Kubikdezimeter (dm^3)	1 dm^3	=	1000 cm^3
Kubikzentimeter (cm^3)	1 cm^3	=	1000 mm^3
Kubikmillimeter (mm^3)	1 mm^3	=	0,001 cm^3

Raupen →Schmetterlinge

Rauschgift →Drogen

Rechteck
Ein Viereck mit vier rechten →Winkeln bezeichnet man als Rechteck. Die einander gegenüberliegenden Seiten sind gleich lang. Das Rechteck hat zwei gleich lange Diagonalen, die einander halbieren. Es ist ein →Parallelogramm mit vier gleich großen →Winkeln. Der Sonderfall des Rechtecks ist das →Quadrat.

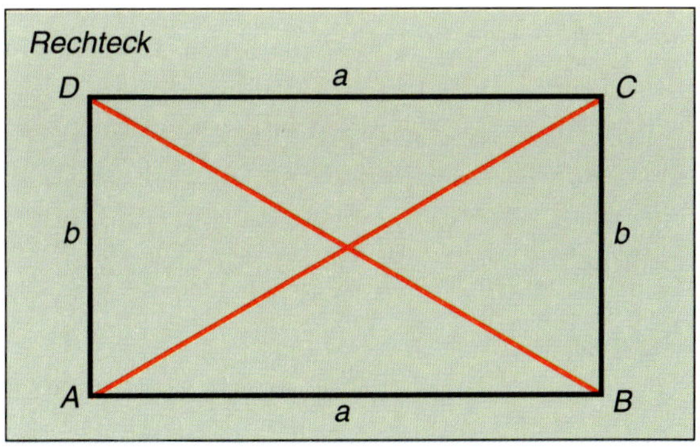

Recycling
Die Wiederverwertung von →Abfällen zur Herstellung neuer Produkte nennt man Recycling. Ihr Ziel ist es, →Rohstoffe zu sparen, die Müllberge zu vermindern und die Natur und Umwelt auf diese Weise zu schonen. Recycling funktioniert nur, wenn der Müll sortiert wird. Dies geschieht am besten bereits in den Haushalten, z. B.

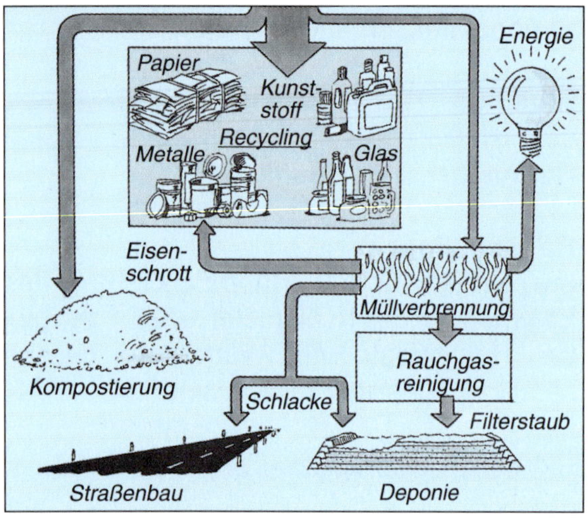

Integrierte Abfallentsorgung

durch Trennen von Papier-, Kunststoff-, Glas- und Metallabfällen. Fast überall sind heute entsprechende Mülltonnen und Container aufgestellt. Außerdem gibt es spezielle Müllsortieranlagen, die nachträglich Rohstoffe aus dem Haus- und Gewerbemüll herauslesen. Bereits bei der Herstellung der Produkte und deren Verpackungen muss darauf geachtet werden, dass sie sich wieder in die einzelnen Rohstoffe zerlegen lassen. Eine innen mit →Aluminium beschichtete Fruchtsafttüte aus Pappkarton lässt sich weder dem Alumüll, noch dem Altpapier zuordnen, eine Glasflasche dagegen gehört eindeutig zum Altglas. Die Wiederverwertung hat nur dann wirklich Sinn, wenn die Rohstoffsorten nicht vermischt werden.
Recycling beschränkt sich jedoch nicht auf den Haus- und Gewerbemüll. Die Wiederaufbereitung der Abwässer in →Kläranlagen zu frischem Trinkwasser gehört ebenso dazu wie die Verwendung organischer Abfälle zur Herstellung von →Kompost oder Biogas.

Reformation
Das aus dem Lateinischen stammende Wort „Reformation" heißt „Umgestaltung, Verbesserung". Es bezeichnet die christliche und politische Glaubensbewegung im 16. Jahrhundert, die Martin →Luther am 31. Oktober 1517 mit der Veröffentlichung seiner Thesen ausgelöst hatte. Luther griff den Reichtum und politischen Einfluss der „Kirchenfürsten" an, kritisierte die weltliche Haltung der Päpste und Bischöfe und strebte danach, das Wort Gottes unverfälscht wieder in den Mittelpunkt zu rücken. Seine Lehre fand rasch zahlreiche Anhänger und führte Mitte des 16. Jahrhunderts zur religiösen Spaltung Deutschlands. Während die Reformation eigentlich die katholische →Kirche erneuern wollte, führte sie nun zur Bildung der protestantischen Glaubensgemeinschaft und verbreitete sich von Deutschland aus in viele europäische Länder. Zu den bekanntesten Reformatoren neben Luther gehören die Schweizer Johannes Calvin (1509–1564) und Ulrich Zwingli (1484–1531). Beide weichen in verschiedenen Punkten von Luthers Lehre ab. Auf sie gehen die Reformierten Kirchen zurück.
Die Reformation markiert in der →Geschichte die Wende vom →Mittelalter zur →Neuzeit.

Regen →Niederschläge

Regenbogen
Wenn es geregnet hat, wölbt sich manchmal ein riesiges leuchtendes Farbband über den Himmel – ein Regenbogen. Er besteht von außen nach innen gesehen aus den nebeneinander liegenden Farben Rot, Orange, Gelb, Grün, Blau und Violett. Dieses Farbband nennt man auch →Spektrum und die in ihm vorkommenden Farben Spektralfarben.
Ein Regenbogen entsteht, wenn sich die Sonnenstrahlen in unzähligen in der Luft schwebenden Regentropfen brechen und

Regenbogen

das Sonnenlicht dadurch in seine Spektralfarben zerlegt wird. Man kann, mit dem Rücken zur Sonne stehend, einen kleinen künstlichen Regenbogen selbst erzeugen, indem man aus einem Gartenschlauch Wasser in die Luft sprüht.

Regenwald
Wie der Name schon andeutet, ist die Luftfeuchtigkeit im Regenwald das ganze Jahr über sehr hoch. Regenwälder wachsen in den heißen, immerfeuchten Gebieten der →Tropen und Subtropen. Je näher sie am →Äquator liegen, desto üppiger und artenreicher ist ihr Pflanzenwuchs. Die tropischen Tieflandregenwälder haben meist einen dreistöckigen Aufbau: die bis zu zehn Meter hohe Boden- und Strauchschicht, die bis zu 30 Meter hohe Baumschicht und die Schicht der so genannten Urwaldriesen, das sind Bäume, die bis zu 60 Meter hoch werden, sich wenig verzweigen und häufig sehr große, ledrige →Blätter tragen. Zahlreiche Kletter- und Schlingpflanzen, vor allem Lianen, ranken sich zu den Baumkronen hoch, daneben gibt es →Palmen, →Moose, →Flechten, →Orchideen und unzählige andere Pflanzen. Nicht selten leben auf einem einzigen Baum hunderte von Pflanzen- und Insektenarten und sonstige Tiere. Subtropische und Gebirgsregenwälder sind weniger üppig bewachsen und niedriger.

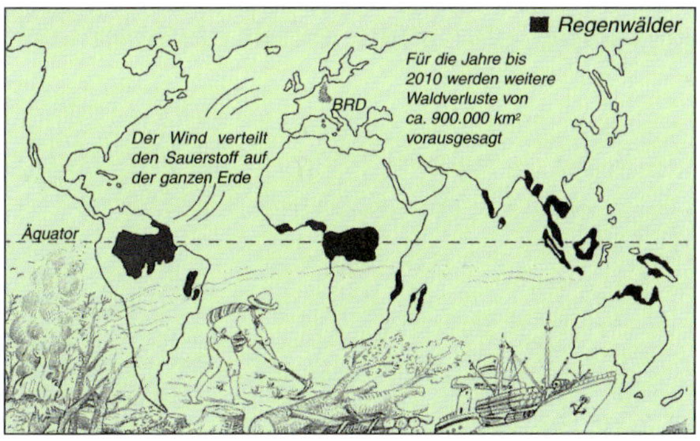

Die „Grünen Lungen“ der Erde, der tropische Regenwald

Da Regenwälder das ganze Jahr über grün sind und deshalb durch ständige →Fotosynthese große Mengen →Kohlendioxid in →Sauerstoff verwandeln, gelten sie als „Lungen der Erde“. Umso alarmierender ist die Tatsache, dass sie zur Gewinnung von Weide-, Acker- und Bauland sowie von →Holz und anderen →Rohstoffen ständig gerodet und ausgebeutet werden. Holzhändler verschaffen sich in das undurchdringbare Dickicht mit Brandrodung Zugang. Jahr für Jahr wird eine Urwaldfläche der Größe Deutschlands zerstört und die →Luft auf der ganzen Erde durch den Rauch geschädigt. Langfristig führt dies zur Erwärmung der Erde und zu Veränderungen des →Klimas. Dies hat zur Folge, dass das Land austrocknet und durch das Schmelzen des Eises an den →Polen die →Meere ansteigen und die Küstengebiete überfluten.

Durch den Regenwald Sumatras wird eine Schneise geschlagen.

Regenwürmer
Die verschiedenen Familien der Regenwürmer gehören zu den Ringelwürmern. Bei diesen ist der schlauchförmige Körper in zahlreiche hintereinander liegende Abschnitte gegliedert, die wie Ringe aussehen und meist feine Borsten für die Fortbewegung haben. Die Hauthülle ist muskulös, mit →Zellen für die Sinneswahrnehmung versehen und zugleich Atemorgan. Regenwürmer leben vorwiegend in Erdröhren in feuchten →Böden. Nachts kommen sie an die Oberfläche und ziehen sich als Nahrung abgestorbene Pflanzenteile in ihre Gänge. Da sie den Boden auflockern und mit ihrem Kot düngen (→Humus), sind sie sehr nützlich. Jedes Tier besitzt männliche und weibliche Geschlechtsorgane, die Befruchtung erfolgt wechselseitig. Die →Eier werden in Hüllen, den Kokons, in besondere Brutkammern

abgelegt. Unter den zahlreichen Arten sind die tropischen am größten. Der australische Riesenregenwurm erreicht drei Meter Länge. In Deutschland kommen z. B. der Mistwurm und der Gemeine Regenwurm vor. →Würmer

Regenwürmer

Regenzeit
Eine Jahreszeit, in der verstärkt →Niederschläge fallen, nennt man Regenzeit. Besonders ausgeprägt ist sie in den →Tropen. Dort liegt sie meist im Sommer und zieht eine Trockenzeit nach sich. In den Mittelmeergebieten fällt sie auf den Winter. Häufig ist der →Monsun für die Regenzeit verantwortlich. In der Trockenzeit gibt es dagegen nur geringe oder überhaupt keine Niederschläge.

Regierung
Wer die Führung eines →Staates hat, stellt auch dessen Regierung. Der Begriff leitet sich von dem lateinischen Wort „regere" für „lenken, leiten" her. Die Regierung führt alle Geschäfte des Staates und ist in verschiedene Aufgabenbereiche, die Ressorts, aufgeteilt. Dazu gehören die Finanzen, das Militär, die Vertretung des Staates nach außen, seine Organisation nach innen, das Gesundheits- und Bildungswesen und das Soziale. Die Ressorts werden von →Ministern geleitet. Der Chef einer Regierung heißt Premierminister, Ministerpräsident oder in Deutschland →Bundeskanzler. In demokratischen Staaten wird die Regierung durch das →Parlament und ein oberstes →Gericht, in Deutschland das Bundesverfassungsgericht, kontrolliert.

Reibung
Eine schwere Kiste über den Fußboden zu schieben ist sehr anstrengend. Legt man zwei Besenstiele unter die Kiste, lässt sie sich leichter fortbewegen. Zwischen der Kiste und dem Fußboden entsteht Reibung, weil beide Körper einander berühren. Zur Überwindung der Reibungskraft braucht man ebenfalls Kraft. Durch die Besenstiele wird die Reibungskraft geringer, denn Rollreibung ist kleiner als Gleitreibung. Reibung tritt an allen →Maschinen und Fahrzeugen auf, vor allem in den Lagern von Achsen, Wellen und Rädern. Man kann die Reibungskraft verringern, indem man die sich berührenden Teile schmiert oder ölt. Die größte Reibungskraft ist bei der Haftreibung gegeben, sie besteht in der Ruhelage von Körpern und ermöglicht z. B., dass sich ein stehendes Fahrzeug beim Antrieb von der Stelle fortbewegen kann. Bei der Reibung entsteht außerdem Wärme, wie jeder selbst ausprobieren kann: Man braucht nur kurze Zeit die Hände gegeneinander zu reiben.

Reis
Etwa ein Drittel aller Menschen ernährt sich hauptsächlich von Reis. Er gehört zum →Getreide und ist die wichtigste Kulturpflanze Süd- und Ostasiens. Vor allem in den →Tropen wird er auf bewässerten Feldern als Wasser- oder Nassreis angebaut, in den trockeneren Bergländern wächst er als Trocken- oder Bergreis. Nach der Ernte werden die Körner enthülst und geschält, und man erhält den braunen

Reispflanze

Naturreis, in dem noch alle →Vitamine und →Eiweiße vorhanden sind. Beim weißen Reis wurden die braunen Körner poliert. Dabei gehen die vitamin- und eiweißreichen Schichten und der ölhaltige Kern verloren, doch der Reis ist länger haltbar. Beim „Parboiled Reis" bringt man dagegen durch eine besondere Dampfbehandlung die wichtigen Stoffe der äußeren Schichten ins Innere des Korns, sodass sie trotz Schleifen und Polieren weitgehend erhalten bleiben. Reis enthält zudem sehr viel →Stärke. Sie wird unter anderem zur Herstellung von Klebstoff und Wäschestärke verwendet. Aus Reisöl fertigt man Kerzen und Seife. In Ostasien gewinnt man aus Reis außerdem Wein oder Sake und Schnaps. Reisstroh dient als Futter, zur Flechterei und zur Produktion von →Papier.

Reiten

Schon im 3. Jahrtausend v. Chr. setzte man →Pferde als Reittiere für die Jagd oder in Kriegen ein. Die Pferde wurden auf Schnelligkeit, Ausdauer und Gehorsam trainiert. Heute dient das Reiten nicht mehr an erster Stelle der Fortbewegung, sondern ist ein beliebter Sport geworden. Zu den Reitsportarten gehören Pferderennen, z. B. Galopp-, Hindernis- und Trabrennen, sowie Turniersportarten, wie das Springreiten oder das Dressurreiten, das ein hohes Maß an Verständigung und Harmonie zwischen Mensch und Tier erfordert. Die Pferdesportart, bei der der Reiter auf einem im Kreis galoppierenden Pferd turnt, nennt man Voltigieren.

Springreiten

Relativitätstheorie →Einstein, Albert

Religion

Der Begriff „Religion" kommt von dem lateinischen „religio" für „Gottesfurcht". Er bezeichnet den Glauben des Menschen an etwas Heiliges, einen →Gott oder mehrere Götter. Die großen Weltreligionen sind der →Buddhismus, das →Christentum, der →Hinduismus, der →Islam, das →Judentum und die Lehre des →Konfuzius, der Konfuzianismus.
→Sekte

Rembrandt

Selbstbildnis

Der holländische Maler und Grafiker Rembrandt (15.7.1606–4.10.1669) hieß eigentlich Rembrandt Harmenz van Rijn. Er gilt als einer der bedeutendsten Künstler des →Barock. Überall fand er Anregungen und Motive, z. B. in der →Bibel, in den großen →Sagen und in der →Geschichte. Besonders ausdrucksstark sind das Gesicht und die Körperhaltung der abgebildeten Personen, die oftmals eine lebendige

Szenerie darstellen. Durch helle und dunklere Farben, Licht und Schatten lenkt er das Auge des Betrachters auf die wesentlichen Teile des Bildes. Rembrandt hat über 70 Selbstporträts gemalt. Sein umfangreiches Werk umfasst etliche hundert Gemälde und Radierungen und weit über 1200 Handzeichnungen. Zum Teil sind sie nur schwer von denen seiner Schüler und Nachahmer zu unterscheiden.

Renaissance

Das aus dem Französischen stammende Wort „Renaissance“ heißt „Wiedergeburt“. Es steht für eine Wende der europäischen →Kultur am Übergang vom →Mittelalter zur →Neuzeit. Die Renaissance ging von Italien aus und umfasst die Zeit von der Mitte des 14. bis zum Beginn des 16. Jahrhunderts. Die Gelehrten und Künstler besannen sich auf die →Kunst und Kultur der →Antike und „gebaren sie wieder“, indem sie sie als Vorbild für eigene Schöpfungen und Erkenntnisse nahmen.

Es entwickelte sich eine neue Sicht des Menschen, bei der seine Persönlichkeit in den Vordergrund rückte. In der →Gesellschaft stiegen das Ansehen des Bürgertums und die Stellung der Frau. Es galt, das Wesen der Natur zu ergründen und hervorzuheben. Die Kunst sollte die Wirklichkeit abbilden. Die Einführung des →Experiments brachte den →Naturwissenschaften und der →Technik großen Aufschwung. So erfand z. B. Johannes →Gutenberg die Druckpresse und trug damit wesentlich zur Verbreitung des neuen Wissens und zur Bildung der Allgemeinheit bei. Gleichzeitig begann das Zeitalter der Entdeckungen (→Kolumbus, Christoph).

Zu den bedeutendsten Männern zur Zeit der Renaissance gehören →Michelangelo, →Leonardo da Vinci, Albrecht →Dürer, der Dichter Francesco Petrarca (1304–1374) und William →Shakespeare.

Die Familie Medici bestimmte in Italien die Zeit der Renaissance. Lorenzo de Medici (1449–1492) baute Florenz im 15. Jahrhundert zur führenden Macht Italiens aus. Sein Wahlspruch lautete: „Die Zeit kommt wieder.“

Rente

Die regelmäßige Zahlung einer bestimmten Geldsumme durch staatliche oder private →Versicherungen nennt man Rente. In Deutschland ist jeder Arbeitnehmer gesetzlich verpflichtet, einen genau bestimmten Teil seines Arbeitslohns in die Rentenversicherung einzuzahlen. Wenn er berufsunfähig wird oder das festgelegte Rentenalter erreicht hat und zu arbeiten aufhört, erhält er bis zu seinem Lebensende eine monatliche Rente, die seinen Lebensunterhalt sichert. Bei →Beamten wird diese Zahlung als Pension bezeichnet.

Reptilien

Die Reptilien oder Kriechtiere gehören zu den Wirbeltieren. Mit rund 6000 Arten sind sie über die ganze Erde, vor allem in den →Tropen und Subtropen, verbreitet. Im Gegensatz zur glitschigen Haut der →Amphibien ist die der Reptilien trocken und mit Schuppen oder Schilden aus →Horn bedeckt. Reptilien atmen mit →Lungen und gehören zu den Wechselwarmen, d. h. sie passen ihre Körperwärme der Außentemperatur an. Je kälter es wird, desto langsamer funktioniert ihr →Stoffwechsel. Sie müssen geschützte Verstecke aufsuchen, um nicht zu erfrieren. Manche Arten fallen in einen schlafähnlichen Starrezustand. Reptilien pflanzen sich entweder durch →Eier fort oder bringen die Jungen lebend zur Welt.

In der →Evolution haben sich aus den Reptilien die →Vögel und die →Säugetiere entwickelt. Die größten Exemplare der einst äußerst artenreichen Reptilien waren die →Dinosaurier. Heute unterscheidet man noch vier Hauptgruppen: →Schildkröten, Brückenechsen, →Krokodile und Schuppenkriechtiere, zu denen die →Echsen und →Schlangen gehören.

Die Hornviper ist eine Schlange.

Republik
Im Gegensatz zur →Monarchie handelt es sich bei der Republik um eine Staatsform, bei der das Staatsvolk oder eine Gruppe von Volksvertretern die Staatsgewalt ausübt.
→Staat, →Parlament

Reservat
Ein fest umgrenztes Wohn- und Jagdgebiet, das Ureinwohnern nach der Vertreibung aus ihrem Land zugewiesen wurde, bezeichnet man als Reservat oder Reservation. Am bekanntesten sind die Indianer-Reservate. Sie wurden ab dem 17. und vor allem im 19. Jahrhundert in →Nordamerika vom Staat eingerichtet. Die gewaltsam aus ihrem Lebensgebiet verdrängten →Indianer sollten auf diese Weise unter Kontrolle gebracht und an Aufständen gehindert werden. Heute gibt es über 200 Reservate. Die meisten liegen in Landesteilen, die nur schlechte Voraussetzungen für →Landwirtschaft und wenig Arbeitsmöglichkeiten bieten.
Auch ein abgegrenztes Gebiet, das dem Schutz wild lebender Tiere dient, nennt man Reservat.

Revolution
Der Begriff „Revolution" kommt aus dem Lateinischen und bedeutet stets eine „Veränderung, Neuerung" oder einen „plötzlichen Wandel" bestehender Verhältnisse. Ein Beispiel ist die →Industrielle Revolution.
Meist versteht man darunter jedoch den gewaltsamen Umsturz der politischen und sozialen Ordnung eines →Staates, der von Menschen aus dem Volk verursacht wird. Beispiele erfolgreicher Revolutionen sind die →Französische Revolution (1789–1799), die Oktober-Revolution von 1917 in →Russland und die so genannte Friedliche Revolution von 1989 in der →Deutschen Demokratischen Republik.

Rhein
Mit einer Länge von 1320 Kilometern ist der Rhein die wichtigste Binnenwasserstraße Europas und der größte →Fluss Deutschlands. Er entspringt als Vorderrhein im Sankt-Gotthard-Massiv in der Schweiz und vereinigt sich bei Reichenau mit dem aus dem Adula-Massiv kommenden Hinterrhein zum Alpenrhein. Dieser scheidet die West- und Ostalpen, mündet in den Bodensee, verlässt ihn als Hochrhein und fließt nach Basel. Von dort bis Bingen heißt er Oberrhein, im weiteren Verlauf bis Bad Godesberg Mittelrhein. Als Niederrhein strömt er bei Bonn in die Niederrheinische Bucht, fließt unterhalb von Emmerich in die Niederlande und bildet dort ein riesiges Delta. Als Waal und Lek mündet er in die →Nordsee.
Der Rhein hat zahlreiche Nebenflüsse und →Kanäle, darunter den Europakanal Rhein-Main-Donau.

Der Rhein – links Burg Katz mit Loreley-Felsen

Rhombus
Der Rhombus oder die Raute ist ein →Parallelogramm mit vier gleich langen Seiten. Die jeweils gegenüberliegenden →Winkel sind gleich groß und die Diagonalen halbieren einander.

Rinde →Baum

Rinder
Die Rinder gehören zu den →Huf- und Horntieren, Pflanzenfressern und →Wiederkäuern. Mit neun Arten sind sie heute über

Längsschnitt durch eine Kuh

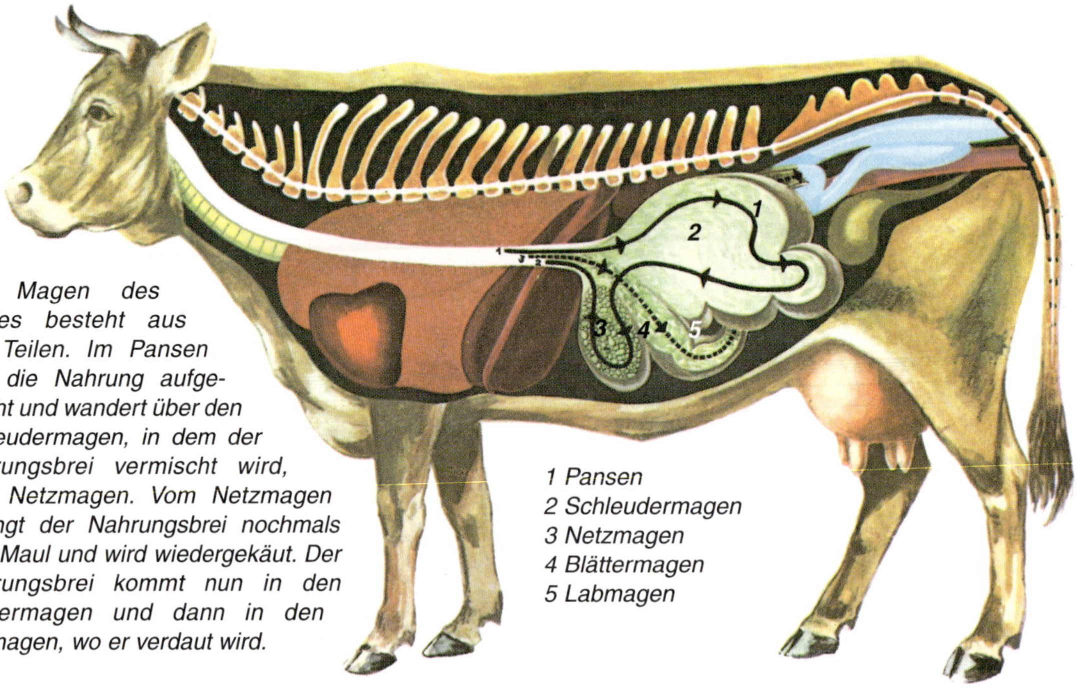

Der Magen des Rindes besteht aus fünf Teilen. Im Pansen wird die Nahrung aufgeweicht und wandert über den Schleudermagen, in dem der Nahrungsbrei vermischt wird, zum Netzmagen. Vom Netzmagen gelangt der Nahrungsbrei nochmals zum Maul und wird wiedergekäut. Der Nahrungsbrei kommt nun in den Blättermagen und dann in den Labmagen, wo er verdaut wird.

1 Pansen
2 Schleudermagen
3 Netzmagen
4 Blättermagen
5 Labmagen

die ganze Erde verbreitet, die meisten leben in Asien. Zu den Wildrindern zählen z. B. →Büffel, Bison und Wisent, außerdem die Stirnrinder, wie Yak, Gaur, Banteng und Auerochse. Von den Stirnrindern stammen alle →Rassen der Hausrinder ab. Die zahlreichen europäischen Hausrindrassen gehen auf den Auerochsen oder Ur zurück, der früher in den Wäldern Mitteleuropas lebte und vor etwa 300 Jahren ausgerottet wurde. Die Hausrinder gehören zu den wichtigsten Nutztieren. Sie geben →Milch und liefern Fleisch, Felle, →Leder und →Horn. Außerdem werden sie als Zug- und Lasttiere eingesetzt.
Das weibliche Rind heißt Kuh. Sie ist das ganze Jahr über fortpflanzungsfähig. Nach gut neun Monaten Tragzeit bringt sie ein Junges, das Kalb, zur Welt. Das männliche Rind heißt Bulle oder Stier. Wird dieser zu Mastzwecken oder zur besseren Zähmung kastriert, das heißt wird er durch Entfernung der Hoden unfruchtbar gemacht, bezeichnet man ihn als Ochsen.

Schwarzbuntes Niederungsrind

Ringen
Das Ringen oder der Ringkampf ist die älteste Form des Zweikampfes ohne Waffen. Beim heutigen sportlichen Ringen unterscheidet man zwischen dem griechisch-römischen Stil und dem Freistil. Bei Ersterem sind nur Körpergriffe oberhalb der Gürtellinie erlaubt, im Freistil darf am ganzen Körper, auch an und mit den Beinen, angegriffen werden. Ziel ist, den Gegner so zu Boden zu bringen, dass seine beiden Schultern diesen zwei Sekunden lang berühren. Außerdem werden gelungene Griffe mit Punkten bewertet.
Der Ringkampf wird auf einer quadratischen Matte mit fünf bis acht Metern Seitenlänge ausgetragen. Die Kampfzeit beträgt dreimal drei Minuten. Die Ringer sind in Gewichtsklassen unterteilt. Seit 1896 ist Ringen olympische →Disziplin für Männer.

Ritter
Bereits in der →Antike gab es Ritter. Sie waren berittene, reiche Krieger, die einen eigenen adeligen Stand bildeten.
Auch bei den Rittern des →Mittelalters handelte es sich um berittene Adelige, außerdem um so genannte Ministeriale, die dem König als unfreie Dienstleute Hof- und Kriegsdienste leisteten. Als einzige Waffen-

Im 11. Jahrhundert bestand die Rüstung des Ritters aus einem Kettenhemd und einem Helm (links). Später trug der Ritter eine zusammengefügte Rüstung, den Harnisch, und auf dem Kopf einen Eisenhelm mit Visier. Panzer, Bauchreifen und Beinröhren schützten den Körper (rechts).

träger zogen die Ritter für den König in die Schlachten und erhielten dafür Grundbesitz und →Burgen. Jeder, der ritterliche Vorfahren nachweisen konnte, hatte die Möglichkeit, die Ritterwürde zu erlangen. Sie wurde nach einer Lehrzeit als Knappe durch die Schwertleite oder den Ritterschlag verliehen. Während der →Kreuzzüge entstanden verschiedene Ritterorden, deren Angehörige das Mönchsgelübde ablegten, bekannte Beispiele sind der Johanniter- und der Schwertbrüderorden. Die Tugenden der christlichen Ritter waren Mut, Gerechtigkeit, Treue, Demut und Fürsorge gegenüber Armen und Schwachen.

Robben
Die Robben sind gesellig lebende →Säugetiere des Meeres. Sie bewohnen überwiegend die Küsten der kälteren Gebiete. Der Körperbau der ursprünglichen Landtiere hat sich dem Leben im Wasser gut angepasst, die kurzen Gliedmaßen dienen als Ruderflossen und unter dem Fell liegt eine dicke, wärmende Speckschicht. Robben sind ausgezeichnete Schwimmer und Taucher, an Land bewegen sie sich nur unbeholfen fort. Als einzige noch lebende Wasserraubtiere (→Raubtiere) ernähren sie sich von Fischen und Weichtieren. Zu den Robben zählen die Mönchs-, Rüssel-, Ohren- und Seerobben, die Walrosse mit den gewaltigen Eckzähnen und die Seehunde, zu denen als größte Robbe der See-Elefant gehört.
Robben siehe nächste Seite.

Roboter
Früher verstand man unter einem Roboter einen Maschinenmenschen bzw. eine →Maschine in Menschengestalt, die sich zwar eckig, aber wie ein Mensch bewegt und bestimmte Handreichungen ausführt. Die heutigen Roboter sind hoch spezialisierte →Automaten. Ausgestattet mit Greifarmen und Werkzeugen werden sie vor allem in der →Industrie eingesetzt. Sie verrichten diejenigen Arbeiten, die immer gleich bleibende Bewegungen erfordern oder die für den Menschen z. B. wegen extremer Temperaturen, radioaktiver Strahlung oder großer Lärmbelastung nicht zumutbar sind. Bei der ersten Generation der Industrieroboter handelt es sich um Maschinen, die über eine Steuerzentrale in Form eines →Computers genaue Befehle erhalten müssen. Die Industrieroboter der zweiten Generation verfügen bereits über Sensoren, das sind Vorrichtungen, über die äußere Eindrücke aufgenommen werden. Sie tasten den Gegenstand ihrer Arbeit selbsttätig ab, werten die Ergebnisse aus und reagieren entsprechend. Dadurch können sie auch kompliziertere Aufgaben bewältigen.

Roboter in der Industrie

Rockmusik →Popmusik

Rocky Mountains
Die Rocky Mountains, kurz Rockies genannt, sind der östliche Teil der nordamerikanischen Gebirgszüge der Kordilleren. Sie erstrecken sich über eine Länge von rund 4300 Kilometern vom Norden →Kanadas bis zum Süden der →USA. Der höchste Berg des teils bewaldeten, teils felsigen Hochgebirges ist der Mount Elbert mit 4399 Metern.

Robben

Rohstoffe
Bevor Produkte, wie Lebensmittel, →Bücher, Kleidung, Möbel, →Maschinen und Kraftfahrzeuge, in Betrieben hergestellt werden können, sind viele Vorarbeiten zu verrichten. Einen Großteil davon erfordert die Gewinnung der Ausgangsstoffe oder Rohstoffe. Als Rohstoff bezeichnet man das Material, das bereits aus seinem natürlichen Verband gelöst ist, wie abgebaute →Kohle, gebrochenes →Erz, gefördertes →Erdöl, gefälltes →Holz oder gepflückte →Baumwolle. Die Arbeit für die Gewinnung der Rohstoffe wird in besonderem Maß im →Bergbau und in der →Land- und Forstwirtschaft geleistet.

Rokoko
Der Name „Rokoko" leitet sich von dem französischen Wort „rocaille" für „Muschelwerk" her. Das Rokoko ist eine Stilrichtung in der europäischen →Kunst, die aus dem →Barock hervorging, sich mit dem →Klassizismus überschneidet und ungefähr die Zeit von 1720 bis 1775 umfasst. Typisch sind seine schwungvollen, verspielten Formen, die denen von Muscheln entsprechen. Das Rokoko verwandelte den üppigen, schwe-

ren Prunk des Barock in einen heiteren, zierlichen und eleganten Dekorationsstil. Berühmte Bauwerke sind z. B. der Dresdner Zwinger und das Schloss Sanssouci in Potsdam. Berühmte Maler waren unter anderen Jean-Antoine Watteau (1684–1721) und Jean Honoré Fragonard (1732–1806), ihre Bilder stellen die Jugend und Schönheit in den Mittelpunkt und zeigen z. B. höfische Feste und idyllische Ausflugsszenen in der Natur. Der Schriftsteller Christoph Martin Wieland (1733–1813) ist mit seinen empfindsamen und galanten →Dichtungen und seiner Sprach- und Formgewandtheit der wichtigste Vertreter der deutschen Rokoko-Literatur.

Rom

Das Kolosseum stammt aus dem 1. Jahrhundert n. Chr.

Beiderseits des Flusses Tiber liegt Rom, die Hauptstadt →Italiens. Die Stadt hat 2,7 Millionen Einwohner und erstreckt sich heute über zwölf Hügel. Sie ist Sitz der Regierung und des →Papstes in der →Vatikanstadt, außerdem Zentrum des kulturellen und geistigen Lebens von Italien. Von den rund 600 kirchlichen Bauten ist der Petersdom der bedeutendste. Daneben gibt es zahlreiche weitere Baudenkmäler und Paläste, darunter das Kolosseum, die Katakomben, den Brunnen Fontana di Trevi, die Villa Borghese und die Spanische Treppe. Auch für seine Kunstsammlungen ist Rom berühmt.
Der →Sage nach wurde die Stadt 753 v. Chr. von Romulus, ihrem ersten König, gegründet. Geschichtliche →Quellen weisen jedoch auf Siedlungen bereits im 10. Jahrhundert v. Chr., die um 650 v. Chr. unter den Etruskern zusammenwuchsen. Um 500 v. Chr. wurde Rom eine →Republik und Mittelpunkt des →Römischen Reiches. Nach der Teilung des Römischen Reiches im Jahr 395 verlor Rom an Bedeutung. Im 5. Jahrhundert wurde es mehrfach erobert. 754 kam die Stadt unter den Schutz des Frankenkönigs Pippin III. (um 715–768), der sie der Herrschaft der Päpste überließ. Mit der Kaiserkrönung →Karls des Großen durch den Papst stieg Rom zur Krönungsstadt auf. In der →Renaissance entwickelte es sich zum kulturellen Zentrum und Anfang des 17. Jahrhunderts zur modernen Großstadt. Von 1798 bis 1814 stand es unter französischer Herrschaft, danach war es wieder ein Kirchenstaat. 1870 eroberten italienische Truppen Rom und machten es zur Hauptstadt Italiens.

Roman

Der Roman ist eine moderne Form der →Dichtung. Er wird nicht in Versen geschrieben wie das →Gedicht, sondern in ungebundener Form, in Prosa, wie eine Erzählung oder ein →Märchen, ist aber wesentlich ausführlicher als diese. Häufig schildert er einen Lebensabschnitt oder das ganze Leben einer oder mehrerer Personen, stellt deren Welt dar und setzt sich damit auseinander. Je nach Erzählstoff unterscheidet man z. B. den Familien-, Liebes-, Reise-, Abenteuer-, Kriminal-, Kriegs- und Heimat-

Filippo will keinen Hund. Und Ajax erst recht nicht. Denn aus dem niedlichen Welpen wird ein Riesenvieh, das allen Leuten Angst macht... „Ajax – ein Hund für einen Fall“ von Gunter Preuß ist ein Kinderroman.

roman. Beliebte Romane für Kinder sind unter vielen anderen „Die Schatzinsel“ von Robert Louis Stevenson (1850–1894) oder „Jim Knopf und Lukas der Lokomotivführer“ von Michael Ende (1929–1995).

Romanik

Der Kreuzgang von Moissac (Frankreich) aus dem 12. Jahrhundert

Die erste Stilrichtung in der →Kunst, die ganz Europa erfasste, ist die Romanik. Sie setzte im 11. Jahrhundert ein, wurde im 13. Jahrhundert von der →Gotik abgelöst und fand vor allem in der →Architektur ihren Ausdruck. Die Romanik übernahm römische Bauelemente, wie Rundbogen, Säulen und Pfeiler, und reicherte sie mit weiteren Formen an. Es entstanden schwere, wuchtige Kirchen und Klöster, so genannte Burgen Gottes, die aus den verschiedenartigsten Bauteilen – Türmen, Kapellen, Querhaus, Chor – kunstvoll zusammengefügt wurden. Ein Beispiel ist der Dom in Speyer.
In der →Malerei entfaltete sich die Romanik in ausdrucksstarken Wandgemälden, Mosaiken und in der Glas- und Buchmalerei.

Romantik

Wer „Romantik“ hört, denkt sogleich an Kerzenlicht, Gefühle, Träumerei und Abenteuer. Zugleich steht der Begriff für eine geistige und kulturelle Strömung, die sich um 1800 in der →Literatur und →Philosophie entwickelte und auch auf die bildende →Kunst und →Musik überging. Die Romantiker richteten sich gegen die Betonung der Vernunft und des Verstandes in der →Aufklärung und im →Klassizismus. Sie wollten jegliche Gesetzmäßigkeiten der Kunst sprengen und der Seele des Menschen freien Lauf lassen. Gefühle, Phantasie, Träume und die Sehnsucht nach der Natur und Unendlichkeit traten in den Mittelpunkt. Die Dichter sammelten vom Volk überlieferte →Lieder, →Märchen und →Sagen und schufen neue, um den Geist der Vergangenheit zu wahren und sich den Ursprüngen des Lebens zu nähern. Die Kunst sollte alles umfassen und vereinigen. Berühmte romantische Dichter sind z. B. Clemens Brentano (1778–1842) und Joseph von Eichendorff (1788–1857).
Auch in der bildenden Kunst griff man Formen und Themen der Vergangenheit, vor allem des →Mittelalters, auf und illustrierte Sagen und Märchen. Die Betonung des Gefühls und die Sehnsucht nach dem Unendlichen kommen besonders in der Landschaftsmalerei zur Geltung. Bedeutende Vertreter sind Philipp Otto Runge (1777–1810) und Caspar David →Friedrich.
In der Musik setzt die Romantik etwa um 1810 ein. Romantische Komponisten sind z. B. Carl Maria von Weber (1786–1826), Franz →Schubert und Robert →Schumann.

Römer, die alten

Während des 2. Jahrtausends wanderten Stämme der Ithaliker auf die Apenninhalbinsel, das heutige →Italien, ein. In den Gebieten der Latiner und Sabiner entstand die Siedlung →Rom. Unter den Etruskern entwickelte sie sich ab 650 v. Chr. zu einer Stadt. Um 500 v. Chr. vertrieben römische Adelsgeschlechter, die Patrizier, den etruskischen König und erklärten die Herrschaft zur „res publica“, d. h. zur Angelegenheit des Volkes bzw. zur →Republik. Der Senat

Rom im 1. Jahrhundert n. Chr

Markttreiben im alten Rom

regierte die Stadt, an seiner Spitze standen jeweils für ein Jahr zwei patrizische Konsuln. Nach und nach erkämpfte sich auch das nicht adelige Volk, die Plebs oder Plebejer, das Recht auf Mitbestimmung.
Die Römer führten viele Kriege, um Land zu gewinnen und Feinde abzuwehren. Um 270 v. Chr. beherrschte Rom fast ganz Italien und besaß Provinzen in Europa, Afrika und Asien. 133 v. Chr. wurden die Römer zur einzigen Großmacht im Mittelmeerraum. Während Roms Reichtum und äußere Macht wuchsen, führten die ständigen Kriege zu inneren Missständen. Die Bauern verarmten und gingen im besitzlosen Stand, dem Proletariat, unter. Verschiedene Reformen scheiterten, es kam zum Bürgerkrieg und 82 v. Chr. unter dem Konsul Sulla (138–78 v. Chr.) zur →Diktatur.
59 v. Chr. wurde Gaius Julius →Cäsar Konsul und 45 v. Chr. Imperator auf Lebenszeit. Damit begann die römische Kaiserzeit. Nach Cäsars Ermordung festigte Octavian Augustus (63 v. Chr.–14 n. Chr.) die Alleinherrschaft des Imperators. Während des augusteischen Zeitalters blühte Rom auf. Augustus verwandelte nach eigenen Worten die aus Lehm- und Ziegelbauten bestehende Stadt in eine Stadt aus Marmor. Seine Bautätigkeit und Modernisierung erstreckte sich über das ganze Reich. Er ließ zahlreiche Wasserleitungen, die Aquädukte, bauen, das Reich vermessen und viele Heerstraßen anlegen. Sie mündeten auf das Forum Romanum, den Marktplatz Roms, der den politischen Mittelpunkt des Reiches darstellte. Die Dichter →Vergil und Horaz priesen das „goldene Zeitalter" des Friedens.
Auf Augustus folgten zahlreiche Kaiser oder Cäsaren, z. B. Tiberius (42 v. Chr.–37 n. Chr.) und Nero (37–68), der – bekannt für seine Grausamkeit und seinen Größenwahn – damit begann, die Christen (→Christentum) zu verfolgen. Unter Trajan (53–117) erreichte das Römische Reich die größte Ausdehnung. Es erstreckte sich von der nördlichen Halbinsel über Kleinasien und Südosteuropa bis zum Rhein. Außerdem hatten die Römer Teile der Britischen Inseln, das heutige Frankreich und Spanien sowie Nordafrika besetzt. Die Grenzen zwischen →Rhein und →Donau sicherte der Grenzwall Limes.

Götter des Himmels	
Jupiter:	Höchster Gott Schutzgott Roms Gott des Blitzes und des Donners
Juno:	Gemahlin Jupiters Göttin der Ehe und der Familie
Minerva:	Göttin der Weisheit, des Mutes, des Krieges und des Handwerks
Mars:	Gott des Krieges Schutzgott der Felder und Fluren
Diana:	Göttin der Jagd
Venus:	Göttin der Schönheit und Liebe
Merkur:	Gott des Handels und der Reisenden Götterbote
Vesta:	Göttin des Herdfeuers Staatsgöttin Roms
Sol:	Sonnengott
Götter der Gewässer	
Neptun:	Gott des Meeres
Nereus:	Weissagekundiger Meergreis
Götter der Unterwelt und der Erde	
Pluto:	Gott des Totenreiches
Proserpina:	Gemahlin Plutos
Ceres:	Göttin des Ackerbaus und des Wachstums
Bacchus:	Gott des Weines und der Fruchtbarkeit

Die bekanntesten römischen Götter des Altertums

Die meisten Kaiser strebten danach, Rom zu verschönern und den Einwohnern Bequemlichkeiten zu bieten. In allen Stadtbezirken entstanden prächtige öffentliche Bäder, die Thermen. Der Unterhaltung der genusssüchtigen Volksmassen dienten Spiele, wie Wagenrennen im Circus Maximus und →Gladiatoren- und Tierkämpfe im →Amphitheater. Neben den Bauten der Wohlhabenden gab es aber auch Elendsviertel, deren arbeitslose Bewohner der Staat versorgen musste. In den Provinzen errichteten die Römer ebenfalls Städte mit kunstvollen Anlagen und moderner Ausstattung. In alle diese Städte führten gepflasterte Straßen. In prunkvollen Tempeln verehrte man zahlreiche →Götter, an deren Spitze das Dreigestirn Jupiter, Juno und Minerva stand. Die Römer übernahmen viele Götter aus der Glaubenswelt der →Griechen und gaben ihnen römische Namen.
Unter der Regierung Marc Aurels (121–180) brachten schwere Grenzkämpfe das Reich in Not. Es folgte die Zeit der Soldatenkaiser, die häufig vom Heer gewählt waren. Kriege, Seuchen, das bequeme Leben und Plünderungen der eigenen Provinzen beschleunigten den Niedergang des Imperiums, der auch durch Zwangsverordnungen unter Diokletian (243–313) nicht aufzuhalten war. 330 erhob Kaiser Konstantin I. (280–337) Byzanz im östlichen Teil des Reiches zur zweiten Hauptstadt, die nun Konstantinopel hieß. Theodosius I. (347–395) spaltete das Imperium für seine zwei Söhne in das Weströmische und das Oströmische bzw. Byzantinische Reich. 476 zerstörten die →Germanen endgültig den westlichen Teil. Der östliche Teil erreichte unter Kaiser Justinian I. (482–565) seine Blüte. Infolge des Vordringens der Araber im 7. Jahrhundert und der Eroberung Konstantinopels durch die Osmanen bzw. Türken ging auch das Oströmische Reich zugrunde.

Römische Ziffern
Auch die alten →Römer benutzten ein Zahlensystem. Während wir die →Zahlen mit arabischen Ziffern darstellen, verwendeten sie als Zahlzeichen die römischen Ziffern. Die Zahl 1 bezeichneten sie mit der Ziffer I. Durch Aneinanderreihen erhielten sie II für 2 und III für 3. Besondere Ziffern sind X für 10, C für 100 und M für 1000. Außerdem verwendeten sie V für 5, L für 50 und D für 500.
Dabei gelten besondere Vorschriften:
– Innerhalb einer Zahl dürfen die Ziffern I, X und C jeweils höchstens dreimal vorkommen, die Ziffern V, L und D jeweils höchstens einmal, die Ziffer M dagegen darf unbegrenzt oft erscheinen.
– Steht eine Ziffer mit kleinerem Wert vor einer Ziffer mit größerem Wert, so wird die kleinere Ziffer von der größeren abgezogen. In allen anderen Fällen bedeutet Aneinanderreihen der Ziffern, dass die zugehörigen Zahlen zusammengezählt werden müssen.
– Vor einer Ziffer darf immer nur eine einzige Ziffer mit kleinerem Wert stehen.
Beispiele: IV = 4; IX = 9; XX = 20; LV = 55; XII = 12; CM = 900; DCCC = 800; CMXC = 990; MCMXCVII = 1997
Für das Rechnen erwies sich das römische Ziffernsystem als zu umständlich. Deshalb wurde es von den arabischen Ziffern abgelöst.

Römisches Reich →Römer, die alten

Röntgenstrahlen
Der deutsche Physiker Wilhelm Conrad Röntgen (1845–1923) entdeckte 1895 die X-Strahlen, die später ihm zu Ehren die Bezeichnung Röntgenstrahlen erhielten. Es handelt sich dabei um unsichtbare elektromagnetische Strahlen, deren Wellenlänge kleiner ist als die des →Lichts. Sie werden in einer besonderen Glasröhre, der Röntgenröhre, erzeugt und entstehen durch das Aufprallen schneller →Elektronen auf Metall. Röntgenstrahlen durchdringen viele

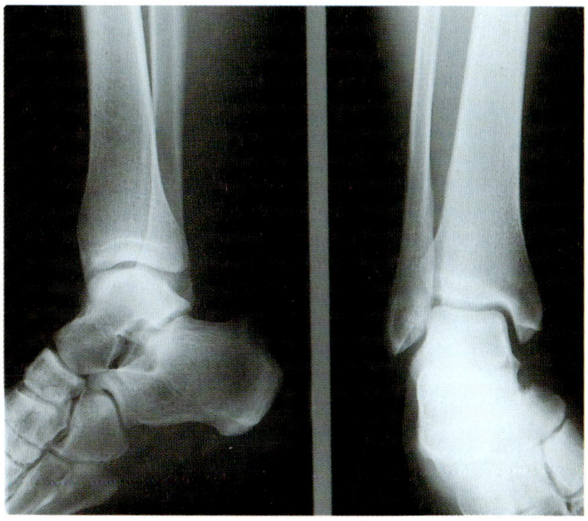

Röntgenaufnahme eines Fußgelenks

Stoffe, z. B. Haut und Muskeln, mit Leichtigkeit, Knochen oder Blei dagegen nicht. Außerdem wirken sie auf fotografische Filme und Platten ein, sodass man mit Röntgenlicht Bilder herstellen kann. In der →Medizin werden sie zum Durchleuchten des Körpers eingesetzt, z. B. um Knochenbrüche zu erkennen, aber auch um krankes →Gewebe abzutöten. In der →Technik dienen sie der Überprüfung von metallenen Werkstoffen. Da von Röntgenstrahlen →Radioaktivität ausgeht, können sie dem Menschen bei häufiger Anwendung und zu hoher Dosierung schaden.

Rost

An →Eisen und Stahl bildet sich in feuchter Luft eine rotbraune Schicht, der Rost. Er breitet sich immer weiter aus und greift das Metall an, bis er es vollständig zerfressen hat. Dies kann man verhindern, wenn man die entsprechenden Geräte, Maschinen oder Bauwerke mit Rostschutzmittel anstreicht, einfettet oder mit nicht rostenden Materialien überzieht.

Rotes Kreuz

Rotes Kreuz

Roter Halbmond

Roter Davidstern

Das Rote Kreuz (RK) ist eine internationale Hilfsorganisation. Es wurde 1863 auf Anregung des schweizerischen Schriftstellers Henri Dunant (1828–1910) in Genf gegründet, um den im Krieg Verwundeten und Kranken beizustehen. Das Deutsche Rote Kreuz (DRK) wurde 1921 ins Leben gerufen. Zu seinen Aufgaben gehören die Krankenpflege, der Rettungs- und Vermisstensuchdienst, die Hilfe bei →Katastrophen und die Wohlfahrt. Das internationale Symbol der Organisation ist ein rotes Kreuz auf weißem Grund. In den islamischen Ländern entspricht dem Roten Kreuz der Rote Halbmond, in →Israel der Rote Davidstern.

Ruanda

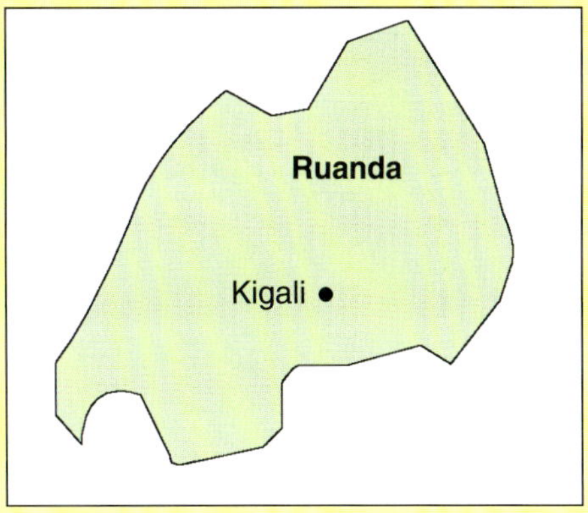

Kontinent:	Afrika
Fläche:	26.338 km^2
Einwohner:	7.750.000
Hauptstadt:	Kigali
Amtssprachen:	Kinyarwanda Französisch Englisch
Währung:	Ruanda-Franc

Die →Republik Ruanda liegt in Ostafrika zwischen Uganda, Tansania, Burundi und Zaire. Es ist ein Tropenhochland und zählt zu den am dichtesten besiedelten Ländern Afrikas. Im mäßig warmen und feuchten →Klima werden Mais, Hirse, Bananen und die Ausfuhrgüter Kaffee, Tee, Baumwolle und Tabak angebaut und Viehzucht betrieben. Der →Bergbau liefert vor allem Zinnerz und Wolfram. Die →Industrie ist nur schwach entwickelt. 85 Prozent der Bevölkerung sind Hutu, die übrigen Tutsi.
Ruanda wurde gegen Ende des 19. Jahrhunderts Teil der deutschen →Kolonie Ostafrika. Ab 1919 stand es als Ruanda-Urundi unter belgischer Verwaltung. 1962 wurde das Gebiet in →Burundi und Ruanda geteilt und die Republik ausgerufen. Nach jahrzehntelangen Unruhen zwischen den Hutu und Tutsi kam es von 1993 bis 1996 zu blutigen Kämpfen und Massakern. Zahlreiche Menschen starben oder flohen in die angrenzenden Länder.

Rubens, Peter Paul

Der flämische Maler Peter Paul Rubens (28.6.1577–30.5.1640) gehört zu den wichtigsten Vertretern des →Barock. Von 1600 bis 1608 lebte er in Italien und erhielt dort entscheidende Anregungen für seine Kunst. Rubens widmete sich religiösen und weltlichen Themen. In leuchtenden Farben stellte

Peter Paul Rubens

er das prunkvolle, üppige Leben vor allem des Adels dar und zeigte die Menschen in ihrer vollen Kraft und Bewegung. Ebenso meisterhaft gestaltete er Tiere und Landschaften. Schon zu Lebzeiten war er berühmt und erhielt zahlreiche Aufträge. Er unterhielt eine große Werkstatt mit vielen Schülern, die an seinen Gemälden mitwirkten. Von den rund 3000 Werken hat Rubens etwa 600 eigenhändig gemalt. Er unternahm ausgedehnte Reisen in Europa und hinterließ einen umfangreichen Briefwechsel mit Gelehrten seiner Zeit.

Rudern

Das Rudern ist die älteste Art, ein Wasserfahrzeug anzutreiben. Schon in der →Antike wurden Handels- und Kriegsschiffe mithilfe von Körperkraft durch Rudern bewegt. Im →Mittelalter gab es so genannte Galeeren, auf denen bis zu 50 Ruderbänke hintereinander lagen. Im heutigen Rudersport verwendet man Rennboote und für Übungs- und Wanderfahrten die kleineren Gigboote. Sie sind sehr schmal, haben eine glatte Außenhaut und bewegliche Sitze. Der Ruderer sitzt mit dem Rücken zur Fahrtrichtung, stemmt die Füße gegen ein Brett und umfasst entweder mit beiden Händen den Riemen, das heißt er rudert mit nur einem Ruder an einer Bootsseite, oder er umfasst mit jeder Hand je ein Ruder, die Skulls, die er an beiden Bootsseiten gleichzeitig bedient. Nach der Anzahl der Ruderer unterscheidet man Einer-, Zweier-, Vierer- und Achterboote. Der Einer kann nur mit Skulls gefahren werden. Auf dem Achter fährt immer ein Steuermann mit, Zweier und Vierer fahren mit oder ohne Steuermann. Die Rennen heißen Regatta. Seit 1896 ist Rudern olympische →Disziplin.

Rumänien

Der südosteuropäische Staat Rumänien erstreckt sich zwischen der Ukraine, Moldau, dem Schwarzen Meer, Bulgarien, Jugoslawien und Ungarn. Das Land ist überwiegend gebirgig. Die Karpaten bilden einen Bogen um das Siebenbürgische Hochland. Im Westen befindet sich das Tiefland des Banat. Südlich und östlich liegt die weite Donauebene mit der Walachei und der anschließenden Landschaft der Dobrudscha. Im Nordosten breitet sich das Hügelland der Moldau aus. Das →Klima ist gemäßigt bis mild. Die Einwohner sind vor allem Rumänen, außerdem Ungarn, Roma und Deutsche. In der →Landwirtschaft werden Getreide, Ölpflanzen, Baumwolle, Tabak, Obst und Wein angebaut und Viehzucht betrieben. Große Bedeutung haben die Gewinnung und Verarbeitung von Erdöl. Weitere →Bodenschätze sind Kohle, Eisen und Salz. Außerdem gibt es eine vielseitige →Industrie und →Tourismus an der Küste des Schwarzen Meeres.

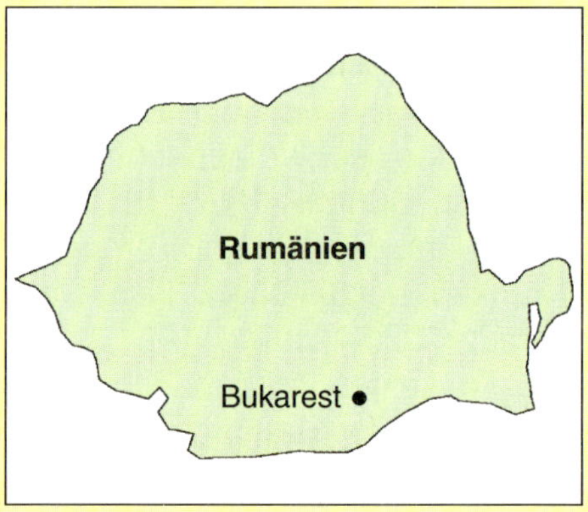

Kontinent:	Europa
Fläche:	238.391 km^2
Einwohner:	22.736.000
Hauptstadt:	Bukarest
Amtssprache:	Rumänisch
Währung:	Leu

Im 14. Jahrhundert entstanden die Fürstentümer Moldau und Walachei. Obwohl sie vom 15. bis 18. Jahrhundert unter osmanischer Herrschaft waren, blieben sie weitgehend selbstständig. 1861 wurden sie zu einem Staat vereinigt. 1881 erklärte sich Rumänien zur unabhängigen →Monarchie. Nach dem Zweiten →Weltkrieg wurde es eine sozialistische Volksrepublik. 1989 stürzte das Volk, unterstützt vom Militär, die diktatorische Herrschaft Nicolae Ceausescus (1918–1989). Seit 1991 hat Rumänien eine neue →Verfassung mit Mehrparteiensystem.

Rundfunk

Der Rundfunk, auch Hörfunk oder Radio genannt, übermittelt in seinem Programm Wort- und Musiksendungen. Diese werden entweder erst auf Magnettonband oder digital auf Computerfestplatten (→Computer) aufgenommen und später abgespielt oder direkt bzw. live gesendet. Die Übertragung der im Funkhaus bzw. in der Sendezentrale vorbereiteten Sendungen geschieht, indem die durch die Stimmbänder und Musikinstrumente erzeugten Schallwellen in elektrische Schwingungen umgewandelt und zum Sender geleitet werden. Dies funktioniert über →Kabel oder drahtlos. Der Sender strahlt die elektrischen Schwingungen als elektromagnetische →Wellen über →Antennen aus. Im Rundfunkempfänger oder Radioapparat werden die aufgefangenen elektromagnetischen Wellen wieder in elektrische Schwingungen umgewandelt. Der →Lautsprecher verwandelt sie in Schallwellen, also Sprache und Musik, zurück und macht sie für das →Ohr wieder hörbar. Seit wenigen Jahren werden Radioprogramme auch digital über →Satellit ausgestrahlt und über eine Satellitenschüssel bzw. Kabel empfangen. Der Vorteil ist ein völlig störungs- und rauschfreier Empfang.

Eine Radiosprecherin an ihrem Arbeitsplatz im Sendestudio

Russland

Kontinent:	Europa / Asien
Fläche:	17.075.400 km^2
Einwohner:	148.366.000
Hauptstadt:	Moskau
Amtssprache:	Russisch
Währung:	Rubel

Die Russische Föderation, kurz Russland genannt, erstreckt sich über Osteuropa, Nord- und Innerasien und ist das größte Land der Erde. Es grenzt an das Nordpolarmeer, das Beringmeer, den Pazifik, das Japanische Meer, Nord-Korea, China, die Mongolei, Kasachstan, das Kaspische Meer, Georgien, das Schwarze Meer, die Ukraine, Polen, Weißrussland, Lettland, Estland, die Ostsee, Finnland und Norwegen. Die Landschaft besteht im Westen vorwiegend aus Tiefländern, nach Osten und Süden aus Bergland und Hochgebirgen. Die Berge des Urals, der sich vom Karischen Meer, einem Nebenmeer des Nordpolarmeeres, über 2000 Kilometer nach Süden zieht, bilden mit dem ins Kaspische Meer mündenden Fluss Ural die geografische Grenze zwischen →Europa und →Asien. Das →Klima ist ausgeprägt kontinental, nach Osten und Südosten werden die Niederschläge geringer. Im Norden in der →Tundra herrschen lange, kalte und stürmische Winter und kurze, kühle, trübe Sommer. Nach Süden schließt sich eine Waldzone, die Taiga, an und es wird zunehmend wärmer. Von Westen nach Osten fällt im Winter die niedrigste Temperatur auf –46 Grad Celsius, der Boden ist dort ständig gefroren. Neben der Tundra und Taiga gibt es Waldsteppen, →Steppen, →Wüsten und Halbwüsten. Nur zehn Prozent der Landesfläche lassen sich für Ackerbau nutzen. Dafür hat Russland reiche Vorkommen an →Bodenschätzen, wie Steinkohle, Erdöl, Erdgas, Metalle und Gold, die exportiert oder in der →Industrie verarbeitet werden. Über 80 Prozent der Bevölkerung sind Russen, die übrigen Tataren, Ukrainer, Tschuwaschen und andere. Insgesamt zählt man 128 verschiedene Nationalitäten.

Die Bevölkerung bekennt sich zum Großteil zum russisch–orthodoxen Glauben. Das Kloster in Sagorsk ist eines der ältesten und bedeutendsten der russisch-orthodoxen Kirche, es stammt aus dem 14. Jahrhundert.

Im 6. Jahrhundert siedelten sich slawische Völker entlang der Flüsse Dnjepr und Düna und am Ilmensee an. Im 9. Jahrhundert gründete das Fürstengeschlecht der Rurikiden das Kiewer Reich, das griechische und bulgarische Mönche zum →Christentum bekehrten. Nach dessen Zerfall im 12. Jahrhundert besetzten mehr als 200 Jahre lang die Mongolen Russland. Im 14. Jahrhundert begann unter Iwan I. (1304–1341) der Aufstieg des Fürstentums Moskau. Iwan III. (1440–1505) dehnte die Macht Moskaus weiter aus und nannte sich „Selbstherrscher von ganz Russland". Der Titel „Zar" geht auf seinen Nachfolger Iwan IV. (1530–1584), den Schrecklichen, zurück. Er eroberte das Gebiet bis zum Kaspischen Meer und stieß mithilfe von Reitertruppen, den Kosaken, nach Sibirien vor. Zugleich unterdrückte er die bis dahin selbstständigen Bauern immer mehr, was besonders nach seinem Tod zu Unruhen und Aufständen führte. 1613 kam das Geschlecht der Romanows an die Macht. Sein erster bedeutender Herrscher war Peter I. (1672–1725), der Große. Er verlegte den Regierungssitz in das neu gegründete St. Petersburg und leitete die Öffnung Russlands nach Westen ein. Im Nordischen Krieg von 1700 bis 1721 besiegte Russland Schweden, besetzte große Teile der Ostseeküste und ging als europäische Großmacht daraus hervor. Zugleich leitete Peter I. umfassende Reformen ein. Unter der Zarin Katharina II. (1729-1796), der Großen, wurden Russland große Teile Polens angegliedert und weite Teile des Osmanischen Reiches, der heutigen Türkei, besetzt. Alexander I. (1777–1825) beteiligte sich an den Kriegen gegen →Napoleon I. und schlug 1812 dessen Heere auf ihrem russischen Feldzug vernichtend. Die Niederlage im Krimkrieg von 1853 bis 1856 gegen die Türken führte unter Alexander II. (1818–1881) zu Reformen. Er hob unter anderem 1861 die Leibeigenschaft der Bauern auf. Gleichzeitig begann Russland seine Macht in Sibirien auszubauen. Nach 1890 versuchten immer häufiger revolutionäre Gruppen das Zarentum zu stürzen. Infolge der Niederlage im Russisch-Japanischen Krieg 1904/05 kam es zur ersten russischen →Revolution 1905, in deren Verlauf sich die ersten Räte oder Sowjets bildeten. Schon bald wurde die Revolution niedergeschlagen. Die Niederlage Russlands gegen Österreich-Ungarn und Deutschland im Ersten →Weltkrieg löste im Februar 1917 die so genannte Februarrevolution aus, die im März mit der Abdankung des Zaren Nikolaus II. (1868–1918) und dem Sturz der →Monarchie endete. Im Oktober 1917 übernahmen die Bolschewiki unter Wladimir Iljitsch →Lenin die Macht und bauten die →Sowjetunion auf. Sie zerfiel infolge schwerer wirtschaftlicher und politischer Krisen Ende 1991. Seither steht Boris →Jelzin als Präsident an der Spitze der →Republik Russland.

Safari

Eine Safari ist eine mehrtägige Reise in Afrika. Früher dienten Safaris hauptsächlich dem Zweck, Tiere zu jagen. Allerdings gab und gibt es auch heute noch Wissenschaftler, die Safaris unternehmen, um Tiere zu beobachten und die Pflanzenwelt zu erforschen. Mittlerweile kann man in jedem Reisebüro eine Safari buchen. Dabei fährt eine kleine Gruppe von Menschen mit erfahrenen Führern durch das Land. Hat man Glück, trifft man auf viele verschiedene Tiere und kann diese vom Auto aus beobachten und fotografieren.

Sagen

Unter Sagen versteht man Erzählungen, die ursprünglich nur mündlich weitergegeben wurden. Irgendwann wurden sie dann aufgeschrieben, der eigentliche Erfinder dieser Geschichten ist meist unbekannt. Sagen haben oft wirkliche Begebenheiten, Personen oder Ereignisse zum Inhalt. Der wahre Kern wurde dann aber noch ausgeschmückt und veränderte sich von Erzählung zu Erzählung. Sagen handeln oft von Göttern, Helden, Riesen oder ähnlichen Figuren. Bekannte deutsche →Heldensagen sind die Erzählungen von Siegfried und den Nibelungen.

Sahara

Die Sahara im Norden Afrikas ist die größte →Wüste der Welt, sie umfasst eine Fläche von etwa 8.700.000 km². In der Sahara ist es sehr trocken und tagsüber sehr heiß, die Temperaturunterschiede zwischen Tag und Nacht sind groß. In der Mitte ist die Sahara gebirgig. Nur ein Drittel der Wüstenfläche ist sandbedeckt, der Rest besteht aus →Gestein, Felsen, Geröll und Kies. Trotz der unwirtlichen Bedingungen leben etwa 1.500.000 Menschen in der Sahara. Die meisten siedeln in den fruchtbaren →Oasen oder ziehen als →Nomaden umher.

Sahara

Sakrament

Als Sakrament bezeichnet man symbolische Handlungen, die in der →Kirche Bedeutung haben. Wer ein Sakrament empfängt, hat an der göttlichen Gnade teil. Die Sakramente wurden von →Jesus Christus eingesetzt oder gehen auf sein Leben und Wirken zurück. In der katholischen →Kirche gibt es sieben Sakramente: →Taufe, →Firmung, →Kommunion, Beichte, Krankensalbung, Priesterweihe und →Ehe. Die evangelische Kirche kennt nur zwei Sakramente: Taufe und Abendmahl.

Salmonellen

Die gefürchteten Salmonellen sind →Bakterien, die beim Menschen zu einer Erkrankung des →Darms führen. Der Kranke leidet an Durchfall und muss sich erbrechen. Salmonellen kommen gerade im Sommer oft in rohen Hühnereiern oder rohem Fleisch, aber manchmal auch im Trinkwasser vor. Es gibt verschiedene Arten von Salmonellen, eine ist der Erreger der gefährlichen Krankheit Typhus. Hat jemand Salmonellen, muss er dies dem Gesundheitsamt melden und sehr vorsichtig sein, damit sich niemand ansteckt und ebenfalls erkrankt.

Salto

Ein Salto ist ein Luftsprung, bei dem der Körper mindestens einmal vor- oder rückwärts vollständig gedreht werden muss. Die Hände bleiben dabei am Körper und berühren nicht den Boden. Artisten im →Zirkus oder Sportler führen oft Saltos, zum Teil auch mit mehreren Drehungen, aus.

Salz

Sprechen wir von Salz, meinen wir meistens das Kochsalz (Natriumchlorid), das in der Küche zum Würzen von Speisen verwendet wird. Es gibt allerdings noch andere Salze, z. B. Kaliumchlorid. Für den Menschen und andere Lebewesen sind Salze lebenswichtig, denn die Körperflüssigkeit enthält Salze. Über den Urin, Schweiß oder Tränen scheidet der Mensch Salz aus, das er dann über seine Nahrung wieder aufnehmen muss. Dabei sollte man aber auch darauf achten, nicht zu viel Salz zu sich zu nehmen, da dies ungesund ist. Man kann Salz aus dem Meerwasser gewinnen. Dabei lässt man das Meerwasser in Salinen einfach verdunsten und erhält, wenn das Wasser verschwunden ist, Salzkristalle. Salze werden aber auch im →Bergbau abgebaut. In der →Industrie wird ein Großteil des gewonnenen Salzes weiterverarbeitet. Man benötigt es zur Herstellung von →Chlor, →Kunststoffen und →Textilien. Im Winter wird auf den Autobahnen und anderen Straßen bei Glatteisgefahr Salz gestreut, denn Salzwasser friert nicht so schnell wie normales Wasser.

Sambia

Die →Republik Sambia liegt im Süden Afrikas zwischen Namibia, Angola, Zaire, Tansania, Malawi, Mosambik, Simbabwe und Botswana. Sie besteht hauptsächlich aus →Savannen, das →Klima ist tropisch. Die eingeborene Bevölkerung besteht zum Großteil aus Bantu-Stämmen. In einigen Gebieten Sambias wird etwas →Landwirtschaft betrieben. Angebaut werden vor allem Mais, Hirse, Erdnüsse, Zuckerrohr, Baumwolle, Tabak und Kaffee. Das bedeutendste Ausfuhrgut ist Kupfer. Die Lebensbedingungen in Sambia sind eher schlecht, viele Menschen sind arm und leiden Hunger. Von 1899 bis 1964 stand Sambia unter englischer Schutzherrschaft. Seit 1911 hieß es Nordrhodesien. Nord- und Südrhodesien schlossen sich mit Njassaland 1953 zum Zentralafrikanischen Bund zusammen, der bis 1963 bestand. Nordrhodesien erreichte als Sambia 1964 die Unabhängigkeit.

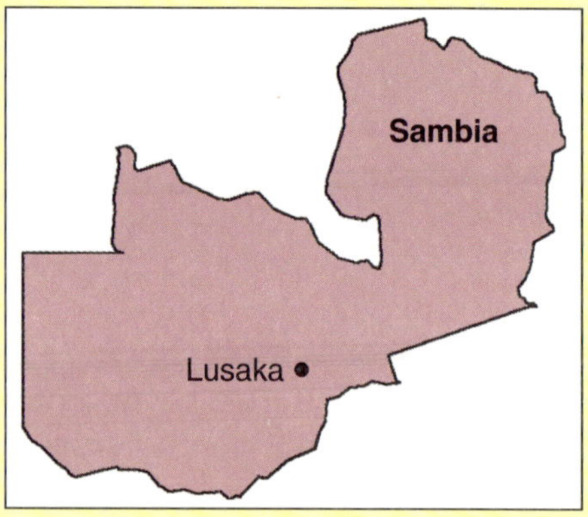

Kontinent:	Afrika
Fläche:	752.614 km^2
Einwohner:	9.196.000
Hauptstadt:	Lusaka
Amtssprache:	Englisch
Währung:	Kwacha

Samen

Samenpflanzen vermehren sich durch Samen, die befruchtet werden und von der →Pflanze herabfallen. Die Samen enthalten den Keimling, der im Boden zu wachsen beginnt und aus dem dann die neue Pflanze entsteht. Samen sind von einer äußeren

Verschiedene Samen

Hülle, der Samenschale, umgeben. Sie enthalten Nährstoffe, die der Keimling zum Wachsen braucht. Samen können verschieden aussehen und werden auch unterschiedlich verbreitet. Löwenzahn- oder Ahornsamen lassen sich durch den Wind davontragen. Andere Samen werden durch Tiere weitergetragen, da sie im Fell hängen bleiben, vergraben oder, nachdem sie gefressen wurden, über die →Verdauung ausgeschieden.
Beim Menschen sind im männlichen Sperma, der Samenflüssigkeit, zahlreiche Samenzellen enthalten. Beim →Geschlechtsverkehr gelangen die Samen in den weiblichen Körper. Treffen sie dort auf eine Eizelle, wird diese befruchtet und es entsteht nach einiger Zeit ein neuer Mensch. Die Samenzellen oder Spermien werden beim Mann in den Hoden gebildet, pro Tag werden ungefähr 100 Millionen erzeugt.

Sand
An Stränden, Spielplätzen oder Baustellen findet man beispielsweise Sand. Er besteht aus kleinen Mineralkörnchen, die einen Durchmesser von etwa 0,02 bis 2 Millimetern haben. In der Natur kommt Quarzsand am häufigsten vor. Er entsteht, wenn →Gestein, das Quarz enthält, zerfällt. Reiner Quarzsand wird bei der Herstellung von →Glas und Porzellan benötigt. Aus Sand werden auch Formen für den Metallguss erstellt oder er wird zum Schleifen benutzt. Sand ist außerdem ein Bestandteil von →Beton oder Mörtel, die beim Bau von Gebäuden verwendet werden.

San Marino
Der winzige Staat San Marino liegt in Italien. Die Sommer sind dort heiß und trocken, die Winter mild. Die Bewohner, die San-Marinesen, sind vorwiegend katholisch. Es wird →Landwirtschaft und Viehzucht betrieben, wichtige Einnahmequellen sind aber auch der Briefmarkenverkauf und der Fremdenverkehr. Viele Reisende, die an der umliegenden italienischen Adria Urlaub machen, besuchen in Tagesausflügen die kleinste und älteste Republik der Welt.
San Marino wurde im 13./14. Jahrhundert unabhängig. 1897 und 1953 schloss es Freundschaftsverträge mit Italien, die das gute, nachbarschaftliche Verhältnis der beiden Staaten regeln.

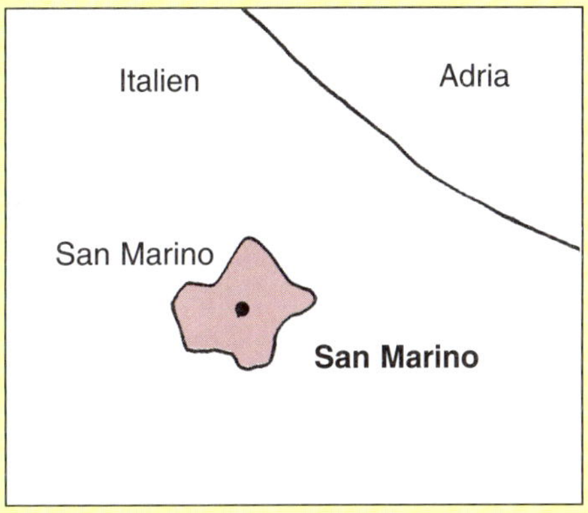

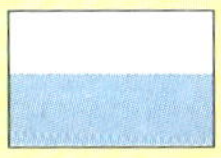

Kontinent:	Europa
Fläche:	61,19 km^2
Einwohner:	24.100
Hauptstadt:	San Marino
Amtssprache:	Italienisch
Währung:	Italienische Lira

Satellit
Jeder Himmelskörper, der einen →Planeten umkreist, ist ein Satellit. Die →Erde ist beispielsweise ein Satellit der →Sonne. Neben diesen natürlichen Satelliten gibt es auch künstliche, die vom Menschen hergestellt werden. Sie werden mit →Raketen in den Weltraum befördert und auf ihre Umlaufbahn gebracht. Die Erde wird von vielen Satelliten umkreist. Wettersatelliten nehmen Bilder von Wettererscheinungen auf und geben diese an einen Empfänger auf der Erde weiter. Über Nachrichtensatelliten werden Rundfunk- und Fernsehsendungen über weite Strecken übertragen und Telefonverbindungen zwischen großen Ent-

Diese Zeichnung zeigt den astronomischen Satelliten ROSAT. Er dient zur Erforschung von Röntgenquellen.

fernungen hergestellt. Militärische Satelliten dienen der Überwachung wichtiger, gegnerischer Ziele. Erkundungssatelliten beobachten z. B. die Luftverschmutzung oder die Pflanzendecke auf der Erde und liefern Wissenschaftlern Material für ihre Forschungen. So genannte geostationäre Satelliten bewegen sich mit derselben Geschwindigkeit um die Erde, wie die Erde sich selbst dreht. Deshalb scheint es so, als würden sie immer an einem Punkt der Erde fest stehen.

Saturn

Um die →Sonne kreisen neun →Planeten. Mit einem Durchmesser von etwa 120.000 Kilometern ist der Saturn der zweitgrößte. Er besteht aus einem festen Kern aus →Gestein und einem Mantel, der sich hauptsächlich aus festem und flüssigem →Wasserstoff zusammensetzt. Der Saturn besitzt 23 →Monde. Ein besonderes Merkmal des Saturns sind die Ringe, die ihn umgeben. Sie bestehen vermutlich aus meterhohen Eisbrocken, die den Saturn als kleine →Satelliten umkreisen.

Saudi-Arabien

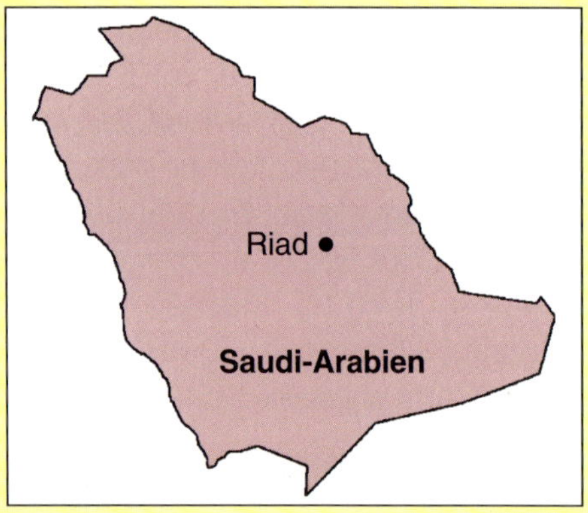

Kontinent:	Asien
Fläche:	2.240.000 km²
Einwohner:	17.498.000
Hauptstadt:	Riad
Amtssprache:	Arabisch
Währung:	Saudi-Rial

Das Königreich Saudi-Arabien liegt am Roten Meer, es grenzt an Jordanien, Irak, Kuwait, den Persischen Golf, Katar, die Vereinigten Arabischen Emirate, Jemen und Oman. Die Küstengebiete sind feucht und heiß, im Landesinneren gibt es große Sandwüsten. Die Einwohner sind vor allem Araber. Saudi-Arabien besitzt am Persischen Golf die größten Erdölvorräte der Welt. Der Handel mit Erdöl hat dem Land viel Geld eingebracht.
Seit 1932 ist Saudi-Arabien ein Königreich. Es wurde von Abd Al Asis Ibn Saud gegründet und erhielt auch von ihm seinen Namen.

Sauerstoff

Das →Gas Sauerstoff ist farb- und geruchlos. Etwa ein Fünftel der →Luft besteht aus Sauerstoff. Fast alle Lebewesen benötigen ihn zum Leben. Sie nehmen ihn aus der Luft oder dem Wasser auf. Während der Mensch beim Atmen Sauerstoff aufnimmt und →Kohlendioxid abgibt, nehmen Pflanzen bei der →Fotosynthese Kohlendioxid auf und erzeugen Sauerstoff, der dann in die Luft gelangt. Sauerstoff wird also ständig verbraucht und neu gebildet. Je höher man in die →Atmosphäre der Erde gelangt, desto dünner wird die Luft. Extreme Bergsteiger oder →Astronauten müssen Atemgeräte tragen, damit sie genügend Sauerstoff erhalten. Sauerstoff ist das häufigste aller chemischen →Elemente. Es verbindet sich leicht mit anderen chemischen Elementen, diese Verbindungen heißen dann Oxide. Wird etwas verbrannt, benötigt man Sauerstoff. Nimmt man reinen Sauerstoff, entstehen beim Verbrennen sehr hohe Temperaturen. Reiner Sauerstoff wird deshalb z. B. beim Schweißen verwendet.

Säugetiere

Alle Säugetiere sind Wirbeltiere, das heißt sie besitzen ein Rückgrat, das dem Körper Halt und Stütze verleiht. Sie bilden zwar nicht die Gruppe mit den meisten Tierarten, aber die höchstentwickelten Lebewesen sind Säugetiere. Säugetiere tragen diesen Namen, weil ihre Jungen nach der Geburt von der Mutter gesäugt werden. Außer den →Eier legenden Kloakentieren bringen alle Säugetiere lebende Jungen zur Welt. Als Kloakentiere bezeichnet man Ameisenigel und Schnabeltiere. Die Jungen der Säugetiere entwickeln sich die erste Zeit im Mutterleib, bis sie geboren werden. Diese so genannte Tragzeit kann je nach Tierart unterschiedlich lang dauern, beim →Goldhamster z. B. 16 Tage, beim →Elefanten 630 Tage. Nach der Geburt werden die Jungen dann mit Muttermilch ernährt, die in den Milchdrüsen der Mutter gebildet wird. Die Jungen einiger Säugetiere können schon sehr bald nach der Geburt den erwachsenen Tieren folgen, andere sind noch sehr hilflos und müssen sich erst entwickeln. Ein Menschenbaby braucht zum Beispiel sehr lange, bis es laufen und sich von normaler Nahrung ernähren kann. Bei den →Beuteltieren, z. B. →Känguru oder Opossum, kriechen die Jungen nach der Geburt in einen Beutel am Bauch der Mutter. Sie werden dort gesäugt und bleiben so lange darin, bis sie selbstständig sind. Auf Säugetiere trifft man überall, auf dem Land, im Wasser und in der Luft. →Wale, →Fledermäuse und →Katzen gehören beispielsweise zu den Säugetieren. Die meisten haben vier Gliedmaßen, die je nach Bedarf als Füße, Flossen, Flügel oder Grabschaufeln ausgebildet sind. Sie besitzen eine mehr oder weniger behaarte Haut und atmen über die →Lunge. Säugetiere sind Warmblüter, das heißt ihre Körpertemperatur bleibt immer gleich und ist von der Außentemperatur unabhängig.

Auch die Rehe sind Säugetiere. Die Rehgeiß oder Ricke bringt ein bis zwei Junge zur Welt: die Rehkitze. Das männliche Tier ist der Rehbock, er trägt ein Geweih.

Säule

Von den Bauwerken der →Antike sind heute oftmals nur noch Überreste erhalten. Sehr oft handelt es sich dabei um Säulen. Sie wurden vor allem als Stützen an Gebäuden verwendet, um Dächer zu tragen oder um Aussparungen für Fenster und Türen oder Bögen zu bilden. Manchmal wurden sie nur als Schmuck eingesetzt. Oft findet man auch einzelne, frei stehende Säulen. Sie dienen dann als Ehrenmal oder Grabmal, tragen Statuen oder erinnern an bestimmte Ereignisse. Säulen können sehr unterschiedlich aussehen, ihr Schaft kann glatt oder kanneliert, das heißt mit längs verlaufenden Einkerbungen versehen sein. Andere sind gemustert oder mit Schmuckelementen umwunden. Der untere Bereich der Säule, die Basis, besteht meist aus einer viereckigen Platte mit einem ringartigen Teil darauf. Die Kapitelle, also die oberen Säulenbereiche, können ganz schlicht oder reich verziert sein. Im alten Griechenland unterschied man drei Säulenarten: Die dorische Säule steht ohne Basis auf dem Boden, ihr Schaft trägt halbrunde Einkerbungen, die direkt aneinander stoßen. Das Kapitell weist lediglich eine quadratische Deckplatte auf. Die ionische Säule ist etwas schlanker, ihr Schaft steht auf einer Basis und die Einkerbungen sind durch schmale Stege voneinander getrennt. Das Kapitell hat zwei seitlich eingerollte Enden, die

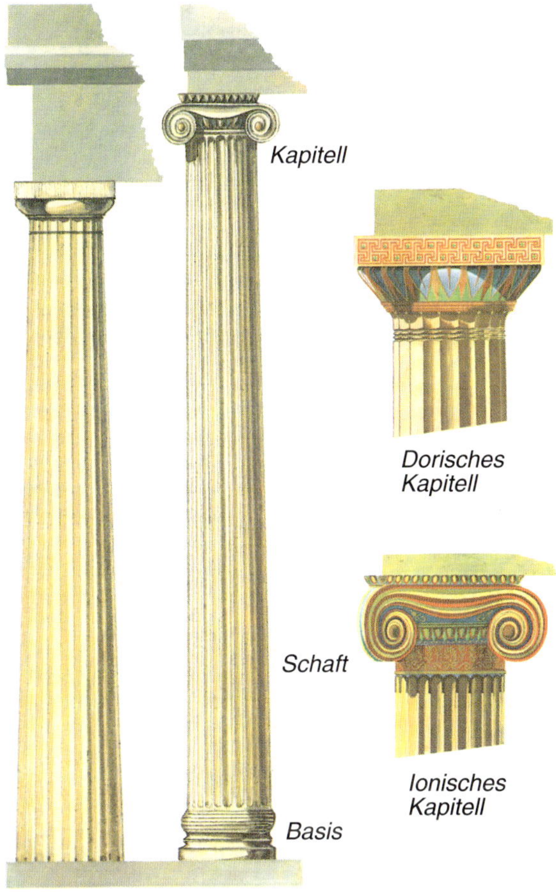

Voluten. Die korinthische Säule ist der ionischen sehr ähnlich, nur das Kapitell ist reicher verziert, sehr oft mit Blättern und Voluten.

Säuren
Viele Lebensmittel, die wir verwenden, enthalten Säure, zum Beispiel Essig oder Zitronen. Es gibt allerdings viele Säuren, die wesentlich stärker sind, etwa die Salzsäure. Diese ätzenden Säuren können für den Menschen gefährlich sein, einige lösen sogar →Metalle auf. Gemeinsam ist allen Säuren der saure Geschmack. Man kann Säuren nachweisen, indem man in die betreffende Flüssigkeit ein Lackmuspapier hält. Färbt es sich rot, ist Säure enthalten.

Saurer Regen

links: gesunde Eiche, rechts: geschädigte Eiche

Regen ist eine ganz natürliche Wettererscheinung und für das Leben auf der Erde sehr wichtig. Ohne →Niederschläge könnte keine Pflanze wachsen, Flüsse und Seen würden mit der Zeit austrocknen. In den letzten Jahren hat man festgestellt, dass der Regen immer mehr →Säure enthält. Der Grund für diese Entwicklung liegt in der zunehmenden Luftverschmutzung. Bei jeder Verbrennung entstehen →Abgase. →Kraftwerke, →Autos, →Heizungen und →Fabriken erzeugen eine Menge dieser →Gase, zu denen auch Schwefeldioxid und die Stickoxide gehören. Diese steigen in die Luft und treffen dort auf →Sauerstoff und Wasser. Die Stoffe reagieren miteinander, das heißt sie verändern sich so, dass Säuren entstehen. Diese fallen mit dem Regen auf den Boden, man spricht dann vom sauren Regen. Die Säuren schädigen die Pflanzen, diese sterben ab oder wachsen erst gar nicht mehr. Der saure Regen wird deshalb auch für das →Waldsterben verantwortlich gemacht. Auch an Gebäuden und Statuen kann man Spuren des sauren Regens erkennen. Das Gestein wird richtiggehend zerfressen. Die Lebensbedingungen der Tiere und Pflanzen im Wasser verschlechtern sich durch die Zunahme der Säuren ebenfalls. Um das Problem des sauren Regens in den Griff zu bekommen, gibt es nur die Möglichkeit, die Abgasmenge zu verringern.

Saurier
Ausgestorbene →Reptilien bezeichnet man ganz allgemein als Saurier. Zu den bekanntesten Sauriern gehören die →Dinosaurier.

Savanne
In den →Tropen gibt es weite Grasflächen, auf denen nur vereinzelt Bäume stehen. Diese Grasländer heißen auch Savannen. Sie sind die Heimat vieler Tiere, z. B. von →Giraffe und →Antilope.

Schach
Das Schachspiel ist ein sehr altes Brettspiel, das ursprünglich aus Persien stammt.

Schachbrett und Figuren

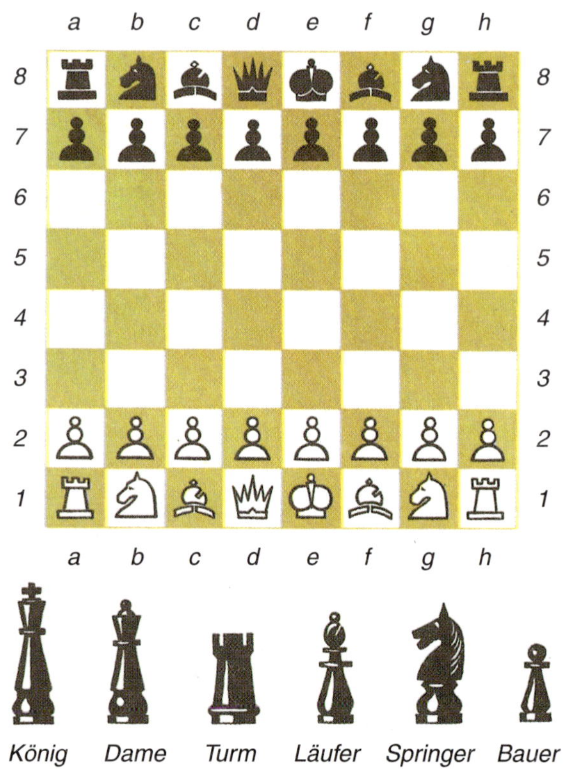

Heute spielen viele Menschen in allen Ländern Schach, es werden auch Wettkämpfe ausgetragen und Weltmeistertitel erkämpft. Schach wird von zwei Personen gespielt, die sich gegenübersitzen. Jeder der Spieler hat 16 Steine, die entweder weiß oder schwarz sind. Mit den verschiedenen Figuren darf man auf dem Brett nur in vorgeschriebener Art vorrücken. Man kann die Figuren des Gegners schlagen und dann vom Brett nehmen. Ziel des Spiels ist es, den Gegner „matt zu setzen", das heißt seinen König zu schlagen. Das Spielbrett besteht aus 64 abwechselnd hellen und dunklen Feldern.

Schädlinge
Als Schädlinge bezeichnet man tierische oder pflanzliche Lebewesen, die dem Menschen, aber auch Tieren und Pflanzen, durch ihre Lebensweise und ihr Verhalten schaden. Im Garten oder auf Feldern können Schädlinge beispielsweise das angebaute Gemüse auffressen oder beschädigen und dadurch den Bauern und Gärtnern die Ernte vernichten. Einige Schädlinge greifen Bäume an, sodass diese sogar absterben. Um Schädlinge zu bekämpfen, kann man versuchen, die Zahl ihrer natürlichen Feinde zu vermehren. Andererseits kann man chemische Mittel, →Gifte, einsetzen, die allerdings den Nachteil haben, dass sie auch für den Menschen nicht ganz ungefährlich sind. Mit der Zeit entwickeln Schädlinge gegen bestimmte Mittel Widerstandskräfte, man sagt dann, sie werden resistent.

Schadstoffe
Unter Schadstoffen versteht man chemische Stoffe, die sich auf die Umwelt, die Lebewesen und auch auf Gebäude nachteilig auswirken können. Viele Schadstoffe produziert der Mensch. Sie entstehen in Haushalten, →Kraftwerken, →Fabriken oder durch den Straßenverkehr. Meist werden sie unabsichtlich, als Nebenerscheinung bei der Herstellung oder dem Gebrauch bestimmter Dinge oder bei Verbrennungen freigesetzt. Zu den Schadstoffen gehören auch die Pestizide, die absichtlich eingesetzt werden, um →Schädlinge zu bekämpfen. Nicht vom Menschen erzeugte Schadstoffe entstehen zum Beispiel beim Ausbruch von →Vulkanen. Die Schadstoffe werden an die →Luft abgegeben und verteilen sich so über große Entfernungen. Irgendwann landen sie dann wieder auf dem Boden, im Wasser, auf Pflanzen und Tieren und auch der Mensch nimmt sie über die →Atmung oder Nahrung auf. Größere Mengen an Schadstoffen sind für alle Lebewesen gefährlich.

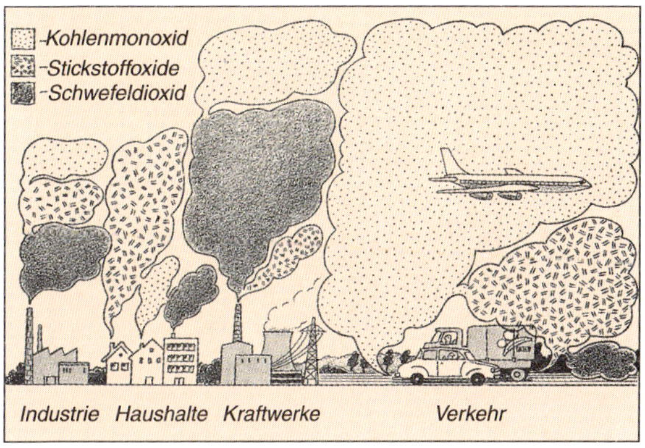

Schadstoffausstoß durch Verbrennen

Schafe
Die Schafe sind →Wiederkäuer und →Huftiere mit einem zottigen und wolligen Fell. Das männliche Tier nennt man Bock oder Widder, das Jungtier Lamm. Schafe liefern dem Menschen →Milch, →Wolle, Fleisch und die Haut als →Leder. Die männlichen Tiere haben oft mächtige, gedrehte Hörner. Schafe leben in Herden zusammen. Auf unseren Wiesen sieht man die Hausschafe. Es gibt aber auch wilde Schafe, zum Beispiel das Dickhornschaf oder das Mufflon.

Hausschaf mit Lämmern

Schall
Der Schall besteht aus Schwingungen. Jeder Schall wird von einer Schallquelle hervorgerufen: Das können beispielsweise ein Radio oder die menschlichen Stimmbänder sein. Die Schallquelle versetzt die umgebende Luft in Schwingung. Von der Schallquelle breitet sich der Schall in →Wel-

len aus. Diese Schallwellen gelangen auch ins menschliche →Ohr. Der Mensch nimmt den Schall als Geräusch, Klang, →Ton oder Knall wahr. Der Schall setzt sich in der Luft bei einer Temperatur von 0 Grad Celsius mit einer Geschwindigkeit von etwa 331 Metern pro Sekunde fort. Je nach Temperatur und Stoff, in dem sich der Schall ausbreitet, ist seine Geschwindigkeit unterschiedlich. Die Höhe der Töne, die wir hören, hängt von der Anzahl der Schwingungen pro Sekunde ab. Der tiefste Bereich, den der Mensch hören kann, hat 16 Schwingungen pro Sekunde, man spricht dann auch von 16 Hertz (Hz), der höchste 20.000. Was darunter liegt, heißt Infraschall, was darüber liegt, →Ultraschall.

Schallplatte
Dünne Kunststoffscheiben, auf denen →Töne festgehalten sind, heißen Schallplatten. Auf jeder Seite laufen Rillen über die Scheibe. Genau genommen ist es jeweils eine Rille, die wie eine Spirale vom Plattenrand zur Mitte läuft. Sie wird mit einem Plattenschneider in die Platte geritzt. Betrachtet man die Rille mit einer Lupe, sieht man, dass sie keinen glatten Rand hat, sondern wellenartig ausgezackt ist. Diese Unregelmäßigkeiten entsprechen den Schwingungen der aufgenommenen Schallwellen. Wird die Schallplatte auf einem Plattenspieler abgespielt, tastet der Tonabnehmer mit seiner Nadel, dem Saphir, die Rille ab. Die erhaltenen Signale werden in Töne umgesetzt, die über den Lautsprecher zu hören sind. Heute sind Schallplatten schon weitgehend von den viel unempfindlicheren →CDs ersetzt.

Schaltjahr →Jahr

Scheidung
Wenn zwei Menschen gut zusammenpassen und sich lieben, gehen sie meist eine →Ehe ein. In vielen Fällen kommt es dazu, dass das Ehepaar sich nach einiger Zeit nicht mehr gut versteht. Das kann verschiedene Gründe haben. Ein Partner oder alle beide können sich sehr verändert haben, die Lebensumstände sind andere geworden etc. Oft beschließen die Menschen dann, sich scheiden zu lassen. Wenn ein Paar mindestens ein Jahr getrennt lebt und beide die Scheidung wollen, geht ein →Gericht davon aus, dass die Ehe nicht mehr zu retten ist und stimmt der Scheidung zu. Will nur ein Partner die Scheidung, kann die Ehe nach drei Trennungsjahren geschieden werden. Das Gericht muss bei einer Scheidung auch darüber urteilen, wie bestehendes Vermögen und die Güter aufgeteilt werden oder ob ein Partner den anderen durch Geldzahlungen unterstützen muss.
Hat das Ehepaar Kinder, muss entschieden werden, welcher der Partner das Sorgerecht erhält, das heißt es werden ihm die Pflichten und Rechte, die das Kind betreffen, übertragen und er kann das Kind rechtlich vertreten.

Schiffe
Die Vorläufer der Schiffe waren ausgehöhlte Baumstämme, die Einbäume, in denen Menschen über das Wasser fuhren. Es entwickelten sich zunächst Boote, die aus Rinde, →Häuten oder Ähnlichem gefertigt waren und dann Schiffe, die einen Kiel und Planken besaßen. Bald eroberten Galeeren, die durch die Ruderkraft vieler Menschen vorwärts getrieben wurden, und große

Vorläufer der heutigen Schiffe

Altägyptisches Schiff

Römisches Kriegsschiff

Hansekogge

Das Containerschiff „Fast Feeder" erreicht eine Geschwindigkeit von über 30 Knoten (ca. 56 km/h).

Mit dem Fahrgastschiff „Chrystal Harmony" können 960 Passagiere und 545 Besatzungsmitglieder reisen.

Segelboote die Meere. Ende des 18. Jahrhunderts wurden die ersten Dampfschiffe entwickelt. Die Erfindung der Schiffsschraube 1826 machte die Schiffe vom Wind unabhängig. Mitte des 19. Jahrhunderts ersetzten zunehmend →Eisen und später Stahl das Holz als Schiffsbaumaterial. Seit etwa 1900 werden Dampfturbinen und →Dieselmotoren vorwiegend als Antrieb verwendet.

Schiffe dienen zur Beförderung von Personen oder Gütern. Man unterscheidet sie einerseits nach der Art, wie sie angetrieben werden, also beispielsweise Segel-, Ruder- oder Motorboote. Andererseits kann man sie nach ihrer Verwendung einteilen: Handelsschiffe, Kriegsschiffe, Fischereifahrzeuge oder Arbeitsschiffe, z. B. Eisbrecher. Daneben gibt es noch die Sportboote, die bei sportlichen Wettkämpfen, aber auch in der Freizeit von vielen Menschen benutzt werden.

Das Rückgrat eines Schiffes ist der Kiel. An ihn schließen sich am Boden die Bodenwrangen und seitlich die Spanten an. Über diesem Schiffsgerippe liegt eine Außenhaut, die meist aus Stahl besteht. Vorn und hinten ist sie mit einem Steven abgeschlossen. Obenauf liegt das Deck. Schiffe werden auf →Werften gebaut.

Segelschiff

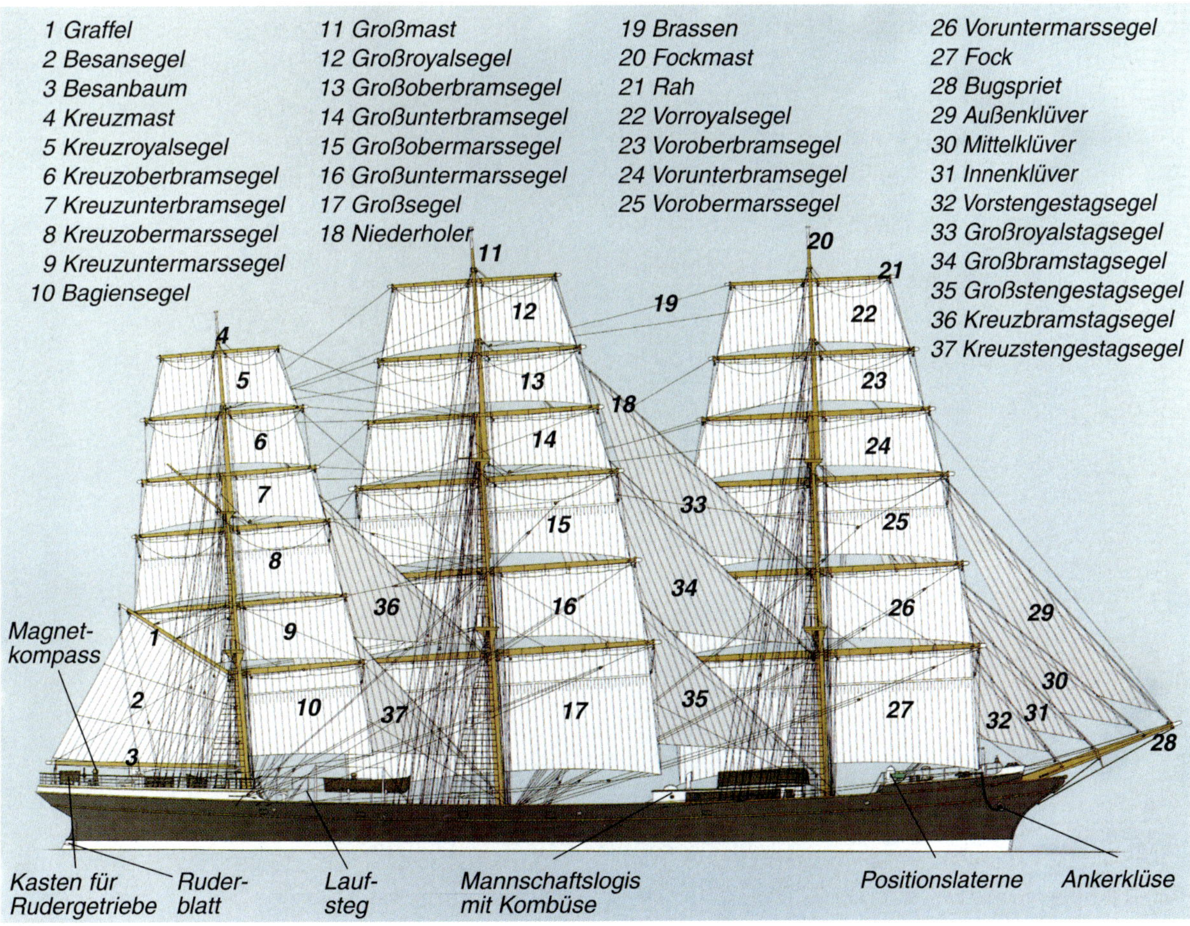

Schildkröten

Europäische Sumpfschildkröte

Alle Schildkrötenarten gehören zu den →Reptilien. Sie besitzen einen Panzer aus Knochenplatten und →Horn, der am Rücken gewölbt und am Bauch flach ist. Die meisten Schildkröten können Kopf und Gliedmaßen in den Panzer ziehen und sind dann vor Angreifern gut geschützt. Die an Land lebenden Schildkröten ernähren sich hauptsächlich von Pflanzen, die im Wasser lebenden nehmen tierische Nahrung zu sich. Schildkröten haben keine Zähne, sondern einen Hornschnabel, mit dem sie ihre Nahrung zerkleinern. Sie legen ihre →Eier in Sandgruben ab und scharren sie zu. Die Sonne brütet dann die Eier aus.

Schiller, Friedrich von

Der deutsche Dichter Friedrich von Schiller wurde am 10.11.1759 geboren. 1773 trat er in eine Militärakademie ein, studierte erst die Rechte und ab 1775 Medizin. Obwohl es verboten war, begann er →Gedichte zu schreiben. Während dieser Zeit entstand auch sein erstes →Drama „Die Räuber“, das 1781 ohne Angabe eines Autors erschien und 1782 mit großem Erfolg in Mannheim aufgeführt wurde. Sein ganzes Leben lang hatte Schiller mit Armut und schweren Erkrankungen zu kämpfen. Seit 1794 verband ihn eine Freundschaft mit Johann Wolfgang von →Goethe. Am 9.5.1805 starb Schiller in Weimar. Zu seinen bekannten Dramen gehören „Maria Stuart“ oder „Wilhelm Tell“, außerdem hat er viele Balladen, Gedichte und geschichtliche und philosophische Schriften verfasst.

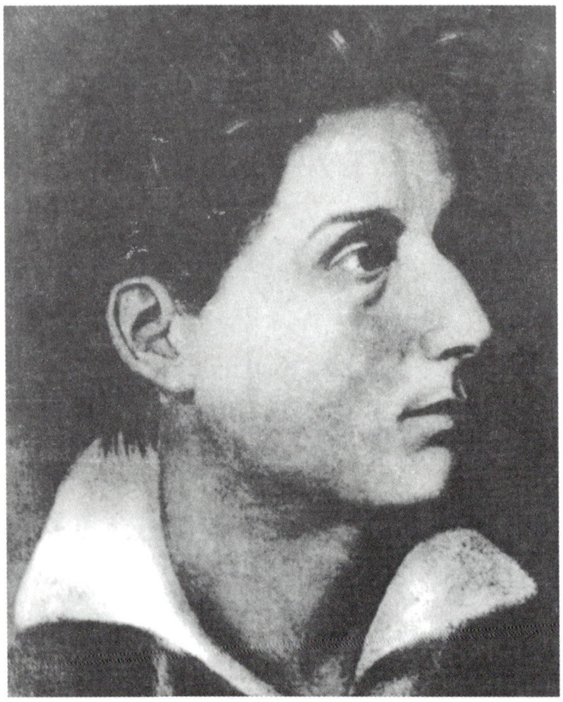

Schimmel

Schimmelpilze bilden einen staubähnlichen, bläulich grünen Überzug auf pflanzlichen oder tierischen Stoffen, den so genannten Schimmel. Wenn Lebensmittel von Schimmel befallen sind, sollte man sie am besten wegwerfen, da Schimmel für den Menschen meist schädlich ist. Allerdings gibt es auch Schimmelpilze, die ungefährlich sind. Schimmelkäse, wie Camembert oder Roquefort, erhält erst durch den Schimmel seinen eigenen Geschmack. Schimmelpilze vermehren sich, indem sie Sporenkapseln bilden, die nach einiger Zeit aufbrechen und die Sporen freigeben.

Schimpansen

Die Schimpansen gehören zu den Menschenaffen, sie sind dem Menschen sehr ähnlich. Sie leben in Afrika, haben ein dunkles Fell, eine platte Nase und menschenähnliche, große Ohren. Sie werden zwischen 1,30 bis 1,70 Meter groß, halten sich gerne auf Bäumen auf und können ausgezeichnet klettern. Schimpansen leben in kleinen Gruppen zusammen und ernähren sich hauptsächlich von Pflanzen. Sie sind sehr intelligent und verwenden oft einfachstes Werkzeug, das ihnen bei der Nahrungsbeschaffung hilft. So benützen sie zum Beispiel Zweige, um Insekten in ihren Bauten zu erreichen oder Wurzeln auszugraben. Da Schimpansen sehr gelehrig sind, werden sie oft dressiert und im →Zirkus für Kunststücke oder in der →Wissenschaft für Verhaltensversuche eingesetzt.

Schlangen

Anakonda

Die Schlangen gehören zu den →Reptilien. Sie sind lang gestreckt, haben keine Gliedmaßen und bewegen sich schlängelnd vorwärts. Einige Schlangen, z. B. Kreuzotter oder Brillenschlange, sind giftig, sie besitzen Giftzähne. Sie beißen ihre Beute und spritzen dabei das →Gift in sie hinein. Bestimmte Schlangengifte können auch dem Menschen sehr gefährlich werden. Riesenschlangen, wie die Anakonda oder Netzschlange, sind nicht giftig, dafür aber sehr stark. Sie umfassen ihre Beute und erwürgen sie. Schlangen leben am Boden, auf Bäumen oder im Wasser. Ihr Maul ist sehr dehnbar, deshalb können sie sogar ziemlich große Beutetiere verschlingen. Sie ernähren sich hauptsächlich von kleinen Tieren, aber auch von Würmern oder Insekten. Schlangen häuten sich regelmäßig. Sie schlüpfen aus ihrer alten Haut heraus, die als Hülle zurückbleibt.

Die Harlekin-Korallenschlange (links) ist giftig. Die Königsnatter (rechts) sieht fast genauso aus und hält dadurch Feinde ab: Sie ist aber ungiftig.

Schleimhaut

Die Schleimhaut ist eine Hautschicht mit →Drüsen, die Schleim erzeugen. Sie ist daher immer etwas feucht. Innere →Organe und Eingeweide des Menschen, zum Beispiel →Darm, Atmungsorgane oder Mund, sind mit Schleimhaut überzogen.

Schleuse

Die Schleusen dienen dazu, Schiffe in Gewässern mit verschieden hohem Wasserstand von einer in die andere Höhe zu überführen. Sie bestehen aus einer Schleusenkammer, in die Wasser eingeführt oder abgelassen werden kann: Die Höhe des Wasserstandes in der Kammer ist also veränderbar. Verschlossen wird die Kammer durch Schleusentore. Soll ein Schiff bergauf vom Unterwasser in das Oberwasser geschleust werden, wird das Tor zum

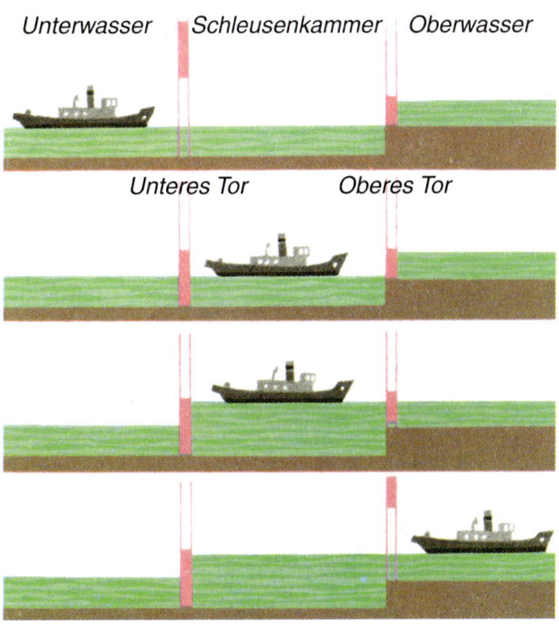

Ein Schiff wird stromaufwärts geschleust.

Oberwasser hin geöffnet. Die Schleusenkammer füllt sich mit Wasser, bis das Schiff sich auf der höheren Ebene des Oberwassers befindet. Im umgekehrten Fall wird die Schleusenkammer in das Unterwasser entleert. Der Wasserstand in der Kammer sinkt, bis er der Höhe des Unterwassers entspricht.

Schmarotzer
Als Schmarotzer oder Parasit bezeichnet man Lebewesen, die sich auf oder in einem anderen aufhalten und sich von ihm ernähren. Das Lebewesen, auf oder in dem sich der Schmarotzer angesiedelt hat und das er schädigt, heißt Wirt. →Zecken oder →Flöhe saugen beispielsweise Blut aus ihrem Wirt. Es gibt →Würmer, die sich im →Darm von Tieren oder auch dem Menschen festsetzen und dort ihre Nahrung holen. Parasiten können Krankheitserreger sein, Mücken übertragen z. B. Malaria.

Schmelzen
Wenn man Butter in einer Pfanne erhitzt, schmilzt sie. Das Gleiche geschieht, wenn man eine Kerze anzündet. Durch die Hitze der Flamme verflüssigt sich das ursprünglich feste Wachs. Dieser Übergang eines festen Körpers in den flüssigen Zustand nennt man Schmelzen. Ein fester Körper kann nur schmelzen, wenn er erhitzt wird. Jeder Stoff schmilzt bei einer anderen Temperatur, seinem Schmelzpunkt. Wenn ein geschmolzener Körper wieder abkühlt und fest wird, spricht man von Erstarren.

Schmerz
Hat ein Mensch Schmerzen, ist das meist ein Zeichen, dass etwas mit seinem Körper nicht stimmt. Halten die Schmerzen länger an, sollte man sich von einem →Arzt untersuchen lassen. Die Ursache lässt sich gegebenenfalls mit →Medikamenten behandeln. Schmerzen können den Menschen auch davor warnen, etwas für ihn Schädliches zu tun. Berührt jemand eine heiße Herdplatte, lässt ihn der Schmerz den Finger zurückziehen. Dieser Reflex schützt vor weiteren Verbrennungen, außerdem lernt man, in Zukunft vorsichtiger zu sein. Die Schmerzempfindung wird über die →Nerven zum →Gehirn oder in das Rückenmark weitergeleitet. Der Schmerz wird dann wahrgenommen. Hat jemand ständig Schmerzen, können ihm Ärzte Medikamente verschreiben, die die Schmerzen betäuben.

Schmetterlinge
Es gibt über 150.000 verschiedene Arten von Schmetterlingen in den unterschiedlichsten Farben und Formen. Meist haben diese →Insekten zwei Flügelpaare. Die Flügel sind mit Schuppen besetzt, die wie Dachziegel angeordnet sind. Die Vorderflügel sind etwas größer als die Hinterflügel. Schmetterlinge ernähren sich vom Blütensaft, dem →Nektar. Sie fliegen von Blüte zu Blüte und saugen mit einer Art Rüssel den Nektar aus den Blüten.

Die Entwicklung eines Schmetterlings

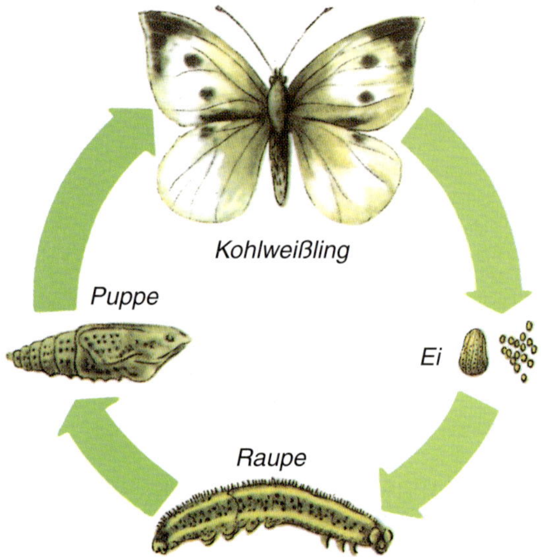

Während ihrer Entwicklung verändern die Schmetterlinge vollständig ihre Gestalt. Das nennt man Metamorphose. Aus einem →Ei bildet sich die Raupe, die sich von Blättern ernährt. Raupen wachsen, indem sie sich mehrmals häuten. Nach der letzten Häutung verwandeln sie sich in eine Puppe. Einige Zeit später platzt die Puppe auf und ein Falter kommt heraus, der erst langsam seine Flügel ausbreiten muss. Man unterscheidet die farbenprächtigen Tagfalter, die nur am Tag fliegen, und Nachtfalter, die in der Dämmerung oder Nacht aktiv werden. Diese sind meist nicht so bunt gefärbt. Viele Schmetterlingsarten sind heute vom Aussterben bedroht, weil ihre Lebensräume z. B. durch das Abholzen von Wäldern verändert wurden. Außerdem werden viele wegen ihrer Schönheit gefangen und an Sammler weiterverkauft.

Das Tagpfauenauge und der Kleine Fuchs sind Tagfalter. Ihre Raupen ernähren sich von Brennnesseln.

Schnecken
Die Schnecken gehören zu den →Weichtieren. Sie leben sowohl an Land als auch im Wasser. Es gibt Schnecken, die Gehäuse tragen, und Nacktschnecken ohne Gehäuse. Das Gehäuse besteht hauptsächlich aus Kalk und ist wie eine Spirale gedreht. Schnecken können ihren Körper meist ganz in das Gehäuse zurückziehen. Der Körper besteht aus Kopf, Fuß, Eingeweidesack und Mantel. Am Kopf sitzen die Augen und Fühler, die eingezogen werden können. Der Fuß mit der Kriechsohle sondert Schleim ab. Dadurch können sich die Schnecken leichter fortbewegen und haften besser am Boden. Schnecken werden je nach den Atmungsorganen in Lungen- und Kiemenschnecken unterteilt.

Schnecken

Schnee
Wenn es sehr kalt ist, gefrieren die Wassertropfen der Wolken zu sechseckigen Eiskristallen. Diese wachsen zu Schneeflocken zusammen und fallen auf die Erde. Wenn der Boden kalt genug ist, bleibt der Schnee liegen und häuft sich an. Es gibt verschiedene Schneearten: Pulverschnee ist ein trockener, weicher Schnee. Pappschnee ist feuchter Schnee aus größeren Flocken, er ist schwer und klebrig. Taut die Oberfläche des Schnees kurz an und gefriert wieder, nennt man die Eiskruste, die sich gebildet hat, Harsch. Liegt Schnee schon länger auf der Erde, ist er nicht mehr so locker und frisch wie am Anfang. Es bilden sich größere Körner, der Schnee fällt zusammen, man spricht dann von Firn.

Eiskristalle

Schock
In der →Medizin bezeichnet man als Schock einen Zustand, der oft nach Unfällen, starkem Blutverlust, unerwarteten, schrecklichen Ereignissen, zum Beispiel in Kriegen, usw. eintritt. Menschen, die einen Schock erleiden, haben Probleme sich zu orientieren, sind stark aufgeregt oder vollkommen erstarrt. Oft sind sie sehr blass, schwitzen stark und haben Kreislaufstörungen. Meist dauert dieser Zustand nicht lange an.

Schottland →Großbritannien

Schrift
Eigentlich bezeichnet man als Schrift eine festgelegte Anzahl von Zeichen, die dazu

dient, →Sprache festzuhalten und aufzuschreiben. Anfänglich benutzte der Mensch jedoch noch keine Buchstaben, sondern Bilderschriften, in denen Bilder für bestimmte Aussagen standen. Aus den Bildern entwickelten sich dann →Symbole, die bestimmte Dinge kennzeichneten. Danach entstand die Silbenschrift, in der jedes Zeichen für eine ganze Silbe steht. Die Worte wurden also nicht mehr nach ihrer Bedeutung aufgezeichnet, sondern nach ihrem Klang. Daraus entstand dann die Buchstabenschrift mit einem festgelegten →Alphabet. Jedes Wort ist aus einer Kombination von Buchstaben zusammengesetzt. Das deutsche Alphabet geht auf das römische zurück. Einige Sprachen verwenden allerdings ganz andere Buchstaben, z. B. Griechisch, Chinesisch, Arabisch, und werden zum Teil auch nicht von links nach rechts, sondern von rechts nach links oder von oben nach unten gelesen.

„Wie geht es dir?“
in verschiedenen Handschriften:

Schubert, Franz

Der österreichische Komponist Franz Schubert (31.1.1797–19.11.1828) schuf viele beliebte Lieder mit Texten von bekannten Autoren, wie Johann Wolfgang von →Goethe oder Heinrich →Heine. Zu den bedeutendsten Liederzyklen gehören „Die schöne Müllerin“ und „Die Winterreise“. Außerdem schrieb er Chorstücke und Kirchenmusik, Musik für Klavier und acht Sinfonien, wozu als seine letzte die „Unvollendete“ gehört. Schubert war der Sohn eines Lehrers, dem er von 1813 bis 1817 als Hilfslehrer zur Seite stand. Danach konzentrierte er sich ganz auf seine Musik.

Schule

In der Schule lernt jeder Mensch grundlegende Dinge wie Lesen, Schreiben oder Rechnen. Außerdem soll Wissen aus verschiedenen Bereichen vermittelt werden und es sollen die Voraussetzungen dafür geschaffen werden, dass später ein Beruf erlernt werden kann. In der Schule lernt man außerdem im Umgang mit den Lehrern und den anderen Schülern soziales Verhalten. Die Schule bietet die Möglichkeit, Verschiedenes kennen zu lernen und eigene Vorlieben und Begabungen zu erkennen. Sie ist die Basis, die später ein selbstständiges Leben in der →Gesellschaft ermöglicht. Früher war Bildung ein Vorzug, den sich vor allem reiche Leute leisten konnten. Heutzutage kann und muss jedes Kind in Deutschland mindestens neun Jahre lang auf die Schule gehen. Dies schreibt die Schulpflicht vor. Der Schulbesuch ist kostenlos, nur an privaten Schulen muss eine Gebühr entrichtet werden.

Ab sechs Jahren besucht ein Kind vier Jahre lang die Grundschule. Danach kann es je nach Begabung und Interesse auf ein Gymnasium, eine Real- oder Hauptschule wechseln. In manchen Bundesländern gibt es statt dieser drei Schularten Gesamtschulen, die alle Schüler unterschiedlich lang und in verschiedenen Kursen besuchen können. Behinderte Kinder werden je nach ihrer Behinderung in eigenen Sonderschulen unterrichtet. Dabei wird versucht, sie gezielt zu fördern und ihnen den Einstieg in das Berufsleben zu ermöglichen. Geht man auf ein Gymnasium, schließt man nach insgesamt 13 Schuljahren mit dem Abitur ab. Man kann danach die Universität oder →Hochschule besuchen. Die Realschule endet nach zehn Jahren mit der mittleren Reife, man kann im Anschluss daran eine Lehre machen und eine Berufsschule besuchen oder auf eine Fachoberschule oder Fachhochschule gehen. Die Hauptschule schließt man nach neun Jahren je nach Leistung mit dem einfachen oder dem qualifizierten Hauptschulabschluss ab. Danach kann man Berufsschulen besuchen und eine Lehre in einem Betrieb machen oder direkt in das Berufsleben einsteigen. Je besser die eigene Ausbildung ist, desto mehr Möglichkeiten hat man, sich einen Beruf auszusuchen. Es gibt deshalb viele Schulen und Kurse, die der Weiterbildung dienen. Man kann sie zum Teil sogar neben der Arbeit besuchen. So hat jeder Mensch grundsätzlich die Möglichkeit, die Ausbildung zu erlangen, die er braucht, um sich seinen Berufswunsch zu erfüllen.

Schule im 19. Jahrhundert: Der Unterricht findet in einem Raum statt. Die Lehrerin bildet aus den verschiedenen Jahrgängen einzelne Lehrgruppen.

Schumann, Robert

Robert Schumann (8.6.1810–29.7.1856) begann schon sehr früh zu komponieren. Von 1828 bis 1830 studierte er allerdings Jura. Während dieser Zeit nahm er auch Klavierunterricht. Dabei lernte er seine spätere Frau, die Pianistin Clara Wieck, kennen. Seit 1830 widmete er sich dann ganz der Musik. Gesundheitliche Probleme mit seinen Händen machten eine Pianistenlaufbahn unmöglich. Deswegen konzentrierte er

sich dann ganz auf das Komponieren und die Schriftstellerei. Nach einem misslungenen Selbstmordversuch wurde er in eine Anstalt eingewiesen, in der er schließlich auch starb. Schumann hinterließ zahlreiche Klavierwerke, Lieder, vier Sinfonien und vieles mehr.

Schwämme

Als Schwämme bezeichnet man Wassertiere, die meist im Meer leben. Sie sind sehr einfach gebaut, haben keine Nervenzellen und keine →Organe. Sie sitzen am Meeresboden oder an Steinen fest und können sich nicht selbst fortbewegen. Durch Poren nehmen sie Wasser und damit auch Nahrung auf und stoßen es wieder ab. Schwämme besitzen in der Regel ein inneres →Skelett aus Kalk. Meist findet man an einer Stelle mehrere Schwämme zusammen. Einige Schwämme werden als Badeschwämme verwendet. Man holt sie mit Netzen, Geräten oder durch Taucher aus dem Wasser. Nachdem der Weichkörper entfernt wurde, lässt man sie trocknen. Das übrig gebliebene Skelett dient dann als Badeschwamm. Heute werden meist Kunststoffschwämme statt der Naturschwämme benutzt.

Schwangerschaft

Wird im Körper der Frau ein →Ei durch einen männlichen →Samen befruchtet, beginnt sich das Ei zu teilen. Nach mehreren Teilungen nistet es sich in der →Gebärmutter ein und der →Embryo beginnt zu wachsen. Nach drei Monaten sind alle →Organe angelegt, man nennt den Embryo jetzt Fötus oder Fetus. Insgesamt dauert es neun Monate, bis schließlich ein Kind geboren wird. Die Zeit von der Befruchtung bis zur →Geburt heißt Schwangerschaft. Ganz am Anfang lässt sich eine Schwangerschaft nur durch einen Schwangerschaftstest oder eine Untersuchung beim Arzt feststellen. Ein meist verlässliches Zeichen für das Bestehen einer Schwangerschaft ist auch das Ausbleiben der →Menstruation. Erst nach und nach stellen sich körperliche Veränderungen ein. Vielen Frauen ist es am Anfang der Schwangerschaft oft übel. Langsam wächst der Bauch und man kann die Bewegungen des Kindes spüren. Der Embryo erhält über den Mutterkuchen, die Plazenta, und die Nabelschnur den →Sauerstoff und die Nährstoffe, die er zum Wachsen braucht. Er wird also direkt von der Mutter versorgt. Deshalb sollte die Mutter während der Schwangerschaft möglichst gesund leben.

Schweden

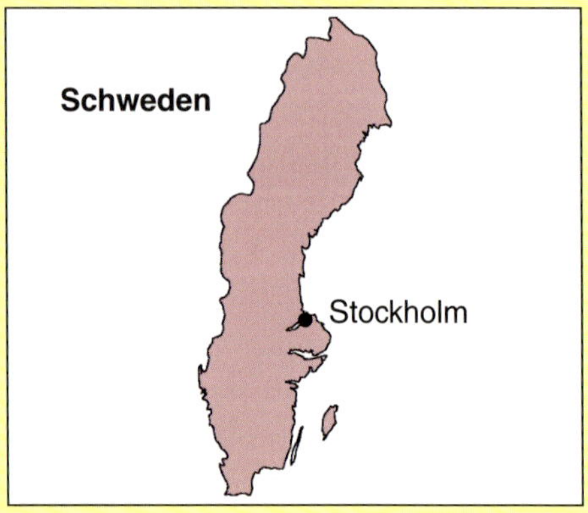

Kontinent:	Europa
Fläche:	449.964km^2
Einwohner:	8.735.000
Hauptstadt:	Stockholm
Amtssprache:	Schwedisch
Währung:	Schwedische Krone

Das Königreich Schweden liegt in Nordeuropa, zusammen mit Norwegen bezeichnet man es oft als →Skandinavien. Im Westen ist es ziemlich gebirgig, es grenzt dort an Norwegen, im Osten und Süden liegt die Ostsee und im Norden stößt es an Finnland. Die Sommer in Schweden sind mäßig warm, die Winter ziemlich kalt. Etwa die Hälfte des Landes ist mit Wäldern bedeckt, der Handel mit Holz und dessen Verarbeitung sind daher besonders wichtige Wirtschaftsbereiche. Das restliche Gebiet besteht hauptsächlich aus →Heide und →Mooren, nur ein kleiner Teil kann landwirtschaftlich genutzt werden. Angebaut werden Getreide, Kartoffeln, Zuckerrüben und Raps. Daneben wird in Schweden Viehzucht, Ren- und Pelztierzucht betrieben und auch der Fischfang ist sehr wichtig. Schweden ist auch ein beliebtes Urlaubsland. Es besitzt viele →Bodenschätze und hat eine hoch entwickelte →Industrie. Die Bevölkerung besteht hauptsächlich aus Schweden, nur im nicht sehr dicht besiedelten Norden leben auch Lappen und Finnen.

Im 10. Jahrhundert entstand Schweden als Staat. Von 1250 bis 1266 eroberte es Finnland. Ende des 14. Jahrhunderts wurde Schweden mit Norwegen und Dänemark vereint, 1523 löste es sich und wurde wieder selbstständig. Von 1611 bis 1632 entwickelte sich Schweden zur wichtigsten Macht an der →Ostsee, danach gewannen zunehmend auch die anderen Länder an Bedeutung. 1809 musste es Finnland an Russland abgeben. 1909 wurde Schweden eine parlamentarische →Monarchie. Seit 1973 herrscht König Carl XVI. Gustav.

Schweine

Eine Sau mit ihren Ferkeln

Wildschweine leben gern in Gruppen zusammen in Wäldern. Mit ihrem Rüssel durchwühlen sie den Boden nach Nahrung. Sie sind Allesfresser, das heißt sie ernähren sich sowohl von Pflanzen als auch von Tieren. Ihr Körper ist mit festen Borsten bedeckt. Die Hausschweine stammen von den Wildschweinen ab. Heutzutage werden viele verschiedene →Rassen gezüchtet. Ein männliches Schwein heißt Eber, ein weibliches Sau und die Jungen Ferkel. Schweine liefern dem Menschen vor allem Fleisch. In manchen Religionen, z. B. im →Islam, ist der Genuss von Schweinefleisch allerdings verboten. Wenn Schweine sich suhlen, also sich im Schlamm wälzen, tun sie das nicht, um sich besonders dreckig zu machen, sondern um sich Ungeziefer und Insekten vom Leib zu schaffen.

Schweiz

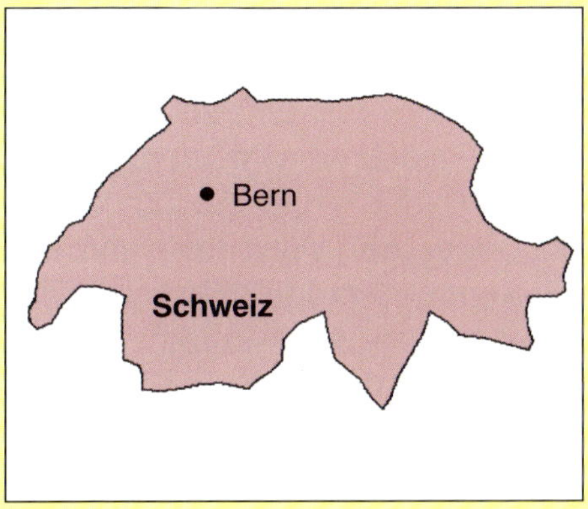

Kontinent:	Europa
Fläche:	39.987 km^2
Einwohner:	7.019.019
Hauptstadt:	Bern
Amtssprachen:	Deutsch Französisch Italienisch
Währung:	Schweizer Franken

Die Schweiz ist umgeben von Frankreich, Deutschland, Liechtenstein, Österreich und Italien. Sie ist ein Bundesstaat, der aus 23 Kantonen besteht. Etwa zwei Drittel der Bevölkerung sprechen deutsch, der Rest französisch, italienisch und ein ganz kleiner Teil rätoromanisch. Das ist eine eigene Sprache, die allerdings langsam ausstirbt. Die Schweiz ist sehr gebirgig und besitzt zahlreiche Seen. Das →Klima dort ist gemäßigt. Ein kleiner Teil wird landwirtschaftlich genutzt. Angebaut werden Getreide, Kartoffeln, Futter- und Zuckerrüben, Obst und Wein. Größere Bedeutung für die →Wirtschaft haben die Rinderzucht und Milchwirtschaft. Außerdem bringt der →Tourismus viel Geld ins Land. Die →Industrie ist gut entwickelt.

Nachdem 58 v. Chr. die Helvetier und 15 v. Chr. die Räter von den →Römern besiegt worden waren, stand die Schweiz unter römischer Herrschaft. Während der Zeit der →Völkerwanderungen wurde sie dann von Burgundern und Alemannen besiedelt. Bis 534 n. Chr. unterwarfen die Franken das ganze Land. Im 9. Jahrhundert zerfiel das Frankenreich, die Westschweiz kam zu Hochburgund, der Rest zum Herzogtum Schwaben. 1033/34 wurde auch Hochburgund mit dem Deutschen Reich vereinigt. 1291 schlossen sich drei Kantone zu einem Bund zusammen, dem sich nach und nach noch weitere Gebiete anschlossen. So entwickelte sich die Eidgenossenschaft, die als Schwyz bezeichnet wurde. 1499 erfolgte nach einem Krieg die Loslösung vom Deutschen Reich. 1798 besetzte Frankreich unter →Napoleon I. die Schweiz. In den Freiheitskämpfen von 1813 und 1814 löste sie sich von Frankreich. Seit 1848 ist die Schweiz ein Bundesstaat.

Schwerkraft →Gravitation

Schwimmen

Die meisten Menschen lernen irgendwann einmal schwimmen. Einige gehen dann auch gerne in ihrer Freizeit in Schwimmbädern oder in Gewässern zum Baden. Daneben tragen aber auch Sportler Wettkämpfe im Schwimmen aus. Es gibt verschiedene Schwimmarten: Brust-, Kraul-, Rücken- oder Delfinschwimmen. Die einzelnen Wettkämpfe gehen über Entfernungen zwischen 50 und 1500 Metern. Gewonnen

Start beim Rückenschwimmen

hat, wer die Strecke am schnellsten zurücklegt. Meistens sind es Einzelwettkämpfe, es gibt aber auch Schwimmstaffeln, bei denen mehrere Schwimmer zusammen eine Mannschaft bilden. Die Sportler schwimmen nacheinander und die erzielten Zeiten werden zusammengerechnet.

Sciencefiction
Der Begriff „Sciencefiction" ist die englische Bezeichnung für erfundene Geschichten, die in der Zukunft spielen. Meist sind dabei technische Errungenschaften von großer Bedeutung. Die Geschichten spielen sehr oft im Weltraum und handeln von außerirdischen Bereichen und Lebewesen. Sehr bekannte Sciencefiction-Erlebnisse sind z. B. die der Mannschaft des „Raumschiff Enterprise".

Sciencefiction-Figuren sind oft außerirdische Lebewesen.

See
Ein See ist eine Vertiefung im Boden, in der sich Wasser angesammelt hat und die nicht unmittelbar mit dem Meer zusammenhängt. Viele Seen sind während der →Eiszeiten entstanden. →Gletscher höhlten Täler aus und hinterließen beim Schmelzen Geröllhaufen, sodass Becken entstanden, die sich mit Wasser füllen konnten. Andere Seen haben sich in den Kratern erloschener →Vulkane oder durch allmähliches Auswaschen in Gebieten mit weichem Kalkstein gebildet. Neben diesen natürlichen Seen gibt es auch künstliche, die vom Menschen angelegt wurden, zum Beispiel Stauseen oder Baggerseen. Das Seewasser wird durch →Niederschläge, →Grundwasser und Wasser aus →Flüssen erneuert, gleichzeitig geben die Seen Wasser an Flüsse oder durch die Verdunstung an die Luft ab.

Segeln
Bevor im 18. Jahrhundert die ersten Dampfschiffe entwickelt wurden, konnten →Schiffe nur mithilfe von Rudern oder Segeln bewegt werden. Die Entdecker und Eroberer vieler Länder fuhren mit Segelschiffen über das Meer. Außerdem waren sie wichtige Transportmittel für Waren und Personen. Heute wird Segeln nur noch als Freizeit- oder Wettkampfsport betrieben. Damit ein Segelboot gut vorwärts kommt, müssen die Segel richtig gespannt sein und gut zum Wind stehen. Die Segelfläche wird am besten ausgenutzt, wenn der Wind genau von hinten kommt. Weht der Wind von vorne, muss man kreuzen, also im Zickzackkurs gegen den Wind fahren, um sein Ziel zu erreichen. Kommt der Wind von der Seite, sagt man, man segelt mit halbem Wind, kommt er von schräg vorne, segelt man am Wind.

Sehne
Die Sehnen sind unterschiedlich lange Fasern im Körper, die entweder wie ein Strang oder wie ein Fächer ausgebildet sind. Sie halten Zug sehr gut aus und verbinden die →Muskeln mit den →Knochen. Viele Sehnen sind von einer Hülle umgeben, die eine Flüssigkeit enthält, der Sehnenscheide.

Sekte
Als Sekte bezeichnet man eine Gruppe von Menschen, die sich von einer der großen Religionsgemeinschaften abgespalten hat und eigene Ansichten oder Glaubensgrundsätze vertritt. Oft werden Sekten von Personen angeführt, denen es aufgrund ihrer Ausstrahlung gelingt, viele Menschen von ihren Ansichten zu überzeugen. Immer wieder hört man von Sekten, in denen es in Wirklichkeit weniger um religiöse Inhalte geht, sondern in denen eine kleine Gruppe oder auch nur der Anführer versucht, aus der Begeisterung seiner Anhänger möglichst viele Vorteile für sich selbst zu ziehen.

Die Mitglieder werden dann oft um ihr Geld betrogen oder auf andere Weise ausgenutzt. Kritik ist unerwünscht und wird unterdrückt. Anhänger werden gewaltsam daran gehindert, die Sekte zu verlassen und andere zu warnen. Sucht jemand eine religiöse Gemeinschaft außerhalb der großen Religionen, sollte er deshalb sehr vorsichtig sein.

Senegal

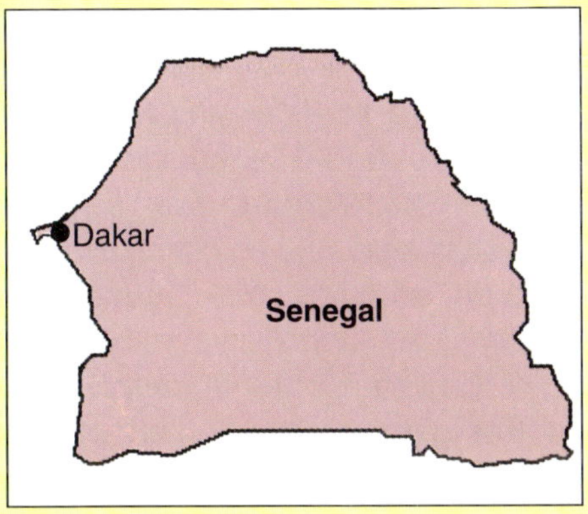

Kontinent:	Afrika
Fläche:	196.722 km^2
Einwohner:	8.102.000
Hauptstadt:	Dakar
Amtssprache:	Französisch
Währung:	CFA-Franc

Die →Republik Senegal liegt im Westen Afrikas am Atlantischen Ozean und ist umgeben von Mauretanien, Mali, Guinea und Guinea-Bissau. Im Süden befinden sich Wälder, ansonsten weist das Land hauptsächlich →Steppen auf. Das →Klima ist tropisch. Die Bevölkerung besteht vor allem aus Stämmen der Sudaniden. Ein wichtiger Bereich der →Wirtschaft ist die →Landwirtschaft. Angebaut werden Erdnüsse, Hirse, Mais und Reis, außerdem betreiben viele Menschen Viehzucht. Senegal besitzt kaum →Bodenschätze, die →Industrie ist vorwiegend in der Nähe der Hauptstadt angesiedelt.
Von 1854 an war Senegal eine französische →Kolonie. 1960 erreichte es die Unabhängigkeit.

Seuche →Epidemie

Sexualität
Das Wort „Sexualität" stammt aus dem Lateinischen und leitet sich ab von „sexus", was so viel bedeutet wie Geschlecht. Sexualität bezeichnet alles, was mit dem sexuellen Verhalten, den →Geschlechtsorganen und der →Fortpflanzung zu tun hat. Wenn eine Frau und ein Mann sich voneinander angezogen fühlen und miteinander →Geschlechtsverkehr haben, spricht man von Heterosexualität. Ebenso gibt es auch Fälle, in denen sich gleichgeschlechtliche Partner, also zwei Männer oder zwei Frauen, zusammenfinden. Das bezeichnet man dann als Homosexualität.

Seychellen

Kontinent:	Afrika
Fläche:	454 km^2
Einwohner:	73.000
Hauptstadt:	Victoria
Amtssprache:	Kreolisch
Währung:	Seychellen-Rupie

Die Seychellen bestehen aus über 100 weit verstreuten →Inseln im Indischen Ozean und liegen vor der Ostküste Afrikas. Das →Klima ist tropisch. Der Großteil der Bevölkerung sind Kreolen. Seit den 70er-Jahren ist der Fremdenverkehr für das Land immer wichtiger geworden. Der →Tourismus und auch der Fischfang sollen als bedeutendste Wirtschaftszweige auch weiterhin gefördert werden.
Die Seychellen wurden Anfang des 16. Jahrhunderts von den Portugiesen entdeckt. 1743 wurden sie französische und 1814 britische →Kolonie. Seit 1976 sind sie eine unabhängige →Republik.

Shakespeare, William
William Shakespeare (23.4.1564–23.4.1616) ist einer der berühmtesten englischen Dichter. Viele seiner Stücke werden auch heute noch an Theatern gespielt. Zu seinen bekanntesten Werken gehören „Hamlet“, „Romeo und Julia“ oder „Othello“. Über sein Leben ist nicht sehr viel bekannt, er heiratete mit 18 Jahren und hatte drei Kinder. 1586 ging er nach London, um als Schauspieler und Bühnenautor zu arbeiten. Er hatte schon zu seiner Zeit mit seinen Stücken großen Erfolg.

Im Theater „The Globe“ in London wurden viele Werke Skakespeares erstmals aufgeführt.

Sicherung
In elektrische Anlagen werden Sicherungen eingebaut, um sie vor Überlastung zu schützen. Fließt durch elektrische Leitungen nämlich zu viel Strom, erhitzen sich diese stark und können sich sogar entzünden. Schmelzsicherungen bestehen aus einem Draht, der nur bestimmte Temperaturen aushält. Fließt plötzlich zu viel Strom, schmilzt der Draht. Dadurch wird der Stromkreis unterbrochen und die Leitungen oder elektrischen Geräte werden nicht beschädigt. In jedem Haushalt findet man einen Sicherungskasten, in dem Sicherungen für die elektrischen Leitungen untergebracht sind. Dabei handelt es sich meist um so genannte Sicherungsautomaten. Ab einer bestimmten Strommenge wird ein Auslöser betätigt. Dabei springt ein kleiner Knopf heraus, der Stromkreis ist unterbrochen. Drückt man diesen Knopf zurück, fließt wieder Strom. Über einen zweiten Knopf kann man auch selbst die Sicherung betätigen und den Stromkreis unterbrechen. Dies ist z. B. nötig, um keinen Stromschlag zu bekommen, wenn man eine Lampe aufhängen möchte.

Sicherungsautomat

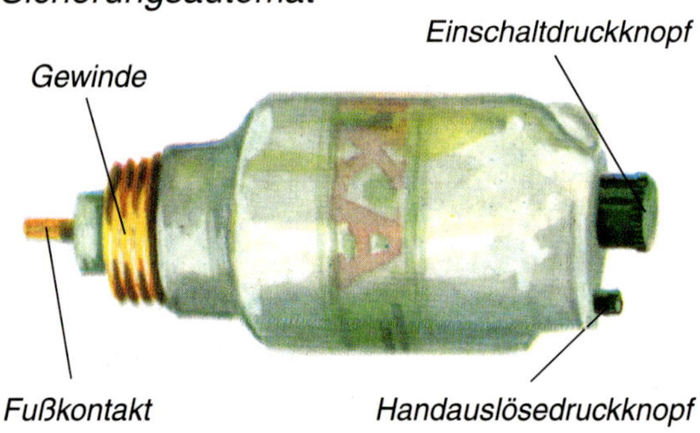

Sieben Weltwunder
In der →Antike entstanden sieben Bau- bzw. Kunstwerke, die so außergewöhnlich waren, dass man sie heute noch als die sieben Weltwunder bezeichnet. Die ägyptischen →Pyramiden von Gizeh sind als einzige noch heute erhalten. Alle anderen Werke wurden im Lauf der Zeit zerstört. Sie sind nur aus Überlieferungen bekannt. Die assyrische Königin Semiramis ließ in Babylon die hängenden Gärten errichten, die voller herrlicher Pflanzen gewesen sein müssen. Der Tempel der Artemis wurde im 6. Jahrhundert v. Chr. in Ephesus erbaut und war einer der größten der damaligen Zeit. In Olympia stand die aus Gold und Elfenbein

Der Koloss von Rhodos stellte den Sonnengott Helios dar; die Statue muss 37 Meter hoch gewesen sein.

geschaffene Statue des griechischen Gottes Zeus. Sie wurde um 430 v. Chr. erstellt und war sehr groß und schön gearbeitet. Dem persischen König Mausolos wurde im 4. Jahrhundert v. Chr. ein prächtiges Grabmal erbaut, das Mausoleum zu Halikarnassos. Die riesige Statue des Koloss von Rhodos entstand ungefähr 300 v. Chr. und stand über der Hafeneinfahrt der Insel Rhodos. Schließlich gehört noch der Leuchtturm der Insel Pharus bei Alexandria zu den sieben Weltwundern. Er wurde 279 v. Chr. vollendet.

Silber
Das Edelmetall Silber ist weißlich glänzend. Es kann →Wärme und →Elektrizität ausgezeichnet leiten. Silber lässt sich wie →Gold sehr gut verarbeiten und ist ausgesprochen dehnbar. Es kommt in der Natur sowohl rein als auch in →Erzen vor. Silber wird für Schmuck, Besteck, zum Versilbern unterschiedlichster Gegenstände und in der →Chemie verwendet.

Silizium
Reines Silizium besteht aus dunkelgrauen, glänzenden, harten und spröden →Kristallen. Wenn es sehr dünn ist, ist es durchsichtig. Silizium ist ein →Halbleiter, seine Leitfähigkeit wird durch die Verbindung mit geringen Mengen anderer →Elemente stark erhöht. Geschmolzenes Silizium hat etwa die Eigenschaften wie →Metall. Es ist nach →Sauerstoff das zweithäufigste Element der Erde. Silizium kommt in der Natur nur gebunden als Siliziumdioxid oder in →Salzen der Kieselsäuren vor. Einigen Pflanzen, z. B. Kieselalgen, →Farnen oder →Gräsern, dient das Silizium in Form von Kieselsäure zur Festigung des →Gewebes. Bei Tieren findet man Silizium in Form von Kieselsäure in Haut, Haaren, Knochen und Knorpeln. Silizium wird in der Halbleitertechnik und Mikroelektronik viel verwendet. Aus Silizium werden beispielsweise →Chips und andere Schaltungselemente für →Computer hergestellt.

Ein Siliziumstab wird in hauchdünne Scheiben zersägt, aus denen Solarzellen gefertigt werden.

Simbabwe
Die →Republik Simbabwe befindet sich im Süden Afrikas zwischen Südafrika, Botswana, Sambia und Mosambik. Das tropische

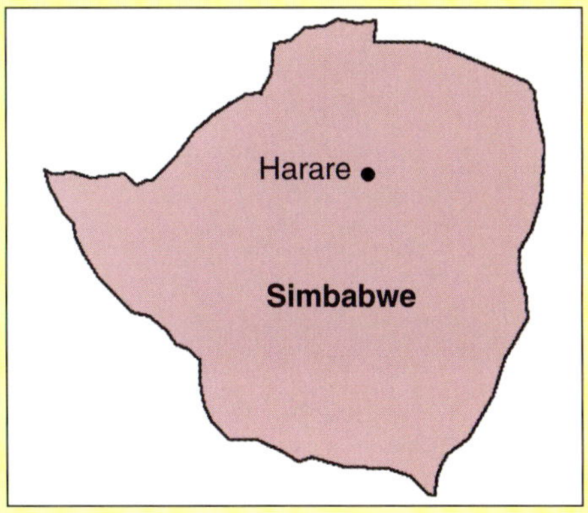

Kontinent:	Afrika
Fläche:	390.757 km^2
Einwohner:	11.002.000
Hauptstadt:	Harare
Amtssprache:	Englisch
Währung:	Simbabwe-Dollar

→Klima ist gemäßigt. Im Landesinneren liegen Hochländer mit →Savannen, im Norden und Süden ein Flachland mit Dornensträuchern und Trockenwäldern. Etwa die Hälfte des Landes ist mit Wäldern bedeckt, ansonsten findet man einige Weiden und etwas landwirtschaftlich genutzte Fläche. Angebaut werden dort Mais, Tabak und Baumwolle. Im Hochland betreibt man Rinderzucht. Der Großteil der Bevölkerung sind Afrikaner. Simbabwe besitzt einige →Bodenschätze, z. B. Steinkohle, Gold, Silber und verschiedene Erze. Die →Industrie besteht aus Eisen-, Stahlwerken, Erdölraffinerien und Nahrungsmittelindustrie.
Seit 1923 war Simbabwe als Südrhodesien britische →Kolonie. Von 1953 bis 1963 bildete es zusammen mit Nordrhodesien und Njassaland den Zentralafrikanischen Bund. 1965 erklärte es als Rhodesien seine Unabhängigkeit. 1979 wurde es kurzzeitig wieder britische Kolonie, machte sich aber 1980 als Simbabwe endgültig unabhängig.

Singapur
Die →Republik Singapur liegt in Südostasien und umfasst die →Insel Singapur und kleinere Nebeninseln. Es herrscht feuchtheißes →Klima. Die Bevölkerung besteht zu mehr als zwei Dritteln aus Chinesen. Ein Großteil der Landesfläche ist bebaut, nur ein ganz geringer Teil besteht aus Wald und

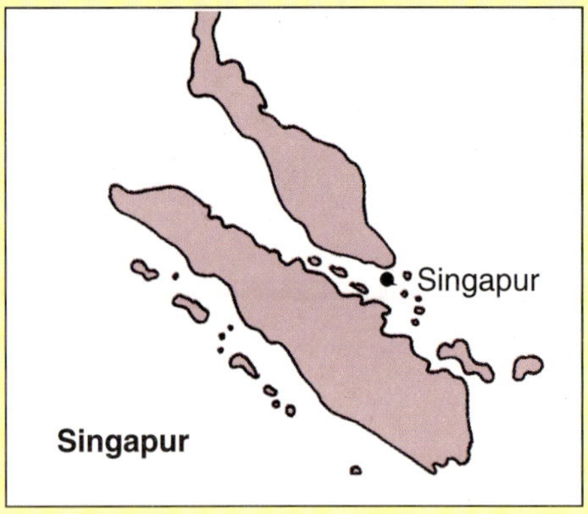

Kontinent:	Asien
Fläche:	641 km^2
Einwohner:	2.819.000
Hauptstadt:	Singapur
Amtssprache:	Englisch
Währung:	Singapur-Dollar

landwirtschaftlicher Fläche. Dort befinden sich Kautschuk- und Kokospalmenplantagen. Singapur ist über einen Damm mit dem Festland von Malaysia verbunden. Mitte der 90er-Jahre gehörte Singapur zu den wirtschaftlich erfolgreichsten Ländern der Welt. Der wichtigste Industriezweig ist die →Elektronik.
Singapur wurde 1819 britisch und von 1942 bis 1945 japanisch besetzt. Von 1946 bis 1959 war es erneut britische →Kolonie. Danach zählte es als selbstständiger Staat zum Britischen Commonwealth, dem Zusammenschluss verschiedener Staaten unter britischer Oberhoheit. Von 1963 bis 1965 gehörte es dem Zusammenschluss Malaysia an. Danach war es ein eigenständiger Staat, der bis heute ein Mitglied des Commonwealth ist.

Sinne
Jeder gesunde Mensch verfügt über verschiedene Sinne, mit deren Hilfe er seine Umwelt aufnehmen kann. Dazu zählen der →Tastsinn, das Sehen, das Hören, der →Geruchssinn, der →Geschmackssinn und der →Gleichgewichtssinn. Jeder Reiz, dem wir durch unsere Umwelt ausgesetzt sind, spricht einen bestimmten Sinn an. Wenn wir etwas wahrnehmen, löst das meist auch eine Empfindung aus. Essen wir etwas, entscheidet der Geschmackssinn, was wir schmecken. Schmeckt die Nahrung gut, empfinden wir es als angenehm, andernfalls als unangenehm. Über die Sinnesorgane nehmen wir die Reize aus der Umwelt wahr. Die →Augen sind für das Sehen zuständig, die →Ohren für das Hören und das Gleichgewicht, die →Nase für den Geruch, die →Zunge für den Geschmack und die →Haut für das Tasten und Fühlen.

Sinnesorgane →Sinne

Skandinavien
Unter Skandinavien versteht man eigentlich die skandinavische Halbinsel im Norden Europas. Auf ihr liegen die Länder →Norwegen und →Schweden, die man zusammen ebenfalls mit diesem Begriff benennt. Fasst man die Bezeichnung weiter, werden manchmal auch →Finnland und →Dänemark dazugerechnet.

Skateboard
Ein Skateboard besteht aus einem 75 bis 100 Zentimeter langen und 15 bis 25 Zentimeter breiten Brett, an dem vier Rollen angebracht sind. Man kann mit einem oder mit zwei Füßen auf diesem Brett stehen. Schiebt man es mit einem Fuß an oder fährt einen Hügel hinunter, kann man sich sehr schnell vorwärts bewegen. Allerdings kann man mit einem Skateboard nicht nur geradeaus, sondern auch Figuren fahren oder sogar springen. Wichtig ist für diesen Sport vor allem ein gutes Gleichgewichtsgefühl.

Skelett
Unter einem Skelett versteht man das Knochengerüst, das Menschen und andere Wirbeltiere wie →Vögel, →Katzen oder →Hunde besitzen. Ein erwachsener Mensch hat etwa 206 →Knochen. Der ganze Körper wird dadurch gestützt. Das Skelett schützt auch bestimmte →Organe, z. B. der Schädel das →Gehirn. Die Wirbelsäule ist der Hauptträger des Skeletts, das vor allem aus Knochen und Knorpelgewebe besteht. Damit Bewegungen möglich werden, sind einzelne Knochen durch →Gelenke miteinander verbunden, z. B. durch das Kniegelenk oder das Gelenk in der Schulter. Beim Menschen liegt das Skelett im Körper, es gibt aber auch Tiere, bei denen ein äußeres Skelett den Körper umhüllt, festigt

und zugleich schützt. →Insekten oder →Krebse haben solche harten Außenskelette, die →Muskeln liegen dann im Inneren.

Das Skelett des Menschen

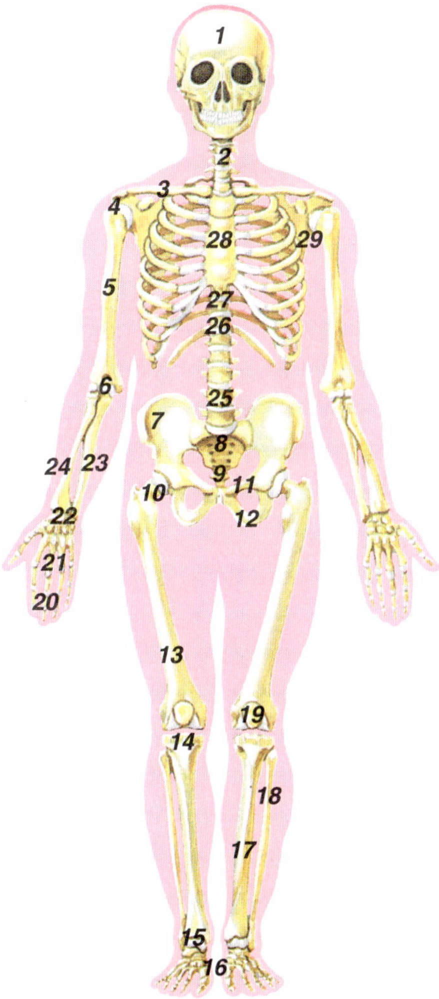

1 Schädel
2 Halswirbel
3 Schlüsselbein
4 Schultergelenk
5 Oberarmknochen
6 Unterarmgelenk
7 Becken
8 Kreuzbein
9 Steißbein
10 Oberschenkelgelenk
11 Schambein
12 Sitzbein
13 Oberschenkelknochen
14 Kniegelenk
15 Fußgelenk
16 Fußknochen
17 Schienbein
18 Wadenbein
19 Kniescheibe
20 Fingerknochen
21 Mittelhandknochen
22 Handwurzelknochen
23 Elle
24 Speiche
25 Lendenwirbel
26 Brustwirbel
27 Schwertfortsatz
28 Brustbein
29 Schulterblatt

Skinhead
Das Wort „Skinhead“ kommt aus dem Englischen und bedeutet eigentlich „Hautkopf“. Bezeichnet werden damit meist männliche Jugendliche, die sich zu einer Gruppe zusammenschließen. Sie sind in der Regel gewalttätig und aggressiv. Die Männer tragen sehr kurze Haare oder sogar Glatzen, daher stammt der Name. Skinheads wollen durch ihr Aussehen und ihr Verhalten gegen die Gesellschaft protestieren und Aufmerksamkeit erregen. Sie sind meist gegen Ausländer und haben oft Sprüche und Gedanken des →Nationalsozialismus aufgenommen.

Skisport
Das Skilaufen ist eigentlich schon sehr alt. In Gegenden, in denen viel Schnee liegt, waren Skier oder Schneeschuhe schon immer ein wichtiges Fortbewegungsmittel. Das Körpergewicht verteilt sich auf eine größere Fläche und man kann dadurch weniger leicht einsinken. Zum Sport wurde das Skilaufen erst seit etwa 1800. Im Bereich des sportlichen Skilaufens werden Wettkämpfe in verschiedenen →Disziplinen ausgetragen. Dazu gehören die alpinen Disziplinen Slalom, Riesenslalom, Superski und Abfahrtslauf und die nordischen Disziplinen Langlauf, Skispringen und Skifliegen. Außerdem gibt es Biathlon, eine Kombination aus Langlauf und Schießen, und neuere Skisportarten wie Trickskifahren, Skiballett oder Buckelpistenfahren. Auch als Freizeitsport ist Skilaufen stark verbreitet. Viele Menschen fahren im Winter in die Berge, um Ski zu fahren oder in Loipen Langlauf zu betreiben.

Im Wettkampf: Ein Skifahrer beim Abfahrtslauf

Sklaverei
Sklaven sind Menschen, die Eigentum eines anderen sind und in allen Bereichen völlig von ihm abhängen. Schon in der →Antike, besonders im alten Rom, hielt man Sklaven. Oft waren es Menschen aus eroberten

Gebieten oder Strafgefangene. Als 1492 →Amerika entdeckt wurde, breitete sich die Sklaverei stark aus. Die Besitzer von großen Plantagen oder Minen benötigten viele, billige Arbeitskräfte. Deshalb wurden Schwarze aus Afrika in ihrer Heimat gefangen genommen und nach Amerika gebracht. Schon auf der Reise starben viele Menschen an Krankheiten oder mangelnder Nahrung. In Amerika wurden die Überlebenden dann auf Sklavenmärkten an die Meistbietenden verkauft. Ohne Rücksicht wurden dabei z. B. Familien grausam auseinander gerissen. Die Sklaven mussten hart arbeiten, außerdem hatten sie oft die Launen ihrer Besitzer zu ertragen, die sie misshandelten und über sie verfügen konnten, wie es ihnen gefiel. Anfang des 19. Jahrhunderts verbot man die Sklaverei vielerorts. In Amerika wurde sie erst 1865 nach dem Bürgerkrieg zwischen den Nord- und den Südstaaten aufgegeben. Heute ist die Sklaverei weltweit verboten.

Slowakische Republik

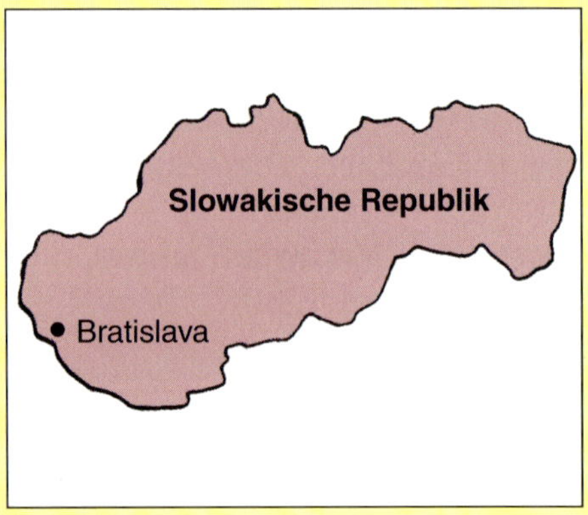

Kontinent:	Europa
Fläche:	49.036 km^2
Einwohner:	5.333.000
Hauptstadt:	Bratislava
Amtssprache:	Slowakisch
Währung:	Slowakische Krone

Die Slowakische Republik liegt in Mitteleuropa zwischen Ungarn, Österreich, der Tschechischen Republik, Polen und der Ukraine. Das →Klima ist kontinental. Das Land ist gebirgig und besitzt viele Wälder, die Material für den Holzhandel liefern. Außerdem wird Viehzucht betrieben und in den breiten Tälern Weizen, Mais, Zuckerrüben, Wein, Tabak, Obst und Gemüse angebaut. An →Industrie gibt es vor allem Holz-, Papier-, Metall-, Erdöl- und Textilindustrie. Die Einwohner sind hauptsächlich Slowaken, außerdem Ungarn und Tschechen.

Im 6. und 7. Jahrhundert wurde das Land von den Slowaken besiedelt, um 830 gehörte es zum Großmährischen Reich. Nach dessen Niedergang zählte es von 906 bis 1918 zu Ungarn, danach zur Tschechoslowakei. Nach dem Zusammenbruch der dortigen kommunistischen Regierung entstand 1990 aus der Slowakischen und der →Tschechischen Republik ein Bundesstaat. Dessen Scheitern führte 1993 zur Unabhängigkeit der Slowakischen Republik.

Slowenien

Die →Republik Slowenien grenzt an Italien, Österreich, Ungarn und Kroatien. Sie ist ein ziemlich gebirgiges Land mit vielen Wäldern. Das →Klima ist kontinental. Die Bevölkerung besteht vor allem aus Slowenen. Wirtschaftlich bedeutend ist die Schafzucht, aber auch die →Landwirtschaft und der Anbau von Wein. An →Bodenschätzen findet man Quecksilber, Bleierze, Braunkohle und Erdöl. Slowenien hat sich wirtschaftlich in den letzten Jahren sehr gut entwickelt.

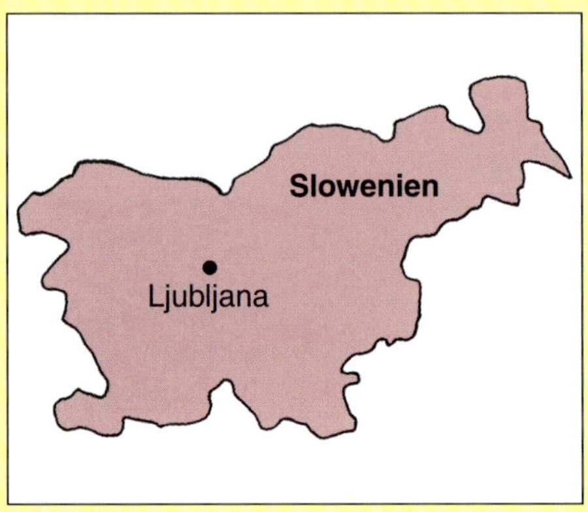

Kontinent:	Europa
Fläche:	20.255 km^2
Einwohner:	1.995.000
Hauptstadt:	Ljubljana
Amtssprache:	Slowenisch
Währung:	Tolar

Slowenien ist 1918 aus Teilen, die zu Österreich gehörten, und ungarischen Gebieten hervorgegangen, es zählte zu →Jugoslawien. 1991 erklärte es ohne Zustimmung Jugoslawiens seine Unabhängigkeit, die schnell weltweit anerkannt wurde. Dadurch wurde der Zusammenbruch Jugoslawiens 1992 unter anderem ausgelöst.

Smog
Normalerweise ist die →Luft am Boden wärmer als in der Höhe. Die Luft steigt daher auf und nimmt →Abgase und Rauch mit sich. Die schädlichen Stoffe sind dadurch zwar nicht verschwunden, sie verteilen sich aber und werden durch die nachströmende Frischluft verdünnt. Manchmal kommt es aber zu so genannten Inversionswetterlagen, das bedeutet, dass es in einer bestimmten Höhe wärmer ist als am Boden. Die kalte Luft kann nicht über diese Höhe aufsteigen und mit ihr bleiben auch die Abgase und →Schadstoffe an der warmen Schicht hängen. Die Luft reichert sich immer mehr mit Schadstoffen, Rauchteilchen und Staub an. Dadurch entsteht in Bodennähe eine Art Nebel, den man Smog oder Wintersmog nennt. Herrscht Smog, ist die Luft sehr ungesund, viele Menschen bekommen Atembeschwerden. Im Sommer kommt es zu einer ähnlichen Erscheinung, dem Sommersmog. Dabei entsteht kein Nebel, sondern höchstens eine Dunstschicht, die man von den Bergen aus über einer Stadt sieht. Die Luft ist aber genauso ungesund wie im Winter. Auch beim Sommersmog sind die Schadstoffe und

So ensteht Smog

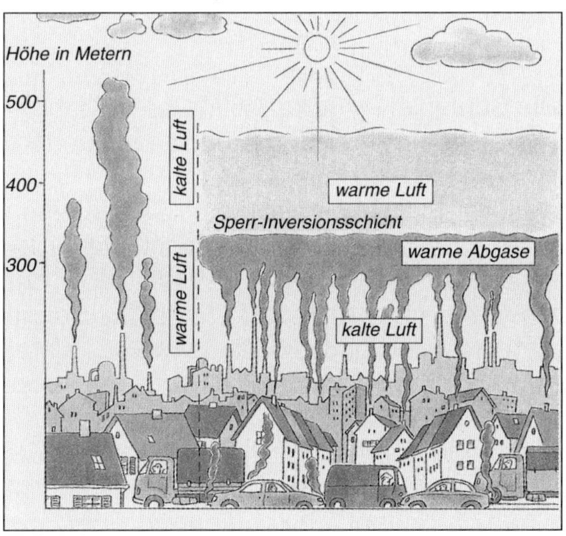

andere Teilchen durch eine wärmere Luftschicht gefangen und können nicht entweichen. Durch das Sonnenlicht wird eine chemische Reaktion ausgelöst, die →Ozon bildet. Dieses Gas ist giftig und reizt die Atemwege.

Snowboard
Mitte der 60er-Jahre erfand ein amerikanischer Wellenreiter den Snurfer, der als Wintersportgerät gedacht war. Dabei handelte es sich um ein Holzbrett, das wie ein verkleinertes Wellenbrett aussah. Auf dem Brett befanden sich keine Befestigungsmöglichkeiten für die Schuhe, deshalb waren nur kurze Abfahrten im Schnee möglich. 1975 entwickelte Jake Burton ein Modell eines Snowboards mit Fußschlaufen. Er orientierte sich an dem Aufbau von Skiern, achtete auf einen guten Belag für die Gleitfläche und versah das Brett mit Stahlkanten. Anfänglich waren Snowboards nur für die Verwendung im Pulverschnee gebaut, erst allmählich wurden sie so weiterentwickelt, dass sie auch für normale, harte Pisten verwendbar sind. Mittlerweile gibt es zahlreiche verschiedene Bretter, die in Länge und Fahrverhalten auf das jeweilige Können und das Gewicht des Fahrers sowie den Verwendungszweck abgestimmt sind.

Software →Hardware

Somalia
Die →Republik Somalia liegt im Osten Afrikas zwischen Dschibuti, Äthiopien und Kenia. Der Norden des Landes liegt am Golf von Aden, der Osten am Indischen Ozean. Das →Klima ist vom →Monsun bestimmt. Das Land besteht hauptsächlich aus trockener →Savanne, die als Weide für Tiere verwendet wird. Im Süden liegen fruchtbare Gebiete, in denen Zuckerrohr, Bananen, Hirse, Reis und Baumwolle angebaut werden. Der Großteil der Bevölkerung sind Somalier.
Der Norden Somalias stand ab 1884 unter englischer, der Süden ab 1885 unter italienischer Schutzherrschaft. Beide Teile wurden 1960 unabhängig und schlossen sich zur Republik Somalia zusammen. Nach einem Militärputsch 1969 regierte der Diktator M. Siad Barre das Land. Sein Sturz 1991 hatte

Kontinent:	Afrika
Fläche:	637.657 km^2
Einwohner:	9.077.000
Hauptstadt:	Mogadischu
Amtssprache:	Somali
Währung:	Somalia-Schilling

den Ausbruch eines Bürgerkrieges zur Folge. Dadurch brach die staatliche Ordnung völlig zusammen und es kam zu einer Hungersnot. Seit 1994 gab es verschiedene Versuche die Kämpfe zu stoppen, es kommt allerdings immer wieder zu Auseinandersetzungen.

Sonne

Die Sonne ist der zentrale Himmelskörper in unserem →Sonnensystem. Sie ist ein riesiger, glühender Gasball, der hauptsächlich aus →Wasserstoff und außerdem aus Helium und einer kleinen Menge schwererer →Elemente besteht. Die Sonne wird von mehreren →Planeten und ihren →Monden umkreist. Auch die →Erde läuft auf einer Bahn um die Sonne. Durch die Sonne ist das Leben auf der Erde überhaupt möglich. Pflanzen, Tiere und auch der Mensch brauchen ihr Licht und ihre Wärme, um zu leben. In der Mitte der Sonne ist es unvorstellbar heiß, etwa 15 Millionen Grad Celsius (°C). Dort findet eine Kernreaktion statt. Wasserstoffkerne verschmelzen in Heliumkerne. Dadurch wird →Energie erzeugt. Die Energie wird in Form von Wärme, Licht und anderen Strahlen abgegeben. Solange die Wasserstoffvorräte reichen, kann die Sonne Energie erzeugen. Wissenschaftler gehen davon aus, dass die Sonne noch einige Milliarden Jahre strahlen kann. Die Sonne gibt allerdings nicht nur nützliche, sondern auch für das Leben auf der Erde schädliche Strahlen ab. Die →Atmosphäre der Erde filtert diese Strahlen, sodass sie nicht oder nur in geringerem Maße auf die Erde gelangen. Das Loch in der →Ozonschicht, das durch die zunehmende Umweltverschmutzung entsteht, stellt deshalb eine große Gefahr für die Menschen und alle Lebewesen dar.

An der äußeren Schicht ist die Sonne schon wesentlich kühler, die Temperatur beträgt dort etwa 4300°C. Die äußere Schicht der Sonne heißt Photosphäre, darüber liegt die durchsichtige Chromosphäre. Auf der Sonne befinden sich ziemlich große, fleckige Gebilde, sie haben einen Durchmesser von 2000 bis 50.000 Kilometern. Das sind die Sonnenflecken. Etwa alle elf Jahre treten diese Flecken vermehrt auf. Am Rand der Sonne kommt es immer wieder zu Ausbrüchen von heißem →Gas. Größere Ausbrüche, in denen das Gas bis über 100.000 Kilometer hochgeschleudert wird, nennt man Protuberanzen.

Sonnenfinsternis

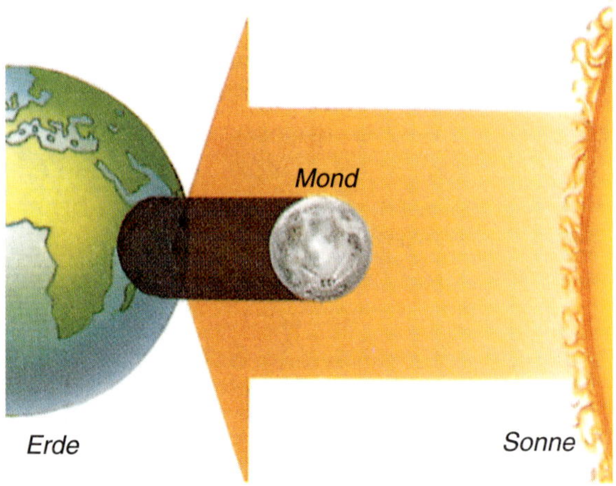

Die Sonne ist vor etwa 4,5 Milliarden Jahren aus einer Gas- und Staubwolke entstanden. Ihr Abstand zur Erde beträgt im Durchschnitt 149.600.000 Kilometer. Sie hat einen Durchmesser von 1.392.000 Kilometern. Bei einer Sonnenfinsternis schiebt sich der Mond zwischen Erde und Sonne. Die Sonne verschwindet ganz oder teilweise hinter dem Mond. Man spricht dann von einer totalen oder vollständigen bzw. von einer partiellen oder teilweisen Sonnenfinsternis. Bei einer totalen Sonnenfinsternis kann man gut einen Strahlenkranz erkennen, der die

Sonne umgibt. Man nennt ihn Korona. Der Mensch bemüht sich, die Energie der Sonne zur Erzeugung von elektrischem Strom zu nutzen. Sonnenkraftwerke werden gebaut und über Sonnenkollektoren können Häuser mit Wärme und Warmwasser versorgt werden.

Dieses Solarmobil wird mit Sonnenenergie betrieben.

Sonnensystem
Im Mittelpunkt des Sonnensystems steht die →Sonne, die von den →Planeten und ihren →Monden umkreist wird. Die Planeten sind: →Merkur, →Venus, →Erde, →Mars, →Jupiter, →Saturn, →Uranus, →Neptun und →Pluto. Außerdem gehören zum Sonnensystem die Planetoiden, das sind etwa 50.000 sehr kleine Planeten, die →Kometen und die →Meteoriten. Alle Körper kreisen um die Sonne.

Sorben
Die Sorben sind eine kleine westslawische Volksgruppe, die hauptsächlich in Brandenburg und Sachsen angesiedelt ist. Als es die →Deutsche Demokratische Republik noch gab, gehörten die Sorben zur DDR und bildeten deren einziges Minderheitenvolk. Sie waren gleichberechtigte Bürger und konnten ihre eigenständige →Kultur beibehalten. Die Sorben sprechen zwar deutsch, ihre Nationalsprache ist allerdings sorbisch, eine slawische →Sprache.

SOS
Das Zeichen SOS ist ein Notsignal, das in aller Welt unabhängig von der jeweiligen Sprache verstanden wird. Es wird entweder gefunkt oder durch Lichtzeichen weitergegeben. Dabei muss man dreimal kurz, dreimal lang und wieder dreimal kurz blinken oder funken.

Sowjetunion
Die genaue Bezeichnung der Sowjetunion lautete „Union der Sozialistischen Sowjetrepubliken“ oder abgekürzt UdSSR. Damit wurde ein Zusammenschluss aus 15 →Republiken bezeichnet. Zur UdSSR gehörten: Russland, die Ukraine, Weißrussland, Usbekistan, Kasachstan, Georgien, Aserbaidschan, Litauen, Moldau, Lettland, Kirgisistan, Tadschikistan, Armenien, Turkmenistan und Estland. Die Sowjetunion war das größte Land der Erde, sie umfasste eine Fläche von etwa 22.100.000 km² und erstreckte sich über Osteuropa und Asien. Mit seinen 278.800.000 Einwohnern war sie neben China und Indien das volkreichste Land. Aufgrund ihrer Größe war sie dennoch insgesamt eher dünn besiedelt. Weite Gebiete waren menschenleer. Die Hauptstadt der Sowjetunion war Moskau. In der Sowjetunion wurde der →Kommunismus vertreten. Die politische Macht lag bis 1990 allein in den Händen der Kommunistischen Partei (KPdSU). Gegensätzliche Meinungen wurden unterdrückt, das Volk hatte den Lehren und Meinungen der →Partei zuzustimmen. Die Freiheit der Bevölkerung war stark eingeschränkt.

Einige Tage nach der russischen Februarrevolution im Jahr 1917 stellen sich Soldaten mit den roten Fahnen der Revolution den Fotografen.

Entstanden ist die Sowjetunion aus dem Russischen Reich, das vom 9. Jahrhundert bis 1917 bestand und von einem Kaiser, dem Zaren, regiert wurde. 1917 brach in →Russland die Revolution aus. Die Kommunisten unter W. I. →Lenin erhoben sich gegen die Regierung, der Zar wurde gestürzt. 1918 entstand die russische Sozialistische Föderative Sowjetrepublik, die 1922 nach dem Zusammenschluss weiterer Republiken in die UdSSR überging. Nach dem Tod Lenins 1924 übernahm I. W.

→Stalin bis zu seinem Tod 1953 die Macht und führte eine sehr strenge und grausame Herrschaft. Im Zweiten →Weltkrieg eignete sich die Sowjetunion Teile Polens und Finnlands, Litauen, Estland und Lettland an. Nach dem Kriegsende 1945 gewann sie Einfluss auf Osteuropa. Als Folge entstanden auch in anderen Ländern kommunistische Regierungen, zum Beispiel in Ungarn und Ostdeutschland. Die UdSSR entwickelte sich zu einer Weltmacht. Lange Zeit gab es große Auseinandersetzungen zwischen den kommunistischen Ländern und der UdSSR einerseits und dem so genannten Westen unter Führung der →USA andererseits. Seit Ende der 60er-Jahre fand eine Entspannung im Verhältnis zwischen der UdSSR und dem Westen statt. 1985 trat M. →Gorbatschow an die Spitze der Sowjetunion und versuchte Veränderungen in Staat, Partei und Gesellschaft durchzusetzen. Dies führte dazu, dass 1991 die Partei aufgelöst und verboten wurde. Durch die größere Freiheit lebten Probleme zwischen den verschiedenen Völkern auf, die immer unterdrückt worden waren. Einige Staaten, wie Lettland, Litauen und Estland, erklärten mit dem Einverständnis der UdSSR ihre Unabhängigkeit, andere lösten sich trotz des Widerstandes der Sowjetunion aus dem Zusammenschluss. Der endgültige Zerfall der Sowjetunion wurde dann im Dezember 1991 durch das Entstehen der →Gemeinschaft Unabhängiger Staaten oder kurz GUS eingeleitet. Am 25.12.1991 hörte die UdSSR dann endgültig auf zu bestehen.

Sozialismus

Der Sozialismus ist eine Bewegung, die im 19. Jahrhundert entstanden ist. Hauptziel war die Errichtung einer neuen Gesellschaftsordnung, in der alle Menschen gleiche Rechte besitzen, der Reichtum gerecht verteilt ist und jeder ohne Not leben kann. Die Bewegung protestierte gegen die zu damaliger Zeit oft sehr schlechten Arbeits- und Lebensbedingungen der Arbeiter. Diese hatten keine Rechte und kaum Möglichkeiten sich gegen ihre Arbeitgeber zu behaupten. Sie mussten niedrige Löhne und schlechte Arbeitsbedingungen annehmen, wenn sie ihre Arbeit nicht verlieren wollten. Der Sozialismus klagte die Ausbeutung der Arbeiter durch die reichen Unternehmer, die so genannten Kapitalisten, an. Der Sozialismus entwickelte sich dann in zwei Richtungen weiter. Zum einen wurde er vertreten durch die Anhänger von Karl →Marx, die auch vor einer →Revolution und gewaltsamen Veränderungen nicht zurückschreckten. In dieser geschichtlichen Tradition wird der Begriff Sozialismus in Ländern oder im Zusammenhang mit Ländern gebraucht, die den →Kommunismus vertreten. Zum anderen wurden sozialistische Gedanken in die Sozialdemokratie aufgenommen.
→Arbeiterbewegung

Der Aufruf „Proletarier aller Länder, vereinigt euch!“ stammt von Karl Marx und Friedrich Engels. Viele Arbeiterbewegungen machten sich diese Parole zu Eigen.

Spanien

Im Südwesten Europas liegt Spanien, es grenzt an Portugal und Frankreich. Mit Portugal zusammen liegt es auf der Iberischen Halbinsel. Die Grenze zu Frankreich bildet der Gebirgszug der →Pyrenäen. Spanien ist ziemlich gebirgig, im Landesinneren befindet sich ein ausgedehntes Hochland. Dort gibt es oft ziemlich kalte Winter und sehr warme Sommer. An der Mittelmeerküste herrscht trockenes, heißes →Klima vor, an der nordwestlichen Küste ist es mild und feucht. Über die Hälfte des Landes wird landwirtschaftlich genutzt. Angebaut werden vor allem Weizen, Mais, Zuckerrüben, Reis, Südfrüchte, Wein, Ölbäume und Tabak. Daneben sind Viehzucht und Fischfang weit verbreitet. Spanien besitzt viele →Bodenschätze. Die →Industrie ist gut entwickelt. Ein wichtiger Wirtschaftsfaktor ist auch der →Tourismus. Die

Bevölkerung besteht zum Großteil aus Spaniern, außerdem aus Katalanen, Basken und Galiciern, die eigene →Sprachen und →Kulturen besitzen.
Seit etwa 200 v. Chr. gehörte die ganze Iberische Halbinsel zum →Römischen Reich. Im 5. Jahrhundert n. Chr. setzten sich die Westgoten fest, deren Reich 711 von den Arabern besiegt wurde. Im 11. Jahrhundert zerfiel die arabische Macht langsam, die so genannte Reconquista, also die Rückeroberung der Halbinsel durch die Christen, begann. Es entstanden verschiedene Königreiche. Die Hauptreiche waren Aragonien und Kastilien, die im 15. Jahrhundert durch Heirat zu einem spanischen Gesamtstaat vereint wurden. Spanien entsandte Schiffe über die Meere und unterstützte Christoph →Kolumbus. Ziel der Reisen war es, neue Gebiete zu entdecken und die vorhandenen Schätze auszubeuten. Spanien entwickelte sich im 16. Jahrhundert neben Portugal zu einer führenden Kolonialmacht in Süd- und Mittelamerika. Im 17. und 18. Jahrhundert zerfiel die Macht Spaniens langsam. Anfang des 19. Jahrhunderts setzte →Napoleon I. seinen Bruder als spanischen König ein. Die Spanier erhoben sich gegen die Fremdherrschaft, 1813 mussten die französischen Truppen schließlich das Land räumen. Von 1810 bis 1825 schüttelten die südamerikanischen →Kolonien die spanische Herrschaft ab. Im 19. Jahrhundert kam es zu schweren Auseinandersetzungen um den spanischen Thron. 1923 errichtete Primo de Rivera eine →Diktatur des Militärs. Der Widerstand des Volkes zwang ihn 1930 zum Rücktritt, es wurden Wahlen durchgeführt, aus denen die linksgerichteten →Parteien siegreich

Plaza de España in Sevilla

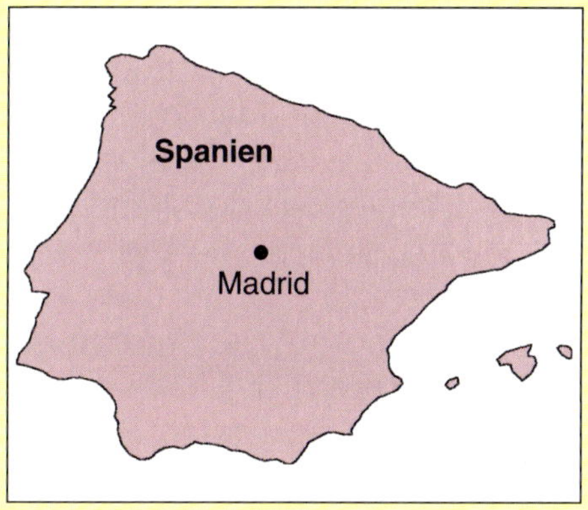

Kontinent:	Europa
Fläche:	505.990 km^2
Einwohner:	39.551.000
Hauptstadt:	Madrid
Amtssprachen:	Spanisch Katalanisch Baskisch Galicisch
Währung:	Peseta

hervorgingen. 1936 erhob sich General Franco gegen die Regierung. Das führte zum spanischen Bürgerkrieg von 1936 bis 1939. Franco siegte und regierte das Land seitdem als Diktator. 1947 wurde Spanien in eine →Monarchie verwandelt, die Macht blieb allerdings weiterhin bei Franco. Nach seinem Tod 1975 wurde Juan Carlos König. 1977 fanden die ersten Parlamentswahlen statt und 1978 wurde Spanien eine parlamentarische Monarchie.

Spektrum

Fällt weißes →Licht durch ein Glasprisma, wird auf der anderen Seite ein farbiges Lichtband sichtbar, das die →Farben Rot, Orange, Gelb, Grün, Blau und Violett aufweist. Das nennt man Spektrum. Das weiße Licht ist in die Farben zerlegt, aus denen es besteht.
Von einem Spektrum spricht man auch in einem ganz anderen Zusammenhang. Es wird dann gleichbedeutend mit Vielfalt verwendet.

Spiegel

Blickt man in einen Spiegel, sieht man sein eigenes Gesicht oder die ganze Gestalt. Das Bild ist allerdings seitenverkehrt. Hebt der Betrachter den rechten Arm, so hebt das Spiegelbild den linken. Lichtstrahlen werden von einem Spiegel zurückgeworfen. Fängt man Sonnenstrahlen oder das Licht einer Lampe mit einem Spiegel ein, erscheint ein Lichtfleck an der Wand, die dem Spiegel gegenüberliegt. Spiegel bestehen aus Platten, auf die →Silber oder →Aluminium aufgetragen wird. Dadurch werden sie reflektierend gemacht, das heißt sie können Bilder oder Licht zurückwerfen. Spiegel werden nicht nur im Haushalt, sondern auch z. B. bei Fotoapparaten oder in Scheinwerfern verwendet.

Spinnen

Es gibt rund 30.000 verschiedene Arten von Spinnen. Sie gehören nicht zu den Insekten, sondern zu den Spinnentieren. Dazu werden auch Skorpione, Weberknechte und Milben gezählt. Spinnen haben acht Beine, ihr Körper ist in zwei Abschnitte geteilt, das Kopfbruststück und den Hinterleib. Am Kopfbruststück sitzen zwei bis acht Augen. Viele Spinnen haben an ihrem Hinterleib Spinndrüsen. Damit können sie einen Faden erzeugen, aus dem sie ihre Netze spinnen. In den Netzen bleiben Mücken, Fliegen und andere kleinere Insekten hängen. Die Spinnen lähmen ihre Beute durch einen giftigen Biss. Das →Gift der meisten Spinnen ist für den Menschen ungefährlich. Eine Ausnahme bildet z. B. das Gift der Schwarzen Witwe. Die betäubte oder getötete Beute wird dann mit einem Spinnfaden umwickelt und mit Verdauungssäften eingespeichelt. Die genießbaren Teile des Insekts lösen sich dadurch auf und können von der Spinne eingesogen werden. Die ungenießbaren Teile bleiben zurück. Es gibt auch Spinnenarten, die ihre Beute ganz anders fangen. Die Bolaspinne setzt so lange Klebtropfen an einem Faden ab, bis eine Kugel entstanden ist. Diese schwingt sie dann, bis ein Insekt daran kleben bleibt.

Kreuzspinne mit Netz

Die Vogelspinne tötet mit ihrem Gift Vögel, Echsen und Insekten. Für uns Menschen ist ihr Biss ungefährlich.

Sport

Heute treiben viele Menschen in ihrer Freizeit Sport, weil es ihnen Spaß macht und weil sie etwas für ihre Gesundheit tun wollen. Jeder kann sich dabei die Sportart aussuchen, die ihm am besten gefällt. Einige gehen gerne joggen, andere spielen →Tennis oder →Fußball, treiben Gymnastik oder gehen schwimmen. Es gibt zahlreiche verschiedene Sportarten. Zum Teil gehen sie auf Fertigkeiten zurück, die die Menschen in früheren Zeiten für die Jagd oder im Kampf brauchten, zum Beispiel →Bogenschießen oder Speerwerfen. Sportliche Wettkämpfe wurden seit jeher in den verschiedenen →Kulturen und Zeiten zur Unterhaltung oder auch im Rahmen von Feierlichkeiten veranstaltet. Den modernen Sport mit seinen festen Regeln haben die Engländer verbreitet. Deswegen gibt es in

Eine beliebte Sportart ist Volleyball.

diesem Bereich auch viele Worte, die aus dem Englischen kommen, wie Trainer oder Champion. Sportler, die Leistungssport betreiben und dafür bezahlt werden, nennt man Profis. Im Gegensatz dazu gibt es die →Amateure, die Sport aus Spaß betreiben und keine Bezahlung dafür erhalten.

Sprachen
Wie viele verschiedene Sprachen es genau auf der Welt gibt, steht nicht fest. Man geht davon aus, dass es um die 3000 sind. Nicht alle Sprachen sind Schriftsprachen, also Sprachen, die man auch schreiben kann. Menschen, die im Wesentlichen die gleiche Sprache sprechen, bezeichnet man als Sprachgemeinschaft. Dabei können Unterschiede je nach →Dialekt, Bildungsgrad oder Alter auftreten. Man unterscheidet zwischen der Hochsprache, also der richtigen Form der Sprache, und der Umgangssprache, die im täglichen Leben verwendet wird. Außerdem gibt es so genannte Fachsprachen, die in bestimmten Bereichen der →Naturwissenschaft oder →Technik auftreten. Sie weisen Wörter auf, die nur in diesen Fachgebieten verwendet werden oder eine besondere Bedeutung haben.
Viele Sprachen gehen auf eine Sprache zurück, aus der sie sich entwickelt haben. Die ursprüngliche Sprache nennt man Grundsprache, die neuen Sprachen Tochtersprachen. Zusammen bilden sie eine Sprachfamilie. Die romanischen Sprachen, wie Spanisch, Französisch oder Italienisch, sind z. B. aus dem Lateinischen hervorgegangen. Es können auch Ähnlichkeiten zwischen verschiedenen Sprachfamilien bestehen, diese besitzen dann einen gemeinsamen Sprachstamm. So sind zum Beispiel die germanischen Sprachen, also Deutsch, Dänisch oder Schwedisch, die slawischen Sprachen, etwa Bulgarisch oder Polnisch, die romanischen Sprachen und noch einige andere Sprachen indogermanische Sprachen. Die am häufigsten gesprochene Sprache auf der Welt ist Chinesisch. Als Muttersprache bezeichnet man die Sprache, die ein Kind als Erstes durch Nachahmung seiner Eltern und der Umgebung lernt. Für gehörlose Menschen wurde eigens eine Zeichensprache entwickelt, über die sie sich mit Fingerzeichen und Gebärden verständigen können.

Spur →Fährte

Sri Lanka
Die →Republik Sri Lanka liegt im Indischen Ozean vor der Südostküste Indiens. Sie besteht aus einer Hauptinsel und kleineren Nebeninseln. Im Westen und Süden regnet es viel und es ist warm, daher herrscht dort ein großer Pflanzenreichtum. Im Norden und Osten befinden sich →Savannen. Die Bevölkerung besteht zu zwei Dritteln aus Singhalesen und einem kleinen Teil Tamilen. Wirtschaftlich bedeutend sind der Anbau von Reis, Tee, Kautschuk und Kokospalmen.
1505 landeten die Portugiesen auf Sri Lanka, sie wurden 1656/57 durch die Niederländer verdrängt. 1795 wurde Sri Lanka britisch und seit 1948 ist es unabhängig. Es gab immer wieder schwere Unruhen zwischen den Singhalesen und den Tamilen. 1995 schlossen die Tamilen einen Waffenstillstand mit der Regierung.

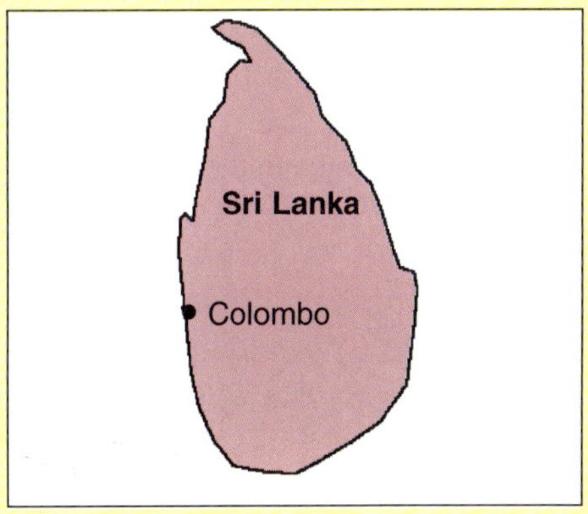

Kontinent:	Asien
Fläche:	65.628 km^2
Einwohner:	18.125.000
Hauptstadt:	Colombo
Amtssprachen:	Singhalesisch Tamilisch
Währung:	Sri-Lanka-Rupie

Staat
Wenn viele Menschen zusammenleben, muss es Regeln geben, damit dies ohne größere Probleme möglich ist. Dabei kann nicht jeder Einzelne an Entscheidungen mitwirken und Beschlüsse fassen, sondern es werden dafür bestimmte Einrichtungen

geschaffen und Personen gewählt. Alle diese Einrichtungen, die das Zusammenleben eines Volkes auf einem bestimmten Gebiet gewährleisten, nennt man Staat. Der Staat hat verschiedene Aufgaben, z. B. →Gesetze zu erlassen. Bestimmte Einrichtungen wachen darüber, dass diese eingehalten bzw. Übertretungen bestraft werden. Dazu gibt es die →Polizei und die Justiz. Verträge mit anderen Ländern müssen geschlossen, Entscheidungen getroffen und allgemein dem Staatsvolk ein möglichst gutes und sicheres Leben ermöglicht werden. Um seine Aufgaben zu erfüllen, braucht der Staat →Geld. Deshalb zahlen die Bürger Steuern. Der Staat entscheidet dann, wie diese Gelder verwendet werden, zum Beispiel zum Ausbau des Gesundheits- oder Bildungswesens oder für den Bau von Straßen.
Je nachdem, wie der Staat aufgebaut ist und in wessen Hand die Macht liegt, unterscheidet man verschiedene Staatsformen, z. B. →Demokratie, →Diktatur oder →Monarchie. Die meisten Staaten bezeichnen sich heute als →Republiken. In Deutschland liegt die oberste Macht bei der Bundesregierung, die aus dem →Bundeskanzler und den →Ministern besteht. Sie gehören einer bestimmten →Partei an. Andere Parteien, die nicht die Regierung stellen, haben dennoch die Möglichkeit, zum Beispiel über den →Bundesrat, bei politischen Entscheidungen mitzureden. Als Staatsvolk bezeichnet man die Gesamtheit aller →Bürger, die in einem Staat zusammenleben. Früher hatten sie je nach Stand, also abhängig davon, ob sie Bauern, Adelige oder Bürger waren, unterschiedliche Rechte. Heute hat zumindest in einer Demokratie jeder Bürger die gleichen Rechte und Pflichten. Staatsangehörigkeit bedeutet, dass eine Person zu einem bestimmten Staatsvolk gehört. Die deutsche Staatsangehörigkeit erhält z. B., wer als Kind eines deutschen Elternteils geboren wird. Auf ausdrücklichen Wunsch kann sie auch später verliehen werden.

Staatsbürger →Bürger

Stadt
Eine Ansammlung von Häusern, in denen Menschen leben, →Handel getrieben wird, Geschäfte, →Industrie und Verwaltungsgebäude vorhanden sind, nennt man ab einer bestimmten Größe Stadt. Von einer Landstadt spricht man bei 2000 bis 5000 Einwohnern, eine Kleinstadt weist 5000 bis 20.000 Einwohner auf, eine Mittelstadt 20.000 bis 100.000 und Großstädte haben über 100.000 Einwohner. Stadtgründungen findet man schon sehr früh in der Geschichte. Die alten →Römer, vor allem Kaiser Augustus (63 v. Chr.–14 n. Chr.), legten viele Städte in eroberten Gebieten an. So entstanden zum Beispiel Köln und Regensburg. Im →Mittelalter wurden Orte durch die Verleihung der Stadtrechte zu Städten. Das bedeutet, dass Märkte abgehalten werden durften und die Handwerker sich in so genannten Zünften zusammenschließen konnten.

Stahl →Eisen

Stalin, Iossif Wissarionowitsch
Der sowjetische Politiker I. W. Stalin (21.12.1879–5.3.1953) war Sohn eines Schuhmachers und Fabrikarbeiters. Von 1894 bis 1899 besuchte er ein Priesterseminar, von dem er allerdings ausgeschlossen wurde, weil er sich für die russische →Revolution einsetzte. Seitdem widmete er sich ganz dem Klassenkampf und strebte die Umwandlung der Gesellschaft an. Zwischen 1907 und 1913 wurde er mehrmals verhaftet. 1917 wurde der russische Kaiser gestürzt, die Kommunisten unter W. I. →Lenin übernahmen die Macht und gründeten 1922 die →Sowjetunion. An all diesen Vorgängen war Stalin wesentlich

Stalin in Galauniform 1950

beteiligt, er hatte wichtige Ämter innerhalb der Kommunistischen Partei inne. Nach dem Tod Lenins 1924 übernahm Stalin die Macht und errichtete eine →Diktatur in →Staat und →Partei. Ab 1927 war er unumschränkter Herrscher. In den 30er-Jahren beseitigte er rücksichtslos Gegner oder anders denkende Parteimitglieder. Militärische Erfolge im Zweiten →Weltkrieg und die zunehmende Bedeutung der UdSSR bestärkten seine Macht. Nach seinem Tod verurteilte die Kommunistische Partei die Personenverehrung um Stalin, seine Führung und Taten.

Stärke
In vielen Pflanzen, zum Beispiel →Getreide, →Kartoffeln oder →Reis, kommt Stärke vor. Bei der →Fotosynthese entsteht dieses →Kohlenhydrat aus →Zucker. In den Pflanzen ist Stärke in Form von kleinen Körnern vorhanden. Schon im Altertum wurde Stärke aus Weizen gewonnen und als Zusatz für Arzneien und als Kleister verwendet. Erhitzt man Stärke, erhält man nämlich einen Kleister. Der Mensch muss über seine Nahrung Stärke zu sich nehmen. In der →Industrie wird Stärke vor allem bei der Herstellung von Nahrungsmitteln, →Papier, Klebstoffen und Stoffen verwendet.

Stau
Heute ist es fast schon selbstverständlich, dass die meisten Leute über mindestens ein Auto verfügen. Jeder möchte möglichst schnell, einfach und bequem an sein Ziel gelangen. Gerade an den Wochenenden zieht es viele Menschen z. B. in die Berge oder an Seen. Zu Tages- oder Jahreszeiten, beispielsweise Ferienbeginn oder -ende, an denen besonders viele Menschen gleichzeitig unterwegs sind, kommt es dann oft zu Staus auf den Straßen. Es bilden sich endlose Autoschlangen, die nur im Schritttempo vorwärts kommen. Ursachen für Staus können neben dem dichten Verkehr auch Unfälle, Baustellen oder Grenzübergänge sein. Auch in der Stadt gibt es viele Straßen, auf denen es z. B. im Berufsverkehr leicht zu Staus kommt. Man sollte sich deshalb überlegen, ob man tatsächlich immer das Auto braucht oder nicht Bus oder Bahn benutzen kann. Auch ist es sinnvoller Fahrgemeinschaften zu bilden, statt alleine mit dem Auto zu fahren. Auf diese Weise hilft man auch der Umwelt, da sie weniger →Abgase verkraften muss.

Bildet sich auf einer zweispurigen Autobahn ein Stau von einem Kilometer Länge, werden pro Stunde fast 1000 Liter Treibstoff verschwendet.

Staudamm
Einen Staudamm oder eine Staumauer bezeichnet man auch als Talsperre. Ein Staudamm besteht meist aus einem Kern aus Lehm oder Ton, der mit Sand, Erde und Steinen aufgeschüttet wird. Eine Staumauer wird aus →Beton gebaut. Wird eine Talsperre errichtet, kann ein Fluss nicht mehr ungehindert talwärts fließen, sein Wasser wird aufgestaut und in Seen gesammelt. Aus diesen Staubecken können die umliegenden Ansiedlungen Trinkwasser oder Wasser zur Bewässerung der Böden beziehen. Mithilfe eines Staudamms kann das

Wasserkraftwerk an der Staumauer des Edersees

Wasser in regenreichen Zeiten gespeichert werden, sodass auch bei Trockenheit immer genügend Wasservorräte vorhanden sind. Staudämme werden auch als Schutz gegen Hochwasser oder zur Erzeugung elektrischer →Energie errichtet. Dazu müssen in die Talsperren Wasserkraftwerke eingebaut sein. Das Wasser fließt aus dem Staubecken durch Druckleitungen ins Tal. Dabei treibt es →Turbinen an und diese bewegen wiederum →Generatoren, die Strom erzeugen.

Steinzeit
In der Entwicklungsgeschichte der Menschheit gibt es eine Zeit, in der der Mensch Werkzeuge und Geräte hauptsächlich aus Stein herstellte. Diesen Zeitraum nennt man Steinzeit. Er wird unterteilt in Alt-, Mittel- und Jungsteinzeit.
Die Altsteinzeit umfasst den Zeitraum vom Auftreten des Menschen vor etwa zwei Millionen Jahren bzw. von der ersten Verwendung von Werkzeug bis 10.000 v. Chr. Die Menschen lebten hauptsächlich von dem, was sie jagen und sammeln konnten. Aus dieser Zeit kennt man heute vor allem die Faustkeile, das sind Werkzeuge, die an einem Ende abgerundet sind und am anderen spitz zulaufen. Mit ihnen konnte man schneiden, graben oder schlagen. Hergestellt wurden die Faustkeile, indem man einen Stein mit einem anderen zurechtschlug. Mit der Zeit verfeinerten die Menschen die Technik zur Herstellung der Werkzeuge. Man fand andere Waffen, zum Beispiel Speere, und kleine Verzierungen auf den Geräten.
In der Mittelsteinzeit, etwa 9000 bis 4000 v. Chr., gab es bereits einige Menschen, die Ackerbau betrieben, und andere, die noch immer lediglich vom Sammeln und Jagen lebten. Die Entwicklung der Menschen und damit auch ihrer Werkzeuge und Geräte war je nach Gegend sehr unterschiedlich fortgeschritten. Insgesamt wurde der Mensch bei der Herstellung geschickter und konnte kleinere und feinere Dinge fertigen.
In der Jungsteinzeit, 4000 bis 1800 v. Chr., wurden die Menschen zunehmend sesshaft, sie bauten Dörfer und hielten Tiere. Man trieb Ackerbau und stellte Geräte nicht mehr nur durch Schlagen und Drücken her, sondern sie wurden zusätzlich geschliffen oder durchbohrt. Allmählich fand immer mehr →Bronze als Material Verwendung, das bedeutete den Übergang zur Bronzezeit.

Steppe
Die Steppe ist eine Fläche, auf der Kräuter, Büsche und Gräser wachsen, aber kaum Bäume. Sie entsteht überall dort, wo es zu wenig Regen gibt, um andere Pflanzen gedeihen zu lassen. Zu den großen Steppen der Erde gehören die Prärien →Nordamerikas oder die Pampas in →Südamerika. Die Steppen in →Afrika heißen →Savannen. Steppen werden oft als Weideland für Tiere verwendet oder in Ackerland umgewandelt.

Stern
Betrachtet man nachts den Himmel, entdeckt man viele leuchtende Punkte, die Sterne. Wir sehen allerdings nur einen winzigen Teil der Sterne, die es tatsächlich im

Das Abschlagen von Klingen: Aus ihnen fertigten Steinzeitmenschen z. B. Speerspitzen oder Meisel.

Zunächst wird mit einem Stein ein flaches Stück vom Block abgeschlagen.

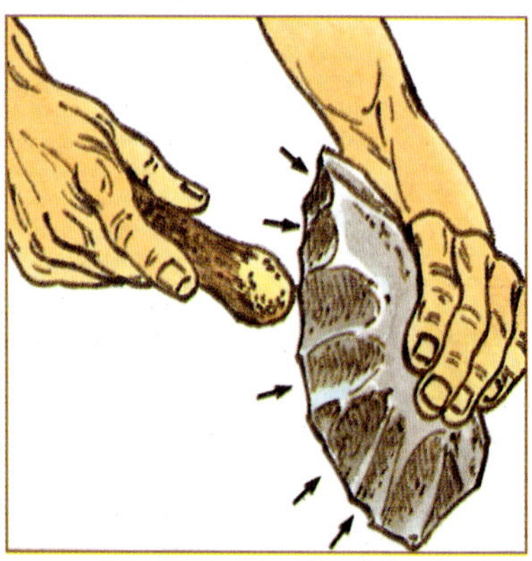

Dann wird das flache Stück durch Abspitzen kleinerer Stücke in Form gebracht.

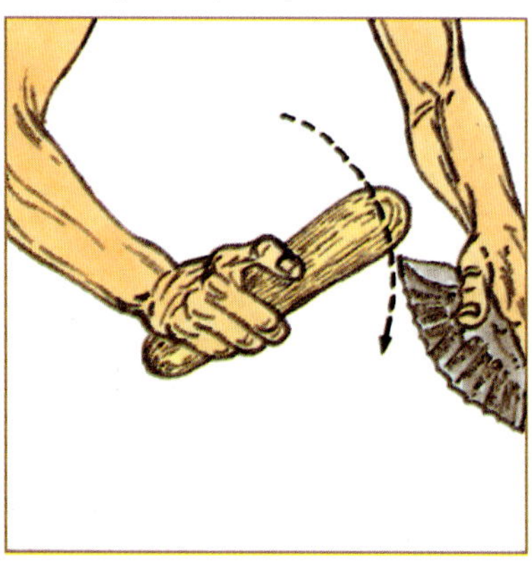

Schließlich wird die erste Klinge abgeschlagen.

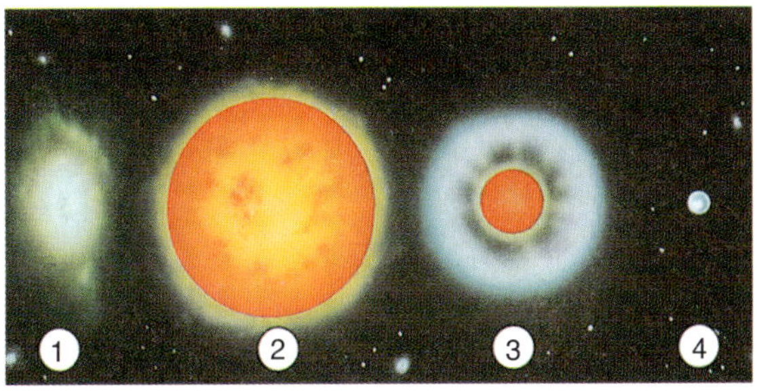

Entwicklung eines Sterns

→Weltall gibt. Wissenschaftler unterscheiden die Wandelsterne und die eigentlichen Sterne, die Fixsterne. Wandelsterne sind die →Planeten, die sich um die →Sonne bewegen. Sie leuchten, weil das Sonnenlicht auf sie trifft und zurückstrahlt. Die Fixsterne bewegen sich nur unmerklich fort und senden eigenes Licht aus. Der Stern, der der →Erde am nächsten ist, ist die Sonne. Die meisten Sterne sind wie die Sonne aufgebaut, sie sind also glühende Gaskugeln. Obwohl einige Sterne sehr groß sind, zum Teil sogar größer als die Sonne, sehen wir sie nur als winzige Punkte. Das liegt daran, dass sie unglaublich weit von der Erde entfernt sind. Sterne können sehr alt werden, irgendwann hören sie allerdings auf zu bestehen. Genauso bilden sich andauernd neue Sterne. Sterne entstehen, wenn Wolken aus →Gas und Staub durch die →Schwerkraft immer stärker zusammengedrückt werden ①. Druck und Temperatur nehmen zu. Diese Ansammlung von Staub und Gas wird irgendwann so heiß, dass Wasserstoffatome zu Heliumatomen verschmelzen. Bei dieser Kernreaktion entsteht →Energie. Der Stern leuchtet. Wenn der Vorrat an →Wasserstoff aufgebraucht ist, vergrößert sich der Stern zu einem so genannten Roten Riesen ②. Dann erlischt er langsam und schrumpft ③. Er wird zu einem Weißen Zwerg, der nur noch sehr schwach leuchtet ④. Wenn die Weißen Zwerge ganz erloschen sind, nennt man sie Schwarze Zwerge. Manche Sterne explodieren auch, wenn die Kernreaktion in ihrem Inneren zum Stillstand kommt. Die äußeren Schichten werden dabei abgestoßen. Man kann dann den sehr seltenen Ausbruch einer so genannten Supernova beobachten.

Sternbild
Schon sehr früh haben Menschen versucht, Gruppen von →Sternen zusammenzustellen,

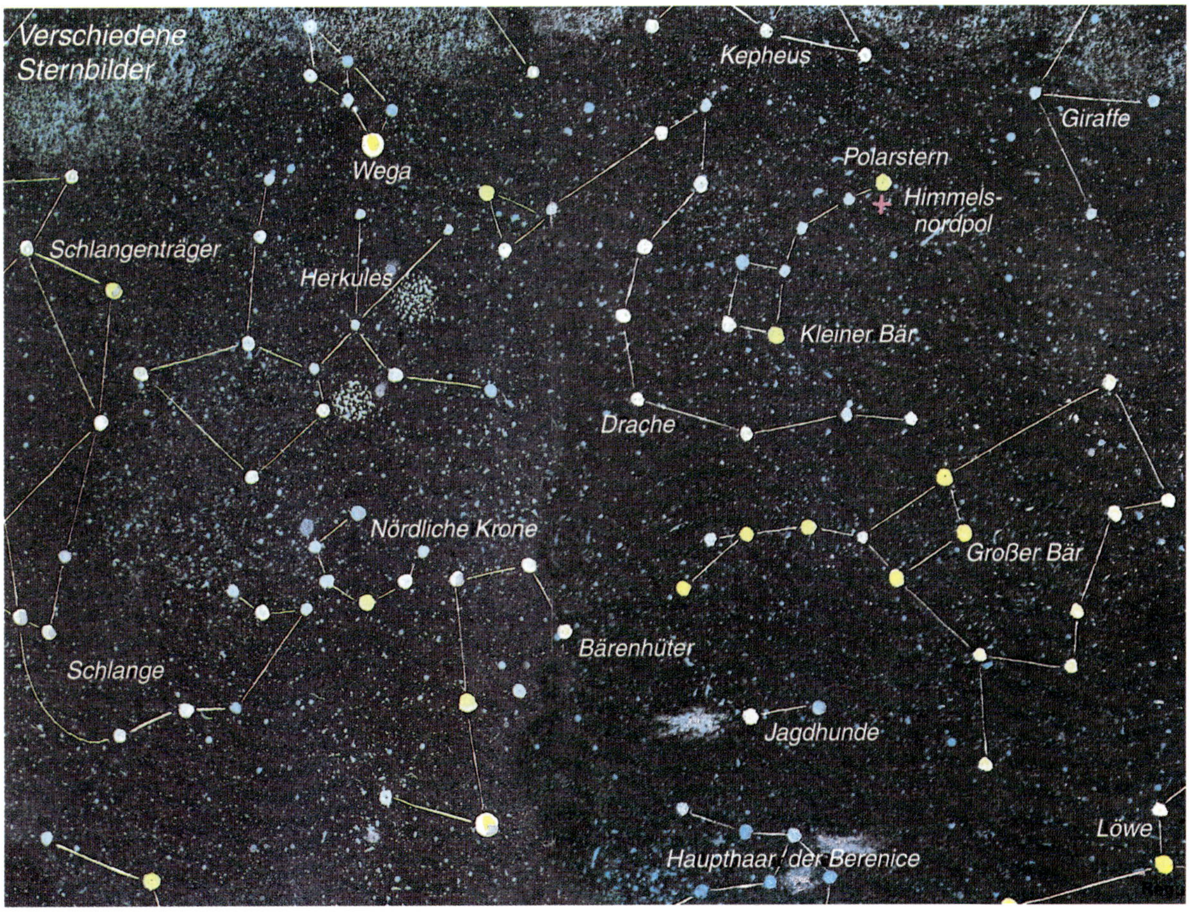

Verschiedene Sternbilder

um eine gewisse Ordnung am Himmel zu erhalten. Dabei verbanden sie die Sterne durch gedachte Linien und benannten diese Sternbilder nach dem, was sie darin zu sehen glaubten.
Auch heute noch kennt man viele dieser Bezeichnungen. Die Astrologen unterscheiden heute 88 verschiedene Sternbilder, z. B. den Großen und Kleinen Bär, den Pegasus und die Fische. Darunter befinden sich auch die für die →Astrologie wichtigen zwölf Tierkreiszeichen.

Stickstoff

Das chemische →Element Stickstoff ist ein farb- und geruchloses →Gas. Die →Luft besteht zu mehr als zwei Dritteln aus Stickstoff. Chemisch gebunden kommt er in einigen →Salzen und in den Eiweißstoffen, die in allen Lebewesen vorhanden sind, vor. Stickstoff wird in der →Industrie vor allem zur Herstellung chemischer Stoffe und Düngemittel verwendet.
Chemische Verbindungen, die Stickstoff enthalten, können für die Umwelt sehr schädlich sein. Zudem greifen sie die Atemwege des Menschen an.

Stoffwechsel

Als Stoffwechsel bezeichnet man alle Vorgänge, bei denen Lebewesen Stoffe aufnehmen, sie im Körper weiterverarbeiten und verwerten und andere Stoffe dann wieder nach außen abgeben. Wenn wir atmen, nehmen wir →Sauerstoff aus der Luft auf. Der Sauerstoff wird über das →Blut im Körper verteilt, im Gegenzug wird das →Kohlendioxid aus dem Körper ausgestoßen. Aus dem, was wir essen und trinken, zieht der Körper z. B. die Stoffe, die er braucht, um zu wachsen und zu funktionieren. Die restlichen für den Menschen unbrauchbaren Stoffe werden über den →Darm ausgeschieden.

Sträucher

Unter Sträuchern versteht man Gewächse, deren holziger Stamm sich schon nah am Boden zu teilen beginnt und dann weiter verästelt. Einige Sträucher, wie der Liguster, werden gerne als Hecken gepflanzt, andere tragen →Früchte, z. B. der Johannisbeerstrauch, oder sind reine Ziersträucher, wie der Rhododendron.

Auch der Sanddorn ist ein Zierstrauch.

Strauß

Ein Strauß kann bis zu 2,6 Meter hoch und über 150 Kilogramm schwer werden. Er ist damit der größte noch lebende →Vogel. Er kann zwar nicht fliegen, dafür aber sehr schnell laufen, bis zu 50 Kilometer in der Stunde. Meist leben Strauße in kleineren Gruppen in den Steppen und Wüsten Afrikas, Syriens und Arabiens. Ein Straußenei kann bis zu 1,5 Kilogramm schwer werden. Die Schale ist fast einen Zentimeter dick. In einem Nest liegen meist mehrere →Eier verschiedener Weibchen zusammen. Die männlichen Strauße sind schwarz mit weißen Flügel- und Schwanzfedern, die Weibchen bräunlich.

Streik

Bei einem Streik legen Arbeiter und Angestellte die Arbeit nieder und versuchen dadurch ihre Forderungen durchzusetzen oder gegen etwas zu protestieren. Erst wenn die Arbeitgeber bereit sind, über Probleme oder Lohnerhöhungen zu verhandeln bzw. auf die Forderungen einzugehen, wird die Arbeit wieder aufgenommen. Streiks werden meist nicht von Einzelpersonen in Gang gebracht, sondern von →Gewerkschaften organisiert. Wenn Mitarbeiter ohne Zustimmung der Gewerkschaft streiken, nennt man das einen wilden Streik. Als Generalstreik bezeichnet man es, wenn alle Arbeitnehmer eines Landes oder eines Berufszweiges die Arbeit niederlegen. In Deutschland dürfen →Beamte und Soldaten nicht streiken. Sie haben sich verpflichtet, Staat und Volk zu dienen und nicht zu streiken.

Stress
Wenn jemand sehr viel Arbeit hat und gar nicht weiß, womit er zuerst beginnen oder wie er alle seine Aufgaben bewältigen soll, steht er unter Stress. Genauso könnte man sagen, er ist stark beansprucht oder überfordert. Stress entsteht aber nicht nur durch Arbeit, auch Autofahren, gefährliche Situationen oder ständiger Ärger können Stress hervorrufen. Bis zu einem gewissen Grad kann Stress sich für den Menschen als nützlich erweisen. Die Anspannung führt dazu, besonders konzentriert und aufmerksam zu sein oder, z. B. im Sport, besondere Leistungen zu erbringen. Dauert der Stress allerdings länger an, reagiert der Körper darauf mit Schlafstörungen, Magenproblemen, hohem Blutdruck, Herzinfarkt oder anderen Krankheiten.

Strom →Elektrizität

Subtraktion →Grundrechenarten

Sucht
Als Sucht bezeichnet man es, wenn jemand aus seinem Inneren heraus immer wieder dazu getrieben wird, etwas zu tun und in schlimmen Fällen ohne dem gar nicht mehr leben kann. Es gibt viele verschiedene Arten von Sucht. Am bekanntesten sind sicherlich die Sucht nach →Alkohol und →Drogen. Genauso gibt es aber Menschen, die in Spielsalons gehen und spielen müssen, auch wenn sie eigentlich kein Geld dafür haben. Andere kaufen ständig Dinge ein, die sie gar nicht brauchen, oder sind süchtig nach Süßigkeiten oder →Medikamenten. Der Süchtige fühlt sich nur dann wohl, wenn er seine Sucht zumindest kurzzeitig befriedigt hat. Er setzt alles daran, sein Bedürfnis zu stillen. Dabei geraten Süchtige schnell in finanzielle Probleme oder haben Schwierigkeiten, ein normales Leben zu führen. Ohne fremde Hilfe können sich die wenigsten Menschen von ihrer Sucht befreien.

Südafrika

Kontinent:	Afrika
Fläche:	1.221.037 km^2
Einwohner:	41.591.0000
Hauptstadt:	Pretoria
Amtssprachen:	Afrikaans Englisch neun Bantu-Sprachen
Währung:	Rand

Wie bereits der Name sagt, liegt Südafrika im Süden Afrikas, es grenzt an Namibia, Botswana, Simbabwe, Mosambik und Swasiland und ist im Westen vom Atlantischen Ozean und im Osten vom Indischen Ozean umgeben. In der Mitte Südafrikas befindet sich ein Hochland, das sich nach Norden zur Kalahari absenkt. Das ist eine etwa eine Million Quadratkilometer große →Savanne mit Dornensträuchern. Im Süden und Südwesten ist Südafrika von Randgebirgen gesäumt, die zu schmalen Küstenbereichen abfallen. Im Osten befinden sich Hochgebirge. Im Landesinneren ist das →Klima ziemlich trocken, in den südlichen Küstengebieten herrscht Mittelmeerklima, an der östlichen Küste ist es heiß mit viel Regen. Angebaut werden vor allem Mais, Weizen, Hirse, Kartoffeln, Ölfrüchte, aber auch Obst, Wein, Tabak, Baumwolle und

Zuckerrohr. Außerdem wird Viehzucht und →Fischerei betrieben. Südafrika besitzt viele →Bodenschätze. Es ist einer der weltweit wichtigsten Lieferanten von Gold, Platin und Diamanten. Auch die →Industrie ist gut entwickelt. Mehr als die Hälfte der Bevölkerung besteht aus Schwarzen, den Bantu, den Rest machen Weiße, die Buren und Engländer, sowie →Mischlinge und Asiaten aus.
1652 wurde Kapstadt durch die Niederländer gegründet. Im 19. Jahrhundert unterstand Südafrika den Briten. Es entstanden mehrere →Republiken, die 1910 zur Südafrikanischen Union vereinigt wurden und die sich 1961 Südafrika nannten. Seit 1948 betrieb die Regierung die Politik der →Apartheid, die für die schwarze Mehrheit der Bevölkerung starke Nachteile und Einschränkungen brachte. Vermehrte Unruhen in den 80er-Jahren führten schließlich 1993 zur Abschaffung der Apartheid. 1994 wurden die ersten allgemeinen und freien Parlamentswahlen durchgeführt, aus denen der Schwarze Nelson Mandela (geb. 1918), der lange Zeit gegen die Regierung gekämpft hatte und im Gefängnis gewesen war, siegreich hervorging.

Die Wasserfälle von Iguaçu, an der Grenze von Argentinien und Brasilien

Südamerika
Ein Teil des Doppelkontinents →Amerika ist Südamerika. Es ist von allen Seiten von Meer umgeben und durch eine Landbrücke, die Mittel- oder Zentralamerika genannt wird, mit →Nordamerika verbunden. Mittelamerika hat eine Länge von etwa 2300 Kilometern und eine Fläche von etwa 800.000 km². Es umfasst die Länder Belize, Guatemala, El Salvador, Honduras, Nicaragua, Costa Rica und Panama. Die Landbrücke verbindet Mexiko im Norden mit Kolumbien im Süden. Mittelamerika und Teile Südamerikas nennt man zusammen Lateinamerika. Man versteht darunter alle Länder, in denen spanisch oder portugiesisch gesprochen wird.
Südamerika erstreckt sich von Norden nach Süden über 7500 Kilometer, von Osten nach Westen über etwa 5000 Kilometer. Im Westen liegen die →Anden und schmale Küstenbereiche, im Nordosten und Osten Bergländer. Dazwischen befindet sich ein Streifen mit Tiefländern, in denen die Flüsse →Amazonas und Orinoko fließen. Im Gebiet um den Amazonas, dem Amazonasbecken, trifft man auf den weltweit größten zusammenhängenden Bereich mit tropischem →Regenwald. Leider wird auch dort immer mehr Wald abgeholzt, es gibt aber Anstrengungen, den Baumbestand zu

Fläche:	17.600.000 km²
Einwohner:	283.517.000
Größtes Land:	Brasilien
Kleinstes Land:	Surinam

schützen. In Südamerika findet man viele verschiedene Klimazonen. Die Tierwelt weist einige eigene Arten auf, z. B. →Faultiere, Ameisenbären, Beutelratten und →Gürteltiere. Die indianische Urbevölkerung geht in Südamerika immer mehr zurück. Weiße und Schwarze sind die überwiegenden Bewohner des Kontinents. Der größte Teil Südamerikas ist eher dünn besiedelt. Große Teile der Bevölkerung sind

arm, man zählt viele Länder zur →Dritten Welt. In den meisten Staaten wird hauptsächlich →Landwirtschaft betrieben. Südamerika hat viele →Bodenschätze. Die Wälder liefern Nutz- und Edelhölzer, mit denen Handel getrieben wird. Die →Industrie ist in den jeweiligen Ländern sehr unterschiedlich ausgeprägt.
In Südamerika gab es schon sehr früh hoch entwickelte Völker. Am bekanntesten sind sicherlich die →Inka. In Peru lebten außerdem die Chimu, deren Reich von 1000 bis 1470 n. Chr. bestand. Christoph →Kolumbus entdeckte auf seiner dritten Seereise 1498 das südamerikanische Festland. Ab 1531 bis 1533 eroberten die Spanier das Inkareich, sie errichteten →Kolonien und rotteten die indianische Bevölkerung weitgehend aus. In Brasilien ließen sich seit 1500 die Portugiesen nieder, auch dort wurden die →Indianer unterdrückt. Im Laufe des 17. Jahrhunderts verlor Spanien Teile seiner Gebiete an England, Frankreich und Holland. Anfang des 19. Jahrhunderts gab es Aufstände gegen die starke Abhängigkeit von Spanien, die schließlich zur Unabhängigkeit führten. Brasilien befreite sich 1822 von Portugal. Das spanisch-portugiesische Amerika zerfiel nach und nach in verschiedene Staaten.

Sudan
Der Sudan liegt im Nordosten Afrikas umgeben vom Tschad, Libyen, Ägypten, dem Roten Meer, Eritrea, Äthiopien, Kenia, Uganda, Zaire und der Zentralafrikanischen Republik. Das →Klima ist tropisch. Im Norden befindet sich ein ziemlich trockenes Gebiet mit Halbwüsten, daran schließen sich Richtung Süden →Savannen an. Im Süden findet man stellenweise tropischen →Regenwald. Angebaut werden im Sudan Hirse, Mais, Sesam und Baumwolle, außerdem wird viel Viehzucht betrieben. Die Bevölkerung besteht vor allem aus Arabern und Afrikanern. An →Bodenschätzen findet man Eisen-, Kupfer-, Manganerze und Salze. Der Sudan verfügt über wenig →Industrie.
Im 19. Jahrhundert beherrschte Ägypten den Sudan. 1899 wurde eine englisch-ägyptische Gemeinschaftsherrschaft errichtet. 1953 fand eine Volksabstimmung statt, die über die Unabhängigkeit bzw. den Anschluss an Ägypten entscheiden sollte. Seit

Kontinent:	Afrika
Fläche:	2.505.813 km^2
Einwohner:	27.361.000
Hauptstadt:	Khartum
Amtssprache:	Arabisch
Währung:	Sudanesisches Pfund

1956 ist der Sudan rechtskräftig unabhängig. Der Süden des Landes strebte zunehmend nach Selbstbestimmung, sodass es ab 1983 zu einem lang anhaltenden Bürgerkrieg zwischen der Regierung und dem Süden kam.

Südlicht →Polarlicht

Südpol →Pol

Symbol
Im täglichen Leben treffen wir ständig auf Symbole, also auf Zeichen, die für einen bestimmten Begriff stehen. Im Straßenverkehr gibt es Zeichen (→Verkehrszeichen), die eigene Bedeutungen haben, z. B. das Schild „Einbahnstraße“ oder „Vorfahrt achten“. Auf →Landkarten sind Symbole eingezeichnet, die dem Betrachter zeigen, wo Sehenswürdigkeiten, Kirchen, landschaftliche Höhepunkte etc. liegen oder welcher Art die Straßen und Wege sind. Symbole werden verwendet, um möglichst kurz etwas auszusagen.
Verschiedene Symbole siehe nächste Seite.

Syrien
Die →Republik Syrien grenzt an die Türkei, den Irak, Jordanien, den Libanon und das Mittelmeer. Im Landesinneren ist es heiß und trocken. Im Osten und Südosten liegt

Symbole

Vorsicht Strom

Gift

Herren-WC

Damen-WC

Restaurant

Radioaktivität

Rauchen verboten

Hunden Zutritt verboten

Vorsicht Steinschlag

Nicht bügeln

eine →Wüste. In den fruchtbaren Bereichen im Westen und Norden werden Getreide, Gemüse, Baumwolle, Obst und Tabak angebaut. In vielen Gebieten wird Viehzucht betrieben. An →Bodenschätzen gibt es Erdöl und Phosphate. Die Einwohner Syriens sind zum Großteil Araber.
Syrien wurde immer wieder von verschiedenen Völkern beherrscht. Im 6. Jahrhundert v. Chr. war es persisch, 333 v. Chr. wurde es von →Alexander dem Großen erobert, dann war es römisch, arabisch und von 1517 bis 1918 türkisch. Seit 1920 stand es unter französischem Einfluss, 1944 wurde es dann endlich unabhängig. 1958 schloss Syrien sich mit Ägypten zur Vereinigten Arabischen Republik zusammen, doch 1961 war es wieder selbstständig. Syrien beteiligte sich an den israelisch-arabischen Kriegen, wodurch es im so genannten Sechstagekrieg 1967 die Golanhöhen an →Israel verlor. Seit 1991 gibt es Bemühungen, die Probleme mit Israel und die Streitigkeiten um die Golanhöhen friedlich zu lösen.

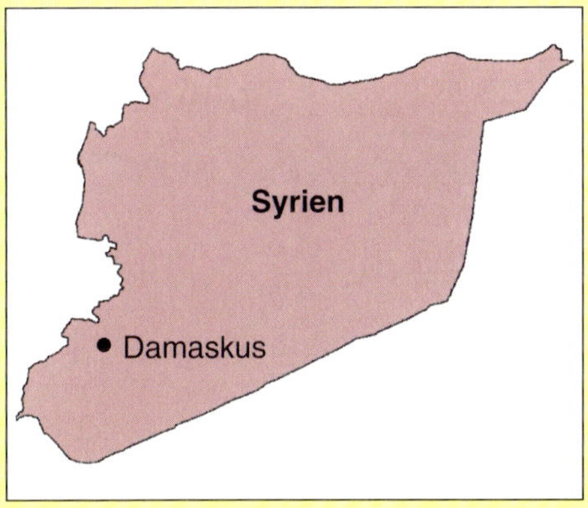

Kontinent:	Asien
Fläche:	185.180 km^2
Einwohner:	14.171.000
Hauptstadt:	Damaskus
Amtssprache:	Arabisch
Währung:	Syrisches Pfund

System

Wenn jemand System in eine Sache bringt, so bedeutet das, dass er eine Ordnung erstellt, damit das Ganze überschaubar und übersichtlich wird. So kann man zum Beispiel ein System in seine Plattensammlung bringen, indem man sie alphabetisch nach dem Namen der Gruppe oder der Sänger ordnet. Sehr oft spricht man auch davon, dass eine Person systematisch vorgeht oder arbeitet. Das heißt also, dass sie nicht irgendwie zufällig versucht, ein Problem zu lösen oder eine Arbeit zu bewältigen, sondern geordnet und durchdacht der Reihe nach vorgeht.
Ist die Rede von einem politischen System, so ist die Gesamtheit des →Staates und aller Regeln, nach denen das Zusammenleben geordnet wird, gemeint.

T wie Theodor

Tabak

Der Tabak gehört zu den Nachtschattengewächsen, wie Paprika oder Tomate. Er ist eine Pflanze, die vor allem in Ländern mit mildem, feuchtem →Klima wächst. Sie besitzt klebrige, haarige →Blätter. Die reifen Blätter werden geerntet, getrocknet und zu dem Tabak verarbeitet, aus dem Zigarren und Zigaretten bestehen oder der als Kau-, Schnupf- und Pfeifentabak verwendet wird. Jede Tabaksorte hat ihren eigenen Geschmack, der oft noch durch die Beigabe von Gewürzen, Duftstoffen oder die Mischung verschiedener Sorten verändert wird. Wichtige Tabakarten sind zum Beispiel der Bauerntabak oder der Virginische Tabak aus Ecuador und Peru, dessen Pflanze bis zu drei Meter hoch werden kann.

Tabakpflanze

getrocknetes Tabakblatt

Tabak enthält viele schädliche Stoffe, zum Beispiel Nikotin: Es wirkt auf den Menschen anregend, ist aber sehr ungesund. Viele Herz- oder Kreislauferkrankungen, der so genannte Raucherhusten und einige Krebserkrankungen werden auf das Rauchen zurückgeführt. Obwohl nach wie vor sehr viele Leute rauchen, gibt es auch zahlreiche, die ihrer Gesundheit zuliebe mit dem Rauchen aufhören bzw. gar nicht erst damit anfangen. In einigen Ländern ist Rauchen mittlerweile in öffentlichen Verkehrsmitteln, Ämtern oder Restaurants verboten.

Tabu

Als Tabu bezeichnet man Themen, die in einer Gesellschaft ungern und selten besprochen werden. Sie sind zwar nicht wirklich verboten, es gilt aber als äußerst unangebracht, sie anzuschneiden. Tabus verändern sich ständig, da auch die Menschen und die Einstellungen sich im Lauf der Zeit verändern. Außerdem können Tabus je nach Land und Kulturkreis sehr unterschiedlich sein.

Tadschikistan

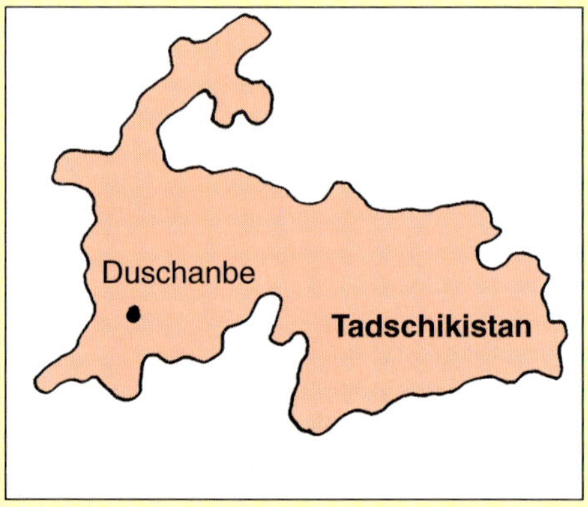

Kontinent:	Asien
Fläche:	143.100 km^2
Einwohner:	5.933.000
Hauptstadt:	Duschanbe
Amtssprache:	Tadschikisch
Währung:	Tadschikistan-Rubel

Die →Republik Tadschikistan besteht fast ausschließlich aus Hochgebirge. Sie liegt zwischen Usbekistan, Kirgisistan, China und Afghanistan. Das →Klima ist kontinental.

Die Bevölkerung besteht zum Großteil aus Tadschiken, außerdem hauptsächlich aus Usbeken und Russen. Sie lebt vor allem von Viehhaltung und Baumwollanbau. Das Land ist reich an →Bodenschätzen, wie Uranerz und Gold.
Tadschikistan gehörte ab der Mitte des 19. Jahrhunderts zu Russland und wurde 1929 Teil der →Sowjetunion. 1991 erklärte es seine Unabhängigkeit und schloss sich der →GUS an.

Taiwan

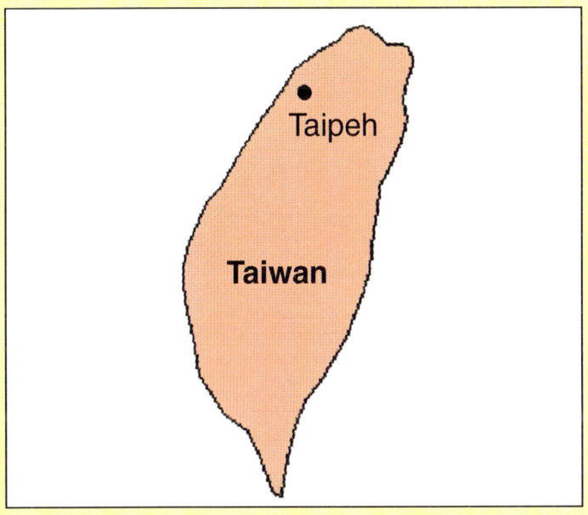

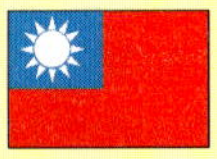

Kontinent:	Asien
Fläche:	36.000 km^2
Einwohner:	21.151.000
Hauptstadt:	Taipeh
Amtssprache:	Chinesisch
Währung:	Neuer Taiwan-Dollar

Die →Republik Taiwan liegt im Osten Asiens. Sie besteht aus der Hauptinsel Taiwan und mehreren kleinen →Inseln. Das →Klima ist tropisch. Die Hauptinsel weist viele Wälder auf, ist gebirgig und die Küsten, vor allem im Westen und Nordwesten, sind sehr fruchtbar. Die Bevölkerung besteht zum Großteil aus Taiwanesen. Angebaut werden hauptsächlich Reis, Spargel, Zuckerrohr, Ananas, Bananen und Tee. An →Bodenschätzen findet man Kohle, Kupfer- und Golderze und Erdöl. Taiwan gehört zu den größten Computerherstellern der Welt.
Taiwan wurde 1590 von den Portugiesen entdeckt. Seit dem 17. Jahrhundert musste es wechselnde Besetzungen durch Niederländer, Chinesen und Japaner erdulden. 1945 wurde es erneut chinesisch. Nachdem die Kuomintang-Regierung 1949 vor den Kommunisten in →China fliehen musste, zog sie sich auf Taiwan zurück und rief dort 1950 die Republik China aus. So nennt Taiwan sich auch heute noch selbst. Taiwan spaltete sich damit von der Volksrepublik China ab. Nach wie vor herrscht zwischen beiden Staaten ein gespanntes Verhältnis.

Tanne

Die Tanne gehört zu den →Nadelbäumen und wächst vor allem auf der nördlichen Erdhalbkugel. Am weitesten verbreitet ist bei uns die Weiß- oder Edeltanne. Sie kann bis zu 80 Meter hoch werden. Ihre flachen, dunkelgrünen Nadeln weisen an der Unterseite zwei weiße Streifen auf. Die Zapfen stehen aufrecht auf den Zweigenden. Sind die →Samen der Zapfen reif, werfen die Bäume die Schuppen und Samen ab, übrig bleiben dann leere Zapfenspindeln. Weitere Arten sind die Nordmannstanne oder die Silbertanne. Das Holz der Tannen wird viel für Tischler- und Bauarbeiten verwendet.

Tansania

Die Vereinigte Republik Tansania liegt in Ostafrika und besteht aus dem Festlandbereich Tanganjika und Sansibar, das die Inseln Sansibar, Pemba sowie kleinere, vorgelagerte →Inseln umfasst. Auf dem Festland befinden sich weite Hochländer, viele →Vulkane, →Savannen und an den Gebirgshängen Wälder. Das →Klima ist tropisch. Angebaut werden vor allem Hirse, Mais, Reis, Maniok, Zuckerrohr, Sesam, Kaffee,

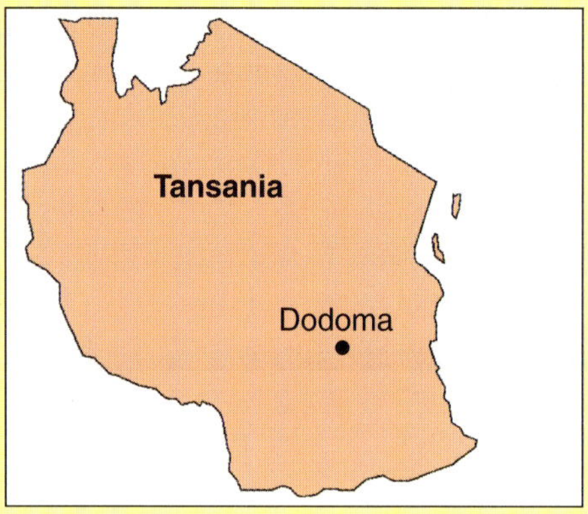

Kontinent:	Afrika
Fläche:	945.087 km^2
Einwohner:	28.846.000
Hauptstadt:	Dodoma
Amtssprache:	Suaheli
Währung:	Tansania-Schilling

Baumwolle und Tee. Über die Hälfte der Bevölkerung gehört zum Volk der Bantu. Sie betreibt neben der →Landwirtschaft Viehzucht und arbeitet im →Bergbau zur Förderung von Diamanten, Gold und Kohle.
Tanganjika gehörte von 1885 bis 1918 zum deutschen Schutzgebiet Deutsch-Ostafrika. Seit 1919 stand es unter britischem Einfluss und ab 1946 verwalteten es die →Vereinten Nationen. Erst 1961 wurde es unabhängig. Sansibar war seit dem →Mittelalter arabisch, von 1503 bis 1698 portugiesisch und danach gehörte es zum Sultanat Oman. Von 1890 bis 1963 kam es unter britische Schutzherrschaft, dann wurde es unabhängig. 1964 kam es zum Zusammenschluss von Tanganjika und Sansibar zur Vereinigten Republik Tansania.

Tarnung
Viele Tiere tarnen sich, um möglichst nicht gesehen zu werden und damit Gefahren zu vermeiden oder besser Beute machen zu können. Einige tun dies, indem sie ihre Farbe wechseln, wie zum Beispiel ein →Chamäleon, oder indem sie bestimmte Dinge, etwa Steine, Blätter oder Äste, nachahmen. Andere fallen durch ihr natürliches Aussehen in ihrer Umgebung nicht auf. Der →Tiger z. B. ist durch die Färbung seines Fells in den Gräsern seiner Lebensgebiete schwer zu erkennen. Er kann sich auf diese Weise nahe an seine Beute heranschleichen, bevor er sie anspringt. Getarnte Tiere bewegen sich meist nur sehr langsam, um sich nicht zu verraten.

Taschenrechner
Als Taschenrechner bezeichnet man kleine elektronische Rechengeräte, mit denen man Rechnungen ausführen kann. Die eingegebenen Werte und die Ergebnisse erscheinen als Leuchtdioden- oder Flüssigkristallanzeige. Betrieben werden Taschenrechner durch →Batterien oder Solarzellen.

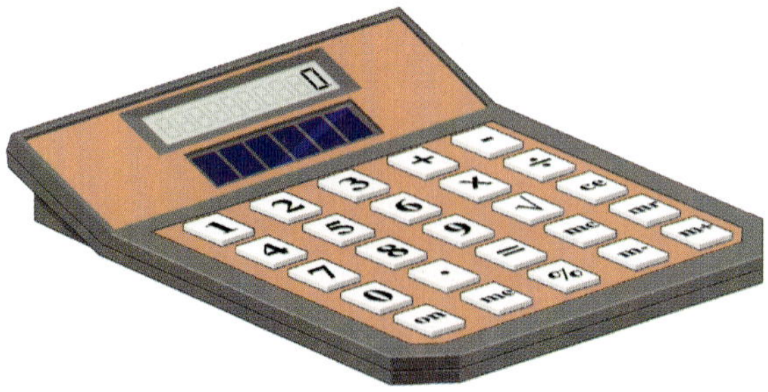

Ein von Solarzellen betriebener Taschenrechner

Tastsinn
Streicheln wir eine Katze, spüren wir, dass ihr Fell ganz weich ist. Ebenso merken wir auch, dass eine Feile rau oder eine polierte Fläche glatt ist. Der Tastsinn hilft uns, Dinge, die wir berühren, wahrzunehmen. In der Haut befinden sich Tastpunkte, die die Reize, die wir aus einer Berührung erhalten, aufnehmen. Je dichter die Tastpunkte auf der →Haut sind, desto feiner können wir die Dinge empfinden. An den Fingern, Lippen und der Zunge sind diese Punkte vermehrt vorhanden.
Auch Tiere haben einen Tastsinn. Oft werden die Reize, die sie aufnehmen, noch über Tasthaare verstärkt.

Tätowierung
Das Wort „tätowieren" kommt aus dem Polynesischen und bedeutet „Zeichen schlagen". Die →Haut eines Menschen wird dabei mit Nadeln eingeritzt. Gleichzeitig wird Farbstoff unter die Haut gebracht. So entstehen Bilder und Muster, die der Mensch sein ganzes Leben lang auf der Haut trägt. Sie können nur durch →Operationen oder durch →Laser entfernt werden. Es bleiben dann zum Teil Narben zurück. Bei den Naturvölkern hatte das Tätowieren früher meist religiöse Hintergründe oder diente als

Schmuck und sagte etwas über die Bedeutung und den Stand der Person aus. In Europa wurde das Tätowieren zunächst durch Seeleute verbreitet, die sich religiöse →Symbole und später auch andere Zeichnungen in die Haut malen ließen. Heute sind Tätowierungen wieder sehr modern.

Tauben

Auf der ganzen Welt gibt es Tauben. Aus der Felsentaube, die vor allem im Mittelmeerbereich vorkommt, sind im Laufe der Zeit viele verschiedene Haustaubenarten gezüchtet worden. Zu den Haustauben gehören auch die Brieftauben, die über lange Strecken zu ihrem Taubenschlag zurückfinden und deshalb oft für den Transport von Nachrichten eingesetzt wurden. Neben den Haustauben gibt es die Wildtauben, zu denen beispielsweise Turteltauben, Hohltauben und Ringeltauben zählen.

Die Hohltaube lebt in Wäldern und in Parkanlagen von Städten.

Tauben besitzen am Schnabel zwei Nasenlöcher. Am Hals sitzt ein Kropf, der zwei Seitentaschen bildet, in denen die Tiere Nahrung speichern können. Die Jungen erhalten die so genannte Kropfmilch, das ist eine käseartige Masse, die im Kropf entsteht. In der Stadt werden die verwilderten Haustauben oft zur Plage, sie treten überall in großer Zahl auf. Tauben können Krankheiten übertragen, außerdem greift ihr Kot Gestein von Gebäuden oder Denkmälern an und zerstört es mit der Zeit.

Tauben werden sehr oft als →Symbol verwendet. Schon im Alten Testament der →Bibel galt sie als Zeichen des →Friedens. Noch heute wird die Taube in diesem Sinn vor allem im politischen Bereich verwendet. Die Friedensbewegung, die in Deutschland in den 80er-Jahren besonders tätig war, hat die weiße Taube als Symbol auf Plakaten, Plaketten etc. verwendet. Die Taube ist außerdem auch seit dem Neuen Testament der Bibel das Symbol für den Heiligen Geist.

Taubheit

Es gibt Menschen, die von Geburt an oder aufgrund einer Krankheit sehr schwerhörig oder sogar gehörlos sind. Besteht die Taubheit bereits seit der Geburt oder ist sie sehr früh eingetreten, sind die Betroffenen meist auch stumm, da sie nie die Möglichkeit hatten, →Sprache zu erlernen. Um den Gehörlosen den Besuch von Schulen zu ermöglichen, gibt es besondere Gehörlosenschulen, in denen sie unterrichtet werden. Taube Menschen können sich über eine spezielle Zeichensprache miteinander und mit allen, die diese Sprache beherrschen, verständigen.

Taufe

Die Taufe ist ein →Sakrament, das in der katholischen und evangelischen →Kirche große Bedeutung hat. Durch die Taufe wird ein Mensch in die christliche Gemeinschaft aufgenommen, er wird von der Erbsünde und allen anderen Sünden gereinigt und kann an der Erlösung durch →Jesus Christus und am ewigen Leben teilhaben. Getauft werden heutzutage meist sehr kleine Kinder, allerdings können genauso auch Erwachsene, die sich zum christlichen Glauben bekennen wollen, getauft werden. Als →Symbol für die Reinigung durch dieses Sakrament tauchten die Menschen früher vollkommen im Wasser unter, heute wird dem Täufling meist nur etwas Wasser über den Kopf gegossen.

Technik

Unter Technik versteht man alle Maßnahmen und Hilfsmittel, mit deren Hilfe der Mensch die von der Natur angebotenen →Energien und →Rohstoffe für seine Zwecke nutzt. Technik dient dabei zum Beispiel dazu, Lebensbedingungen zu ver-

bessern oder Arbeit zu erleichtern. Der Mensch setzte schon sehr früh technische Errungenschaften ein, um beispielsweise Felder zu bewässern, Bauwerke zu errichten oder Kriege zu führen.
Das Wort „Technik" wird allerdings auch noch in einem anderen Sinn verwendet und kommt dabei der eigentlichen Bedeutung des griechischen Ursprungswortes, nämlich „Handwerk, Fertigkeit" nahe. Im →Sport, der →Malerei und vielen anderen Bereichen ist es wichtig, die richtige Technik zu beherrschen, wenn man Erfolg haben möchte. Will jemand beispielsweise ein Bild malen, muss er wissen, auf welchem →Papier er mit welchen Farben malen muss und wie er eine bestimmte Wirkung oder ein Ergebnis erzielen kann.

Tee
Der Teestrauch wächst vor allem in Süd- und Südostasien und in Ostafrika. Er kann bis zu 15 Meter hoch werden. Beim Anbau wird der Strauch oft beschnitten, damit er eine Höhe von etwa einem Meter behält. In den →Blättern ist unter anderem Koffein enthalten, das auf den Menschen anregend wirkt und beim Tee als Tein bezeichnet wird. Die Blätter des Teestrauchs werden mehrmals im Jahr geerntet, man lässt sie welken, gären und trocknen. Oft werden dem Tee noch Duftstoffe oder Zusätze beigemengt, um bestimmte Geschmacksrichtungen zu erhalten. Grüner Tee wird ebenfalls aus dem Teestrauch gewonnen, er wird allerdings gleich nach dem Pflücken und kurzem Welken vorsichtig getrocknet. Auch aus Früchten und Kräutern kann man Tee bereiten, zum Beispiel Kamillen- oder Fencheltee.

Zweig eines Teestrauches

Als Getränk kam Tee erst im 17. Jahrhundert aus China nach Europa und war vor allem in England und Russland beliebt, verbreitete sich dann aber bald weltweit.

Telefax
Mit einem Telefaxgerät oder Fernkopierer kann man Schriftstücke oder Bilder über die Telefonleitung an einen Empfänger irgendwo in der Welt schicken. Jedes Bild setzt sich aus unzähligen hellen und dunklen Punkten zusammen. Das Sendegerät tastet mit einem Lichtstrahl die Vorlage ab und zerlegt sie in Bildpunkte. Diese Punkte werden in Signale umgesetzt, die über die Telefonleitung zum Empfangsgerät übertragen werden. Dort werden die Signale wieder in Punkte verwandelt. Der Empfänger erhält eine Seite mit Schrift oder Bild, die dem Original vollkommen entspricht.

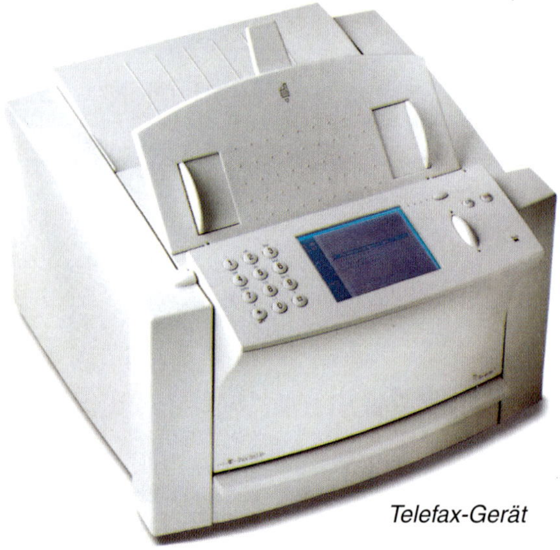
Telefax-Gerät

Telefon
Beim Telefonieren hat jeder Teilnehmer an seinem Telefonhörer eine Sprechkapsel mit einem →Mikrofon und eine Hörkapsel mit einem →Lautsprecher, die an die Verbindungsleitung angeschlossen sind. Wenn wir sprechen, erzeugen wir Schallwellen. Diese Schallwellen werden durch das Mikrofon in unterschiedlich starke elektrische Signale umgewandelt, die über eine Leitung zum Empfänger gelangen. Das kann auf verschiedenen Wegen geschehen. Entweder werden die Signale als elektrische Impulse durch Kupferkabel oder als Lichtwellen durch Glasfaserkabel geleitet. Ein anderes Vorgehen ist die Umwandlung in Radiowellen, die an Nachrichtensatelliten ge-

strahlt und von dort auch über sehr große Entfernungen gesendet werden können. Auch die Funktelefone verwenden Radiowellen zur Übertragung. Gelangen die elektrischen Signale zum Empfänger, verändert dort die unterschiedliche Stärke des Stroms die Stärke eines magnetischen Feldes. Vor den Polen des →Magneten liegt eine dünne Metallhaut, deren Bewegung wieder Schallwellen erzeugt. Der Empfänger hört die Stimme des Sprechenden.
Früher wurden Telefonverbindungen über ein Amt vermittelt. Heute kann jeder die Nummer, die er anrufen möchte, selbst wählen. Mithilfe von →Computern wird die gewünschte Verbindung hergestellt.
Philipp Reis (1834–1874) gelang 1861 die erste brauchbare Übertragung der Sprache mittels einer Leitung. 1876 baute der Amerikaner Alexander Bell (1847–1922) den Fernhörer, im gleichen Jahr Thomas Alva →Edison das Kohlemikrofon. Beide Erfindungen waren sehr bedeutend für die Entwicklung der Fernsprechtechnik.
→Handy

Telefone gibt es heute mit zahlreichen Funktionen in allen Farben und Formen.

Telegrafie
Das Wort „Telegrafie“ ist aus dem Griechischen abgeleitet und enthält die Bestandteile „tēle“ für „fern“ und „grafein“ für „schreiben“. Bei der Telegrafie werden Texte, die der Sender übermitteln möchte, nach einem bestimmten →Code (Telegrafenalphabet) in elektrische Impulse umgesetzt. Diese gelangen über Leitungen oder auf dem Funkweg zum Empfänger und werden dort wieder rückverwandelt.
Die Vorläufer der Telegrafie sind eigentlich alle Arten der Verständigung, die bei den

Samuel Morse baute 1837 den ersten Schreibtelegrafen.

verschiedenen Völkern über Trommel-, Rauch- oder Feuersignale erfolgten. Der erste elektrische Telegraf wurde 1809 von Samuel Thomas von Sömmerring (1755–1830) erbaut. 1837 entwickelte der Amerikaner Samuel Morse (1791–1872) den ersten gebrauchsfähigen Telegrafen, der sich später auf der ganzen Welt verbreitete. Außerdem erfand er den Morsecode, der Buchstaben in Kombinationen von langen und kurzen Strichen bzw. Signalen umsetzt.
→Morsen

Teleskop
Mithilfe eines Teleskops oder Fernrohrs kann man Gegenstände in großer Entfernung scheinbar näher heranrücken und dadurch besser sehen. Man verwendet sie in unterschiedlichen Bereichen, zum Beispiel zur Beobachtung von Himmelskörpern oder Tieren. Nachdem das erste Fernrohr vor etwa 400 Jahren in den Niederlanden erfunden worden war, machten die Astronomen beim Beobachten des Himmels große Entdeckungen. Galileo →Galilei kannte die holländischen Fernrohre nicht und baute 1609 selbst eines, mit dem er die Sonnenflecken und die Monde des →Jupiters entdeckte. Das Galileische oder holländische Fernrohr besteht aus einer Zerstreuungslinse im Okular, also dort, wo man mit dem Auge hineinblickt, und einer Sammellinse auf der entgegengesetzten Seite, am Objektiv. Es erzeugt ein aufrechtes Bild. Das Keplersche oder astronomische Fernrohr, benannt nach dem Astronom Johannes →Kepler, weist zwei Sammellinsen auf. Eine →Linse befindet sich am Okular, die andere am Objektiv. Es

entsteht ein Bild, das auf dem Kopf steht. Will man das Bild drehen, muss man in die Mitte des Fernrohrs eine dritte Linse einfügen.
Größere Teleskope werden hauptsächlich in der →Astronomie verwendet. Da der Bau sehr großer Linsen schwierig ist, benutzt man stattdessen Spiegel. Diese sammeln das Licht und erzeugen ein Bild, das auf einen kleinen Spiegel fällt. Der wiederum spiegelt das Bild auf das Okular.

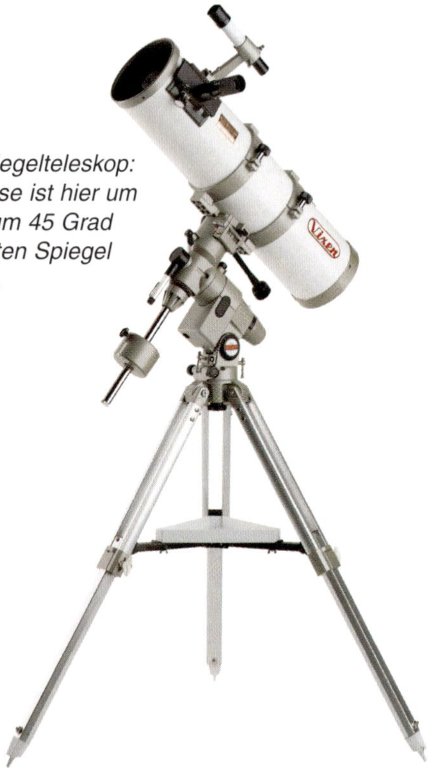

Ein Spiegelteleskop: Die Linse ist hier um einen um 45 Grad geneigten Spiegel ersetzt.

Temperatur
Im Sommer ist es bei uns viel wärmer als im Winter, am Tag ist es wärmer als in der Nacht. Wie warm die Luft ist, kann jeder spüren und für sich selbst je nach Empfinden mit warm, lauwarm, kalt etc. angeben. Genau bestimmen kann man aber den Wärmegrad, also die Temperatur, nur mithilfe eines →Thermometers. Die Temperatur wird in Grad Celsius (°C), Grad Fahrenheit (°F) oder für wissenschaftliche Zwecke in Kelvin (K) gemessen. Die gebräuchlichste Maßeinheit ist Grad Celsius. Benannt ist sie nach dem schwedischen Wissenschaftler Anders Celsius (1701–1744). Er unterteilte den Temperaturunterschied zwischen dem Gefrierpunkt und dem Siedepunkt von Wasser in 100 gleiche Teile, die jeweils einem Grad entsprechen. Dabei schlug er vor, den Siedepunkt bei 0°C und den Gefrierpunkt bei 100°C anzusetzen. Dies wurde bald nach seinem Tod umgedreht, heute liegt der Gefrierpunkt bei 0°C. Unter dem Nullpunkt liegen die Minustemperaturen. Der deutsche Physiker Daniel Gabriel Fahrenheit (1686–1736) hatte einen anderen Vorschlag zur Einteilung von Temperaturwerten erarbeitet. Diese Einteilung wird heute vor allem in englischsprachigen Ländern verwendet: Wasser gefriert bei 32°F und der Siedepunkt liegt bei 212°F.
Die Kelvinskala ist nach dem britischen Physiker Lord William Thomson Kelvin (1824–1907) benannt, sie weist keine Minuswerte auf.
Jeder Stoff, jeder Körper hat eine Temperatur. Je nachdem, wie schnell sich die →Moleküle des Körpers bewegen, verändert sich diese. Bei schnellen Bewegungen ist die Temperatur höher, bei langsamen niedriger. Wenn sich die Moleküle überhaupt nicht bewegen, liegt die Temperatur am absoluten Nullpunkt, kälter kann es nicht sein. Dieser Punkt entspricht –273,15°C, –459,7°F oder 0 K.

Tennis
Die Sportart Tennis kann man entweder zu zweit als Einzel oder zu viert als Doppel spielen. Die Spieler stehen sich auf einem Feld gegenüber, die Spielhälften sind durch ein 91 Zentimeter hohes Netz getrennt. Gespielt wird auf Rasen-, Sand- oder

In den 90er-Jahren gehört Andre Agassi zu den besten Tennisspielern der Welt.

Hartplätzen im Freien oder auch überdacht in einer Halle. Ziel des Spiels ist es, den Ball mit dem Schläger so in das gegnerische Feld zu schlagen, dass der Gegner ihn nicht mehr erreicht oder nicht mehr ins Feld zurückspielen kann. Der Ball darf nur einmal auf jeder Spielseite den Boden berühren. Macht ein Spieler einen Punkt, wird dabei nicht 1, 2, 3... gezählt, sondern 15, 30, 40, Spiel. Hat ein Spieler den vierten Punkt gemacht, hat er ein Spiel gewonnen. Bei Gleichstand oder Deuce wird so lange gespielt, bis ein Spieler zwei Punkte Vorsprung hat. Entscheidet ein Spieler sechs Spiele für sich, hat er einen Satz gewonnen. Steht es nach Spielen 6:5 oder 6:6, muss so lange weitergespielt werden, bis ein Spieler mit zwei Spielen in Führung liegt. Beim Spielstand von 6:6 wird der Satz meist durch ein Tiebreak entschieden. Das bedeutet, dass bei wechselndem Aufschlag so lange gespielt wird, bis ein Spieler mindestens sieben Punkte erreicht hat und mit zwei Punkten in Führung liegt. Gezählt wird hier 1, 2, 3... Nach maximal drei Sätzen bei den Damen und fünf Sätzen bei den Herren ist ein Spiel beendet.

Termiten
Die Wärme liebenden Termiten sind →Insekten, die in Staaten zusammenleben. Ein Staat besteht aus einer Königin, einem König und vielen geschlechtslosen Tieren, den Arbeitern und Soldaten. Diese teilen sich die verschiedenen Aufgaben, wie Nestbau, Pflege der Nachkommen, Nahrungssuche und Verteidigung des Nestes. Die Königin legt täglich Tausende von →Eiern. Die Termitennester sind aufwendige Bauten, die die Arbeiter aus Erde, Kot und Speichel zusammenfügen. Sie sind sehr haltbar. Die Nester gehen tief in den Boden oder entstehen als harte Hügel über der Erde. Es gibt Arten, deren Bauten bis zu sieben Meter hoch werden. Da Termiten auch →Holz fressen, gelten sie als gefährliche Holzschädlinge. Termiten sind vor allem in den →Tropen und Subtropen verbreitet.

Terrarium
Ein Terrarium ist ein Behälter, in dem Eidechsen, Blindschleichen, Frösche, Kröten, Schlangen, Schildkröten oder ähnliche Tiere gehalten werden können. Ein Terrarium soll so ausgestattet sein, dass sich die in ihm lebenden Tiere wohl fühlen. Es muss also den Lebensbedingungen, die die Tiere in der Natur vorfinden, möglichst nahe kommen. Der Boden wird mit Sand belegt, dann wird das Terrarium mit Steinen, Pflanzen und Wasserstellen ausgestattet. Je nach Tierart kann es auch nötig sein, ein Land-Wasser-Terrarium anzulegen, in dem sich die Tiere sowohl im als auch außerhalb des Wassers aufhalten können.

Auch Hamster fühlen sich in einem Terrarium wohl.

Terrorismus
Immer wieder gibt es Menschen oder Gruppen, die Gewalt ausüben, um ihre politischen Ansichten durchzusetzen oder auf ihre Anliegen aufmerksam zu machen. Sie lehnen den →Staat und die Art des gesellschaftlichen Zusammenlebens ab und versuchen daher, die Bevölkerung zu verunsichern, Misstrauen gegen den Staat zu schüren und Aufruhr zu erzeugen. Attentate auf Politiker oder wichtige Persönlichkeiten des öffentlichen Lebens, Entführungen, Bombenanschläge, Geiselnahmen, Flugzeugentführungen und Ähnliches gehören zu den Mitteln der Terroristen. Terroristische Gruppierungen sind meist sehr gut organisiert, daher ist es schwer, die Täter zu fassen. In Deutschland ist die bekannteste terroristische Vereinigung die RAF (Rote-Armee-Fraktion).

Teufel
Der Teufel oder Satan ist in der →Bibel der Widersacher Gottes und der Menschen. Er wurde eigentlich von Gott als gut erschaffen, ist dann aber sündhaft und böse geworden. Der Teufel ist der Herr der →Hölle und der bösen Geister und gilt allgemein als Vertreter des Bösen. Er kommt als Figur in vielen Erzählungen, →Märchen und →Sagen vor. Oft wird er als Mischwesen aus Mensch und Tier dargestellt, mit Hörnern, den Beinen und dem Bart einer Ziege und einem Schwanz. Es gab und gibt immer wieder Menschen, die den Teufel verehren. Man nennt sie Satanisten und die Teufelsverehrung Satanismus.

Textilien
Als Textilien bezeichnet man Erzeugnisse, die aus Fasern hergestellt werden, also zum Beispiel Kleidung und Stoffe. Es gibt Fasern, die von Pflanzen oder Tieren stammen, die so genannten Naturfasern. Dazu gehören beispielsweise →Baumwolle, Sisal, →Wolle oder Seide. Außerdem hat der Mensch Kunstfasern, wie zum Beispiel Nylon, erfunden. Aus den Fasern werden Garne gesponnen, die dann durch Weben, Stricken, Knüpfen oder Ähnlichem zu Textilien verarbeitet werden können. Um farbige Textilien zu erhalten, werden die Garne oder die Stoffe eingefärbt.

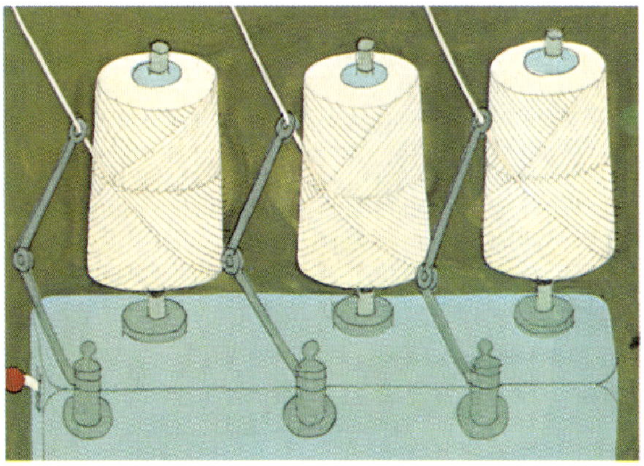

In einer so genannten Spinnerei wird die Baumwolle zu starken oder feinen Fäden gesponnen.

Thailand

Kontinent:	Asien
Fläche:	513.115 km^2
Einwohner:	58.718.000
Hauptstadt:	Bangkok
Amtssprache:	Thai
Währung:	Baht

Das Königreich Thailand liegt in Hinterindien, es grenzt an Kambodscha, Laos, Myanmar und Malaysia. Bis 1939 und von 1946 bis 1949 hieß es Siam. Im Landesinneren liegt die fruchtbare Schwemmlandebene des Flusses Menam. Im Osten schließt sich daran eine wenig fruchtbare Sandstein-Hochebene. Der Norden und Westen Thailands sind ziemlich gebirgig. An den Gebirgshängen befindet sich zum Teil →Regenwald, an den Küsten Wald- und Buschdickichte. Das →Klima ist tropisch und vom →Monsun bestimmt. Angebaut werden vor allem Reis, aber auch Mais, Maniok, Baumwolle, Tabak und Zuckerrohr. An →Bodenschätzen findet man z. B. Zinn, Blei, Eisenerze und Edelsteine. Die →Industrie ist vor allem in der Hauptstadt angesiedelt. Die Bevölkerung besteht zum größten Teil aus den Stämmen der Thai, Lao und Schan, außerdem gibt es Khmer, Malaien und Chinesen und in den Gebirgsgegenden vereinzelt Urbevölkerung. Die meisten Thailänder sind Anhänger des →Buddhismus.
Die Thai kamen ursprünglich aus Südchina und wanderten insbesondere im 13. Jahrhundert, da sie von den Chinesen bedrängt wurden, nach Thailand. Im 14. Jahrhundert gründeten sie das Reich Ayutthaya. Ayutthaya wuchs zu einer der größten und wohlhabendsten Städte Asiens heran. Durch einen Angriff der Nachbarn aus Birma (dem heutigen Myanmar) wurde es 1767 zerstört. Der 1769 zum König gekrönte General Phya Taksin vertrieb die Birmanen. Seit 1932 gibt es in Thailand eine

konstitutionelle →Monarchie. In der Folge kam es immer wieder zu politischen Unruhen und zur Machtübernahme durch das Militär. Seit 1946 ist König Rama IX. Bhumibol Adulayedej (geb. 1927) Staatsoberhaupt.

Theater

Die Anfänge unseres europäischen Theaters liegen im alten →Griechenland. Im 6. und 5. Jahrhundert v. Chr. entstanden dort erste Formen von Theateraufführungen. Ursprünglich wurde vor allem bei Festlichkeiten zur Verehrung von Gottheiten auf einem runden Tanzplatz Theater gespielt. Später errichtete man eine Holzbühne, die Zuschauer saßen gegenüber der Bühne an einem Abhang. Seit dem 4. Jahrhundert v. Chr. entstanden Bühnen aus Stein, von denen wir heute noch in Griechenland einige Überreste bewundern können. Die alten →Römer nahmen sich am griechischen Theater ein Vorbild, entwickelten aber auch eigene Formen, wie volkstümliche und verspottende Komödien.

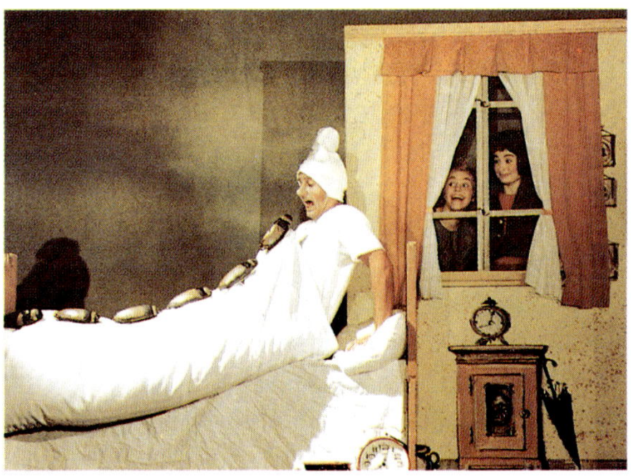

Im „Münchner Theater für Kinder" wird Theater ausschließlich für Kinder gespielt, z. B. „Max und Moritz" von Wilhelm Busch

Gehen wir heute ins Theater, können wir eine →Oper, Operette, ein →Ballett oder Schauspiel sehen. Meist wird auf einer Bühne in einem festen Gebäude gespielt, es gibt aber auch Veranstaltungen im Freien. Die großen Häuser sind heutzutage mit sehr vielen technischen Hilfsmitteln ausgerüstet. Neben den Schauspielern und dem Regisseur, der Anweisungen erteilt, wie das Stück zu spielen ist, wirken viele Menschen an einer Aufführung mit: Es gibt Beleuchter, die für das Licht und die Lichteffekte verantwortlich sind, und Personen, die sich um die Kostüme oder das Bühnenbild kümmern.

Thermometer

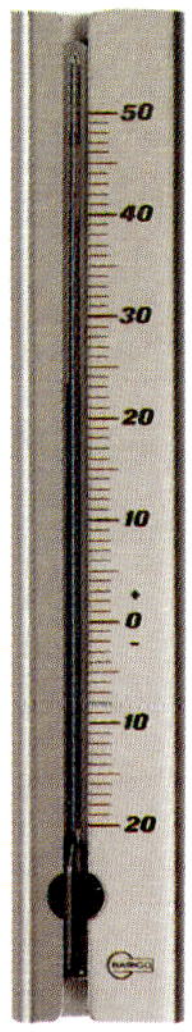

Flüssigkeitsthermometer

Bimetallthermometer

Aufgabe eines Thermometers ist es, die →Temperatur zu messen. Am häufigsten findet man Flüssigkeitsthermometer. Sie bestehen aus einem Glasrohr und einem angesetzten Glaskolben, in dem sich Quecksilber oder →Alkohol befinden. Erwärmt sich die Flüssigkeit, dehnt sie sich aus und steigt in dem Röhrchen nach oben. Kühlt sie ab, zieht sie sich zusammen. Die Temperaturwerte kann man auf einer Skala neben dem Röhrchen ablesen. Eine andere Art sind die Gasthermometer, die hauptsächlich für wissenschaftliche Zwecke verwendet werden. Dabei wird anhand der Ausdehnung und des Drucks einer bestimmten Gasmenge die Temperatur ermittelt. Beim so genannten Bimetallthermometer überträgt sich die unterschiedliche Verformung zweier verschiedener Metallstreifen, die durch die Erwärmung entsteht, auf eine Skala, an der die Temperaturwerte abgelesen werden können.

Tiefsee

Als Tiefsee bezeichnet man die Bereiche der →Meere, die in einer Tiefe von mehr als 1000 Metern liegen. Die größten Tiefen bis zu 11.022 Metern findet man in den so genannten Tiefseegräben. Dazu zählt zum Beispiel der Marianengraben im westlichen Pazifik. In die Tiefsee dringt kein Sonnenlicht. Es ist dort daher sehr dunkel und kalt. Pflanzen können nicht überleben. Die Tiere der Tiefsee haben sich den Verhältnissen angepasst. Die meisten →Fische sind schwarz oder braun und ziemlich klein. Sie ernähren sich von abgestorbenen Lebewesen, die aus höheren Gefilden in die Tiefe sinken, oder jagen andere Fische. Es gibt Arten, die Leuchtorgane aufweisen, mit deren Hilfe sie ihre Umgebung erleuchten und Beutetiere oder Geschlechtspartner anziehen können. Beispiele dafür sind der Schwarze Angler oder der Laternenfisch.

Schwarzer Angler

Tiere

Auf der ganzen Welt gibt es zahlreiche verschiedene Tierarten. Gemeinsam ist ihnen allen, dass sie sich von →Pflanzen oder anderen Tieren ernähren. Im Unterschied dazu stellen Pflanzen ihre Nahrung mithilfe von →Kohlendioxid, Wasser und Sonnenlicht selbst her. Tiere können sich meist aus eigenem Antrieb bewegen. Heute sind etwa 1,2 Millionen verschiedene Tierarten bekannt, die größte Artenvielfalt weisen die →Insekten auf. Es gibt winzig kleine Tiere, z. B. die →Einzeller, und riesige Tiere, wie

Ausgestorben:

Auerochse

Bedroht:

Großer Panda

den Blauwal, der über 30 Meter lang werden kann. Man unterscheidet Wirbeltiere und Wirbellose. Wirbeltiere besitzen eine Wirbelsäule, die ihrem Körper Stütze und Halt gibt. Zu ihnen zählen →Säugetiere, →Vögel, →Amphibien, →Reptilien und →Fische. Die Tiere ohne Wirbelsäule haben oft einen Außenpanzer, der ihren Körper festigt und schützt. Viele Tierarten, zum Beispiel die →Dinosaurier, sind bereits seit langer Zeit ausgestorben, andere werden immer seltener. Es besteht die Gefahr, dass auch sie bald nicht mehr existieren.

Tierschutz

Ziel des Tierschutzes ist es zu vermeiden, dass Tiere unnötig gequält werden. Dazu gibt es Tierschutzgesetze, nach denen Menschen, die Tiere misshandeln oder leiden lassen, bestraft werden können. Als Tierquälerei gilt aber nicht nur, wenn Tiere geschlagen werden, sondern auch wenn sie nicht artgerecht gehalten werden. Wenn jemand beispielsweise ein Tier besitzt, das viel Bewegung braucht, ist es Tierquälerei, dieses auf engstem Raum ohne Bewegungsmöglichkeit zu halten. Grundsätzlich sind sich die meisten Menschen sicherlich einig, dass Tiere artgerecht und möglichst gut behandelt werden sollten. In manchen Bereichen ist dies allerdings nicht immer möglich. So werden zum Beispiel Tierversuche an Tieren gemacht, um Forschungsergebnisse zu erzielen oder →Medikamente und kosmetische Mittel zu testen, bevor sie für den Menschen zugelassen werden.

Tierschützer kritisieren auch immmer wieder die Massentierhaltung. Um den Bedarf an tierischen Produkten zu decken, werden immer schneller immer mehr Tiere gezüchtet. Oft sind deren Lebensbedingungen entsetzlich. Ein Beispiel sind die so genannten Legebatterien, in denen Hühner in winzigen Käfigen gehalten werden und Eier legen sollen. Es ist Aufgabe des Tierschutzes, Tierversuche, die vermeidbar und unnötig sind, und Tierquälerei zu verbieten und zu verfolgen.

Tiger
Die Tiger sind die größten Wildkatzen, sie leben im Dschungel in Asien. Der Sibirische Tiger wird bis zu 2,60 Meter lang (ohne Schwanz) und einen Meter hoch. Sein Fell ist gelblich mit schwarzen Streifen. Fast ebenso groß wird der Königstiger. Tiger haben ein sehr kräftiges →Gebiss. Mit den spitzen Eckzähnen können sie ihre Beute, vor allem Hirsche und Schweine, fassen und halten, die Backenzähne zermalmen sie dann. Tiger ruhen sich am Tag aus und jagen in der Nacht. Der Mensch hat die Zahl der noch lebenden Tiere durch Jagd stark vermindert. In einigen Gegenden sind sie bereits ausgestorben. Heute ist es verboten, Tiger zu jagen.

Tintenfische
Die im Wasser lebenden Tintenfische bezeichnet man, wie auch Kraken und Kalmare, als Kopffüßer. An den Kopf mit den zwei scharfen Augen schließen sich nämlich acht oder zehn Arme, die mit Saugnäpfen besetzt sind. Die Arme helfen den Tieren sich fortzubewegen, sie können damit aber auch tasten oder etwas ergreifen. Kopffüßer gibt es schon seit etwa 500 Millionen Jahren auf der Erde. Obwohl es ihr Name vermuten lässt, sind Tintenfische keine →Fische, sondern →Weichtiere. Sie ernähren sich von Fischen, Krebsen oder Muscheln. Tintenfische haben eine ganz eigene Art, sich fortzubewegen. Wasser, das sie beim Atmen aufgenommen haben, wird stoßartig ausgeschieden. Durch den Rückstoß werden die Tiere vorwärts getrieben. Diese Bewegung unterstützen sie noch mit ihren Armen und den Längsflossen an ihrem Körper. Tintenfische besitzen einen Tintenbeutel, aus dem sie bei Gefahr dunkle Tinte verspritzen können. Dadurch kann der Angreifer sie nicht mehr oder nur schlecht sehen und sie können davonschwimmen.

Der Tintenfisch stößt Tinte aus, um seinem Feind zu entkommen.

Tod
Alle Tiere, Pflanzen und auch der Mensch sterben, nachdem sie einige Zeit gelebt haben. In dem Moment, in dem der Mensch geboren wird, setzt eine unaufhaltsame Entwicklung ein. Der Mensch lebt eine gewisse Zeit und stirbt dann, weil er ein Alter erreicht hat, in dem sein Körper nicht mehr richtig arbeiten kann. Viele Menschen sterben aber auch an einer Krankheit, durch Gewaltanwendung oder Unfälle. Aus medizinischer Sicht gilt ein Mensch dann als tot, wenn das Gehirn nicht mehr lebt, also keine Gehirnströme mehr gemessen werden können. Etliche Menschen gehen davon aus, dass mit dem Tod jegliche Art von Leben beendet ist, andere wiederum glauben, dass danach eine andere Art Leben beginnt. Das →Christentum vertritt beispielsweise die Auffassung, dass das Leben jedes Menschen beim →Jüngsten Gericht beurteilt wird und der Mensch nach dem Tod auferstehen kann. Der Körper ist tot, aber die Seele lebt weiter. Andere Religionen, zum

Beispiel der →Buddhismus oder der →Hinduismus, lehren, dass der Mensch nach dem Tod wieder geboren wird.

Ton
Die unterschiedlichen Töne werden z. B. durch →Musikinstrumente oder die menschlichen Stimmbänder erzeugt. Ein Ton ist eigentlich →Schall, der in gleichmäßigen Schwingungen verläuft. Von der Anzahl der Schwingungen pro Sekunde hängt die Tonhöhe ab: Je mehr Schwingungen, desto höher ist der Ton, den wir hören. Der Ton, der von Musikinstrumenten erzeugt wird, ist eigentlich kein reiner Ton, sondern ein Klang, der aus mehreren Tönen besteht. Aus den verschiedenen Klängen kann man eine Melodie zusammenstellen.
Ton ist außerdem ein Sedimentgestein, das heißt es ist durch Verwitterung von →Gestein entstanden. Ton kommt in Tonböden vor. Er kann Wasser aufnehmen und wird dadurch zu einer Masse, die man gut formen und bearbeiten kann. Wird diese in einem Ofen gebrannt, wird sie hart. Töpfer stellen aus Ton Geschirr, Gefäße oder Kunstgegenstände her.

Auf Märkten werden oft handgefertigte Töpferwaren verkauft.

Tonband
Ein Tonband ist ein Streifen aus →Kunststoff, auf dem →Schall aufgenommen und gespeichert und wiedergegeben werden kann. Dazu benötigt man ein Tonbandgerät oder einen Kassettenrekorder. Bei einem Tonbandgerät läuft das Band über zwei große Rollen. Der mittlerweile viel weiter verbreitete Kassettenrekorder benötigt Kassetten, in denen das Band enthalten ist. Um Töne aufnehmen zu können, werden die Schallwellen über ein →Mikrofon in elektrische Schwingungen umgewandelt. Das Magnetfeld eines Elektromagneten verändert sich entsprechend den Schwingungen und magnetisiert das Tonband, das an einem Aufnahmekopf vorbeiläuft, unterschiedlich stark. Die kleinen magnetischen Teilchen, die sich auf dem Kunststoffstreifen befinden, werden somit in eine bestimmte Reihenfolge gebracht. Umgekehrt werden beim Abhören die magnetischen Signale des Tonbands wieder in Schallwellen verwandelt. Aus den →Lautsprechern kommen dann die entsprechenden →Töne.
Der große Vorteil eines Tonbandes im Vergleich zu →Schallplatten oder →CDs besteht darin, dass es immer wieder bespielt werden kann. Eine Aufnahme wird gelöscht, indem das Band an einem Löschkopf vorbeiläuft, der es entmagnetisiert. Die magnetischen Teilchen auf dem Band können gleichzeitig wieder in eine andere Ordnung gebracht werden. Das Band wird erneut magnetisiert, eine neue Aufnahme ist gespeichert.
→Magnet

Tourismus
Wenn Menschen verreisen, um andere Gegenden oder Länder kennen zu lernen, dort Sport zu treiben, sich Sehenswürdigkeiten anzusehen oder einfach einen erholsamen Urlaub zu verbringen, bezeichnet man sie als Touristen. Für viele Menschen und Länder ist der Tourismus eine wichtige Einnahmequelle, denn die Reisenden benötigen Zimmer zum Übernachten, gehen in Restaurants und geben Geld für viele andere Dinge aus. Durch die Reisen in fremde Gegenden lernen sich Menschen verschiedener Länder kennen und gewinnen Verständnis für andere Lebensweisen und Einstellungen.
Der Tourismus oder Fremdenverkehr bringt allerdings auch Nachteile mit sich. Der starke Verkehr durch Autos, Busse oder Flugzeuge, die nötig sind, um die Menschen zu befördern, belastet z. B. die Umwelt. Oft werden auch Landschaften durch den Bau von Hotelanlagen oder Ähnlichem vollkommen verändert oder zerstört. Die Entwicklung, dass Menschen gerne verreisen, lässt sich nicht mehr zurückdrehen. Man sollte als Tourist aber immer daran denken, dass man in einem fremden Land zu Gast

ist, und deshalb Sitten, →Kultur, Natur und Einwohner respektieren und entsprechend behandeln.

Transistor

In →Computern, →Radios, →Fernsehern, Funkgeräten und anderen elektrischen Geräten findet man so genannte Transistoren. Dabei handelt es sich um Halbleiterbauelemente, die elektrische Ströme und Spannungen verstärken. Meist bestehen sie aus den →Halbleitern Germanium oder →Silizium. Früher enthielten elektrische Geräte Röhren, die viel Platz beanspruchten und sehr empfindlich waren. Diese wurden durch Transistoren ersetzt. Ihr Vorteil ist die geringe Größe, das kleine Gewicht und die lange Lebensdauer.

Elektronenröhre

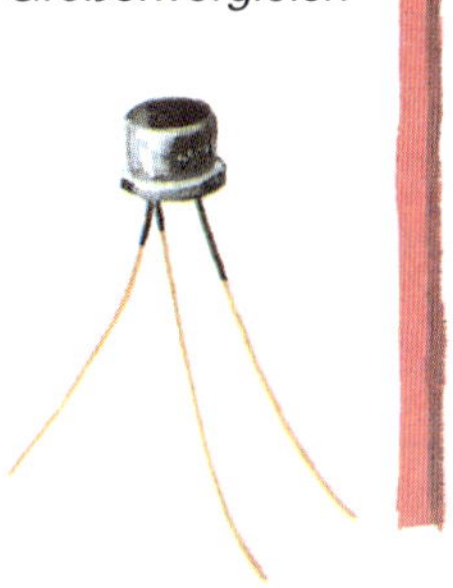

Transistor im Größenvergleich

Transplantation

Das Wort „Transplantation“ hat seinen Ursprung im Lateinischen und bedeutet so viel wie „hinüberpflanzen“. Als Transplantation bezeichnet man es, wenn menschliche oder tierische →Organe oder →Gewebe in einer →Operation an eine andere Stelle des gleichen oder eines anderen Lebewesens verpflanzt werden. Dies ist z. B. nötig, wenn große Hautflächen durch Verbrennungen verletzt sind. Die geschädigte, tote Haut wird durch die Haut eines anderen Bereiches ersetzt. Ebenso können Zehen an die Stelle von Fingern genäht werden.

Ein besonders schwieriges Gebiet ist die Organtransplantation. Es gibt Menschen, die von Geburt an oder aufgrund einer Krankheit Organe besitzen, die nur fehlerhaft oder gar nicht arbeiten. In vielen Fällen besteht die einzige Überlebenschance darin, das Organ eines anderen Menschen zu erhalten. Dabei kann nicht jeder Beliebige Organspender sein, denn das Organ muss vom Körper des Empfängers angenommen werden. Passen Spender und Empfänger nicht zusammen, wird das Organ abgestoßen. Häufig transplantiert werden →Nieren, mittlerweile aber auch →Herzen und →Lebern.

Traum

Jeder Mensch träumt, wenn er schläft. Oft können wir uns allerdings überhaupt nicht an unsere Träume erinnern. Im Traum erleben wir bestimmte Situationen in Bildern. Manchmal sind die Dinge, Orte, Menschen oder Ereignisse, die wir sehen, bekannt, zuweilen aber vollkommen fremd. Sehr oft bestehen Träume aus einer wirren Zusammenstellung verschiedener Ereignisse. Sind die Träume besonders beängstigend, spricht man von Albträumen. Manchmal geschehen auch Dinge, die absolut unsinnig und eigentlich unmöglich sind.

Um die Entstehung von Träumen zu erklären, gibt es verschiedene Ansätze. Erlebnisse oder Sinneswahrnehmungen, die aus dem Wachen in den Traum nachwirken, unausgesprochene Wünsche, Ängste oder Ereignisse, die jemand nicht verarbeitet hat, können der Auslöser für Träume sein.

Treibhauseffekt

Viele →Pflanzen würden bei uns nicht wachsen, weil es ihnen zu kalt ist. In einem gläsernen Gewächshaus oder Treibhaus kann man sie dennoch züchten. Das Sonnenlicht, das durch das Glasdach eines Treibhauses fällt, erwärmt die →Luft darin. Die Wärme kann nicht entweichen, sondern wird durch das Glasdach gehalten.

Auch die →Erde sitzt in einer Art Treibhaus. Tagsüber erwärmt die →Sonne die Erde. Der Wasserdampf der Wolken und die Treibhausgase in der Luft verhindern, dass die vom Boden abgestrahlte Wärme in den Weltraum verschwindet. Als Treibhausgase bezeichnet man →Gase, die die Wärmestrahlen halten und zum Boden zurückstrahlen können. Das wichtigste Treibhausgas ist →Kohlendioxid, außerdem gehören Methan, →FCKW und →Ozon dazu. Die Treibhausgase sind also dafür verantwortlich, dass es auf der Erde nicht zu kalt wird. Wissenschaftler haben festgestellt, dass die Zahl der Gase stetig ansteigt. Der Grund dafür liegt in der zunehmenden Umweltverschmutzung. Überall, wo etwas verbrannt wird, also in Haushalten, →Industrie, →Motoren etc. entsteht z. B. Kohlendioxid. Wenn allerdings zu viele Treibhausgase in der Luft vorhanden sind, kommt es zum Treibhauseffekt: Die →Atmosphäre, die die Erde umgibt, wird immer wärmer. Schreitet die Erwärmung weiter fort, wird irgendwann das Eis an den →Polen schmelzen, dadurch ändert sich der Wasserspiegel der Meere und es kommt zu Überflutungen der Küstengebiete. Andere Gegenden trocknen dagegen aus. Der Treibhauseffekt führt also insgesamt zu einer Veränderung der Lebensbedingungen auf der Erde.

Treibstoff
Kraftfahrzeuge, →Schiffe oder →Raketen werden mit →Verbrennungsmotoren angetrieben. Diese Motoren benötigen Treibstoff, um arbeiten zu können. Man unterscheidet gasförmigen Treibstoff, z. B. Treibgas, flüssigen Treibstoff, wie →Benzin oder →Alkohol, und festen Treibstoff, wie Magnesium oder Kohlenstaub.

Trockenzeit →Regenzeit

Tropen
Die Tropen sind Gebiete, in denen das ganze Jahr über hohe Temperaturen herrschen. Die Temperaturunterschiede zwischen Tag und Nacht schwanken sehr stark. Die Tropen liegen zu beiden Seiten des

Die tropischen Korallenriffe sind reich an Fischen. In den Fangarmen der Riesenseerose findet z. B. der Anemonenfisch Schutz.

→Äquators. Es gibt dort Trocken- und →Regenzeiten. In den Gebieten in unmittelbarer Nähe des Äquators fallen sehr starke Niederschläge, die Trockenzeiten sind schwach ausgeprägt und nur sehr kurz. Es wächst dort üppiger →Regenwald. In den Gebieten weiter südlich und nördlich überwiegen die Trockenzeiten, man findet dort →Savannen. In den Tropen leben viele verschiedene Tiere, zum Beispiel →Affen, →Schlangen oder →Papageien.

Tschechische Republik
Die Tschechische Republik liegt in Mitteleuropa und grenzt an Deutschland, Polen, die Slowakische Republik und Österreich. Das →Klima ist kontinental. Es wird dort viel →Land-, Vieh- und Waldwirtschaft betrieben. Die →Industrie ist gut entwickelt, es gibt vor allem Glas,- Leder-, Elektro- und Schuhindustrie. Der Großteil der Bevölkerung sind Böhmen, daneben wohnen dort Mähren, Slowaken und andere.
Von 1620 bis 1918 gehörte die Tschechische Republik zu Österreich-Ungarn. Von 1918 bis 1990 war sie Bestandteil der Tschechoslowakei. In der Zeit von 1939 bis 1945, während des Zweiten →Weltkriegs, war die Tschechoslowakei dem Deutschen Reich eingegliedert. Nach dem Kriegsende 1945 erstand sie als Tschechoslowakische Republik (kurz ČSR) neu. Von da an wurde sie kommunistisch regiert und lehnte sich stark an die →Sowjetunion an. 1960 bekam sie eine neue →Verfassung und nannte sich

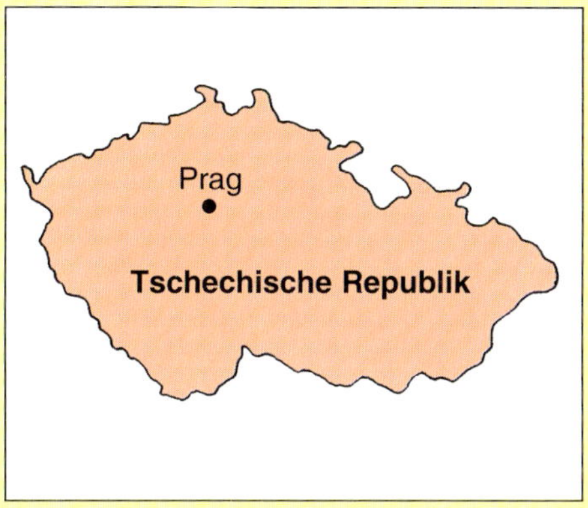

Kontinent:	Europa
Fläche:	78.864 km^2
Einwohner:	10.295.000
Hauptstadt:	Prag
Amtssprache:	Tschechisch
Währung:	Tschechische Krone

bis 1989 Tschechoslowakische Sozialistische Republik (kurz ČSSR). Nach dem Zusammenbruch der dortigen kommunistischen Herrschaft wurde die Tschechoslowakei in einen Bundesstaat umgewandelt, der aus der Tschechischen und der →Slowakischen Republik bestand. Abspaltungsbestrebungen führten 1992 zum Auseinanderbrechen des Zusammenschlusses, der Auflösung der ČSSR und 1993 zur Unabhängigkeit beider →Republiken.

Tschechoslowakei →Tschechische Republik, →Slowakische Republik

Tundra
Als Tundra bezeichnet man baumlose Gebiete im kalten Norden. Die langen, kalten Winter und kurzen, kühlen Sommer lassen nur wenige, widerstandsfähige Pflanzen gedeihen. Es wachsen vor allem →Flechten, →Moose, Sträucher und Kräuter. In Sibirien, Kanada und Skandinavien sind große Flächen von Tundra bedeckt.

Tunesien
Die →Republik Tunesien ist das kleinste Land Nordafrikas, es grenzt an Libyen und Algerien und liegt am Mittelmeer. Im Norden ist das Land ziemlich gebirgig, es gibt dort heiße, trockene Sommer und ausgiebige Regenfälle im Winter. Im Süden hat Tunesien Anteil an der großen Wüste →Sahara. Angebaut werden in Tunesien vor allem Getreide, Ölbäume, Wein und Zitronen. Andere wichtige Wirtschaftszweige sind die →Fischerei an den Küsten, der →Bergbau und unterschiedliche Industriezweige. An →Bodenschätzen findet man Erdöl, Phosphate und verschiedene Erze. Eine weitere Einnahmequelle ist der →Tourismus.
439 n. Chr. wurde Tunesien von den Vandalen und im 6. Jahrhundert von Ostrom erobert. Von 675 bis 698 stand es unter arabischer Herrschaft. 1574 eroberten es die Türken, die Tunesien 1871 die Selbstständigkeit gewährten. 1881 kam es unter französische Schutzherrschaft, seit 1956 ist es unabhängig.

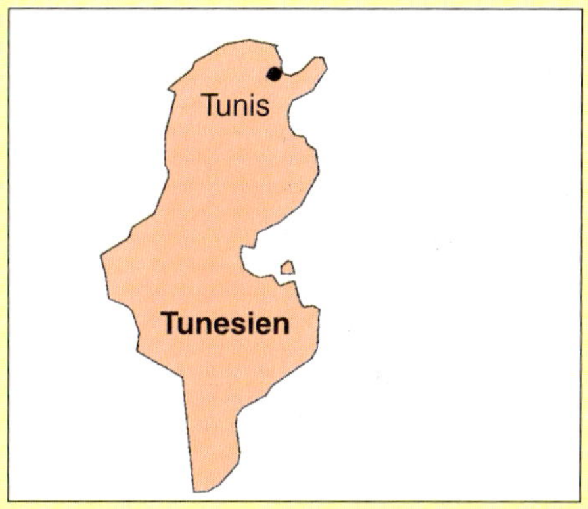

Kontinent:	Afrika
Fläche:	163.610 km^2
Einwohner:	8.815.000
Hauptstadt:	Tunis
Amtssprache:	Arabisch
Währung:	Tunesischer Dinar

Tunnel
In der Regel werden Tunnels gebaut, um Straßen, Fußgängerwege oder Eisenbahnlinien durch Berge oder unter der Erde zu führen. Sie helfen also günstige, zeitsparende Verbindungen herzustellen. Manchmal werden sie auch für Trink- und Abwasserkanäle verwendet. Tunnels werden meist von beiden Seiten gleichzeitig gebaut. Sie müssen daher sehr gut geplant sein, damit beide Schächte in der Mitte zusammentreffen. Die Bohrtrupps dringen in den Berg ein, sprengen das →Gestein und bringen das Geröll aus dem Stollen heraus. Die Tunnel-

wände werden dann mit Mauerwerk oder Stahlbeton befestigt. Einer der längsten Bergtunnels ist mit 19,8 Kilometern der Simplontunnel an der Grenze zwischen Schweiz und Italien.

Turbine
Der Begriff „Turbine“ geht auf das lateinische Wort für „Wirbel“ zurück. Eine Turbine ist eine Kraftmaschine, die →Energie umwandelt. Die Strömungsenergie von →Dampf, →Gas oder Wasser wird in Bewegungsenergie umgesetzt. Dampf, Gas oder Wasser fließen durch die Turbine und setzen die mit Schaufeln besetzten Räder in Gang. Über Wellen und Kupplungen wird die Bewegung weitergegeben und dient zum Antrieb, z. B. von Propellern oder Schiffen, oder zum Betreiben von →Generatoren, die Strom erzeugen. Man unterscheidet Dampf-, Gas- oder Wasserturbinen.

Die Kaplanturbine ist eine Wasserturbine. Sie ist für niedrige Fallhöhen bis zu 50 Metern und große Wasserzuflüsse geeignet.

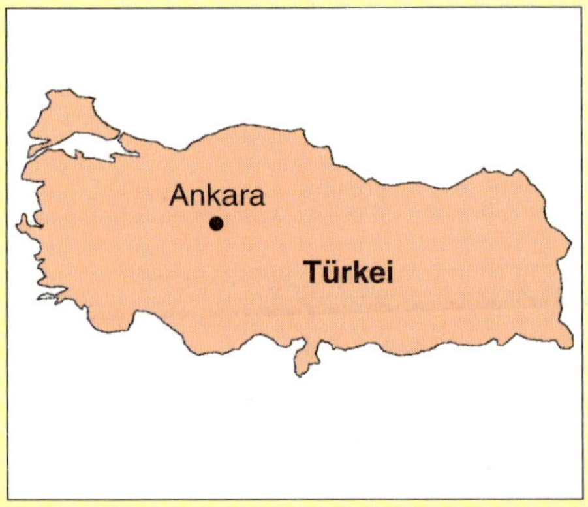

Kontinent:	Europa / Asien
Fläche:	779.452 km^2
Einwohner:	60.771.000
Hauptstadt:	Ankara
Amtssprache:	Türkisch
Währung:	Türkische Lira

Türkei
Die Türkei liegt auf zwei →Kontinenten, in Vorderasien und Südosteuropa. Ihre Nachbarstaaten sind Bulgarien, Griechenland, Georgien, Armenien, Iran, Irak und Syrien. Der europäische Teil ist ziemlich klein, es ist ein Tiefland umgeben von Gebirgen. Der asiatische Teil besteht aus einem weiten Hochland, parallel zur Küste verlaufen im Norden und Süden Gebirge. Im Osten findet man ein unwegsames Gebirgsland vor. Die beiden Teile der Türkei sind durch das Marmarameer getrennt, das zwischen Schwarzem Meer und Mittelmeer liegt und durch zwei Meerengen begrenzt wird: den Bosporus und die Dardanellen. Im Westen und Süden der Türkei sind die Sommer heiß und die Winter mild, im Landesinneren ist es sehr trocken. Im Norden fallen das ganze Jahr über Niederschläge. Angebaut werden Weizen, Gemüse, Tabak, Baumwolle, Zitrusfrüchte und Tee. Außerdem betreibt die Bevölkerung Viehzucht und an den Küsten →Fischerei. Eine wichtige Einnahmequelle ist auch der Fremdenverkehr. An →Bodenschätzen findet man verschiedene Erze, Braunkohle und Erdöl. Die Industrie wird zunehmend ausgebaut, es gibt vor allem Textil-, Tabak-, Nahrungsmittel- und Baustoffindustrie. Die Bevölkerung der Türkei besteht hauptsächlich aus Türken, einigen →Kurden und wenigen Arabern.
Osman I. (1288–1326) gründete das Osmanische Reich, das zunächst in Kleinasien lag, sich aber bald nach Europa ausdehnte. 1453 eroberten die Osmanen Konstantinopel (seit 1930 →Istanbul), das zur Hauptstadt wurde. Mitte des 16. Jahrhunderts hatte das Reich den Höhepunkt der Macht erlangt. Es reichte bis nach Ungarn, weit nach Asien und sogar etwas nach Afrika. Nach dem Tod des Herrschers Süleiman

(1494–1566) begann der Niedergang des Reiches. Im Laufe des 17. und 18. Jahrhunderts verlor die Türkei aufgrund kriegerischer Auseinandersetzungen vor allem mit Österreich und Russland große Gebiete, andere Teile in Afrika und Asien machten sich selbstständig. Im Ersten →Weltkrieg kämpfte die Türkei auf der Seite des Deutschen Reiches und Österreich-Ungarns. 1923 wurde unter dem Präsidenten Kemal Atatürk (1881–1938) die →Republik ausgerufen. Er führte zahlreiche Reformen durch und schuf die moderne Türkei. Im Zweiten Weltkrieg war die Türkei bis 1945 neutral und erklärte erst ganz zum Schluss Deutschland den Krieg. Aus wirtschaftlichen und sozialen Gründen kam es in der Folge immer wieder zu bürgerkriegsähnlichen Kämpfen. 1982 wurde die Türkei eine parlamentarische Republik mit einer neuen →Verfassung. Seit 1984 treten vermehrt Konflikte zwischen der Regierung und der für die Selbstbestimmung der Kurden kämpfenden Arbeiterpartei PKK auf. Dabei kam es zu Terroranschlägen der PKK und Menschenrechtsverletzungen auf Seiten der Regierung, die im Ausland auf Kritik stießen.

Der Großteil der Bevölkerung bekennt sich zum Islam. Die Sultan-Ahmet-Moschee in Istanbul ist eine der zahlreichen Gebetsstätten der Moslems.

Turkmenistan

Die →Republik Turkmenistan grenzt an Kasachstan, Usbekistan, Afghanistan, den Iran und das Kaspische Meer. Das Land ist größtenteils von Halbwüsten und der →Wüste Karakum bedeckt. Man findet nur einige wenige Oasengebiete. Im Süden und Südosten liegen Gebirge. Das →Klima ist kontinental. Angebaut wird vor allem Baumwolle, es gibt viel Viehwirtschaft. Ein wichtiger Wirtschaftszweig ist die Erdöl- und Erdgasförderung. Die Bevölkerung besteht hauptsächlich aus Turkmenen, einigen Russen, Usbeken, Kasachen und Aseri.
Turkmenistan wurde im 8. Jahrhundert von den Turkmenen besiedelt und im 13. Jahrhundert von den Mongolen erobert. Seit dem 16. Jahrhundert stand es unter wechselnder Herrschaft. 1877 wurde das Land russisch und kam 1925 zur →Sowjetunion. Nach der dortigen politischen Umgestaltung wurde es 1991 unabhängig und ist seitdem Mitglied der →GUS.

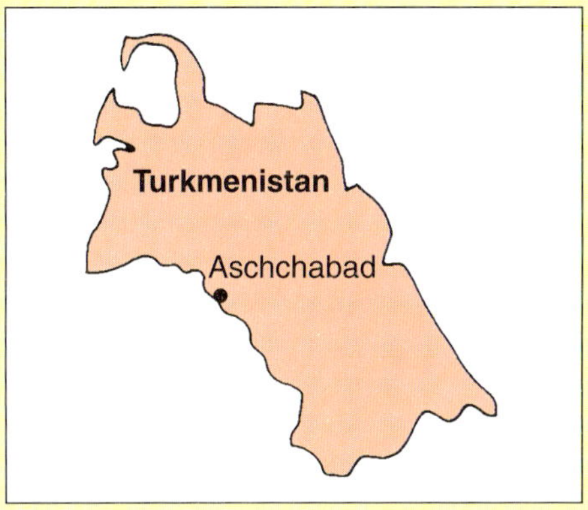

Kontinent:	Asien
Fläche:	488.100 km^2
Einwohner:	4.010.000
Hauptstadt:	Aschchabad
Amtssprache:	Turkmenisch
Währung:	Manat

Turnen

1810 prägte Friedrich Ludwig Jahn (1778–1852) den Begriff „Turnen“. Er bezeichnete damit alle damals bekannten Leibesübungen, also z. B. Laufen, Geräteturnen oder Klettern. 1811 wurde auf der Hasenheide in Berlin der erste Turnplatz errichtet. Als Unterrichtsfach wurde Turnen dann 1842 in die Schulen aufgenommen.
Werden Wettkämpfe im Turnen ausgetragen, spricht man eigentlich von Kunstturnen. Seit 1896 wird es als Sportart bei den →Olympischen Spielen ausgetragen. Heute versteht man darunter Bodenturnen und Geräteturnen, z. B. an den Ringen, am Barren oder am Schwebebalken.

Twain, Mark →Mark Twain

wie Ulrich

U-Bahn
Eine Untergrundbahn oder abgekürzt U-Bahn ist eine Schnellbahn, die innerhalb von großen →Städten unter der Erde in →Tunnels fährt. U-Bahnen gibt es beispielsweise in →Berlin, →Paris, New York oder Moskau. Die älteste U-Bahn Europas ist die Londoner Metro, die 1863 eröffnet wurde. Die U-Bahn befördert täglich viele Menschen auf ihrem Weg zur Arbeit, in die Schule oder nach Hause. Ein- und Aussteigen kann man an den U-Bahnhöfen. Da die U-Bahnen nicht auf den Straßen fahren, sind sie vom Autoverkehr unabhängig. So ist es auch meist möglich, einen Fahrplan einzuhalten, der an den Stationen aushängt und die Mitfahrenden darüber informiert, wann der nächste Zug kommt. Zu Unregelmäßigkeiten im Fahrplan kommt es dann, wenn Züge aufgrund von technischen Mängeln nicht pünktlich oder gar nicht fahren können. U-Bahnen benötigen Strom, den sie über eine Stromschiene neben den Fahrschienen und über so genannte Stromabnehmer erhalten.

Der Fahrer der U-Bahn achtet darauf, dass beim Schließen der Türen niemand verletzt wird.

Überschallgeschwindigkeit
Fliegt ein Körper schneller als der →Schall, spricht man von Überschallgeschwindigkeit. Die →Geschwindigkeit des Schalls ändert sich allerdings in der Luft mit der Temperatur. Bei 0°C liegt sie etwa bei 331 Meter pro Sekunde (m/s), bei 15°C bei 341 m/s. In der Nähe der Schallgeschwindigkeit steigt der Luftwiderstand für Luftfahrzeuge stark an. Sie benötigen deshalb besonders leistungsstarke Triebwerke, z. B. Strahl- oder Raketentriebwerke, um mit Überschallgeschwindigkeit fliegen zu können. Beim Übergang von der Unterschall- zur Überschallgeschwindigkeit durchbricht ein Luftfahrzeug die Schallmauer. Auf der Erde hört man das als lauten Knall.

U-Boot
Ein Kriegsschiff, das vor allem für Unterwasserfahrten gedacht ist, nennt man Unterseeboot oder kurz U-Boot. Es kann unter Wasser andere →Schiffe mit Torpedos angreifen. Um den hohen Wasserdruck auszuhalten, bestehen U-Boote aus einem walzenförmigen Druckkörper mit starken Wänden. Er enthält alle Einrichtungen, die zur Fahrt und zur Unterbringung der Besatzung nötig sind. Auf dem Druckkörper sitzt ein Turm mit einer Einstiegsluke, der auch als Ausguckplattform dient. Ein U-Boot kann tauchen, wenn seine Tauch- und Ballasttanks mit Wasser gefüllt werden. Zum Auftauchen wird das Wasser mit Druckluft wieder aus den Tanks herausgepumpt.
Man unterscheidet zwei Arten von Unterseebooten. Bei dieselelektrischen U-Booten werden die →Dieselmotoren bei den Überwasserfahrten oder Fahrten in geringer Tiefe verwendet, für größere Tiefen benötigt man die Elektromotoren. Diese werden von Akkumulatoren mit Strom versorgt, die wiederum durch →Generatoren nachgeladen werden. U-Boote, die mit →Kernenergie angetrieben werden, können höhere Geschwindigkeiten und größere Tauchtiefen erreichen und unbegrenzte Strecken zurücklegen ohne aufzutauchen.
Schon im 17. und 18. Jahrhundert gab es

erste Versuche mit Unterwasserfahrzeugen, aber erst gegen Ende des 19. Jahrhunderts entstanden militärisch nutzbare U-Boote. Unterseeboote, die nicht für kriegerische Zwecke eingesetzt werden, nennt man Unterwasserfahrzeuge. Sie dienen als Tauchboote z. B. für wissenschaftliche Forschungen.

U-Boot

UdSSR →Sowjetunion

Ufo

In vielen Geschichten und Filmen aus dem Bereich der →Sciencefiction kommen Lebewesen vor, die auf anderen →Planeten leben. Schon immer hat den Menschen die Vorstellung fasziniert, dass es außerhalb der Erde andere Arten von Leben und Lebewesen gibt. Diese Überlegungen sind meist begleitet von einem Gemisch aus Neugier und Angst vor dem Unbekannten, da die Außerirdischen vielleicht technisch sehr hoch entwickelt und durchaus in der Lage sind, die Erde zu erreichen. Es gibt tatsächlich Menschen, die behaupten, ein Ufo gesehen zu haben. „Ufo" ist die Abkürzung für den Begriff „Unbekanntes Flugobjekt". Man versteht darunter ein Luftfahrzeug, das keinem auf der Erde üblichen ähnelt und dessen Herkunft unbekannt ist. Ufos werden oft als scheiben- oder zigarrenförmig beschrieben. Bisher ist es noch nie gelungen, einen unwiderlegbaren Beweis für das Vorhandensein von Ufos zu erbringen. Einige Menschen glauben dennoch fest daran, dass es sie und damit Außerirdische wirklich gibt.

Uganda

Die →Republik Uganda liegt in Ostafrika und grenzt an Kenia, Tansania, Zaire, Sudan und Ruanda. Uganda ist ein etwa 1100 Meter über dem Meeresspiegel liegendes Hochland, das überwiegend mit →Savannen bedeckt ist. Die wichtigsten Ausfuhrgüter sind Kaffee und Baumwolle. Angebaut werden außerdem Tee, Tabak, Mais, Erdnüsse, Hirse, Maniok und Zuckerrohr. An →Bodenschätzen findet man Phosphate, Kupfer-, Zinn- und Wolframerze. Wichtige Wirtschaftszweige sind auch die →Fischerei und die Viehzucht. In Uganda gibt es zwei →Regenzeiten mit reichlichen Niederschlägen. Über die Hälfte der Bevölkerung gehört Bantu-Gruppen an.

Uganda stand seit 1890 unter britischem Einfluss und kam 1896 unter britische Schutzherrschaft. 1962 wurde es unabhängig. 1971 stürzte das Militär die Regierung, es begann die →Diktatur von Idi Amin Dada, während der es zu grausamen Gewalttaten kam. Der Diktator musste 1978 fliehen. Das Militär kam erneut an die Macht, war allerdings gezwungen, 1986 die Regierung an die nationale Widerstandsbewegung abzugeben.

Kontinent:	Afrika
Fläche:	241.139 km^2
Einwohner:	18.592.000
Hauptstadt:	Kampala
Amtssprachen:	Suaheli Englisch
Währung:	Uganda-Schilling

Uhr

Menschen überlegten sich schon sehr früh, wie es möglich ist, Tage und Nächte in klei-

Uhren sind mittlerweile zu einem Modeartikel geworden. Bei dieser Uhr lässt sich das Armband umgestalten: Das Superman-Oberteil kann entweder durch ein Sweatshirt oder eine Space-Jacke ersetzt werden.

nere Einheiten zu unterteilen und Zeiträume festzulegen. Sie erfanden die unterschiedlichsten Uhren, um Zeit zu messen. Dabei war es nicht möglich, so genau die Uhrzeit zu bestimmen, wie wir es heute gewohnt sind. Zu den ältesten Uhren gehören Wasser-, Sonnen- und Sanduhren. Bei der Wasseruhr füllt sich ein Behälter in einer bestimmten Zeit und leert sich dann in einen anderen. Eine Sonnenuhr besteht aus einem Stab, dessen Schatten je nach Stand der Sonne wandert. Bei einer Sanduhr entleert sich ein mit Sand gefüllter Behälter in einem bestimmten Zeitraum.

Dieses Uhrwerk einer Armbanduhr besteht aus mehr als 300 Teilen.

Die ersten tragbaren Uhren entstanden Ende des 15. Jahrhunderts: Der Nürnberger Schlosser Peter Henlein (1480–1542) baute diese Uhren, deren Uhrwerk mit einer Feder angetrieben wurde. Im 17. Jahrhundert entstand die erste Pendeluhr. Die gleichmäßigen Pendelbewegungen setzen dabei das Uhrwerk in Gang. Mit der Zeit gelang es, immer kleinere Uhren anzufertigen. Zu Beginn des 20. Jahrhunderts kamen dann die Armbanduhren auf, die die bisher üblichen Taschenuhren bald verdrängten.

Heute findet man zum einen mechanische Uhren, die noch aufgezogen werden müssen. Sie werden durch die Schwingungen eines Pendels oder Drehpendels, auch Unruh genannt, angetrieben. Eine andere Art sind die Quarzuhren, bei denen die gleichmäßigen Schwingungen eines Quarzkristalls das Uhrwerk betreiben. Sie arbeiten mit Strom. Viele Uhren haben Zeiger, die über ein Zifferblatt wandern, bei einigen, den Digitaluhren, erscheint die Uhrzeit in Zahlenform. Besonders genaue Uhren sind die Atomuhren, bei denen Atom- oder Molekülschwingungen die Uhr steuern. Sie gehen nach einer Million Jahren vielleicht eine Sekunde nach oder vor.

Ukraine

Die Ukraine grenzt an Polen, Weißrussland, Russland, das Schwarze Meer, Moldau, Rumänien, Ungarn und die Slowakische Republik. Das →Klima ist kontinental. Die Hälfte des Landes wird für Ackerbau genutzt, die Ukraine war eines der wichtigsten landwirtschaftlichen Gebiete der ehemaligen →UdSSR. Im Osten findet man viel Steinkohle und →Industrie. An →Bodenschätzen gibt es ansonsten noch Eisenerze, Erdöl und Erdgas. Die Bevölkerung besteht zu drei Vierteln aus Ukrainern und einem knappen Viertel aus Russen. Auf der Halbinsel Krim sind allerdings mehr als die Hälfte Russen und nur ein Drittel Ukrainer. Dort gibt es starke Bestrebungen, sich vom ukrainischen Staat zu lösen und →Russland anzunähern. 1994 erklärte die Krim ihre Unabhängigkeit von der Ukraine, die dies jedoch nicht anerkannte. Im Norden der Ukraine steht der →Kernreaktor von Tschernobyl, in dem es 1986 zu einem Reaktorunglück und dadurch zur radioaktiven Verseuchung von Teilen des Landes kam.
Die Ukraine war seit dem 10. Jahrhundert

Kontinent:	Europa
Fläche:	603.700 km²
Einwohner:	51.465.000
Hauptstadt:	Kiew
Amtssprache:	Ukrainisch
Währung:	Griwna

die Mitte des Kiewer Reiches (907–1169), das sich zwischen →Ostsee und Schwarzem Meer erstreckte. Um 1240 drangen die Mongolen in die Ukraine ein: Sie gaben der Halbinsel den Namen „Krim“, was so viel bedeutet wie „Festung“. Im 14. Jahrhundert fiel zunächst ein Teil des Landes an Polen, 1569 auch der Rest. 1648 erreichte die Ukraine durch einen Aufstand der Kosaken die Unabhängigkeit und stellte sich 1654 unter russischen Schutz. 1709 verlor sie ihre Unabhängigkeit. Freiheitsbestrebungen in allen Teilen des Landes führten 1917 zur Ausrufung der Ukrainischen Volksrepublik. Die Ukraine gehörte 1922 zu den Gründungsmitgliedern der UdSSR. Nach dem dortigen politischen Umbruch erklärte sie 1990 ihre Unabhängigkeit und gehört seit 1991 zur →GUS.

Ulbricht, Walter

Der Politiker Walter Ulbricht (30.6.1893–1.8.1973) wurde in Leipzig geboren. Er war von Beruf Tischler, betätigte sich aber zunehmend als Politiker. 1912 wurde er Mitglied der Sozialdemokratischen Partei Deutschlands (SPD), als Anhänger des →Kommunismus war er dann 1918/19 Mitbegründer der Kommunistischen Partei Deutschlands (KPD). Nach der Machtübernahme der Nationalsozialisten wanderte er 1933 aus Deutschland aus und lebte seit 1938 in der →Sowjetunion. Nach dem Ende des Zweiten →Weltkrieges kehrte er zurück und war 1946 einer der Gründer der Sozialistischen Einheitspartei Deutschlands (SED), die unter starkem Druck der sowjetischen Besatzungsmacht aus dem Zusammenschluss von SPD und KPD entstand. Die SED hatte in der →DDR die alleinige politische Macht inne. Bis 1950 übte Ulbricht das Amt des Stellvertretenden Vorsitzenden der SED aus. Von 1950 bis 1953 war er Generalsekretär der →Partei und ab 1953 bis 1971 Erster Sekretär des Zentralkomitees. Damit übernahm er die Parteiführung und legte die Richtlinien der SED fest. Von 1949 bis 1960 war er Erster Stellvertretender Ministerpräsident und von 1960 bis 1973 Staatsratsvorsitzender, also Staatsoberhaupt.

Ultraschall

Als Ultraschall bezeichnet man →Schall, der mehr als 20.000 Schwingungen pro Sekunde aufweist. Das menschliche →Ohr kann ihn nicht mehr wahrnehmen. Es gibt allerdings Tiere, z. B. die →Fledermaus, die Ultraschall hören können. Ultraschall kann man mit bestimmten Pfeifen, Sirenen oder elektrisch erzeugen. Er wird zum Beispiel beim →Echolot oder zur Prüfung von Werkstoffen verwendet. Im medizinischen Bereich setzt man ihn zum Feststellen von Krankheiten und bei Behandlungen ein. Die Ultraschallwellen erzeugen an dem erkrankten Körperteil Wärme und haben daher z. B. bei Nervenentzündungen eine heilende Wirkung. Bei →Schwangerschaften gehören Ultraschalluntersuchungen zur normalen Vorsorge. Mit ihrer Hilfe können die Gesundheit und die Entwicklung des ungeborenen Kindes überprüft werden.

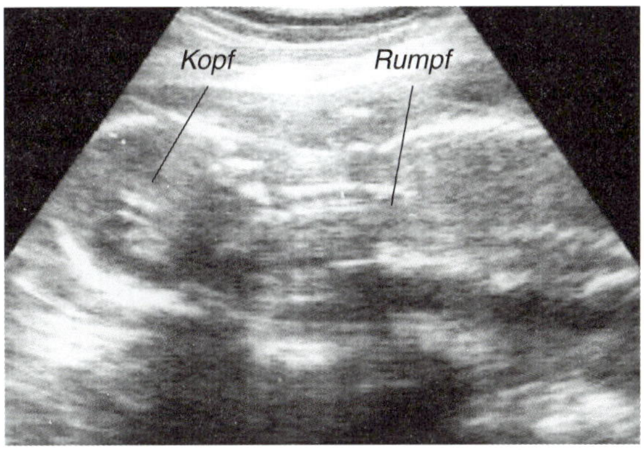

Ultraschallaufnahme in der 16. Schwangerschaftswoche

Umweltschutz
Von Natur aus ist die →Erde so beschaffen, dass alle Tiere, Pflanzen und der Mensch auf ihr Bedingungen vorfinden, die das Leben ermöglichen. Durch die steigende Zahl der Weltbevölkerung, die Nutzung der Erde und die technische Entwicklung werden →Luft, Gewässer und →Böden, also die Umwelt, stark verändert und belastet. In der →Landwirtschaft kommen →Dünger und Schädlingsbekämpfungsmittel zum Einsatz. Fahrzeuge, Flugzeuge und die Verbrennungen in →Industrie und Haushalten erzeugen →Abgase. →Saurer Regen fällt vom Himmel, Abwässer werden in Seen und Flüsse geleitet. All dies und noch viel mehr trägt dazu bei, dass unsere Umwelt durch →Schadstoffe verschmutzt wird. Dadurch kommt es zu Erscheinungen wie z. B. dem →Waldsterben, dem →Treibhauseffekt und dem Loch in der →Ozonschicht, die langfristig das Leben auf der Erde gefährden. Über die →Nahrungskette gelangen die Schadstoffe auch in den Körper des Menschen, für den sie ebenso gefährlich sind.
Aufgabe des Umweltschutzes ist es, dafür zu sorgen, dass weniger oder überhaupt keine Schadstoffe in die Umwelt gelangen. Das kann z. B. durch technische Errungenschaften versucht werden: Autos erhalten einen →Katalysator, in der Industrie werden Filter eingebaut, um den Schadstoffausstoß zu vermindern, oder →Kläranlagen werden erstellt, die zur Gewässerreinigung dienen. Wichtig ist auch, den anfallenden →Abfall möglichst umweltschonend zu beseitigen und weniger Schädlingsbekämpfungsmittel einzusetzen. Um sinnvollen Umweltschutz zu betreiben, ist es außerdem nötig, ein Umdenken der Menschen zu erreichen und ein Verantwortungsbewusstsein zu wecken. So kann jeder Einzelne einen kleinen, aber wichtigen Beitrag zum Umweltschutz leisten. Beim Einkaufen sollte man beispielsweise Produkte mit möglichst wenig oder umweltfreundlicher Verpackung kaufen. Man kann den Müll trennen, das →Recycling unterstützen und seinen Abfall nicht überall liegen lassen.

In vielen Gemeinden gibt es Container für Altpapier, Dosen und Glas. Mülltrennung ist nur eine von vielen Möglichkeiten, zum Umweltschutz beizutragen.

UN →Vereinte Nationen

Ungarn

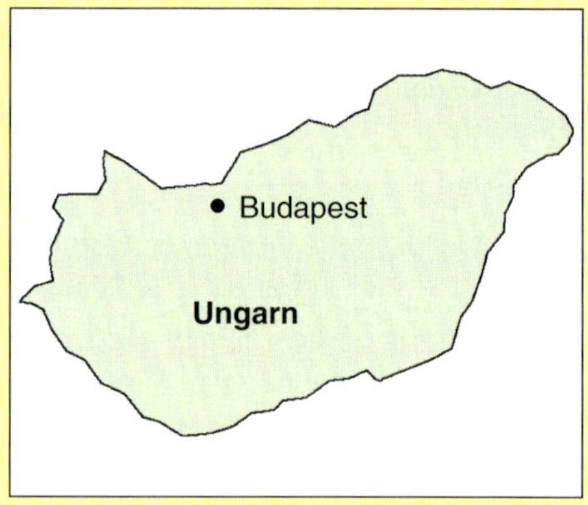

Kontinent:	Europa
Fläche:	93.030 km^2
Einwohner:	10.161.000
Hauptstadt:	Budapest
Amtssprache:	Ungarisch
Währung:	Forint

Die →Republik Ungarn liegt im südöstlichen Mitteleuropa. Ihre Nachbarstaaten sind die Slowakische Republik, die Ukraine, Rumänien, Jugoslawien, Kroatien, Slowenien und Österreich. Das Land wird im Westen von den Ausläufern der →Alpen begrenzt, im Nordwesten liegt das Kleine Ungarische Tiefland, an das sich im Norden das Ungarische Mittelgebirge anschließt. Östlich der →Donau, die durch Ungarn fließt, liegt das Große Ungarische Tiefland. Die baumlose Grassteppe in den Tiefländern heißt Puszta. Das →Klima ist kontinental. Die Bevölkerung besteht zum Großteil aus Ungarn. Über die Hälfte des Landes wird landwirtschaftlich genutzt, angebaut werden vor

allem Mais, Weizen, Zuckerrüben und Kartoffeln. Die →Industrie ist gut entwickelt, man findet z. B. Nahrungsmittel-, Textil- und Maschinenindustrie. An →Bodenschätzen gibt es Bauxit, Braun- und Steinkohle, Erdöl und Erdgas.
Um 900 nahm das Volk der Magyaren das Gebiet des heutigen Ungarn ein. 1526 wurde der größte Teil des Landes türkisch. In den Türkenkriegen von 1683 bis 1699 gelang es, die Türken zurückzudrängen. Ungarn wurde der →Habsburger Monarchie und damit Österreich angeschlossen. Auseinandersetzungen mit dem habsburgischen Herrscherhaus führten schließlich 1867 zur Gleichberechtigung Ungarns und zur Doppelmonarchie Österreich-Ungarn. Nach der Niederlage im Ersten →Weltkrieg erfolgte 1918 die Ausrufung der Republik. Im Zweiten Weltkrieg eroberten sowjetische Truppen Ungarn. Ab 1946 bis 1949 wurde das Land nach sowjetischem Muster sozialistisch umgestaltet. 1949 wurde die Volksrepublik ausgerufen. 1956 kam es zu einem Volksaufstand gegen die kommunistische Herrschaft, der mithilfe sowjetischer Truppen blutig niedergeschlagen wurde. Durch die politischen Erneuerungen in der →Sowjetunion kam es 1990 auch in Ungarn zu einer Loslösung vom →Kommunismus.

UNICEF
„United Nations International Children's Emergency Fond“ oder kurz UNICEF heißt auf deutsch „Weltkinderhilfswerk der Vereinten Nationen“. Es wurde 1946 von den →Vereinten Nationen eingerichtet, um den Kindern, die durch den Zweiten →Weltkrieg in Not geraten waren, zu helfen. Die Organisation hat ihren Sitz in New York. Seit 1950 kümmert sich UNICEF besonders um die Kinder der →Entwicklungsländer. Ziel ist es dazu beizutragen, dass Möglichkeiten zur Ausbildung geschaffen werden, die medizinische Versorgung gewährleistet ist und ausreichend →Medikamente und Nahrungsmittel für bedürftige Kinder vorhanden sind. Die Gelder für diese Hilfsmaßnahmen stammen zu einem Großteil von den Regierungen der verschiedenen Länder und anderen Organisationen und zu einem kleinen Teil aus Spenden und dem Verkauf z. B. von Postkarten. 1965 erhielt UNICEF den Friedensnobelpreis.

Universität →Hochschule

UNO →Vereinte Nationen

Uran
Das Uran ist ein silberweißes, nicht besonders hartes Schwermetall. Es ist radioaktiv, d. h. es sendet ununterbrochen unsichtbare Strahlen aus. Uran wird verwendet, um Strahlenschutzmaterial herzustellen und als Werkstoff in der Luftfahrttechnik. Eine besondere Art Uran wird für Kernspaltungen in →Kernreaktoren und damit zur Erzeugung von →Kernenergie benötigt und dient auch zur Herstellung von Atombomben. Uran findet man im Uranpecherz, Karnotit und einigen Salzen.
→Radioaktivität

Uranus
Von der →Sonne ausgehend, ist der Uranus der siebte →Planet unseres →Sonnensystems. Er wurde 1781 von Wilhelm Herschel (1738–1822) entdeckt. Seine Entfernung von der Sonne beträgt im Durchschnitt 2,872 Millionen Kilometer. Für einen Umlauf benötigt er 86,04 Jahre. Der Uranus ist der drittgrößte Planet, er ist etwa viermal so groß wie die →Erde. Wahrscheinlich besteht er aus einem etwa erdgroßen Kern aus →Gestein, der von einer Schicht aus Wasser und →Gasen umgeben ist. Die Temperatur an seiner Oberfläche beträgt –200 Grad Celsius. Der Uranus hat 15 →Monde. Er ist umgeben von elf Ringen in Abständen von 38.000 bis 52.000 Kilometer von der Planetenmitte. 1986 näherte sich die Raumsonde Voyager 2 dem Uranus bis auf einen Abstand von 81.000 Kilometer und lieferte viele neue Erkenntnisse.

Urknall →Weltall

Urkunde
Als Urkunde bezeichnet man ein Schriftstück, das eine Tatsache beweisen kann. Es muss in der Regel von einem Notar oder einer Behörde ausgestellt sein und erhält dadurch seine Rechtsgültigkeit. Geburts- oder Heiratsurkunden werden beispielsweise von Standesämtern ausgestellt. Versucht man eine echte Urkunde zu fälschen oder stellt eine falsche her, macht man sich der Urkundenfälschung schuldig und kann bestraft werden.
Urkunden werden auch im Rahmen sportlicher Wettkämpfe, z. B. an Schulen, oder bei Wettbewerben verliehen. Sie gelten als Auszeichnung und halten die erzielte Leistung fest.

Urtierchen
Als Protozoen oder Urtierchen bezeichnet man meist winzig kleine Lebewesen, die nur aus einer →Zelle bestehen. Die einfachsten Urtierchen sind ein Plasmaklümpchen mit einem Zellkern. Bei den meisten ist der Plasmaleib allerdings komplizierter aufgebaut, sie besitzen organähnliche Plasmabildungen, die so genannten Organellen, die der Ernährung und Fortbewegung dienen. Die meisten Urtierchen leben im Meer oder Süßwasser, einige aber auch in feuchter Erde. Zu den Urtierchen gehören Geißeltierchen, Wurzelfüßer, Sporen- und Wimpertierchen.

Urtierchen

Amöbe

Die Amöbe pflanzt sich durch Teilung fort.

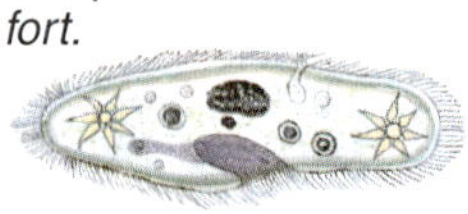

Pantoffeltierchen

Uruguay
Die →Republik Uruguay liegt an der Südostküste Südamerikas und grenzt an Argentinien, Brasilien und den Atlantischen Ozean. Uruguay ist ein niedriges Hügelland und besteht meist aus Grasland. Das →Klima ist subtropisch. Haupterwerbszweige sind Viehzucht und →Landwirtschaft. Angebaut werden Weizen, Mais, Reis, Erdnüsse und Sonnenblumen. Uruguay ist arm an →Bodenschätzen. Die →Industrie ist

Kontinent:	Amerika
Fläche:	176.215 km^2
Einwohner:	3.167.000
Hauptstadt:	Montevideo
Amtssprache:	Spanisch
Währung:	Peso Uruguayo

vor allem in der Hauptstadt angesiedelt und verarbeitet landwirtschaftliche Erzeugnisse. Die Bevölkerung besteht hauptsächlich aus Nachkommen spanischer und italienischer Einwanderer, die indianische Urbevölkerung ist schon seit langer Zeit ausgerottet.
Uruguay wurde 1515 von den Spaniern entdeckt und Ende des 17. Jahrhunderts von Portugiesen und Spaniern besiedelt. 1811 brach ein Unabhängigkeitskampf gegen die spanische Herrschaft aus. 1817 wurde das Land gewaltsam von Portugal in Besitz genommen und Brasilien angegliedert. Von 1825 bis 1828 erkämpfte sich Uruguay die Unabhängigkeit. Die Jahre danach waren von großen Unruhen im Land geprägt. Erst gegen Ende des 19. Jahrhunderts kam es zu einer Beruhigung. 1967 wurde Uruguay eine Republik. 1976 fand ein Militärputsch statt und es wurde eine Militärregierung eingerichtet. 1984 gab es erstmals wieder Wahlen für ein →Parlament und den Präsidenten.

Urwald
Ein Urwald ist ein Waldgebiet, das vom Menschen noch weitestgehend unberührt geblieben ist. Der Mensch hat dort weder Bäume gefällt noch neue gepflanzt. Bevor große Teile der Erde besiedelt waren, gab es große Urwälder sogar in Europa. Heute wird die Fläche, auf der noch Urwald steht,

durch das Abholzen der Bäume immer kleiner. Urwald findet man zum Beispiel noch in Südamerika.
→Regenwald

Auch in Australien gibt es noch Urwald.

USA →Vereinigte Staaten von Amerika

Usbekistan

Das bevölkerungsreichste Land Mittelasiens ist Usbekistan. Es grenzt an Kasachstan, Kirgisistan, Tadschikistan, Afghanistan und Turkmenistan. Die Bevölkerung besteht aus Usbeken, Russen, Tadschiken, Kasachen und Tataren. Die meisten Einwohner sind Anhänger des →Islam. Ein Großteil der Bevölkerung ist sehr arm. Usbekistan besteht aus einer weiten Beckenlandschaft, der Fergana, einem großen Tiefland und einigen Gebirgszügen. Die Ebenen sind meist mit →Steppe, Halbwüste oder →Wüste bedeckt, an den Gebirgsrändern finden sich →Oasen. Das →Klima ist kontinental mit sehr heißen Sommern. Die Hälfte des Landes besteht aus Weideflächen, die Viehhaltung ist sehr weit verbreitet. Es wird auch viel →Landwirtschaft betrieben, angebaut wird vor allem Baumwolle, aber auch Reis, Mais, Getreide und Obst. Usbekistan ist der fünftgrößte Baumwollerzeuger der Welt. Wichtig ist auch die Seidenraupenzucht, denn Usbekistan führt sehr viel Seide aus. An →Bodenschätzen findet man erhebliche Vorkommen von Erdgas, Erdöl und Gold. Im 7. Jahrhundert wurde Usbekistan von den Arabern und im 13. Jahrhundert von den Mongolen eingenommen. Um 1500 wurde das usbekische Khanat gegründet, d. h. das Land unterstand einem Herrscher, der den mongolischen Titel „Khan“ trug. 1860 wurde es von Russland unterworfen. 1924 entstand die Usbekische Sozialistische Sowjetrepublik. Seit 1925 gehörte Usbekistan zur →Sowjetunion, 1991 wurde es selbstständig und gehört heute zur →GUS.

Kontinent:	Asien
Fläche:	447.400 km^2
Einwohner:	22.349.000
Hauptstadt:	Taschkent
Amtssprache:	Usbekisch
Währung:	Usbekistan-Sum

UV-Strahlen

Ein →Spektrum weist verschiedene Farben auf. Auf die Farbe Violett folgt ein unsichtbarer Bereich: das Ultraviolett oder kurz UV. UV-Strahlen lassen die Haut bräunen und sind wichtig für die Bildung des lebensnotwendigen →Vitamins D. In der Lebensmitteltechnik werden sie eingesetzt, um Keime abzutöten, und in der →Medizin zur Behandlung von Krankheiten. Bei kleiner Dosierung werden z. B. →Stoffwechsel, →Kreislauf und der Allgemeinzustand eines Menschen günstig beeinflusst. Das Vorhandensein der UV-Strahlung wurde erstmals 1802 entdeckt. Auch die →Sonne sendet neben den Wärmestrahlen und dem sichtbaren →Licht UV-Strahlen aus. Ungefiltert wären diese Strahlen für alle Lebewesen auf der Erde sehr gefährlich. Die →Ozonschicht in der →Atmosphäre hat daher die Aufgabe, das UV-Licht zu filtern und nur eine für das Leben auf der Erde ungefährliche Menge durchzulassen.

wie Viktor

Vakuum

Unter einem Vakuum versteht man einen nahezu luftleeren Raum. Der Druck ist dort wesentlich geringer als in der Umgebung. Saugt man aus einem abgeschlossenen Behälter die →Luft heraus, erhält man ein Vakuum.

Vampir

In vielen Filmen und Erzählungen tauchen sonderbare Wesen auf, die nicht wirklich tot sind, aber auch nicht richtig leben. Sie scheuen das Tageslicht und verlassen nachts ihre Verstecke, um anderen Menschen Blut auszusaugen. Diese „Untoten" heißen Vampire. Die berühmteste Romanfigur dieser Art ist sicherlich Graf Dracula. In Wirklichkeit gibt es solche Furcht erregenden Wesen natürlich nicht, allerdings findet man in Südamerika tatsächlich Vampire. Dabei handelt es sich jedoch um eine kleine Fledermausart. Mit ihren scharfen Zähnen schneiden die Vampire eine Wunde in die Haut ihrer Opfer und lecken das austretende Blut auf. Ihre Bisse sind für den Menschen nur deshalb gefährlich, weil die Tiere Krankheiten übertragen können.

Vatikanstadt

Mitten in der italienischen Hauptstadt →Rom liegt der kleinste Staat der Welt: Vatikanstadt. Er umfasst den Vatikan, die Peterskirche, die päpstlichen Gärten und hat einen eigenen Bahnhof, Rundfunksender und verschiedene wissenschaftliche Einrichtungen. Außerdem besitzt er das Recht, Münzen zu prägen und Briefmarken zu drucken. Der Vatikan ist der Wohnsitz des →Papstes und beherbergt noch die Vatikanischen Museen, die Sixtinische Kapelle, die Vatikanische Bibliothek und das Vatikanische Archiv. Im Vatikan sind zahlreiche weltberühmte Kunstwerke aufbewahrt.
1929 hat Italien die Unabhängigkeit des Stadtstaates anerkannt. Der Papst ist das Staatsoberhaupt.

Blick von der Kuppel der Peterskirche auf den Petersplatz und Rom

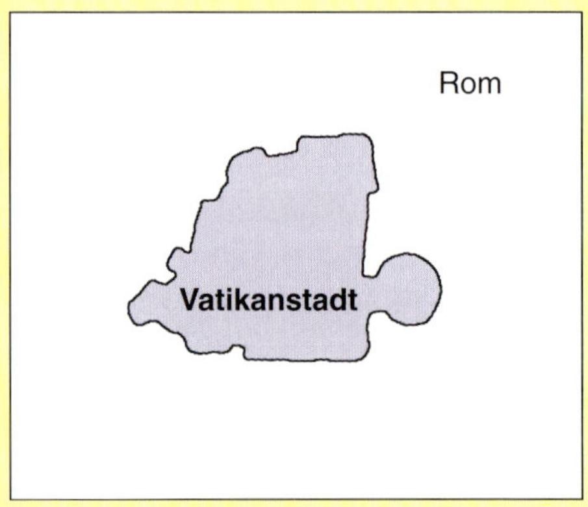

Kontinent:	Europa
Fläche:	0,44 km^2
Einwohner:	802
Hauptstadt:	Vatikanstadt
Amtssprachen:	Italienisch Latein
Währung:	Italienische Lira

Vegetarier

Strenge Vegetarier ernähren sich ausschließlich von pflanzlichen Erzeugnissen. Sie nehmen weder Fleisch noch →Milch, Eier, →Käse oder Ähnliches zu sich. Die so genannten Lakto-Vegetarier lassen dagegen durchaus Milch, Milchprodukte und Eier auf ihrem Speiseplan zu. Viele Menschen ernähren sich auf diese Weise, weil sie es für gesünder halten, andere tun es aus der Überzeugung heraus, dass der Mensch kein Recht hat, Tiere umzubringen und zu essen.

Venezuela

Kontinent:	Amerika
Fläche:	912.050 km^2
Einwohner:	21.378.000
Hauptstadt:	Caracas
Amtssprache:	Spanisch
Währung:	Bolivar

Im Norden Südamerikas liegt die →Republik Venezuela. Sie grenzt an Guyana, Brasilien, Kolumbien, das Karibische Meer und den Atlantischen Ozean. Im Süden und Südosten stößt man auf ein Bergland, das vom Orinoko, dem Hauptstrom Venezuelas, umflossen wird. Nordwestlich und nördlich davon im Orinokotiefland befinden sich die Llanos, das sind Hochgrassteppen. Im Nordwesten des Landes liegt das Tiefland von Maracaibo, das umgeben ist von Ausläufern der →Anden. Das →Klima ist tropisch-wechselfeucht. In der →Landwirtschaft werden Mais, Getreide, Zuckerrohr, Bohnen, Maniok, Kaffee, Obst, Baumwolle und Sisal angebaut. Daneben gibt es viel Viehzucht. Venezuela ist reich an Erdölvorkommen, Eisenerzen, Gold, Diamanten und Kohle. Die →Industrie ist gut ausgeprägt. Die Bevölkerung besteht zu zwei Dritteln aus →Mischlingen, den Mestizen, zu einem knappen Drittel aus Weißen und aus Schwarzen und →Indianern.

Venezuela wurde 1498 von Christoph →Kolumbus entdeckt. Von 1528 bis 1546 hatte ein Augsburger Patriziergeschlecht, die Welser, das Recht Venezuela zu erschließen. Damit wurde es erste deutsche Überseekolonie. Von 1546 bis 1717 gehörte Venezuela zum Vizekönigreich Neuspanien und danach zum Vizekönigreich Neugranada. Die 1810 begonnenen Unabhängigkeitskämpfe gegen die spanische Herrschaft führten 1811 zur Ausrufung der Republik. Von 1819 bis 1830 war Venezuela Teil Großkolumbiens. In der Folge gab es häufig schwere Unruhen im Land. Seit 1961 ist Venezuela eine Republik mit einem Präsidenten.

Ventil

Will man einen Fahrradreifen aufpumpen, darf die hineinströmende Luft nicht sofort wieder entweichen. Dies wird durch ein Ventil verhindert. Alle Vorrichtungen, die den Fluss von →Gasen oder →Flüssigkeiten in Leitungen, Schläuchen, Kolben oder Ähnlichem hemmen oder gänzlich sperren, nennt man Ventil. Selbststeuernde Ventile werden durch den Druck des Gases oder der Flüssigkeit angehoben. Lässt der Druck nach, schließen sie entweder durch eine Feder oder ihr eigenes Gewicht von selbst. Gesteuerte Ventile dagegen werden von außen bewegt. Nach ihrer Form unterscheidet man Teller-, Kegel-, Kugel- oder Klappventile.

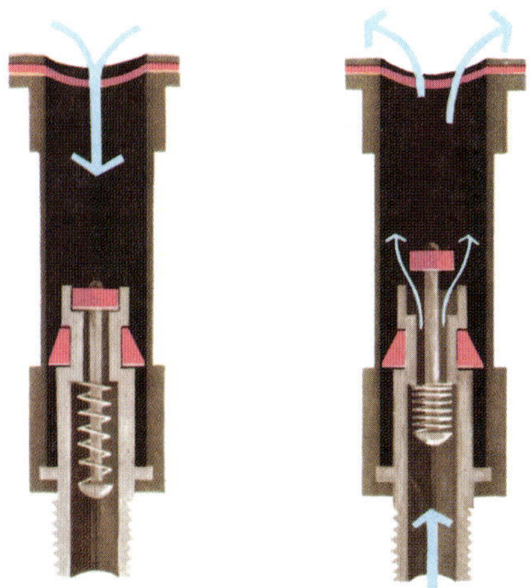

Links: Die im Fahrradschlauch vorhandene Luft verschließt das Ventil. Die Luft kann nicht heraus. Rechts: Die mit der Luftpumpe verdichtete Luft öffnet das Ventil und strömt in den Schlauch.

Venus

Von der →Sonne aus gesehen ist die Venus der zweite →Planet. Er ist im Durchschnitt 108,2 Millionen Kilometer von der Sonne entfernt und braucht 225 Tage für einen Umlauf. Wenn die Venus westlich der Sonne steht, bezeichnet man sie auch als Morgenstern, steht sie östlich der Sonne, als Abendstern. Die Venus ist etwa viermal so groß wie die →Erde. Sie ist von einer dichten Wolkenhülle umgeben, ihre →Atmosphäre besteht hauptsächlich aus →Kohlendioxid. An der Oberfläche herrschen sehr hohe Temperaturen, etwa 460 Grad Celsius. Ein Leben wie auf der Erde ist damit auf der Venus unmöglich. Von der Erde aus wirkt sie ganz unterschiedlich. Je nachdem, wo sie sich auf ihrer Umlaufbahn befindet, ist eine größere oder kleinere sonnenbeschienene Fläche zu sehen. Die Venus zeigt sich daher dunkel, als beleuchtete Sichel oder voll erleuchtet. Kommt sie der Erde näher, wirkt sie größer, entfernt sie sich, kleiner.

Verbrennungsmotor

Autos werden mit Verbrennungsmotoren angetrieben. In einem abgeschlossenen Zylinder wird ein Gemisch aus →Treibstoff und Luft entzündet, es verbrennt explosionsartig. Dabei entstehen heiße →Gase, die einen Kolben im Zylinder hin und her bewegen. Der Kolben gibt die Bewegung an eine Pleuelstange und diese an eine Kurbelwelle weiter, die eine drehende Bewegung erzeugt. Dieser Vorgang wiederholt sich ständig. Man unterscheidet zwei Arten von Verbrennungsmotoren. Der →Dieselmotor wird mit Dieselöl betrieben, das sich selbst entzündet. Im Otto-Motor wird ein Benzin-Luft-Gemisch von einem elektrischen Funken gezündet. Der Otto-Motor wurde 1876 von Nikolaus August Otto (1832–1891) erfunden. Hier kann man wiederum zwei Arten unterscheiden, den Viertakt- und den Zweitaktmotor. Beim Viertaktmotor wird bei jedem vierten Takt, d. h. bei jeder vierten Aufwärts- oder Abwärtsbewegung des Kolbens, Arbeit verrichtet, beim Zweitaktmotor bei jedem zweiten Takt.

Arbeitsweise des Viertaktmotors

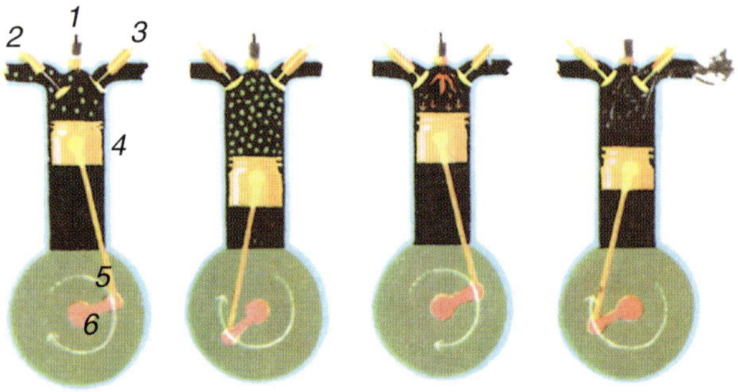

1 Zündkerze
2 Einlassventil
3 Auslassventil
4 Kolben
5 Pleuelstange
6 Kurbelwelle

Im Viertaktmotor öffnet sich das Einlassventil. Durch die Abwärtsbewegung des Kolbens wird das Treibstoff-Luft-Gemisch angesaugt. Die →Ventile schließen sich, der Kolben bewegt sich nach oben und drückt die Luft zusammen. Durch einen elektrischen Funken wird das Gemisch entzündet. Die heißen Gase drücken den Kolben nach unten. Jetzt wird der Kurbelwelle →Energie zugeführt. Das Auslassventil öffnet sich und der aufsteigende Kolben stößt die →Abgase nach außen.
Der Zweitaktmotor hat keine Ventile, der Kolben regelt Zufuhr und Austreiben der Gase selbst.

Verdauung

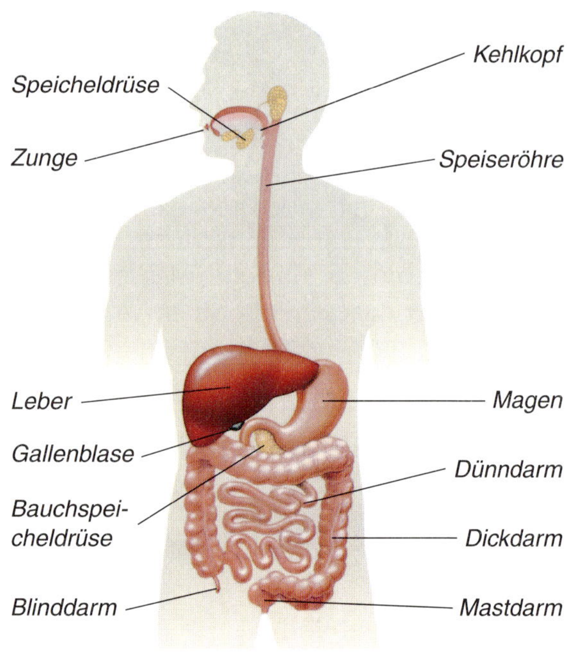

Jede Nahrung, die Menschen oder Tiere zu sich nehmen, muss verarbeitet werden. Dabei werden die lebenswichtigen Stoffe, z. B. →Eiweiße, →Vitamine oder →Kohlenhydrate, entzogen. Der Körper braucht sie, um richtig arbeiten zu können. Der unbrauchbare Rest der Nahrung wird schließlich ausgeschieden. Diesen ganzen Vorgang bezeichnet man als Verdauung. Beim Menschen beginnt die Verdauung bereits im Mund. Die →Zähne zerkleinern die Speisen und der Speichel beginnt mit dem Abbau der Nahrung. Der Speisebrei wird durch →Muskeln über die Speiseröhre in den →Magen gedrückt. Dort wird er mit Verdauungssäften und Säuren versetzt und weiter in den →Darm transportiert. Von der →Leber und Bauchspeicheldrüse gelangen zusätzliche Verdauungssäfte in den Darm. Die für den Körper wichtigen Stoffe werden an das →Blut abgegeben und zu den verschiedenen →Zellen befördert. Die Muskeln des Darms bewegen den Brei weiter. Die unverdaulichen Reste, die Exkremente bzw. der Kot, werden über den After ausgeschieden.

Vereinigte Arabische Emirate

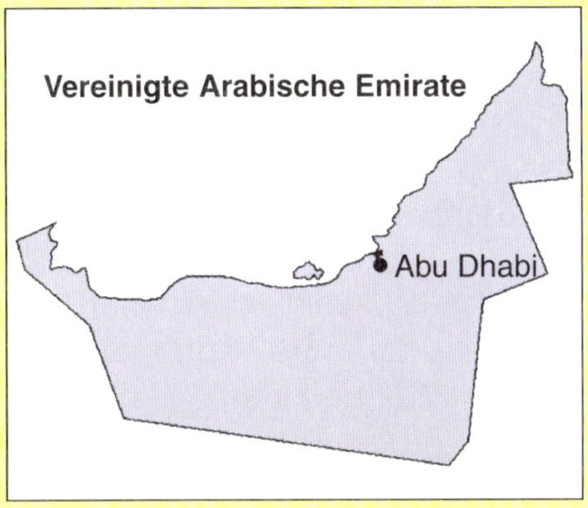

Kontinent:	Asien
Fläche:	77.700 km^2
Einwohner:	1.855.000
Hauptstadt:	Abu Dhabi
Amtssprache:	Arabisch
Währung:	Dirham

Die Vereinigten Arabischen Emirate (VAE) sind ein Zusammenschluss aus sieben Emiraten, der in Vorderasien liegt. Als Emirat bezeichnet man ein Fürstentum, das von einem Herrscher, dem Emir, geleitet wird. Zu den VAE gehören Abu Dhabi, Dubaij, Adschman, Fudschaira, Ras Al Chaima, Schardscha und Umm Al Kaiwan. Die VAE liegen im Osten der Arabischen Halbinsel, sie grenzen an den Persischen Golf, Katar, Saudi-Arabien und Oman. Das Land ist dünn besiedelt und besteht hauptsächlich aus →Wüsten und einem flachen Küstenstreifen. Im Südwesten liegen Salzsümpfe, im Osten Gebirge bis 2000 Meter. Das →Klima ist sehr trocken und heiß. Der Großteil der Bevölkerung sind Araber, daneben leben dort auch Pakistani, Inder oder Perser. Hauptausfuhrgüter sind Erdöl und Erdgas. Das Staatsoberhaupt, Scheich Said ibn Sultanan-Nahajan (geb. 1918), gilt als einer der reichsten Männer der Welt.

Von 1200 bis 1700 beherrschten die Perser die Gebiete um den Persischen Golf. 1853 schloss Großbritannien mit den Emiraten der Golfregion Verträge ab, die ihm die Schutzherrschaft übertrugen. 1968 zog Großbritannien sich aus der Gegend zurück und die sieben Emirate sowie Bahrain und Katar schlossen ein Staatenbündnis. 1971 entstanden dann unter Ausschluss von Bahrain und Katar die Vereinigten Arabischen Emirate.

Vereinigte Staaten von Amerika

Spricht man von →Amerika, meint man selten den →Kontinent Amerika, sondern meist die Vereinigten Staaten von Amerika oder kurz die USA. Man kann drei unterschiedliche, weit voneinander getrennte Teilgebiete unterscheiden: Alaska, die →Hawaii-Inseln und das Hauptgebiet mit 48 Bundesstaaten. Das Hauptgebiet der USA erstreckt sich vom Pazifischen Ozean im Westen über mehr als 4000 Kilometer zum Atlantischen Ozean im Osten und über mehr als 2000 Kilometer von der Grenze Kanadas im Norden bis Mexiko und dem Golf von Mexiko im Süden. Den westlichen Bereich und Alaska durchziehen die Kordilleren, ein Gebirgszug, der bis in die Südspitze →Südamerikas reicht. In der Mitte liegt ein riesiges, zum Fluss Mississippi sich absenkendes Stufenland. Der Mississippi ist mit 3765 Kilometern der längste Fluss Amerikas. Im Osten befinden sich die Appalachen, ein etwa 2600 Kilometer langer und 200 bis 300 Kilometer breiter Gebirgszug. Westlich der Appalachen stößt man auf ein Grasland, die Prärie. In den Bereichen zwischen den Gebirgszügen liegt viel Wüstensteppe. Der Küstenbereich am Atlantischen Ozean ist flach. Die klimatischen Verhält-

Vereinigte Staaten von Amerika

Kontinent:	Amerika
Fläche:	9.809.155 km^2
Einwohner:	260.529.000
Hauptstadt:	Washington
Amtssprache:	Englisch
Währung:	US-Dollar

nisse sind sehr unterschiedlich: subtropisches →Klima in Südflorida, an den westlichen Küsten südlich von San Francisco mildes Klima mit Niederschlägen im Winter. Der größte Teil weist kontinentales Klima auf. Der gesamte Norden hat strenge Winter und milde Sommer. Über ein Viertel des Landes ist bewaldet, knapp die Hälfte sind landwirtschaftliche Nutzflächen. Angebaut werden z. B. Weizen, Zuckerrohr, Obst oder Gemüse. Die →Landwirtschaft ist weltweit führend in der Erzeugung von Sojabohnen, Mais, Hafer, Tabak und Baumwolle. Daneben gibt es viel Viehzucht und →Fischerei. Amerika besitzt vielseitige und umfangreiche →Bodenschätze, z. B. Kohle, Erdöl und Erdgas. Die →Industrie ist gut ausgebaut. Die Bevölkerung Amerikas besteht vor allem aus Weißen, vielen Schwarzen, einigen Spanischstämmigen und Asiaten und einem kleinen Teil der Urbevölkerung, den →Indianern.

Die ersten Entdecker →Nordamerikas waren →Wikinger. Die europäische Inbesitznahme begann mit der Eroberung des Reiches der →Azteken im 16. Jahrhundert. Seit Ende des 18. Jahrhunderts wurde Amerika planmäßig erforscht. Holländer, Franzosen, Spanier und Engländer gründeten →Kolonien. Die Engländer eroberten dann viele Kolonien. Das wachsende Selbstbewusstsein der Kolonien an der Ostküste führte vermehrt zu Auseinandersetzungen mit dem englischen Mutterland. 1774 schlossen sich zwölf Kolonien zusammen, von 1775 bis 1783 kam es zu einem Krieg, der zur Unabhängigkeit führte. 1787 entstand die amerikanische →Verfassung.

Im 19. Jahrhundert kamen Millionen europäischer Einwanderer nach Amerika, die sich eine Verbesserung ihrer Lebensbedingungen erhofften. Im Zuge dieser Zuwanderungen wurde die indianische Urbevölkerung nach und nach verdrängt und vernichtet. Der Gegensatz zwischen den Süd- und Nordstaaten vor allem in der Frage der →Sklaverei führte von 1861 bis 1865 zu einem Bürgerkrieg. Die Nordstaaten gewannen, die Einheit der Union wurde wieder hergestellt und die Sklaverei abgeschafft. Ende des 19. Jahrhunderts begann der Aufstieg der USA zu einer Weltmacht. Nach anfänglicher Neutralität traten die USA 1917 in den Ersten und 1941 in den Zweiten →Weltkrieg ein. Die japanische Kriegspolitik veranlasste Amerika 1945 zum Abwurf der Atombomben auf die japanischen Städte Hiroshima und Nagasaki. Dadurch kam es zu entsetzlichen Schäden, an denen die Bevölkerung zum Teil noch heute leidet. Nach dem Zweiten Weltkrieg wurden die Spannungen zwischen den USA und der →UdSSR immer

Die Golden Gate Bridge bei San Francisco

größer, erst seit den 60er-Jahren begann eine langsame Entspannung. 1962 griffen die USA in die kriegerischen Auseinandersetzungen in →Vietnam ein. Nach erfolglosen und für beide Seiten verlustreichen Kämpfen zogen sie sich 1973 zurück.

Verhandlungen mit der UdSSR führten seit den 80er-Jahren zu einer vermehrten →Abrüstung. Amerika ist heute eine Supermacht, die großen Einfluss auf alle weltpolitischen Ereignisse hat.

Vereinte Nationen
Die „United Nations“ oder abgekürzt UN bzw. UNO bezeichnet man deutsch als „Vereinte Nationen“. Sie wurden am 26.6.1945 von 51 Nationen in San Francisco gegründet. Die UN traten die Nachfolge des so genannten Völkerbundes an, der nach dem Ersten →Weltkrieg 1919 gegründet worden war, um den Weltfrieden zu erhalten. Da dieser den Ausbruch des Zweiten Weltkrieges nicht verhindern konnte, musste er als gescheitert angesehen werden und wurde 1946 aufgelöst.

Das Zeichen der Vereinten Nationen zeigt eine Weltkarte umgeben von zwei Ölzweigen als Symbol für den Frieden.

Ziel der Vereinten Nationen ist es, den Frieden auf der Welt zu sichern. Treten irgendwo Streitigkeiten oder sogar kriegerische Auseinandersetzungen auf, versuchen die UN, diese friedlich oder durch Zwang, z. B. durch wirtschaftliche Einschränkungen oder militärisches Vorgehen, beizulegen. Dazu werden Friedenstruppen eingesetzt, die aufgrund ihrer blauen Schutzhelme auch „Blauhelme“ genannt werden. Außerdem versuchen die UN, die freundschaftlichen Beziehungen zwischen den Ländern zu fördern und die weltweite Zusammenarbeit in den unterschiedlichsten Bereichen, z. B. auf wirtschaftlichem oder kulturellem Gebiet, zu verbessern. Sie überwachen auch die Einhaltung der →Menschenrechte.
Die UN bestehen heute aus 184 Mitgliedern und haben ihren Sitz in New York. Mindestens einmal im Jahr tagt die Vollversammlung der Mitglieder, sie ist das oberste Organ der UN. Der Sicherheitsrat ist eine ständig bestehende Einrichtung. Er setzt sich aus fünf festen Mitgliedern zusammen: China, Frankreich, Großbritannien, Russ-

Blauhelme im Einsatz

land und den USA, die auch bei allen Entscheidungen ein Einspruchsrecht, das so genannte Veto-Recht, haben. Zusätzlich kommen noch zehn auf zwei Jahre gewählte wechselnde Mitglieder dazu.
Das geschäftsführende Sekretariat untersteht dem Generalsekretär. Weitere Organe der UN sind der Internationale Gerichtshof, der Wirtschafts- und Sozialrat und der Treuhänderrat. Außerdem gibt es zahlreiche Sonderorganisationen, die für die unterschiedlichsten Bereiche zuständig sind: Die UNESCO kümmert sich beispielsweise um Fragen der Erziehung und Wissenschaft und die →UNICEF ist das Kinderhilfswerk.

Vererbung
Viele Menschen sehen ihren Eltern oder anderen Familienmitgliedern ähnlich oder haben vergleichbare, typische Charakterzüge. Der Grund dafür ist die Vererbung. Alle Lebewesen geben bestimmte Merkmale und Eigenschaften an ihre Nachkommen weiter. Entscheidend für die Vererbung sind die Chromosomen, das sind stäbchenförmige Gebilde, die im Kern jeder →Zelle vorkommen. Sie enthalten Desoxyribonucleinsäure (DNS), die eine Menge erblicher Informationen trägt. Abschnitte der DNS sind die →Gene, also die Erbanlagen eines Lebewesens. Sie liegen in einer Linie angeordnet auf den Chromosomen. Die Anzahl der Chromosomen ist je nach Art des Lebewesens unterschiedlich: Menschen haben 46 Chromosomen, die Taufliege 8.
Bei der Befruchtung verschmilzt ein männlicher →Samen mit einer weiblichen Eizelle. Beide Zellen tragen Chromosomen in sich. In den Geschlechtszellen ist die Chromosomenzahl allerdings auf die Hälfte vermindert. Alle Körperzellen haben dagegen den doppelten Satz paarweise gleicher Chromosomen. Bei der Befruchtung entsteht nun

eine Ursprungszelle für das neue Lebewesen, die wieder die volle Chromosomenzahl aufweist. Jedes Kind, das geboren wird, trägt also Chromosomen des Vaters und der Mutter in sich. Alle Merkmale werden durch zwei Gene festgelegt. Sind beide gleich, z. B. Haarfarbe braun, hat das Kind braune Haare. Sind sie aber verschieden, setzt sich das stärkere, das dominante Merkmal durch.
Wichtige, noch heute gültige Vererbungsgesetze hat Gregor Mendel (1822–1884) anhand der Kreuzung vor allem von Bohnen und Erbsen aufgestellt. In der Tier- und Pflanzenwelt wird das Wissen über die Vererbung dazu benutzt, Tiere oder Pflanzen mit bestimmten wünschenswerten Eigenschaften und Merkmalen zu züchten.

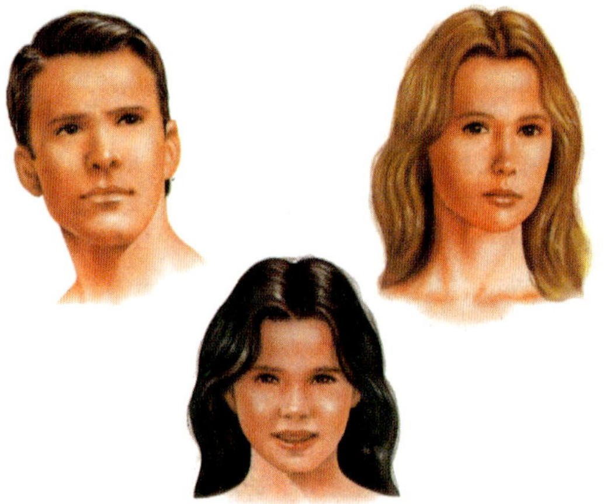

Dunkles Haar ist dominant. Ein dunkelhaariger Mann und eine blonde Frau werden ein dunkelhaariges Kind zeugen, wenn der Vater ein Gen für dunkles Haar weitergibt.

Verfassung
Jeder →Staat hat eine Verfassung. Darin ist zum Beispiel festgelegt, welche Aufgaben, Rechte und Grenzen der Einflussnahme der Staat hat, wie er aufgebaut ist und welche Rechte und Pflichten den Staatsbürgern zukommen. In Deutschland spricht man statt von Verfassung von dem →Grundgesetz. Das Vorbild vieler moderner Verfassungen war die französische Verfassung von 1791, die sich wiederum an die amerikanische von 1787 anlehnte. Eine Verfassung ist dem übrigen Recht übergeordnet. Änderungen können nur sehr schwer durchgesetzt werden.

Vergil
Publius Vergilius Maro wurde am 15.10.70 v. Chr. in der Nähe der italienischen Stadt Mantua geboren. 52 v. Chr. kam er nach Rom. Bald entdeckte er seine schriftstellerische Begabung und begann →Gedichte zu schreiben. 39 v. Chr. gab er Hirtengedichte heraus, die ihn sehr berühmt machten. Zwischen 37 und 29 v. Chr. entstand die „Georgica", ein Lehrgedicht vom Landbau. Sein Hauptwerk ist die „Aeneis", ein Epos, mit dem er den Nationalstolz der →Römer ansprach und das Recht auf die Weltherrschaft Roms begründete. Am 21.9.19 v. Chr. starb er nach schwerer Krankheit in Brindisi.

Verhaltensforschung
Ist eine Katze in Bedrängnis, macht sie einen Katzenbuckel und sträubt die Haare. Wirbt ein Pfau um ein Weibchen, spreizt er seine bunten Schwanzfedern, um ihm zu gefallen. Beide Beispiele zeigen Verhaltensweisen, die alle Tiere dieser Arten in einer vergleichbaren Situation aufweisen. Die Verhaltensforschung macht es sich zur Aufgabe, das Verhalten von Tieren und Menschen zu beobachten und bestimmte Übereinstimmungen, z. B. bei der Brutpflege oder beim Fortpflanzungsverhalten, aufzudecken. Dabei versucht sie zum einen die Lebewesen in einer möglichst natürlichen Umgebung zu beobachten, führt aber auch Versuche durch, um Zusammenhänge zu erkennen. Die Verhaltensforschung gilt als Zweig der →Biologie. Ein bedeutender Wissenschaftler in diesem Bereich war Konrad →Lorenz (1903–1989).

Verkehrszeichen
Alle Autos, Busse, Lastwagen, Motorräder, Fahrräder und Fußgänger zusammen machen den Straßenverkehr aus. Damit der Verkehr, der gerade in großen Städten oft sehr lebhaft ist, geregelt vor sich geht, gibt es Verkehrszeichen. Sie teilen den Verkehrsteilnehmern etwas mit und veranlassen sie sich entsprechend zu verhalten. Das Zeichen „Vorfahrt achten" bringt den Fahrer eines Fahrzeuges z. B. dazu, langsamer zu fahren und einem anderen Auto die Vorfahrt zu gewähren. Als Verkehrszeichen bezeichnet man nicht nur die Warn-, Gebots-, Verbots- und Hinweisschilder, sondern auch Ampeln und die Zeichen von Polizeibeamten.
Verkehrszeichen siehe nächste Seite.

Einige wichtige Verkehrszeichen

unebene Fahrbahn

Ampel

starkes Gefälle

Gegenverkehr

Baustelle

Kinder

Wild

unbeschrankter Bahnübergang

beschrankter Bahnübergang

Warnkreuz am Bahnübergang

Durchfahrt verboten

Einfahrt verboten

zulässige Höchstgeschwindigkeit

Ende der Geschwindigkeitsbegrenzung

Ende aller durch Verkehrszeichen angezeigten Verbote

absolutes Halteverbot

Halteverbot

Vorfahrtsstraße

Halt – Vorfahrt achten

Vorfahrt achten

Anfang der Autobahn

Anfang der Ortschaft

Ende der Ortschaft

Sackgasse

Versicherung
Wenn man einen Autounfall verursacht, kann das sehr teuer werden. Man muss die Kosten für die Reparatur am eigenen und auch am Auto des anderen übernehmen. Zum Glück gibt es dafür eine Versicherung. Die Versicherung kommt für die entstandenen Schäden auf, man selbst muss gar nichts oder nur einen geringen Teil zahlen. Versicherungen gibt es für die unterschiedlichsten Bereiche: Brand- und Wasserversicherungen für anfallende Feuer- und Wasserschäden, Diebstahlversicherung, Versicherungen für Krankheit oder Berufsunfähigkeit. Die Versorgung im Alter wird über die Pflege- und Rentenversicherung abgedeckt. Die Haftpflichtversicherung übernimmt alle Schäden, die der Versicherte anrichtet.
Hat man eine Versicherung abgeschlossen, muss man regelmäßig, solange der Versicherungsschutz besteht, einen bestimmten Betrag an die Versicherungsgesellschaft zahlen. Der Versicherer übernimmt das Risiko und verpflichtet sich, im Schadensfall die vereinbarte Entschädigung oder die auftretende Schadenssumme zu begleichen. Das Geld aller Versicherten wird dazu verwendet, sämtliche Schäden zu bezahlen. Dabei kann es durchaus auch vorkommen, dass man jahrelang einzahlt, aber nie ein Schadensfall eintritt. Dennoch ist es für den Notfall besser, abgesichert zu sein.

Versteinerung
Es gibt Wissenschaftler, die sich mit den Überresten von Pflanzen und Tieren beschäftigen, die bereits seit sehr langer Zeit tot sind. Diese Menschen nennt man Paläontologen, die →Wissenschaft Paläontologie. Wichtige Informationen liefern dabei Versteinerungen, die man auch als Fossilien bezeichnet. Dabei handelt es sich um Abdrücke oder Überreste von Pflanzen und Tieren, die in Stein eingeschlossen worden sind. Die meisten Fossilien bildeten sich, nachdem Pflanzen und Tiere auf den Grund eines Gewässers gesunken waren. Die weichen Teile verwesten dann meist, sie sind nur äußerst selten erhalten. Übrig blieben im Normalfall die harten Bestandteile, wie

Dieses versteinerte Tier wird Ammonit genannt. Man vermutet, dass es sich im Meer aufhielt. Ähnlichkeiten weist es mit dem heute noch im Meer vorkommenden Nautilus auf, einer Tintenfischart, die „in Schale" lebt.

→Zähne, →Skelett oder Schalen, die mit Schlamm oder Sand bedeckt wurden. Im Lauf der Zeit verwandelten sich diese zu →Gestein, in dem z. B. das Skelett als Versteinerung erhalten ist. Anhand der Fossilien haben Wissenschaftler bereits viel über die Entstehung und Entwicklung der Lebewesen rückschließen können.

Vertrag
Schließen zwei oder mehrere Personen einen Vertrag, bedeutet das, dass sie bestimmte Vereinbarungen schriftlich niederlegen, an die sich alle Beteiligten halten müssen. In einem Mietvertrag ist beispielsweise festgelegt, wie hoch die zu zahlende Miete ist oder wie eine Wohnung beim Auszug zu verlassen ist. Verträge werden in den unterschiedlichsten Bereichen geschlossen, es gibt z. B. Ehe-, Arbeits- oder Kaufverträge. Hält sich ein Beteiligter nicht an das, was im Vertrag festgelegt wurde, kann die andere Seite vor Gericht gehen und die Erfüllung des Vertrags oder eine entsprechende Entschädigung erstreiten. Verträge werden auch in der →Wirtschaft, z. B. beim Abschluss von Geschäften, und in der →Politik zwischen verschiedenen Staaten abgeschlossen.

Video
Um sich eine Videokassette ansehen zu können, benötigt man einen Videorekorder und einen Fernseher. Ein Videorekorder ist ein Magnetbandgerät, mit dessen Hilfe man Bilder aufzeichnen und wiedergeben kann. Die Bilder werden auf einem Magnetband festgehalten. Dieses ist wie das →Tonband ein Kunststoffstreifen, der magnetisiert werden kann. Er befindet sich in einer Kassette, die man in den Rekorder einlegt. Mithilfe eines Videorekorders kann man Fernsehsendungen aufzeichnen und wiedergeben oder Filme von gekauften oder aus so genannten Videotheken entliehenen Kassetten abspielen. Ebenso kann man auch selbst mit einer Videokamera einen Film herstellen und diesen dann abspielen. Die Bilder und Töne auf einer Videokassette können wieder gelöscht und das Band neu bespielt werden.

Videokamera

Vietnam
Die Sozialistische Republik Vietnam liegt in Südostasien und grenzt an China, Laos, Kambodscha und das Südchinesische Meer. Vietnam ist ein ziemlich schmales, lang gestrecktes Land, das hauptsächlich aus Küstengebiet besteht. Im Nordwesten liegen Gebirge, die zum Teil bis über 3000 Meter hoch sind. Im Norden und Süden liegen Tiefländer um die Deltas des Roten Flusses und des Mekong. Das tropische →Klima wird vom Monsun bestimmt. Die Bevölkerung besteht zum Großteil aus Vietnamesen, daneben gibt es Thais, Chinesen, Tho und Khmer. Vor allem auf dem Land leben sehr viele Menschen in großer Armut. In der →Landwirtschaft wird sehr viel Reis angepflanzt, aber auch Zuckerrohr, Kautschuk, Baumwolle, Tee, Tabak, Mais, Kaffee und Gewürze. Wichtig ist auch die Seidenraupenzucht zur Erzeugung von Seide und der Fischfang. An →Bodenschätzen findet man hauptsächlich Steinkohle, aber auch verschiedene Erze, Gold, Phosphate und Salze. Die →Industrie ist vor allem in den Bereichen Metall-, Baustoff-, Textil-, Nahrungsmittel- und chemische Industrie ausgeprägt.

In der zweiten Hälfte des 19. Jahrhunderts erlangte Frankreich die Herrschaft über Vietnam, Kambodscha und Laos und gründete 1887 die Indochinesische Union. 1930 wurde durch Ho Chi Minh die Kommunistische Partei Indochinas gegründet. Daraus ging 1941 die Freiheitsbewegung Vietminh hervor, die gegen die Kolonialisierung kämpfte. 1945 wurde die Demokratische Republik Vietnam von Ho Chi Minh ausgerufen. In der Folge kam es zur ersten Phase des Vietnamkrieges von 1946 bis 1954, in dem die Vietminh gegen die französische Herrschaft und die traditionelle Oberschicht des Landes kämpften. Nach dem Sieg der Vietminh kam es 1954 zur Teilung Vietnams in Südvietnam und das kommunistische Nordvietnam. In Südvietnam kam es zu einer Gewaltherrschaft des Präsidenten und zur Unterdrückung aller politischen Gegner. Unter der Führung des Vietcong bildeten sich Oppositionsgruppen, die den bewaffneten Kampf aufnahmen und von Nordvietnam unterstützt wurden. Diese zweite Phase des Vietnamkrieges begann 1957. Aus Angst vor der kommunistischen Einflussnahme auch auf die Nachbarländer griffen die →USA, die die südvietnamesische Regierung schon länger unterstützt hatten, seit 1964 direkt in den Krieg ein. Im Dschungelkampf waren die amerikanischen Truppen unterlegen. 1973 kam es zum Waffenstillstand und Rückzug der USA. 1975 gab die südvietnamesische Regierung sich geschlagen, der Krieg war beendet. 1976 wurden beide Landesteile zur Sozialistischen Republik Vietnam vereinigt.

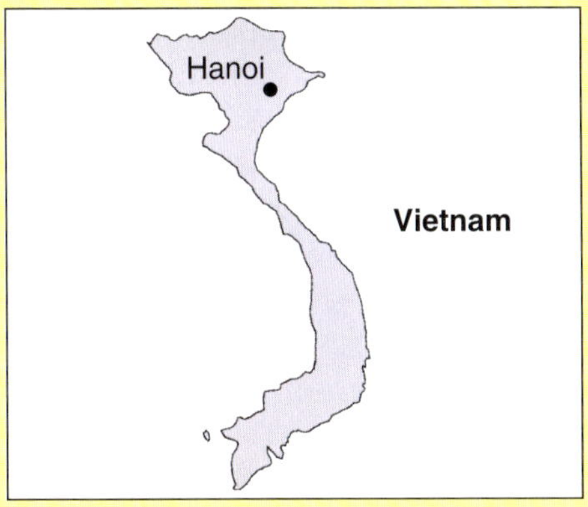

Kontinent:	Asien
Fläche:	331.033 km^2
Einwohner:	70.900.000
Hauptstadt:	Hanoi
Amtssprache:	Vietnamesisch
Währung:	Dong

Virus
Die Bezeichnung „Virus" wurde aus dem Lateinischen entlehnt und bedeutet eigentlich „Gift, Saft". Ein Virus ist ein sehr kleiner Körper von kugel- bis stäbchenförmigem Aussehen. Viren kommen in Tieren, Menschen und Pflanzen vor. Sie dringen in die →Zellen ein und vermehren sich dort, wobei sie die Wirtszelle schädigen und töten. Ein Virus kann sich nur vorübergehend von seiner Wirtszelle lösen. Viren können Krankheiten, z. B. →Grippe oder Masern, erregen. Bekommt man eine Krankheit durch einen Virus, wird man oft lebenslang dagegen immun (→Immunität). Daher kann man sich auch vorbeugend z. B. durch eine →Impfung gegen einige Viruserkrankungen immunisieren. Viruskrankheiten sind schwer zu bekämpfen, da →Antibiotika nur gegen →Bakterien wirken.
Das Wort „Virus" wird noch in einem anderen Zusammenhang verwendet. Als Computerviren bezeichnet man Störprogramme, die vom Nutzer ungewollt in seinen →Computer eingeschleust werden. Sie reagieren auf ein bestimmtes Codewort oder ein Datum und vermehren sich dann stark. Die Viren können Speicher füllen, Programme beschädigen oder große Mengen an Daten vernichten. Als Schutz dagegen gibt es spezielle Programme, die Viren erkennen und unschädlich machen können.

Visum
Es gibt Länder, in die man nicht einreisen kann, wann und wie lange man möchte, sondern für die man ein Visum benötigt. Von der entsprechenden Botschaft lässt man sich einen Vermerk in den →Pass eintragen und hat mit diesem Visum das Recht erhalten, das Land für einen bestimmten Zeitraum zu betreten.

Vitamine
Menschen und Tiere nehmen die meisten Vitamine über die Nahrung zu sich, da sie sie nicht selber herstellen können. Diese lebenswichtigen Stoffe liefern dem Körper

zwar keine Energie wie z. B. die Nährstoffe, aber sie sind für den richtigen Ablauf des →Stoffwechsels unentbehrlich. Die unterschiedlichen Vitaminarten werden mit Großbuchstaben bezeichnet: A, B, C usw. Vitamin C stärkt beispielsweise die Widerstandskräfte eines Körpers gegen →Infektionen. Das Vitamin D ist wichtig für den Knochenaufbau. Vitaminmangel kann zu schweren Schäden und Krankheiten wie Skorbut oder Rachitis führen. Frisches →Obst und →Gemüse enthalten besonders viele Vitamine. Am vitaminreichsten ist die Nahrung, wenn sie möglichst naturbelassen und unverändert gegessen wird; durch Kochen oder andere Zubereitungsarten gehen Vitamine verloren.

Viele Vitamine sind im Obst enthalten, z. B. in Weintrauben, Apfelsinen, gelben Pflaumen und Bananen.

Vögel
Es gibt etwa 8600 verschiedene Arten von Vögeln, die ganz unterschiedliche Größen, Farben und Lebensweisen haben. Mauersegler können z. B. sehr gut fliegen, →Hühner weniger gut, →Strauße und →Pinguine gar nicht. Laufvögel wie der Strauß können an Land sehr schnell laufen, Pinguine sind an ein Leben im Wasser gut angepasst. Zu den kleinsten Vögeln der Welt gehört mit knapp zwei Gramm Gewicht die Hummelelfe, ein Kolibri. Der größte Vogel ist der Kondor mit einer Flügelspannweite von drei Metern. Der Wanderfalke ist der schnellste Vogel. Er erreicht im Sturzflug eine Geschwindigkeit von über 300 Stundenkilometern.
Vögel sind Warmblüter, d. h. ihre Körpertemperatur ist gleich bleibend und unabhängig von der Außentemperatur. Sie besitzen ein →Skelett, sind also Wirbeltiere, und stammen von den →Reptilien ab. Die Vordergliedmaßen haben sich zu Flügeln umgebildet, die Hintergliedmaßen sind die Beine. Ihr Körper ist mit →Federn bedeckt. Zur →Fortpflanzung legen Vögel →Eier, die nach Farbe, Größe, Form und Anzahl sehr verschieden sein können. Sie werden meist in einem selbst gebauten Nest ausgebrütet. Der Kuckuck aber legt seine Eier in fremde Nester und lässt andere Eltern seine Jungen aufziehen. Die Nester können aus Zweigen, Gras oder Lehm bestehen. Sie befinden sich in Bäumen, an Felswänden, im Schilf oder am Boden. Sind die Jungen nach dem Ausschlüpfen nackt und hilflos und erhalten ihre Nahrung von den Eltern, bezeichnet man sie als Nesthocker. Suchen sie sofort selbst Nahrung und sind schon gut ausgebildet, heißen sie Nestflüchter.
Vögel haben einen Schnabel, der je nach der Art, wie sie Nahrung aufnehmen, unterschiedlich groß und geformt ist. →Greifvögel haben z. B. einen scharfen Hakenschnabel, Spatzen einen kleinen zum Aufpicken von Körnern oder Ähnlichem. Spechte besitzen einen spitzen Schnabel, um Insekten aus den Baumrinden holen zu können, und Kolibris haben einen sehr langen Schnabel, um in Blüten nach Nahrung zu suchen.
Die Knochen der Vögel sind meist hohl und leicht, das erleichtert ihnen das Fliegen. Vögel können in der Regel gut sehen und hören. Die Männchen vieler Arten unterscheiden sich durch farbiges Gefieder, Hautlappen, Sporen oder Schmuckfedern von den Weibchen.
Standvögel, z. B. Grünfink oder Kleiber, bleiben das ganze Jahr über in ihrem Brutgebiet. Strichvögel, wie die Meisen, passen sich nach der Brutzeit den Nahrungsverhältnissen an und ziehen kurze Strecken weiter. Die Zugvögel, wie Mauersegler und Störche, verlassen im Herbst ihre Brutgebiete und fliegen in z. T. weit entfernte wärmere Gebiete. Im Frühjahr kehren sie dann wieder in ihre Brutgebiete zurück.
Vögel siehe nächste Seite.

Völkerwanderung
Als Völkerwanderung bezeichnet man die Wanderungen ganzer Stämme und Völker, die entweder durch Klimaveränderungen, die Feindschaft anderer Völker oder Ähnliches hervorgerufen wurden. Es ist eine Erscheinung, die es zu einigen Zeiten in verschiedenen Gebieten gab.
Meist versteht man unter dem Begriff „Völkerwanderung“ allerdings die Wanderung vor allem germanischer Völker aus

Einheimische Vögel
Stieglitz
Kohlmeise
Schwalbe
Buchfink
Zeisig
Rotkehlchen
Buntspecht
Amsel
Exotische Vögel
Kubafink
Soldaten-Ara
Kolibri
Bunttukan

dem Norden und Osten nach dem westlichen und südlichen Europa vom 4. bis 6. Jahrhundert n. Chr. Die Westgoten errichteten nach langen Wanderungen ein Reich in Südfrankreich, die Vandalen in Nordafrika, die Ostgoten in Italien, die Langobarden in Oberitalien und die Burgunder in Südostgallien. Britannien wurde seit Mitte des 5. Jahrhunderts von Angeln, Sachsen und Jüten erobert. Weshalb die germanischen Völker sich in Bewegung setzten, ist nicht genau geklärt. Als Anfang der Völkerwanderung wird der Einfall der Hunnen in Europa gesehen, der 375 n. Chr. erfolgte. Abgeschlossen waren die Wanderungen im Jahr 568. Die germanischen Reiche dieser Frühzeit zerfielen bald. Nur das Fränkische Reich hatte länger Bestand und geschichtliche Bedeutung. Durch den Einfall der →Germanen in West- und Südeuropa wurde das Römische Weltreich beendet.

Volleyball
Die Sportart Volleyball wurde vor etwa 90 Jahren in den →USA erfunden. Es spielen zwei Mannschaften zu je sechs Spielern gegeneinander. Ziel des Spieles ist es, den Ball über ein Netz so in das gegnerische Feld zu schlagen, dass er dort den Boden berührt oder vom Gegner nicht mehr zurückgespielt werden kann. Der Ball darf beim Spiel nicht auf dem Boden aufkommen und innerhalb einer Mannschaft nur dreimal berührt werden. Punkte machen kann nur die Mannschaft, die Aufschlag hat. Meist wird über 3 Gewinnsätze gespielt, gewonnen ist ein Satz, wenn eine Mannschaft 15 Punkte erreicht hat. Das Spielfeld ist 18 Meter lang und 9 Meter breit. Das Netz ist 2,43 Meter hoch, bei Frauen nur 2,24 Meter.

Vulkan
In der römischen →Antike hieß der Gott des Feuers Vulcanus. Von ihm wurde im 17. Jahrhundert der Begriff „Vulkan“ für einen Berg, aus dem →Gase und flüssiges →Gestein austreten, abgeleitet. Eigentlich ist ein Vulkan jede Stelle der Erdoberfläche, an der aus dem Erdinneren Magma austritt; meist meint man allerdings einen Berg, der durch Magma gebildet wurde und aus dem es zu Vulkanausbrüchen kam oder immer noch kommt. Unter Magma versteht man flüssiges Gestein in den tiefen Bereichen

Schnitt durch einen Vulkan

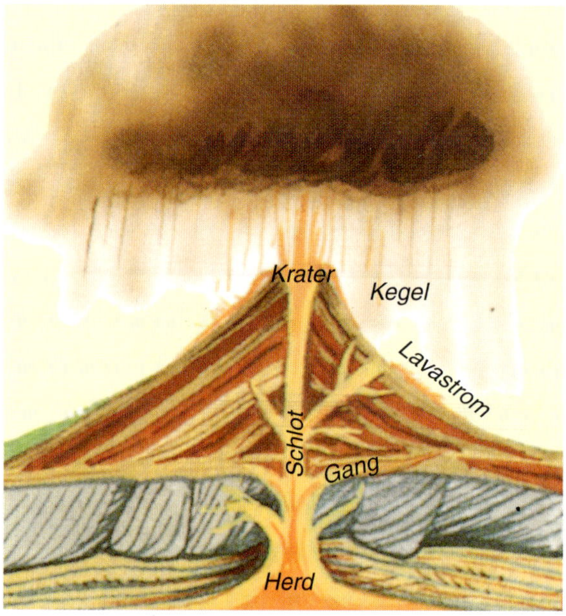

der Erdkruste. Die Temperatur liegt um oder über 1000 Grad Celsius. Tritt Magma an die Erdoberfläche, spricht man von Lava. Tief im Inneren der Erde bildet sich der Magmaherd, er kann in einer Tiefe von bis zu 20 Kilometern liegen. Durch einen so genannten Schlot oder eine Spalte können das Magma und seine Gase nach außen treten. Am oberen Schlotende entsteht eine Art Kessel, der Krater. Ein Vulkanausbruch geschieht meist explosionsartig, oft ohne spürbare Vorzeichen. Es werden Rauch, heiße Asche und flüssiges Gestein herausgeschleudert. Lava fließt talabwärts und verbrennt oder begräbt alles unter sich. Kühlt die Lava ab, erstarrt sie und es entsteht wieder Gestein. Mit der herausgeschleuderten Asche zusammen bildet die erkaltete Lava mit der Zeit den Vulkankegel. Bekannte Vulkane sind der Vesuv und der Ätna in Italien.

Ausbruch des Ätna – die heiße Lava quillt aus dem Erdinneren.

W wie Wilhelm

Waage
Mit einer Waage kann man das →Gewicht eines Körpers messen. Bei einer Federwaage wirkt das Gewicht auf eine Feder und dehnt diese in die Länge. Dabei bewegt sich ein Zeiger, der das Gewicht auf einer Skala anzeigt. Eine Balkenwaage besteht aus einem Balken, an dem zwei Schalen hängen. Dieser Hebel ist beweglich an einer Säule befestigt und zwar so, dass auf beiden Seiten der Säule die Arme gleich lang sind. Legt man in eine Schale einen Körper, dessen Gewicht man bestimmen möchte, muss man auf der anderen Seite geeichte Gewichtsstücke in die Schale geben. Sind beide Schalen im Gleichgewicht, ist das Gewicht ermittelt.

Balkenwaage zum Messen kleiner Gewichte

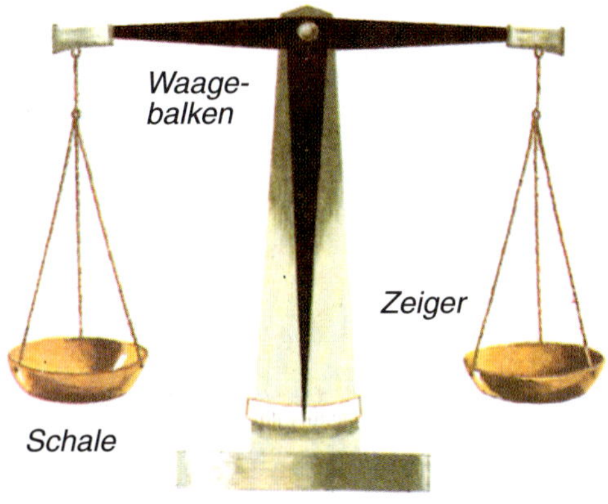

Brückenwaagen wie z. B. die Dezimalwaage ermöglichen das Feststellen großer Massen mithilfe kleiner Gewichtsstücke. Sie sind nicht wie die Balkenwaage gleicharmig, sondern ungleicharmig. Das heißt, der Waagebalken ist so an der Säule befestigt, dass der Arm auf einer Seite kürzer und auf der anderen länger ist. Die zu wiegende Masse steht auf einer Platte, der Brücke. Auf der Seite mit dem längeren Arm reicht nun ein verhältnismäßig kleines Gewichtsstück aus, um einen schweren Körper ins Gleichgewicht zu heben.

Dezimalwaage zum Bestimmen großer Gewichte

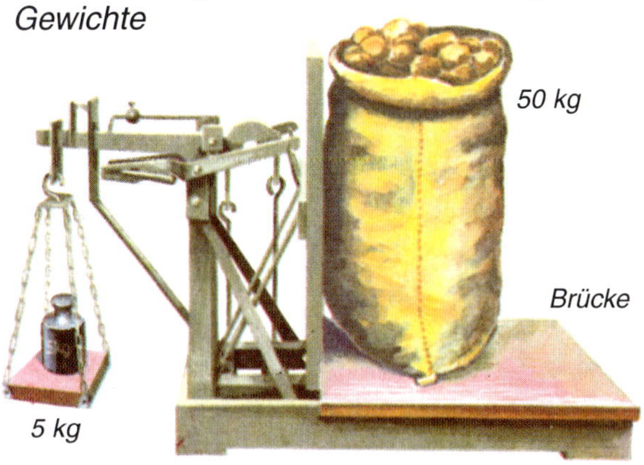

Die Masse der geeichten Gewichte beträgt nur den zehnten Teil des zu wiegenden Körpers.

Weitere Arten sind die Neigungswaage, bei der der Waagebalken die Form eines Winkelhebels hat, die Laufgewichtswaage mit verschiebbaren Gewichten oder die hydraulische Waage, bei der die Last auf einen mit Flüssigkeit gefüllten Kolben drückt. Außerdem gibt es elektromagnetische Waagen, bei denen die durch ein Gewicht hervorgerufene Drehung durch elektromagnetische Gegendrehung ausgeglichen wird, oder elektronische Waagen, die das Gewicht elektrisch messen und digital anzeigen.

Wagner, Richard
Der deutsche Komponist Richard Wagner wurde am 22.5.1813 in Leipzig geboren. Seine musikalische Ausbildung begann 1830. 1834 wurde er in Magdeburg, 1836 in Königsberg und 1837 in Riga Musikdirektor. In der Folgezeit lebte er in London, Paris, Dresden, Zürich und Wien. König Ludwig II. von Bayern (1845–1886) lud Wagner 1864 nach Bayern ein, begeisterte sich für seine Musik und förderte den Künstler von diesem Zeitpunkt an. 1872 begann Wagner mit Unterstützung König Ludwigs das Festspielhaus in Bayreuth zu bauen, das 1876

eröffnet wurde. Bis heute finden dort jährlich Wagnerfestspiele statt. Wagner starb am 13.2.1883 in Venedig.
Richard Wagner komponierte viele bekannte und heute noch oft gespielte →Opern, z. B. „Lohengrin“, „Tristan und Isolde“, „Parsifal“ und den „Ring des Nibelungen“, der aus vier Opern: „Rheingold“, „Die Walküre“, „Siegfried“ und „Die Götterdämmerung“ besteht. Wagner verfolgte die Idee eines Gesamtkunstwerkes, in dem →Musik, →Dichtung, Bühnenbild und Aufführung eine Einheit bilden. Er verfasste deshalb auch seine Texte selbst.

Wahlen
Durch das Abhalten von Wahlen werden Personen ermittelt, die bestimmte Ämter übernehmen sollen. Die Wahlberechtigten können zwischen verschiedenen aufgestellten Personen oder →Parteien auswählen und ihre Stimme vergeben.
In einer →Demokratie finden Wahlen statt, um die Leitung des →Staates zu bestimmen. In Deutschland wird z. B. der →Bundestag gewählt, auch in den Ländern und Gemeinden werden politische Zusammensetzung der Führung durch Wahlen festgelegt. Wahlberechtigt ist jeder deutsche Staatsbürger ab 18 Jahren. Demokratische Wahlen sind geheim, frei und gleich. Gegen den Willen eines Menschen darf niemand erfahren, wen er gewählt hat, deshalb sind Wahlen geheim. Es wird in abgeschlossenen Kabinen gewählt, auf den Wahlzetteln gibt man seinen Namen nicht an und man steckt die Formulare in einen Umschlag, den man abgibt. Bei einer Wahl darf außerdem niemand beeinflusst werden, und alle Stimmen zählen gleich.
Wahlen finden nicht nur in der →Politik, sondern auch in anderen Bereichen statt. In Schulen gibt es beispielsweise die Klassensprecher- oder Schulsprecherwahl.

Wald
Jede größere, dicht mit Bäumen bewachsene Fläche bezeichnet man als Wald. Nadelwälder bestehen aus →Nadelbäumen, z. B. →Tanne, →Fichte oder →Kiefer, Laubwälder aus →Laubbäumen, wie →Eiche, →Buche oder →Birke. Mischwälder weisen beide Baumarten auf. Im Bereich der →Tropen findet man immergrünen →Regenwald. In den Wäldern wachsen allerdings nicht nur Bäume, sondern auch kleinere Pflanzen: →Sträucher, →Gräser, →Farne, →Moose und →Pilze. Wälder sind die Lebensräume für sehr viele Tiere. In den Bäumen trifft man z. B. auf Vögel oder Eichhörnchen, auf dem Boden leben Waldtiere, wie Rehe oder Füchse, und am bzw. im →Boden Insekten und Würmer. Der Wald ist für den Menschen sehr wichtig. Zum einen liefert er →Holz, er stellt aber auch lebenswichtigen →Sauerstoff her und reguliert den Wasserhaushalt, d. h. er verhindert, dass Wasser zu schnell abläuft, nimmt Wasser im Boden auf und speichert es. Außerdem filtern die Bäume →Schadstoffe aus der Luft und befestigen den Boden, damit dieser nicht durch Regen weggeschwemmt oder vom Wind weggeblasen wird.

Waldsterben
In einem gesunden →Wald sterben immer wieder →Bäume aufgrund von Krankheit, →Schädlingen, Feuer oder Stürmen ab. Seit den 70er-Jahren bemerkten Förster allerdings, dass in vielen Gebieten Europas eine sehr große Anzahl von Bäumen erkrankte und schließlich starb. Betroffen waren zunächst vor allem →Nadelbäume, später genauso auch →Laubbäume. Große Waldflächen sind seitdem nahezu baumlos geworden oder hauptsächlich mit kranken

Hier sind die Höhen des Erzgebirges noch bewaldet.

20 Jahre später ist der Waldbestand fast zerstört.

Bäumen bedeckt. Diese Besorgnis erregende Erscheinung bezeichnet man als Waldsterben. Der Grund dafür ist die große Menge an →Schadstoffen in der Luft und am Boden, die die Bäume aufnehmen. Auch der →saure Regen trägt zur Übersäuerung des Bodens bei und schädigt den Wald. Sind die Böden übersäuert, wachsen die →Wurzeln der Pflanzen nur sehr schlecht, die Bäume erhalten weniger Nährstoffe, →Blätter und Nadeln fallen ab. Fällt man die Bäume, sieht man an den sehr dünnen Jahresringen, dass sie schon lange Zeit krank waren.
Blätter und Nadeln leiden auch direkt unter den Schadstoffen. Über winzige Spaltöffnungen nehmen sie →Kohlendioxid auf und lassen Wasser, mit dem Nährstoffe aus dem Boden in die Blätter gelangen, verdunsten. Damit nicht zu viel Wasser verdunstet, können diese Öffnungen verkleinert werden. Das Schwefeldioxid aus der Luft hemmt diese Bewegung, Blätter und Nadeln trocknen daher aus. Außerdem wird die wasserundurchlässige Wachsschicht der Blätter, die sie vor Austrocknung und eindringendem Regen schützt, durch Schadstoffe angegriffen. Die Nährstoffe werden ausgeschwemmt, die Blätter trocknen aus.
Alle diese Erscheinungen führen dazu, dass Nadeln und Blätter sich verfärben und abfallen. Die Bäume weisen viele kahle Äste auf und sterben schließlich ab.

Wale
Obwohl Wale ausschließlich im Wasser leben, sind sie keine Fische, sondern →Säugetiere. Sie bringen ihre Jungen im Wasser zur Welt. Nach der Geburt müssen diese sofort an die Wasseroberfläche schwimmen, um Luft zu holen. Man unterscheidet zwei Arten von Walen. Die Bartenwale, z. B. Buckelwale und Finnwale, haben statt eines Gebisses am Gaumen Barten. Das sind Hornplatten, mit deren Hilfe sie winzige Lebewesen als Futter aus dem Wasser filtern. Die Zahnwale, z. B. →Delfine und Pottwale, besitzen Zähne.
Das größte Tier der Erde ist der Blauwal mit 30 Metern Länge und einem Gewicht von bis zu 160.000 Kilogramm. Wale haben einen lang gestreckten Körper mit Flossen, die, wie auch die große, quer stehende Schwanzflosse, zur Fortbewegung dienen.

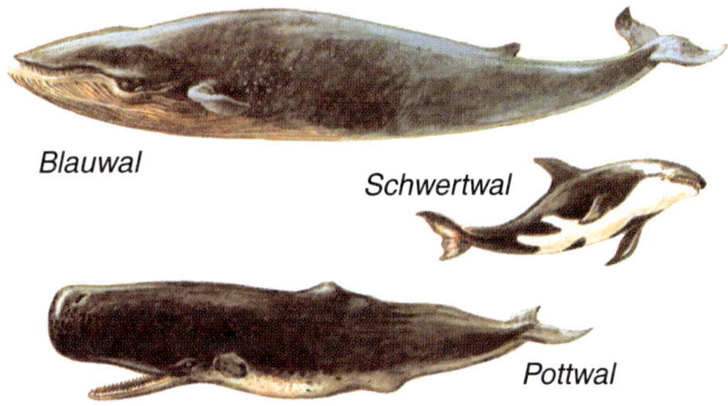

Wale atmen durch die →Lunge, sie können aber sehr lange unter Wasser bleiben, ohne Luft zu holen. Dann tauchen sie auf und stoßen die verbrauchte Luft aus. Dies sieht man als hoch aus dem Wasser aufspritzende Wasserfontäne.
Wale leben gesellig und können sich untereinander durch Töne verständigen. Unter der Haut haben sie eine Fettschicht, die sie vor Kälte schützt. Lange Zeit wurden sie gejagt, da das Fett zur Herstellung von Seife oder Margarine benutzt wurde. Viele Arten sind daher vom Aussterben bedroht. Mittlerweile ist die Jagd auf Wale nur noch eingeschränkt erlaubt.

Wales →Großbritannien

Wärme
Je schneller sich die →Moleküle eines Körpers bewegen, desto wärmer ist er. Wärme ist eine Form der →Energie, sie kann in andere Energiearten, z. B. Bewegungsenergie oder elektrische Energie, umgewandelt werden. Feste, flüssige und gasförmige Körper können sich durch das Einwirken von Wärme verändern. Durch Wärmezufuhr schmelzen feste Körper, z. B. Eis oder Plastik, und Flüssigkeiten verdunsten, sie verwandeln sich in gasförmige Stoffe: Wasser wird beispielsweise zu Wasserdampf. Durch Abkühlen erstarren flüssige oder gasförmige Stoffe: Wasserdampf wird zu Wasser und Wasser zu Eis.
In der →Physik spricht man nicht nur von Wärme, wenn ein Körper nach unserem Empfinden warm ist, sondern auch kalte Dinge haben Wärmeenergie.
Die →Sonne strahlt Wärme aus, die für die Pflanzen, Tiere und den Menschen lebensnotwendig ist. Der Mensch kann außerdem Wärme z. B. durch Verbrennung von →Holz, →Kohle, Öl oder →Gas erzeugen und diese Wärme für verschiedene Zwecke nutzen.

Wasserkreislauf

Alle →Niederschläge, die vom Himmel auf die Erde herabfallen, bleiben nicht einfach liegen, sondern verteilen sich. Zum Großteil versickert das Wasser im Boden und wird von den →Wurzeln der Pflanzen aufgenommen, an →Blätter und Nadeln weitergegeben und verdunstet von dort zum Teil wieder, kehrt also als Wasserdampf in die Luft zurück. Teile der Niederschläge verdunsten

Der Wasserkreislauf

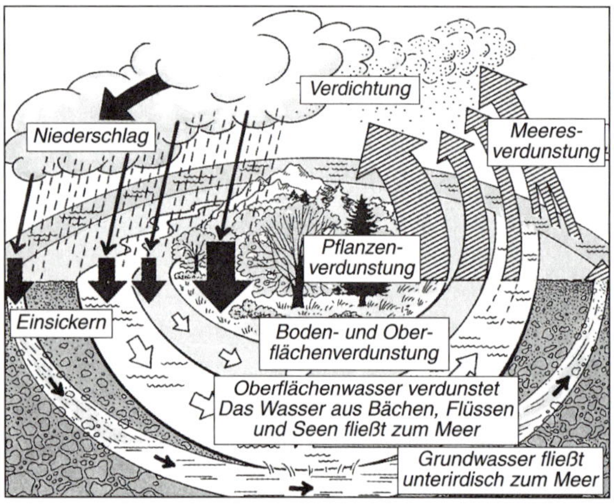

dort, wo sie am Boden auftreffen, also auf Straßen, Plätzen, Wiesen etc. Ein sehr geringer Anteil sickert tiefer in den Boden ein und bildet das →Grundwasser. Das Wasser aus den →Seen und →Flüssen und das Grundwasser fließen zum →Meer. Sämtliche Wasserflächen werden durch die Sonne erwärmt, Wasser verdunstet und steigt als Wasserdampf in die Luft. Die feuchte Luft kühlt ab und verdichtet sich zu Wassertropfen, die →Wolken bilden. Es kommt zu Niederschlägen, das Wasser gelangt erneut auf die Erde. Diese ständig sich wiederholenden Vorgänge bezeichnet man als Wasserkreislauf.

Wassersport

Der Kanusport ist eine Wassersportart: Eine der Disziplinen ist das Wildwasserrennen.

Zu den Wassersportarten zählt man alle Sportarten, die im oder auf dem Wasser betrieben werden. Dazu gehören z. B. →Schwimmen, →Windsurfen, →Segeln, Wasserski, Turmspringen oder der Kanusport.

Wasserstoff

Das chemische →Element Wasserstoff ist ein farb-, geruch- und geschmackfreies →Gas, das brennbar ist. Wasserstoff und →Sauerstoff entzünden sich zusammen leicht und verbrennen explosionsartig, man spricht dann von Knallgas. Wasserstoff ist das häufigste Element im →Weltall und maßgeblich am Aufbau der →Sterne und →Galaxien beteiligt. Es wird z. B. zum Schweißen, als Kühlmittel, Raketentreibstoff oder in der chemischen →Industrie verwendet.

Wasserverschmutzung

Gelangt Öl z. B. durch ein Tankerunglück ins Meer, bildet sich ein riesiger Ölteppich. Für die Umwelt hat das katastrophale Folgen: Seevögel und Fische sterben, die Küste wird von einem schleimigen Film bedeckt...

Fast drei Viertel der Erdoberfläche sind mit Wasser bedeckt. Ohne Wasser könnten weder Pflanzen noch Tiere oder der Mensch überleben. Dennoch wird es immer mehr verschmutzt. Düngemittel und Schädlingsbekämpfungsmittel aus der →Landwirtschaft sickern in die Gewässer und das →Grundwasser. Abwässer aus →Industrie und Haushalten, der →saure Regen und →Schadstoffe aus der Luft gelangen in Seen, Flüsse und Meere. →Abfall wird achtlos in die Gewässer geworfen. Dies sind nur einige Ursachen für die zunehmende Verunreinigung unserer Gewässer. Die Verschmutzung des Wassers führt zur Bedrohung der dort lebenden Tiere und Pflanzen. Außerdem gelangen die Schadstoffe über die →Nahrungskette in andere Tiere und auch in den menschlichen Körper und wirken sich dort schädlich aus.

Watt →Gezeiten

Weiche
Wenn ein Zug oder ein anderes Schienenfahrzeug von einem Gleis auf ein anderes wechseln möchten, müssen sie über eine Weiche fahren. Weichen verbinden die Gleise. Bei den üblichen Weichen sind die äußeren Schienen durchgehend. Dazwischen liegen die Zungen, die miteinander durch eine Spurstange verbunden sind.

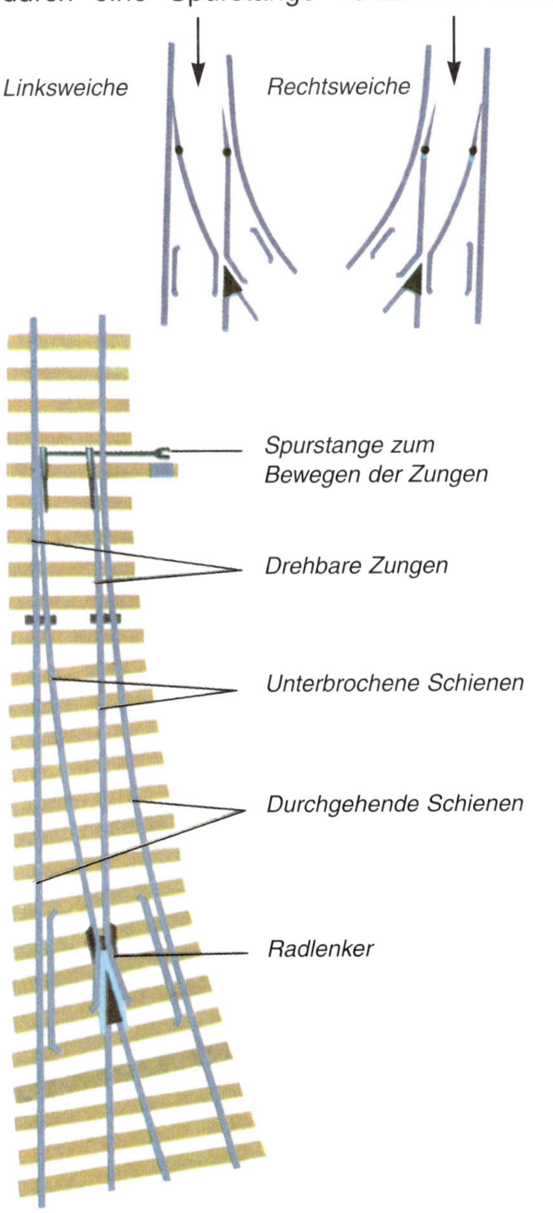

Diese Stange dient auch zum Stellen der Weichen. Liegt bei einer Linksweiche die linke Zunge an der äußeren Schiene, fährt der Zug weiter geradeaus, liegt die rechte an, biegt er ab. Bei der →Eisenbahn werden Weichen von Stellwerken gesteuert.

Weichtiere
Es gibt etwa 128.000 verschiedene Arten von Weichtieren. Diese wirbellosen Tiere leben im Wasser oder an Land. Sie besitzen keine Wirbelsäule, aber oft eine Schale oder Ähnliches, die dem Körper Halt und Schutz gibt. Sie haben einen weichen, feuchten Körper, der ungegliedert ist und aus Kopf, Fuß, Eingeweidesack und Mantel besteht. Am Kopf befinden sich die Mundöffnung und zum Teil sehr gute Augen oder Fühler. Der Fuß dient zur Fortbewegung, der Eingeweidesack enthält die Eingeweide. Der Mantel kann Kalk absondern und die Schale, die viele Weichtiere tragen, erzeugen. Zu den Weichtieren zählt man beispielsweise →Schnecken, →Muscheln und →Tintenfische.

Weihnachten
Ein wichtiges Fest des →Christentums ist Weihnachten am 25.12. jeden Jahres. An diesem Tag soll →Jesus Christus geboren worden sein. Ob seine Geburt tatsächlich an diesem Datum stattfand, ist allerdings nicht geklärt. Vielleicht wurde der Tag auch nur gewählt, um einen Gegensatz zum Fest der

Maria und Josef mit dem Jesuskind

römischen Gottheit Sol invictus am 25.12. zu schaffen. Eine andere Erklärung wäre, dass Jesus oft als Licht der Welt bezeichnet wird und dieser Tag nahe an der Wintersonnenwende liegt. In vielen Ländern wird allerdings schon am Vorabend, dem Heiligen Abend, Weihnachten gefeiert. In Deutschland gehört ein schön geschmückter Tannenbaum zu diesem Fest. Die Dänen bauen einen so genannten Jul-Bock, ein Strohtier, das das Haus während der Weihnachtstage beschützen soll.

Wein

Seit mehr als 5000 Jahren wird Wein getrunken. Wein wird durch →Gärung aus dem Saft der Weintrauben gewonnen. Die Ernte der Trauben nennt man Lese. Nach der Weinlese werden die Trauben zerquetscht und die so entstandene Maische wird ausgepresst. Will man Rotwein erzeugen, muss man die Maische einige Tage stehen lassen, damit sie die Gerb- und Farbstoffe aus den dunklen Beerenschalen aufnehmen kann. Der Traubensaft wird in Fässer gefüllt und kann dort gären. Wenn die Gärung beendet ist und sich die Trübstoffe gesetzt haben, wird der Wein umgefüllt. Manche Weine werden geschwefelt und dadurch haltbar gemacht. Nach dem Filtern wird der fertige Wein dann entweder längere Zeit in Fässern gelagert oder schon

Weintrauben

Die Trauben werden bei der Lese vorsichtig mit einer Schere vom Weinstock geschnitten, damit keine Beere verloren geht.

bald in Flaschen abgefüllt und verkauft. Je nachdem, wie gut ein Wein ist, kann er auch verschieden lang aufbewahrt werden. Es gibt Rot-, Weiß- und Roséweine, die sich wiederum nach Anbaugebiet, Traubensorte und Herstellung unterscheiden.

Weißrussland

Die →Republik Weißrussland liegt in Osteuropa, ihre Nachbarstaaten sind Russland, die Ukraine, Polen, Litauen und Lettland. Das Land ist ziemlich flach. Die Sommer sind kühl und regnerisch, die Winter mild und feucht. Die Bevölkerung besteht hauptsächlich aus Weißrussen, einigen Russen, Polen und Ukrainern. Ein Drittel der Fläche ist bewaldet, große Gebiete sind landwirtschaftlich genutzt. Angebaut werden Getreide, Kartoffeln, Flachs und Hanf. Die →Industrie ist z. B. in den Bereichen Maschinenbau, Holz- und Nahrungsmittelindustrie vorhanden. Weißrussland war 1986 von den Folgen des Reaktorunfalls in Tschernobyl in der →Ukraine stark betroffen. Nach wie vor leiden sehr viele Menschen unter den Folgen. Seit 1795 gehörte Weißrussland zu Russland. 1917 wurde es vorübergehend selbstständig. Von 1921 an war der westliche Teil

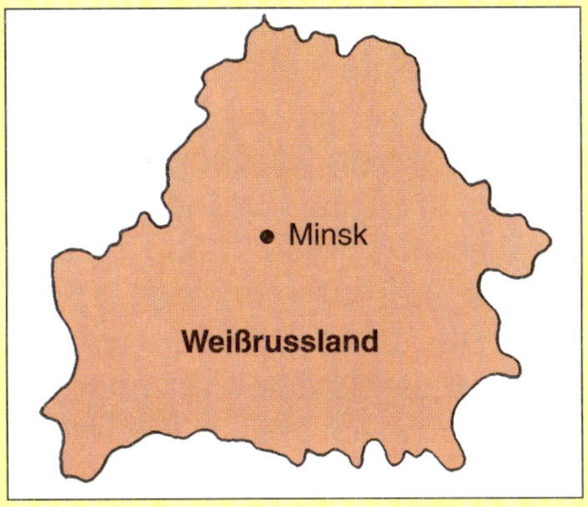

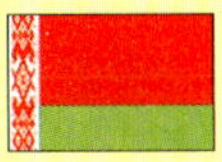

Kontinent:	Europa
Fläche:	207.595 km^2
Einwohner:	10.163.000
Hauptstadt:	Minsk
Amtssprachen:	Weißrussisch Russisch
Währung:	Weißrussischer Rubel

polnisch, die östlichen Bereiche schlossen sich 1922 der →Sowjetunion an, 1939 folgte dann auch der westliche Teil. Nach der politischen Umgestaltung in der UdSSR wurde Weißrussland 1991 unabhängig und ist seitdem Mitglied der →GUS.

Wellen

Beobachtet man das Meer, bemerkt man, dass sich die Wasseroberfläche regelmäßig bewegt, man sieht Wellen. Von Wellen spricht man auch in der →Physik. Es gibt z. B. Schallwellen oder elektromagnetische Wellen. Schallwellen übertragen den →Schall von der Quelle, die ihn erzeugt, durch die Luft z. B. in das menschliche Ohr. Die elektromagnetischen Wellen, zu denen Lichtwellen, →Röntgenstrahlen oder Radiowellen zählen, schwingen, ohne dass sich dabei Wasser- oder Luftteilchen bewegen. Die im Haushalt mittlerweile weit verbreiteten Mikrowellen sind ebenfalls elektromagnetische Wellen. Sie umfassen Wellen vom Dezimeter- bis Millimeterbereich.
Das Auf und Ab der Wellen ist ein Wechsel von Wellenbergen und Wellentälern. Die Entfernung von Berg zu Tal nennt man Amplitude. Den Abstand von einem Punkt der Welle zum gleichen Punkt der nächsten Welle bezeichnet man als Wellenlänge. Die Anzahl der Schwingungen in einer bestimmten Zeit nennt man Frequenz. Sie wird in der Einheit Hertz, kurz Hz, angegeben: Ein Hz bedeutet eine Schwingung pro Sekunde. Ein Kilo-Hertz (kHz) sind 1000 Hz, ein Mega-Hertz (MHz) sind 1000 kHz und ein Giga-Hertz (GHz) sind 1000 MHz. Mikrowellen haben z. B. Frequenzen zwischen 300 MHz und 300 GHz.

Weltall

Die ganze Welt, also alle Himmelskörper und der gesamte Raum dazwischen, machen zusammen das Weltall oder den Kosmos aus.
Das Weltall ist vor 15 bis 20 Milliarden Jahren durch den so genannten Urknall oder Big Bang entstanden. Von einem sehr heißen und verdichteten Punkt aus wurde durch eine riesige →Explosion Materie in alle Richtungen weggeschleudert. Daraus entstand das Weltall. Wissenschaftler nehmen an, dass der Kosmos sich nach wie vor ausdehnt. Ob und wann das Weltall jemals enden wird, ist noch nicht eindeutig geklärt, allerdings gehen Wissenschaftler in der Mehrzahl davon aus, dass das Weltall räumlich und zeitlich begrenzt ist.

Dieses Bild lässt die Weite des Weltalls erahnen.

Weltkriege

Bisher hat es auf der Erde zwei Kriege gegeben, in die sehr viele Länder verwickelt waren. Man bezeichnet sie deshalb als Ersten und Zweiten Weltkrieg.
Der Erste Weltkrieg dauerte von 1914 bis 1918. Auslöser war die Ermordung des österreichisch-ungarischen Thronfolgers durch serbische Nationalisten 1914 in Sarajevo. Österreich-Ungarn erklärte Serbien mit Unterstützung Deutschlands den Krieg. Dies führte dazu, dass die Alliierten, so bezeichnet man Großbritannien, Russland und Frankreich, gegen die Mittel-

Zahlreiche Städte wurden im Krieg fast völlig zerstört.

mächte Österreich-Ungarn, Deutschland und später noch Bulgarien und die Türkei kämpften. Nach und nach wurden immer mehr Staaten in den Krieg verwickelt. Schauplätze der Kämpfe waren vor allem Europa, aber auch Afrika und der Nahe Osten. Da keine Seite eindeutig überlegen war, dauerte der Krieg lange an und forderte insgesamt etwa 10 Millionen Menschenleben. 1918 wurde er durch einen Sieg der Alliierten beendet und es kam 1919 zu den Friedensschlüssen von Versailles. Im Versailler Vertrag wurde Deutschland die Hauptschuld am Ersten Weltkrieg zugesprochen. Das löste in der Folge große Diskussionen um die Schuldfrage aus.
Der Zweite Weltkrieg fand in der Zeit von 1939 bis 1945 statt. Die 1919 errichtete Ordnung missfiel vor allem Deutschland, Italien und Japan. Unter Adolf →Hitler strebte Deutschland nach einer führenden Weltmachtstellung. Dies war verbunden mit

Die Erleichterung über das Ende des Krieges ist diesem alten Ehepaar anzusehen: Freudig begrüßen sie die amerikanischen Soldaten.

der Zielsetzung, das jüdische Volk in Deutschland und später auch in allen besetzten Gebieten auszurotten. Mit dem Angriff Deutschlands auf Polen 1939 und der Kriegserklärung von Großbritannien und Frankreich an Deutschland begann der Zweite Weltkrieg. Hitler hatte schon bald weite Teile Europas erobert. 1941 griff Deutschland die →UdSSR an. Die mit Deutschland verbündeten Japaner eröffneten die Angriffe auf die →USA im Pazifik. Die Alliierten eroberten große Teile des Hitlerreiches zurück. 1945 besetzten sie Deutschland, Hitler beging daraufhin Selbstmord. Nach dem Abwurf der Atombomben auf die japanischen Städte Hiroshima und Nagasaki durch die Amerikaner gab schließlich auch Japan auf.
In Europa kam es nach Kriegsende zur Teilung in Westeuropa, das eher an den USA orientiert war, und Osteuropa, das sich stark an die UdSSR anlehnte. Deutschland wurde in West- und Ostdeutschland (→DDR) geteilt. Der Zweite Weltkrieg forderte insgesamt über 30 Millionen Tote.

Weltraumfahrt

Start der amerikanischen Raumfähre Columbia

Unternehmen bemannte oder unbemannte Flugkörper einen Flug, dessen Bahn weit über die Lufthülle der →Erde hinausreicht, spricht man von Weltraumfahrt. Diese Flüge dienen vor allem der Forschung, viele neue Erkenntnisse über das →Weltall wurden so bereits gewonnen. →Satelliten liefern den Wetterdiensten wichtige Informationen oder dienen zur Nachrichtenübertragung. Die Flugkörper werden mithilfe von →Raketen oder Raumtransportern, die über Raketenantrieb verfügen, auf ihre Bahn gebracht. Der Antrieb der Raketentriebwerke ist so stark, dass die →Schwerkraft der Erde und der Luftwiderstand überwunden werden. Körper, die das Schwerkraftfeld der Erde verlassen, heißen Raumsonden. Die ersten bemannten Raumflüge fanden 1961 statt. Der erste Mensch im Weltraum war der sowjetische →Kosmonaut Juri Gagarin (1934–1968).

Die Raumsonde Mars '96

Werbung
Beim Einkaufen trifft man auf eine Fülle ähnlicher Produkte, die sich für den Einkäufer meist nur durch die Verpackung und den Namen unterscheiden. Viele Leute lassen sich bei ihrer Auswahl durch Werbung beeinflussen. Werbung wird über das Fernsehen, den Rundfunk, Plakate und Anzeigen verbreitet. Ziel der Werbung ist es, den Käufer zu beeinflussen und zum Kauf zu bewegen. Das kann geschehen, indem die Vorteile eines Produktes herausgestellt werden. Eine andere Möglichkeit besteht darin, ein bestimmtes Lebensgefühl, eine Personengruppe oder Situation so darzustellen, dass die Angesprochenen beeindruckt sind oder Ähnlichkeiten erkennen und deshalb das Produkt kaufen.
Geworben wird nicht nur für Dinge, die gekauft werden können, sondern auch z. B. für Kinofilme oder Ausstellungen. Am Erstellen einer Werbung sind viele Menschen, z. B. Grafiker, Texter oder Fotografen, beteiligt.

Werft

In der Werft: Das Passagierschiff „Queen Elizabeth 2“

In einer Werft werden →Schiffe gebaut, ausgerüstet und repariert. Der Bereich, zu dem die Einzelteile mithilfe von Kränen gebracht und an dem sie dann zu Schiffen zusammengefügt werden, heißt Helling. Die Helling ist eine zum Wasser hin abfallende, geneigte Ebene. Das erleichtert es den fertig gebauten Schiffen beim so genannten Stapellauf in das Wasser zu gleiten. Ist der Schiffsrumpf fertig, wird das Schiff ins Wasser gelassen und dann mit den Maschinen und allen anderen wichtigen Ausrüstungsgegenständen versehen.

Wetter
Die Erde ist von der →Atmosphäre umgeben. Diese kann sich zu verschiedenen Zeiten an verschiedenen Orten in einem ganz unterschiedlichen Zustand befinden. Man spricht dann von Wetter, d. h. es kann die →Sonne scheinen, regnen, →Gewitter oder Stürme geben usw. Die Wissenschaft, die sich mit dem Wetter beschäftigt, heißt Meteorologie, die Wissenschaftler sind die Meteorologen. Sie erstellen Wetterberichte und versuchen auch Wettervorhersagen zu treffen. Zur Messung und Wetterbeobachtung werden z. B. Wetterballons oder →Satelliten verwendet.
Verantwortlich für das Wetter ist die Erddrehung und die Sonne, also die unterschiedliche Erwärmung der →Luft und die entstehenden →Winde. Warme und kalte Luftmassen verändern sich andauernd, sie bewegen sich auf und ab, erwärmen sich

Dieses Wettersatellitenbild zeigt einen Wirbel über England, ein Sturmtief.

oder kühlen ab. Warme Luft ist leichter als kalte und steigt daher nach oben. Geschieht dies, strömt kalte Luft nach und Wind entsteht. Steigt Luft nach oben, ist der Luftdruck auf der Erde gering, man spricht dann von Tief oder Tiefdruckgebiet. Dies hat meist schlechtes Wetter zur Folge. Wenn warme Luftschichten sich über das Land legen und auf die Erde „drücken", sagt man Hoch oder Hochdruckgebiet. Dies bringt meist schönes Wetter mit sich. Die Grenze zwischen Tief- und Hochdruckgebiet bezeichnet man als Front.
Der durchschnittliche Ablauf des Wetters über einen längeren Zeitraum und in einem größeren Bereich ist das →Klima.
→Niederschlag, →Wolke

Wiederkäuer
Zu den Wiederkäuern gehören z. B. →Rinder, →Giraffen oder →Hirsche. Sie besitzen einen vierteiligen Magen. Wiederkäuer schlingen ihre schwer verdauliche, pflanzliche Nahrung zunächst nahezu ungekaut hinunter. Die Nahrung wird dann im Pansen gelagert und vergoren. →Bakterien im Magen helfen, die Pflanzen aufzulösen und zu verwerten. Vom Pansen gelangt die Nahrung in den Netzmagen und dann wieder ins Maul zurück. Dort wird sie noch einmal gründlich gekaut und wieder geschluckt. Nach dem Wiederkäuen gelangt der Speisebrei in den Blättermagen und den Labmagen, dann in den Darm und zum After und wird dort ausgeschieden.

Wien
Die Stadt Wien ist die Hauptstadt →Österreichs und gleichzeitig ein Bundesland mit einer Fläche von 415 km² und 1.530.000 Einwohnern. Wien liegt großteils am rechten Ufer der →Donau. Es besitzt eine Universität, Hochschulen, Museen, Theater und eine Oper. Die Stadt ist reich an Sehenswürdigkeiten, wie dem Stephansdom, der Spanischen Reitschule, der Hofburg oder Schloss Schönbrunn, und besitzt schöne Bauten aus der Zeit des →Barock.
Wien ist an der Stelle des römischen Militärlagers Vindobona entstanden. Seit dem 12. Jahrhundert war es die Residenz der österreichischen Herzöge. Ende des 13. Jahrhunderts kam es an die →Habsburger. Wiederholte Kämpfe gegen die Habsburger endeten mit dem Sieg der Landesfürsten Anfang des 16. Jahrhunderts. Von der Mitte des 16. Jahrhunderts bis 1918 war Wien fast ständig Kaiserresidenz. 1805 und 1809 war es von Frankreich unter →Napoleon I. besetzt. 1814/15 tagte in Wien der Wiener Kongress, der die Neuordnung Europas nach dem Sturz Napoleons zum Ziel hatte. Im 19. Jahrhundert entwickelte sich Wien allmählich zu einer modernen Großstadt und wurde 1922 ein eigenes Bundesland.

Die Hofburg in Wien

Wiese
Als Wiese bezeichnet man eine Fläche, die entweder von Natur aus mit →Gräsern und Kräutern bewachsen ist, oder die der Mensch angesät hat. Beide können landwirtschaftlich genutzt werden. Die Gräser der Wiese dienen frisch oder zu Heu getrocknet als Futter für Rinder oder Schafe. Je nach Jahreszeit wachsen auf einer Wiese viele verschiedene Pflanzen.

Wikinger
Ein sehr bekanntes Seefahrervolk der Geschichte sind die Wikinger. Sie waren in Dänemark, Schweden und Norwegen angesiedelt. Als ausgezeichnete Seefahrer überfielen sie vom 6. bis 11. Jahrhundert Europa, plünderten, eroberten und besiedelten Landstriche. Hauptbeweggründe für ihre Eroberungszüge waren Überbevölkerung, politische und religiöse Streitigkeiten in der Heimat und Abenteuerlust. Die aus Norwegen stammenden Wikinger zogen zu den Britischen Inseln, besiedelten →Island und legten 986 an der Westküste →Grönlands Siedlungen an. Um 1000 entdeckten sie sogar →Nordamerika, das Wissen um diesen Kontinent ging dann allerdings wieder verloren. Die dänischen Wikinger fuhren seit 834 zum europäischen Festland, eroberten 1013 England und gründeten 911 die Normandie. Die schwedischen Wikinger zogen in den Ostseeraum und nach Russland. Die weite Ausdehnung der Wikinger war nur möglich, da sie schon früh über ausreichende Segelkenntnisse und gute →Schiffe verfügten. Ihre Schiffe bezeichnet man auch aufgrund ihres Aussehens als Drachenschiffe. Sie wurden mit Rudern und Segeln angetrieben und bestanden meist aus Eichenholz. Sie waren 21 bis 24 Meter lang, drei bis fünf Meter breit und konnten etwa 50 Mann fassen.

Wikingerschiff

Wind
Die Lufthülle der →Erde wird von der →Sonne unterschiedlich erwärmt. Es kommt zu warmen und kalten Luftschichten. Da warme Luft leichter ist und nach oben steigt, fließt kühlere nach, sodass nie ein luftleerer Raum entsteht. Die Luft ist daher ständig in Bewegung. Wir spüren dies als Wind. Obwohl der Wind unsichtbar ist, kann man ihn anhand seiner Wirkung beobachten. Die Windstärke wird nach der Beaufortskala bezeichnet. Diese Skala wurde 1806 von Admiral Beaufort (1774–1857) aufgestellt. Sie umfasste ursprünglich 13 Windstärken und wurde mittlerweile auf 18 erweitert.
Die Windrichtung wird immer nach der Himmelsrichtung benannt, aus der der Wind kommt. Wind kann für den Menschen sehr nützlich sein. Mit riesigen Windrädern können →Generatoren angetrieben werden, um elektrische →Energie zu gewinnen.
Beaufortskala siehe unten.

Windsurfen
Die Sportart Windsurfen hat sich aus dem eigentlichen Surfen oder Wellenreiten entwickelt. Dabei lässt sich der Surfer auf einem flachen Brett stehend mit den hohen

Die Beaufortskala

Bezeichnung der Windstärke		Auswirkung	Geschwindigkeit in m/s
0	Windstille	Rauch steigt gerade empor	0–0,2
1	leiser Zug	Wind bewegt Rauch	0,3–1,5
2	leichte Brise	Blätter säuseln, Wind im Gesicht fühlbar	1,6–3,3
3	schwache Brise	Blätter und Zweige bewegen sich	3,4–5,4
4	mäßige Brise	Dünne Äste bewegen sich, Staub fliegt	5,5–7,9
5	frische Brise	Kleine Bäume schwanken	8,0–10,7
6	starker Wind	Pfeifen an Drahtleitungen	10,8–13,8
7	steifer Wind	Fühlbare Hemmung beim Gehen	13,9–17,1
8	stürmischer Wind	Bricht Zweige von Bäumen, erschwert erheblich das Gehen	17,2–20,7
9	Sturm	Kleinere Schäden an Häusern	20,8–24,4
10	schwerer Sturm	Entwurzelt Bäume, bedeutende Schäden	24,5–28,4
11	orkanartiger Sturm	Sehr schwere Sturmschäden	28,5–32,6
12–17	Orkan	Riesige Schäden	über 32,7

Brandungswellen des Meeres an das Ufer tragen. Beim Windsurfen steht der Surfer auch auf einem Brett, er hat allerdings zusätzlich noch ein über den Mast mit dem Brett verbundenes Segel. Mithilfe eines Gabelbaums, der an Masten und Segel befestigt ist, kann er das Segel halten, bewegen, die Fahrtrichtung bestimmen und Drehungen, so genannte Halsen oder Wenden, einleiten.
Viele Menschen betreiben das Windsurfen als Freizeitsport. Es werden allerdings auch Wettkämpfe ausgetragen, bei denen es darum geht, möglichst schnell einen mit →Bojen abgesteckten Kurs zurückzulegen oder bestimmte Manöver und Sprünge zu vollführen.

Winkel

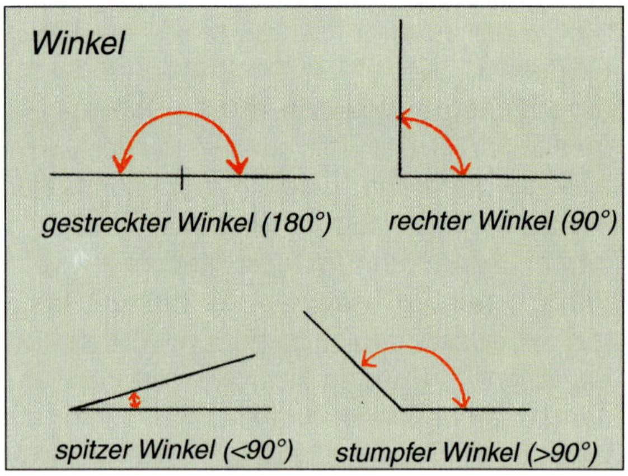

Gehen von einem gemeinsamen Punkt, dem Scheitelpunkt, zwei Strahlen zu verschiedenen Seiten ab, bezeichnet man sie und die Ebene, die von beiden Schenkeln eingeschlossen wird, als Winkel. Die Größe eines Winkels wird in Grad (°) angegeben. Bei einem rechten Winkel (90°) stehen beide Schenkel senkrecht aufeinander, spitze Winkel sind kleiner als 90°, stumpfe größer als 90°, aber kleiner als 180°. Ein gestreckter Winkel hat 180°, ein überstumpfer ist größer als 180°, aber kleiner als 360°. Der Vollwinkel hat 360° und ist somit ein →Kreis.

Winterschlaf
Viele →Säugetiere, z. B. →Fledermäuse, Murmeltiere oder →Igel, halten im Winter einen Winterschlaf. Ihre Körpertemperatur sinkt dabei fast auf die Temperatur der Umgebung ab, Herzschlag und Atmung gehen langsam. Die Tiere schlafen Wochen oder auch Monate und überstehen so den nahrungsarmen Winter. Da sie während dieser Zeit nichts essen, zehren sie von dem Fett unter ihrer Haut, das sie während des restlichen Jahres angesammelt haben.

Wirtschaft
Damit wir unser Leben so führen können, wie wir es gewohnt sind, brauchen wir vieles: Wir kaufen Nahrungsmittel, Kleidung oder Dinge, die wir für die Freizeit oder die Arbeit benötigen. Auf der anderen Seite gibt es Unternehmen, die alle diese Dinge herstellen und verkaufen. Alle Einrichtungen und Maßnahmen, die sich mit der Herstellung und dem Verbrauch von solchen Gütern beschäftigen, bezeichnet man zusammengenommen als Wirtschaft eines Landes.
Ist die wirtschaftliche Lage eines Landes sehr schlecht, spricht man von Depression, ist sie sehr gut, von Boom. Die allmähliche Verbesserung des Zustandes nennt man Expansion, die Verschlechterung Rezession. Mischt sich der →Staat stark in das Wirtschaftsleben eines Landes ein und bestimmt, wer, was und wie viel jemand herstellen bzw. verbrauchen darf, spricht man von einer Planwirtschaft oder Zentralverwaltungswirtschaft. In der freien Marktwirtschaft regelt sich das Wirtschaftsleben durch Angebot und Nachfrage und den Wettbewerb. Der Staat greift möglichst wenig ein.
→Markt

Wissenschaft
Im Lauf ihrer Entwicklung haben Menschen sich schon immer für bestimmte Erscheinungen in der Natur und allgemein im Leben interessiert und durch Überlegungen und Forschungen viel Wissen gewonnen. Die Wissenschaft ist die Zusammenfassung all dieser Erfahrungen und Erkenntnisse. Wissenschaftler versuchen z. B. durch Beobachtung, Berechnung oder Versuche bestimmte Erscheinungen zu verstehen und zu erklären. Dabei gibt es genau festgelegte Methoden, die jeder Zeit nachprüfbar sein müssen. Die Ergebnisse sind daher weitestgehend unabhängig von persönlichen Meinungen oder Mutmaßungen und gelten erst als gesichert und gültig, wenn sie bewiesen sind.
Es gibt viele verschiedene Zweige der Wissenschaft, die Grenzen zwischen den

Gebieten sind oft fließend. Immer wieder entstehen auch neue Bereiche, wenn sich neue Themen und Probleme gestellt haben. Je nachdem, welches Gebiet die Wissenschaft umfasst, kann man sie weiter unterteilen: Zu den →Naturwissenschaften zählt man z. B. die →Physik und die →Chemie. Die Geisteswissenschaften untersuchen →Sprachen, →Literatur und umfassen auch die →Philosophie und die →Psychologie.

Wolf
Der Stammvater des Haushundes ist der Wolf. Er kommt auf der nördlichen Erdhälfte vor und lebt in großen Wäldern und kargen Gebieten. Meist ist er in der Dämmerung und nachts aktiv. Er erreicht eine Gesamtlänge von 1,6 Metern und wird etwa 85 Zentimeter hoch. Im Sommer leben die Wölfe einzeln, im Winter schließen sie sich dann zu Rudeln zusammen, die von einem Leittier angeführt werden. Wölfe sind →Raubtiere, die im Rudel auch größere →Säugetiere, wie Hirsche oder Rentiere, überfallen. Ansonsten stürzen sie sich eher auf kleinere Beutetiere, z. B. Hasen oder Mäuse, oder auf kranke und schwache Tiere. Zur Not fressen sie sogar →Aas. Wölfe haben scharfe Zähne, um das Fleisch ihrer Opfer zu zerreißen. Sie können sehr gut sehen, riechen und hören.

Wolga
Die Wolga ist mit 3530 Kilometern der längste →Fluss Europas. Sie entspringt auf der Waldaihöhe in Westrussland und fließt zum Kaspischen Meer. Die Wolga wird mit Personen- und Frachtschiffen stark befahren.

Wolke
Die Sonne erwärmt die Erde, dadurch verdunstet Wasser aus den Gewässern, aber auch vom feuchten Boden. Dies steigt als Wasserdampf in die Höhe. Da die Temperatur in höheren Lagen der →Atmosphäre abnimmt, kühlt die Luft ab. Der Wasserdampf verdichtet sich, es entstehen viele kleine Tropfen. Sie bilden die Wolken. Werden die Tropfen größer, fallen sie schließlich als Regen auf die Erde. Ist die Luft kalt genug, bilden sich Eiskristalle, es schneit oder hagelt.

Eine Kumulonimbus-Wolke: Sie baut sich zu einem mächtigen Wolkengebirge auf.

Beobachtet man den Himmel, kann man feststellen, dass Wolken sehr unterschiedlich aussehen können. Man unterscheidet zehn Wolkenarten. Kumulus-Wolken sind flaumige, watteähnliche Haufenwolken mit scharf begrenzten Rändern. Sie können sich zu Kumulonimbus-Wolken zusammenballen und bringen dann oft →Gewitter oder Sturm. Als Stratokumuli bezeichnet man lang gestreckte Wolken. Bei fehlender höherer Bewölkung sieht man den Himmel. Altokumulus-Wolken sind kleine, weiße Wolken, die über den Stratokumuli erscheinen. Eine strähnige Federwolke, die sich hoch am Himmel bildet und Eiskristalle enthält, nennt man Zirrus. Flockenartige Eiswolken, die meist in regelmäßigen Feldern angeordnet sind, heißen Zirrokumulus-Wolken. Zirrostratus-Wolken sind Schleierwolken, die große Flächen bedecken. Altostratus-Wolken sind eine dichtere Form der Zirrostrati, sie erzeugen einen ganz grauen Himmel. Nimbostratus-Wolken sind dicker und dunkler als die Altostrati und bringen viel Regen oder Schnee. Stratus-Wolken sind tief hängende Schichtwolken.
Reichen Wolken bis zum Boden, spricht man von →Nebel.

Wolle
Als Wolle bezeichnet man alle tierischen Haare, die versponnen werden können,

z. B. die Haare der Angoraziege oder des Lamas. Am häufigsten wird Wolle von →Schafen gewonnen. Die Tiere werden in der Regel ein- bis zweimal im Jahr geschoren. Bei der Schur fällt das Schaffell, das Vlies, als zusammenhängendes Fellkleid vom Tier ab. Die einzelnen Haare sind durch das Wollfett und Schmutz stark verklebt. In den Spinnereien werden die Vliese auseinander gerissen und je nach Güte und Beschaffenheit sortiert. Dann müssen sie gewaschen und getrocknet werden. Die Wollfasern werden zu Faserbändern verarbeitet und schließlich zu Garn versponnen. Daraus können dann z. B. Kleidungsstücke gefertigt werden. Soll die Wolle farbig sein, muss sie noch gefärbt werden. Ein Schaf liefert im Durchschnitt drei bis sechs Kilogramm Wolle.

Würmer
Der Begriff „Würmer" umfasst eine große Gruppe lang gestreckter, dünner Tiere, die ganz unterschiedlich aussehen können. Sie besitzen kein Rückgrat, sind also Wirbellose und werden im Allgemeinen zusammengenommen als Würmer bezeichnet, obwohl sie nicht miteinander verwandt sind. Man unterscheidet z. B. Platt-, Schlauch-, Ringel- oder Pfeilwürmer. Viele Würmer leben im →Boden. →Regenwürmer lockern beispielsweise den Boden auf und verbessern ihn dadurch, sie sind daher sehr nützliche Tiere. Andere, wie der →Bandwurm, leben als →Schmarotzer in Tieren oder sogar im Menschen. Blutegel halten sich im Wasser auf. Mit ihren Saugnäpfen können sie sich an der Haut eines Menschen oder Tieres festhängen und dann etwas Blut aussaugen. Einige Wurmarten fressen Pflanzen und sind daher als →Schädlinge gefürchtet.

Wurzel
Die meisten →Pflanzen besitzen Wurzeln, die ihnen im Boden Halt geben und für die Aufnahme und Speicherung der Nahrung zuständig sind. Es gibt auch Pflanzen, die oberirdische Luftwurzeln ausbilden. Wurzeln können als ziemlich gerader, dicker Strang, dünn verästelt oder in Form von Rüben oder Knollen auftreten.

Wüste
Gebiete, in denen wenige oder gar keine Pflanzen wachsen, bezeichnet man als Wüsten. Der Grund für die Pflanzenarmut kann das Fehlen von Wärme sein. Man spricht dann von Kältewüsten, die mit Eis oder Schnee bedeckt sind. Im Allgemeinen meint man allerdings Wüsten, die aufgrund von Trockenheit entstanden sind. Keine Wüste bleibt vollkommen ohne Niederschläge, aber sie kommen sehr selten und dann oft in Form von sehr starken Regenfällen vor. Trockenwüsten bestehen aus Sand, Geröll, Kies, Salz, Lehm, Mergel, Staub oder Fels. Die Temperaturschwankungen zwischen Tag und Nacht können sehr stark sein: Die Tage sind dann heiß und die Nächte bitterkalt. Regnet es in der Wüste, bedeckt sich der Boden mit schnell keimenden Kräutern und Gräsern, die bald wieder vertrocknen. Dauerhaft gedeihen können nur Pflanzen, die sehr genügsam sind oder Wasser speichern können, z. B. →Kakteen. Ebenso können nur sehr kleine, anspruchslose Tiere, wie die Wüstenspringmaus oder der Wüstenfuchs, überleben.
Wüsten findet man in verschiedenen Gebieten der Erde, z. B. die →Sahara in Afrika, die Gobi in Innerasien und die Kalahari in Südafrika. Am Rand der Wüsten oder auch in ihrer Mitte stößt man mitunter auf →Oasen.

Wüstenlandschaft

wie Xanthippe

Xylophon
Schon im 15. Jahrhundert gab es in Europa ein →Musikinstrument, das noch heute, gerade bei Kindern, sehr beliebt ist: das Xylophon. Es besteht aus verschieden langen Holz- oder Metallplatten, die auf einem Rahmen befestigt sind. Schlägt man mit einem Schlegel auf die Platten, erklingen unterschiedliche →Töne. Je kürzer die Platte ist, desto höher ist der Ton.

Konzert-Xylophon (oben) sowie ein- und zweireihige Xylophone (rechts) aus dem Studio 49.

wie Ypsilon

Yeti
Es gibt Menschen, die behaupten, im →Himalaja-Gebirge in Asien einen Schneemenschen, den so genannten Yeti, gesehen zu haben. Dabei soll es sich um ein großes, affenähnliches Wesen handeln. Es wurden bereits Fellreste, Fußspuren und Exkremente gefunden, die vom Yeti stammen sollen. Bis heute konnte allerdings noch nicht unwiderlegbar bewiesen werden, dass es einen solchen Schneemenschen gibt.

Yoga
Das Yoga stammt ursprünglich aus Indien und ist ein umfassendes System von körperlichen und geistigen Konzentrationsübungen. Ziel ist es, z. B. durch Meditation, Atemübungen, bestimmte Sitzhaltungen und geistige und gymnastische Übungen den Geist zu befreien und zu einer friedlichen, gelassenen Lebenseinstellung zu gelangen.
Bei uns ist das Yoga mittlerweile eine ziemlich weit verbreitete Freizeitbeschäftigung. Es werden viele Kurse angeboten, die der Entspannung und der Steigerung der innerlichen Ausgeglichenheit eines Menschen dienen sollen. Im Vordergrund stehen dabei die körperlichen Yoga-Übungen.

wie Zacharias

Zahl
Mithilfe von Zahlen kann man bestimmte Mengen bezeichnen. In der Frühzeit der menschlichen Entwicklung dienten Stäbchen, Steinchen, Striche oder Knoten zum Zählen. In Europa wurden sehr lange die →römischen Ziffern verwendet: I = 1, II = 2, V = 5, X = 10 etc. Die Zahlen, die wir heute gebrauchen, sind die arabischen Ziffern. Die Inder erfanden die Zahl Null und ermöglichten dadurch unser Dezimalsystem. Im Dezimalsystem gibt es zehn Zahlen: 0, 1, 2...9. Alle anderen Zahlen setzen sich aus Kombinationen dieser Ziffern zusammen, also z. B. 42, 564 oder 1190. 1, 2... sind positive ganze Zahlen, zieht man von einer Zahl eine andere ab und dann wieder eine usw., ergibt sich irgendwann die Zahl Null bzw. man gelangt in den Bereich der negativen ganzen Zahlen (–1, –2...). Teilt man eine Zahl durch eine andere, erhält man gebrochene Zahlen oder Brüche. Die ganzen und die gebrochenen Zahlen bezeichnet man zusammengenommen als rationale Zahlen.

Zahn
Menschen und Tiere besitzen Zähne, die zum Zerteilen und Zerkleinern der Nahrung dienen. Das →Gebiss der →Säugetiere und des Menschen weist drei verschiedene Arten auf: Schneide-, Eck- und Backenzähne. Insgesamt stehen jeweils 16 Zähne im Ober- und Unterkiefer des Menschen, die aus Krone, Hals und Wurzel bestehen. Hauptbestandteil der Zähne ist das Zahnbein, ein knochenartiges →Gewebe. Die Zahnkrone, also der Bereich, der aus dem Zahnfleisch ragt, ist vom Zahnschmelz überzogen. Dieser ist noch härter als das Zahnbein. Der Zahnhals ist ebenfalls aus Zahnbein und Schmelz aufgebaut und etwas dünner als die Krone. Außerhalb des Kieferknochens wird er noch vom Zahnfleisch umgeben. Die Zahnwurzel besteht aus Zahnbein und ist vom knochenähnlichen Zahnzement umhüllt und von der Zahnwurzelhaut bedeckt. Sie sitzt im Zahnfach im →Kiefer. In jedem Zahn befindet sich eine Zahnhöhle mit dem Zahnmark, der Pulpa. Durch ein Loch an der Wurzel gelangen →Nerven und feine Blutgefäße in die Pulpa.

Heutzutage leiden sehr viele Menschen an Zahnkrankheiten, z. B. an Zahnfleischschwund, der so genannten Parodontose, oder an Karies. Um die Zähne gesund zu erhalten, ist eine gründliche und regelmäßige Zahnpflege nötig.

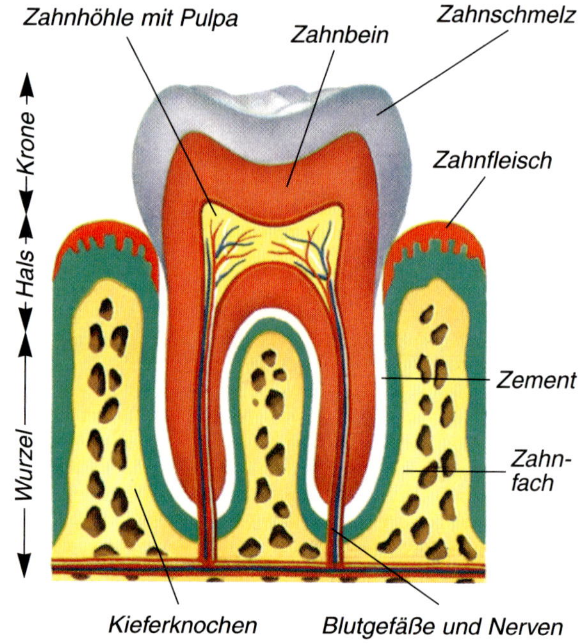

Zahnrad
In vielen →Maschinen und Fahrzeugen findet man Bestandteile, die Zahnräder heißen und Kraft oder Bewegung übertragen. Zahnräder sind kreisförmige Scheiben mit Erhebungen, den Zähnen, und Vertiefungen dazwischen. In die Vertiefungen greifen die Zähne eines zweiten Zahnrades. Wird das erste Zahnrad bewegt, dreht sich das zweite mit. Man unterscheidet verschiedene

Arten von Zahnrädern. Stirnräder haben am äußeren Rand Zähne, bei den Kegelrädern sind die Zähne auf einem Kegelmantel eingeschnitten und bei den Schneckenrädern sind die Zähne schraubenförmig gebogen.

Kettengetriebe

Zaire
Die Demokratische Republik Kongo hieß von 1971 bis 1997 Zaire. Sie grenzt an die →Republik Kongo, die Zentralafrikanische Republik, den Sudan, Uganda, Ruanda, Burundi, Tansania, Sambia und Angola. Der zweitgrößte Fluss Afrikas, der Kongo, durchzieht das Land. Große Gebiete sind bewaldet. Das →Klima ist tropisch. Neben der →Landwirtschaft ist vor allem der →Bergbau von Bedeutung. Angebaut werden z. B. Baumwolle, Reis, Zuckerrohr, Kakao, Kaffee und Bananen. Das Land besitzt reiche →Bodenschätze, es verfügt über bedeutende Diamantenfelder. Die Bevölkerung besteht zum Großteil aus Bantu. Der Großteil der Bevölkerung ist sehr arm. 1482 wurde Zaire, das früher und jetzt wieder Kongo heißt, von Portugal entdeckt. Von 1881 bis 1885 standen weite Teile des Kongobeckens unter belgischer Schutzherrschaft. 1908 übernahm Belgien den Kongo als →Kolonie. 1960 wurde Belgisch-Kongo unabhängig. 1965 kam General Mobutu gewaltsam an die Macht, das Land wurde in Zaire umbenannt. 1997 übernahm nach vorausgegangenen Unruhen Laurent Kabila das Amt des Staatschefs und gab Zaire wieder seinen alten Namen Kongo.

Kontinent:	Afrika
Fläche:	2.344.885 km^2
Einwohner:	42.552.000
Hauptstadt:	Kinshasa
Amtssprache:	Französisch
Währung:	Neuer Zaire

Zebra
Die wild lebenden Zebras sind mit den →Pferden verwandt. Sie leben ausschließlich in Afrika und ziehen dort in Herden über die Savannen und Steppen. Ihr schwarzweiß gestreiftes Fell dient zur →Tarnung. Werden Zebras von →Raubtieren angegriffen, versuchen sie sich durch schnelle Flucht zu retten. Zebras sind →Säugetiere und bringen nach einer Tragzeit von einem Jahr ihre Jungen zur Welt. Heute findet man drei noch lebende Arten: Grevyzebra, Steppenzebra und Bergzebra.

Zecken
Die Blut saugenden Zecken gehören zu den Milben, sind also Spinnentiere. Ihr Körper ist flachgedrückt und weist eine zähe, derbe Haut auf. Nehmen sie Blut auf, schwillt er stark an. Zecken kommen in Gräsern und Büschen vor. Sie bohren sich in die Haut ihrer Opfer und saugen deren Blut. Für den Menschen sind Zecken gefährlich, weil sie einige Krankheiten, z. B. Hirnhautentzündung, übertragen können, gegen die man sich nur zum Teil durch →Impfung schützen kann. Hält man sich im Freien auf, sollte man als Schutz vor Zecken am besten möglichst viel Haut mit Kleidung, Schuhen und den Kopf mit einem Hut bedecken und sich

am Abend am ganzen Körper genauestens untersuchen. Findet man eine Zecke, die sich festgesogen hat, darf man sie auf keinen Fall herausreißen, da sonst ein Teil abbricht. Ebenso wenig darf man sie mit Öl oder Ähnlichem beträufeln, da dann vermehrt Krankheitserreger ausgestoßen werden. Am besten versucht man die Zecke vorsichtig gegen den Uhrzeigersinn herauszudrehen und sucht schnellstens einen Arzt auf.

Zeichentrickfilm

Eine ganz besondere Art →Film ist der Zeichentrickfilm. Es werden nicht wirkliche Bilder aus der Natur oder wirkliche Menschen aufgenommen, sondern der Film besteht aus einzelnen Zeichnungen. Damit eine flüssige Bewegung entsteht, müssen unglaublich viele Zeichnungen angefertigt werden. Jede auch noch so kleine Veränderung wird in einem eigenen Bild dargestellt. Berühmt geworden ist der Zeichentrickfilm durch die Arbeiten von Walt →Disney. Ganz bekannte Zeichentrickfiguren sind z. B. Mickymaus oder Lucky Luke. Heute werden Zeichentrickfilme oft mithilfe von →Computern hergestellt.

Szene aus dem Zeichentrickfilm „Sebastian Superbär. Retter aus dem Weltall."

Zeit

Die Zeit ist etwas, das wir nicht beeinflussen können. Wir können allerdings feststellen, dass Zeit vergeht. In dem Moment, in dem Gegenwart zur Vergangenheit oder Zukunft zur Gegenwart wird, ist Zeit vergangen.

Die Menschen hatten schon immer das Bedürfnis, Zeit einzuteilen. Nahe liegend war, dabei den Wechsel von Tag auf Nacht oder den Stand der →Sonne zu benützen. Das Bedürfnis nach einer genaueren und für andere nachvollziehbaren Einteilung und auch nach Zeitmessung bewirkte schließlich die Entwicklung von →Uhren und →Kalendern. Zeit wird in Sekunden, Minuten und Stunden gemessen.

Zeitung

Eine Zeitung ist ein gedrucktes Schriftstück, das regelmäßig erscheint und über bestimmte Ereignisse und Themen berichtet. Je nach Erscheinen unterscheidet man Tageszeitungen, die täglich außer sonntags herauskommen, Wochenzeitungen, die wöchentlich auf den Markt kommen, u. a. Der Inhalt einer Zeitung besteht aus einem großen Textteil, in dem unterschiedlich lange Artikel Nachrichten vorstellen oder über bestimmte Themen informieren. Außerdem findet man in einer Zeitung beispielsweise Interviews mit interessanten Persönlichkeiten, Leserbriefe oder Ankündigungen von Veranstaltungen und einen Anzeigenteil, in dem geworben werden kann. Die Artikel stehen je nach dem Thema, das sie behandeln, in verschiedenen Rubriken, z. B. Wirtschaft, Sport oder Politik. Lokale und regionale Zeitungen widmen große Teile ihrer Artikel den Ereignissen in einer bestimmten Gegend und werden auch hauptsächlich dort verkauft. Überregionale Zeitungen haben vor allem weltpolitische und das ganze Land betreffende Nachrichten zum Inhalt und werden im gesamten Land und auch im Ausland gelesen.

Eine Zeitung wird mit modernsten elektronischen Mitteln produziert. Am Gestaltungsbildschirm des Computers werden z. B. die einzelnen Artikel zu Zeitungsseiten zusammengestellt.

Am Entstehen einer Zeitung sind viele Menschen beteiligt. Informationen und Nachrichten stammen von Nachrichtendiensten oder Reportern im In- und Ausland. Aus all den eintreffenden Meldungen müssen diejenigen ausgewählt werden, die wichtig sind und in der Zeitung veröffentlicht werden sollen. Die Redakteure bearbeiten die Informationen und erstellen die Artikel. Auch Fotografen oder Zeichner arbeiten an einer Zeitung mit. Ist der Inhalt der Zeitung schließlich fertig gestellt, muss sie gedruckt und an alle Verkaufsstellen und Abonnenten ausgeliefert werden. Wichtige deutsche Zeitungen sind beispielsweise die „Süddeutsche Zeitung“, die „Frankfurter Allgemeine Zeitung“ oder „Die Zeit“.

Zeitzonen
Die →Erde dreht sich um sich selbst, während sie sich um die →Sonne bewegt. Dadurch kommt es zum Wechsel von Tag und Nacht. Dabei ist es z. B. in Deutschland heller Tag, während es zum gleichen Zeitpunkt in den →USA dunkel ist. Gäbe es eine für alle Bereiche der Erde gültige Zeit, wäre diese, egal ob es an einem Ort hell oder dunkel ist, die gleiche. Um dies zu vermeiden, wurde die Erde in 24 Zeitzonen eingeteilt, in denen jeweils die gleiche Zeit gilt. Zwischen den Zonen liegt ein Unterschied von einer Stunde. Die Zeitzonen verlaufen senkrecht von Norden nach Süden auf der Weltkugel. Fährt man z. B. von Deutschland nach Griechenland, muss man seine Uhr um eine Stunde vorstellen *(siehe unten)*.

Zelle
Alle Pflanzen, Tiere und der Mensch bestehen aus sehr kleinen Bausteinen, den

Menschenzelle

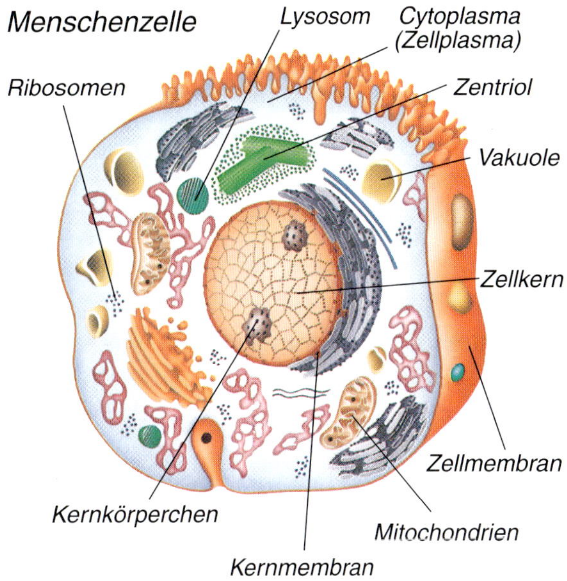

Zellen. Die Anzahl der Zellen pro Lebewesen ist ganz unterschiedlich. Einzeller haben eine, Menschen etwa 70 Billionen Zellen. Eine Zelle besteht aus einem Zellleib, der von einer dünnen, elastischen Haut, der Zellmembran, umgeben ist. Pflanzenzellen haben zusätzlich eine feste Zellwand. Die Zelle enthält ein zähflüssiges Zellplasma aus Eiweißstoffen, darin liegt der Zellkern. Er ist der Träger der für die →Vererbung wichtigen Chromosomen. Der Zellkern ist für die Lebensvorgänge in der Zelle und für die Zellteilung entscheidend. Zellen vermehren sich nämlich durch Teilung. Aus einer Zelle werden zwei, dann vier, dann acht etc. Bei Einzellern trennen sich die Zellen nach der Teilung. Jede Zelle erfüllt dann alle Aufgaben, die zum Leben notwendig sind. Bei den Lebewesen, die aus mehreren Zellen bestehen, lösen sich die Zellen nach der Teilung nicht voneinander, sondern bilden →Gewebe oder →Organe. Die Zellen üben nicht mehr alle Aufgaben aus, sondern haben bestimmte über-

Zeitzonen

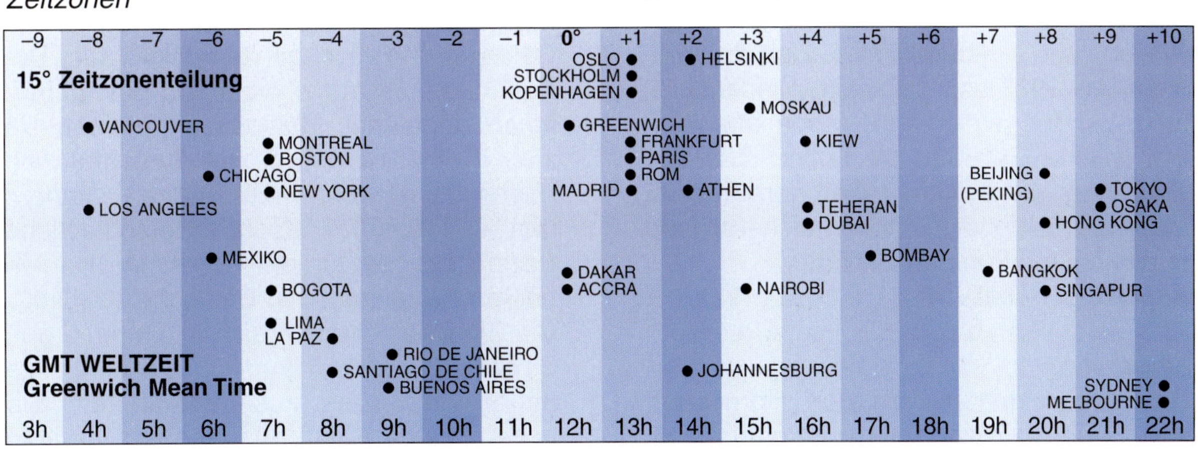

nommen. Sie sind verschieden aufgebaut. Es gibt z. B. Knochen-, Muskel-, Nerven- oder Sinneszellen. Zellen sind zwischen 1/10 und 1/100 Millimeter groß.

Zement
Als Zement bezeichnet man einen pulverförmig gemahlenen Baustoff. Er wird durch das Mischen von Kalkstein und →Ton in bestimmten Zusammensetzungen hergestellt. Es gibt verschiedene Zementarten, die noch andere Bestandteile, z. B. Sand, Schiefer oder Flugasche, beinhalten können. Das Rohmaterial wird in Steinbrüchen vor allem durch Sprengung gewonnen und in Brechanlagen zu Schotter zerkleinert. Der Schotter wird getrocknet und gemahlen, dann gebrannt. Die Klinker verlassen den Ofen, werden abgekühlt und gemahlen. Vermischt man Zement, Sand, Kies und Wasser, erhält man Mörtel oder →Beton.

Zentralamerika →Südamerika

Zeppelin
Der deutsche General Ferdinand Graf von Zeppelin (1838–1917) versuchte lange Zeit, ein Luftfahrzeug zu bauen. 1900 stieg schließlich das erste nach ihm benannte Starrluftschiff LZ 1 am Bodensee auf. Heute werden Luftschiffe meist allgemein als Zeppeline bezeichnet.
Starrluftschiffe besitzen ein Innengerüst aus Leichtmetall, das von einer Hülle umgeben ist. Sie sind lang gezogen und fliegen, weil sie mit einem →Gas gefüllt sind, das leichter ist als die Luft. Früher verwendete man →Wasserstoff, der sich allerdings leicht entzündet, heute bevorzugt man das sicherere Helium. Luftschiffe verfügen über einen eigenen Antrieb und sind steuerbar; sie sind daher nicht wie →Ballons auf Wind angewiesen, um ein bestimmtes Ziel zu erreichen. Als 1937 das Luftschiff „Hindenburg" beim Landen explodierte, wurde offenkundig, welche Gefahren die Luftschifffahrt in sich barg. Luftschiffe galten fortan nicht mehr als geeignet für einen sicheren und regelmäßigen Personenverkehr.
Abbildung →Luftfahrt

Ziege
Die Ziegen gehören zu den Horntieren, sowohl die weiblichen als auch die männlichen Tiere tragen Hörner. Ziegen haben Hufe, ihr Fell ist meist bräunlich, viele Arten tragen einen „Kinnbart". Meist kann man schon von weitem riechen, wo Ziegen gehalten werden, denn sie verbreiten einen starken Geruch. Wildziegen können sehr gut klettern und leben in den Gebirgen Asiens, Europas und Afrikas. Zu ihnen zählt auch der selten gewordene Alpensteinbock, dessen Hörner bis zu einem Meter lang werden können. Die Hausziegen stammen von den Wildziegen ab. Sie liefern dem Menschen vor allem →Milch, aber auch Fleisch, Wolle und Haut.

Steinbock

Zigeuner
Zwischen dem 9. und 11. Jahrhundert wurde ein Volk aus seiner Heimat Indien vertrieben, das in Deutschland als Zigeuner bezeichnet wird. Es erreichte auf seiner Wanderschaft im 11. Jahrhundert den →Balkan und kam nach 1400 nach Westeuropa. Die Zigeuner gelten als Wandervolk, das früher mit Pferdewagen umherzog und als Korbflechter, Kesselflicker oder Scherenschleifer sein Geld verdiente. Heute benutzen Zigeuner Autos und Wohnwagen, viele haben sich auch fest niedergelassen. Zigeuner trifft man bis auf Südost- und Ostasien auf der ganzen Welt. Die Bezeichnung „Zigeuner" wird von den Betroffenen abgelehnt. Stattdessen nennen sie sich Roma, was so viel bedeutet wie „Mensch". In den verschiedenen Ländern gibt es zum Teil auch unterschiedliche Bezeichnungen für die Roma. In Spanien heißen sie „gitanos", in Deutschland „Sinti". Die Zigeuner gliedern sich in Stämme und Sippen, die einen Häuptling an der Spitze haben und stark zusammenhalten. Sie haben eigene Sitten und eine ausgeprägte

→Kultur. Wegen ihres unsteten Lebens trafen sie immer wieder, zum Teil auch heute noch, auf große Vorurteile.

Zirkus
Ein Zirkus besteht aus einem großen Zirkuszelt, in dem die unterschiedlichen Artisten ihre Kunststücke vorführen. Man kann →Clowns, Seiltänzer, Akrobaten, Zauberer, →Dompteure und vieles mehr bewundern. Die Auftritte erfolgen in der Manege, einer runden Fläche inmitten des Zeltes. Um die Manege herum befinden sich die Sitzplätze der Zuschauer.
Ein Wanderzirkus zieht von Stadt zu Stadt, schlägt jedesmal erneut sein Zelt auf und führt sein Programm vor. Die Zirkuskünstler leben in Wohnwagen in der Nähe des Zirkus. Mittlerweile gibt es in vielen Städten aber auch ständige Zirkusunternehmen, die über feste Bauten verfügen.

Der Circus Krone verfügt in München über einen festen Bau. Neben vielen anderen Attraktionen kann man dort die Elefanten bewundern.

Zivilisation
Alle Dinge, die der Mensch geschaffen und sich angeeignet hat, die technischen, wissenschaftlichen und kulturellen Errungenschaften bezeichnet man zusammengenommen als Zivilisation. Früher wurde dieser Begriff nur positiv verwendet. Als Gegensatz zu zivilisierten Menschen sah man ungebildete, barbarische Menschen. Heute sind auch die Nachteile der Zivilisation bekannt. Viele Zivilisationskrankheiten, z. B. Herzinfarkt, entstehen aufgrund unseres zum Teil ungesunden Lebens.

Zoll
Wenn bestimmte Waren von einem Land in ein anderes gebracht werden, muss an der Grenze eine Gebühr entrichtet werden, der Zoll. Seine Höhe bemisst sich nach Preis und Menge oder Gewicht der Waren. Als Finanzzoll bezeichnet man die Gebühren, die dazu dienen, die Einnahmen eines →Staates zu erhöhen. Der Schutzzoll wird erhoben, um günstigere, ausländische Produkte zu verteuern und dadurch inländische Hersteller vor einer unschlagbar billigen Konkurrenz zu schützen. Grundsätzlich wird zwischen Einfuhr-, Durchfuhr- und Ausfuhrzoll unterschieden. Heute spielt allerdings lediglich der Einfuhrzoll noch eine Rolle. Allgemein verliert der Zoll zunehmend an Bedeutung, da im Rahmen der wirtschaftlichen Zusammenarbeit und der vereinfachten Handelsbedingungen zwischen den Ländern eher versucht wird, Zollschranken abzubauen.

Zoologie →Biologie

Zoologischer Garten
In einem Zoologischen Garten oder kurz Zoo werden alle möglichen einheimischen und ausländischen Tiere gehalten. Außer →Säugetieren und →Vögeln findet man meist auch →Fische, →Amphibien und →Reptilien in →Aquarien und →Terrarien sowie manchmal auch →Insekten in Insektarien. Die Tiere sind im Zoo in Käfigen oder Freigehegen untergebracht und können von den Besuchern oder von Wissenschaftlern beobachtet werden. Heutzutage wird versucht, den Tieren eine möglichst schöne und artgerechte Unterbringung zu gewähren, damit sie sich wohl fühlen. Dennoch bleibt es immer fragwürdig, ob Tiere im Zoo zufrieden leben können oder ob man nicht auf Arten, die viel mehr Platz oder andere Lebensbedingungen brauchen, verzichten sollte. Andererseits werden im Zoo auch Tiere gehalten, um sie vor dem Aussterben zu bewahren.

Zucker
In vielen unserer Nahrungsmittel ist Zucker enthalten. Er ist eine chemische Verbindung aus Kohlenstoff, →Wasserstoff und →Sauerstoff und gehört zu den →Kohlenhydraten. Zucker schmeckt süß, ist meist weiß und löst sich in Wasser auf. Er liefert dem menschlichen Körper wertvolle Energie und ist daher ein wichtiger Bestandteil der

Von der Zuckerrübe zum Zucker

Rübenernte

Rübenschnitzel

Verdampfstation

Zentrifuge: Hier werden die Zuckerkristalle durch Schleudern vom Sirup getrennt.

→Ernährung. Allerdings sollte man nicht zu viel Zucker zu sich nehmen, da man von Zucker dick wird und er schlecht für die Zähne ist. Zucker wird aus Zuckerrohr oder Zuckerrüben gewonnen. Das Zuckerrohr wird zermahlen, die Rüben klein geschnitten, dann wird der Zucker durch Wasser herausgelöst. Der Zuckersaft wird mit Kalk und Kohlensäure behandelt und gefiltert. Dann gelangt die wässrige Lösung in einen Verdampfer, bis sie zu Sirup und schließlich zu Rohzucker wird. Der Rohzucker ist bräunlich, wird er raffiniert (→Raffinerie), erhält man den allgemein üblichen, weißen Haushaltszucker.

Zucker hat viele Sorten

1 Spezial-Gelierzucker
2 Puderzucker
3 Hagelzucker
4 Einmachzucker
5 Kluntje-Kandis
6 Weißer Würfelzucker
7 Brauner Zucker
8 Raffinade
9 Gelierzucker
10 Grümmel-Kandis
11 Brauner Würfelzucker
12 Glückswürfel
13 Zuckerhut
14 Krustenkandis
15 Weißzucker
16 Brauner Kandis
17 Weißer Kandis

Zunge

Im Mund des Menschen und der meisten Wirbeltiere liegt ein muskulöses, bewegliches →Organ, die Zunge. Sie ist mit →Schleimhaut überzogen. Mit ihrer Hilfe können Lebewesen saugen, kauen und Laute bilden, außerdem ist sie das Sinnesorgan für den →Geschmackssinn. Die Zunge des Menschen hängt mit einem schmalen Band, dem Zungenbändchen, am Boden der Mundhöhle fest. Die Seite der Zunge, die zum Gaumen zeigt, heißt Zungenrücken, ihr hinteres Ende ist die Zungenwurzel. Es gibt einige Tiere, die besonders ausgebildete Zungen haben. Die zweispitzige Zunge der →Schlangen dient z. B. als Tastorgan. →Chamäleons und →Frösche haben sehr lange, klebrige Zungen, mit denen sie ihre Beute fangen können.

Zwillinge

Reifen bei Mensch oder Tier zwei Nachkommen gleichzeitig im Mutterleib heran und kommen dann unmittelbar nacheinander zur Welt, spricht man von Zwillingen. Beim Menschen handelt es sich meist um zweieiige Zwillinge, das heißt es werden nach dem →Geschlechtsverkehr zwei Eizellen gleichzeitig jeweils durch eine Samenzelle befruchtet. Die Eizellen entwickeln sich ganz unterschiedlich, die Kinder sind sich nicht ähnlicher, als es andere Geschwister auch sind. Viel seltener trifft man auf eineiige Zwillinge. Dabei wurde eine Eizelle von einer Samenzelle befruchtet, am Anfang der weiteren Entwicklung hat sich dann aber deren Keimanlage gespalten. Es kommen dadurch zwei gleichgeschlechtliche Lebewesen zur Welt, die sich oft zum Verwechseln ähnlich sehen.

Daniela und Nicola sind eineiige Zwillinge.

Zylinder
Die geometrische Figur des Zylinders besteht aus zwei parallelen, ebenen Grundflächen, die durch eine Mantelfläche verbunden sind. Der Kreiszylinder hat als Grundflächen →Kreise. Beim geraden Zylinder steht die Mantelfläche senkrecht auf der Grundfläche, im Gegensatz dazu gibt es noch den schiefen Zylinder. Beim geraden Kreiszylinder ist die Höhe die Verbindungslinie der Mittelpunkte von Grund- und Deckfläche.

Zylinder

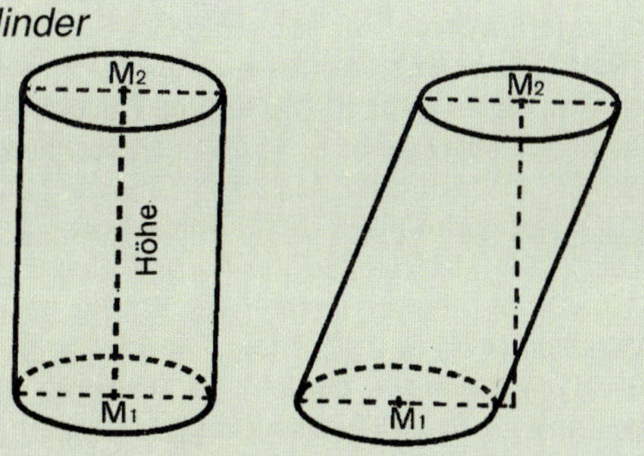

Gerader Kreiszylinder *Schiefer Kreiszylinder*

Als Zylinder bezeichnet man auch ein röhrenförmiges, hohles Gefäß. Außerdem ist der Zylinder ein hoher, meist schwarzer Hut, der früher sehr viel getragen wurde und heute höchstens zu sehr feierlichen Anlässen aufgesetzt wird.

Zypern
Der Inselstaat Zypern liegt im östlichen Mittelmeer. Die Bevölkerung setzt sich aus mehr als drei Vierteln Griechen und etwas weniger als einem Viertel Türken zusammen. Obwohl die →Insel offiziell als ein Staat gilt, ist sie tatsächlich seit 1975 geteilt. Der südliche Teil ist griechisch und der nördliche türkisch. Mitten im Land liegt eine fruchtbare Schwemmlandebene. Im Norden zieht sich eine schmale Gebirgskette entlang der Küste, im Südwesten befinden sich Gebirge. Auf Zypern werden vor allem Weizen, Gemüse, Zitrusfrüchte, Ölbäume und Wein angebaut. Die Bevölkerung lebt außerdem auch von Viehhaltung und →Fischerei. Zypern besitzt einige →Bodenschätze und →Industrie.

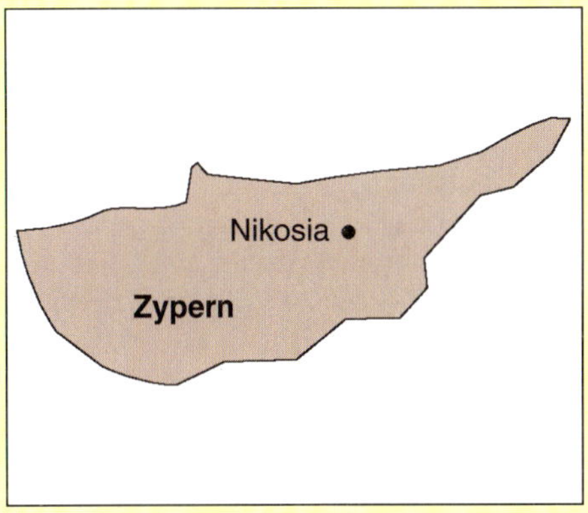

Kontinent:	Europa
Fläche:	9.251 km^2
Einwohner:	734.000
Hauptstadt:	Nikosia
Amtssprachen:	Griechisch Türkisch
Währung:	Zypern-Pfund

Seit etwa 1400 v. Chr. ist Zypern besiedelt und stand immer wieder unter wechselnder Herrschaft. 1192 n. Chr. wurde es schließlich ein selbstständiges Königreich. 1489 kam es an Venedig und 1573 wurde es von den Türken erobert. Seit 1878 stand Zypern unter britischer Verwaltung und wurde 1925 britische →Kolonie. Kämpfe gegen die Kolonialmacht führten schließlich 1960 zur Gründung einer unabhängigen →Republik. 1963 entstand ein Bürgerkrieg zwischen den türkischen und griechischen Volksgruppen. 1974 versuchte Griechenland den Anschluss Zyperns an das eigene Land militärisch zu erzwingen. Als Antwort darauf besetzten türkische Truppen 1975 den Nordteil der Insel. 1983 wurde die Türkische Republik Nordzypern ausgerufen, die weltweit nicht anerkannt wurde.

Bildquellenverzeichnis

Wir danken den nachfolgend aufgeführten Urhebern und Rechteinhabern für die Abdruckgenehmigungen:

Acer Computer GmbH, Ahrensburg (Abb. S. 77); **amnesty international**, München (Abb. S. 16); **Archiv der sozialen Demokratie der Friedrich-Ebert-Stiftung**, Bonn (Abb. S. 58); **Archiv für Kunst und Geschichte**, Berlin (Porträts S. 50, 68, 156 r. u., 181, 207, 211, 250, 289 r. u.); **arena SMV Sport + Mode Vertriebsges. mbH & Co. KG**, Bayreuth (Abb. S. 393); **ASV Dachau**, Dachau (Abb. S. 406); **Auswärtiges Amt**, Bonn (Abb. S. 10, 19, 24, 26, 33, 121, 325, 415); **Ballettschule Roleff-King**, München (Abb. S. 38); **Barigo Barometerfabrik GmbH**, VS-Schwenningen (Abb. S. 216, 427); **Heinrich Bauer Smaragd KG**, München (Abb. S. 217); **Bayerische Landesärztekammer**, München (Abb. S. 25); **Bayerisches Rotes Kreuz**, München (Abb. S. 118); **Verlag BERGstraße**, Aue (Abb. S. 34); **Blohm + Voss GmbH**, Öffentlichkeitsarbeit, Hamburg (Abb. S. 385, 465), Design Segelschiff: Ulrich Rittler; **BMG Entertainment International Germany/Switzerland/Austria Holding GmbH**, München (Abb. S. 349); **BMW AG**, München (Abb. S. 34, 177, 178, 220, 308, 367); **Bonn-Center**, Bonn (Abb. S. 121); **Botschaft der VR. China**, Bonn (Abb. S. 72); **Brahms-Gesellschaft**, Hamburg (Abb. S. 58); **Braun & Schneider Verlag**, München; **U. Bruski**, München (Abb. S. 75); **Bündnis 90 / Die Grünen**, München (Abb. S. 151); **Chronoswiss Uhren GmbH**, München (Abb. S. 438); **Circus Krone GmbH & Co. Betriebs-KG**, München (Abb. S. 94, 477); **CMA**, Bonn (Abb. S. 478); **Congress & Tourismus Zentrale**, Würzburg (Abb. S. 41); **Foto Burkhard Deifel**, Ergoldsbach (Abb. S. 106); **DerKinderbuchVerlag**, Berlin; **Engelbert Dessart Verlag**, München; **Deutsche Bahn**, Berlin (Abb. S. 105, 279); **Deutsche Forschungsanstalt für Luft- und Raumfahrt e. V.**, Köln (Abb. S. 379, 464, 465); **Deutsches Ledermuseum**, Offenbach/Main, Deutsches Schuhmuseum – Monika Kotthaus (Abb. S. 271); **Deutsche Lufthansa AG**, Köln (Abb. S. 144); **Deutsche Post AG**, München (Abb. S. 350); **Deutscher Sparkassenverlag GmbH**, Stuttgart (Abb. S. 76); **Deutsche Telekom AG**, Bonn (Abb. S. 130, 196, 422, 423); **The Walt Disney Company GmbH**, Frankfurt a. M. (Abb. S. 92); **G. Dorfmeister**, München (Abb. S. 339); **Cecilie Dressler Verlag KG**, Hamburg (Abb. S. 246); **Eschenbach Optik GmbH + Co**, Nürnberg (Abb. S. 258); **Euro Lada GmbH**, Neu-Wulmstorf (Abb. S. 34); **European Southern Observatory**, Garching (Abb. S. 239, 257); **S. Fischer Verlag**, Frankfurt a. M. (Abb. S. 289); **Flughafen München GmbH**, München (Abb. S. 142/143); **Frankfurter Allgemeine Zeitung GmbH**, Frankfurt a. M. (Abb. S. 474), entnommen der Dokumentation „Alles über die Zeitung", 23. Auflage 1994, hrsg. vom Verlag Frankfurter Allgemeine Zeitung GmbH; **Fremdenverkehrs- und Heilbäderverband Rheinland-Pfalz e. V.**, Koblenz (Abb. S. 365); **Pressefoto Frinke**, München (Abb. S. 155); **Funkhaus Nürnberg Studiobetriebs-GmbH**, Nürnberg (Abb. S. 375); **Chr. Gauger**, Frankfurt a. M. (Abb. S. 46, 177, 414); **Geophysikalisches Observatorium**, Fürstenfeldbruck (Abb. S. 112); **Grundig AG**, Fürth (Abb. S. 130, 452); **Gruner + Jahr AG & Co**, Hamburg (Abb. S. 225); **Häfele GmbH**, München (Abb. S. 37); **Hamburger Leichtathletik-Verband e. V.**, Hamburg (Abb. S. 290); **Herold Verlag**, München; **Hockey Club Rot-Weiß**, München (Abb. S. 208); **M. Hohner AG**, Trossingen (Abb. S. 50); **Honda Deutschland GmbH**, Offenbach/Main (Abb. S. 309); **HTM Deutschland GmbH**, Feldkirchen (Abb. S. 399, 424); **igepa** Interessengemeinschaft von Papiergroßhändlern GmbH & Co. KG, Reinbek (Abb. S. 337); **Institut für Mineralogie und Lagerstättenlehre**, Aachen (Abb. S. 264), Foto: Monika Wiechert; **IZE**, Frankfurt a. M. (Abb. S. 107, 164, 165); **Karl-May-Verlag**, Bamberg (Abb. S. 295); **Verlag Kiepenheuer & Witsch**, Köln (Abb. S. 56); **Koettermann GmbH & Co.**, Uetze (Abb. S. 70); **Konica Europe GmbH**, Hohenbrunn (Abb. S. 148); **Konrad-Adenauer-Stiftung e.V.**, Sankt Augustin (Abb. S. 7, 254); **U. Konzelmann**, Waiblingen (Abb. S. 64); **Ludwig-Erhard-Stiftung e. V.**, Bonn (Abb. S. 117); **U. Lutz**, München (Abb. S. 133, 338, 376); **Mairs Geographischer Verlag**, Ostfildern (Abb. S. 178, 267); **MAN Technologie AG**, Karlsfeld (Abb. S. 358); **Wolfgang Mann Verlag**, Berlin; **Mercedes-Benz AG**, Stuttgart (Abb. S. 34); **MHS Helicopter-Flugservice GmbH & Co. KG**, München (Abb. S. 213); **J. Miecke**, Hammelburg (Abb. S. 98); **Münchner Theater für Kinder**, München (Abb. S. 427); **MVG Medien Verlagsgesellschaft mbH & Co.**, München (Abb. S. 217); **NOK**, Frankfurt a. M. (Abb. S. 330); **P. Obermeier**, Starnberg (Abb. S. 88, 89, 127, 293, 439, 475); **Olympus Optical Co. (Europa) GmbH**, Hamburg (Abb. S. 300); **Pfadfinderschaft Grenzland**, München (Abb. S. 341); **Philips GmbH**, Hamburg (Abb. S. 222); **H. Pohnert**, Gelnhausen (Abb. S. 28, 227, 274, 307, 328, 336, 350, 364, 377, 435, 470); **Polizeipräsidium Oberbayern**, Doku-Trupp, München (Abb. S. 348); **Porsche AG**, Ludwigsburg (Abb. S. 34); **S. Pöschl**, Bamberg (Abb. S. 100); **Postreiter Verlag**, Berlin; **Presse- und Informationsamt der Bundesregierung**, Bonn (Abb. S. 318); **Ricoh Deutschland GmbH**, München (Abb. S. 148); **RWE Energie AG**, Essen (Abb. S. 434); **R. Scheffer**, Solingen (Abb. S. 424); **Schott Glaswerke**, Mainz (Abb. S. 176); **Seehafen Rostock**, Rostock (Abb. S. 192, 193); **Sellier Verlag**, München; **Siebert Verlag**, München; **S. Siegl**, Hammelburg (Abb. S. 14, 38, 140, 182, 229, 230, 237, 238, 369, 430, 444, 466); **Siemens AG**, München (Abb. S. 73); **Spanisches Fremdenverkehrsamt**, Frankfurt a. M. (Abb. S. 40); **Staatliche Antikensammlungen und Glyptothek**, München (Abb. S. 252); **Staatliche Kurverwaltung**, Bad Brückenau (Abb. S. 355); **Staatliche Molkerei Weihenstephan AG**, Freising (Abb. S. 301); **Stadtwerke München**, Werkbereich Verkehr, München (Abb. S. 436); **G. u. U. Steiner**, Viersen (Abb. S. 460); **N. Steiner**, Frankfurt a. M. (Abb. S. 189, 295); **Studio 49**, Gräfelfing (Abb. S. 471); **Süddeutscher Verlag-Bilderdienst**, München (Foto S. 27); **Swatch AG**, CH-Biel (Abb. S. 438); **tabu verlag**, München; **K. Thies**, Puchheim (Abb. S. 479); **Tourist-Information**, Hammelburg (Abb. S. 462); **Union Verlag**, München; **United Nations Information Service**, A-Wien (Abb. S. 449); **Vierzehnheiligen** (Abb. S. 202, 251); **Visum** / Dirk Reinartz, Hamburg (Abb. S. 183); **Volkswagen AG**, Wolfsburg (Abb. S. 34); **E. Wagner**, Bärnau (Abb. S. 372); **G. u. M. Weiher**, München (Abb. S. 83, 405, 443); **K. Wellhöfer**, Bayreuth (Abb. S. 448); **wild utopia film**, Moers (Abb. S. 133, 474); **P. Wolf**, Bamberg (Abb. S. 363).

N
W